甘肅省中醫院年鑒

（2011—2013）

The Yearbook of GanSu Province Hospital of Traditional Chinese Medicine（2011—2013）

甘肃省中医院年鉴编辑委员会 编

图书在版编目（CIP）数据

甘肃省中医院年鉴. 2011—2013 / 甘肃省中医院年鉴编辑委员会编. -- 兰州 : 兰州大学出版社, 2017.1
ISBN 978-7-311-05121-1

Ⅰ. ①甘… Ⅱ. ①甘… Ⅲ. ①中医医院－甘肃－2011-2013－年鉴 Ⅳ. ①R197.4-54

中国版本图书馆CIP数据核字(2017)第015668号

策划编辑　田小梅
责任编辑　田小梅　马媛聪
封面设计　雷们起

书　　名　甘肃省中医院年鉴(2011—2013)
作　　者　甘肃省中医院年鉴编辑委员会　编
出版发行　兰州大学出版社　(地址:兰州市天水南路222号　730000)
电　　话　0931-8912613(总编办公室)　0931-8617156(营销中心)
　　　　　0931-8914298(读者服务部)
网　　址　http://www.onbook.com.cn
电子信箱　press@lzu.edu.cn
印　　刷　兰州人民印刷厂
开　　本　889 mm×1194 mm　1/16
印　　张　29(插页16)
字　　数　1030千
版　　次　2017年1月第1版
印　　次　2017年1月第1次印刷
书　　号　ISBN 978-7-311-05121-1
定　　价　120.00元

(图书若有破损、缺页、掉页可随时与本社联系)

《甘肃省中医院年鉴（2011—2013）》编辑委员会

《甘肃省中医院年鉴（2011—2013）》编辑办公室

时任省委副书记、省长刘伟平，时任副省长、省红十字会会长咸辉来院视察

医院举办庆祝建院六十周年文艺晚会

2009 年—2011 年医院领导班子

左起：李兴勇（党委委员、副院长），马忠祥（党委委员、副院长），孙援朝（党委副书记），李盛华（党委委员、院长），妥建福（党委书记），冯守文（党委委员、副院长），舒劲（党委委员、副院长），赵继荣（党委委员、副院长）

2011 年—2013 年医院领导班子

前排左起：孙援朝（党委副书记），李盛华（党委委员、院长），谢又生（党委书记），马忠祥（党委委员、副院长）；后排左起：邱连利（党委委员、副院长），赵继荣（党委委员、副院长），舒劲（党委委员、副院长），李兴勇（党委委员、副院长），卫晓雯（党委委员、纪委书记）

甘肃省中医药研究院领导集体讨论研究工作

左起：潘文（党总支委员、副院长），李兴勇（甘肃省中医院党委委员、副院长，甘肃省中医药研究院院长）；赵国杰（党总支书记），谢兴文（副院长）

院长李盛华与白银分院领导班子讨论研究分院发展

左起：曾贤翠（分院副院长），王华录（分院党总支书记），李盛华（甘肃省中医院院长），李兴勇（甘肃省中医院副院长，医院派驻白银分院院长代表），张德宏（医院派驻分院副院长），马新换（医院派驻分院副院长）

医院再次通过三级甲等中医医院评审复审

医院组织专题讨论会议制订中长期发展规划

2012 年 8 月举办甘肃省中医院首届中医医疗集团发展论坛

2013 年 7 月医院新建门诊医技综合楼正式投入使用

2011 年 9 月甘肃省中医院临夏分院挂牌

2012 年 1 月医院与白银市人民政府就托管原白银市中西医结合医院正式达成协议，甘肃省中医院白银分院成立

2013 年 8 月医院康复保健综合楼开工建设

2013 年 12 月医院科研制剂中心 1 期主体工程封顶，2 期工程同时开建

2012 年 10 月，随着 1 号住宅楼开工奠基，医院先后兴建完成 3 栋高层住宅楼，一举解决了绝大多数职工的住房困难

2011 年 12 月医院文化广场落成暨文化节开幕

医院扎实推进“双联行动”

医院参加全省“2012 卫生应急演练”

医院承办全国中心城市中医院政研会第十五次年会

医院组织活动庆祝建党九十周年

医院举办建院 60 周年科技大会

医院举办首届职代会第五次全体会议

编辑说明

一、《甘肃省中医院年鉴（2011—2013）》是由甘肃省中医院主办、甘肃省中医院年鉴编辑委员会主编的系统记录医院发展、医疗管理、教学科研等各方面情况的资料性文献。

二、《甘肃省中医院年鉴（2011—2013）》的编辑坚持以邓小平理论、“三个代表”重要思想和科学发展观为指导，紧密围绕甘肃省中医院和甘肃省中医院医疗集团中心工作，突出时代特色和行业特点，全面、客观、真实、系统地记述医院各部门和医疗集团的基本情况，反映医院改革发展进程，为全面建设小康社会、构建社会主义和谐社会、促进甘肃经济社会又好又快发展和社会各界了解甘肃省中医院、研究甘肃省中医院提供基本资料和历史借鉴。

三、《甘肃省中医院年鉴（2011—2013）》采用分类编辑法。内文分为类目、分目、子目、条目4个结构层次，以条目为基本表现形式。全书条目的标题统一为加【 】表示。

四、《甘肃省中医院年鉴（2011—2013）》记述2011—2013年度的医院院情。设特载、专记、大事记、医院综述、党群工作、纪检监察、参政议政、民主党派活动、行政工作、医疗工作、医疗集团、教学科研工作、年度人物及荣誉、附录等14个类目，最后设有索引部分。

五、《甘肃省中医院年鉴（2011—2013）》所载内容和数据，由医院及甘肃省中医药研究院、甘肃省中医院白银分院及医院相关部门提供。相关统计资料由人事处、财务处、医务处、科研处、设备管理处等处室提供。

六、《甘肃省中医院年鉴（2011—2013）》附电子版（光盘）。

七、《甘肃省中医院年鉴（2011—2013）》的编辑出版得到医院各部门以及甘肃省中医院医疗集团相关成员单位的关心和支持，在此谨表示衷心的感谢！

八、由于编者水平有限，缺漏错讹之处在所难免，敬请广大读者指正。

目 录

Contents

特 载

专 记

大事记

医院综述

中国共产党甘肃省中医院委员会

纪检监察

参政议政

民主党派活动

行政工作

医疗工作

医疗集团

教学科研工作

年度人物及荣誉

附　录

索　引

特　载

Special Recordation

甘肃省中医院2011年党委工作总结及2012年党委工作要点

一、2011年工作回顾

2011年是医院大事要事多、工作任务重、工作亮点多、发展速度比较快的一年。一年来，医院党委按照中央提出的党建工作要求，以坚定理想信念为重点加强思想建设，以造就高素质党员干部队伍为重点加强组织建设，以保持党同人民群众血肉联系为重点加强作风建设，以健全民主集中制为重点加强班子建设，以创先争优为重点丰富和活跃党内各项活动，围绕中心，凝聚力量，不断改进和创新党委工作，较好地发挥了政治核心与监督保证作用。

（一）思想理论建设更加切合实际

思想建设方面，认真贯彻落实中央和省委的重大部署和卫生厅党组的工作安排，年内重点安排学习了胡锦涛总书记在庆祝中国共产党成立九十周年大会上的讲话、党的十七届六中全会精神、国家在医疗卫生改革方面的大政方针、卫生厅党组提出的甘肃特色的医改政策、云南省保山原地委书记杨善洲同志事迹等重点内容，用党的最新理论武装干部职工思想，通过学习宣传先进典型，教育引导干部职工行为。实际工作中能够把学习贯彻党的路线方针政策与落实医院行政方面的具体工作任务结合起来，与构建和谐医患关系、创建平安医院的工作实践结合起来，与医院文化建设工作实践结合起来，较好地发挥了党委的职能和作用，为医院改革和发展提供了有效的思想和组织保证。

（二）组织建设得到全面加强

1.领导班子建设。随着甘肃医改的不断深入和医院规模的不断扩大，省委省政府和省卫生厅党组把加快中医药事业发展放在优先考虑的战略地位，高度重视医院领导班子的建设，年内对医院领导班子做了较大范围的调整和补充。医院领导班子职数增加到9名，是医院历史上领导班子干部职数最多、班子力量最强的时期。新一任班子把加强团结放在首位，重视处理好党政关系、班子成员之间的关系、专家和患者之间的关系，团结带领大家围绕中心、共谋发展、抢抓机遇、开拓进取，创造性开展党委工作，加大对行政工作的支持力度，按照有关规定，党委专职干部不再列席院长办公会及业务会，支持院长独立负责地行使行政管理职能，同时，积极探索党委会、党政联席会议研究医院重大问题的途径。高度重视纪检监察工作，增补赵国杰、王颖、胡雅杰、田旭东、刘梦华、南国正、徐霞等7名同志为医院纪委委员。

2.组织发展。党委严格按照党章规定办事，严格审批程序，保证了新党员的质量。年内发展王闻奇等6位同志为中共预备党员；李红专等12名预备党员按期转为正式党员。七一前夕，党委组织了庄严的党员宣誓仪式，进一步增强了新党员的组织观念、党员意识。另外，年内由各大专院校转入新分配来院的党员26人，进一步增添了新鲜血液，壮大了党员队伍，使医院党员队伍达到383人。

3.干部的教育管理。根据实际工作需要，按照《卫生厅处科干部选拔任用办法》的相关规定，年初，院党委组织参加了卫生厅直属单位部分副处级干部竞争上岗工作，38名符合条件的干部参加了笔试。2月初，厅党组任命了我院管理岗位的21名副处级干部。院党委高度重视抓班子带队伍工作，以中层干部的选拔任用为契机，对全院中层干部从以下几个方面加强管理：一要加强学习，提高素质；二要转变角色，强化管理；三要爱岗敬业，自觉奉献；四要勤政廉洁，严于自律。要求大家尽快转变角色，打开工作局面，协调好各方面关系，做好人民的公仆，始终严于律己，全面推进医院的改革与发展。4月下旬，医院召开党政职能部门干部汇报会，大家结合自身工作实际，从履职情况、存在问题、整改措施、下一步工作计划等几个方面做了全面细致的汇报。主管院领导分别对分管处室工作进行了认真点评，并对今后如何更好地开展工作提出建议。年终，院党委加强了对中层干部的考核工作，按照卫生厅党组文件要求，对厅管干部述职考核提出了等次建议。

4.基层党支部建设。年初，根据部门变动和人员调整的实际情况，党委对支部的工作范围和部分支委进行了调整补充。将党委成员分别编入不同的基层支部参加组织生活，这样既有利于主动了解支部的工作情况，广泛听取群众意见，又可以帮助指导支部开展工作，对支部建设起到了督导作用。新一任党委书记到任后，注重调查研究，走访了卫生厅主管领导、医院前几任老领导、医院知名专家和所有支部书记，分别听取了支部工作汇报，在此基础上，认真研究如何把党支部建设成为战斗堡垒，如何抓好阵地建设，如何发挥好党支部书记的“指挥员”作用等问题，对基层支部工作情况给予个别指导，为进一步规范支部工作，改善领导方式，总结推广经验，打下了工作基础。各党支部的工作也在不断加强，尤其是在围绕中心工作，组织党员学习、加强党员教育、开展党内活动、组织庆祝建党九十周年文艺活动、组织开展创先争优活动、组织职工年终考核、组织评先选优、组织开展公益活动等方面，较好地发挥了战斗堡垒作用。

5.组织推荐工作。根据上级组织部门的安排和要求，按照组织工作相关程序，年内完成“全国卫生系统职业道德模范”“全国中医系统优秀共产党员”“全省卫生系统青年文明号”“全省卫生系统青年岗位能手”“全省医德医风先进典型”“人民喜爱的健康卫士”等各级各类先进典型的组织推荐与申报工作。

（三）作风建设更加务实有效

首先加强教育引导。为进一步坚定党风廉政建设和行风建设工作方向，增强教育的针对性和有效性，把党风廉政建设和医德医风建设融入医院发展的总体布局，通过党风廉政建设和行风建设工作任务分解，落实工作责任制；通过传达学习《廉政准则》提出的“8个禁止”和“52个不准”要求，组织副科级以上干部和重点科室、重点岗位人员观看由最高人民检察院举办的“全国检察机关惩治和预防渎职侵权犯罪展览”，每月组织观看警示教育片等形式，开展党的纪律教育；通过召开护士长以上干部会议，将医院党风廉政建设和行风建设工作要求传达到每位职工；通过开展“三好一满意”活动、医院管理年活动、民主评议行风活动，以及在全体医务人员中组织开展“如何做一名合格的好医生”大讨论，进行职业道德教育；通过召开社会监督员座谈会、患者和家属座谈会、职工代表座谈会、发放问卷调查表以及患者回访等形式广泛听取方方面面的意见和建议。10月，甘肃省纠风办民主评议医院行风第三工作组在我院召开“2011年全省卫生系统医疗机构行风评议大会”，从8个方面对医院的行风工作进行了评议。评议组认为，医院高度重视民评工作，注重核心价值观教育，注重发挥社会监督作用，切实改进医德医风，有效缓解医患矛盾，注重构建核心文化，不断提升医院的集体凝聚力，全面开展优质服务护理活动，积极创造条件改善就医环境。同时指出了存在的问题和不足，对群众广泛关注的社会热点问题和评议过程中发现的突出问题进行了大会质询。

其次是坚持制度管理。医院认真贯彻执行中央《建立健全惩治和预防腐败体系2008—2012年工作规划》和省委的《实施办法》以及省卫生厅党组的《实施方案》，严格执行重点岗位管理干部定期轮岗制度，同时对领导班子成员分管工作进行交流调整；按照卫生厅提出的22项管理制度，结合实际制定并实行了医务人员不良执业行为积分管理办法，建立了从患者就医到离院的全程质量控制流程和全程质量管理体系，实施动态监控与科室目标责任制相结合的质控保证措施；将医务人员医德医风考核与职工年终考核挂钩，并纳入医院管理长效机制；修订和完善了医院内部审计制度，规范内部审计工作规程，使医院所有建设项目以及维修改造工程都实行事前预算事终审计；特聘相关管理机构和七里河检察院检察人员为监督员，主动向卫生厅纪检监察室申请跟踪审计单位，对工程建设实施全过程跟踪审计；同时，医院与建设单位签订廉政协议，实施“阳光工程”，确保医院建设项目保质保量、安全有效地实施。

（四）创先争优活动有声有色

2011年，医院继续在全体党员干部中开展创先争优活动。

一是开展“回顾党史，增强党性”主题教育活动。4月下旬，组织300多名在职党员和青年医务人员参加了由中央党史研究室等部门共同主办的“庆祝中国共产党成立90周年党史知识竞赛”答题；6月28日，隆重举行纪念中国共产党成立九十周年图片展览；6月29日，医院选派郭敏、李非参加省卫生厅举办的厅系统庆祝建党九十周年党史知识竞赛并荣获一等奖；“七一”前夕，以唱红歌、颂党恩为主题，医院先后两次举办庆祝中国共产党诞生90周年文艺演出，表达了甘肃省中医院人对我们敬爱的党90华诞的真挚祝福。共有13个党支部排演的19个节目参加了演出。通过举办系列活动，激励医院全体党员、干部群众为党旗添光彩，为发展做贡献！

二是开展“忠于职守、爱岗敬业”活动。采取岗位练兵、行业竞赛、医疗技能比武等形式，不断提升全院医疗技术水平，增强干部职工忠于职守、爱岗敬业的团队意识，不断提高人民健康保障能力和服务水平。药学部结合医院开展的“三好一满意”活动，以加强科室文化建设和增强科室的凝聚力、向心力为目的，举办了“珍惜时间、团结协作、创造业绩”主题演讲比赛。医院选派青年职工李非、豆金彦、徐春梅、杨旭参加了省直机关组织的以“带头创先争优、推动科学发展”为主题的“先锋杯”演讲比赛，在52个省直单位的248名选手中，青年党员李非以题为“生命的意义”的演讲获得好评，最终在总决赛中获得三等奖。年内，医院还举办和参加了甘肃省卫生行业CR/DR摄影技术大赛、中医护理技能大赛、中药操作技能大赛、计算机知识大赛、中医经典名方背诵及应用大赛等。通过组织开展这些活动，全院党员职工参与创先争优活动的积极性明显提高。

三是开展“服务患者、争创一流”活动。年内开展了在兰州社区、省委门诊部、城关门诊部巡诊义诊活动，把一流技术、一流服务、一流形象送到群众中去。同时，还组织到白银、定西、武威、天祝等医疗帮扶点开展结对帮扶、科普宣传、患者回访等活动，不断提高和改进服务。医院以创建优质护理服务示范病房为载体，进一步细化基础护理标准、危重病人护理标准，加大护理人员培训和考核力度，落实“三查七对”，提高患者满意度。在开展“优质护理服务示范工程”中，各个病区护理单元不断推出新的温情服务措施，如提供方便病人的小台秤、雨伞、杂志、报纸等。也有病区护理单元制作了醒目、美观的温馨提示牌，对患者进行必要的提醒，还自行研制了用于防止足部压疮的水袋，病人使用效果良好。通过开展“优质护理服务示范工程”，患者满意度明显提高，患者陪护和自聘护工比例降低，病房秩序进一步好转，营造了和谐的护患关系。另外，医院设立患者维权站，接待患者投诉，提供维权服务。值得一提的是，患者家属路先生夫妇因儿子患肺癌辗转全国各地医院救治，曾在我院肿瘤科进行化疗直至离别人世。处理完儿子的善后事宜，路先生夫妇亲手将一面写有“医德高尚　医术精湛　视病人如亲人”的锦旗送到了医院，二人热泪盈眶地说：“虽然我们的儿子已经走了，但在贵院治疗之际，你们的大夫用良好的医德和无尽的爱心减少了我们太多的遗憾，我们要感谢贵院！”患者叶先生由于右肱骨外科颈骨折，住进了脊柱三科，术前，为了让自己的手术进行得更顺利，他准备了两个“红包”塞到了陈国栋和史文宇医生的兜里，两位医生坚持不收，叶先生索性把红包扔在了办公桌上，匆忙离去。见“红包”未能退回，两位医生按照医院多年来形成的不成文的规矩，把它交给护士长，由她暂为保管。术后，护士长来到病房看望他并把那两个“红包”退还，叶先生感慨万千，被脊柱三科医务人员这种忠于职守、严谨仁爱的精神所感染。他觉得自己应该做一些事情，为医院、为别人，也为自己。叶先生由此想到“医生既然不收红包，那我就拿出一笔钱来，资助那些在医院里需要帮助的贫困患者”，慷慨捐出10000元资助贫困患者。此事被社会传为一段感人至深的佳话。

四是开展“党员示范、公开承诺”活动。医院结合岗位实际，面向社会提出公开承诺，主动接受群众监督。为在实际工作中充分发挥党员的先锋模范作用，医院党委向全体党员提出六个方面的要求：学理论、讲党性，践行宗旨；医德好、医风正，乐于奉献；勤学习、精医道，开拓进取；思改革、谋发展，与时俱进；多沟通、善协调，团结协作；守法纪、严律己，清正廉洁。实际工作中，医院注重大力营造崇尚先进、宣传先进、学习先进、争做先进、争创佳绩的良好氛围，通过开设《党员风采》宣传专栏，利用院报宣传他们平淡却不平凡的先进事迹与取得的成就，展现共产党员风采。2011年，医院服务明星评选活动，树立一批身边的先进典型，发挥先进典型的示范带动作用。李盛华被评为卫生部有突出贡献中青年专家；谢又生获得优秀公务员三等功和全国县市科技工作先进个人殊荣；李盛华、舒劲、赵继荣被中华中医药学会评为全国中医医院医疗业务管理优秀工作者；李盛华、潘文获中华中医药学会科技之星荣誉称号；田旭东被评为“全国卫生系统职业道德模范”；白蕾琪被评为全国优质护理服务考核优秀个人；周晟、刘效栓、郭云霞被评为“全省医德医风先进个人”；盛丽当选为甘肃省“人民喜爱的健康卫士”；李玉吉、连瑄、高侠被评为“全省卫生系统青年岗位能手”；刘梦华等69名同志被评为医院2010—2011年度先进工作者；放射影像科被评为省直机关创新创效先进集体，风湿骨病科被评为全省卫生系统青年文明号，宣传处等11个处（科）室被评为医院2010—2011年度先进集体。

（五）医院文化建设取得明显成效

党的十七届六中全会召开以后，医院党委根据中央和省委的部署，按照卫生厅党组的要求，结合医院工作实际，从充分认识学习贯彻十七届六中全会精神的重要意义、准确把握十七届六中全会基本精神、联系实际做好医院文化建设工作等方面进行安排部署，同时对全面落实卫生部和国家中医药管理局提出的文化建设指导意见提出明确要求。经过认真充分筹备，医院于12月6日召开中医文化节系列活动，邀请省上领导为国家级名老中医工作室、国家临床重点专科甘肃省中医院骨伤科授牌；举办宣传画册《精诚至善》和《陇中杏林撷英》首发仪式；举行文化传承广场雕塑群揭幕仪式、新入院员工宣誓仪式等活动，赢得了很好的社会反响。

回顾总结一年来的工作，在各方面都取得长足进步与发展的同时，我们还要正视存在的一些不容忽视的问题。比如职工的思想政治工作还比较薄弱，党支部的战斗堡垒作用还发挥得不够充分；党员在宣传群众、组织群众、影响群众、带动群众方面的模范作用还发挥得不够，还有个别党员组织观念和党员意识不强；青年团的工作相对滞后，缺乏活力和创造；职代会妇委会的工作还有待进一步深化和加强。有些规章制度有待完善和加强。

二、2012年党委工作要点

2012年是全面落实医改任务和医院“十二五”规划的关键一年，也是破解难题、乘势而上、跨越发展的一年。我们将以科学发展观为指导，以创先争优活动为主线，以“三好一满意”活动为载体，努力创建百姓放心医院，全面推进医院又好又快地发展。

一要高度重视思想政治工作。

必须始终坚持运用党的最新理论特别是中国特色社会主义理论体系武装党员干部思想，要重点抓好胡锦涛总书记七一讲话、党的十七届六中全会精神的贯彻落实，既要为迎接十八大的胜利召开提供坚强的思想和组织保证，又要把学习宣传、贯彻落实十八大精神作为党委工作的重中之重。要根据省委组织部《关于实施全省基层干部“科学发展主题培训行动计划”的总体方案》，重点抓好党委中心组学习和中层以上干部的理论培训工作，培养造就一支有理想、重品行、业务精、能干事的高素质干部队伍。

二要切实抓好组织建设工作。

2012年是省上提出的基层组织建设年，要把组织建设放在更加突出的位置，重点抓好领导班子建设、干部选拔任用、干部日常教育管理以及人才工作，把党管干部落到实处。要高度重视支部工作，充分发挥支部的战斗堡垒作用，努力在改进工作方法、扩大工作影响力方面做工作。必须始终强调党员意识、党性观念、政治原则、组织原则，积极筹备在适当时间召开党员代表大会。

三要下大气力抓好作风建设。

强调齐心协力，团结奋斗，同舟共济，共谋发展，树立全院为患者服务，班子为职工服务的意识；要把医德医风建设作为改变医疗作风的重要内容，作为内涵建设的永恒主题，作为医院管理的主要目标。要把患者维权工作做好做实，重点在调动一切积极因素，下大气力破解难题上下功夫，努力构建和谐的医患关系；要以社会主义核心价值体系为重点，加强社会主义荣辱观教育，引导广大医务人员既要时时处处严格自律，又要认真负责履行工作职责，还要积极主动接受监督。要高度重视党风廉政建设，坚决贯彻落实《建立健全惩治和预防腐败体系2008—2012年工作规划》以及党风廉政建设方面的规章制度，进一步加大纪检监察工作力度，对每位党员的行为起到监督作用，对每位医务人员的医疗作风起到监督作用。

四要突出抓好精神文明建设和医院文化建设工作。

要教育和引导大家树立“院兴我荣、院衰我耻”的思想。文化建设方面要注意设载体，附内容，多形式，重效果。要继续加大宣传工作力度，认真办好院报、医院网站等宣传媒介。要以“推进科学发展、促进医院和谐、服务人民群众、加强基层组织”为目标，以“三好一满意”活动为载体，深入做好创先争优活动。要全力以赴办好全国中心城市中医院政研会第十五次年会。

五要高度重视工青妇工作。

要结合实际认真组织学习《甘肃省职工代表大会规范》，进一步健全、完善医院职工代表大会制度，推动院务公开和民主管理。要选好配好团的干部，大力加强共青团的工作，重点做好新入院职工和聘用人员的教育管理工作，引导广大青年拥有积极的态度，抓住发展的机遇，把个人发展与医院发展紧密地联系起来，担当推动医院发展的生力军，更好地施展自己的才华、实现自己的抱负。要充分发挥妇委会的职能和作用，既要维护女职工的合法权益，为女职工办好事、办实事，又要团结带领大家在医院改革与建设的实践中发挥半边天的作用。要按照卫生厅党组《关于在全省医药卫生系统深入开展“服务创一流　巾帼展风采”活动的通知》精神，围绕医院中心工作，引领广大女职工，深化岗位竞赛，争创一流业绩，推进优质服务。要高度重视统战工作，加强民主党派和党外知识分子工作，调动和协调各方面的力量为医院改革与建设建言献策，贡献力量。

壬辰春早，龙腾在天。让我们继续发扬“严谨、仁爱、传承、创新”的医院精神，以更加饱满的热情、更加昂扬的斗志、更加务实的作风，同心同德，团结协作，携手共进，谱写新篇章，共创新辉煌。

（整理　原明明）

甘肃省中医院2012年党委工作总结及2013年党委工作要点

告别喜获丰收的2012年，迎来充满希望的2013年。在全党深入学习贯彻党的十八大精神，全力推进和重点落实医改任务的关键时刻，我们回顾总结过去一年的工作，精心勾画新年新梦想。

一、2012年工作回顾

（一）医院总体定位更加明晰

回首2012，医院领导班子坚持以十八大精神为指导，全面贯彻落实甘肃省十二次党代会精神和卫生改革大政方针，坚持以科学发展观为指导，结合医院实际，在集中民意、反复讨论的基础上，以职代会形式讨论通过了医院发展总体规划，描绘了一个包涵医院未来发展方向和目标定位的新愿景。就全局工作而言，通过了国家中医局组织的三甲复审，组建了中医医疗集团，全面托管了白银分院，新的门诊楼即将投入使用，在白银新区购置建设用地，医院制剂中心即将开工建设，职工住宅楼建设如火如荼。医院的床位设置、学科发展、人员结构、临床服务、教学科研、医院文化以及精神文明建设等都跃上了新台阶，医院的总体定位更加明晰。

（二）思想理论建设更加贴近实际

2012年春节刚过，院长李盛华即组织全院干部学习王三运书记在省十一届人大五次会上的讲话、刘伟平省长在我院调研时的讲话以及刘维忠厅长在全省卫生工作会议上的讲话，以省委领导的新思想、新观念、新举措统一全院干部职工的思想。十八大会议期间，积极组织全体党员干部通过多种形式收看、收听大会盛况，十八大闭幕后，订购了一批解读十八大报告的书籍，召开了宣传贯彻党的十八大精神专题学习会，结合实际制订了学习贯彻十八大精神安排意见，举办了“创佳绩向十八大献礼，展风采为党旗增辉”主题演讲活动，引导党员干部和青年职工为医院改革建设贡献青春和力量。年内，党委还组织职工观看教育影片《雨中的树》，组织青年职工参加了省直机关第二届“先锋杯”演讲比赛。“七一”前夕，组织了纪念建党九十一周年系列活动。9月初，承办了全国中心城市中医院政研会十五次年会，得到了与会代表的充分肯定。总会在全国范围通报了会议简况：认为“甘肃省中医院发给大家的会务手册，对政研会简介、历次年会召开的时间地点，历次年会掠影等一一编辑在册，让大家对政研会的成长与发展一目了然，深受代表赞赏”。工作实践中，能够把学习贯彻党的路线方针政策与落实党委工作思路结合起来，与落实医院行政方面的具体工作任务结合起来，为医院改革和发展提供了有效的思想和组织保证。

（三）组织工作更加规范有序

1.班子建设方面：根据省委组织部和卫生厅党组的要求和安排，12月下旬，医院召开领导班子专题民主生活会，班子成员围绕学习贯彻十八大精神，对照中央和省委以及卫生厅党组关于改进工作作风密切联系群众的有关规定，结合工作实际谈工作，讲问题，分析原因，提出解决问题的思路。卫生厅党组成员、省中管局局长甘培尚参加了我院班子民主生活会。他认为，这次民主生活会内容充实，生动活泼，谈主观多于客观，谈问题多于成绩，是落实十八大精神、改进作风的良好开端，为班子成员增进团结、凝心聚力、开创工作打下了良好的基础。

2.干部教育管理方面：根据工作需要，按照干部任用条例的相关规定，5月中下旬，医院组织实施了新一轮科级干部和护士长竞争上岗，经过竞聘演讲、民主测评、组织考察、任前公示等环节，有153名同志走上管理岗位，医院党政主要领导及分管院长对新提拔的科级干部分批进行了为期两天的任前谈话，从政治觉悟、全局观念、团结协作、开拓发展、廉洁自律等方面提出要求。6月中旬，省委组织部对我院干部选拔任用工作进行了调研检查和督导，对我院更好地贯彻执行《干部任用条例》和卫生厅党组《关于干部轮岗交流工作的暂行办法》，进一步规范选人用人机制起到了有力的推动作用。年终，医院对198名管理干部（包括白银分院4名院领导以及医院本部42名护士长岗位）进行了述职考核。目前，竞争上岗已经成为干部选拔任用和职位轮换的基本方式，民主推荐、民主评议制度得到进一步完善。

3.组织发展方面：严格按照规定执行审批程序，保证了新党员的质量。年内发展滕璐灵、李文娟两位同志为预备党员，王闻奇、张丽娟、苗凤花、王敏、刘军刚等预备党员按期转为正式党员。“七一”前夕，党委组织了庄严的党员宣誓仪式，进一步增强了新党员的组织观念、党员意识。

4.党支部建设方面：结合干部竞争上岗，党委对支部书记做了新的调整。6月9日举办了党支部书记培训班，院长李盛华出席开班仪式并讲话，对新一任党支部书记提出希望和要求，特别强调支部书记要在发动群众、宣传群众、组织群众方面发挥作用，用完成医院各项工作的实际效果来检验党支部建设的成效。党委副书记孙援朝就党支部的性质、党支部的工作任务、党支部要抓哪些工作、党支部书记要注意工作方法等内容给大家做了辅导。实际工作中，各支部在组织党员学习、开展党内活动、组织义务献血、开展扶贫捐助、落实年终考核等方面发挥了战斗堡垒作用。

5.组织推荐方面：按照有关部门的要求，完成各级各类先进典型的组织推荐与申报工作。年内，医院被评为全省卫生系统精神文明建设先进单位，医院党委被评为全国中医药系统创先争优活动先进党组织，医院第十党支部被评为省直机关优秀党组织，第一党支部被评为省卫生厅系统“双优一文明”优秀党组织，人事处被评为省卫生厅系统“双优一文明”文明处室；涌现出卫生部有突出贡献的中青年专家赵继荣，全国卫生系统先进个人张洪涛，甘肃省“三八红旗手”潘文，全省卫生系统创先争优活动优秀共产党员李妍怡，全省卫生系统医德医风标兵盛丽，全省卫生系统医德医风先进个人靳锋、杨瑞龙、张丽娟，甘肃省卫生厅系统“双优一文明”优秀党务工作者孙援朝，优秀共产党员潘文、胡雅杰、陈进凡、刘春雨、王世太等一批先进典型。医院宣传部门还结合实际，挖掘典型，撰写宣传材料，通过OA办公系统和医院网站予以发布，在全院形成学习先进、崇尚先进、争当先进的良好氛围。

（四）纪检工作更加务实有效

进一步完善了医院纪委工作机制，纪委委员由5名增至7名，进行了明确的责任分工，坚持贯彻落实党风廉政建设责任制，落实22项医疗监管核心制度，规范诊疗服务工作；充分发挥审计职能，以经济责任审计和工程造价审计为重点，抓住干部、工程两个关键控制点，对计划财务处新旧制度衔接进行了审计，对基建处以资金为主线，以风险为基础，进行内部控制制度、经济合同、财务收支的审计，出具了内部审计报告，对白银市审计局“审计报告”中资产、债务、土地等存异之处进行核查，并提出建议。

根据中央和省委工作部署，在全院实施效能风暴行动，重点督查整治庸、懒、散、慢和推、托、靠、放等问题，不断提升工作效率。同时，把廉政风险防控工作放到更加突出的位置，严格按照卫生厅的要求，把建立廉政风险防控的着眼点放在医院的规范管理上，放在医院的长期建设和发展上，放在促进干部职工的教育和保护上，结合医院实际，强化教育，完善制度，规范行为，细化流程，加强防控，用制度规范和约束廉政风险行为，用科技手段做好防控软件的开发与应用，计划2013年5月正式推行使用。

（五）联村联户工作有序推进

我院的联系点是陇西县碧岩镇堺岸村。自2月下旬开始，根据单位的实际情况，结合行业特点，全年组织基础调研2次，安排入户走访10次，下乡干部110人次，其中联户干部49人，64人次，目前联系困难户62家。在联系点组织开展义诊活动8次，各科专家下乡46人次。为堺岸村捐赠了办公电脑、电视、打印机、复印机、办公桌椅和扩音设备。组织两次送温暖献爱心活动，为村文化室捐赠图书2000余册，为当地村民送上由医院全体职工捐赠的棉衣棉被（全院干部职工总共捐助棉衣棉被990余件，计划分两次送到农户手里）。为堺岸小学120多名小学生发放了羊毛帽子和手套。此外，医院双联办还制作宣传展板12块，印制双联工作简报25期，建立了双联工作台账，在院报、医院网站开辟双联工作宣传专栏，通过各大媒体和相关网站刊登了双联工作的报道50余篇，为双联工作营造良好的舆论氛围。

回顾总结一年来的工作，无论职工的思想政治工作还是党员的教育管理，无论组织建设还是作风建设都取得了长足的进步与发展。但也存在一些不容忽视的问题：团的工作还需要进一步加强；支部在宣传群众、组织群众、影响群众、带动群众方面的影响力和作用还发挥得不够。还有个别党员，组织观念和党员意识不强，需要进一步加强教育和引导。

二、2013年工作要点

一要全面贯彻落实十八大精神。

始终坚持运用党的最新理论武装党员干部思想，要重点抓好十八大精神的贯彻落实，在抓好党委中心组学习的同时，根据省卫生厅安排，邀请医院党政主要领导上党课，结合实际宣讲学习十八大精神；组织参加卫生厅举办的学习十八大精神演讲比赛和理论考试。

二要切实抓好组织建设工作。

要把组织建设放在更加突出的位置，重点抓好领导班子建设、干部选拔任用、干部日常教育管理以及人才工作，把党管干部落到实处。要不断加强支部工作，充分发挥支部的战斗堡垒作用，努力在改进工作方法、扩大工作影响力方面做工作。

三要下大气力抓好作风建设。

强调齐心协力、团结奋斗、同舟

共济、共谋发展的团队意识，要把医德医风建设作为改变医疗作风的重要内容，作为内涵建设的永恒主题，作为医院管理的主要目标。以社会主义核心价值体系为重点，加强职业道德教育，每月通过医院OA办公系统推荐医德医风参阅文章，引导广大医务人员既要时时处处严格自律，又要认真负责履行职责，还要积极主动接受监督。

四要突出抓好精神文明建设和医院文化建设工作。

重点围绕建院六十周年，开展一系列文化创建活动，突出抓好医史资料室的设计布展、院志和年鉴编纂、院庆活动的策划等活动。

五要高度重视工团工作。

要选好配好团的干部，重点做好新入院职工和聘用人员的教育工作，引导广大青年拥有积极的态度，抓住发展的机遇，把个人发展与医院发展紧密地联系起来，担当推动医院发展的生力军，更好地施展自己的才华，实现自己的抱负。五四前夕，举办一次青年文明号负责人和青年岗位能手参加的座谈会，引导大家立足本职，发挥示范带动作用。另外，适时召开职代会，做好职代会换届选举工作。

六要深入做好联村联户工作。

按照省委要求，做好帮扶点村医室和文化室的建设。建议抽2到3名青年干部下乡锻炼，做好政策宣讲，督导落实惠民政策。组织一次大型义诊活动，提前做好调研和宣传，按照农民需求调配医疗专家，邀请市县双联工作领导参加指导。在扎实做好工作的同时，评选推荐双联工作先进典型。

七要重视医院统战工作。

召开一次省市政协委员及各民主党派成员、无党派高级知识分子代表参加的统战工作座谈会。围绕如何发挥组织优势，做好医院各项工作提建议，促工作。进一步调动和协调各方面的力量为医院改革与建设建言献策，贡献力量。

2013年已经开启。让我们一起成就梦想，把个人的生命与历史的潮流交汇，将人生的旅程与医院的成长融合，用2013年的日日夜夜，成就一个更加美丽的发展梦。

（整理 原明明）

2013年党委工作总结报告

告别收获喜悦的2013年，迎来充满希望的2014年。在全党深入学习贯彻党的十八大和十八届三中全会精神，全力推进和落实医改任务的关键时刻，我们回顾总结过去一年的党委工作，精心勾画新年新梦想。

一、2013年工作回顾

（一）围绕院庆60周年开展一系列宣传文化活动。

年初，医院领导班子紧紧围绕服务患者这个核心，60周年院庆这条主线，对全年的目标任务做了总体定位和系统安排，然后分步组织落实，使医院临床服务、教学科研、综合管理、党建与文化等方方面面的工作井然有序。年内编辑刊印了院庆系列图书，摄制完成了院庆专题片，编排演出了文艺晚会，举办了知名专家学术经验交流，组织了各类技能大赛，召开了建院60周年科技大会，评选了“功勋员工”“荣誉员工”“优秀员工”。通过一系列活动回顾医院60年的发展历程，纪念老一辈中医人对医院发展做出的贡献，引导年轻医务工作者继承“大医精诚”的精髓，发扬“传承创新”的精神，树立良好的医德医风。全院1500多名干部职工以勤奋务实的工作业绩和激情澎湃的进取精神，共同见证了医院60年的发展。

（二）紧扣内涵建设，不断提升医院的综合实力。

2013年，医院的发展得到各级领导的高度重视和大力支持，省委省政府以及卫生厅和中管局等各级领导多次来院调研指导工作，对医院的建设与发展提出指导性意见。在集中民意、反复讨论的基础上，修订完善了医院发展总体规划，描绘了一个包涵医院未来发展方向和目标定位的新愿景。就全局工作而言，新建门诊大楼正式投入使用，对全院的医疗区域重新做了布局，内涵建设更加深入细致，临床服务更加规范有序，医院综合运营管理系统正式启用，干部保健大楼全面开工建设，职工住宅楼等民生工程如火如荼，白银分院得到全面迅速发展，医院本部和其他医疗联合体的合作更加务实，白银制剂中心建设按计划推进，医院党务交流活动更加深入广泛，医院被增选为全国中心城市中医院政研会常务理事单位和甘肃省思想政治工作研究会理事单位。医院总体定位更加明晰，社会影响力得到进一步提升，全国政协调研组、泰州市卫生局、郑州市卫生局以及上海、广东、河南、江苏、云南等地中医院同行来我院参观交流和学习访问。

（三）坚持用党的最新理论成果武装干部职工思想

党政理论武装方面，认真贯彻落实中央和省委的重大部署和卫生厅党组的工作安排。重点学习党的十八大报告、十八届三中全会精神、习近平总书记系列讲话和省第十二次党代会精神，学习中央领导关于党的群众观点、群众路线的一系列重要讲话精神。通过理论学习，不断改造主观世界、加强党性修养、加强品格陶冶，打牢履职尽责的知识基础。同时，通过医院OA信息系统，为广大干部职工推荐医德医风参阅文章——全国人大常委会副委员长陈竺对青年医生的寄语《未来的大师就在你们当中》，介绍医学泰斗吴孟超的评论文章《坚守肝胆事业的医者》，浙江大学医学院附属第二医院院长王建安的署名文章《良心是行医的底线》等。通过核心价值观教育，引导广大医务工作者以无尽赤忱善待病人，以赤子之爱对待医学事业，让广大患者充分感受国医的博大、仁爱、清新、儒雅。医院还组织职工观看教育影片《老百姓是天》《两当兵变》《雷锋在1959》等。七一前夕，结合建院六十周年系列活动，组织党员参观八路军驻兰办事处纪念馆，并在场馆展厅进行了预备党员入党宣誓仪式和老党员重温入党誓词活动，回顾党的光辉历程，缅怀革命先辈的丰功伟绩，激发大家继承和发扬党的优良作风，树立争创一流工作业绩的责任意识，为促进医院改革与建设，发挥党员的先锋模范作用，做出自己应有的贡献。

此外，医院还通过承办和组织道德模范基层巡讲活动，弘扬和践行社会主义核心价值观，全面提高职工道德素质，全面提升医务人员医德医风，弘扬主旋律，传播正能量，引领广大医务人员以无尽的爱心、精湛的技术、良好的医德服务患者，服务社会。邀请李成环事迹报告人龚大锁，兰州市公安局交通治安分局副局长、第三届甘肃省道德模范康岸桥，金昌市金川集团公司退休职工，第三届甘肃省道德模范李洪启来院参加道德巡讲活动。三位道德模范发自内心的真诚报告，使我们感受到了人性之美，给我们的思想以启迪，给我们的精神以力量，为我们在道德花园里注入了正能量。

（四）组织工作更加规范有序

干部教育管理方面：年内因工作需要，对医院部分中层干部和护士长岗位做了调整和补充，对白银分院护士长以上干部进行了竞聘上岗。平时注意从政治觉悟、全局观念、团结协作、开拓发展、廉洁自律等方面提出明确要求。还通过邀请专家组织拓展训练，组织职能部门进行管理论文交流，举办医院公文写作师带徒活动等，丰富干部教育管理内容。年底，对护士长以上干部进行述职考核，通过收集、分析、评价和传递有关中层干部在其工作岗位上的工作行为、表现和工作结果方面的信息，对照和评定干部履职情况，科学、客观、公正、公平地量化评价中层干部，使干部的动态管理落到实处。

党支部建设方面：强调支部书记要在发动群众、宣传群众、组织群众方面发挥作用，用完成医院各项工作的实际效果来检验党支部建设的成效。实际工作中，各支部在组织党员学习、开展党内活动、参加双联活动、组织扶贫捐助、落实年终考核等方面发挥了战斗堡垒作用，而且能在完成急难险重任务方面，发挥作用，展示作为，树立形象，在抗灾抢险、联村联户、新楼搬迁等工作中发挥作用。

组织推荐方面：按照有关部门的要求，完成各级各类先进典型的组织推荐与申报工作。推荐全省卫生系统医德医风标兵1人，全省卫生系统医德医风先进个人3人，医院宣传处（含信息科）等12个部门或班组为医院2012—2013年度先进集体，马真琴等79名同志为医院先进工作者，孙援朝等7名同志为联村联户为民富民行动先进个人。医院宣传处还结合实际，挖掘典型，撰写宣传材料，通过OA办公系统和医院网站予以发布，在全院形成学习先进、崇尚先进、争当先进的良好氛围。

（五）纪检工作更加务实有效

充分认识新形势下加强反腐倡廉建设的重要性，在医院树立风清气正的良好工作环境。

利用医院党委中心组学习和护士长以上干部会议等，传达学习第十八届中央纪委第二次全会和省纪委第十二届二次全会精神、党的十八届三中全会精神，贯彻落实中央和省委关于改进工作作风、密切联系群众的各项规定，卫生部的九不准，卫生厅的实施细则，坚决执行关于严禁公款购买、印制、寄送贺年卡等物品的规定，在全院党员干部中开展会员卡专项清退活动，出台了《医院公务接待和行政事务工作厉行勤俭节约实施细则》《医院公务接待用餐规定》。严格执行《党风廉政建设任务责任书》《行风建设工作任务责任书》，逐级分解任务，责任到人，定期组织考核，并纳入年终干部考核。

积极参与检察院“两联系、两促进”专项活动。9月兰州市七里河检察院副检察长孙锐一行四人来院督导检查职务预防犯罪工作，增强与医院的工作联系，与医院议定开展“两联系、两促进”专项活动，并签订了协议。

认真落实《甘肃省中医院廉政风险防控工作实施方案》，推进医院廉政防控机制建设。把廉政风险防控工作放到更加突出的位置，严格按照卫生厅的要求，把建立廉政风险防控的着眼点放在医院的规范管理上，放在医院的长期建设和发展上，放在促进干部职工的教育和保护上，结合医院实际，强化教育，完善制度，规范行为，细化流程，加强防控，用制度规范和约束廉政风险行为，用科技手段做好防控软件的开发与应用，汇编了甘肃省中医院廉政风险防控制度和权力流程图，将制度执行、约束监管和权力风险等级进行细致分解，达到一事一流程一制度的信息化透明运作目的。安装医院风险防控软件，将国家各级相关法律法规、学习资料、先进典型、三重一大事项、办事流程、院务公开、满意度测评和患者医疗信息查询系统等内容分模块置于网页之中。此网待医院新信息系统建成后，与院“OA”系统合并运行。建立医院综合运营管理平台，增强对人、财、物各项综合资源的计划、使用、协调、控制、评价和激励等方面的管理，规范医院各处室管理流程，解决医院目前在管理上存在的弊端和问题。纪委督促医院审计处依据制度要求，对医院和省中医药研究院新旧制度衔接进行审计确认；加强基本建设全过程跟踪审计。监督保证把好基建合同审计关、工程决算审计关和财务决算审计关，实现投资领域的全面审计。

（六）联村联户工作有序推进

我院的联系点是陇西县碧岩镇塄岸村。根据单位的实际情况，结合行业特点，全年组织入户对接6次，在联系点组织开展义诊活动5次。医院协调到260多个卫生厅统一定制的健康工具包，为当地群众进行了普及性免费发放。为塄岸村小学捐赠了两台教学电脑以及地球仪、乒乓球、羽毛球等文体用品。为120名小学生捐赠书包、笔盒、图书等学习用品。医院新门诊大楼落成启用以后，为村上捐赠了部分老旧设备和家具，医院投资18.5万元援建村卫生室，整修村社道路，通过省发改委协调资金48万元，用于村社的道路整修与沙化，切实解决老百姓最迫切、最期盼的愿望和要求。在坚持做好义诊活动的同时，医院双联办经常协调安排当地乡亲来兰就诊。先后接待门诊就诊群众16人次，协调安排住院群众4人，尽量为他们就医提供各种便利。此外，医院通过各大媒介和相关网站刊载了有关双联工作的报道，其中，《省中医院：送医送药到山村》在2013年6月17日《甘肃日报》头版刊载，《一家中医院帮扶一个贫困村》在《中国中医药报》2013年第3922期刊载，中国甘肃网、新华网甘肃频道、甘肃卫生厅网站等也相继刊载或转载医院的双联报道，这些都为双联工作营造了良好的舆论氛围。

（七）关键时候能够发挥党员的模范带头作用

岷县地震灾害发生后，医院快速反应，副院长马忠祥带队，医院第一时间派出医疗救援队。为了充分发挥党组织作用，医疗队成立了临时党支部，第五党支部书记鄢卫平任临时党支部书记，杨维建、邓强、张崇岳、张丽平、史文宇、王世太、李炜、郑访江、李跟旺、张燕琴、宋渊等一批青年骨干第一批到灾区开展工作，李炜、李跟旺、张燕琴在救灾一线提出入党申请。在灾区，临时党支部在方便群众办事，传递党的声音，普及抗震自救知识，组织医疗队员开展一线救援等方面发挥了积极作用。医院再次以国医之责，挺身担当。医院先后派出了3批医疗队员，院内接诊救治灾区转运伤员，多家媒体对我院救治伤员和送医送药情况进行了报道。实践证明，医院基层党组织不仅能够团结和带领职工群众为医院的改革和发展贡献力量，而且在应急抢险方面充分发挥党员干部的模范作用，表现出较强的凝聚力和战斗力。

回顾总结一年来的工作，无论职工的思想政治工作还是党员的教育管理，无论组织建设还是作风建设都取得了长足的进步与发展。但也存在一些不容忽视的问题，比如工会组织需要改选换届，工会工作还需要进一步加强，支部在宣传群众、组织群众、影响群众、带动群众方面的影响力和作用还发挥得不够。还有个别党员，组织观念和党员意识不强，需要进一步加强教育和引导。

二、2014年工作要点

2014年是全面深化医疗卫生改革的第一年，也是抓住良好机遇促进快速发展的关键之年。新的一年，院党委将以学习贯彻十八大和十八届三中全会精神为主线，以加强干部队伍建设为保证，以群众路线教育实践活动为抓手，以深化医院改革为目标，不断加强和改进党的领导，为促进医院发展提供有力保障。

一要全面贯彻落实十八大和十八届二中、三中全会精神。

始终坚持运用党的最新理论武装党员干部思想，要重点抓好十八大和十八届二中、三中全会精神的贯彻落实，在抓好党委中心组学习的同时，邀请省委党校教授上党课。根据新形势下中心组学习的新要求，积极创新和丰富完善学习方式，完善学习计划制度、中心发言制度、调查研究制度，建立包括学习笔记、发言材料、讨论总结、心得体会、学习考勤等内容的理论学习档案。

二要深入开展党的群众路线教育实践活动。

要根据中央及省委的总体要求，按照卫生厅党组的统一安排，结合医院工作实际，以为民务实、清廉为主要内容，以护士长以上党员干部为重点，以贯彻落实中央八项规定、卫生部“九不准”、省委“双十条”规定和省卫生厅九项规定为切入点，以推进和提升医疗服务、患者满意、健康素养为重要载体，以开展“三好一满意活动”为抓手，集中解决医院改革发展中存在的突出问题，推动医院各项工作又好又快地发展。

三要加大风险防控工作力度。

要认真学习领会党的十八大关于反腐倡廉的新思想、新观点、新要求、新举措，坚定理想信念，补好精神之“钙”，严格执行中央以及卫生行业的各项规定，充分运用医院风险防控软件，加大监督检查工作力度。把工作的着眼点放在完善制度、建立长效机制上，放在维护人民群众利益、解决突出矛盾上，放在推动落实、开创工作的新局面上。

四要进一步加强工青妇等群众组织工作。

加强和改进工青妇工作，围绕全面推进医院总体工作，结合各自特点，选好切入点，找准着力点，开展各具特色的活动，发挥独特的优势和作用。充分发挥职工群众的主力军作用、团员青年的生力军作用和妇女的“半边天”作用，在维护广大职工、青年、妇女群众合法权益的过程中，实现好、维护好、发展好最广大人民群众的根本利益。适当时候召开职代会，做好工会换届选举工作。

五要按照省委要求继续做好联村联户工作。

紧紧围绕省委的工作部署和要求，紧密结合单位的工作实际，建立健全医院联村联户为民富民行动工作制度。不断探索完善联络员、干部工作交接、干部驻点、督查考核等工作制度和办法，切实促进“双联”行动各项工作任务的落实。要求各帮扶干部做到“四个一”：为联系户制订一份增收计划，提供一条致富信息，协调科技人员传授一项实用技术，解决一个生产生活中的难题。同时通过宣传政策、普及法律、开展文明创建活动，使广大农民的思想道德、政策观念、法制意识、科学文化水平明显提高。

六要重视和加强医院统战工作。

年内召开省市政协委员及各民主党派成员、无党派高级知识分子代表参加的统战工作座谈会。围绕如何发挥组织优势，做好医院各项工作提建议，促工作。进一步调动和协调各方面的力量为医院改革与建设建言献策，贡献力量。

（整理　原明明）

甘肃省中医院2011年工作总结与2012年工作计划

2011年，是医院业务发展快、院容院貌变化大、综合实力稳步增强、社会影响力快速提升的一年。在省委、省政府和省卫生厅的正确领导下，医院领导班子团结带领全院干部职工，以科学发展观为统领，以“三好一满意”活动为契机，努力提高服务质量和服务水平，推动中医特色和优势的发挥，弘扬中医药文化，加快医院基础设施建设步伐，不断满足人民群众对中医药服务的需求，医院各项事业发展迈上新的台阶。

一、2011年工作回顾

2011年是“十二五”规划的开局之年。我们以深化医疗卫生体制改革为主线，以突出中医药特色为抓手，把精力和财力向拓展服务空间、调整专业结构、增强服务功能、惠及医院职工等重点工作倾斜，全力以赴抓发展，统筹兼顾破难题，千方百计保服务，医院各项工作和社会效益取得良好成效。截至2011年末，医院资产总值达4.81亿元。

（一）创新和加强医院管理，提高医院综合服务水平

一是深入开展“医院管理年”活动。7月份，来自全国9个省市的专家对医院开展“医院管理年”活动，从八个方面进行了全面检查。专家组对医院管理年活动取得的成绩给予了肯定，也指出了存在的问题与不足，医院同步进行改进和解决。通过医院管理年活动，进一步加强了医院管理，大力提升了医院的社会影响力和知名度。二是加强行政管理，提高服务效能。年初，在省卫生厅组织的副处级干部竞聘上岗工作中，有21名同志走上了副处级岗位，增加了新鲜血液，壮大了管理队伍。借此，医院进一步理顺了行政职能，加快了医院绩效分配制度改革。定期举行职能处室协调会，协调和督促落实各项工作，提高工作效率。加强护士长以上干部会议和各种会议的考勤管理，出台医院会议考勤管理办法。对医院科室负责人、科室副职和护士长进行年度考核测评。实行院务公开，通过网络、病友座谈会、问卷调查、院长信箱等方式，认真倾听群众的意见和建议，提高行政工作的公信力。加强医保管理，医院被评为2010年度兰州市医疗保险定点医疗机构先进单位和A级定点医疗机构。积极开展控烟工作，设立控烟奖励基金，建设无烟医

院。三是加强医疗安全和医疗质量管理。定期召开医疗质量、医疗安全分析会。举办医疗纠风防范专题讲座，加强医疗安全教育，加入甘肃省医疗纠纷人民调解委员会，积极实行高危、高龄、疑难手术双风险评估，全年化解医疗纠纷14起，赔付金额114.15万元。完善三级医师查房制度，加强专业细化和病历管理，强化基础理论知识和技能操作的培养。落实省卫生厅“四个排队”“八个排队”和22项核心制度。落实卫生部抗生素使用专项治理工作，组织临床用药点评大会，加强临床使用抗生素的规范化管理。加强感染管理和职业病管理。全年共随访出院患者16285人，总体满意率为98%。四是优质护理服务稳步推进。继续开展“优质护理服务示范工程（136工程）”活动，在原来3个病区的基础上扩大到13个病区，为患者提供了安全、优质、满意的护理服务。成立“甘肃省中医护理培训基地”，以中医特色护理为中心，对省市区百名护理人员进行了培训。五是临床教学工作稳步拓展。先后接受甘肃中医学院、省中医学校、省卫校、张掖医专、华北煤炭医学院、海南医学院等院校9个专业、三个层次的352名实习生，免费接收省内各基层医院各类项目进修人员100名。医院骨伤特色疗法临床研究室、脾胃病临床研究室、中药制剂研发临床研究室、脑病临床研究室被评为甘肃中医学院临床研究室。甘肃中医学院博士学位授予单位立项建设工作取得成功。甘肃省高等医学院校临床教学基地得到省教育厅和省卫生厅的正式认定。举办了骨科、消化、脑病、风湿、药剂、护理、财务、影像、老年病、疼痛等10个国家级和省级继续教育项目学习班，参加人数达2236人次。积极参与各级各类学（协）会工作，多名同志担任各种学会主委或副主委职务，增强了学术交流与合作。六是加强人才队伍和学科建设，增进医院发展后劲。医院有11名同志被评为第三批甘肃省名中医，有20名同志取得中医药专业高级职务任职资格。面向社会公开招聘76名工作人员，其中博士10名；引进高层次人才10名，其中博士后1名，实现了人才拓展与学术交流。医院被确定为国家级全科医生培养基地。医院临床药物试验机构（GCP）通过国家食品药品监督管理局的资格认定。骨伤科被卫生部评为国家临床重点专科，脾胃病科、脑病科通过了国家中医药管理局“十一五”重点专科建设单位的评审。经过评审，确定肛肠科、消渴病科、针灸科、放射影像科为首批院内重点专科。设立耳鼻喉科、口腔颌面外科住院部，使医院科室平衡发展，综合能力得到进一步提升。七是注重中医药特色和优势的发挥。推行医院“大综合、强专科、多特色”的发展战略，掀起全院背名方、骨科学手法的热潮。对常见病、多发病诊疗方案进行梳理，共整理特色诊疗项目177项（其中非药物特色诊疗技术66项，以药物辅助进行特色治疗的项目111项），对中医治疗优势病种进行推广，实行针刺疗法全院覆盖。积极引进国家中医药管理局百项诊疗技术和推广项目，如石学敏院士“中风单元疗法”、薄智云院长“腹针疗法”等10项特色疗法治疗各类常见病和疑难病。八是开展岗位练兵、技术比武活动，提高专业技术水平。医院积极支持和鼓励广大职工参加省、市和全国性的大赛，在2011年全省中药技能大赛、全省卫生行业护理岗位技能大赛和中医护理技能等大赛中取得优异的成绩，同时组织和举办院内各类业务比赛活动。通过举办全院中医经典名方背诵及应用大赛、陇中中医正骨手法大赛、中医护理技能操作比赛、首届计算机知识竞赛等赛事，加强了专业技术交流，提高了岗位胜任能力。九是加强对外合作，促进技术交流。先后选送17名同志赴国（境）外研修考察学习，派出39名同志在国内大型医院进修学习。接待丹麦、新西兰、韩国专家和国内各省市区医疗考察团来院参观访问。十是科研水平稳步提升。全年科研课题共立项44项，资助经费94.4万；全年组织鉴定项目20项，其中16项达到国内领先水平；科研获奖项目共7项，其中获甘肃医学科技奖3项，甘肃省皇甫谧中医药科技奖3项，甘肃省黎秀芳护理科学技术奖1项。

经统计，全年门诊挂号为286407人次，较2010年增加21218人次；门诊诊疗人次为400979人次，比去年增加32206人次；全年收治住院病人20232人次，较去年17129人次多收3103人次；平均住院天数15.8天，较去年17.2天缩短1.4天；全年共接待省市区医保患者8663人次，较去年增加25%；床位使用率108.5%，较去年的103.5 %，上升5个百分点。开展手术5713台，较去年的5293台多开展420台。强化检查意识，检查人次较去年明显增加。其中放射影像科CT、MRI、普放人次为12681、8992、82384、较去年分别增加24.3%、39.8 %、11.3%；超声心电检查科超声检查30198人次，较去年的25421人次增加4777人次；检验科门诊检验61780人次，较去年50025人次增加11755人次，上升23.5%；临检81907人次，较去年的68838人次增加12259人次，上升17.8%；病理科检查5737人次，较去年的5033人次增加704人次，上升14%。

（二）彰显医院社会责任，积极开展支援基层和突发公共卫生工作

一是积极开展支援基层卫生医疗工作。选拔15名临床业务骨干赴古浪县、民勤县、岷县中医院进行为期一年的对口支援工作，医院分9批派出专家对各支援医院开展专题讲座；落实省卫生厅卫生援藏工作意见，医院对口支援甘南州藏医药研究院附属医院，选派1名骨科专家挂职副院长，开展管理和技术帮扶工作，医院捐赠3万多元的办公电脑和病房用

品，支持其开展电子病历工作，改善患者住院条件；援建临夏州中医院，挂牌为甘肃省中医院临夏分院，重点进行人才培养、学科建设、业务管理和科研能力的帮扶，派出专家4人常住临夏开展支援工作。二是积极开展扶贫救助工作。按照省扶贫办要求，从2007年开始医院对口帮扶定西市渭源县田家河乡。今年组织专家在渭源县中医院开展义诊、业务查房和技术帮扶等工作，为田家河乡五保户送去医院的温暖，为全县14个乡镇捐赠价值72万多元的药品。三是积极开展义诊和宣传活动。组织医务人员参加了“三八妇女节”“世界糖尿病日”“爱耳日”和“世界红十字日”等主题宣传活动，并开展义诊和健康咨询工作；医院被确定为省民政厅“救助贫困家庭中患有先天性心脏病患者”定点医院，全年共检查地县患儿700余例，确诊并完成手术80余例；全年在辖区内免疫接种共2322人次。四是积极开展各种应急医疗援助工作。在天祝县恶性爆炸案、环青海湖自行车赛兰州赛段、兰渝铁路特大交通事故、正宁校车特大交通事故和西长高速公路特大交通事故发生后，医院在第一时间组织救援队赶赴现场，开展医疗救援工作。

（三）加快培育优秀的医院文化，医院文化建设取得突破性进展

一是不断丰富医院文化载体。建成中医文化广场，编印反映医院近五年发展变化的画册《精诚至善》和展示医院发展历史的图册《陇中杏林撷英》，制作台历，评选出建院以来三个阶段的65名“名中医药专家”，制作医院文化墙和医院职工誓词栏，组建杏林合唱团，组织职工练太极拳等。二是不断推广先进的医院文化。利用网站、院报、简报、下乡义诊、文化手册、科普宣讲等形式，积极开展以广大群众为对象的中医文化推广活动，促进中医文化进农村、进社区、进家庭，组织4批中医药专家分别在兰州、白银、定西和武威进行中医科普知识宣讲，引导广大群众主动、早期应用中医服务。三是不断积淀优秀的医院文化。举办医院中医文化节系列活动，整体活动有医院画册的首发，各种颁奖和授牌，文化广场塑像的揭幕，住宅楼的奠基，中医优质护理服务的展示，陇中正骨手法技能大赛和中医经典名方大赛，新入院员工的宣誓等，以医院文化凝聚人，以医院文化的核心价值鼓舞人。医院被国家中医药管理局授予“全国中医药文化建设先进单位”、被中华中医药学会授予“全国先进无烟中医医院”荣誉称号。

（四）狠抓行业作风建设，为医院事业发展保驾护航

一是认真开展行业作风建设工作。结合创先争优活动和“三好一满意”活动，每月组织护士长以上干部收看警示教育片，参观警示教育展览。按照“谁主管，谁负责”的原则，安排部署行风建设工作，明确工作任务，狠抓工作落实。完成20项工程项目的审计工作。1—11月份，拒收“红包”128人次，累计金额12.18万元。实行“黑名单”制，加强药品供应商的动态监测和管理，年内在医院HIS系统安装防统方软件系统。二是认真开展“三好一满意”活动。制定《甘肃省中医院开展“三好一满意”活动2011年实施方案》，召开专题会议进行安排部署，以简报、宣传栏、院报、网络调查等形式进行深入宣传，扎实开展以服务好、质量好、医德好、群众满意为主题的“三好一满意”活动。三是认真开展2011年民主评议行风工作。积极协助省纠风办民主评议医院行风第三工作组召开患者代表座谈会、职工代表座谈会、社会监督员座谈会、2011年全省卫生系统医疗机构行风评议大会，在评议大会上，民评组对医院民主评议行风工作做了评议，对一些突出问题进行了质询，医院及时制定整改方案，对存在的问题逐一进行落实，限时整改。

（五）加快医院配套设施建设步伐，增强医院发展合力

一是基础设施建设加快推进。新建的门诊医技综合楼主体工程已经完成，正在进行后期装修和配套设施的安装。新建4.07万平方米的一期职工住宅楼和地下立体停车库建设工程开工建设。建筑面积2.96万平方米的科研制剂楼工程得到省发改委的立项。完成干部病房改造装修、院区马路铺设、消防安全设施改造等各种保障性工程建设，新建的消毒供应中心进入收尾阶段。二是特色医疗设备加快更新。年内支出2018.9万元购进各类医疗设备356台，其中中医特色诊疗设备217台，普遍用于病人的康复治疗。三是医院信息管理系统加快升级。利用自主技术解决HIS服务器不定期重启故障，保证系统不间断、无故障运行。不断推进医院电子病历系统进程。自主研究设计抽号程序、核算效益工作程序、外网系统程序等，提高工作效率。医院OA系统运行正常，访问权限扩大到全院每位职工。院内网上图书馆年访问量达42万多次，目前属中国知网访问量西北第一。

（六）省中研院工作再上新台阶

《甘肃中医》更名为《西部中医药》，升格为国家级中医药期刊，进入国家科技核心期刊；甘肃中医药科技查新中心完成中医药科技查新120项；与甘肃中医学院联合成立中医骨伤科学研究生联合培养示范基地；成立甘肃省中医药文化研究与传播中心；出版《皇甫谧研究集成》，在庆阳2011年全国农耕文化节上首发，完成《黄帝外经》的考证工作；完成细胞培养室及动物实验室的建设；在敦煌成功举办中华中医药学会编辑出版分会2011年年会。

一年的发展实践，进一步深化了我们对医院发展规律的认识，积累了许多宝贵的经验。我们深切体会到：要实现医院的可持续发展，必须牢固树立科学的发展观和战略思维，咬定

目标不放松，一张蓝图绘到底，在继承中创新，在创新中发展；必须看到发展的后发优势，注重中医药特色和优势的发挥，深入挖掘潜在优势，发展培育特色专业，不断夯实医院发展的基础；必须加强专病专科建设，培养实用型人才队伍，拓展业务发展空间，完善医院服务功能；必须始终坚持创新的理念，深化内部改革，激发内在活力，借助多重外力，以宽广的视野谋划发展、推动发展；必须善于经营医院，注重打造品牌优势和特色结合，不断扩大医院影响力，提高医院发展动力；必须改进服务理念，优化服务流程，为病人提供一流的医疗服务。

一年的发展实践，我们也清醒地认识到，医院发展仍然存在不少困难和问题，主要为：一是医院长远发展的规划和方向已经基本明确，但建设周期较长，任务繁重，形成医院新的结构布局还需要持续努力；二是在中医特色和优势的发挥上取得了一些成效，但还停留在一定范围内，没有形成长效机制；三是医院发展速度不断加快，但对传统科室的依赖程度较高，多元支柱科室尚处于培育发展阶段；四是医院面貌有了明显变化，但基础设施功能薄弱，如保安、卫生、设备等管理水平还有待进一步加强；五是筹融资渠道逐步拓宽，但专项资金投入仍然不足，还需要逐步扩大融资规模；六是医疗服务能力有了提高，但医疗核心制度执行有待进一步加强，医疗不安全事件时有发生；七是行政管理水平有了一定提高，但部分干部观念缺乏创新，作风不够扎实，不能适应医院快速发展的要求。我们一定要直面问题，正视不足，增强信心，求真务实，埋头苦干，努力把医院不断推向跨越式发展的新阶段。

二、2012年主要工作

2012年是医院发展尤为重要的一年，医院的发展将步入一个新的阶段。我们将不断加强行业作风建设，以开展好“三好一满意”活动为支撑点，以发展培育特色医疗为切入点，以破解发展难题为着力点，以提升医院影响力为突破点，以保障和改善职工生活为根本点，努力实现各项工作的新突破。

（一）夯实医院发展基础，增强硬件服务水平

2012年，消毒供应中心争取1月投入使用，门诊医技综合楼争取10月投入使用，科研制剂楼和污水处理中心力争上半年开工建设，职工住宅楼力争年底封顶，新的住院部大楼建设工程争取年内立项，职工住宅1、4号楼完成设计和准建手续的办理，力争年底开工。根据医院发展需要，做好各项维修改造工程，建设医院中心制氧系统，继续做好信息化建设工作。

（二）完善学科建设架构体系，进一步优化专业结构

积极申报省级、国家级重点学科和专科，加强学科管理，实施医院重点专科管理办法，重点学（专）科申报实行院内评审，以打擂台的办法，提高申报质量和数量；成立职业病专科，并开设门诊；成立甘肃省康复治疗中心，打造“椎间盘超市”；成立急诊日间病房，争取“120”急救分中心挂牌；推行中医临床路径管理和单病种管理；缩短平均住院天数，控制在14天以内；执行骨科专业细化，推行专家团队负责制，以人才建设带动学科发展，以重点专科带动一般学科发展，以学科建设推动医院发展。

（三）加强医疗安全管理，提高医疗护理服务质量

积极和甘肃省人民医疗纠纷调解委员会沟通，对历年医疗纠纷情况进行总结分析，从源头上减少医疗纠纷的发生；进一步完善医疗质量和安全控制体系，落实医疗质量与安全的责任制和责任追究制，完善医患沟通制度、投诉处理制度，加强医患沟通，减少医患矛盾；提高病历质量，加强病案管理，成立病案管理科。抓好基础护理，夯实中医护理技能操作，推行宾馆式服务，将中医护理技能操作抓好抓实；提高护理人员应急能力，举行应急预案演练；充分发挥“甘肃省中医护理培训基地”的作用，培养一批中医护理业务骨干。

（四）突出中医特色，加强特色中医专科专病建设

抓好“三名（名医、名科、名院）”工程建设；在全院兴起四大经典、中医基本理论、中药学、方剂学、各家学说和正骨手法等系列学习活动；在全院推行膏方进补；挖掘和推行中医特色疗法和适宜技术，提高临床疗效。

（五）提炼医院精神，加强医院文化建设

继续完善中医文化广场的建设，在院区种植中草药，增加古代名医张仲景、李时珍、华佗和封衡塑像；组织好医院杏林合唱团和太极拳队伍；提倡和鼓励职工做工间操；制作反映医院发展的纪录片《发展中的甘肃省中医院》；加大医院对外宣传力度，成立医院社会媒体监督管理委员会；继续开展丰富多彩的岗位练兵、技术比武活动；巩固无烟医院创建的初步成果，继续做好无烟医院的创建和管理工作。

（六）积极争取建设项目，以项目建设推动医院发展

积极向国家、省市区相关机构申报临床教学与研究、专科专病建设、专科能力建设、医院管理等建设项目，以项目促进步，以项目促发展。年内争取国家中医临床研究基地项目，做好全国首批中医全科医生规范化培训示范基地建设项目，做好全国性的三级甲等医院复评工作，做好医院管理年、“三好一满意”和信息化建设等工作，继续做好支援基层农村医疗工作，加大对口帮扶工作力度，积极探索帮扶新模式，借势发展，打造中医药医疗集团。

医院正处在改革发展的关键时

期，2012年的工作任务亦然很重，责任非常艰巨，使命无上光荣。全院上下要切实增强责任感和紧迫感，解放思想，求真务实，聚精会神搞建设，一心一意谋发展，为建设一个现代化、大综合、多特色、强专科、甘肃第一、西部领先的大型三级甲等中医院而努力奋斗！

（整理　原明明）

甘肃省中医院2012年工作总结与2013年工作计划

2012年，是喜迎党的十八大召开之年，医院在省委、省政府和省卫生厅的坚强领导下，坚持科学发展观，深入贯彻落实省第十二次党代会精神，在全院干部职工团结奋斗下，医院医疗水平和服务质量显著提升，中医特色和优势发挥作用明显，基础设施建设取得突破性进展，服务发展空间得到延伸拓展，社会影响力持续增强，医院各项工作和社会效益取得良好成效。

第一部分　2012年工作回顾

一、医院管理进一步完善，综合服务水平进一步提高

一是通过国家中医药管理局“三级甲等中医院”复评。2—6月，医院按照评审要求，从“综合服务功能”和“中医药服务功能”两个部分，从发挥中医药特色与优势、队伍建设、临床科室建设等十四个方面做了大量富有成效的工作，达到“以评促建，以评促管，评建结合，重在建设”的目的，在省内7家评审医院中取得了第一名的好成绩。

二是完善制度，加强行政执行力。严格执行院内各项规范制度。为进一步完善管理制度，医院相继出台了《关于规范医疗行为与医疗纠纷（事故）处置管理办法》《医院护理人员行为规范管理办法（试行）》和《医院工作人员违纪违规处罚管理办法》。细化管理岗位，5月份，通过岗位竞聘各项程序，有153位同志走上了科级干部、护士长岗位。邀请省内外管理专家举办4次管理培训讲座。院务公开进一步透明公开，对项目建设、财务、人事任免等重大事项及时公布，通过网络、院长信箱和社会监督员及病友会、职工代表大会等方式接受职工、社会各界监督，吸取有益建议和意见，及时整改。深入落实“效能风暴”行动，医院制度趋于完善，执行力得到提升，工作效率大幅提高。

三是医疗质量持续提升，医疗安全逐步提高。岗位练兵和技术比武深入开展，涉及专业领域逐步扩大，技术水平更高更新。院内举办了中西医基础知识大赛、中医经典大赛、第二届正骨手法大赛、感染知识大赛。在国家级省级技能大赛中取得佳绩。医疗技术进一步提高。组织全院医务人员参加“三基”、抗菌药物合理应用技能等考试。加强院感和职业病管理，取得职业卫生技术服务资质。强化制度管理，规范医疗行为，狠抓对各级各类医务人员的“三基三严”训练和岗位培训，不断提高诊疗水平，加强用药规范化、合理化。加强手术分级管理，制定《中医院手术分级管理办法》。坚持每月医疗质量分析会，开展质量教育，强化医师业务培训与技术考核，切实提高医疗质量。保障医疗安全，加强医患沟通，有效防范医疗纠纷。国家药物临床试验机构全年共接洽55个临床试验项目，其中新药项目34项，正式签订合同并承接8项（新药2项），商洽待启动项目5项。药学工作取得新成果，成功申报国家中医药管理局重点专科和临床中药学重点学科，新注册医院制剂8个。医保工作更好地服务临床发展，医保信息模块优化升级，医院再次荣获A级定点医疗机构称号和“全省社会保险工作先进单位”荣誉称号。

四是护理工作优化升级，中医特色护理扩展提升。2012年中医优质护理服务实现全院覆盖，病人满意率达到99%。强化基础护理知识及技能培训，强化急救知识及操作的考核，开展“加强护理质量管理，强化执行力建设”管理月活动，举行护士长应急演练，全院护理人员急救能力显著提高。充分发挥甘肃省中医护理培训基地的辐射与带动作用，举办4期省级护理培训班，培训省内各级护理人员600余人。2012年医院获得“甘肃省优质护理服务先进单位”等荣誉称

号。

五是中医特色进一步突出。每个病区均设立了中医特色治疗室，配备相应的中医特色设备。研究制定了医院鼓励中医特色、临床科室特色医疗流动红旗评选等制度。针对临床科室具体情况开展特色医疗服务。加强名中医管理工作，举办名老中医学术思想传承研讨班4次。完成国家中管局中医学术流派传承工作建设项目申报4项，其中陇中骨伤流派获得立项。加强中医特色诊疗培训，开展国家中医药管理局中医药适宜技术推广视频课程、全国中医药适宜技术推广视频网络培训。

六是临床教学工作平稳快速发展。适应学科建设和教学的需要，调整和新成立了4个教研室。接受甘肃中医学院、省中医学校、省卫生职业学院、张掖医专等院校共474名实习生，较去年增加126名；接受集中见习生198名；免费接受省内基层医院进修人员183名。“分段式”教学工作顺利进行。承担“全省县级中医临床技术骨干培训班”“全省中医护理知识与技能培训班”“全省城市中医类别全科医师转岗培训班”和县级医院骨干医师培训工作，共培训来自全省的170名学员。配合甘肃中医学院博士生培养点建设工作，新增硕导5名，至此，医院共有硕士研究生导师34名。

七是学科建设取得新进展，科研实力进一步增强。中医痹病学、中医血液病学、临床中药学、中医文化学四个学科被国家中医药管理局确定为“十二五”中医药重点学科建设单位。至此医院共有国家级重点学（专）科11个。国家中医药管理局“十一五”重点学科骨伤科通过中期检查评估。骨伤科专业得到进一步细化，技术日益高尖端化。医院全年各类科研项目立项50项，获得资助资金744万元。全年科研获奖13项，其中皇甫谧中医药科技奖11项、甘肃医学科技奖三等奖1项、兰州市科技进步奖二等奖1项；全年组织各级科研项目鉴定15项，其中成果获得国内领先水平13项，国内先进水平2项；全年两院发表论文371篇，出版论著27部，申请专利8项。

八是机构设置和人才结构日趋合理。随着门诊医技综合大楼的逐步建成，医院编制床位增加至1150张。同此，医院适时增设了9个临床医技科室和4个行政科室，对10个临床科室进行了调整和名称变更。进一步优化管理队伍建设。全年引进专业技术人员和接收毕业生共37名。其中高层次人才3名，博士研究生4名。人才结构进一步优化。33名同志取得了中医药高级资格，医院高级人才队伍进一步壮大。

经统计，全年门诊挂号为329038人次，较2011年增加42631人次。门诊诊疗为462473人次，比2011年增加61494人次。全年收治住院病人24470人次，较2011年多收4240人次，床位使用率为107.9%，2011年为108.5%，两年基本持平。开展手术6339台，较2011年多626台。全年购置各种医疗设备482台，总价值2363万余元。强化检查意识，检查人次较2011年明显增加。其中检验科检查门检66883人次，较2011年增加5103人次；临检108169人次，较2011年多27072人次。病理科今年检查6874人次，较2011年的5737人次增加1137人次。功能检查科今年检查39450人次，较2011年的30198人次增加9252人次。放射影像科普放检查86945人次，比去年增加4561人次；CT检查14237人次，比2011年增加1556人次，核磁检查11744人次，比2011年增加2752人次。

二、拓展服务空间，增强发展后劲

一是有效发挥医院在医疗、教学、科研、管理等方面的优势，将优质资源向省内辐射。年初，成功托管白银市中西医结合医院，实施人、财、物全方位管理，并更名为甘肃省中医院白银分院；挂牌成立了临夏分院（原临夏市中医院）和通渭分院（原通渭县中医院）。发挥城关区省委门诊部和甘南路特色门诊部的作用，不断扩大医院服务半径。

二是在省卫生厅和省中医药管理局的支持下，医院联合分院和帮扶的地县八家医院组建了甘肃中医医疗集团，实现了资源和信息共享。并于8月底成功举办了甘肃省中医院首届中医药发展论坛。近一年来的实践证明，分院和中医药集团各成员在医、教、研等各方面得到实实在在的发展和提高，医院社会效益、影响力和知名度进一步提升。

三是发挥自身优势，产业引导，开工建设甘肃省中医院制剂中心。充分发挥医院特色自制制剂质优价廉、疗效确切的作用。建设“西北一流，国内先进”的、符合GMP规范的、集制剂研发、生产、教学、营销为一体的、标准化的、现代化的白银科研制剂中心，现已完成围墙、地勘、施工方案初设等工作。

三、突破发展瓶颈，基础设施建设取得重大进展

2012年是医院基建之年，医院下大气力破解制约医院发展的硬件不足的瓶颈难题，有效缓解了医院硬件设施紧缺与社会日益增长的中医药需求之间的矛盾。

一是门诊医技综合楼完成楼层功能确定、房屋布局及室内装饰设计。完成电梯、空调、上下水管网及水泵房安装，完成医院总配电室、楼内照明的安装和调试，完成14～16层装修。

二是大项目建设有序推进。职工1号住宅楼开工建设，康复保健综合楼项目得到省发改委立项，完成可行性研究报告、批复。污水处理中心项目完成土建及设备招标工作。

三是职工2、3号住宅楼封顶，顺利完成第一期分房工作。为进一步稳定专业技术和管理队伍，改善职工居住条件与环境，为职工谋福利，充分调动广大职工的积极性，医院在广泛征求全院职工意见和建议的基础上，按照《甘肃省中医院新建2、3号职工住宅楼分配方案及腾空房屋管理办法》，坚持公开、公正、合理分配的原则，医院一期分房使得179名正、副高级专家、优秀管理者、医院老职工和130户拆迁户分到了新房。

*四是医院发展的土地空间进一步增大，整体规划进一步合理。*兰州市政府将医院北区社会居民区域土地划拨给医院用于扩建，占地面积约25亩，现对院区进行第四次整体规划设计。

*五是优化改造院内配套设施建设。*新建的消毒供应中心投入使用，新建药学部加工室，扩建煎药室，新增十吨天然气锅炉、完成泵房暖气管网改造工作，完成院内绿化亮化，医院配套设施日趋完善。15项院内维修改造项目完成审计，送审金额979万元，审定金额823万元，审减率为19%。

四、中医文化内涵建设成效显著，医院影响力持续增强

*一是文化建设取得新进展。*通过培训、宣传、教育、大力开展医院中医药文化价值观培养，完成了第二批雕塑医仙封衡、医圣张仲景、药圣李时珍、神医华佗、骨伤名医郭均甫等的设计、招标、配文、安装及专利申请工作，医院人文环境进一步升级。中医文化学被国家中医药管理局确定为“十二五”中医药重点学科。医院被省卫生厅、省精神文明办评为“全省卫生行业精神文明建设先进单位”，孙援朝、舒劲同志荣获“全省卫生行业精神文明建设先进个人”荣誉称号。

二是承办国家级各类大型会议。“中华中医药学会骨伤科分会学术年会”“第八次全国整脊学术交流大会”“全国中医药标志性文化内涵学术研讨会”“全国中心城市中医院政研会十五次年会”“2012中美（兰州）麻醉学术交流会”等国家级会议分期举办，得到了政府主管部门和社会各界的一致认可。医院影响力和知名度得到大力提升。

五、中医药服务能力获得社会认可，对外交流日益广泛

*一是应急能力得到大力提升。*义不容辞参加“5·10”岷县抗洪抢险等救援工作，医疗急救分站工作顺利通过兰州市区“120”院前医疗急救分站评审工作二组评审。积极参加“2012卫生应急演练”，获三等奖，并被授予“全省中医药救治基地”的荣誉称号。参加省卫生厅组织的新型冠状病毒疫情防控应急演练。医院应急工作得到国家中管局、省政府和卫生厅肯定，被国家中医药管理局授予“全国中医药应急工作先进集体”称号，李盛华同志获得“全国中医药应急工作先进个人”称号。“5·10”岷县抗洪抢险医疗队荣获“甘肃省劳动先锋”荣誉称号。

*二是对外交流和支援工作开展日益深入。*今年共选派赴国（境）外研修36人次，接待瑞士、韩国团体来访5次，举办赴国（境）外人员研修学习报告会2场，挂牌成立了“韩国无极保养灸疗中心”。保质保量做好万名医师支援农村卫生工程项目工作。对口支援古浪县、民勤县、岷县中医院和甘南州藏医药研究院附属医院工作得到了进一步加强。医院被卫生部授予“城乡医院对口支援工作先进集体”称号。

*三是向社会献爱心，积极参与民政工程与义诊活动。*完成民政项目及中医药数据监测工作。完成省民政厅白内障、脑瘫、乳腺癌、宫颈癌、先天性心脏病、急性白血病、重度精神病等七种重大疾病救助办理程序设计工作。参加“5·8红十字博爱周”“联村联户”等大型义诊活动15次，开展免费体检和宣传健康教育活动，捐赠药品12万元。组织全员职工进行义务献血。为社区儿童计划免疫接种1627人。

六、深入开展“效能风暴”行动和廉政风险防控工作，医德医风、行风建设持续改进

*一是全院掀起提质增效的“效能风暴”行动。*将“效能风暴”行动与医院实际工作相结合，制定《医院效能风暴行动实施方案》和《医院效能风暴行动民主评议工作作风实施方案》，全院动员全员参与，提升工作效率，加强“四风”建设，整治突出问题，服务能力全面提升，患者满意率较往年明显提升，达到98.1%。

*二是廉政风险防控工作持续改进。*充分利用“科技+制度”模式，制定《甘肃省中医院廉政风险防控工作实施方案》并严格执行监管，组织医院廉政风险评估和问卷调查，自行设计甘肃省中医药廉政风险防控系统软件。

*三是医德医风、行风建设持续改进。*丰富和深化创先争优活动和“三好一满意”活动内容、方式，坚持每月组织护士长以上干部收看警示教育片，参观警示教育展览。与医疗设备、药品供货企业签订《甘肃省中医院廉洁协议书》，全年拒收“红包”累计金额250800元。认真开展2012年民主评议行风工作，召开职工座谈会、社会监督员与病友座谈会，听取社会各界的意见和建议，及时采纳改进。医德医风明显改进，一批医德高尚、医术精湛的医务工作者、工作团队分别获得“三八”红旗手、“三八”红旗集体、“郭春园式的好医生”和“我最喜爱的健康卫士”等荣誉称号。有11名同志被授予“甘肃省名中医”荣誉称号。

七、省中研院和白银分院工作再上新台阶

省中研院科研实力进一步增强，《西部中医药》杂志连续入选中国科技核心期刊目录，荣获全国中医药优秀期刊奖。“中医文化学”成功申报国家中医药管理局“十二五”中医药重点学科。参与2013年中医药行业科研专项项目——“中医药传统知识保护研究”工作。中药所和中心实验室获得两项国家自然科学基金项目，实现了国家级课题零的突破。

白银分院成立一年来，各项工作顺利开展，新建的住院部大楼和食堂投入使用。通过了三甲中医院评审，针灸科通过国家重点专科中期评估。医院向分院派驻管理人员6人，各类专家332人次（常驻专家8人），工作人员25人。2012年全年门诊量75440人次，与2011年同比增长了50%，住院病人4549人，与2011年同比增长了81%，出院病人4401人，与2011年同比增长了78%。

经过全院干部、职工的共同努力，按照医院规划一步一个脚印，提医疗水平、医疗安全、服务质量，抓管理与制度建设，突中医特色，强人才建设和专科（学科）建设，重科研创新，破基础设施建设难题，医院各项事业取得了长足进步，医院发展进入良性循环的发展轨道。但一些问题仍亟待我们下大力气解决：

一是基建项目资金缺口大，寻求解决的办法少、成效低。

二是存在医疗纠纷，全年共化解医疗纠纷13起，赔付金额159万元，医疗质量和医疗安全管理有待进一步加强；一些副高职称以上的人员业务水平一般，没有病人群，缺乏影响力和贡献度；一些高级职称人员在晋升职称后，不思进取，停步不前，极大地浪费着资源，影响了医院的快速发展。

三是部分科室中医特色发挥不够，院内制剂使用量低。

四是部分科室中医特色诊疗设备使用率偏低，作用发挥不够。

五是新技术、新业务开展力度不够，各专业、各科室开展不均衡。

六是部分行政管理部门管理制度执行力不够，各种考核监督执行不到位，工作效率不高，工作作风亟待转变，服务水平有待提高。

七是继续教育和进修培训跟不上业务发展的速度。

八是项目促发展计划实施不够，项目引进工作滞后。抓到手的项目组织监督实施不到位。

九是重点学（专）科的建设力度和引领作用发挥不够。

十是科研与教学质量水平有待进一步提高，人才的引进与培养有待进一步扩大和提升。

第二部分　2013年工作计划

2013年，医院将迎来六十周年院庆，医院发展将步入新的历史发展时期。我们将紧紧围绕“以病人为中心，发挥中医药特色与优势，提高临床疗效”为主题的三甲持续改进活动为重点，结合改进工作作风、密切联系群众、“廉政风险防控”和“三好一满意”等活动，不断提高医院服务质量和社会影响力。通过全院干部职工努力，力争门诊量突破45万人次，出院病人量突破3万人次，病床周转率降到12天，中医药参与治疗率达到95%以上。

2013年主要工作：

一、搞好六十周年院庆活动。围绕医院中心工作，举办反映医院历史变迁、突出医院文化和中医特色的系列庆祝活动。计划出版反映医院精髓的《岐黄之路》三本丛书，制作反映医院发展的两部专题宣传片，筹建反映医院历史的一个展览室，举办两个学术会议，建设凝练员工思想的一面医院文化墙，排练一台反映医院文化的文艺节目，同时举行门诊医技综合楼投入使用庆典、召开首届科技大会等。

二、在医院管理年活动和三甲医院评审的基础上，针对存在的问题和有关重点工作，开展“以病人为中心，以发挥中医药特色优势，提高中医临床疗效”为主题的持续改进工作。要提高对发挥中医药特色与优势重要性的认识，克服松懈情绪，保证重视程度不降低，工作力度不减弱，以持续改进活动的要点为抓手，深入推进医院中医药特色与优势的发挥。将中医特色项目创新引进、中医特色设备使用率和疗效列入特色考核之中，加大对外交流和合作领域。传统科室特色创新扩大提升，非传统中医科室要使用推广。在全院开展学针灸、用针灸，学中药、识中药，学经典、背名方活动，每周掌握两个穴位、两味中药和两首方剂，使针灸疗法在全院各临床科室普及实施。通过多渠道、多途径来推进中医预防保健工作。加强中医特色护理，提高整体护理水平，继续开展全院优质护理服务工作。

三、狠抓医疗质量与安全，创新中医特色优势发挥。着力提升医疗质量与安全监管，严格执行省卫生厅制定的22项核心制度，加大奖惩力度。完善职工外出进修学习制度，保证学习的效率和成果推广的成效。从提高医疗水平和制度监管上减少医疗纠纷事故的发生。

四、提升学（专）科建设水平，切实增强科研能力。做实做细医院现有国家级、省级和院级重点学（专）科，按计划、有步骤地制定学科建设目标，积极培育、申报新的重点学（专）科。依托省中医药研究院的科研平台，加大科研项目申请力度。加强中医集团内的合作与交流，为基层培养更多的中医药实用型人才。培养项目意识，多渠道、多途径争取各类项目。

五、加强教学管理，提高教学质量。做好甘肃中医学院博士点建设评估和硕士研究生管理工作。改善进修学习人员住宿条件，抓好新门诊楼综合教室、实训室管理工作，做好全科医生培养基地建设项目，做好国外来院进修人员的各项准备工作。

六、加快基础设施建设步伐，改善就医环境，提高职工幸福指数。门诊医技综合楼、污水处理中心全面建成投入使用；新建白银科研制剂中心、康复保健综合楼、制氧中心和立体车库，改造新的手术室、重症监护病房（ICU）和2号住院部楼医用电梯；新建医院新的信息机房和系统，加快医院信息化建设步伐；争取骨外科大楼批复立项，康复保健综合楼力争列入省级重点项目；职工2、3号住宅楼9月底交付使用，1号楼力争年底封顶，做好1号楼和腾空房屋的医院二期住房分配工作，更大范围解决职工住房问题，逐步提高职工福利待遇水平，增加职工幸福指数。

七、不断加强医院文化建设，扩大对外宣传。在做好国家“十二五”重点专科建设项目——“中医文化学”的基础上，不断探索医院文化建设的新途径。统一医院标识和导向系统。建设医院“寻医问药”微博矩阵，利用网络、报刊、电台等媒体扩大医院科室、专家、特色的宣传力度。

八、加强医院安全管理，包括医疗安全、建筑安全、生活安全、环境安全和交通安全，持续开展各项安全工作专项治理活动。

九、做好全国中医诊疗规范标准化基地建设，做好培训、执行、推广、评价、反馈和修订工作。

十、切实改进工作作风，提高工作效率。严格执行中央、省委、省政府和省卫生厅改进工作作风、密切联系群众的规定，加强干部队伍管理，通过岗位练兵、技术比武、专业培训和考察交流等方式，提高管理水平。

（整明　原明明）

甘肃省中医院2013年工作总结与2014年工作计划

2013年，是医院建院60周年，医院在省委、省政府和省卫计委的正确领导下，坚持科学发展观，深入贯彻落实党的十八大、十八届三中全会精神，在全院干部职工的团结拼搏下，医院医疗水平和服务质量进一步提升，中医药特色进一步凸显，发展空间进一步拓宽，整体服务功能进一步增强，环境和人文建设进一步优化，社会影响力进一步扩大，医院各项工作和社会效益取得良好成效。

2013年工作回顾

一、以丰富多彩的系列活动庆祝建院60周年，展示辉煌的发展历程

一是编辑出版了《甘肃省中医院2000—2010年院志》和《陇上草医》文集，印制了《岐黄之路画册》和《媒界视线》图书。二是拍摄历史专题片《独领风骚一甲子》。三是举办名中医系列学术活动：举办了甘肃省名中医王自立、裴正学、王子义、刘国安、廖志峰、李盛华、张延昌教授的学术思想研讨会7场；召开医院建院60周年科技大会，对建院60年来为科技工作做出突出贡献的10个先进集体，50位先进个人予以表彰奖励；举办了内科、骨科、外科、护理、医技、药剂、行政、后勤学术交流研讨会，并汇集编印了论文集；举办国家继续教育项目班9个，省级继续教育项目班13个；举办全省正骨手法大赛。四是更新院史陈列室、行政楼长廊医院发展史，筹建医院院史馆。五是营造优秀文化氛围，在医技楼门诊大厅制作反映中医药文化历史演变的文化浮雕墙，悬挂职工书画、摄影作品和手工编织品；完成医院院徽、标识的设计和楼宇标示工作；在医院网站和院报开通院庆专栏；举办职工拔河比赛。六是举办了两场异彩纷呈、催人奋进的院庆文艺晚会，将医院院庆活动推向一个新的高潮。

二、医院管理水平、整体服务水平进一步提高

一是医院步入了新的跨越转型期。随着新门诊医技综合大楼的投入使用，调整和新增了若干科室，使全院病床总数达到1300张，骨科床位达到600张，完成了医院医疗整体的新布局。

二是进一步完善管理制度，创新管理方法，提升行政工作效能。根据医院发展变化，修订和出台了护士长以上干部考核办法、医院职工外出进修学习管理办法、科研项目管理办法等。实行年度预算制度，启用医院综合运营管理系统，使资金管理和使用效率更具科学性；强化院长值周制度落实；院务公开的力度和广度进一步加大；社会监督工作持续改进；门诊就诊流程进一步优化，社会满意度进一步提高。

三是医疗质量、医疗安全进一步提升。加强各项医疗管理制度的监管和执行，加强医疗质量管理。每月开展三级医师查房，不定期举行病例讨论，强化急危重病人的会诊制度执行。严格抗生素专项治理，医院与各临床科室主任签订了抗菌药物专项治理责任状，举办3次抗菌药物点评大会。严格落实四个排队制度，奖优罚劣。加大病案管理，病历质量较之2012年有了较大提高。临床路径工作全面展开，全院已有6个科室［脑病科、老年病科、骨伤科、脾胃病科、内分泌科、肛肠（痔瘘）科］开展了21个病种的临床路径，收集病例919例。强化专业基础能力，提升专业技能水平，举办两次三基考试。举办全省首届中医正骨技能大赛和全省中医标准化培训项目，组织参加全省创伤缝合大赛、心肺复苏大赛、康复保健等大赛，并取得优异成绩。举办两次应急演练。全面加强双风险评估制度，严格执行重大、高龄手术术前会诊及备案制度。坚持召开每月医疗质量安全分析会，对重大的医疗纠纷实施“三不放过”原则，即不查出事故原因不放过，不查出事故责任人不放过，不从中吸取经验教训不放过，以保障医疗安全。

2013年共处理医疗纠纷16起，投诉89件，较去年下降40%。院感和职业病管理工作稳步推进。国家药物临床试验机构全年共接洽44个临床试验项目（其中新药项目34项），正式承接签订合同并启动临床试验项目5项（其中新药3项），商洽待启动项目7项。医院新增5种院内制剂在全省获准调剂使用，使院内制剂在全省调剂使用的品种达到28个。医保工作持续改进，荣获全省新型农村合作医疗工作先进集体。

四是中医护理工作全面深入推进。中医护理学通过了国家临床重点专科建设单位的审核。举办了国家级“中医护理管理”培训班，承办了卫生厅三期全省“西学中”护理技能培训班。全院开展“5S”管理及品管圈活动，丰富中医护理特色内涵。强化中医护理技能提升，参加全省卫生行业宾馆式服务暨创新技能等大赛，获得佳绩。护理服务水平和质量持续提升，护理满意度较去年有明显提高。

五是中医药特色进一步凸显。推行临床科室特色医疗流动红旗评选制度，制定落实2013年度医院中药饮片、自制药品临床应用考核办法，加强临床科室中医药特色考核。组织临床科室医护人员学习全国中医药适宜技术推广视频培训课程30余次。邀请省外专家来我院进行学术讲座，引进中医药适宜技术。加强中医药知识的学习，提升医务人员中医药理论知识与技术操作水平。开展“背方剂、认中药、定穴位”中医药基础知识活动。设计、编印及发放40套4万张蕴含中医药知识的学习卡片。举行中医药基础知识考试3次，举办医院首届中医药基础知识大赛，举办了国家级中医药继续教育项目“陇中中医名家学术思想研讨班”。

六是人才结构更趋科学合理，学科建设日趋完善。全年公招、引进人才31名。其中，博士、硕士研究生23人，本科生8人，研究生学历人员占接收人员的74.2%。24人取得高级职称。制定医院“345”人才管理办法，共有102人入选。完成省级第五批中医药师承教育出师考核工作。重视编外用工工作，首次对编外用工实行了岗位聘用，对269名编外聘用人员进行了岗位定级，初步实现了编外人员同工同酬。根据医院发展需要，成立了重点学（专）科管理办公室、房管科、患者服务部3个行政职能部门。细化学（专）科，增设了骨肿瘤科、外五科（肿瘤外科）、脊柱微创骨科3个临床医技科室，并对18个临床科室床位进行了调整。成立重点学（专）科管理办公室加强管理，截至2013年底，医院国家级重点学（专）科达到11个。脾胃病科、护理部成功获批国家卫生计生委临床重点专科（中医专业）；针灸科、内分泌科、中医药科技信息研究所（省中医药研究院）3个科室被评为甘肃省第五批中医药重点专科建设项目；积极推荐申报骨伤科为国家重点专科医疗卫生人才培养基地。

七是临床教学工作稳步推进。全年接受甘肃中医学院等5所院校11个专业的实、见习生772名，较去年增加141名。免费接受省内基层医院进修人员185名。作为甘肃中医学院第一附属医院，通过教育部“甘肃中医学院中医学专业临床教学工作的认证”检查，完成了甘肃中医学院新增博士学位授予单位立项建设工作整体验收。全年完成国家级继续教育项目9项，省级继续教育项目13项，完成率为100%。较2012年增加国家级2项，省级5项。随着甘肃中医学院中医学、中药学、中西医结合学三个博士点的确立，医院又新增博导5名，博士后联合培养流动站1个。

八是科研能力和水平进一步提升。国家级科研立项、科研奖项明显增加，科研综合能力进一步提升。医院全年各类科研项目立项68项，获得资助资金305.83万元。两院获得国家自然基金立项3项，省中研院创新团队建设项目1项。全年科研获奖20项，其中中华中医药学会科学技术奖3项、中国中西医结合学会和甘肃省科技进步奖各1项、皇甫谧中医药科技奖6项、甘肃医学科技奖1项、兰州市科技进步奖1项；全年组织各级科研项目鉴定20项，其中成果获得国内领先水平18项，国内先进水平2项；全年两院发表论文424篇，出版论著37部、申请专利5项。

九是医院应急能力逐步提高。组建四批医疗救援队共34人参与“7·22岷县、漳县地震”救援，接收转运来院伤员15名，治疗上充分发挥中医药特色优势，全部伤员治愈康复出院。顺利完成环青海湖自行车赛、马拉松、兰洽会等各类大型活动的医疗保障工作，取得了良好的社会效益。

参与省民政厅项目22种特大重大疾病医疗救助，救助患者72人。全年组织各类义诊活动29次。

十是项目意识增强。全年努力争取共获得财政补助经费7656万元，含基本补助2941万元，各级项目支持经费4715万元，其中科研专项112万元，人才、设备等专项3128万元，基建专项883万元，公共卫生服务专项591万元。其他科研项目经费108万元。

经统计，全年门诊挂号为363383人次，较2012年增长10.43%。门诊诊疗536486人次，比去年增长16%。全年收治住院病人31868人次，较去年增长30.23%。床位使用率为103.2%，平均住院日13.5天。开展手术7253台，较去年增长14.42%。全年新增各种医疗设备316台，总价值6015万余元。强化检查意识，检查人次较去年明显增加。其中检验科检查门检73565人次，较去年增长9.99%。临检148454人次，较去年增长37.24%。病理科今年检查8381人次，较去年增长21.92%。功能检查科今年检查51318人次，较去年增长30.08%。放射影像科普放检查112423人次，较去年增长29.30%。CT检查17365人次，较去年增长21.97%。核磁检查13470人次，较去年增长14.70%。

全年新增固定资产2.59亿元，其中新门诊医技综合楼1.95亿元。

三、基础设施建设快速发展，医院发展后劲进一步增强

一是门诊医技综合楼全面投入使用。顺利通过甘肃省建设工程安全质量进度管理局的竣工验收。分阶段对门诊、医技科室和部分临床科室住院处进行搬迁。目前，大楼运行顺畅，管理规范，病人就医环境得到进一步改善。同时，新的医院信息中心建成使用，成为全省医院中硬件条件和环境最好的信息中心。

二是白银科研制剂中心、康复保健大楼批复立项建设。目前，白银科研制剂中心顺利完成一期工程封顶，二期工程已开始建设。康复保健楼列为2013年省级重点建设项目，目前基坑的基础建设工程即将完工，预计2015年年底建成投入使用。科研制剂中心和康复保健大楼的建成使用，将进一步改善医院就医环境，增强医疗的硬实力，突显自制药品特色，完善科研建设平台，进一步拓展医院发展空间。

三是制氧中心、ICU、新核磁机房改造建设并即将投入使用。立足医院长远发展需要，建设独立制氧中心，建成省内一流、高标准、现代化的ICU，满足快速医疗的发展和服务水平的提升。国际一流水准的新核磁机房建设将大大提升临床的诊疗水平，满足临床和科研工作的需求。

四是职工住宅楼有序建设。一期2、3号住宅楼即将全面完工交付使用。二期1号住宅楼主体建设顺利进行，预计2014年3月底封顶。

五是污水处理中心、地下立体车库建成使用，二期地上立体车库完成地下土建施工，正在进行地上钢结构安装。

六是拆除了旧平房，新建了环形道路，有效地改变了院内交通不流畅的现状。

七是对旧门诊大楼进行了部分拆除改建，重新布局，使其继续发挥着作用。

四、对外交流合作逐步深入，中医药文化作用日渐突出

2013年医院共选派赴国（境）外研修学习人员55人，国内进修118人，派出万名医师支农队员19名，援藏队员3名，接收对口支援医院进修人员25名。省卫生厅调整确定通渭县、陇西县和民勤县为医院对口支援单位。接待国内外来宾14批，共计110余人。首次举办了外籍学员中医针灸学习班和国际学术研讨会——韩国正统针灸学会学员中医针灸学习班和第十七届中韩中医药学术研讨会暨第二届国际中西医学汇通论坛。

通过开展60周年院庆文化系类活动，为院庆在病区制作了大量的中医药知识宣传板、健康科普知识文化栏等，使中医药文化价值观念日益深入人心。利用媒体、院报、医院人民网微博等媒介大力宣传、传播医院优秀文化、先进人物、典型事迹，弘扬了行风正气。同时，重视和丰富干部职工生活，组织开展各种文体活动，话剧《沈为众的一天》获得了省卫生系统2013年文艺调演一等奖。中华中医药学会将我院确定为“中医药文化共建单位”和“全国首批中医药科普教育基地”，被省卫计委评为“全省健康传播作品有奖征集先进集体”。

五、积极贯彻落实八项规定，强力推进廉政风险工作和医德医风建设

按照中央、省委和省卫计委《改进工作作风密切联系群众规定》的文件精神要求，结合医院实际制定相关规定，厉行节约、精简会议、文件简报等，三公经费较往年减少30%以上，举办了首届公文写作师带徒培训班，工作作风明显改进。自主开发设计了廉政风险防控软件的资料编写和网络设计。将医德医风建设和“三好一满意”“创先争优”活动结合推进，全年共拒收红包累计金额173700元。医院被省委宣传部、省卫计委授予“全省群众满意的医疗卫生机构”，3名同志荣获“我最喜爱的健康卫士”称号，有4名同志获得“全省医德医风建设标兵”称号，“全省医德医风建设先进个人”称号。

六、省中研院和白银分院工作取得新的发展

经过不断努力，省中研院在全国中医科研院所中有了一定的影响力，迈出甘肃，开始有了横向的联合与交流。2013年，承接了国家中医药管理局的大型项目——“中医传统知识保护调研”，并作为西北分中心负责西北片区的业务指导工作，承接了国家中医药管理局《张仲景研究集成》续篇的撰写工作，河南省科技出版社大型丛书《话说国医》即将完成，并成为世中联中医传统知识保护分会的副会长单位及多个国家级分会的常务理事单位。省中研院主办的《西部中医药》杂志，在核心期刊中的排名从1518位上升到734位，影响因子等各项指标大幅提高，并参展首届中国期刊交易博览会。举办了敦煌出土医药文献临床应用研讨班。医史文献研究所参加了国家中管局重点学科建设规划答辩会，甘肃陇中正骨学术流派传承工作室列入国家局建设计划，获批资助。由研究院安装的甘肃科技文献共享平台向两院职工开放，已累计下载文献33067篇。中医药查新中心共完成课题查新检索82项。科研课题立项13项，完成科研鉴定5项，科研获奖3项，发表论文24篇。完成“天下中医”网站新浪微博的维护工作。

白银分院完成了83名护士长以上干部的岗位竞聘工作，重新制订并实施了经济管理核算办法和绩效考核办法。2013年全年门诊量77832人次，较2012年同比增长了16%，住院病人7308人，同比增长了61%，出院病人7231人，同比增长了64%，出入院诊断符合率为98%，甲级病历率为95.73%，床位使用率为82.78%，平均住院日11.8天，平均住院费4778元/人，平均门诊105元/人，中医治疗率为91%，手术台次为1302台，同比增长了13.11%，急危重症抢救成功率达到87.08%。

七、甘肃中医医疗集团工作成效显著

医院医疗集团组建以来，各成员单位实现了人员交流、技术合作、业务培训等方面的合作，在专病专科建设、人才培养、特色医疗上取得了明显成效。医院组建甘肃中医医疗集团的思路，已被省卫计委正式批准，下一步将按照集团章程全方位开展工作。

八、注重人文关怀，提升职工幸福指数

继续实行每年一次的女职工体检和接触放射工作人员体检；改善工作环境和条件，向职工送去生日祝福，为职工建设和调整住房；适度增加绩效工资，带领职工向幸福生活之路迈进。

当前存在的主要问题有：

经过60年的发展，医院已逐渐成为学科设置较为完善，中医药特色较为突出，医疗服务水平较为先进，省内规模最大的三级甲等中医院。但同时我们也清醒地认识到我们存在的不足：

一是在激烈的医疗市场中综合竞争力偏弱，高精尖技术开展不足，医疗水平有待进一步提高。

二是门诊量增长缓慢，部分医疗场地和设备使用率不高。

三是管理效能有待提高，管理、考核激励机制有待完善。

四是学（专）科建设能力偏弱，中医药科研成果转化能力较低，科研水平和科研能力有待进一步提高。

五是人才队伍的建设和培养与医院的快速发展不匹配，部分高职人员给医院的贡献力度不够。

六是中医药特色发挥不够，自制制剂使用量仍偏低。

七是科室间发展不均衡，部分科室布局欠合理。

八是项目立项偏少，部分项目组织实施不力，未能按期完成。

九是医疗安全问题仍然严重，医疗纠纷仍然频发。

十是医保管理滞后，资金积压多、回返慢，严重影响内部运营。

十一是病欠多，出院病历归档缓慢，结账慢。

十二是药物临床实验机构下设的部分专业，科研观察意识不强，受很多因素制约，至今未能开展工作。

十三是服务意识和服务水平有待进一步提高，特别是部分窗口服务人员服务态度差，应加强窗口人员、保安、保洁人员的服务意识与形象要求的培训。

2014年主要目标任务和重点工作

2014年医院工作的总体要求是：以党的十八大和十八届三中全会精神为指导，全面贯彻落实省委、省政府和省卫计委的决策部署，树立病人至上、特色鲜明、速效并重的工作理念，围绕医院既定的发展思路，立足改革创新，坚持稳中求进，优化学科结构，抓好内涵建设，提高职工幸福指数，增加医院核心竞争力，确保医院平稳较快发展。

2014年主要预期目标：门诊量达到40万人次，门诊诊疗量达到65万人次，出院病人量达到3.5万人次，平均住院天数控制在12天以内，中医药参与治疗率达到98%。

重点抓好十个方面的工作：

一、严格执行中央“八不准”和国家卫计委“九不准”的规定，进一步完善各项规章制度，加强廉政建设和院务公开，开展好党的群众路线教育活动，改变工作作风，密切联系群众，提高工作效率，提升服务水平。

二、抓好医疗水平提升和中医药特色优势发挥。从优化管理、制度建设、人才培养、新技术开展、特色培育等方面入手，切实提高诊疗技术，确保医疗安全，彰显中医药特色。加大提高门诊诊疗量的有效措施，通过调整门诊诊疗区域、丰富治疗手段、增加专家门诊次数、住院病人挂号就诊、门诊病人定量考核并与职称晋升挂钩、杜绝各类免费检查关系户等措施，切实提高门诊人次和就诊质量。要充分发挥省委门诊、城关门诊部的窗口作用，转变经营理念和管理思路，发挥中医药特色，提高对医院的贡献力度。进一步强化中医药“治未病”建设，发挥好中医药在疾病预防保健、老年病、慢性病诊疗等方面的独特优势。

三、继续加强内涵建设，全方位

开展岗位练兵和技术比武活动，继续开展背方剂、识中药、认穴位等基础训练。不断扩大对外交流与合作。继续挖掘优秀的医院文化元素，加强医院文化建设。

四、做好全科医生培养基地建设工作。加强教学管理，壮大师资力量，充分利用好新门诊楼教学设备在提升学生技能方面的作用。继续做好城乡医院对口支援工作，抓好职工进修学习的成效考核和实际转化效率。做好医院伦理委员会各项审查工作，申请国家中医药管理局进行评估认证。做好国家食品药品监督管理局对我院国家药物临床实验机构的七个专业的认证工作。做好教育部对甘肃中医学院附属医院中西医结合专业认证的相关工作。

五、抓好基础设施建设，进一步改善病人的就医环境和职工生活条件。做好骨外科大楼立项准备和相应的拆迁工作。做好康复保健综合楼、地上立体停车库、食堂、南院进修生公寓、旧制剂楼地下管网改造等工作。完成1号住宅楼建设，做好1号住宅楼和腾空住房的分配工作，做好家属区域的统筹规划和标准化管理工作。加快白银科研制剂中心建设，做好相应的机构、人员、设施等配套工作，力争下半年部分制药车间投入使用。

六、进一步加强医院信息化建设，完成HIS软件的更新换代，完成新农合、医保政策变化的信息对接工作，利用好新建的网络数据平台，推进综合运营管理系统在全院的实施，争取一季度完成院内绩效考核分配制度的修订工作。进一步加强医保管理工作，注重精细化管理，努力做到机账相符，数据一致，及时回返医保资金，确保院内资金良性流动。

七、充分利用甘肃中医医疗集团的平台，开展医院管理、学科建设、人才培养、继续教育、医院文化、远程会诊、疑难危重病人转诊及自制药品推广使用等工作。

八、加快美贷设备的论证和采购工作，使其尽快到位；加强设备的使用和保养，大力开展新技术和新业务，进一步提升和完善诊疗功能，以满足临床业务发展需要。

九、继续做好医院对外宣传、交流与合作工作，宣传医院的名医、名科和名药，宣传优秀的医院文化，做好新门诊楼导向系统的制作与安装工作。主动加强与国内外医院间的横向交流与合作，积极引进帮扶机制，有计划地促进重点学科和薄弱学科的发展。

十、逐步改善职工绩效水平和福利待遇，提高职工幸福指数和健康指数。开展职工健康指数评估，做好职工口腔保健、女职工每年一次和男职工两年一次体检工作。推行全民健身活动，通过每天做工间操、组织业余体育活动等方式，预防疾病，提高职工健康水平。

（整理　原明明）

甘肃省中医院白银分院2012年工作总结及2013年工作计划

甘肃省中医院白银分院自2012年2月7日托管运行以来，在省卫生厅、白银市政府和白银市卫生局的大力支持下，在省中医院的坚强领导和全院职工的共同努力下，医院以重点专科建设和优质医疗服务为抓手，狠抓医疗质量和服务质量，加大基础设施建设，促进医院服务功能不断完善和服务水平不断提高，又好又快地推进了医院各项工作，取得了一定成效。

一、2012年主要工作内容

（一）明确医院发展方向，夯实医院基础

1.明确医院发展定位。医院依托省中医院品牌和资源优势，借势发展、补位发展。坚持以中医为主的办院方针，突出中医药特色，加强（专）学科发展。确定西区为医院主体，东区以针灸康复为重点，社区卫生服务中心以履行社区卫生服务为主要职能功能定位。

2.合理设置内设机构。一是按照和省中医院科室对接，一体化管理模式，内设15个职能科室，25个临床科室，6个医技科室；二是新成立了脑病科、心血管病科、风湿病科等8个临床科室；三是完善了集急诊科、院前急救、ICU、急救调度指挥为一体的120急救中心。

3.抢抓机遇，积极参与“三级甲等”中医院评审工作。根据“三级甲等”中医院评审标准，结合医院实

际，4月省卫生厅批复白银分院病床设置增加至502张；9月市编委下达医院人员编制增至450个。7月以总部参加三级甲等医院复评为契机，将分院纳入总部三级甲等中医院复评之中，以评促建、以评促改、评建并举，加强医院规范化、科学化建设，已通过了三级甲等中医医院复评。

4.加快基础建设和设备投入，完善医院后勤保障。一是新建临时餐厅，解决了患者及职工就餐问题；二是完成住院部大楼和社区楼搬迁启动工作；三是完成了东区业务用房的改造装修工作；四是后勤综合服务楼建设项目已开工建设；五是消毒供应中心和医技用房建设项目开工建设已准备就绪；六是积极筹建专家公寓大楼建设项目，力争2013年开工建设。

（二）加强医院内涵建设，提高医疗质量和服务水平

1.规范和加强医疗管理，狠抓医疗质量和医疗安全。落实了院长查房制度和24小时值班制度，切实加强了医疗安全。健全了医疗质量管理体系，对病历书写、三级医师查房、病例讨论等22项规章制度重新予以规范。严格执行专业技术人员准入制度及技术准入制度，明确了医务人员执业范围界定；举办了《2010版心肺复苏指南讲解》等的讲座和培训。

2.加强专业技术人才队伍建设。采用“请进来、送出去”的方式，派出11名专业人员赴省外进修；选派1名专业人员参加援马医疗队；与省中医院互派专业人员近30人，进行帮扶交流；完成11名市级中医药师承人员的年度考核工作，加强了中医药人才队伍建设；多渠道解决医院人才短缺问题。

3.加强重点专科建设，开展新技术、新业务。一是加大国家“十一五”重点专科针灸科建设力度，对其业务用房进行了改造，优化了人才队伍，充实了中医特色医疗服务项目，12月18日针灸科通过了国家级重点专科复评；二是骨科引进了椎间孔镜，治疗腰椎间盘突出症微创技术，率先在甘青宁地区开展。启动“甘肃白银周伯展眼科中心”项目，组织眼科下乡100余次筛查白内障患者5000余人次，完成白内障复明手术420余例。

4.加强护理优质服务措施。一是修订各级护理管理岗位职责，规范各种护理文件书写，建立健全护士长总值班制度，积极开展中医护理工作。二是建立健全护理质控考核，定期召开护士长例会、满意度调查、护理质控考核，完善和提高医院护理质量。三是加强护理队伍素质建设，组织了“三基”理论、中医基础理论和护理技术操作培训。

5.突出中医特色治疗，制订了中医药特色医疗激励机制。为了进一步突显中医药特色服务优势，推广了中医药特色诊疗服务项目，临床科室均设置了特色医疗室；医院制订了《中医药特色优势奖励及考核制度》，有效地提高了中医药临床使用比例，提高临床疗效。

6.加强科教研和继续教育工作，提高了医疗服务能力和水平。全年发表论文20余篇，申报科研课题7项；举办“全市基层中医药适宜技术培训班”、“陇中中医正骨手法学习班”和院内“英语培训班”讲座3次。

7.优化诊疗流程，缩短病人就诊时间。规范了科室名称，理顺了门诊与住院部科室对接。加强了门诊管理，简化了患者就医流程。推行“惠民政策”，购置两台救护车免费接送出入院患者，方便了患者就医，得到了患者的一致好评。

8.加强医院感染管理。一是加强医院感染质量控制，严格质量考核措施；二是医院医疗废物实现了由白银市医疗废物集中处置中心统一处置，实现了无害化管理。

9.圆满完成市区城镇和新农合的各项任务。完成了白银市区（县）城镇职工等各行业医疗保险定点医疗机构协议续签及更名工作，7月份将医保业务延伸到兰州，成为白银地区首家跨地区医保垫付结算医院。

10.社区卫生服务取得显著成效。建立居民健康档案18206份，开展健康讲座9次，健康宣教8次，为社区老人免费健康体检1126人，为街道妇女免费健康普查1561人，儿童免疫接种2750人次，监管慢病患者1729人，8月份通过了“甘肃省中医药特色示范社区卫生服务机构”的评审验收。

（三）加强党风廉政建设，推行“院务公开”制度

医院重大决策，采取会议确定，按照公开原则全面公开。安装“防统方”软件，有效杜绝商业贿赂。全年收到患者赠送锦旗18匾、感谢信27封，患者满意度达到98%以上。

（四）推进医院文化建设，积极改善医院环境

一是加强文化建设。举办文艺活动、更换宣传牌、下乡义诊等宣传活动，实现了与总院院徽、院歌、院训等核心价值体系的融合；二是制定了《关于加强‘无烟医院’创建工作的通知》，取得了初步成效；三是成立了患者维权室，全年无医疗事件发生；四是设立了医院治安室，加强了医院安全保卫工作；五是新增绿地面积5000M^2，种植松柏、柳树50余株。

2012年全年门诊量75698人次，与2011年同比增长了20%；住院病人4549人，与2011年同比增长了81%；出院病人4401人，与2011年同比增长了78%；手术1132台/次，与2011年同比增长了107.8%；平均住院日11.6天，平均住院费4154元/人，平均门诊97元/人，中医治疗率85%。

二、存在的不足

一是学科建设亟待完善。学科建设和发展不均衡，缺乏在全市具有影响力的支柱科室。

二是人才队伍建设亟待加强。专

业技术人才总量不足、专业结构和年龄构成不合理，尤其是缺乏高精尖学科带头人。

三是医疗质量和服务水平不高，有待进一步提高。医院管理仍需加强，人才急需引进，医疗质量和服务水平有待提升，服务理念亟待转变。

四是硬件建设需加大力度。一是加快综合后勤服务楼、消毒供应中心和医技用房扩建等项目建设进程；二是医疗设备不足，特别是大型尖端医疗设备短缺。

三、2013年工作计划

（一）加强内部医疗质量管理，转变服务理念

深入开展岗位练兵、“三基”考试、技术竞赛等活动，逐步推行“一卡”或“一站”式的服务模式，切实把相关“惠民政策”落到实处。

（二）加强人才队伍建设

一是立足岗位培训；二是引进学科带头人和业务骨干；三是选派“想干事、敢干事、能干事”的中青年骨干外出进修学习；四是聘请省内外知名专家，开展“传帮带”；五是开展“师带徒”工作，加强中医药人才队伍建设。

（三）加大教学、科研工作力度

力争省级科研立项在3项以上，积极申报国家级科研项目；发表省级以上论文40余篇；力争与总部一体接受大专以上带教任务。

（四）加强重点专科和学科建设

力争申报1～2个省级重点学科建设项目，申报3～5个省中医院和白银市市级重点学（专）科建设项目，满足患者对中医药服务的需求。

（五）加快硬件建设步伐

一是尽快落实“美贷”资金到位，完成现有医疗设备的更新换代；二是完成后勤综合服务楼、医技用房扩建、消毒供应中心、信息中心、介入中心等建设项目，力争年底竣工并投入使用；三是争取专家公寓楼尽早开工建设，积极申报内科住院部大楼建设项目立项。

（六）加快信息化建设步伐

更新医院现有信息管理系统，逐步应用医院信息管理系统（HIS）、全成本核算系统等信息管理系统，实现与总部一体化管理。

（七）深化人事、分配制度改革

完成医院护士长以上干部竞聘上岗工作；全面推行医院绩效考核工作。

（八）加强党的基层组织建设

根据《党章》和党的基层组织原则和程序，完成医院党组织改组工作，努力创建“百姓放心”“政府满意”的医院。

2013年，力争门诊量、住院病人数在2012年的基础上分别提高50%。我们相信：在省卫生厅、白银市政府和白银市卫生局的大力支持下，特别是在省中医院的坚强领导下，突出中医特色，彰显临床优势，全面推动医院健康快速发展，努力实现白银分院在白银市具有示范带动作用、在全省具有较大影响的集预防医疗、康复保健、教学科研为一体的三级甲等中医医院。

（整理　原明明）

甘肃省中医院白银分院2013年工作总结和2014年重点工作计划

2013年，在省卫生厅、白银市政府和白银市卫生局的大力支持下，在省中医院的坚强领导下，医院认真学习贯彻党的十八届三中全会精神，落实省卫生厅和市卫生局安排的各项重点卫生工作，全面推行干部竞聘上岗和绩效分配制度改革，以强化管理、提高质量、突出特色、优质服务为主要抓手，把学科建设和人才队伍建设作为医院内涵建设的重要内容，不断拓展业务发展空间，完善服务功能，加快基础设施建设，美化就医环境，提高医院整体水平和社会知名度，推进医院各项工作的顺利开展，取得了一定成效。

一、2013年主要业务工作

（一）加强医院管理，进一步完善制度建设

1.实行护士长以上干部竞聘上岗。依据省中医院《关于白银分院内设机构设置的批复》（中医办发〔2012〕46号）文件，3月，由省中医院党委、纪委和人事部门组织，完成了白银分院17个职能科室、28个临床科室和6个医技科室，共计83名护士长以上干部的岗位竞聘工作，建立医院信息科、宣传科、招标采购科。5月，成立干部保健科，进一步规范了干部保健工作。

2.全面推行工资分配制度改革。

为充分调动全院职工的积极性和主动性，提高医院各项工作绩效，在广泛调研和征求职工意见和建议的基础上，于4月份聘请广州景惠康信医院管理顾问有限公司对医院工资分配制度进行改革。经过2个月的反复测算、征求意见，按照分类管理，按劳分配，优劳优酬，向临床一线和关键岗位倾斜，打破身份界限的原则，于6月制定并下发了《甘肃省中医院白银分院经济管理核算办法（试行）》《甘肃省中医院白银分院工资分配制度改革实施方案（试行）》《甘肃省中医院白银分院绩效考核办法（试行）》，并全面实施，极大地调动了全院职工的工作积极性。

3.落实聘用人员人事代理制度。根据医院《甘肃省中医院白银分院聘用人员管理办法（试行）》（〔2012〕60号），对108名聘用人员实行人事代理制度，并购买“五险一金”，在绩效分配上实现同工同酬，稳定了聘用人员队伍，确保了医院各项工作的正常开展。

4.积极协调市委市政府，解决医院实际困难。借白银市委书记张智全、市长汪海洲8月29日来院调研之际，就医院托管共建中存在的住院部大楼建设、人才引进、制剂中心土地使用等6项事宜进行汇报。市委市政府领导现场办公，协调解决了医院托管共建中存在的问题。

（二）加强医院内涵建设，提高医疗护理质量和服务水平

1.狠抓医疗质量和医疗安全。一是健全医疗质量管理体系，严格落实14项医疗核心制度。召开了12次医师大会和质量分析例会，举办了3期医疗安全专题讲座，结合典型案例，深刻剖析、互动交流，分析讨论医疗质量优点和不足，对存在的问题提出整改措施；开展三级医师观摩查房活动，规范和提高三级医师查房制度；对全院医师进行了为期1个月的急救技能培训和三基知识考核，提高了全院急救能力和水平；二是加强医疗安全防范措施。成立患者维权室，全院医师与保险公司签订了医疗责任保险；全年共完成4期医疗纠纷调解工作，未发生医疗事故，保障了医疗安全。三是加强病历质量管理，下发了《归档病历管理办法》，建立起了病历的终末质控，聘用责任心强、科室病历管理经验丰富的科室主任兼任医院病历终末质控员，健全了病历的二级质控工作。编写了《中医病历书写规范》和《中医病历评分标准》等讲座课件，在全院进行了四次培训，促进了病历质量的提高。开展了全年的病历书写评比活动。

2.开展优质护理品牌服务，加强医院感染管理。组织开展“3H”护理品牌服务活动，进一步体现“一切以病人为中心”的规范化护理服务理念，提升优质护理服务水平；建立健全护理质控考核体系；召开12次护士长例会和4次满意度调查，完善和提高护理质量；组织了2次“三基”理论和中医基础理论考试，开展了12次护理质控考核和12次护理技术操作竞赛活动，转变了护理服务理念，提高了优质服务水平。

加强医疗废弃物处置、废水消毒的管理和传染病疫情报告管理，全年传染病卡上报125例，报卡率为100%，无迟报及漏报病例。

3.医保和社区卫生服务工作有序。完成了白银市、区（县）城镇职工等各行业医疗保险定点医疗机构协议续签及更名工作，医保结算业务拓展到兰州新农合，成为白银地区首家跨地区医保异地现场垫付结算的医院。2013年度医疗保险结算5278人次，结算总额1786万元。

按照国家基本公共卫生服务项目，为18894名辖区居民建立健康档案，举办健康讲座12次，健康宣教14次，为社区65岁以上老人免费健康体检478人，接种各类疫苗10410人，为辖区近4700户居民免费发放了“健康工具包”及“健康知识手册”。心血管病科参与省卫生厅科研项目“国家重点心血管病患病率调查”，问卷人数1400余人。

（三）加强医院教学科研工作，积极落实对口帮扶工作

先后选送43名医务骨干赴北京、广州等地进修学习，赴省中医院学习培训12人次；每月邀请北京广安门医院、中国中医科学研究院、北京304医院等眼科、心血管病科、骨科微创和感染性疾病等方面的全国知名专家定期来医院进行门诊、科室管理及业务指导，培养业务技术骨干，扩大医院影响力；举办省级继续教育项目1项、市级继续教育项目2项和各类讲座32期，共3450人参加；完成“师带徒”培训人员11名；接受实习、进修生74人；引进和公开招考临床类本科生及硕士研究生25名。全年科研立项6项，参研国家级科研项目2项；发表论文54篇，参编出版专著8部。

积极贯彻落实《白银市促进公立医院与基层医疗卫生机构协作发展实施方案》，医院与水川乡镇卫生院等5所中心卫生院、景泰县上沙窝乡等4所卫生院结成对口支援对象，分别达成协作发展意向。医院组织8次100余名专家分赴景泰、会宁、四龙等地进行技术培训、推广“中医适宜技术”和免费义诊，共诊治1350余人次，发放宣传资料11800余份；眼科完成了对靖远等十乡镇122个自然行政村的义诊活动，完成白内障患者手术630余例。

（四）加强医院安全生产管理，推进医院文化建设

建立了医院领导班子成员周值班制度和总值班制度，实行24小时查岗和保安值班巡查工作，加强了医院安全保卫和消防管理，全年未发生盗窃、火灾等事件。全年完成后勤综合服务楼建设项目、消毒供应中心和医技用房建设项目主体工程；完成东区业务用房改造装修工程和电梯安装工程；改造装修原二十一冶医院业务用房作为单身公寓，解决了单身职工及

实习生的住宿问题；西区新增绿地面积5000平方米，种植松柏、柳树100余株，进一步改善了就医环境。

积极举办“5·12”护士节文艺活动，组队参加白银市组织的羽毛球和篮球比赛活动，组织28人的“太极神韵”表演队参加省中医院建院60周年文艺活动等，丰富医院职工文化生活。通过更换LED显示屏，扩大宣传视角，积极宣传中医药预防、保健、适宜技术等内容。通过对新进员工培训、职工礼仪培训等活动，实现与总院院徽、院歌、院训等核心价值体系的融合。

（五）加强医院党组织建设和医德医风建设，推行“院务公开”制度

1.加强政治理论学习，提高组织建设科学化水平。认真抓好十八届三中全会精神的学习贯彻，加强党员政治理论学习，采取集中、分组、自学等形式相结合，下发各类学习资料共计300册，要求每名党员做好读书笔记或写心得体会，发展党员2名，上缴党费13862元。对民乐村4户帮扶对象慰问4次，并发放了棉被等慰问品；组织干部职工集中观看“医德医风警示录”等警示片10余次，340余人参加，使广大医务人员形成了抵制不良习气的风气，医德修养普遍得到提高。

2.进一步推行“院务公开”制度。医院对人事安排、决策事项和建设等重大事项，全部通过院长办公会议集体研究决定，并及时在甘肃省中医院协同办公系统（OA）和医院腾讯通上予以公布；按照白银市政府和医院招标采购管理办法和程序进行；通过安装“防统方”软件和签订《甘肃省中医院白银分院抗菌药物临床合理应用责任状》以及《甘肃省中医院白银分院药品购销廉洁协议书》，有效杜绝药品商业贿赂，净化医院就医环境，同时开通举报电话，设立举报箱，畅通患者投诉渠道。2013年完成各类招标采购任务20项，累计完成招标采购资金1080万元。

在全院职工的辛勤工作和共同努力下，2013年医院住院病人7308人，同比增长了61%，出院病人7231人，同比增长了64%，超额完成了年度工作计划预期目标。

二、存在的不足

（一）医院门诊量偏低

全年门诊量较2012年增长16%，低于年度工作计划预期目标。

（二）在建项目进度不够快，制约了医院发展步伐

由于综合后勤服务楼、消毒供应中心和医技楼等建设项目未能按期竣工，制约了医院学科建设和医疗设备的安装使用。

（三）医疗质量和服务水平有待进一步提高

专业技术人员基础理论知识不扎实，人才结构不尽合理，高精尖学科人才缺乏。医疗技术服务能力不足，特别是急诊、急救技术薄弱。

（四）东区和四龙路社区卫生服务中心业务发展不足

医院对东区和四龙路社区卫生服务中心完成了基础建设和改造装修，但医疗业务发展未达到医院预期目标。

三、2014年工作计划

（一）提高医疗质量，保障医疗安全，转变服务理念

一是进一步科学规划西区医院科室布局，完善学科建设，拓宽医疗服务领域；突出中医药特色，提升医院东区和四龙路社区的医疗业务发展。二是加大核心医疗制度的执行力度，深入开展岗位练兵、“三基”理论知识考试、技术操作竞赛、病历书写评比、三级医师查房等活动，切实提高医疗护理质量，保障医疗安全。三是积极推行“一卡”或“一站”式的服务模式，切实把相关“惠民政策”落到实处。

（二）加快人才培养步伐，加大教学、科研工作力度

一是筑巢引凤，多渠道引进学科带头人和业务骨干；二是制定鼓励外出进修学习的政策措施，通过“师承教育”“西学中”等手段，加大现有人员的培训和培养力度，立足岗位培训，提升专业技能。

全年力争省级科研立项1项以上，并积极申报国家级科研；发表省级以上论文在2013年发表的基础上再加20%以上；力争省级继续医学教育项目3项以上；与总部同步接受大专以上实习生的带教任务，并定期邀请专家进行教学培训工作。

（三）加强重点专（学）科建设

加大与总部骨科、脑病科、痹病（风湿骨病）科等重点专（学）科的帮扶对接力度，加快医院特色品牌科室的培育。积极进行感染性疾病科省级重点专科的申报工作，力争申报1个以上省级重点专（学）科建设项目。积极培育新的学科优势，加快高压氧舱的建设工作，加快“脑卒中”单元优势学科的培育；加大眼科设备投入及人才引进和培训的力度，加快眼科优势学科的培育。

（四）以抓项目促发展，加快医院建设步伐

一是积极申报医院内科住院部大楼项目立项；二是争取专家公寓楼尽早开工建设，完成后勤综合服务楼、医技用房扩建、消毒供应中心、信息中心、介入中心等建设项目，力争5月底竣工并投入使用；三是尽快落实“美贷”资金的设备到位，补充急需的核磁共振（MRI）、64排计算机断层扫描（CT）、数字减影血管造影机等医疗设备。

（五）加强党的基层组织建设，充分发挥公益服务职能

根据《党章》和党的基层组织原则和程序，加强党总支组织建设，积极培养和发展党员干部；进一步加强党员干部的廉政教育工作；充分发挥党员的先锋模范作用，认真做好主管部门下达的双联双扶、对口帮扶、万名医师下乡等公益性保障任务，努力创建“百姓放心”“政府满意”医院。

2014年，在省卫生厅、白银市政

府和白银市卫生局的大力支持下，在省中医院的坚强领导下，坚持以中医为主的办院方针，努力打造中医特色鲜明、中西医结合优势显著、临床特色突出、专科优势彰显、管理科学规范的三级甲等中医医院，力争使各项工作在2013年的基础上得到显著提高，更好地为白银以及周边的广大人民群众提供优质的医疗预防保健服务。

甘肃省中医院白银分院

2014年1月16日

（撰稿　原明明）

专　记

Special Written

双联工作

自2012年2月20日省委正式启动“双联”行动以来，医院领导班子高度重视，深刻领会省委的有关文件和会议精神，精心研究，积极部署，上下联动，深入村户，开展帮扶，全面贯彻落实省委为民富民政策，按照省卫生厅“扶志扶业扶思想，送医送药送健康”的具体要求，医院结合行业特点和实际情况，为陇西县碧岩镇塄岸村做了一些积极的帮扶工作。

2012年2月22日，医院召开党委会议，传达学习甘肃省“联村联户为民富民”行动动员大会精神，成立了“联村联户为民富民”行动协调推进领导小组，由医院党政主要领导任组长，其他院级领导任副组长，党政职能部门主要负责人为成员。协调推进领导小组办公室设在党委办公室，承办日常工作。2月23日，医院召开全院干部大会，对双联工作做了动员部署。会后，医院先后于2月、4月、5月组织23人利用三周的时间赴塄岸村开展了3次基础调研，对全村7社91家帮扶户进行了入户调研。通过调研，重点了解了当地干部群众对联村联户为民富民政策的认识以及主要的愿望和要求；通过实地考察，重点了解了当地的基本情况以及村医室建设情况、农家书屋建设情况、乡村道路建设以及人畜饮水问题；通过入户走访、填写调查表，重点了解了贫困户基本情况，形成了内容翔实、图文并茂的调研报告。结合医院实际情况和调研摸底情况，医院多次组织召开“联村联户为民富民”专题会，制定《甘肃省中医院开展联村联户为民富民行动的安排意见》，修订和完善帮扶工作计划，明确帮扶工作重点，院领导、处级干部、机关职能处室副科级以上所有干部与91家困难户建立双向帮扶关系，对全年入户帮扶工作做出安排，并在医院办公网上公布。结合卫生行业特点，医院把送医送药确定为帮扶工作的重点。先后于3月8日、3月21日、5月7日、6月14日、7月24日、8月21日、9月26日、11月29日派出骨科、风湿骨科、内分泌科、脑病科、外科、呼吸科、妇科、消化科、肛肠科、耳鼻喉科、儿科、眼科等科室的40余名专家，为2000多位村民进行了义诊巡诊、健康体检等活动，为当地群众免费配发价值7万多元的院内自制药品及常用药品，并在陇西县碧岩镇卫生院有针对性地推广针灸、推拿按摩、拔罐、刮痧、熏蒸、蜡疗等廉价高效的中医适宜技术。风湿骨病科主任王海东、骨科副主任尤从新、眼科副主任慕明燕分别为到我院就诊的塄岸村村民杨建军、李小军、汪凡琴做了免费检查与治疗。结合村上的实际困难，6月14日，院长李盛华、党委副书记孙援朝带领医院“双联”行动办公室同志赴陇西县碧岩镇塄岸村向塄岸村村部捐赠了价值三万元的电脑、电视、打印机、复印机、办公桌椅和用于村社间沟通联系的扩音设备。医院还组织捐赠了农村养殖业、种植业、人文历史等丰富多样的图书2000余册，用于村文化室的建设。11月29日，副院长赵继荣一行14人为塄岸小学120多名小学生发放了羊毛帽子和手套，为当地村民和各自的联系户送上由医院全体职工捐赠的棉衣棉被990余件。医院大力宣传双联工作政策，为开展双联工作营造了良好的舆论氛围。为双联活动领导小组及其办公室成员及时配发了《联村联户为民富民行动手册》，切实提高了大家的自觉性和责任感。组织双联干部在开展入户对接时，积极向双联点群众、联系户宣传党的惠农富农政策，从思想观念上进行引导，增强联系户自主脱贫致富、努力摆脱贫困落后面貌的能力。

2013年，医院认真贯彻省委关于联村联户为民富民行动重要决策部署，结合工作实际，务实推进双联工作。3月中旬，医院双联协调推进领导小组组长、院长李盛华主持召开医院双联工作专题会，传达学习了省委书记王三运、省长刘伟平等领导的讲话精神及省委关于《联村联户为民富民行动2013年工作要点》，对全省双联行动“2012年考核评价情况通报”做了反馈和分析，对医院2013年双联工作进行了安排部署。7月中旬，省委双联行动第19督查组陇西会议之后，医院及时传达学习了省人大常委会副主任、省总工会主席孙效东及省委双联行动第19督查组组长、省总工会党组书记、常务副主席李学春的讲话要点。并通过医院网站和OA办公系统向全院干部职工做了传达。

医院双联协调推进领导小组组长、党委书记谢又生挂职回来以后，详细听取了双联办工作汇报，通过党委会的形式研究部署了医院双联工作任务，并于9月3日深入陇西县碧岩镇塄岸村开展双联行动活动，向村民分发了健康保健工具包，组织开展义诊，深入联系户家中走访，还到村部及卫生室建设现场，详细查看工程进展，认真听取建设规划，深入了解目前存在的困难与问题。同时，现场查看村社道路状况。医院双联协调推进领导小组副组长、党委副书记孙援朝于3月29日、5月16日、5月20日、7月9日、8月23日多次组织联户干部，深入陇西县碧岩镇塄岸村进行调研对接和开展帮扶工作，详细了解了村情村貌，宣传党的惠农政策，宣传省委的重大决策部署，增进群众感情，坚定群众脱贫致富奔小康的信心和动力。6月，医院双联协调推进领导小组办公室制定印发了《甘肃省中医院联村联户为民富民行动工作制度》，对长期做好双联工作从制度上做了规范和要求。医院双联办主任前后16次到陇西县，考察村社基础建设，深入农户走访调研，逐户衔接结对帮扶，尽力办好每一件实事。对每一次双联行动都做了精心的计划、安排和沟通。同时主动和组长单位以及省委双联办加强联系，按照要求准备和完善各项资料，得到督查组的充分肯定。医院先后于1月30日、5月20日、6月19日、9月3日、10月16日安排骨科、风湿骨科、外科、呼吸科、妇科、消化科、针灸科、肾病科、儿科、眼科等科室的20多名专家，为1000多位村民进行了义诊巡诊、健康体检活动，为当地群众免费配发了价值7万多元的院内自制药品及常用药品。在坚持做好义诊活动的同时，医院双联办经常协调安排当地乡亲来兰就诊，接待门诊就诊群众13人次，协调安排住院群众4人。根据省委和省卫生厅的要求，为了切实做好“双联”工作，9月，医院选调青年干部吕有强、牛永祝驻扎在农户家中，开展了驻村双联工作，深入了解当地群众健康状况，为每个农户建立了健康档案。12月，通过省委组织部选调，医院推荐李亮同志挂职任塄岸村党支部副书记，驻村开展双联帮扶工作。此外，医院加强了和其他帮扶单位之间的联系，横向交流，比对学习，取长补短。9月4日，应省总工会要求，医院组织医疗队冒雨前往陇西县巩昌镇牙河村义诊，医疗专家为前来寻医问药的群众现场诊治，提供健康指导。为150多人提供健康检查，免费发放了价值16300元的常用药品。9月12至13日，应甘肃省药品医疗器械安全监测与评价中心邀请，医院双联办组织专家前往岷县西寨镇站里村义诊，共诊治患者130人，调剂12600多元的常用药品，按处方免费为老百姓现场配发。根据塄岸村实际需要，医院组织了爱心捐助活动。先后为塄岸村小学捐赠了教学电脑2台，捐赠地球仪、乒乓球、羽毛球、跳绳、毽子等价值1500余元的文体用品，捐赠书包、笔盒、铅笔、套尺、橡皮、图书等学习用品120套。将医院更新下来的电视机、电脑、写字台、三屉桌、条桌、文件柜、更衣柜、电视柜、沙发、小茶几、软靠背椅、棕垫等办公用品及缝纫机、磅秤等共134件物品捐赠给塄岸村，近3000元运费由医院承担。针对塄岸村没有专门的村卫生室、道路不畅通等实际困难，医院多次进行专题研究，积极协调有关部门，争取各类项目支持，最大限度地帮助解决了村民的基本问题。投入村卫生室建设资金12万元，协调项目资金7万元，建成一座标准化村卫生室，协调260多套健康工具包，为当地群众免费发放。与此同时，医院出资6.5万元，由邱连利副院长协调修缮道路项目资金48万元，整修道路6.5公里，切实解决了老百姓多年来最迫切的愿望和诉求。

两年来，医院党委高度重视双联工作，主要领导率先垂范，真正形成一把手抓第一行动的局面。院长李盛华带头进村入户，先后8次来到塄岸村开展调研、义诊、捐助、宣讲等帮扶活动，合理安排资金，保证了医院帮办的实事一一得到落实；医院党委书记谢又生多次听取双联办工作汇报，深入了解了双联工作方面存在的困难与问题，召开专题会议研究部署工作，督办卫生室建设与物资配备。医院开展扎实调研，结合村情实际和行业特点，形成了以改变思想观念为先导，扩大中药产业和改善基础设施并重，改善群众卫生健康和干部结对帮扶为结合点的双联帮扶思路。医院重视双联宣传，积极营造舆论氛围，先后制作宣传展板40余块，印制双联工作简报42余期，通过人民网、新华网、光明网、凤凰网、《中国中医药报》《甘肃日报》等各大媒体和相关网站刊发双联工作新闻报道80余篇次，其中《省中医院：送医送药到山村》在2013年6月17日《甘肃日报》头版刊载，《一家中医院帮扶一个贫困村》在2013年6月20日的《中国中医药报》二版头条刊发，亦被多家网络媒体转载刊发，为双联工作开展落实创造了条件。

（撰稿　罗克龙　白淑然）

门诊医技综合楼建设与搬迁

一、门诊医技综合楼基本情况

门诊医技综合楼项目于2007年3月由省卫生厅、省发改委批复立项。通过公开招标，山东省建筑设计研究院设计的医院门诊医技综合楼方案中标。2009年10月，设计方案通过了兰州市规划局的审定。同时，省发改委、省卫生厅对项目初步设计进行了批复。选址建设地点位于医院院内东南部，东靠七里河北街和排洪沟，南临七里河区安西路，西与旧门诊楼相邻，北与兰州油脂加工厂接壤。项目建设用地面积8.5亩（5600m^2），建筑面积共38662 m²，主楼地上17层，地下2层，其中地下每层高5.1米，地上每层高3.8米，建筑总高度71.40米。东裙楼11层，西裙楼5层。主楼平面呈“L”形，基本柱网6.60 m×6.60 m。门诊医技综合楼最初设计方案主要包括骨、内、外、妇、儿科诊室、急救中心、中西药房、检验科、放射影像科、超声心电检查科、病理科、口腔科、眼科、耳鼻喉科、体检中心、中医传统治疗中心、针灸康复治疗中心、部分内科病房等。裙楼主要有门急诊科（诊）室、中西药房及医技科室。地下1层为设备机房及影像中心，地下2层为平战结合停车库。平面设计采用以医疗街串联各功能模块的形式布局。设有电梯13部，其中扶梯2部，医用电梯5部，货梯1部，客梯5部。

项目被列入国家中医药管理局重点中医院建设项目、甘肃省政府省列重点建设项目，接受甘肃省工程安全质量监督管理局全程质量跟踪管理。

二、门诊医技综合楼项目资金

门诊医技综合楼批复概算总投资14123.96万元，决算总投资24976.04万元。项目建设资金来源包括国家中医药管理局重点中医院建设资金2000万元，中医药全科医生培训基地建设资金1800万元，省发改委项目专项资金4183万元，地方国债专项资金4000万元，沙特政府及欧佩克组织贷款571.83万美元和商业银行专项贷款6250万元，其余缺口资金由医院自筹解决。门诊医技综合楼建设涉及本院职工和社会居民拆迁安置，拆迁安置总费用4641.38万元，由医院自筹资金解决，未列入总投资中。

三、门诊医技综合楼项目管理及招标工作

（一）项目管理

医院成立基建领导小组对项目建设进行全面管理，对建设过程中相关事宜进行集体讨论决定，全面协调门诊医技综合楼的建设、招标和资金管理工作，确保工程如期完成。制定工作流程、责任方案、岗位职责等项目实施管理办法。成立工程建设监督委员会，聘请相关管理部门负责人及社会监督员为监督委员会成员，并与七里河区人民检察院联合成立监管办公机构，对项目进行全过程监督。项目建设坚持工程监理制度，严格执行监理规范，对工程从设计变更、现场施工到主要材料、设备的进场检验验收实行全过程管理，严格实行全过程跟踪审计。

（二）拆迁工作

2008年3月12日，项目建设规划区域内的拆迁方案得到兰州市拆迁安置管理办公室的拆迁许可（兰拆许字〔2008〕第002）。在市、区政府领导的高度重视和支持下，克服重重困难，解决了拆迁工作受阻问题，使医院拆迁工作到2009年11月底完成。共拆迁社会居民46户，医院职工及家属153户。

（三）项目招标

门诊医技综合楼建设项目遵守招投标各项管理规定，2009年8月至11月，通过竞标的方式确定甘肃金安建筑工程招标有限公司为项目招标代理单位，并完成了该项目的设计、监理、基坑支护施工单位的招标。2010年6月完成主体工程施工单位公开招标工作。2011年6月完成电梯、消防、弱电工程招标，7月完成空调通风、幕墙工程（沙特政府贷款项目）的招标。2012年4月至6月完成室内装修、室外管网工程公开招标（参建单位见附表）。

受省卫生厅委派，兰州诚信造价咨询服务有限公司对基坑支护工程项目进行审计；甘肃立信造价咨询服务有限公司对基坑支护之外的项目进行跟踪审计。

四、门诊医技综合楼建设进展

2009年12月6日，医院举行门诊医技综合楼开工奠基仪式，开始基坑开挖及支护施工，2010年6月8日完成基坑支护工作。6月16日主体建设正式开工。9月10日地下室结构封顶。11月25日西裙楼5层结构封顶。12月10日东裙楼11层结构封顶。2011年3月29日主体结构封顶。2011年，项目接受省建筑企业联合会对施工安全及文明施工的检查和复评，获2011年度省级“安全文明施工工地”称号。同年，因医院原有病床数量不能满足病人需求，经院长办公会研究决定，对门诊医技综合楼部分设计功能做了调整，将8层以上均改为住院部。2012年1月29日，甘肃省委副书记、省长刘伟平，副省长咸辉在省政府秘书长李沛文、副秘书长张正锋、省发改委主任赵春、省财政厅厅长张勤和、省住房和城乡建设厅厅长李慧、省卫生厅厅长刘维忠等厅局领导的陪同下，视察省级重点工程——甘肃省中医院门诊医技综合楼建设项目。刘伟平对医院工程前期建设工作给予肯定。他指出：“医院是人员相对比较密集的区域，承担着公共服务职能，省中医院门诊医技综合楼项目为省级重点工程，要科学规划，合理布局，文明施工，确保施工安全；要精心施工，对工程质量进行全过程监管；要在保证安全质量的前提下，抓紧进度，按照施工计划精心布置、合理安排，力争早日投入使用，服务甘肃人民；要合理安排资金使用，对专项资金要管好用好。” 2012年，完成室内砌体施工、房屋布局及室内装饰设计、楼层功能定位等工作。

五、医院各医疗建筑更名，新门诊楼各示教室、会议室、接待室命名

为突出中医特色，体现中医文化，2013年5月，医院对新门诊医技综合楼及其他楼宇各教室、示教室、实训室、VIP室（接待室）进行了命名，确定接待室、会议室用“厅”：A座负1层VIP专家阅片室命名为“玉竹厅”，3楼VIP超声检查室为“莲心厅”，4楼VIP室为“牡丹厅”，7楼VIP室为“厚朴厅”，17楼接待室为“香橼厅”；E座6楼会议室为“远志厅”，10楼会议室为“百合厅”。教室用“堂”：A座5楼中医大讲堂命名为

"皇甫学堂"，17楼教室为"思邈学堂"；C座2楼教室为"时珍学堂"；E座5楼多功能厅为"岐伯学堂"，10楼教室为"仲景学堂"。示教室用"轩"：A座负1层放射影像科示教室命名为"荷叶轩"，5楼针灸门诊示教室为"艾叶轩"，7楼名医馆示教室为"沉香轩"，8楼风湿骨病科示教室为"防风轩"，10楼普外科示教室为"佛手轩"。实训室用"苑"：A座3楼诊断、急救综合技能实训室命名为"人参苑"，6楼妇科技能实训室为"知母苑"，9楼内、外科综合技能实训室为"丁香苑"，17楼护理技能实训室为"红花苑"。

同时对医院主要医疗建筑进行了重新命名，门诊医技综合楼为A座，旧门诊楼为B座，住院部1号楼为C座，住院部2号楼为D座，住院部3号楼为E座。

六、门诊医技综合楼搬迁启用

2013年，医院开始分阶段将医疗保险处、住院处、部分医技科室、部分临床科室、门诊诊室陆续搬迁至门诊医技综合楼。5月，相关临床科室搬迁工作开始进行。6月30日，省委常委、副省长咸辉在省政府副秘书长张正锋、省政府办公厅副巡视员周虎城、省中医药管理局局长甘培尚等陪同下到院视察门诊医技楼。咸辉强调，"医院一是要以新的门诊医技综合大楼启用为契机，进一步统一思想，抓住机遇，加快推进医院的发展建设，要健全和完善医院管理制度，提升服务质量和提高社会效益，推动医院的全面发展；二是要发挥'简、便、验、廉'的中医药特色优势，牢固树立中医院的办院宗旨，把中医药文化的理念做得更厚实一点，统筹利用好优势资源和条件，吸引更多的患者就医；三是在注重硬件建设的同时，要注重软件建设，重点加强人才队伍建设，大力培养名医、培植名科、建设名院；四是要抓好医德医风建设，更好地处理医患关系，要把群众满意作为医院服务的最大追求"。

7月，医院对门诊诊室、医技科室、临床科室及病床进行调整，A座（新门诊医技综合楼）共设病床346张。各科室分布情况：负2楼为停车场；负1楼为放射影像科；1楼为医疗保险处、收费科、挂号室、住院处、急救中心诊疗区（急诊科、急诊骨科、急诊药房、急诊收费室），另设急诊日间病床10张；2楼为门诊诊疗区（内分泌科、肺病科、肾病科、脾胃病科、肝病科、心血管病科、脑病科、老年病科、外一科、外二科、外三科、外四科、外五科、疼痛科）、药品调剂区（定量中药房、成药房、西药房、颗粒药房、饮片药房）、矫形支具室、收费室；3楼为超声医学影像科、心功能检查科、检验科、采血室、收费室、便民超市；4楼为门诊护理部、护理门诊、门诊诊疗区（风湿骨病科、肿瘤科、血液病科、皮肤疮疡科、儿内科、肛肠科、外周血管介入科）、骨科诊疗区；5楼为康复医学科、收费室、门诊针灸诊疗区；6楼为门诊部（患者接待处）、收费室、门诊诊疗区（口腔颌面外科、耳鼻喉科、眼科、妇科、慢病门诊）；7楼为病理科、外治科、收费室、门诊诊疗区（骨伤流派工作室、名医馆、藏医科诊室、心理咨询门诊）；8楼为痹病（风湿骨病）科，设病床65张；9楼为脾胃病一科，设病床31张，另设内窥镜诊疗中心；10楼为外一科（普外），设病床31张，重症医学科二部，设病床8张，麻醉科二部（手术间3间）；11楼为急诊骨科，设病床15张，外二科（泌尿），设病床16张，信息科；12楼为脾胃病二科、肝病科，设病床31张；13楼为妇科，设病床25张；耳鼻喉科，设病床12张；14楼为内分泌科，设病床40张；15楼为肺病科，设病床40张；16楼为肿瘤科、血液病科，设病床30张，外五科（肿瘤外科），设病床10张；17楼为临床教学部、护理培训基地、学术报告厅。B座（原门诊楼）共设病床22张。其中2楼为治未病中心、输血科；3楼为皮肤疮疡科，设病床12张，疼痛科，设病床10张。C座（原1号楼）共设病床256张，另有血液净化中心设透析床30张，重症医学科一部设监护床21张。其中1楼为肛肠科，设病床41张；2楼为脊柱骨一科，设病床43张；3楼为重症医学科一部，设监护床21张；4楼为血液净化中心，设透析床30张；5楼为脊柱骨二科，设病床36张，脊柱微创骨科，设病床20张；6楼为创伤骨二科，设床位38张，骨伤病科，设病床20张；7楼为手足微创骨科，设床位40张，外三科（神经），设病床18张。D座（原2号楼）共设病床315张，麻醉科一部设置手术间10间，CCU设置病床5张。其中1楼为儿骨科，设病床28张，儿内科设病床12张；2楼为创伤骨一科，设病床34张，外周血管病介入科，设病床11张；3楼为心血管病科，设病床32张，外四科（心胸），设床位18张；4楼为整复骨科，设病床30张，康复骨科，设病床30张；5楼为脊柱骨三科，设病床40张，骨肿瘤科，设病床20张；6楼为关节骨一科，设床位40张，关节骨二科，设病床20张；7楼为麻醉科一部（手术间10间）。E座（原3号楼）共设病床309张。其中2楼为眼科，设病床15张，口腔颌面外科，设病床10张；3楼为老年病科（干部病房），设病床47张；4楼为脑病一科，设病床45张，5楼为脑病二科，设病床45张；7楼为针灸推拿一科，设病床49张；8楼为针灸推拿二科，设病床30张，康复科，设病床19张；9楼为肾病科，设病床49张。

7月14日，动员全院力量协助所有门诊科室从旧门诊楼搬至新楼。7月15日，门诊医技综合楼正式启动运行。搬迁后医院新增加了慢病、外四科、外五科、脊柱微创骨科、综合门诊等5个诊室。

9月17日，门诊医技综合楼通过省工程质量管理部门竣工验收。投入使用后，医院通过公开招标的方式，确定由兰州亚太物业管理集团有限公司负责楼宇卫生清洁、秩序维护以及设施设备维修等保障运营管理与服务工作。

新门诊楼建设历时3年7个月，建成后极大地改善了医院就医环境，提升了医院形象，能满足日门诊量4000人次就诊需求。截至2013年底医院共开设44个诊室，62个临床医技科室，29个病区。实际开放床位1248张（门诊楼设病床346张）；另开设急救中心日间病床10张，重症及心内监护病床35张，血液净化透析病床30张，各类床位实际开放总数增至1323张。

甘肃省中医院门诊医技综合楼建设工程参建单位一览表

序号	建设工程项目	承建单位
一	建筑安装工程	
(一)	门诊医技综合楼	
1	主体施工	中建三局建设工程股份有限公司
2	消防工程	四川天府消防工程有限公司
3	空调通风设备采购及安装工程	甘肃永新建筑安装工程有限公司
4	配电室	甘肃电保姆电力工程有限公司
5	配电箱	兰州华电自动化设备有限公司
6	EPS应急照明电源设备采购及安装工程	广东易事特电源股份有限公司
7	弱电工程	北京中电兴发科技有限公司
8	电梯采购及安装工程	蒂森电梯有限公司
9	基坑及地基	甘肃地基基础有限责任公司
10	放射防护	济南大华射线防护器材有限公司
11	设备带	烟台冰科集团有限公司
12	信息中心机房设备采购及安装	银江股份有限公司
13	人防防护设备采购及安装	甘肃省人防工程公司(购人防防护设备)
(二)	二次装饰工程	
14	门诊楼外装工程	深圳市奇信建筑集团有限公司
15	内装一标段	甘肃第三建设集团公司
16	内装二标段	甘肃兰穗装饰工程有限责任公司
17	饮水设备采购及安装工程	甘肃格瑞思凯环保有限公司
18	大灯设计制作及安装、手术室无影灯政府采购	广州博克光电有限责任公司
(三)	室外工程	
19	室外工程	八冶建设集团有限责任公司
20	地下车库车位标线及交通设施采购与安装	武汉盛煊技术发展有限公司兰州分公司
21	设备中压天然气管道改线	甘肃中石油昆仑燃气有限公司
二	工程建设其他项目	
22	医院人防地下室设计	甘肃人防工程设计研究有限责任公司
23	沉降观测、实体检测、试验检测	甘肃土木工程科学研究院
24	招标代理(前期)	甘肃省金安建设工程招标有限公司
25	招标代理(后期)	中信国际招标有限公司
26	门诊医技综合楼环境评价	甘肃省环境科学设计研究院
27	门诊医技楼地质勘察	甘肃水文地质工程地质勘察院
28	门诊楼医技楼设计	山东省建筑设计研究院
29	门诊医技综合楼场地地震安全性评价	甘肃省地震工程研究院
30	正负零以下跟踪审计	甘肃诚信工程造价咨询有限公司
31	正负零以上跟踪审计	甘肃立信工程造价咨询服务有限公司
32	竣工决算编制	甘肃立信工程造价咨询服务有限公司
33	监理业务	甘肃工程建设监理公司
34	室内装饰设计	深圳市宝鹰建设集团股份有限公司
35	室外工程设计	兰州同腾景观工程设计有限公司
36	勘测、测绘、道路规划、基坑定点测标高	兰州市勘察测绘研究院
37	幕墙工程施工图设计文件审查	陕西三秦工程技术质量咨询有限责任公司

（撰稿　原明明）

职工住宅楼建设

2010年6月，省发改委、省国土厅、省建设厅联合批复同意医院集资建设经济适用房项目，主要用于安置医院门诊楼建设拆迁户和医院无房户职工。经济适用房项目的立项，为医院重新确定院区整体规划打下基础，油脂厂划拨土地也因此经兰州市规划局批准由医疗用地转换为生活用地。依据整体规划，住宅楼分两期建设，建设场地位于院区东北区域油脂厂划拨土地，共建设三栋高层，建筑面积78868平方米，住房662套。

新建住宅楼属于一类高层建筑，建筑高度约99米，剪力墙结构。地上、地下耐火等级为一级，抗震设防类别为丙类，抗震设防等级八度，设计使用年限为50年。由甘肃第四建设集团有限责任公司承建，甘肃工程建设监理公司监理施工，北京中天恒工程造价公司进行跟踪审计。地上、地下立体车库由深圳中集天达空港设备有限公司建设。

一、一期住宅楼（2、3号楼及地下立体车库）建设

根据医院整体规划方案，一期建设2、3号住宅楼及地下立体车库。2011年，医院委托甘肃省建筑设计研究院和甘肃省城乡规划设计研究院分别完成一期住宅楼（2、3号住宅楼及车库）设计方案。经兰州市规划局审查，2、3号住宅楼及车库项目取得《建设工程规划许可证》。2、3号住宅楼均为地上34层，地下2层，建筑面积36179.8平方米（其中2号楼15324.2平方米，3号楼20855.6平方米）。同期，配套建设地下立体机械车库。

2011年，先后办理了一期住宅楼《施工许可证》及地震、人防、消防、节能、安检备案、质检备案等相关手续。公开招标并签订了土建施工、监理、电梯、车库设备合同。2011年12月6日，一期住宅楼奠基开工。

2012年12月6日，2、3号住宅楼主体封顶。同月，根据医院需求，对部分户型进行了平面的调整，完成立体车库土建施工及设备安装准备工作。

2013年，完成一期住宅楼的电梯、门窗、壁挂炉、天然气管道、楼宇对讲、水电暖及弱电、消防等系统的安装。完成地下室、屋面防水施工及人防、通风、防雷设备的安装。完成室内墙体砌筑、刷白及公共部分装修装饰以及外墙保温及涂料施工。完成主体结构验收、各项质量检测。完成对生活区配套用水、电、气的接入手续办理及施工。完成生活区室外配套工程的设计、招标和合同签订及施工。

二、一期住宅楼（2、3号楼）分房工作

2号楼主要解决首席专家、名中医、正高级专家及引进人才，共计四种户型，面积分别为185.76平方米、95.05平方米、141.66平方米、137.76平方米，共计102套（含1套物业用房）。3号楼主要解决拆迁户和副高级职称以上人员，共计九种户型，面积分别为119.89平方米、102.2平方米、88.72平方米、88.39平方米、83.32平方米、89.96平方米、77.48平方米、70.22平方米、74.78平方米、74.48平方米，共计208套（含1套物业用房）。医院在广泛征求全院职工意见和建议基础上，于2012年12月17日制订了《甘肃省中医院新建2、3号职工住宅楼分配方案及腾空房屋管理办法》，并成立了以院长李盛华为组长、党委书记谢又生为副组长的住宅楼分房工作领导小组。12月19日，根据住宅楼分配方案，医院对一期住宅楼进行了分配，最终有179名正、副高级专家、优秀管理者、医院老职工和130户拆迁户分到了新房。

三、二期住宅楼（1号楼及地上立体车库）建设

2012年，医院委托甘肃土木工程科学研究院完成二期住宅楼建设（1号楼）方案的设计。10月，1号住宅楼取得《建设工程规划许可证》和《方案核定通知书》。二期住宅楼建设项目包括1号高层住宅楼和二期地上立体机械车库，住宅楼为地上33层，地下2层，总建筑面积42688平方米，1层为医院“职工之家”用房，2层以上为住宅用房，设计共为2个单元，其中A单元为两梯5户，B单元为两梯6户，共352户。地下两层为车库、库房和设备用房。

2012年，办理了1号住宅楼《施工许可证》和地震、节能、安检、质检备案等相关手续。10月31日，1号住宅楼奠基开工。截至2013年年底完成至29层，同时完成部分墙体砌筑工作。

四、车库建设

为进一步解决职工车辆停放问题，完善院区功能，医院选址分期建设地上地下立体车库及地下车库。

一期地下立体机械车库位于院区东北区，为地下4层，有4个车辆出入口，2套机械设备，202个车位。2013年，完成车库设备堆垛机、升降机及控制系统的安装和调试，通过了兰州市技术监督局的特种设备检测，通过医院组织验收，全部调试完成并投入使用。

二期地上立体车库位于院区北侧，为五层钢结构巷道堆垛式立体机械车库，占地面积约1000平方米，有2套设备，4个出入口，189个车位。2013年，完成车库方案设计、论证及招标工作，至年底完成地下土建施工工作。

同期，医院在1号楼地下2层配套建设车库车位共92个，其中普通车位78个，子母车位7组（14个）；库房80个。

五、污水处理中心项目

为满足医院发展需要，医院新建污水处理中心。2010年2月，医院污水处理中心建设项目初步设计得到省发改委批复（甘发改社会〔2010〕798号）。12月，项目取得《建设用地规划许可证》。2011年6月，医院委托甘肃省环境科学设计研究院编制环境影响评价报告表，2012年4月由兰州市环境保护局批准建设。9月，项目取得兰州市规划局《建设工程规划许可证》。

2012年11月，污水处理中心正式开工建设。该项目位于医院院区北侧，原污水处理站东侧，东临七里河北街，南侧为医院家属楼，西侧为预留发展空地，北面为附近居民楼。污水处理中心为地下建筑，地上为二期地上立体车库。污水处理中心的主要构筑物为格栅井、调节池、沉淀池、消毒池等，主要设备为罗茨风机、污泥回流泵、消毒装置等，主要构筑物及设备分两组，一组运行，一组为后期医院发展备用。设计处理能力1200m^3/d，实际处理能力1200m^3/d。医院医疗废水经消毒处理后，达到《医疗机构水污染物排放标准》，准予排入市政管网。2013年11月1日，医院新建污水处理中心正式使用。

一期住宅楼参建单位明细表

序号	工程名称	参建单位
1	2#、3#住宅楼建安工程	甘肃第四建设集团有限责任公司
2	2#、3#住宅楼及地下车库静载试验	甘肃土木工程科学研究院
3	2#、3#住宅楼结构检测	甘肃土木工程科学研究院
4	2#、3#住宅楼及地下车库基坑变形监测	甘肃土木工程科学研究院
5	地下立体车库、污水处理中心岩土工程勘察	甘肃土木工程科学研究院
6	1#、2#、3#住宅楼岩土工程勘察	甘肃土木工程科学研究院
7	工程监理	甘肃工程建设监理公司
8	电梯采购及安装	甘肃广日电梯工程有限公司
9	地下立体车库设备采购及安装	深圳中集天达空港设备有限公司
10	地下立体车库临时电源	甘肃电保姆电力工程服务有限公司
11	2#、3#住宅楼及车库建筑工程检测	兰州陇原工程质量检测有限责任公司
12	2#、3#住宅楼壁挂炉	兰州九方树人商贸有限公司
13	住宅楼外接市政污水管网	兰州隆业市政工程有限责任公司
14	住宅楼外接自来水管网	兰州自来水客户服务中心
15	2#、3#住宅楼天然气进户设计	甘肃中石油昆仑燃气工程设计(咨询)有限公司
16	2#、3#住宅楼天然气壁挂炉管道安装工程	甘肃中石油昆仑燃气建安投资有限公司
17	2#、3#住宅楼天然气调压柜设备	甘肃中石油昆仑燃气设备供销有限公司
18	医院一期住宅楼有线电视网入网建设	甘肃省广播电视网络股份有限公司兰州分公司
19	2#楼及地下立体车库设计	甘肃省建筑设计研究院
20	2#、3#住宅楼防雷检测工程	甘肃省防雷中心
21	项目跟踪审计	北京中天恒达工程咨询有限责任公司兰州分公司
22	医院住宅楼景观石	安徽省灵璧县浍沟镇凤山村六组马岩
23	住宅楼负1层不锈钢水箱清洗消毒	兰州泽锐供水服务有限公司

二期住宅楼参建单位明细表

序号	工程名称	参建单位
1	1#住宅楼建安工程	甘肃第四建设集团有限责任公司
2	1#住宅楼图纸勘察	甘肃土木工程科学研究院
3	1#住宅楼图纸设计、审查	甘肃土木工程科学研究院
4	住宅楼室外设计	甘肃土木工程科学研究院
5	1#住宅楼安全性鉴定	甘肃土木工程科学研究院
6	1#住宅楼及地下车库工程基坑变形监测	甘肃土木工程科学研究院
7	1#住宅楼及地下车库天然地基静载荷试验检测	甘肃土木工程科学研究院

续表

序号	工程名称	参建单位
8	污水处理中心设备采购及安装	甘肃第一安装工程有限公司
9	工程监理	甘肃工程建设监理公司
10	污水处理中心地上立体车库燃气管道改线工程	甘肃中石油昆仑燃气有限公司输配分公司
11	1#住宅楼天然气进户设计	甘肃中石油昆仑燃气工程设计(咨询)有限公司
12	1#住宅楼天然气壁挂炉管道安装	甘肃中石油昆仑燃气建安投资有限公司
13	电梯采购及安装	甘肃广日电梯工程有限公司
14	地上立体车库设备采购及安装	深圳中集天达空港设备有限公司
15	住宅楼小区配电室	兰州鸿运电力有限公司
16	污水处理中心设计	甘肃省建筑设计研究院
17	1#住宅楼主体结构检测	兰州陇原工程质量检测有限责任公司
18	1#住宅楼装饰工程检测	兰州陇原工程质量检测有限责任公司
19	1#住宅楼竣工前检测	兰州陇原工程质量检测有限责任公司
20	1#住宅楼壁挂炉	兰州九方树人商贸有限公司
21	住宅小区630KVA变压器迁移安装工程	甘肃电保姆电力工程服务有限公司
22	医院二期住宅楼有线电视网入网建设	甘肃省广播电视网络股份有限公司兰州分公司
23	甘肃省中医院住宅区开路口迁移树木等工程	兰州铭通市政工程有限责任公司
24	甘肃省中医院污水处理中心环评	甘肃省环境科学设计研究院
25	甘肃省中医院经济适用房项目环评	广州市环境保护工程设计院有限公司
26	甘肃省中医院开路口工程	兰州隆业市政工程有限责任公司
27	二期住宅楼跟踪审计	北京中天恒达工程咨询有限责任公司
28	污水处理中心消音、降噪工程	兰州凌志环保工程有限公司

（撰稿 原明明）

甘肃省中医院科研制剂中心建设

一、项目概况

2011年以前，为满足制剂生产和科研用房的需求，医院根据当时的规划设计，准备在院区西北侧建设科研制剂楼，由武汉医药设计院进行设计，设计定位为“西北一流、国内领先”，并于2010年12月31日取得省发改委立项批复，批复建筑面积26000平方米，设计高度18层。

2012年1月12日，甘肃省中医院与白银市人民政府签订了《白银市人民政府委托甘肃省中医院全面托管白银市中西医结合医院协议书》，协议中白银市人民政府承诺为甘肃省中医院提供100亩土地用以建设科研制剂中心。5月16日，白银市城乡规划局为甘肃省中医院科研制剂中心项目下发《规划条件通知书》（白规划条〔2012〕22号），拟出让位于白银市区中小企业创业基地内，主二路以东、次二路以北的101亩土地。6月，通过招标，确定广东寰球广业工程有限公司为项目设计单位，初步完成《甘肃省中医院科研制剂中心项目建设工程可行性研究报告》（编号：179800W-38)。7月9日，省卫生厅依据省发展改革委《关于省中医院科研制剂楼项目建议书的批复》（甘发改社会〔2010〕1150号），向省发改委提交了《省卫生厅关于审批省中医院科研制剂中心建设项目可行性研究报告的报告》（甘卫规划发〔2012〕230号）。8月3日，医院根据省卫生厅关于《转发省发展改革委关于甘肃省中医院科研制剂楼项目建议批复的通知》（甘卫规财函〔2011〕87号）及甘肃省发展和改革委员会《关于甘肃省中医院科研制剂楼项目建议书的批复》（甘发改社会〔2010〕1150号）文件精神，向白银市发展改革委员会提交《甘肃省中医院关于呈报科研制剂中心可行性研究报告的报告》（中医办发〔2012〕129号）。8月24日，白银市发改委下发《白银市发展和改革委员会关于甘肃省中医院科研制剂中心建设项目可行性研究报告的批复》（市发改社会〔2012〕678号），同意甘肃省中医院科研制剂中心项目建设。2013年1月22日，白银市发改委通过了《白银市发展和改革委员会关于甘肃省中医院科研制剂中心建设项目初步设计的批复》（市发改社会〔2013〕138号）。

科研制剂中心建设最终定于甘肃省白银市银西产业园南京路6号，占地面积101亩，建筑面积4.35万平方米，建设总投资约2.3亿元，总建设期3年，主要分前后两期建设。

二、项目建设过程

2012年3月，医院成立了以副院长李兴勇为主管领导，马新换、汪付田、郑兰欣为成员的科研制剂中心建设工作小组，任命白银分院副院长马新换兼任科研制剂中心主任、汪付田为副主任。9月21日，科研制剂中心奠基仪式在白银新区举行，省人大周多明副主任、省政府张正锋副秘书长、省政协港澳台委员会郭颖纯主任、省侨联费亚夫主席、省食品药品监督管理局高建邦局长、省卫生厅李存文副厅长、省编办高建国副主任、省人社厅成宏毅副巡视员、甘肃中医学院附属医院李应东院长、甘肃中医学院党委李志魁副书记、省肿瘤医院陈学忠院长、甘肃省政协委员及亮睛工程慈善基金副主席周伯展和夫人李巧玲女士、中国妇女发展基金会项目主任祝燕春、白银市人大常委会宁金辉主任、市政协杨成堂主席、市政府吕林邦副市长、市委宣传部高鹰部长、市人大康星刚副主任、市政协副主席、市委统战部张得珍部长、市政协薛秋诗副主席等省、市领导参加奠基仪式。11月20日，获得《中华人民共和国建设用地规划许可证》（地字第〔2012〕013号）。11月29日，科研制剂中心围墙工程竣工验收。12月2日，获得《中华人民共和国建设工程规划许可证》（建字第〔2012〕013号）、《建设工程设计方案核定通知书》（开发区规建方核〔2012〕013号）。12月，医院补充周飞、李亮为工作小组成员。

2013年3月29日，根据白银市人民政府《白银市人民政府关于办理国有建设用地使用权出让手续的通知》（市政土让字〔2013〕9号），获得《中华人民共和国国有土地使用证》（白国用〔2013〕065号）。5月，医院委派赵国杰担任甲方代表，协助科研制剂中心开展工作。7月，科研制剂中心地基处理完工。7月17日，由中国甘肃国际经济技术合作总公司承建的第一期主体建筑开工建设，主要包括科研中心1幢，综合办公楼1幢，宿舍楼1幢，门卫室1处，总建筑面积1.4万多平方米。12月27日，一期主体工程封顶。同日，由甘肃省第七建筑集团有限公司承建的科研制剂中心二期工程开工建设，主要包括制剂车间2层建筑1幢，建筑面积13469平方米；饮片车间2层建筑1幢，一层为原药材库，饮片库，二层为中药饮片生产车间，建筑面积8637平方米；提取车间4层建筑1幢，建筑面积5390平方米；甲类仓库1幢；锅炉房及维修车间1处；污水处理站1处；以及其他附属建筑，总建筑面积2.9万多平方米。2013年年底，医院派驻科研制剂中心的建设工作小组成员为马新换、赵国杰、汪付田、周飞、李亮。

科研制剂中心建设项目是在深化医药卫生体制改革，推进我省中医综合改革试点示范省建设，院内中药制剂可在全省调剂使用，省政府陇药产业“先行先试”等多重政策机遇下，经甘肃省发改委委托白银市发改委等部门审核批准立项建设的项目，该项目被列为2013年省级重点建设项目。制剂中心建设严格按照GMP要求，高起点、高标准规划设计建设，其中制剂车间规划设计丸剂、颗粒剂、胶囊剂、膏剂、栓剂、合剂（口服液）、洗剂共7条自动化生产线；提取车间可实现提取和浓缩的数字化、自动化生产，设计建成后年中药材提取能力为2500吨。准备建成“国内一流”，集中药制剂研发、生产、教学、营销为一体的标准化、现代化科研制剂中心，着力打造成甘肃省中医院中医药及大健康产品研发、生产、教学基地。以院内中药制剂、中药饮片和中药配方颗粒“三大产品”为抓手，积极构建“三中心三基地”，即中药制剂配制与委托加工中心、中药饮片生产加工中心、甘肃省中药制剂研发工程研究中心和医药院校、医疗机构制剂人员进修培训基地，全省爱国主义教育基地，中医药养生保健旅游基地。充分利用国家大力发展中医药，国家中医药管理局支持甘肃省中医药事业发展及甘肃省作为全国中医药综合改革试点示范省建设的多重政策叠加优势，做好医院中药制剂的研究开发、申报注册、生产调剂、委托加工及新药转化工作，在生产技术、生产设备、中药新产品研发、人才培养等方面构建设备技术平台，为推动医院及全省中医药事业的快速发展做出贡献。

（撰稿　原明明）

六十周年院庆

2013年，是甘肃省中医院建院60周年，为了回顾和总结医院60年的发展历程，更好地激励和鼓舞全院职工的士气，医院以丰富多彩的系列活动庆祝建院60周年。

年初，成立了以院长李盛华、党委书记谢又生为组长的院庆筹备工作领导小组，下设办公室，制订了《甘肃省中医院60周年院庆工作方案》。经全院职工共同努力，完成院庆工作各项任务。一是编辑出版了《甘肃省中医院2000—2010年院志》和《陇上草医》文集，印制了《岐黄之路画册》和《媒界视线》图书；二是拍摄历史专题片《独领风骚一甲子》；三是举办甘肃省名中医王自立、裴正学、王子义、刘国安、廖志峰、李盛华、张延昌教授的学术思想研讨会等系列学术活动；召开医院建院60周年科技大会，对建院60年来为科技工作做出突出贡献的10个先进集体、50位先进个人予以表彰奖励；举办了内科、骨科、外科、护理、医技、药剂、行政、后勤学术交流研讨会，并汇集编印了论文集；举办国家级继续教育项目班9个，省级继续教育项目班13个；举办全省正骨手法大赛；四是更新院史陈列室、行政楼长廊医院发展史；五是营造优秀文化氛围。在新门诊大厅制作反映中医药文化历史演变的文化浮雕墙，悬挂职工书画、摄影作品和手工编织品；完成医院院徽、标识的设计和楼宇标示工作；在医院网站开通院庆专栏，发行院报专刊；举办职工拔河比赛等。

院庆庆祝大会于12月6日晚在长征剧院隆重召开。院长李盛华发表了重要讲话，对医院60年发展历程进行了全面回顾，并对医院未来发展提出了明确方向。省中医药管理局局长甘培尚，甘肃中医学院党委书记王海燕、院长李金田，曾为医院、省中研院建设和发展倾注心血的老领导、老同志石国璧、侯志民、贾斌、李强、唐士诚、沈为众、妥建福、马馨如、陈世英、李志明、黄腾辉、曲宝萍、刘福，白银分院、临夏分院、通渭分院领导出席了庆祝大会。医院离退休职工及护士长以上干部、各班组长等参加了庆祝活动。会上，医院用授予"功勋员工""荣誉员工""优秀员工"等荣誉称号的方式表达了对704名曾经和正在为医院呕心沥血、倾心奉献的医护工作者的感激之情。最后，以职工自己编演的一台美轮美奂的文艺节目将晚会推向了高潮。整个晚会，节目编排新颖，内容积极向上，取材于生活，贴近群众，凝聚人心，鼓舞了职工士气，提升了医院文化内涵。文艺晚会连续演出2场，观众达到了2000人次，晚会达到了预期效果，得到了广大与会者的高度称赞。

（撰稿 原明明）

医院管理年评审

根据国家中医药管理局、甘肃省卫生厅、甘肃省中医药管理局工作部署，2010—2011年，医院开展"以病人为中心，以发挥中医药特色优势为主题"的中医医院管理年活动。

2011年2月，医院成立了以院长李盛华为组长，时任党委书记妥建福为副组长，孙援朝、冯守文、马忠祥、舒劲、李兴勇、赵继荣为组员的管理年活动领导小组，活动小组下设办公室，张德宏担任主任，赵永强担任副主任，罗克龙等职能处室负责人为成员。根据国家中管局下发的《2010"以病人为中心，以发挥中医药特色优势为主题"的中医医院管理年活动方案》等文件精神，结合实际，制订了《甘肃省中医院2010—2011年医院管理年活动实施方案》。医院以2010年管理年活动检查评估的12项关键性指标为主线，针对新增的"中医护理"和"中医预防保健服务"两项内容，制订了有力措施推动管理年各项工作全面有序开展。

医院在中长期发展规划中明确了中医院姓"中"的发展方向，将发挥中医药特色优势的具体措施纳入年度工作计划中，制定了发挥中医药特色优势的鼓励与考核制度，制定了鼓励中药饮片、自制药品及非药物特色治疗技术使用的特色补贴激励措施。整理临床科室经典名方并编著出版了《实用中医经典名方手册》。医院对医务、护理、科研、临床教学等主要职能部门负责人进行了调整。制订出台了《甘肃省中医院名老中医药专家学术经验继承工作管理办法》，鼓励西医跟师中医学习，通过跟师学习解决了院领导班子中中医药人员比例不足、外二科和外三科主任中无中医类别执业医师的问题。加大确有专长的中医药专业技术人才引进力度，组织举办"西学中"培训班，开展师承教育，参加国家中医药管理局管理工作会议及培训。举办全省中药炮制大赛、全省陇中正骨手法培训班、骨伤科手法技能大赛、经典名方背诵大赛、中医护理技能大赛。通过"名医工作室"培养高级中医药人才。在全院范围内开展中医经典理论和中医临床技能的学习，在"三基"考试中大幅增加中医基础知识比例。为规范科室命名，将心血管疾病防治中心更名为心病科，普外科更名为外一科，泌尿外科更名为外二科等。不断完善常见病及中医优势病种中医诊疗方案。严格诊疗规范，检查全部出院病历，对执行不到位的科室责令整改。临床科室积极配备中医诊疗设备，开展中医诊疗技术项目，大力推广非药物疗法。制定专科建设发展规划，于2009年开通了视频网络平台，积极支持重点专科参加国家中管局中医临床路径的制定和协作组工作，骨伤科作为协作单位参与"项痹病"的中医临床路径制订，2011年分别参加了珠海、宁波、温州临床路径培训会议。各科室针对每个优势病种制定了完善的中医诊疗方案。加强重点专科重点病种质量控制。按标准设置中药房，率先在省内全面使用小包装中药饮片，为门诊中药饮片调剂室配电子秤。加强煎药质量监督力度，积极筹建科研制剂楼项目。合理配备护理队伍，选派护理骨干分批赴广东省中医院参加中医特色护理培训。各护理单元全面开展优质护理服务；举办了全院中医护理技能操作培训及中医护理大赛。组织职工开展《员工手册》培训并进行抽查考试，在门诊走廊、候诊区、住院部及门诊中药房候药区制作悬挂中医药题材的宣传画、宣教标语，在各病区、各楼层制作悬挂富有学科内涵的中医药知识宣传栏，向群众宣传中医药文化知识。积极搭建中医预防保健服务平台，设立了治未病中心、治未病研究所，建立了健康管理数据库，举办中医养生保健及疾病防治知识讲座。

为检查医院开展管理年活动取得的实效，医院多次召集各部门进行自查自评，查找解决存在的问题。2011年6月23日，医院邀请省中管局组织省内知名专家对医院管理年活动开展情况进行预检评估，并对专家反馈的问题，逐一梳理、认真整改。

2011年7月26日，以国家中医药管理局医政司副司长杨龙会为督导员，广西壮族自治区中医药管理局局长庞军为组长的检查评估组一行14人，来院就2010年中医医院管理年活动和“十一五”重点专科项目建设进行检查验收，同时对“三好一满意”活动开展情况进行检查。省中管局局长甘培尚、副局长崔庆荣等陪同检查。专家组在听取汇报的基础上，分八个小组通过现场查看、查阅资料、现场访谈、实地考核等方式，对医院进行了全面、深入、细致的检查评估。反馈会上，专家组在肯定成绩的同时，也指出了医院在管理年活动工作中存在的不足，如促进中医药特色优势发挥的管理制度还不够完善，个别临床医师对中医药知识的掌握还不够熟练、处方中辨证论治不突出等，并提出了针对性的指导性意见和建议。

此次医院管理年检查评比，医院在全国114家单位中位列22名，得分962.9分，较上一轮评比名次有较大幅度提升。深入开展好医院管理年活动，既是国家中管局的科学决策和明确要求，更是医院加快发展的现实需要；既是规范办院理念、规范管理、规范流程的迫切需要，更是彰显中医特色、突出卓越疗效、促进科学发展的长期战略。通过中医医院管理年活动的检查评估，明确了中医医院的办院方向，以评促改，以评促建，充分发挥中医药特色，加强医院内涵建设和人才队伍建设，不断提高医疗质量。

（撰稿 原明明）

等级医院评审

自1996年医院通过国家中医药管理局“三级甲等中医院”评审之后，2007年又通过“三级甲等中医院”复评。2012年，根据国家中医药管理局和甘肃省卫生厅、甘肃省中医药管理局的工作部署，医院再次接受三级甲等中医医院评审。

2012年2月，医院成立了以李盛华为组长、谢又生为副组长，孙援朝、马忠祥、舒劲、李兴勇、赵继荣、卫晓雯、邱连利为成员的三级中医医院评审工作领导小组，领导小组下设评审工作办公室，由赵继荣担任主任，赵永强、徐柏林为副主任，王海东等人为成员，办公室日常工作设在院长办公室，实行责任分工负责制。同月，医院组织召开三级甲等中医医院复评工作动员大会。

4月，根据国家中医药管理局印发的《中医医院管理评价指南》（2008版）《中医医院评审暂行办法》《三级中医医院评审标准》和《三级中医医院评审细则》等文件要求，结合实际，制订了《甘肃省中医院三级甲等中医医院复评工作实施方案》。医院以三级医院评审相关材料（2012年版）的22项核心指标为主线，从“宣传动员、自查自评、专家初评、迎接检查”四个阶段推进各项任务。

复评期间，医院加强中医药服务能力建设，完善中长期发展规划，健全考核机制，整理临床科室经典名方并编著出版了《实用中医经典名方手册》。优化中医药人才队伍结构，加强临床科室内涵建设，制订并完善常见病及中医优势病种中医诊疗方案。为丰富中医临床诊疗手段，医院为临床科室、药剂科配备了217台中医诊疗设备。拓展中医诊疗技术项目，加大非药物中医治疗方法的临床应用。积极使用医疗机构中药制剂和中药饮片，医院拥有国家批准文号的中药自制剂17个剂型39个品种，优质中药饮片539种。加强重点学科建设，各专科制定了本专科重点病种的中医诊疗方案，并对诊疗方案进行了梳理、优化、整合。规范中药房设置，制订中药饮片调剂制度，建立中药安全性监测管理和中药不良反应事件报告制度，定期开展中药处方评价工作。配备护理队伍，选派护理骨干赴广东省中医院参加中医特色护理培训，举办全省中医护理技能培训班。制定了中医文化建设工作规划和实施方案，在门诊、住院部及院区制作悬挂中医药题材的宣传画、宣教标语和中医药知识宣传栏，修建了中医文化传承广场主题雕塑，举办了两届医院中医文化节。积极搭建中医预防保健服务平台，设立了独立的服务区域，成立了治未病中心、治未病研究所。提高医院综合服务能力，参加并举办各类社会公益项目，开展扶贫救助和义诊宣传活动。医院于2011年被确定为国家级全科医生培养基地。加强急诊检诊、分诊，落实首诊负责制，制定了急诊绿色通道管理规范。单独设置“腹泻门诊”和“发热门诊”。组建中医药专家医疗救援队伍，做好突发公共卫生事件救援工作。做好临床教学工作，举办多项国家级中医药继续教育项目和省级中医药继续教育项目。出台多项鼓励医务人员参与科研工作的制度和办法。医院取得国家食品药品监督管理局药物临床试验机构资格认定证书，并成立了药物临床试验机构及药物临床试验伦理委员会。保障患者安全，严格执行查对制度，完善关键流程（急诊、病房、手术室、ICU）的患者识别措施，建立了临床“危急值”报告制度。提高医疗质量管理和安全，修订并完善各项医疗质量和医疗安全的核心制度，强化基础理论知识和技能操作的培训力度。建立医疗技术准入制度和管理制度。加强药事管理，在HIS系统中完善药品信息管理系统，为处方审核提供技术支持，开展处方点评和抗菌药物专项整治工作。健全护理质量管理体系，实施“五统一”管理模式，完善护理激励奖惩体制，加强护理过程质量及重点环节质量监控，成立了甘肃省首家医院陪护中心，开展免费陪送陪检。加强医院信息化建设，建成医院新网站、数字图书馆及办公自动化系统，完成局域网络升级。印发了“小金库”专项治理工作实施方案。完善医药收费复核制度、预算管理制度，执行药品、高值耗材集中采购制度。加强大型医用设备配置管理，建立大型设备使用人员持证上岗制度。

为切实做好评审工作，医院多次

组织自查自评，召开复审工作推进会议，根据评审细则和22项核心指标，对发现的不足和问题进行及时整改，为迎接复评做好准备。

6月27日—28日，来自宁夏回族自治区中医院、重庆市中医院和省内四家中医单位18名专家，由宁夏回族自治区中医院院长黄涌担任组长，组成了国家中医药管理局等级医院评审组，对医院三甲建设情况进行了为期两天的评审。28日下午，评审反馈会在医院召开，评审专家从管理、临床建设、重点专科、药事、护理、医疗、检验输血、病例、影像和医院感染等方面对所查情况进行了反馈，评析了亮点，指出了不足。院长李盛华在反馈会议上做了表态发言，对下一步的工作思路做了具体阐述。在全院职工的共同努力下，医院最终顺利通过国家中医药管理局专家组评审，在省内7家评审医院中取得了第一名的好成绩，再次被国家中医药管理局评审为“三级甲等”中医院。2013年1月18日，甘肃省卫生厅党组书记、厅长刘维忠为“甘肃省中医院三级甲等中医院”揭牌。

（撰稿 原明明）

大事记

Chronicle of Events

2011年

1月

12日　医院组织副科级以上干部参观“法制与责任——全国检察机关惩治和预防渎职侵权犯罪展览”。

21日　医院荣获“全省卫生系统舟曲特大泥石流灾害医疗卫生救援先进集体”荣誉称号。

是月　中共党员，享受正县级待遇离休干部，原医院总护士长、副主任护师杨坤毓逝世，享年83岁。

2月

21日　医院正式获得国家中药药物临床试验机构资格认定。

26日　李盛华、潘文获中华中医药学会科技之星荣誉称号。

是月　中共党员，享受副地级待遇离休干部，曾任甘肃省中医院副院长朱伟红逝世，享年79岁。

3月

7日　医院参加由甘肃省妇联组织的“维护权益、关爱女性，甘肃12338妇女维权热线全覆盖”启动仪式。

8日　国家中医药管理局中医药知识宣传项目西北片区复查组专家来院检查中医药文化建设和中医药知识宣传普及情况。

△　省民政厅“救助贫困家庭中患有先天性心脏病患者”救助活动在医院启动。

24日　医院举行创建“无烟医院”启动仪式。

29日　医院门诊医技综合楼封顶。

△　医院消毒供应中心改扩建工程开工。

4月

7日　医院成为“甘肃省红十字会团体会员单位”。

9日　省教育厅和省卫生厅正式认定医院为甘肃省高等医学院校临床教学基地。

10—11日　甘肃省中医药巡讲巡诊团——甘肃省中医院专家组赴定西市陇西县开展中医药知识巡讲巡诊工作。

13日　甘肃省卫生厅党组书记、厅长刘维忠来院督察医院门诊医技综合楼的建设进展情况。

17日　舒劲当选第二届中华中医药学会继续教育分会副秘书长。

18日　甘肃省第五期西医学习中医培训班在医院开班。

21日　医院召开大会，安排部署开展“三好一满意”活动以及加强党风廉政建设和行风建设工作。

23日　甘肃省中医药学会糖尿病专业委员会成立，张定华当选主任委员。

26日　周晟当选甘肃省医师协会放射分会第一届全体代表副主任委员。

29日　李盛华被卫生部、国家食品药品监督管理局和国家中医药管理局联合授予2010年度“卫生部有突出贡献中青年专家”荣誉称号。

△　医院举办“骨科手法技能大赛”及“经典名方背诵及应用大赛”。

是月　杨维建当选为甘肃省外科学会结直肠外科学组副组长。

是月　医院选举产生新一届团委会，委员有李亮、廖雨婷、靳金龙、原明明、高小恒、张敏、李非等七人。

5月

5日　医院举行甘肃省中医院、甘肃省中医药研究院第五批省级师承教育拜师大会。

6日　农工党甘肃省中医院支部组织专家赴白银市妇幼保健医院社区门诊开展义诊。

8日　医院血液净化中心启动运行。

10日　根据中共甘肃省委甘任字〔2011〕236号文件，经省委常委会议讨论决定，免去妥建福同志党委书记职务。妥建福同志调任甘肃省农牧厅副厅长、党组成员。根据中共甘肃省委组织部组任字〔2011〕88号文件，免去冯守文同志副院长、党委委员职务，退休。

12日　省发改委副主任、省政府重大项目办主任魏宝君一行来院督查门诊医技综合楼建设情况。

13日　医院医疗队赴天祝县参与应急救援。

14日　由甘肃省卫生厅、省中医药管理局主办，省中医院、医院骨伤科临床医学中心承办的陇中中医正骨手法学习班开班。全省140余名骨伤科医师参加为期2周的培训学习。

19日　医院被甘肃省卫生厅评为“2010年度甘肃省抗菌药物临床应用监测网优秀单位”。

27—29日　首届全国中西医结合骨科微创专业委员会成立。李盛华当选专业委员会副主任委员，赵继荣当选专业委员会委员，谢兴文当选专业委员会秘书，张德宏当选青年委员。

31日　兰州市委常委、统战部部长段英茹一行来院视察门诊医技综合楼建设情况。

6月

3日　医院获得全省卫生系统文艺调演“优秀组织奖”。

12日　医院获得2011年全省卫生行业护理技能大赛团体二等奖，张丽娟、湛静、杜丽梅获得个人一等奖。

△　唐晓勇当选甘肃省医师协会普外分会副会长，杨维建当选协会常务理事，朱晓铭当选协会理事。

15日　省卫生厅党组副书记、副厅长李存文一行来院督查创先争优窗口服务月活动。

6月16日—7月1日　为庆祝中国共产党建党九十周年，医院举办图片展览、文艺演出等系列庆祝活动。

7月

11日　卫生部督导组来院督导检查无烟医院创建工作。

22日　医院被兰州市医保局评定为首批医疗保险A级定点医疗机构。

25日　根据中共甘肃省委甘任字〔2011〕447号文件，经省委常委会议讨论，谢又生同志任医院党委书记。

26日　国家中医药管理局检查评估组来院检查验收2010年中医医院管理年活动和“十一五”重点专科项目建设情况，督导检查医院“三好一满意”活动开展情况。

是月　《甘肃中医》正式更名为《西部中医药》。

是月　中共党员，原麻醉科主任，麻醉副主任医师高义逝世，享年76岁。

8月

29日　骨伤科被国家中医药管理局确定为国家临床重点专科。

31日　甘肃省中医药研究院主编的《皇甫谧研究集成》在甘肃庆阳首发 。

△　甘肃省卫生厅副厅长高建邦、省中医药管理局局长甘培尚视察门诊医技综合楼的建设进展情况。

△　甘肃省中医护理培训基地成立。

是月　中华中医药学会授予医院“先进无烟中医医院”荣誉称号。白蕾琪获卫生部2010年“全国优质护理服务考核优秀个人”荣誉称号。

9月

3—5日　由中华中医药学会主办，甘肃省中医院、甘肃省中医药研究院和敦煌市中医院承办的中华中医药编辑出版分会2011年年会在敦煌举办。

8日　医院成为“西北天然药物（中藏药）产业技术创新战略联盟”理事单位。

13日　甘肃省中医院临夏分院挂牌仪式在临夏州中医院举行。

24—25日　医院长远规划和绩效分配制度改革方案讨论会在白银举行。

26日　甘肃省中西医结合学会微创骨科专业委员会成立，李盛华当选甘肃省中西医结合学会微创骨科专业委员会主任委员 。

27日　中国中西医结合学会骨科微创专业委员会名誉主任委员、博士生导师孟和教授来院进行学术交流。

28日 根据中共甘肃省委组织部组任字〔2011〕201号文件，卫晓雯同志任医院党委委员、纪律检查委员会书记（正处长级）。根据中共甘肃省委组织部组任字〔2011〕202号文件，邱连利同志任医院党委委员、副院长（正处长级）。

是月 中共党员，甘肃省中医院退休干部、原检验科主任，副主任检验师李松寿逝世，享年82岁。

10月

12日 十八病区荣获“全国中医护理特色科室”，王颖荣获“全国中医护理科研先进工作者”。

16日 左进当选中华中医药学会肛肠分会常务理事。

19日 医院开展“自体血液回输”新业务。

21日 医院参加甘肃省卫生厅组织的甘肃省卫生行业中药操作技能大赛。代表队获得团体一等奖，葛新春和张承军获得个人一等奖，张晓明获得个人二等奖，李喜香获得“指导老师一等奖”。

27日 全省卫生系统医疗机构行风评议大会在医院举行。甘肃省政府纠风办、省监察厅副厅长张云生，省卫生厅党组副书记、副厅长，省食品药品监督管理局党组书记、局长高建邦，省卫生厅党组成员、省中医药管理局局长甘培尚等相关领导参加会议。

28日 韩国驻华大使馆卫生参赞和韩国釜山大学韩医学院代表团来院参观访问。

29日 医院派专家赴定西参与兰渝铁路工程事故伤员救治工作。

30日 潘文当选中华中医药学会科普分会副主任委员。

11月

2日 医院被国家中医药管理局评为“全国中医药文化建设先进单位”。

7日 李盛华、舒劲、赵继荣被中华中医药学会评为“全国中医医院医疗业务管理优秀工作者”。

12日 普外科被国家卫生部普通外科内镜技术培训基地评为内镜开展优秀单位，唐晓勇、汪佳明获内镜开展优秀个人。

16日 医院派出医疗救援队参与正宁县校车事故伤员救治工作。

17日 《中国中医药报》报社副主编王淑军来院就医院文化宣传工作进行座谈交流。

△ 甘肃省人力资源和社会保障厅确定，《西部中医药》杂志在甘肃省职称评定中按国家权威学术刊物认定。

18日 由白银市副市长吕林邦带队的白银市医疗卫生考察团一行9人来院考察参观，就医院与白银市各医疗机构开展医疗、教学、科研合作和提升医疗管理方面进行洽谈。

24—25日 国家卫生部“十二五”中医系列教材（中医耳鼻喉科学）编审会在医院召开。

△ 医院赴甘南州藏研院附属医院开展对口支援捐赠活动，捐赠了电脑、病房被褥等，总价值28780元。

25日 医院首届计算机知识竞赛落幕。本次竞赛共有临床、医技、行政31个参赛队，大赛决出优秀个人一等奖1名，二等奖4名，三等奖6名。

27日 医院举办第十六届中青年学术年会。

12月

1日 医院与甘肃省第三方医疗纠纷人民调解委员会签署医疗责任险协议书并正式加入卫生部、甘肃省卫生厅规定的医疗责任保险。

6日 医院举行中医文化节系列活动。

7日 李非在甘肃省直机关首届“先锋杯”演讲比赛中获三等奖。

17日 甘肃中医学院、甘肃省中医药研究院“中医骨伤科学研究生联合培养基地”通过甘肃省学位委员会评审。

24日 医院派医疗队参与平凉西长凤高速交通事故救援。

27日 张参军当选全国突发公共事件中医药应急专家委员会委员。

2012年

1月

12日 白银市人民政府、甘肃省中医院托管共建白银市中西医结合医院签约仪式在兰州举行。甘肃省政府副省长咸辉和白银市委书记张智全为“甘肃省中医院白银分院”揭牌。白银市副市长吕林邦、甘肃省中医院院长李盛华分别代表白银市人民政府和甘肃省中医院在合作协议上签字。省政府副秘书长张正锋，省卫生厅厅长刘维忠等省直有关部门负责人，白银市市长汪海洲及白银市委、市人大、市政府、市政协等相关部门负责人，省中医院党委书记谢又生及班子成员，省中医药研究院班子成员出席仪式。

8—18日 根据省卫生厅统一安排，医院组织临床医技科室负责人和部分参加技能大赛获奖人员共47人赴海南进行短期疗养。

18日 医院召开《甘肃省中医院药品购销廉洁协议书》签字会议，李兴勇副院长代表医院与22家医药公司的负责人签订了《药品廉洁协议书》。

29日 甘肃省委副书记、省长刘伟平，副省长咸辉，省政府秘书长李沛文，副秘书长张正锋，省发改委主任赵春，省财政厅厅长张勤和，省住房和城乡建设厅厅长李慧，省卫生厅厅长刘维忠等领导视察省级重点工程——甘肃省中医院门诊医技综合楼建设项目。

31日 甘肃省审计厅对门诊医技综合楼建设项目进行调研 。

是月 医院获得“全省社会保险工作先进单位”荣誉称号。

2月

7日 甘肃省中医院白银分院挂牌仪式举行。

9日 刘效栓、周晟、郭云霞被甘肃省文明办和甘肃省卫生厅授予全省医德医风建设先进个人荣誉称号。

△ 盛丽被授予2011年全省“我最喜爱的健康卫士”荣誉称号。

△ 石国璧、李盛华、李妍怡、赵继荣、孙其斌、左进、张定华、田旭东、张洪涛、沈玉鹏、王海东等11名同志被授予“甘肃省名中医”荣誉称号。

23日 医院举行内科系统会议，总结2011年内科系统医疗工作和医疗安全情况。

24日 内分泌(糖尿病)科获得甘肃省“三八”红旗集体称号，潘文获得甘肃省“三八”红旗手称号。

25日 李盛华被中华中医药学会评为“郭春园式的好医生”。

3月

13日 医院派专家赴临泽县参加2012年甘肃省文化科技卫生“三下乡”集中示范活动。

15日 甘肃省中医院通渭分院挂牌仪式在通渭县中医院举行。

20日 医院中兴经营综合部名称变更为“甘肃省中医院商务中心”，法人代表由安富德变更为马忠祥。

是月 省卫生厅为医院颁发了《甘肃省职业卫生技术服务资质证》，医院具备了开展3类（粉尘类、毒物类和物理因素类）67种职业危害因素作业劳动者职业健康监护的资格。

4月

8日 李盛华当选《中国中医骨伤科杂志》副主任委员、副主编。

12—14日 医院在“全省临床药师案例演讲大赛”中荣获团体二等奖（第三名），个人一等奖（1名）、三等奖（2名）。

16日 医院2012年第一期英语口语培训班开班，此次英语口语培训班为期3个月，学员30人。

19日 甘肃省委联村联户为名富民行动领导小组办公室到院听取专项汇报。

20日　医院被兰州市医保局评为2011年度兰州市医疗保险定点医疗机构先进单位。

27日　李盛华当选为中华中医药学会医院管理分会常务委员。

5月

4日　甘肃省护理学会理事长孟慧敏来院进行全省三级医院优质护理服务检查。

9日　医院举行庆祝“5·12”国际护士节暨“护理服务之星”颁奖大会。

11日　医院派医疗救援队参与岷县雹洪灾害救援。

19日　医院荣获2012年全省职工职业技能大赛推拿大赛团体二等奖。

是月　医院再次荣获A级定点医疗机构称号。

6月

15日　甘肃省委组织部干部选拔任用工作专项调研检查组对医院干部选拔任用工作进行民主测评及调研检查。

17—18日　医院网站被评为第四届全国医院（卫生）宣传与文化创新优秀网站。

25日　医院荣获全省传染病疫情直报工作先进集体。

28日　医院第十党支部被评为省直机关2010—2011年度优秀党组织。

6月30日—7月1日　院长李盛华、骨科专家赵道洲、李卫平、米仲祥、邓强参加在美国芝加哥举行的第九届世界中医骨科学术交流大会。李盛华当选第九届世界中医骨科联合会副秘书长、常务理事兼常务副主席，赵道洲当选理事会理事兼副主席。

7月

4日　韩国SCL医疗卫生集团代表一行来院参观访问。

12日　医院召开效能风暴行动和廉政风险防控工作动员大会。

14日　泌尿外科获得中华医学会泌尿外科分会2012年度“挑战自我、实现卓越”泌尿外科手术及演讲比赛优胜奖。此前已获甘肃赛区第一名。

21日　医院举办王子义学术思想研讨会。

是月　医院荣获2011年“甘肃省优质护理服务先进单位”荣誉称号。

是月　医院“5·10”岷县抗洪抢险医疗队被授予“甘肃省劳动先锋号”。

8月

1日　医院被甘南州确定为基本医疗保险定点医疗机构。

11日　由中华中医药学会主办、甘肃省中医院承办、世界中西医结合杂志社协办的全国中医药标志性文化内涵学术交流会在兰州召开，全国约30个省份的140余名中医药机构的领导和专家参加大会。

16日　江苏省泰州市人民政府副市长、国家中管局科技司司长苏钢强一行5人医疗考察团来院参观考察。

19日　王海东当选为中华中医药学会风湿病分会常务委员。

△　武正权当选为中华中医药学会脾胃病分会青年委员。

△　李非在全国医药卫生系统创先争优活动中获得优秀奖。

21日　国家中医药管理局副局长于文明来院检查指导工作。

27日　医院参加在甘肃省渭源县举行的全省2012卫生应急演练。

28日　医院召开首届职工代表大会第五次全体代表会议。会议讨论了医院的中长期发展规划、基本建设整体规划等，医院职工代表近200人参加会议。

31日　甘肃省中医院首届中医医疗集团发展论坛在兰州召开。集团成员代表做大会交流，就各自发展现状、未来发展前景和成员间具体帮扶及合作事宜提出意见和建议。论坛讨论了集团章程、未来发展框架等。

9月

3日　由医院承办的全国中心城市中医医院思想政治工作研究会第十五次年会在兰州召开。来自全国21家中医医院的36名代表以及甘肃省中医院、甘肃省中医药研究院领导、部分职能部门处长、各党支部书记共100余人参加会议。年会共收到102篇论文，有78篇文章入选年会论文集。

6日　陈春丽、郑访江被中国中医药报社评为2011年度“优秀通讯员”。

11日　民盟甘肃省委组织部来院调研民盟基层组织建设情况。

21日　甘肃省中医院制剂中心奠基仪式在白银新区举行。制剂中心占地101亩，是西北地区规模最大的院内中药制剂中心。

△　甘肃省中医院白银分院住院部大楼落成，白银分院“周伯展眼科中心”启动。

22日　由甘肃省中医药学会和甘肃省医学会麻醉专业委员会主办，省中医院承办的“2012中美（兰州）麻醉学术交流暨心肺复苏新理念培训班”在兰州举行。

22—23日　由中华中医药学会骨伤科分会主办，甘肃省中医院、省中医药学会骨伤科专业委员会承办的中华中医药学会骨伤科分会学术年会在兰州召开。

24日 甘肃省中医院院报获得全省卫生系统院报院刊评比二等奖。

26日 甘肃省编制办公室副主任高建国、省中医管理局局长甘培尚来院调研。

是月 李树君荣获第一届“甘肃医师”奖。

是月 甘肃省中医院党委被甘肃省卫生厅党组评为全省卫生系统创先争优活动先进基层党组织；第一支部被评为省卫生厅系统双优一文明优秀党组织；人事处被评为省卫生厅系统双优一文明文明处室；孙援朝被评为省卫生厅系统双优一文明优秀党务工作者；潘文、胡雅杰、陈进凡、刘春雨、王世太被评为省卫生厅系统双优一文明优秀共产党员。李妍怡被评为全省卫生系统创先争优活动优秀共产党员。

是月 左进当选全国中医药高等教育学会肛肠分会副秘书长，杨宏武当选常务理事。

9月 中共党员，退休干部，原药剂科主任，副主任药师贾怀德逝世，享年87岁。

10月

8日 医院被评为全省卫生行业精神文明建设先进单位，孙援朝、舒劲被评为精神文明建设先进个人。

10日 医院参加省直机关第二届“先锋杯”演讲比赛省卫生厅系统选拔赛，医院荣获团体二等奖，李非获得一等奖，康娟、豆金彦获得三等奖。

13-14日 由中华中医药学会主办，甘肃省中医院、北京以宗整脊医学研究院联合承办的第八次全国整脊学术交流大会在兰州召开，邓强、史文宇当选整脊分会常务委员。

18日 中国民主同盟甘肃省中医院支部成立，谢兴文、袁仁智、李晓东当选支部委员，谢兴文当选主任委员。

19日 由中国中医药研究促进会中药专业委员会、北京市中医药学会制剂专业委员会、甘肃省中医院、首都医科大学附属北京世纪坛医院、甘肃省中医药学会中药专业委员会联合举办的2012年国家中医药管理局中医药继续教育项目《医院中药制剂发展与新药创制暨第五届医院制剂论坛》学术会议在兰州召开。全国各地及台湾地区从事医院中药制剂工作的280余位专家参加会议。

25—27日 医院参加2012年甘肃省卫生行业CR/DR摄影技能大赛暨第11次全省影像技术年会，荣获团体一等奖，周晟、赵奋国荣获大赛优秀指导老师奖；陈晓飞、朱小忠分别以第一、第二名荣获大赛个人一等奖，同时获得由甘肃省总工会等五部委授予的“甘肃省技术标兵”荣誉称号；汪新柱、贾有福荣获大赛个人二等奖。

26—28日 全省卫生行业传统中药制药大赛在医院举行。医院荣获大赛团体一等奖，李季文荣获个人一等奖。

31日 医院举行1号职工住宅楼开工奠基仪式。

是月 医院及甘肃省中医药研究院中医痹病学、中医血液病学、临床中药学、中医文化学四个学科被国家中医药管理局确定为“十二五”中医药重点学科建设单位。

11月

2日 甘肃省康复医学会成立，李盛华当选为省康复医学会副会长，赵继荣当选为常务理事，张洪涛、李妍怡当选理事。孙其斌当选为第三届残疾人康复医学会常务理事，郦雅君当选理事。

3日 医院举办廖志峰主任临证经验研讨会暨甘肃省脾胃病临床路径学习班，来自全省150多名脾胃病科、消化科中西医医护人员参加会议培训。

6日 医院党委被国家中医药管理局评为全国中医药系统创先争优活动先进集体。

10日 医院举办名中医王自立学术思想研讨会。

12日 《西部中医药》杂志荣获国家中医药管理局举办的第四届全国中医药优秀期刊三等奖。

15—18日 骨伤科临床医学中心组团参加中华医学会第十四届骨科学术会议暨第七届COA国际学术大会(Chinese Orthopaedic Association, COA)，医院骨伤科23篇文章在大会参与交流。

16—18日 肛肠科承办国家中医药管理局中医药继续教育项目“2012中医肛肠外科新进展学习班”。全省各地县肛肠病专业人员共计40余人参加学习。

21日 沙特阿拉伯基金会与欧佩克国际基金会甘肃卫生项目评估组来院对门诊医技综合大楼建设项目贷款使用情况进行现场考察。

24日 王颖当选中华中医药学会护理分会第四届委员会常务委员。

△ 医院举办国家级继续教育项目——中西医结合脑血管病新进展学习班，全省100余人参加学习。

30日—12月2日 韩国正统针灸学会会长金南洙一行6人来院参观访问。

是月 医院获得卫生部、国家中医药管理局、总后勤部卫生部授予的“城乡医院对口支援工作先进集体”荣誉称号。

12月

1日 医院举办名中医刘国安教授学术思想研讨会。老年病科高血压病、老年糖尿病、睡眠障碍三个防治中心成立。

7日 医院举办第二届正骨手法

大赛。

△ 《西部中医药》再次入选《2011年1998种中国科技核心期刊目录》(中国科技论文统计源期刊)《2011版中国期刊引证报告》(核心版)。

7—18日 医院组织部分参加技能大赛获奖者(12名)分两批赴海南进行短期疗养。

13—14日 院长李盛华代表医院参加卫生部、国家中医药管理局举办的纪念“衡阳会议”30周年座谈会。

21日 医院参加2012年甘肃省检验医学会年会暨检验医学知识竞赛,获团体二等奖。

28日 北京中医药大学东方医院党委书记庞鹤一行2人来院参观交流。

30日 医院举办王子义教授学术思想研讨会。

是月 医院荣获甘肃省卫生厅“2012卫生应急演练”三等奖,唐晓勇、张崇岳、李红专、赵永强、张丽平、海青岳6人被评为卫生应急先进个人。

是月 医院被国家中医药管理局授予“全国中医药应急工作先进集体”称号,李盛华被授予“全国中医药应急工作先进个人”称号。

是月 医院获准成为全省中医药救治基地。

是月 甘肃省医学伦理学学会成立,赵继荣当选第一届理事会副会长,赵永强当选为第一届理事会理事。

2013年

1月

7日 赵继荣被卫生部、国家中医药管理局、国家食品药品监督管理局授予“卫生部有突出贡献的中青年专家”,张洪涛被人力资源和社会保障部、卫生部、国家中医药管理局授予“全国卫生系统先进个人”荣誉称号。

9日 医院邀请山东省政协副主席、山东中医药大学名誉校长王新陆教授为广大医护人员做题为《中医临床处方用药规律浅谈》的报告。

△ 甘肃省文明办和甘肃省卫生厅联合授予盛丽“全省医德医风建设标兵”称号,杨瑞龙、靳锋、张丽娟获“全省医德医风建设先进个人”称号。

△ 王自立被国家中医药管理局授予“第四批全国老中医药专家学术经验继承工作优秀指导老师”称号;王煜被授予“第四批全国老中医药专家学术经验继承工作优秀继承人”称号。

18日 甘肃省卫生党组书记、厅长刘维忠参观沈为众事迹陈列室,并与白求恩奖章获得者沈为众座谈交流。

△ 省卫生厅党组书记、厅长刘维忠为“甘肃省中医院三级甲等中医院”揭牌。2012年全国三级医院评审工作结束,省中医院第三次通过国家中医药管理局专家组评审。

△ 医院行政印章由于破损终止使用,已于1月17日刊登兰州日报作废。

23日 医院行政新印章启用。

25日 医院举办首届医院感染知识大赛。

29日 医院通过甘肃中医学院博士学位授予单位立项建设整体验收。

31日 甘肃省委组织部干部三处对医院领导班子和领导干部进行2012年度科学发展业绩考核。

2月

4日 医院印发《改进工作作风密切联系群众的九项规定》。

5日 李盛华获得2012年度国务院政府特殊津贴。

16日 甘肃省卫生厅、省食品药品监督管理局批准医院5种院内制剂在全省调剂使用。

22日 医疗保险处被评为全省新型农村合作医疗工作先进集体。

△ 医院新一届团委正式成立。推选崔金梁为新一届团委副书记,郑访江、吕有强、李非、高小恒、康娟、郭婕、查成喜、张青叶、白蕾琪、白淑然等为团委委员,明确了团委成员的工作范围和职责。

△ 医院被甘肃省委宣传部、甘肃省卫生厅命名为2012年度“群众满意的医疗卫生机构”；王华录、刘效栓、靳锋被授予2012年度“我最喜爱的健康卫士”荣誉称号。

24日 沈为众事迹陈列室被省卫生厅确定为全省卫生行业爱国主义暨医德医风教育基地 。

27日 丹麦哥本哈根大学哈维德夫医院医学专家代表团一行10人来甘肃研修学习中医药知识。27日至3月1日，丹麦医学专家分三批来院进行参观访问，研修学习针灸推拿技术。

3月

11—28日 韩国正统针灸学会派出学员在医院进行中医针灸学习。

4月

10日 医院举办甘肃省名中医李盛华教授学术思想研讨会。

20日 医院举办甘肃省名中医张延昌教授学术思想研讨会。

5月

17日 医院举办建院60周年科技大会。大会表彰了一批为科技工作做出突出贡献的科技先进集体与个人；为国家中医药管理局陇中正骨学术流派传承基地、甘肃省级陇中骨伤特色药物研究创新团队进行了揭牌；举行了建院以来《科研成果集》的首发仪式。

是月 医院被国家中医药管理局授予“全国中医医院优质护理服务先进单位”荣誉称号。

6月

6日 兰州市委常委、统战部长段英茹率市发改委、市重大项目办、七里河区政府、七里河区卫生局相关领导来院检查医院康复保健综合楼筹建情况。

25日 由全国政协常委、教科文卫体委员会副主任黄洁夫和全国政协常委、教科文卫体委员会副主任、农工党中央副主席蔡威带领的全国政协调研组在甘肃省中医院白银分院调研。

28日 医院参加全省卫生行业创伤缝合技能大赛，团体获得二等奖，个人获得一等奖1名，二等奖2名，三等奖2名。

30日 省委常委、副省长咸辉，省政府副秘书长张正锋，省政府办公厅副巡视员周虎城，省中医药管理局局长甘培尚来院调研中医药工作。

7月

2日 医院召开首届公文写作师带徒启动会。

15日 医院新建成的门诊医技综合楼正式启动运行。

17日 甘肃省中医院科研制剂中心一期工程开工。中心项目占地面积101亩，建筑面积4.35万平方米，建设总投资预计1. 96亿元，总建设期计划两年。

7月22日—8月13日 医院组建岷漳地震医疗救援队，分三批赶赴灾区开展医疗救治工作。期间查房会诊218人次，接收灾区转诊伤员15人。

8月

2日 医院举办国家级中医药继续教育项目“全国针灸临床适宜技术推广研讨会”。

29日 白银市委书记张智全，市长汪海洲及白银市政府办、编办、人社局、发改委、财政局、卫生局等有关部门赴白银分院调研托管1年工作情况，对分院发展存在的问题进行了现场办公。

30日 康复保健综合楼举行奠基仪式。批复总建筑面积49718平方米，总投资15936.81万元。

31日 河南中医学院第一附属医院院长朱军明，河南中医学院第二附属医院、省中医院院长韩丽华，广州中医药大学第一附属医院党委书记、常务副院长冼绍祥、办公室主任杨忠奇，上海龙华医院原副院长、心内科教授周端一行来院参观交流。

是月 享受副县级待遇，离休干部，张位清逝世，享年87岁。

9月

1日 医院聘任北京广安门医院仝小林教授为我院国家级重点专科内分泌科学术带头人。

△ 医院召开名中医裴正学教授学术思想研讨会。

6—7日 医院参加甘肃省卫生行业心肺复苏技能大赛。医院获得团体优秀组织奖，李栋获得心肺复苏组个人一等奖，王世太获得气管插管组个人二等奖，张婷获得优胜奖。

7日 由甘肃省总工会、省卫生厅主办，省中医院和省中医药学会骨伤专业委员会承办的2013年全省首届中医正骨手法技能大赛在兰州举行。医院和省中医药研究院代表队获得团体一等奖；宫玉锁、王想福、李红专、魏国俊、代长泉、张彦军获得个人一等奖。赵永强获得优秀领队奖，邓强、鄢卫平获得优秀指导老师奖。

8日 省级名中医“王自立运脾思想师承教育继承与创新研讨班”在医院开班。

6—8日 医院举办中华中医药学会针刀分会2013年学术年会。

14日 医院在"2013年全省卫生行业宾馆式护理暨创新技能大赛"获团体二等奖，张赟丽获一等奖，马冰清、白蕾琪获三等奖。

14—15日 由中华中医药学会和韩国大韩韩医师协会主办，甘肃省中医院承办的第十七届中韩中医药学术研讨会暨第二届国际中西医学汇通论坛在兰州举行。

23日 甘肃省中医院科研制剂中心资料专用章启用。

10月

9日 李盛华等主编的《常见病的中医预防调护》系列丛书，由舒劲等完成的《制萎扶胃浓缩丸防治慢性萎缩性胃炎的机制研究》和由鄢卫平等完成的《LC-54旋牵手法治疗椎动脉型颈椎病手法标准操作规程（SOP）的研究》荣获中华中医药学会科学技术奖三等奖。

15日 医院综合运营管理系统（HRP）项目正式启动。

11月

26日 国家中医药管理局人教司，中国中医科学院，中国中医科学院广安门医院来院考核医院挂职副院长、13批"博士服务团"成员李勇挂职情况。

12月

5日 甘肃省卫生厅批复同意医院成立甘肃省中医院医疗集团（甘卫中函〔2013〕627号）。

6—7日 医院纪念建院60周年庆祝大会在长征剧院召开。院长李盛华讲话，党委书记谢又生主持。省中医药管理局领导、甘肃中医学院领导、医院历届院领导、白银分院、临夏分院、通渭分院领导，医院离退休及护士长以上干部、各班组长等参加了庆祝活动。

19日 医院举办首届中医药基础知识竞赛。

26日 首批全国中医药传承博士后进站启动会在北京召开。王自立教授入选首批全国中医药传承博士后合作导师。王自立教授传承马国珍博士；宋贵杰教授传承谢兴文博士。

27日 医院科研制剂中心一期主体工程封顶，二期工程开工建设。

（撰稿 马永鹏）

医院综述

Summarization

医院概况

地理位置

医院地处甘肃省兰州市七里河区瓜州路与七里河北街交汇处，东临七里河北街，与甘肃省中医学校为邻；南面瓜州路—长征剧院主干道路，与甘肃省妇幼保健院、甘肃省第一干部休养所、兰州石油机械厂职工医院等为邻；西接中国农业银行兰州安西路支行、兰州石油机械厂研究所；北靠吴家园街区。地势西南高而向东北渐低，地形依瓜州路主街道略向西北偏转，南北纵深宽而东西稍显狭窄，鸟瞰之下呈“甘”字形外廓。门牌地址为瓜州路418号，隶属建兰路街道王家堡社区。截至2013年末，医院占地面积88.6亩。

历史沿革

甘肃省中医院创建于1953年12月8日，前身为“甘肃省人民政府卫生厅中医门诊部”，设于兰州市和平路（现庆阳路）209号。1955年4月更名为“甘肃省中医门诊部”。1956年2月迁至兰州市畅家巷116号。1956年12月正式定名为“甘肃省中医院”。1957年在党和政府的关怀支持下，经过医院首任院长张汉祥的大力倡导、多方奔走，兰州军区与省卫生厅协调确定，将位于兰州市七里河区吴家园—王家堡一带的原兰州军区后勤部兽医学校饲养场和家属宿舍土地及建筑无偿移交医院以作建院之地。1958年3月正式移交完毕，同年6月开始建设，1959年5月新院建成，7月迁入现址。旧院区改设“甘肃省中医院畅家巷门诊部”。1967年11月，“甘肃省中医院革命委员会”（以下简称革委会）成立。1970年5月，原“甘肃省妇产科医院”人员、财产并入医院，设为妇产科。1978年9月，妇产科人员、财产及原“甘肃省妇产科医院”并入其他部门人员整体从医院编制划出，成立“甘肃省妇幼保健院”。1979年1月，“革委会”撤销，“甘肃省中医院”机构名称恢复。8月，医院“畅家巷门诊部”人员、财产、设备、房屋等整体移交甘肃中医学院。1984年12月，医院由县级建制升格为副地级建制。1985年，经省政府批准，医院内设“针灸研究所”更名为“甘肃皇甫谧针灸研究所”，升格为县级建制。1994年3月，“甘肃皇甫谧针灸研究所”人员、财产、设备、房屋等整体划归甘肃省中医药研究院。1996年3月，医院成为省内首家通过“三级甲等”医院评审达标的中医医院。1997年5月，甘肃省政府确定医院为“甘肃中医学院附属医院”。2007年6月，甘肃省卫生厅决定，甘肃省中医药研究院（县级建制）划归医院托管。2012年，白银市人民政府与医院签署协议，原“白银市中西医结合医院”由医院全面托管，更名为“甘肃省中医院白银分院”。

医院是省、市、区城镇职工和居民基本医疗保险定点医院，全省新农村合作医疗三级定点医疗机构。截至2013年末，医院开设有兰州甘南路特色门诊部（陇上名医馆）、省委门诊部（陇上名医馆）以及临夏分院、通渭分院、榆中分院、永登分院、嘉峪关分院、民勤分院、西固分院、敦煌社区中医药推广中心、宕昌分院等，并在白银新区建设占地101亩的医院科研制剂中心。

组织机构

医院自成立至今一直归口甘肃省卫生厅管理。设立之初为县级建制，未设行政机构及党组织。1955年“甘肃省中医门诊部”时期，设立具有一定行政职能的“部委委员会”。1957

年医院与甘肃中医进修学校联合成立院校党支部，直属省卫生厅第二党总支。1959年开始设立行政办公室等职能机构。同年10月，正式成立“甘肃省中医院党支部”。1960年“甘肃省中医院党支部”更名为“甘肃省卫生厅党委直属第四党支部”。1962年设立“院务委员会”。1971年医院设立党总支。“革委会”时期内设职能机构数次调整，基本以行政、政工、业务（临床）、后勤、门诊、药械分类。1972—1976年，医院实行党的“一元化领导”。1977年至1984年时期，医院实行“党委领导下的院长分工负责制”。1983年11月医院党组织由党总支改设为党委。医院内设职能机构主要为办公室、政治处、医务处、总务科、财务科、门诊部等。1984年1月，设立“中国共产党甘肃省中医院纪律检查委员会”。12月经甘肃省委决定，甘肃省政府〔1984〕〕226号文件确定“医院由县级建制升格为副地级建制”。1985年开始，医院实行“院长负责制”。1988年省体改委、省卫生厅在医院推行“承包经营制”改革模式，管理体制仍然实行院长负责制。1989年，医院内设机构中党政职能开始分开，党委办公室等党群机构设立。1992年，医院“承包经营制”改革模式期满结束。医院继续实行“院长负责制”，同时体现党委的政治核心和监督保证作用。1993年，省卫生厅确定医院内设科级机构、干部职数，人事制度开始实行“全员聘用制”。1997年5月，省政府确定医院为“甘肃中医学院附属医院”，隶属关系仍归省卫生厅管理；同时增设处级机构临床教学部，主任（正处级）由主管教学副院长兼任，副主任（副处级）由医院选配，甘肃中医学院任命，占用甘肃中医学院干部职数。2000年至2005年，除临床教学部外，内部行政管理分为院、科两级管理模式。2005年9月，甘肃省卫生厅以甘卫人发〔2005〕309号文件原则同意医院于2003年呈报的人事制度改革方案。内设职能机构由甘肃省卫生厅审核批准，内设业务科室由院长办公会议审核决定。经省卫生厅审核批准，内设党政职能部门正处级机构2个：纪委（含行政监察、审计），临床教学部（含科研、教学）；增设党政职能部门副处级机构6个：党委办公室（含工会、团委），院长办公室（含宣传、改革），人力资源部（含离退休），医务部（含预防保健、医疗质量监测），财务部（含医疗保险、经管），总务部（含基建、保卫、食疗营养）；职能科级机构3个：护理部、门诊部、院内感染管理科；临床、医技科室科级机构37个。内部行政管理演变为院、处（科）两级管理模式。2007年6月，根据省卫生厅《关于进一步加强省中医药研究院管理的通知》（甘卫人发〔2007〕111号）文件精神，甘肃省中医药研究院（以下称省中研院）由医院托管，挂两块牌子，实行一套内部管理的运行体系。2009年5月，医院内部管理机构设置调整，内部管理机构设有：纪委（含监察室），党务部（含工会、团委、妇委会），院务部，人力资源部（含离退休管理科），医务部（含随访科、干部保健处），临床教学部，财务部（含医保科），总务部，对外联络部，护理部，门诊部，基建部，招标采购部，感染管理科，预防保健科，科研科，经营管理科，医疗设备科，信息科，审计科。内部行政管理总体仍分为院、处（科）两级管理模式，个别部门出现部（处）、科两级管理模式。2011年2月，经省机构编制委员会办公室批复、省卫生厅核定，根据省机构编制委员会办公室批复，省卫生厅《关于核定省人民医院省中医院内设机构的通知》（甘卫党发〔2010〕103号）文件精神，医院内设职能机构核定为22个副处级机构，其中原有副处级机构：院长办公室、党委办公室、人事处、医务处、计划财务处、后勤管理处；原有科级机构升格副处级机构：护理部、门诊部、特色医疗管理处、科研处、医疗保险处、保健处、审计处、质量控制处、经济管理处、对外协作处、设备管理处、宣传处、职业病防治管理处；原有科级机构合并升格副处级机构：公共卫生与医院感染管理处、基建处。经2011年2月15日院长办公会议研究决定，具体调整为内设职能机构副处级建制22个，依次为院长办公室，党委办公室（含工会、团委、妇委会），人事处，医务处，护理部，门诊部，特色医疗管理处，公共卫生与医院感染管理处，科研处，计划财务处，审计处，经济管理处，质量控制处，对外协作处，宣传处，医疗保险处，保健处，职业病防治管理处，设备管理处，基建处，后勤管理处，临床教学部。内设职能科级建制8个，依次为监察科（隶属纪委），应急办（隶属院长办公室），医疗纠纷调解科（隶属医务处），收费科（隶属计划财务处），招标采购科（隶属经济管理处），信息科（隶属宣传处），保卫科、营养科（隶属后勤管理处）。撤销院务部、党务部（含工会、团委、妇委会），人力资源部（含离退休人员管理科），医务部（含随访科、干部保健处），特色医疗管理科，公共卫生科，医院感染管理科，科研科，财务部，审计科，经营管理科，对外联络培训部，宣传科，医保科，职业病科，医疗设备科，基建部，总务部等18个原内设职能机构。医院内部职能管理总体上变为为院、处、科三级管理模式，医院个别职能部门及临床医技部门，甘肃省中医院研究院，均为院、科两级管理模式；甘肃省中医院白银分院实行总院领导下的院长代表负责制。

截至2013年末，医院为副地级建制，归口甘肃省卫生厅管理，核定领导职数7～9名，实配职数8名，其中院长、党委书记各1名（副厅级），纪委书记1名（正处级），其余为副院长（正处级）；核定内设职能机构副处级领导职数24名，实配职数22名；内设科级职能机构19个，临床医技科室61个。甘肃省中医药研究院为正县级建制，接受医院托管，实配领导职数为正处级2名，副处级2名；内设职能科室24个。甘肃省中医院白银分院接受医院长期托管，实配领导职数为正处级2名，副处级2名。内设机构55个，其中职能科室20个，临床科室29个，医技科室6个。

医院规模

床位编制

2011年末，编制病床800张，实际开放床位836张。2012年末，编制床位增至1150张，实际开放床位增至967张。2013年末，实际开放床位1248张，其中骨伤科临床医学中心519张；另开设急救中心日间病床10张，重症及心内监护病床35张，血液净化透析病床30张，各类床位实际开放总数增至1323张。

资产设备

2011—2013年，新增各种医疗设备316台（件），累计新增设备总值10396.9万元。2011年末，医院资产总值为4.55亿元。2012年末，医院资产总值达7.0987亿元。2013年末，医院资产总值增至8.8886亿元。

职工总数

2011年末，医院及甘肃省中医药研究院共有职工1208名，其中专业技术人员1064人（高级职称207名）。2012年末，医院及甘肃省中医药研究院共有职工1450名，其中专业技术人员1213人（高级职称221名）。2013年末，医院及甘肃省中医药研究院共有职工1613名，其中医院职工人数921名，编外职工631名，甘肃省中医药研究院职工44名，医院及甘肃省中医药研究院共有专业技术人员1471人（高级职称247名）；离退休职工297名。

人才队伍

2011—2013年，相继有李盛华获得2012年度国务院政府特殊津贴，赵继荣获得“卫生部2011—2012年度有突出贡献中青年专家”称号。2013年制定医院“345”人才管理办法，共有102人入选。首次对编外用工实行了岗位聘用，对269名编外聘用人员进行了岗位定级，初步实现编外人员同工同酬。截至2013年末，医院及甘肃省中医药研究院共有享受国务院政府特殊津贴专家7名，卫生部有突出贡献中青年专家3名，甘肃省名中医18名，甘肃省优秀专家5名，甘肃省领军人才6名，甘肃省卫生厅领军人才13名，博士研究生导师2名，硕士研究生导师30名。有博士研究生28名，硕士研究生236名。

主要业务统计数据

2011年末，全年门诊挂号为286407人次，较上年度增加21218人次；门诊诊疗人次为400979人次，较上年度增加32206人次；全年收治住院病人数20232人次，较上年度增加3103人次；平均住院天数15.8天，较上年度缩短1.4天；全年共接待省市区医保患者8663人次，较上年度增加25%；床位使用率108.5%，较上年度上升5个百分点。开展手术5713台，较上年度增加420台。由于住院病人增加和检查意识强化，CT、MRI、普放人次为12681人次、8992人次、82384人次，较上年度分别增加24.3%、39.8 %、11.3%；超声检查30198人次，较上年度增加4777人次；门诊检验61780人次，较上年度增加11755人次，上升23.5%，临检81907人次，较上年度增加12259人次，上升17.8%，病理检查5737人次，较上年度增加704人次，上升14%。

2012年末，全年门诊挂号为329038人次，较上年度增加42631人次。门诊诊疗人次为462473人次，较上年度增加61494人次。全年收治住院病人数24470人次，较上年度增加4240人次，床位使用率107.9 %，与上年度基本持平。开展手术6339例，较上年度增加626例。由于住院病人增加和检查意识增强，检查人次较上年度明显增长。其中门诊检验66883人次，较上年度增加5103人次，临检108169人次，较上年度增加27072人次。病理检查6874人次，较上年度增加1137人次。各项功能检查39450人次，较上年度增加9252人次。放射检查86945人次，较上年度增加4561人次，CT检查14237人次，较上年度增加1556人次，核磁检查

11744人次，较上年度增加2752人次。

2013年末，全年门诊挂号363383人次，较上年度增长10.43%。门诊诊疗人次为536486人次，比上年度增长16%。全年收治住院病人数31868人次，较上年度增长30.23%。床位使用率为103.2%，平均住院日13.5天。开展手术7253台，较上年度增长14.42%。由于住院病人增加，病种收治范围扩大，检查人次较上年度有所增长。其中门诊检验73565人次，较上年度增长9.99%。临检148454人次，较上年度增长37.24%。病理检查8381人次，较上年度增长21.92%。超声检查51318人次，较上年度增长30.08%。普放检查112423人次，较上年度增长29.30%。CT检查17365人次，较上年度增长21.97%。核磁检查13470人次，较上年度增长14.70%。

医院特色

学科建设

2011—2013年，医院推行“大综合、强专科、多特色”的发展战略，成立了重点学（专）科管理办公室，进一步细化学（专）科，恢复设立耳鼻喉科、口腔颌面外科、皮肤科住院部。先后增设肿瘤血液病科、外周血管病介入科、骨伤病科、康复科、肝病科、感染疾病科、心功能检查科、骨肿瘤科、外五科（肿瘤外科）、脊柱微创骨科，根据业务需要将肿瘤血液病科分设为肿瘤科和血液科，针灸科相继扩展为针灸推拿一科，针灸推拿二科，脾胃病科相继扩展为脾胃病一科，脾胃病二科，脑病科相继扩展为脑病一科，脑病二科，重症医学科相继扩展为重症医学一科，重症医学二科，麻醉科相继扩展为麻醉一科，麻醉二科。对临床科室进行了业务调整，在科室名称上按照中医疾病名称进行了规范，对18个临床科室床位进行了调整。医院被确定为国家级全科医生培养基地，医院临床药物试验机构（GCP）通过国家食品药品监督管理局的资格认定。

截至2013年末，医院国家级重点学（专）科达到11个。骨伤科为卫生部及国家中医药管理局的重点专科、重点学科和甘肃省骨伤科临床医学中心；脑病科、脾胃病科、风湿痹病科、肿瘤血液病科、临床药学和中医文化为国家中医药管理局重点学科；药剂科、老年病科、内分泌科、中医护理为国家中医药管理局重点专科建设单位。药剂科、脑病科、脾胃病科、老年病科为省级重点专科；肛肠科、内分泌科、针灸科与放射影像科为首批院内重点专科。脾胃病科、护理部获批国家卫生计生委临床重点专科（中医专业）；针灸科、内分泌科、中医药科技信息研究所（甘肃省中医药研究院）被评为甘肃省第五批中医药重点专科建设项目；申报骨伤科为国家重点专科医疗卫生人才培养基地。

中医药特色

2011—2013年，推行医院“大综合、强专科、多特色”的发展战略，医院设立名医工作管理科，各病区均设立中医特色治疗室，配备相应的中医特色设备。研究制定了鼓励中医特色发挥奖惩办法、临床科室特色医疗流动红旗评选等制度。加强名中医管理工作，举办甘肃省名中医王自立、裴正学、王子义、刘国安、廖志峰、李盛华、张延昌等“名老中医学术思想传承研讨会”11场。在全院举办“背方剂、认中药、定穴位、学手法”中医药基础知识活动。对常见病、多发病诊疗方案进行梳理，共整理特色诊疗项目177项（其中非药物特色诊疗技术66项，以药物辅助进行特色治疗的项目111项），对中医治疗优势病种进行推广，在全院开展针刺疗法。开展国家中医药管理局百项诊疗技术和推广项目，如石学敏院士“中风单元疗法”、薄智云院长“腹针疗法”等10项特色疗法治疗各类常见病和疑难病。完成国家中医药管理局中医学术流派传承工作建设项目申报4项，其中陇中骨伤流派获得立项。邀请省外专家来院进行学术讲座，引进中医药适宜技术，加强中医特色诊疗培训，开展国家中医药管理局中医药适宜技术推广视频课程、全国中医药适宜技术推广视频网络培训30余次。制定落实中药饮片、自制药品临床应用考核办法，加强临床科室中医药特色考核。举办医院中医药基础知识大赛、全省正骨手法大赛、中医药基础知识考试等系列活动。截至2013年末，开设专科专病门诊83个。

护理服务

2011—2013年，继续开展“优质护理服务示范工程（136工程）”活动，在原来3个病区的基础上扩大到13个病区，为患者提供了安全、优质、满意的护理服务。中医优质护理服务实现了全院覆盖，病人满意率达到99%。强化基础护理知识及技能培训、急救知识及操作考核，开展“加强护理质量管理，强化执行力建设”管理月活动，举行护士长应急演练。举办国家级“中医护理管理”培训班，承办省卫生厅全省“西学中”护理技能培训班3期。成立“甘肃省中医护理培训基地”，以中医特色护理为中心，充分发挥基地的辐射与带动作用，举办省级护理培训班4期，培训省内各级护理人员600余人。中医护理学通过国家临床重点专科建设单位的审核。参加全省卫生行业宾馆式服务暨创新技能大赛等获得佳绩。开展“5S”管理及品管圈活动，医院获得“甘肃省优质护理服务先进单位”荣誉称号，被国家中医药管理局评为“全国中医医院优质护理服务先进单位”。

科研教学

2011—2013年，医院及甘肃省中医药研究院共有科研立项175项。通过科研项目鉴定52项（含中研院3项），其中47项达到国内领先水平，5项达到国内先进水平。获各级奖励44项。

医院通过甘肃省卫生厅评审，被确定为高等医学院校临床教学基地。通过省人社厅核准，被确定为甘肃省专业技术人员继续教育基地。骨伤特色疗法临床研究室、脾胃病临床研究室、中药制剂研发临床研究室、脑病临床研究室成为医院首批4个临床研究室。通过新增和调整后设有内科、儿科、妇科、西医外科、中医外科、骨伤科、五官科、医学影像、护理等9个教研室。加入“甘肃中医学院附属医院联盟”。正式成为全国中医药高等教育学会临床教育研究会第八届理事单位。

2011—2013年，先后接受甘肃中医学院、省中医学校、省卫校、张掖医专、华北煤炭医学院、海南医学院、兰州市卫生学校等各类实习生、见习生1792名。先后接受省内基层医院包括对口帮扶单位进修人员449名。先后举办“县级医院骨干医师培训班”“西医学习中医学培训班”“全省县级中医临床技术骨干培训班”“全省中医护理知识与技能培训班”“全省城市中医类别全科医师转岗培训班”“甘南州重症加强护理病房（ICU）技术人员培训班”，配合兰州军区联勤部卫生部人员培训计划等培训项目，共计培训人员354名。先后举办国家级继续教育项目18个，省级继续教育项目31个，累计培训9532人次。

对外交流与社会服务

对外交流、支援基层卫生医疗工作

2011—2013年，先后接待丹麦、新西兰、瑞士、韩国等国专家和国内各省市、区医疗考察团来院参观访问。挂牌成立了“韩国无极保养灸疗中心”。举办外籍学员中医针灸学习班和国际学术研讨会——韩国正统针灸学会学员中医针灸学习班和第十七届中韩中医药学术研讨会暨第二届国际中西医学汇通论坛。医院共分9批选拔15名临床业务骨干赴古浪县、民勤县、岷县中医院进行为期1年的对口支援工作，派出专家对各支援医院开展专题讲座。落实省卫生厅卫生援藏工作意见，先后分3批选派3名骨干对口支援甘南州藏医药研究院附属医院，任挂职副院长，开展管理和技术帮扶工作，捐赠3万多元的办公电脑和病房用品，支持其开展电子病历工作，改善患者住院条件。援建临夏州中医院，挂牌为甘肃省中医院临夏分院，重点进行人才培养、学科建设、业务管理和科研能力的帮扶，派出专家4人常驻临夏开展支援工作。医院被卫生部授予“城乡医院对口支援工作先进集体”称号。

突发公共卫生事件医疗救援与应急保障

2011—2013年，医院先后在“5·13”天祝县纵火案、“10·29”兰渝铁路黑山隧道特大交通事故、“11·16”正宁校车特大交通事故、“12·23”平凉西长凤高速公路特大交通事故、“5·10”岷县抗洪抢险、“7·22岷县、漳县地震”等重大突发公共卫生事件中第一时间组织救援队伍赶赴现场，开展医疗救援工作。完成环青海湖自行车赛、马拉松、兰洽会等各类大型活动医疗应急保障任务。医疗急救分站工作顺利通过兰州市区“120”院前医疗急救分站评审工作二组评审。获得甘肃省“2012卫生应急演练”三等奖，参加省卫生厅组织的新型冠状病毒疫情防控应急演练。医院被列为“全省中医药救治基地”，被国家中医药管理局授予“全国中医药应急工作先进集体”称号。“5·10”岷县抗洪抢险医疗队被授予“甘肃省劳动先锋”荣誉称号；李盛华被授予“全国中医药应急工作先进个人”荣誉称号。

社会医疗保险服务

2011年末，医院被评为2010—2011年度兰州市医疗保险定点医疗机构先进单位和A级定点医疗机构；1—11月，结算医保患者8680人次。2012年末医院被省人力资源和社会保障厅评为全省社会保险先进单位，被兰州市医保局评为医疗保险定点医疗机构先进单位，连续第二次被兰州市医保局评定为A级定点医疗机构，同时被推荐为AA级定点医疗机构；年度（2011年12月—2012年11月）结算医保患者11856人次。2013年医院荣获全省新型农村合作医疗工作先进集体；年度（2012年12月—2013年11月底）共结算医保患者16698人次。

基本建设

医院文化建设

2011—2013年，先后完成中医文化广场以及医仙封衡、医圣张仲景、神医华佗、药圣李时珍、骨伤名医郭均甫等中医药名家群组雕塑建设。编辑出版《甘肃省中医院2000—2010年院志》，编印展示医院发展历史和近五年发展变化的《精诚至善》《陇中杏林撷英》《岐黄之路》《媒界视线》等图册和《陇上草医》文集；拍摄历史专题片《独领风骚一甲子》；制作医院文化台历，统一医院标识和导向系统；建设医院“寻医问药”微博矩阵；组建杏林合唱团；组织中医科普知识宣讲，举办医院中医文化节，创建无烟医院，制作反映中医药文化历史演变的文化浮雕墙；举办职工书画、摄影作品展；完成医院院徽、标识的设计和楼宇标示工作；举办院庆文艺晚会等。中医文化学被国家中医药管理局确定为“十二五”中医药重点学科。医院先后被国家中医药管理局授予“全国中医药文化建设先进单位”，被中华中医药学会授予“全国先进无烟中医医院”荣誉称号，被省卫生厅、省精神文明办评为“全省卫生行业精神文明建设先进单位”；孙援朝、舒劲荣获“全省卫生行业精神文明建设先进个人”称号。

医院基础设施建设

2011—2013年，医院先后完成门诊医技综合楼建设，医院信息中心重新建设，消毒供应中心建设，新增10吨天然气锅炉及暖气管网改造，完成院内绿化亮化，医院配套设施日趋完善。完成职工住宅楼1期建设（2号、3号住宅楼），179名正、副高级专家、优秀管理者、医院老职工分到新房，130户被拆迁者得到安置。白银科研制剂中心（1期、2期）、职工1号住宅楼及康复保健综合楼建设项目相继获得省发改委批准，开工建设。制氧中心、ICU、新核磁机房完成改造建设投入使用；污水处理中心、地下立体车库建成使用，二期地上立体车库正在建设。

党群工作

2011年，医院党委重点安排学习胡锦涛同志在庆祝中国共产党成立九十周年大会上的讲话、党的十七届六中全会精神、国家在医疗卫生改革方面的大政方针、卫生厅党组提出的甘肃特色的医改政策、原云南省保山地委书记杨善洲同志事迹等重点内容。年内省委、省政府和省卫生厅党组对医院领导班子做了较大范围的调整和补充。医院领导班子职数增加到9名，是医院历史上领导班子干部职数最多、班子力量最强的时期。全年发展预备党员6名；按期转为正式党员12名；新进院转入组织关系党员26名，全院党员总数达到383名。对支部的工作范围和部分支委进行调整补充，党委成员分别编入不同的基层支部参加组织生活。根据实际工作需要，按照《卫生厅处科干部选拔任用办法》的相关规定，院党委组织38名符合条件的干部参加卫生厅直属单位部分副处级干部竞争上岗工作，最终厅党组于2月初任命医院副处级管理岗位干部21名。重视抓班子、带队伍工作，以中层干部的选拔任用为契机，加强中层干部考核工作，对厅管干部述职考核提出等次建议。在全体党员干部中开展“创先争优”“回顾党史，增强党性”主题教育。通过举办“党史知识竞赛”答题、“唱红歌颂党恩”文艺演出、“专题图片展览”、选派青年党员参加省卫生系统党史知识竞赛等庆祝建党90周年专题活动，采取岗位练兵、行业竞赛、医疗技能比武等形式，开展“党员示范、公开承诺”“忠于职守、爱岗敬业”系列活动，激励医院全体党员、干部群众为党旗添光彩，为发展做贡献。设立患者维权站，接待患者投诉，提供维权服务。

2012年，年初组织学习王三运书记在省十一届人大五次会议上的讲话、刘伟平省长在我院调研时的讲话以及刘维忠厅长在全省卫生工作会议上的讲话，以省委领导的新思想、新观念、新举措统一全院干部职工的思想。订购解读十八大报告的书籍，组织全体党员干部通过多种形式积极收看、收听大会盛况，召开宣传贯彻党的十八大精神专题学习会，举办“创佳绩向十八大献礼，展风采为党旗增辉”主题演讲等系列活动。开展纪念建党91周年活动；组织青年职工参加了省直机关第二届“先锋杯”演讲比赛。承办全国中心城市中医院政研会15次年会。根据省委组织部和省卫生厅党组的要求和安排，召开领导班子专题民主生活会。按照干部任用条例的相关规定，5月中下旬，医院组织实施了新一轮科级干部和护士长竞争上岗，医院党政主要领导及分管院长对新提拔的科级干部从政治觉悟、全局观念、团结协作、开拓发展、廉洁自律等方面分批进行了任前谈话。竞争上岗已经成为干部选拔任用和职位轮换的基本方式，民主推荐、民主评议制度得到进一步完善。年内省委组织部对医院干部选拔任用工作也进行了调研检查和督导。举办了党支部书记培训班。全年发展预备党员2名，按期转为正式党员9名。

2013年，重点学习党的十八大报告、十八届三中全会精神、习近平总书记系列讲话和省第十二次党代会精神，学习中央领导关于党的群众观点、群众路线的一系列重要讲话精神。组织职工观看教育影片《老百姓是天》《两当兵变》《雷锋在1959》等。组织党员参观八路军驻兰办事处纪念馆，现场举行预备党员入党宣誓仪式和老党员重温入党誓词活动。通过医院OA信息系统，为广大干部职工推荐医德医风参阅文章——《未来的大师就在你们当中》《坚守肝胆事业的医者》《良心是行医的底线》；承办和组织道德模范基层巡讲活动，甘肃省道德模范进行道德巡讲；强调党支部和支部书记在发动群众、宣传群众、组织群众方面发挥战斗堡垒和带头示范作用等，通过核心价值观教育，发挥党员的先锋模范作用，引导全院职工以无尽赤忱善待病人，树立争创一流工作业绩的责任意识，涌现了一批先进典型。推荐上报全省卫生系统医德医风标兵1名，全省卫生系统医德医风先进个人3名；评选医院宣传处（含信息科）等12个部门或班组为医院2012—2013年度先进集体，马真琴等79名同志为医院先进工作者，孙援朝等7名同志为联村联户为民富民行动先进个人。年内对部分中层干部和护士长岗位做了调整和补充。

纪检监察工作

2011年，医院纪委增补7名委员，结合岗位实际，面向社会提出公开承诺，主动接受群众监督。学习《廉政准则》，组织副科级以上干部和重点科室、重点岗位人员观看由最高人民检察院举办的“全国检察机关惩治和预防渎职侵权犯罪展览”，坚持每月组织观看警示教育片等形式，开展党的纪律教育。牵头开展“三好一满意”活动、民主评议行风活动，组织开展“如何做一名合格的好医生”大讨论，进行职业道德教育。召开社会监督员座谈会、患者和家属座谈会、职工代表座谈会、发放问卷调查表、进行患者回访。监督保障重点岗位管理干部定期轮岗工作，同时对领导班子成员分管工作进行交流调整；制定并实行医务人员不良执业行为积分管理办法。修订和完善了医院内部审计制度，规范内部审计工作规程，使医院所有建设项目以及维修改造工程都实行事前预算、事终审计；特聘相关管理机构和七里河检察院检察人员为监督员，主动向省卫生厅纪检监察室申请跟踪审计单位，对工程建设实施全过程跟踪审计；同时，医院与建设单位签订廉政协议，实施“阳光工程”，确保医院建设项目保质保量、安全有效地实施。

2012年落实22项医疗监管核心制度，规范诊疗服务工作；充分发挥审计职能，以经济责任审计和工程造价审计为重点，资金为主线，风险为基础，加强内部控制制度、经济合同、财务收支的审计，对有存异之处的审计报告提出建议，要求核查。根据中央和省委工作部署，在全院实施效能风暴行动，重点督查整治庸、懒、散、慢和推、托、靠、放等问题，不断提升工作效率。突出廉政风险防控工作，规范医院管理，强化教育，用制度规范和约束廉政风险行为，进行防控软件的开发与应用。

2013年贯彻落实中央和省委关于改进工作作风，密切联系群众的各项规定，卫生部的九不准，卫生厅的实施细则，坚决执行关于严禁公款购买印制寄送贺年卡等物品的规定，在全院党员干部中开展会员卡专项清退活动，出台《医院公务接待和行政事务工作厉行勤俭节约实施细则》《医院公务接待用餐规定》。医院与兰州市七里河检察院签订协议开展“两联系、两促进”专项活动，邀请专家来院督导检查职务预防犯罪工作。认真落实《甘肃省中医院廉政风险防控工作实施方案》，推进医院廉政防控机制建设。汇编了甘肃省中医院廉政风险防控制度和权力流程图，将制度执行、约束监管和权力风险等级进行细致分解，达到一事一流程一制度的信息化透明运作目的。启用医院风险防控软件。督促医院审计处实现投资领域的全面审计。

医疗集团

2012年，托管白银市中西医结合医院，实施人、财、物全方位管理，更名为甘肃省中医院白银分院；挂牌成立了临夏分院（原临夏市中医院）和通渭分院（原通渭县中医院）。在省卫生厅和省中医药管理局的支持下，医院联合分院和帮扶的地县8家医院组建了甘肃省中医院医疗集团，实现了资源和信息共享。成功举办“甘肃省中医院首届中医医疗集团发展论坛”。2013年12月，甘肃省卫生厅下发（甘卫中函〔2013〕627号）文件，正式批复同意医院成立甘肃省中医院医疗集团。

甘肃省中医药研究院

2011年，《甘肃中医》杂志更名为《西部中医药》，升格为国家级中医药期刊，被列入国家科技核心期刊；甘肃中医药科技查新中心完成中医药科技查新120项；与甘肃中医学院联合成立中医骨伤科学研究生联合培养示范基地；成立甘肃省中医药文化研究与传播中心；编辑出版《皇甫谧研究集成》，在庆阳2011全国农耕文化节上首发，完成《黄帝外经》的考证工作；完成细胞培养室及动物实验室的建设；在敦煌成功举办中华中医药学会编辑出版分会2011年年会。2012年，省中研院科研实力进一步增强，《西部中医药》杂志连续入选中国科技核心期刊目录，荣获全国中医药优秀期刊奖。“中医文化学”成功申报国家中医药管理局“十二五”中医药重点学科。参与2013年中医药行业科研专项项目——“中医药传统知识保护研究”工作。中药所和中心实验室获得2项国家自然科学基金项目。2013年省中研院国内影响力得到提高，横向联合与交流增多。先后承接了国家中医药管理局大型项目“中医传统知识保护调研”；作为西北分中心负责西北片区的业务指导，承接了国家中医药管理局《张仲景研究集成》续篇的撰写；被列为世中联中医传统知识保护分会副会长单位及多个国家级分会常务理事单位。《西部中医药》杂志，核心期刊排名从1518位上升到734位，影响因子等各项指标大幅提高；获邀参展首届中国期刊交易博览会。举办敦煌出土医药文献临床应用研讨班。向两院职工开放甘肃科技文献共享平台，累计下载文献33067篇。完成中医药课题查新检索82项。科研课题立项13项，完成科研鉴定5项，科研获奖3项，发表论文24篇。完成“天下中医”网站新浪微博的维护工作。

白银分院

2012年，白银分院成立1年以来，各项工作顺利开展，新建的住院部大楼和食堂投入使用。通过了三甲中医院评审，针灸科通过国家重点专科中期评估。医院向分院派驻管理人员6人，各类专家332人（常驻专家8人），工作人员25人。2012年全年门诊量75440人次，与2011年同比增长了50%，住院病人4549人次，与2011年同比增长了81%，出院病人4401人次，与2011年同比增长了78%。

2013年，白银分院完成了83名护士长以上干部的岗位竞聘工作，重新制订并实施经济管理核算办法和绩效考核办法。全年门诊量77832人次，较2012年同比增长16%，住院病人7308人次，同比增长61%，出院病人7231人次，同比增长64%，出入院诊断符合率为98%，甲级病历率为95.73%，床位使用率为82.78%，平均住院日11.8天，平均住院费4778元/人，平均门诊105元/人，中医治疗率为91%，手术台次1302台，同比增长13.11%，急危重症抢救成功率达到87.08%。业务收入4608万元，同比增长71%。

2011—2013年甘肃省中医院领导班子成员名录

姓　名	性　别	职　务	民　族	任职或止任时间
李盛华	男	院长　党委委员	汉族	2006年3月任
妥建福	男	党委书记　党委委员	东乡族	2009年7月任,2011年5月止
谢又生	男	党委书记　党委委员	汉族	2011年7月任
孙援朝	男	党委副书记　党委委员	汉族	1994年5月任,2013年2月止,2013年12月退休
冯守文	男	副院长　党委委员	汉族	1997年4月任,2011年5月止,2011年5月退休
马忠祥	男	副院长　党委委员	回族	2001年8月任
舒　劲	女	副院长　党委委员	汉族	2006年9月任
李兴勇	男	副院长　党委委员	汉族	2009年5月任
赵继荣	男	副院长　党委委员	汉族	2009年5月任
卫晓雯	女	纪委副书记 纪委书记　党委委员	汉族	2009年6月任,2011年9月止 2011年9月任
邱连利	男	副院长　党委委员	汉族	2011年9月任
李　勇	男	挂职副院长	汉族	2012年12月任,2013年12月止

2011—2013年甘肃省中医药研究院领导班子成员名录

姓名	性别	职务	民族	任职或止任时间
李兴勇	男	院长	汉族	2010年1月兼任
赵国杰	男	支部书记　支部委员 党总支书记总支委员	汉族	2009年5月任,2012年12月止 2012年12月任
谢兴文	男	副院长	汉族	2009年5月任
潘文	女	副院长　支部委员　总支委员	汉族	2010年1月任

(撰稿 裴学军)

中国共产党甘肃省中医院委员会

Gansu Provincial Hospital of TCM Party Committee of CCP

2011年1月—2013年12月党务机构设置图

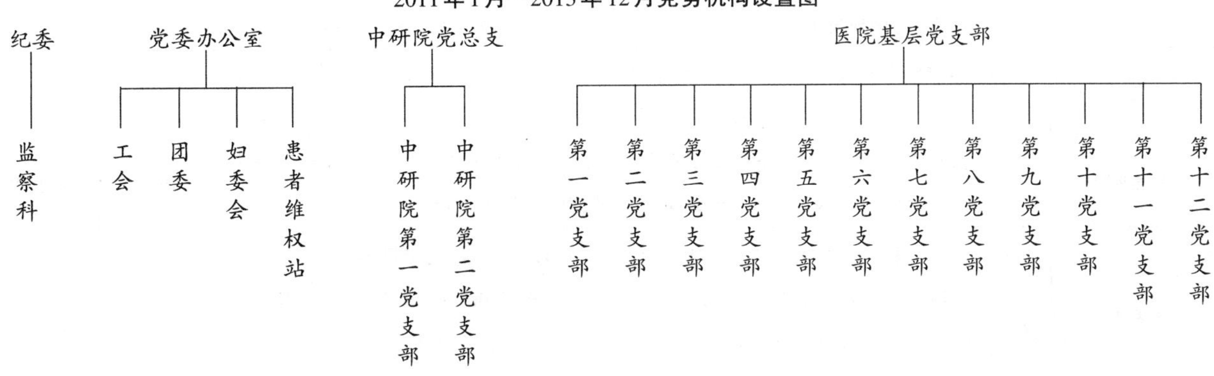

备注：

1. 2011年2月，根据省卫生厅党组批复意见，原党务部更名为党委办公室（含工会、团委、妇委会）；
2. 2011年8月，成立患者维权站，隶属党委办公室；
3. 2012年12月，根据省卫生厅批复意见，撤销甘肃省中医药研究院党支部，成立甘肃省中医院研究院党总支委员会，下设2个基层党支部。

截至2013年12月，医院党委领导班子由9人组成：党委书记谢又生，党委委员、院长李盛华，党委副书记孙援朝，党委委员、副院长马忠祥、舒劲、李兴勇、赵继荣，党委委员、纪委书记卫晓雯，党委委员、副院长邱连利。医院党委在书记谢又生的领导下，全面负责医院宣传、组织、纪检、统战等工作，党委副书记协助书记开展各项工作。年底，省委对医院班子进行了考核。医院纪检工作由党委委员、纪委书记卫晓雯负责，其他班子成员党内没有进行分工，主要履行副院长职责，党委重大事项、重点工作召开党委会议集体研究。

医院设纪委，受省纪委驻省卫生厅纪检组和院党委双重领导。2011—2013年期间，医院纪委机构进行调整，监察科隶属于纪委。根据工作需要对纪委委员做了2次调整，截至2013年12月，纪委委员为罗克龙、赵国杰、王颖、胡雅杰、田旭东、刘梦华、南国正、王华录、徐柏林。党委职能机构只单设党委办公室，工会、团委、妇委会等群团组织负责人均为兼职，归口党委办公室管理。设立患者维权站，隶属党委办公室管理。党委下设1个党总支、14个基层党支部，党员人数454人。

甘肃省中医院基层党支部情况一览表（2013年）

分类 支部	工作范围	联系领导	支部书记
一支部	党委办公室,人事处,宣传处,宣传处信息科,对外协作处,审计处,经济管理处,经济管理处招标采购科,质量控制处,监察科	谢又生	马真琴

续表

支部 \ 分类		工作范围	联系领导	支部书记
二支部		院长办公室,院长办公室应急办,院长办公室院史办,院长办公室项目办,医务处,医务处医患关系协调科,医务处病案管理科,医务处重点学(专)科管理办公室,护理部(含消毒供应中心),特色医疗管理处,特色医疗管理处名医工作管理科,公共卫生与医院感染管理处,科研处,医疗保险处,职业病防治管理处,治未病中心(体检中心,健康咨询科)	李盛华	周毓萍
三支部		后勤管理处,后勤管理处保卫科,后勤管理处房管科,计划财务处,计划财务处国有资产管理科,计划财务处会计科,计划财务处收费科,基建处,基建处拆迁办	马忠祥	张　磊
四支部		肛肠科,妇科,脊柱骨一科,创伤骨一科,整复骨科,脊柱骨二科,脊柱微创骨科,关节骨二科,急诊骨科,痹病(风湿骨病)科	赵继荣	邓　强
五支部		骨伤科临床医学中心,创伤骨二科,康复骨科,手足微创骨科,儿骨科,脊柱骨三科,关节骨一科,骨伤病科,外周血管病介入科,肿瘤科,血液病科,骨肿瘤科	卫晓雯	鄢卫平
六支部		肾病科,脾胃病一科,脾胃病二科,肝病科,内窥镜诊疗中心,重症医学科一部,重症医学科二部,心血管病科,心血管病科导管室,心血管病科心功能检查科,外一科(普外),外二科(泌尿),外三科(神经),外四科(心胸),麻醉科一部,麻醉科二部	孙援朝	唐晓勇
七支部		保健处,老年病科(干部病房),脑病一科,脑病二科,针灸推拿一科,针灸推拿二科,康复科,内分泌科,肺病科,血液净化中心,儿内科	李兴勇	张定华
八支部		门诊部,急救中心,感染疾病科,口腔颌面外科,眼科,耳鼻喉科,疼痛科,皮肤疮疡科,省中医院城关门诊部,省中医院省委门诊部	邱连利	马郑萍
九支部		放射影像科,检验科,超声医学影像科,病理科,输血科,营养科,设备管理处	舒　劲	陈进凡
十支部		药学部,药剂科,制剂中心	李兴勇	李喜香
十一支部(离退休)		人事处离退休人员管理科,离退休人员	孙援朝	厉红霞
十二支部		临床教学部,实习进修人员	孙援朝	孙锦艳
中研院党总支	一支部		赵国杰	程　涛
	二支部			邢福军

2011—2013年党委负责人名录

姓名	职务	任职时间	备注
安建福	书　记	2009年7月任,2011年5月止	
孙援朝	副书记	1994年5月任,2013年2月止,2013年12月退休	
谢又生	书　记	2011年7月任	

思想宣传工作

【思想道德建设】2011年是中国共产党成立90周年，是“十二五”规划的开局之年。院党委认真落实《甘肃省卫生厅系统学习型党组织建设实施方案》，制定了2011年党委理论学习安排意见，积极推进学习型党组织建设，专题学习《胡锦涛同志在庆祝中国共产党成立90周年大会上的讲话》《中国共产党党员领导干部廉洁从政若干准则实施办法》《中共中央关于深化文化体制改革推动社会主义文化大发展大繁荣若干重大问题的决定》等文件，学习十七届四中、五中全会精神和国家在医疗卫生改革方面的大政方针、卫生厅党组提出的甘肃特色的医改政策，广泛开展向杨善洲同志学习活动，组织党员参加卫生厅举办的“学党史传薪火争先进”党史知识竞赛活动，深入开展社会主义核心价值观教育，大力弘扬甘肃精神，引导党员干部在推动医院跨越发展中奋发进取。充分发挥基层党组织战斗堡垒作用和共产党员的先锋模范作用、带领和依靠全院党员干部、职工踏实工作、努力奋斗，为推动医院科学发展、深化医药卫生体制改革提供了强有力的保障。

2012年，医院党委围绕医院改革发展大局，全面推进医院党建工作，以“学习型党组织建设”“创先争优”等活动为主题，以加强理论学习和干部作风建设为抓手，加强领导班子及干部队伍素质建设，为医院健康持续发展提供了坚强有力的政治保障和组织保证。制定了《学习贯彻十八大精神安排意见》，组织党员干部深入学习胡锦涛同志十八大报告和习近平总书记在中央政治局会议上关于学习贯彻十八大精神的讲话，深刻领会旗帜内涵、成就经验、指导思想、奋斗目标、战略布局、兴国之魂以及党建主线。全面贯彻落实甘肃省十一届人大五次会议、十二次党代会精神，传达学习王三运书记在省十一届人大五次会上的讲话、刘伟平省长在我院调研时的讲话以及刘维忠厅长在全省卫生工作会议上的讲话，结合医院实际，在集中民意、反复讨论的基础上，以职代会形式讨论通过了医院发展总体规划，描绘了一个包涵医院未来发展方向和目标定位的新愿景。

2013年，认真贯彻落实中央和省委的重大部署和卫生厅党组的工作安排。重点学习党的十八大报告、十八届三中全会精神，为党员干部配发了《党的十八大文件汇编》《党的十八大报告辅导读本》等理论书籍。学习习近平总书记系列重要讲话和省第十二次党代会精神，学习中央领导关于党的群众观点、群众路线的一系列讲话精神。通过理论学习，不断改造主观世界、加强党性修养、加强品格陶冶，打牢履职尽责的知识基础。

【职业道德建设】2011年，组织全院学习了《好医生的标准》《当看病成为温暖的享受——我在美国的一次就医经历》《吴阶平：毕生诠释“好医生”》《一个共产党人的一辈子——追记云南省原保山地委书记杨善洲》等文章。在全院范围开展“服务好、技术好、医德好、群众满意”为内容的“三好一满意”活动，听取刘维忠厅长重要讲话。通过开展“三好一满意”活动、医院管理年活动、民主评议行风活动，以及在全体医务人员中组织开展“如何做一名合格的好医生”大讨论，参加了省卫生厅组织的“重温6·26指示，再为乡亲出趟诊”活动，进行职业道德教育。

2012年，弘扬社会主义核心价值观，树立和践行社会主义荣辱观，倡导和践行坚忍不拔精神、奋发有为精神、团结协作精神和无私无畏精神，按照直机关工委、省卫生厅要求，组织青年职工参加省直机关演讲比赛。深化和拓展创先争优活动，开展窗口单位争先创优为民服务活动，推动窗口服务规范管理、提高效率、提升素质、改进作风，引导广大干部职工立足本职岗位当标兵、树榜样、做表率。以弘扬“6·26”甘肃医院医疗队扎根基层、无私奉献、艰苦奋斗、服务人民的崇高精神，在医院开展理想信念教育、职业道德教育、医德医风教育，组织职工观看教育影片《雨中的树》，不断提高广大医务工作者的政治思想素质。

2013年，为广大干部职工推荐医德医风参阅文章——全国人大常委会副委员长陈竺对青年医生的寄语《未来的大师就在你们当中》；介绍医学泰斗吴孟超的评论文章《坚守肝胆事业的医者》；浙江大学医学院附属第二医院院长王建安的署名文章《良心是行医的底线》等，通过核心价值观教育，引导广大医务工作者总以无尽赤忱善待病人，以赤子之爱对待医学事业。组织职工观看教育影片《老百姓是天》《两当兵变》《雷锋在1959》等。

【精神文明建设】2011年3月下旬，医院召开文化建设报告会，邀请甘肃中医学院中西医结合系主任、中医内科专业硕士研究生导师戴恩来教授做了题为《解读甘肃中医文化》的报告。5月，印发了《甘肃省中医院精神文明建设和创建全国文明城市工作要点》。6月上旬，医院参演的小品《职责》和诗朗诵《护士之歌》在全省卫生系统文艺调演中均被评为"二等奖"，医院被授了"优秀组织奖"。12月上旬，召开中医文化节系列活动，邀请省上领导为国家级名老中医工作室、国家临床重点专科甘肃省中医院骨伤科授牌；举办宣传画册《精诚至善》和《陇中杏林撷英》首发仪式；举行文化传承广场雕塑群揭幕仪式和新员工入职宣誓仪式等活动。

2012年1月中旬，医院举行迎新春团拜会文艺演出活动，丰富了广大职工的精神生活。8月中旬，接受省卫生厅宣传处副调研员乔建安、主任科员田文华和省人民医院宣传处处长梁福全一行3人对医院创建全省卫生行业精神文明建设先进单位情况的考察验收。

2013年5月，印发《甘肃省中医院开展道德讲堂活动安排意见》，对医院开展"道德讲堂"活动做了安排部署。9月中旬，承办和组织道德模范基层巡讲活动。邀请李成环事迹报告人龚大铗，兰州市公安局交通治安分局副局长、第三届甘肃省道德模范康岸桥，金昌市金川集团公司退休职工、第三届甘肃省道德模范李洪启来院做道德巡讲。

【典型宣传】2011年，医院党委号召全院职工、各党支部弘扬精神，学习先进，争做先进，创造优良。在院内设立宣传灯箱，开设《党员风采》专栏，重点宣传了党的十三大代表金文嬿，党的十五大代表、全国五一劳动奖章获得者、白求恩奖章获得者、全国先进工作者沈为众，全国卫生系统先进工作者、全国老中医药专家学术经验继承工作优秀指导老师、甘肃省中医院首席专家王自立，全国中医护理优秀工作者李秀敏，全国三八红旗手、卫生部有突出贡献中青年专家李妍怡，卫生部有突出贡献中青年专家李盛华，全国抗震救灾模范鄢卫平，全国三八红旗手、甘肃省抗击非典优秀共产党员韩艳，全国抗震救灾医药卫生先进个人杨宏武、甘肃省"五一劳动奖章"获得者张洪涛，风湿骨病科主任王海东，全省护理技能大赛个人一等奖获得者张丽娟、湛静、杜丽梅，肿瘤科主任王兰英等。

2012年，医院党委号召全院职工，以先进为榜样，学习典型事迹，弘扬爱岗敬业、无私奉献、全心全意为人民健康服务精神。重点宣传了全省医德医风建设先进个人刘效栓、周晟、郭云霞，2011年全省"我最喜爱的健康卫士"荣誉获得者盛丽，"郭春园式的好医生"李盛华，全国医药卫生系统创先争优活动"我身边的共产党员"演讲比赛优秀奖获得者李非，2011年度中国中医药报"优秀通讯员"陈春丽、郑访江，省直机关优秀党组织——医院第十党支部等。

2013年，医院党委在全院范围内开展宣传工作，继续发扬先进典型的示范引领作用，重点宣传了卫生部有突出贡献的中青年专家赵继荣，全国卫生系统先进个人张洪涛，2012年全省医德医风建设标兵盛丽，全省医德医风建设先进个人杨瑞龙、靳锋、张丽娟，2012年全省我最喜爱的健康卫士王华录、刘效栓、靳锋等。

【沈为众事迹陈列室】为进一步加强卫生文化建设，充分发挥爱国主义教育基地在推进全省精神文明建设方面的积极作用，根据卫生厅文明委文件要求，医院设计制作了沈为众事迹陈列室。沈为众事迹陈列室设在甘肃省中医院三号楼6楼，主要包括沈为众同志简介、沈为众先进事迹年谱、学习沈为众活动年谱、各类奖牌奖章和奖状、白求恩塑像、各类媒体宣传报道材料等。2012年1月18日，刘维忠厅长亲切会见白求恩奖章获得者沈为众并参观了沈为众事迹陈列室。1月24日，沈为众事迹陈列室被省卫生厅命名为首批"全省卫生行业爱国主义教育基地暨医德医风教育基地"。

【院史资料陈列】2013年，由党委办公室牵头，对院史展览资料内容进行了丰富和扩充。在大体确定了设计方案以后，于2月26日，向全院发出征集院史资料的通知，院史征集涉及9个主要处室及各临床科室，得到了相关部门的大力支持和配合，共征集到各类资料550余件。主要包括以下十个大类：一是各类图片资料320多幅；二是反映医院变化发展的文档资料12件；三是各类奖牌、奖章等86件；四是各个时期的医疗设备、诊疗器具及传统制药设备等70余件；五是各级领导题词共23件；六是名家题签留言册页4册，书画作品26件；七是医家雕塑2尊；八是名家医案、学医手札、专用信封、经典处方等12份；九是反映灾难救助、援外医疗等方面的邮票2版；十是医用衡器3件；还有一些文化建设方面的画册、录像带、报刊等。

组织工作

【领导班子队伍建设】2011年，医院领导班子做了较大范围的调整和补充：5月，时任党委书记妥建福调任农牧厅副厅长；7月，医院党委委员、副院长冯守文退休，被医院聘为管理顾问；7月，时任靖远县委书记谢又生调任医院党委书记；11月，医院纪委副书记卫晓雯任医院党委委员、纪委书记；是月，甘肃省中医学校副校长邱连利调任医院党委委员、副院长。

【干部选拔任用】医院党委组织参加了卫生厅直属单位部分副处级干部竞争上岗工作，38名符合条件的干部参加了笔试。2月10日，厅党组任命医院管理岗位21名副处级干部。4月下旬，医院召开党政职能部门干部汇报会，大家结合自身工作实际，从履职情况、存在问题、整改措施、下一步工作计划等几个方面做了全面细致的汇报。8月22日，省委组织部干部三处处长何士周，干部三处副处级组织员赵永生，人才工作处副处级组织员杨焱，干部三处干部曹志远以及省卫生厅人事处副处长杨芳胜，省卫生厅人事处苏永强、梁保平一行7人来医院就纪委书记一职进行民主推荐及干部考察工作。年终，院党委加强了对中层干部的考核工作，按照卫生厅党组文件要求，对厅管干部述职考核提出了等次建议。

2012年5月中下旬，医院组织实施了新一轮科级干部和护士长竞争上岗，经过竞聘演讲、民主测评、组织考察、任前公示等环节，153名同志走上管理岗位，医院党政主要领导及分管院领导对新提拔的科级干部分批进行了为期两天的任前谈话，从政治觉悟、全局观念、团结协作、开拓发展、廉洁自律等方面提出要求。6月中旬，省委组织部对医院干部选拔任用工作进行了调研检查和督导，对更好地贯彻执行《干部任用条例》和卫生厅党组《关于干部轮岗交流工作的暂行办法》，进一步规范选人用人机制起到了有力的推动作用。8月，邀请省卫生厅人事处处长金中杰为医院中层干部做了题为“人文主义和人文管理”的培训，医院、省中医药研究院及白银分院三院领导，医院护士长以上干部，行政职能部门工作人员，白银分院中层干部等200余人参加了培训。年内组织实施了部分副护士长岗位竞聘上岗工作，最终有15名护士当选为副护士长。年终，医院对198名管理干部（包括白银分院4名院领导以及医院本部42名护士长）进行了述职考核。

2013年，对医院部分中层干部和护士长岗位做了调整和补充，对白银分院护士长以上干部进行了竞聘上岗。邀请专家组织拓展训练，组织职能部门进行管理论文交流，举办了公文写作师带徒活动等，丰富了干部教育管理内容。年底，对护士长以上干部进行述职考核。

【基层党组织】基层党组织建设是党的基础建设，是党要管党最基本的通道保证。如何使得党员在党的建设中起战斗堡垒作用，至关重要的是党支部的建设。医院党委根据医院科室部署、党员人数分布、人员梯队构成等情况，在综合考虑的基础上划分了12个党支部。2012年12月甘肃省中医药研究院党总支成立，下设2个党支部。截至2013年12月，医院共设有1个党总支，14个基层党支部。各党支部在组织学习、开展活动、做好组织发展、进行党性教育、组织年度考核、评先选优、参加双联活动、组织扶贫捐助、落实年终考核等各个方面，做了大量卓有成效的工作。一是配合党委宣传党的路线、方针、政策，认真贯彻执行党委决议，团结、带领和组织所在支部所有党员、干部、职工完成党的各项任务。二是结合医院实际，按照党委部署，对所在支部所有职工进行时事政治、卫生政策、党风廉政与行业行风建设等全方位、各方面的教育。三是对党员的教育、监督、管理工作，开展组织生活，传达党的最新理论与各级党委决议，组织所在支部人员认真贯彻落实。

2011年，任命乔莉为第一党支部书记、鄢卫平为第三党支部书记，调整了医院党委理论学习中心组成员。对支部的工作范围和部分支委进行了调整补充，将党委成员分别编入不同的基层支部参加组织生活，强化了督导作用。

2012年，制定了党建工作联系点

制度，由每个领导班子成员确定1或2个支部作为联系点，具体联系和指导支部开展工作。对党支部书记做出调整，1月第十党支部书记李秦生退休，任命李喜香为第十党支部书记。5月任命马真琴为第一党支部书记、周毓萍为第二党支部书记、张磊为第三党支部书记、赵道洲为第四党支部书记、鄢卫平为第五党支部书记、唐晓勇为第六党支部书记、张定华为第七党支部书记、马郑萍为第八党支部书记、陈进凡为第九党支部书记、厉红霞为第十一党支部副书记、孙锦艳为第十二党支部书记。免去张文斌第三党支部书记、周琪第八党支部书记、黄仕君第九党支部书记、南国正第十一党支部书记职务。8月，任命王华录为甘肃省中医院白银分院党总支书记。12月，根据省卫生厅《关于同意甘肃省中医药研究院成立党总支的批复》(甘卫直党发〔2012〕22号)意见，撤销甘肃省中医药研究院党支部，成立甘肃省中医药研究院党总支部委员会，下设两个党支部。

2013年8月，任命邓强为第四党支部书记，免去赵道洲第四党支部书记职务。

【党员队伍建设】2011年，组织发展6位同志为中共预备党员，12名预备党员按期转为正式党员，由各大专院校转入新分配来院党员26人，医院党员队伍达到383人。

2012年发展2位同志为中共预备党员，5名预备党员按期转为正式党员，由各大专院校转入新分配来院党员23人，医院党员队伍达到408人。

2013年，组织发展3位同志为中共预备党员，由各大专院校转入新分配来院党员13人，医院党员队伍达到454人。岷县地震灾害发生后，医院派出医疗救援队，成立了临时党支部，第五党支部书记鄢卫平任临时党支部书记，杨维建、邓强、张崇岳、张丽平、史文宇、王世太、李炜、郑访江、李跟旺、张燕琴、宋渊等青年骨干第一批到灾区开展工作，李炜、李跟旺、张燕琴3人在救灾一线提出入党申请，在应急抢险方面充分发挥了党员干部的模范作用。

【评优选先】2011年，根据上级组织部门的安排和要求，按照组织工作相关程序，年内完成各级各类先进典型的组织推荐与申报工作。年内，田旭东被评为“全国卫生系统职业道德模范”，周晟、刘效栓、郭云霞被评为“全省医德医风先进个人”，盛丽当选为甘肃省“人民喜爱的健康卫士”，李玉吉、连琯、高侠被评为“全省卫生系统青年岗位能手”，放射影像科被评为2010年度省直机关创新创效先进集体，风湿骨病科被评为全省卫生系统青年文明号，刘梦华等69名同志被评为医院2010—2011年度先进工作者；宣传处等11个处(科)室被评为医院2010—2011年度先进集体。

2012年，按照有关部门的要求，完成各级各类先进典型的组织推荐与申报工作。年内，医院被评为全省卫生系统精神文明建设先进单位，医院党委被评为全国中医药系统创先争优活动先进党组织，医院第十党支部被评为省直机关优秀党组织，第一党支部被评为省卫生厅系统“双优一文明”优秀党组织，人事处被评为省卫生厅系统“双优一文明”文明处室；涌现出卫生部有突出贡献的中青年专家赵继荣，全国卫生系统先进个人张洪涛，甘肃省三八红旗手潘文，全省卫生系统创先争优活动优秀共产党员李妍怡，全省卫生系统医德医风标兵盛丽，全省卫生系统医德医风先进个人靳锋、杨瑞龙、张丽娟，甘肃省卫生厅系统“双优一文明”优秀党务工作者孙援朝，优秀共产党员潘文、胡雅杰、陈进凡、刘春雨、王世太等一批先进典型。

2013年，按照有关部门的要求，完成各级各类先进典型的组织推荐与申报工作。推荐王海东为全省卫生系统医德医风标兵，邓强、盛丽、邢福军为全省卫生系统医德医风先进个人，医院宣传处(含信息科)等12个部门或班组为医院2012—2013年度先进集体，马真琴等75名同志为医院先进工作者，孙援朝等7名同志为联村联户为民富民行动先进个人。

【爱心捐助】2011年6月17—18日，医院组织专家赴渭源县开展药品捐助和义诊活动，向渭源县捐助了16个品种、价值72万多元的常用药品，在渭源县中医院开展义诊活动，并对困难家庭进行了走访慰问。11月24—25日，医院开展对甘南藏族自治州藏医药研究院附属医院对口支援帮扶工作，并向藏研院附属医院捐赠了新购置的联想电脑5台、病房用被褥10套，总价值28780元，以支持该院开展电子病历工作和改善患者的住院条件。

2012年4月，院党委组织职工以支部为单位为双联点——塄岸村文化室捐书，共捐赠各类图书580多册。6月，医院为塄岸村捐赠了价值3万余元的电脑、电视、打印机、复印机、办公桌椅等办公用品和用于村社间沟通联系的扩音设备。

2013年1月，医院在陇西县碧岩镇塄岸村举行“联村联户、为民富民”行动爱心捐赠活动，由医院团委发起，为塄岸村小学捐赠了地球仪、乒乓球、羽毛球、跳绳、毽子等价值1500余元的文体用品。6月19日，医院组织为塄岸小学学生捐赠了书包、笔盒、铅笔、套尺、橡皮等学习用品，为当地村民发放了由省委“双联”办、省卫生厅制作的168套健康保健工具包，送出价值2万余元的院内自制药品。

统战工作

【统一战线思想政治工作】通过召开恳谈会、座谈会，举办培训班等多种形式，引导统一战线成员认真、深入学习党的路线、方针、政策，进一步增强对中国特色社会主义的道路自信、理论自信和制度自信。

【党外人士统战工作】召开省市政协委员及各民主党派成员、无党派高级知识分子代表参加的统战工作座谈会。围绕如何发挥组织优势、做好医院各项工作提建议，促工作。进一步调动和协调各方面的力量为医院改革与建设建言献策，贡献力量。积极发挥民主党派、无党派人士的作用，截至2013年，医院护士长以上干部199人中，民主党派人士为18人，比率为9.05%。其中，九三学社3人，民革5人，民盟6人，农工民主党3人，民进党1人。无党派人士72人，比率为36.2%。女干部职数为100人，比率为50.3%。

政策研究

【全国中心城市政研会第十五次年会】全国中心城市政研会于1986年12月在大连成立，1987年召开首次年会，有会员单位40多家，是专门致力于推动全国中医医院思想政治工作研究和实践，促进卫生行业精神文明建设的非营利性社会组织。

2012年9月，医院承办了全国中心城市中医医院思想政治工作研究会第十五次年会。甘肃、深圳、南京、武汉、佛山、西安、苏州等七家中医医院的代表做了大会交流，分别介绍了各自在中医药文化建设、党风廉政建设、干部队伍建设、发展特色制剂、开展创先争优等方面的经验和做法。年会共收到102篇论文，有78篇文章入选年会论文集。中国书法家协会会员、甘肃省著名书法家、旭东书法研究院名誉院长、甘肃省博物馆副研究员田世利，甘肃国画院书法创作部主任、现代名家书画院常务副院长、著名书法家虞军峰，青年书法家欧阳堡分别为全国中心城市中医院政研会第十五次年会题写书法作品。

2013年11月13—14日，全国中心城市中医院政研会第十六次年会在北京召开，会议增选甘肃省中医院为常务理事单位。会前，医院党委书记谢又生拜会政研会会长孙汎，介绍了甘肃省中医院自2012年承办十五次年会以来取得的新的发展变化，并就医院文化和医院党建方面的工作与孙会长进行了交流。

【甘肃省思想政治工作研究会】2013年医院被选为甘肃省思想政治工作研究会会员单位，党委书记谢又生被推荐为甘肃省思想政治工作研究会理事。

重要活动

【创先争优】创先争优活动从2010年5月份开始，2010年底，进行了阶段性小结。2011年2月下旬，厅党组召开了创先争优活动推进会，厅直单位在会上进行了交流，厅党组对2011年工作进行了再动员和再部署，按照卫生厅党组的工作部署，2月23日，医院召开了创先争优活动推进会。2月25日，召开创先争优活动专题会，进一步深入研究部署关于在工青妇组织中开展创先争优活动。3月3日印发了《甘肃省中医院二〇一一年创先争优活动工作要点》。创先争优活动紧紧围绕医院的中心工作开展，医院党委精心组织，周密安排，狠抓落实，较好地完成了各项工作任务。

为了抓好学习任务的落实，党委始终强调要把学习理论贯穿活动始终，把提高思想认识贯穿活动始终。党委重新修订了关于加强党委中心组学习的意见，重新调整了党委理论学习中心组的范围，为每位中心组成员统一配发了专门的学习笔记，坚持每月按时组织一次集中学习和研讨，把坚持理论学习贯穿活动始终。首先是有针对性地确定学习内容。活动一开始，重点组织学习了中央和省委领导的一系列讲话、刘维忠厅长的讲话、2011年的工作要点；开展活动过程中又重点传达学习了十七届五中全会精神、新的医疗卫生改革政策、全国经济工作会议精神、党政干部廉政准则、医务人员的医德规范以及医院管理知识等，及时把党的声音传达到全院干部职工。二是注重学习方法的多样性和灵活性。采取党员自学与集中学习相结合、集中辅导与邀请报告相结合、安排部署与督促检查相结合等多种形式，先后组织党员干部集中学习4次，邀请省委党校教授做形势政策报告，邀请人民的好医生、“感动中国”十大人物王万青做先进事迹报告。三是突出了学习的实效性。始终突出用科学发展观指导医院工作实践，把创先争优活动融入医院工作实际，贯穿到医疗服务工作实践之中，贯穿到党风廉政建设和行业行风建设工作的实践当中，贯穿到医院改革与建设的实践当中，贯穿到医院文化建设工作的实践当中。

结合医院工作实际，开展系列争创活动。一是开展“增强党性、转变作风”活动。结合卫生厅系统作风建设年活动，大力开展“党员党性教育”工程，通过重温入党誓词、领导干部讲党课、邀请专家做报告、学习党性教育读本、每月组织观看反腐教育碟片、邀请司法机关干警上法制教育课，开展市内警示教育活动，组织观看教育影片《第一书记》等载体，集中开展党性教育活动，进一步提高全院党员的党性修养。二是开展“忠于职守、爱岗敬业”活动。采取岗位练兵、行业竞赛、医疗技能比武等形式，不断提升全院医疗技术水平，增强干部职工忠于职守、爱岗敬业的团队意识，不断提高人民健康保障能力和服务水平。医院先后举办西学中班、中药鉴别技能大赛、中医技能大赛、陇中中医正骨手法学习班，参加了全省护理技能大赛以及其他各种赛事；另外，医院继续开展创新竞赛活动，把医疗业务、医院管理、中医中药、临床护理、医院文化等各方面的发明创造、工作创新真正抓起来，及时进行总结表彰，把岗位练兵、技术比武作为创先争优活动内容。通过这些活动，全院党员干部参与创先争优活动的积极性明显提高。三是开展“服务患者、争创一流”活动。根据党员岗位职能和特点，开展了在兰州、武威、白银、定西等地巡讲巡诊义诊活动，分五批组织100多名医务人员进社区、进农村、进学校，把一流技术、一流服务、一流形象送到群众中去。同时，还组织到陇南、康县等医疗帮扶点开展结对帮扶、科普宣传、患者回访等活动，不断提高和改进服务。四是开展“身份亮牌、党员示范”活动。在院内醒目位置设立党员形象公示栏，同时，结合岗位实际提出参加活动的承诺，主动接受群众监督。五是开展“学习先进、典型引路”活动。医院通过开展“十佳五优”（优秀科主任、优秀护士长、优秀医生、优秀护士、优秀员工）服务明星评选活动，树立一批党员身边的先进典型，发挥先进典型的示范带动作用。医院工会还组织开展了评选优秀职工活动。在开展创先争优活动过程中，医院大力营造崇尚先进、宣传先进、学习先进、争做先进、争创佳绩的良好氛围。宣传了党的十三大代表金文嫩，党的十五大代表、全国五一劳动奖章获得者、白求恩奖章获得者、全国先进工作者沈为众，全国卫生系统先进工作者、全国老中医药专家学术经验继承工作优秀指导老师、甘肃省中医院首席专家王自立，全国三八红旗手、卫生部有突出贡献中青年专家李妍怡，响应6·26指示的模范代表夏永潮和金文嫩夫妇等一批先进典型。六是在门诊窗口和全体医技科室中开展“创满意窗口、创服务品牌”主题活动，实施党员公开承诺、党员志愿服务和党员亮牌示范等活动，让群众切实感受到创先争优活动带来的变化和实惠。七是把优质护理纳入创先争优活动内容，推广宾馆式护理，学习酒泉宾馆的服务理念，把病人当成客人。在全院护理人员中开展“争当护理技能状元”活动，在护理工作中培养具有良好沟通技巧、过硬心理素质、精湛业务技能、亲切服务态度的优秀护理人员，使群众看病就医体验得到改善。八是把落实医改任务、减轻病人负担作为创先争优活动的重要内容，把群众受益作为创先争优活动的一项标准，着力解决群众最关心、最直接、最现实的利益问题。在实行医生“四个排队”、医疗机构“八个排队”的基础上，加上人均输液量排队，稳定住院费、门诊费的较低标准，力争降低输液比例、患者自费比例，真真切切解决看病贵的问题。九是发挥特色优势，积极应对突发卫生事件，以抢险救难为创先争优活动的主战场。5月，天祝发生爆炸事故，医院第一时间派出医疗救援队，充分发挥了党员干部的先锋模范作用。十是开展丰富多彩的党性教育活动。以纪念中国共产党成立90周年为主题，开展“回顾党史、弘扬党风、增强党性”主题教育，年初，组织了读红色经典活动；5月，组织360多人参加了党史知识答题活动；7月，举办纪念建党90周年图片展览和文艺演出活动。通过这些活动，加强理想信念教育和革命传统教育，加深干部群众对党的历史、党的知识和党的理论路线方针政策的认识。激励广大党员干部做好本职工作，创造一流业绩，向党的生日献礼。

在开展创先争优活动中，医院结合实际，综合运用专题讲座、主题发言、交流研讨、外出调研和学习考察等多种有效形式，借助网络媒体等现代化手段，将集中学习与分散学习相结合，专家辅导与个人自学相结合，增强了学习的主动性和自觉性。把建设学习型党组织、学习型医院作为促进医院发展的重要内容，不断强化干部队伍素质，提高管理能力。此外，医院每月把理论学习情况作为部门考核的一项内容，从而敦促干部把理论学习落到实处，收到实际效果。医院还把创先争优与文化建设工作结合起来，使争创活动显得有声有色。配合一些大型活动，组织开展了一系列文化推广活动，邀请专家开展了文化讲座，设计制作了反映医院精神理念的文化墙，在病区增设古代名医名言警句画框，邀请书法大家书写了院训、大医精诚论等，组织杏林合唱团演唱医院院歌等。

【庆祝建党90周年系列活动】2011年4月下旬，组织310多名在职党员和青年医务人员参加了由中央党史研究室等部门共同主办的“庆祝中国共产党成立90周年党史知识竞赛”答题活动；5月，药学部举办了“珍惜时间、团结协作、创造业绩”主题演讲比赛；6月28日，举办纪念建党九十周年——“永远的旗帜”主题图片展览；6月29日，医院选派郭敏、李非参加省卫生厅举办的厅系统庆祝建党90周年党史知识竞赛并荣获一等奖；“七一”前夕，以唱红歌、颂党恩为主题，医院先后两次举办了庆祝中国共产党诞生90周年文艺演出，表达了甘肃省中医院人对我们敬爱的党90华诞的真挚祝福，共有13个党支部排演的19个节目参加了演出。

【支部书记培训班】2011年9月20日，党委委员、院长李盛华主持召开干部会议，新任党委书记谢又生就如何履行党委书记职责、如何处理好党政关系、如何创造性开展党委工作发表重要讲话。10月24日，医院党委书记谢又生召开了书记办公会，对学习贯彻十七届六中全会会议精神做出了安排部署，提出了具体要求。

2012年6月9日举办了党支部书记培训班，党委委员、院长李盛华出席开班仪式并讲话，党委副书记孙援朝就党支部的性质、党支部的工作任务、党支部要抓哪些工作、党支部书记要注意工作方法等四个方面做了辅导。

2013年7月3日医院召开支部书记工作会议。党委副书记孙援朝，纪委书记卫晓雯，各党支部书记及工会、团委、妇委会负责同志参加了会议。

党委办公室

2011年2月，党务部（含工会、团委、妇委会）更名为党委办公室（含工会、团委、妇委会）。2012年11月，李亮调离，12月白淑然分配定科至党委办公室。8月，成立了患者维权站，隶属于党委办公室。

2012年2月，按照省委“联村联户为民富民”行动重大工作部署和卫生厅党组具体安排，医院党委对双联工作做了专题研究，明确了具体工作任务，设立了双联办，党委办公室负责双联各项具体工作。3月20日，在医院组织开展了甘肃省患者权益维护日系列活动，制作患者维权知识展板，在院内张贴患者维权宣传海报，深入病区宣传患者维权的重要性，帮助患者了解更多的维权知识。11月9日，组织“创佳绩向十八大献礼，展风采为党旗增辉”主题演讲活动。

2013年1月，组织了甘肃省中医院领导班子领导干部科学发展业绩考核大会。2月，邀请医院原党委书记、院长、省卫生厅正地级巡视员、甘肃省中医药学会会长侯志民，原党委书记、正地级干部李谦英，原院长、甘肃省针灸学会会长李强，原副院长唐士诚、胡文杰、沈为众，原纪委书记黄腾辉等出席医院举行的新春茶话会。根据省卫生厅党组《关于做好省卫生厅系统处级以上干部学习党的十八大精神集中培训工作的通知》（甘卫直党发〔2013〕7号）文件要求，组织安排了医院县处级以上干部学习贯彻党的十八大精神培训。6月20日，组织党员参观八路军驻兰办事处纪念馆，并在场馆展厅进行了预备党员入党宣誓仪式和老党员重温入党誓词活动。6月28日，组织召开群众路线教育实践活动集体学习会，集中学习了6月18日习近平总书记在党的群众路线教育实践活动工作会议上的重要讲话精神、光明日报署名文章《群众路线永远是党的生命线》及光明日报专论《新形势下加强马克思主义执政党建设的重大部署》等内容。7月，组织副处级干部参加省卫生厅系统领导干部开展党的群众路线教育实践活动集中培训。8月6号，按照卫生厅群众路线教育实践活动领导小组办公室的通知精神，根据医院领导的批示精神，由党委办公室牵头，院长办公室、门诊部、护理部、宣传处等部门配合，通过医院OA网发布征求意见、建议的通知，在全院职工范围内征求意见、建议，共发放征求意见表250份，收回214份，反馈率为85.6%。

群众团体

甘肃省中医院工会委员会

2011年，组织工会委员认真学习《工会法》《工会章程》。组织全院职工积极投身于创先争优活动中，工会委员会审议通过田军等46名同志为医院2011年度优秀职工。2011年7月3日，医院干部职工自发组织参加了马拉松10公里赛程，由中研院中药研究所所长姜华带队，中药研究所全体人员参赛。按照医院统一安排，工会申请为干部职工每人发放郊外旅游费50元，以各党支部为单位，组织职工进行郊外旅游活动。8—9月份，利用双休日组织干部职工（包括编外用工）分5批赴冶力关旅游。配合完成十七届人大代表换届选举相关工作。2011年，如期完成了“三八”妇女节女职工慰问金，职工端午节、中秋节福利费的发放工作。多次与安西路小学领导联系，为医院职工解决了子女就读安西路小学的问题。处理医院7名离退休职工和16名职工亲属去世善后事宜。组织医院职工于11—12月每日下午4—5时在文化广场学习太极拳。

2012年10月31日，医院举行一号住宅楼奠基仪式。工会组织职工代表与施工单位和监理单位的职工代表约300余人参加了奠基仪式。

2013年2月4日、5日，组织走访慰问了霍云、冯百福、车明希、黄文祥、张位清等十余名离退休老干部。10月18日，由工会牵头组织、以支部为单位举行了“甘肃省中医院2013年职工拔河比赛”。

【职工代表大会】2012年8月28日，我院首届职工代表大会第五次全体代表会议召开。会议举手表决通过了《甘肃省中医院2011—2020年中长期发展规划》《甘肃省中医院基本建设整体规划方案》和《职工住宅楼分配方案及腾空房屋管理办法》。

甘肃省中医院共青团委员会

2011年，为加强共青团工作，医院选举产生了新一届团委会，委员由李亮、廖雨婷、靳金龙、原明明、高小恒、张敏、李非等七人组成。对每位委员的工作范围进行了明确。5月4日，根据党委安排，医院新一届团委在兰州市小西湖公园召开座谈会，纪念“五四运动”92周年。

2012年3月5日，根据医院党委的总体部署和要求，由团委牵头，宣传处、护理部、门诊部等部门积极协调配合，医院组织志愿者参加了多种形式的学雷锋活动。

2013年1月，医院团委在陇西县碧岩镇塄岸村举行“联村联户、为民富民”行动爱心捐赠活动。为塄岸村小学共捐赠了地球仪、乒乓球、羽毛球、跳绳、毽子等价值1500余元的文体用品。2月22日，医院团委召开了新一届的全体委员会议，会议推选崔金梁为新一届团委副书记，郑访江、吕有强、李非、高小恒、康娟、郭婕、查成喜、张青叶、白蕾琪、白淑然等为团委委员，会议明确了团委成员的工作范围和职责。5月3日，召开纪念建团91周年暨“五四运动”94周年座谈会。5月30日，医院团委组织青年干部观看《老百姓是天》廉政教育影片。7月9日，医院团委副书记崔金梁主持召开团委扩大会议。传达学习了6月17日至20日召开的团中央十七次代表大会精神和习近平总书记6月18日在党的群众路线教育实践活动工作会议上的讲话精神，通报了新一届团委成立以来开展的一系列活动，并就团委贯彻落实医院召开的支部书记工作会议精神提出了具体要求。

【青年文明号创建】2011年，风湿骨病科被评为全省卫生系统青年文明号。

2013年5月3日，医院为获得全省青年文明号的血液净化中心颁发了奖牌。

【志愿者服务】2011年5月21日，根据七里河区创建全国文明城市指挥部的总体安排，院团委组织15名青年志愿者参加“畅交通志愿服务”活动，在七里河桥至公交集团路段和十字路口开展文明交通劝导、搀扶老人过斑马线、清洁交通护栏等志愿服务。

2012年3月5日，根据医院党委的总体部署和要求，由团委牵头，宣传处、护理部、门诊部等部门积极协调配合，医院组织志愿者参加了多种形式的学雷锋活动。专门联系请来专业的理发师为个别行动不便且长期住院的患者进行病房服务；组织志愿者开展门诊分诊引导工作；志愿者们先后在院内和病区张贴了学雷锋宣传海报和展板，组织了微征文签名活动和视频采访。

2013年3月3日，医院团委组织开展了以“弘扬雷锋精神，志愿服务献真情”为主题的为患者理发、穿鞋、更换衣服、搀扶洗手等志愿服务活动，正式启动了“学习雷锋月”主题活动。3月5日，医院团委组织10余名青年干部赴西津西路开展了纪念学习雷锋50周年擦防护栏、清理道路垃圾等志愿服务活动。3月12日，医院团委联合后勤管理处开展了“3·12”植树节活动。

2013年12月3日，医院将七里河区12家基层双向转诊社区卫生服务中心作为专家协作点和双向转诊协作单位，医院门诊部每两周组织一次专家到社区卫生服务中心开展义诊活动。同时，门诊部联合科研处组织“硕士研究生志愿者服务队”每周赴不同社区开展义诊和志愿服务活动。此外，医院派驻12位高级职称的知名专家分赴兰州市七里河区社区卫生服务中心定期坐诊，为社区提供技术指导，并为社区居民送去省级专家的优质医疗服务。

甘肃省中医院妇女委员会

【庆祝“三八”系列活动】2011年3月2日，医院妇委会组织举办了庆“三八”妇女保健知识讲座。邀请普外科主任唐晓勇、妇科副主任杜敏分别做了乳房疾病的预防保健和“宫颈癌的防治知识”讲座。3月3日，医院组织20余名女职工参加了在宁卧庄大礼堂举行的甘肃省卫生系统庆“三八”专题报告会。咸辉副省长出席报告会并致辞，报告会邀请任北京市政协委员、中国保健协会副理事长、中国保健协会会长吴大真教授做了专题讲座。省卫生厅机关女干部还表演了女子太极扇。3月7日，医院在东方红广场参加了由甘肃省妇联组织的“维护权益、关爱女性，甘肃

12338妇女维权热线全覆盖”启动仪式。

2012年2月24日，全省纪念“三八”国际劳动妇女节102周年暨表彰大会在宁卧庄宾馆举行。省中医药研究院副院长潘文获得“三八”红旗手称号、省中医院内分泌(糖尿病)科获得“三八”红旗集体称号，省委副书记欧阳坚，省人大常委会咨询员朱志良，省政协副主席侯生华，省妇联主席韩克茵等相关领导为荣获“三八”红旗手、红旗集体的代表颁奖并颁发了荣誉证书。2012年3月3日，由医院妇委会牵头组织，在甘肃省中医院白银分院举行了“关注健康，关爱女性”义诊活动；3月7日，在医院举行了庆祝“三八”妇女节座谈联谊会。

2013年3月5日，由医院妇委会组织举办庆祝“三八”妇女节中医美容知识讲座，邀请皮肤疮疡科硕士研究生张青叶就中医美容知识及医院皮肤科开展的相关业务两方面为大家进行了讲解。3月6日，医院组织专家赴伊利集团甘肃分公司为该公司全体女职工开展了一场妇女健康保健知识讲座。

（撰稿　罗克龙　白淑然）

纪检监察

Disciplinary Inspection and Supervision

2011年2月，监察科（隶属纪委）不再单独设科，徐霞任监察科副科长（正科级）。5月，胡雅杰兼任监察科科长，徐霞不再任监察科副科长。8月，徐柏林兼任监察科科长，胡雅杰不再兼任。

2012年1月，增补赵国杰、王颖、胡雅杰、田旭东、刘梦华、南国正、徐霞为中共甘肃省中医院纪委委员。马小明、李妍怡、黄仕君不再担任中共甘肃省中医院纪委委员。

2013年3月，增补王华录、徐柏林为甘肃省中医院纪律检查委员会委员，徐霞不再担任纪委委员。

【监督检查】2011年8月4日，医院召开了社会监督员座谈会，听取了来自社会各界监督员对医院建设、管理和服务等方面的意见建议。8月，成立了由党委主抓的患者维权站，引进第三方调节机制。10月，甘肃省纠风办民主评议医院行风第三工作组在医院召开“2011年全省卫生系统医疗机构行风评议大会”，从8个方面对医院的行风工作进行了评议。制定了《甘肃省中医院行风监督有奖举报办法》，鼓励职工或患者等举报那些损害医院利益和群众健康权益的问题。还通过“院长接待日”“院长信箱”“电话随访”等方式，听取各类投诉和建议，对存在的问题主动解决和不断改进，努力提升患者满意度。按照医院审计工作规定，配合省卫生厅委托的中天恒会计事务所完成李盛华院长2008年4月—2010年12月任中经济责任审计，中研院2008—2010年财务收支审计。对提出的问题，形成《关于对李盛华院长定期任中经济责任审计报告涉及有关问题的整改意见》，并监督医院相关部门完成整改。全年完成2010—2011年老年病科、供应室等20项基建维修、改造工程已完工项目的委托送审工作。送审金额687.91万元，审定金额509.59万元，审减金额111.76万元，审减率为16.25%。报送预算审核436.08万元，审定金额299.13万元，审减金额136.37万元，审减率为31.27%。随访2011年1—5月的出院患者6951人次，收到随访表7852份，随访电话7852人次，随访率为100%，满意率为96.36%。5—10月出院患者10104人次，满意率为98.29%，随访率为100%。与医务处共同对使用抗生素等排队前10名的人员进行集体警示谈话。

2012年，完善纪委工作机制，纪委委员由5名增至7名，进行了明确的责任分工。将党风廉政建设和行业作风建设任务分解至各位医院领导及各处（科）室，明确责任并落实到人，进一步强化医院的党风廉政建设和行业作风建设。严格执行《关于进一步深化全省卫生系统治理医药购销领域商业贿赂专项工作的意见》和院务公开制度。重大事项须经职工代表大会、学术委员会、院长办公会议讨论决定，并予公示。医院建设工程、药品、耗材、设备采购招标后均签订“廉政协议”。纪委参与医院重大经济活动的监督，杜绝“小金库”现象，从管理机制上强化纪律约束。制定了《抗菌药物分级管理制度》，修订了《甘肃省中医院关于规范医疗行为与医疗纠纷（事故）处置管理办法》，严格落实《甘肃省医务人员医德考评制度实施办法》和不良记录积分管理办法，落实临床用药点评制度，落实医疗质量与安全的责任制和责任追究制，完善了医患沟通制度和投诉处理制度。配合医院相关处室，落实以医生“四个排队”和医疗机构“八个排队”为主要内容的22项医疗监管核心制度，规范诊疗服务行为。对连续用药排队等前10名的人员执行定期集体告诫谈话制度。对计划财务处新旧制度衔接进行审计，出具了内部审计报告；对基建处以资金为主线，以风险为基础，进行内部控制制度、经济合同、财务收支的审计，出具了内部审计报告。依据与白银市人民政府签订的托管协议，在接管白银市中西医结合医院调研了解的实际运行资料的基础上，对白银市审计局“审计报告”中存在资产、债务、土地等存在异议之处进行多次核查，提出医院的审计工作建议。积极配合省审计厅审计组对医院门诊医技综合楼的两次审计工作。12月，召开社会监督员及病友座谈会。邀请省委原办公厅机关党委副书记陈德新、西北师范大学招生办副主任郭建东、中国移动兰州分公司客户部经理邹茂源3位特聘社会监督员，以及医院各病区部分病友参加座谈会，虚心听取他们对医院的医德医风、医疗质量、管理水平、服务质量、卫生环境等方面的宝贵意见和建议。开展患者满意度、医院职工对职能管理处室和临床医技科室的工作满意度调查，促进医院质控监督。医院2012年平均满意度为91.5%。

2013年6月20日，省卫生厅驻厅纪检组副组长吕玉兰、省卫生厅机关党委专职副书记任小东一行来院督查贯彻落实中央“八项规定”和省委“双十条规定”以及卫生厅党组有关规定情况。印发《关于严禁公款购买印制寄送贺年卡等物品的通知》《关于开展会员卡专项清退活动的通知》，在全院党员干部中开展会员卡专项清退活动，制订并下发《医院公务接待和行政事务工作厉行勤俭节约实施细则》《医院公务接待用餐规定》。全年随访患者20599人次，满意率为95.03%。与各临床科室主任签订抗菌药物专项治理责任状，使抗菌药物治理责任到人。全年举办3次抗菌药物点评大会，及抗生素的合理应用讲座，以期指导临床用药。每月将用药前10名的医生在全院护士长以上干部会上通报，连续3个月排名前三的医生进行诫勉谈话。参与医院重大经济事项的监督，建设工程、药品、耗材、设备采购招标后均签订“廉政协议”。认真梳理信访举报线索，做到信访投诉件件办理，反映的问题协同相关处室调查核实，对确属违反医院规章制度的予以警示谈话、不良计分等处罚。内部审计工作从监督型向服务型转变，充分体现审计监督和提供咨询等服务的职能作用，并注意在实施中结合医院实际注重实效。

【廉政建设】2011年，充分发挥医院中心组定期学习制度的作用，传达学习党的理论和路线方针政策，《廉政准则》提出的“八个禁止”和“52个不准”要求，《刑法修正案（六）》和最高人民法院、最高人民检察院的司法解释等法律法规，以及杨善洲同志、王万青同志勤政廉洁先进典型事迹等。把开展“三好一满意”活动作为医院开展“创先争优”活动的实践载体，把医院党风廉政建设和行风建设工作融入医院事业发展的总体布局。组织职工开展《员工手册》培训、在门诊走廊、候诊区、中药房候药区、住院病区摆放、悬挂体现医院文化理念、警示名句、中医药题材的宣传画、标语、宣传栏，以廉政文化建设作为医院党风、行风建设的实践平台，增强教育的针对性和有效性，确立廉政从业的理念追求，全面提升全院职工的思想境界和职业行为素质。医院党政主要领导与省卫生厅签订了《2011年甘肃省卫生厅直属单位党风廉政建设责任书》。根据2011年党风廉政建设责任要求，将医院2011年党风廉政建设任务进行分解，并责任到人。1月，组织副科级以上干部和重点科室、重点岗位人员观看由最高人民检察院举办的“全国检察机关惩治和预防渎职侵权犯罪展览”。每月护士长以上干部会上组织观看警示教育片，开展党的纪律教育。认真贯彻执行中央《建立健全惩治和预防腐败体系2008—2012年工作规划》和省委的《实施办法》以及省卫生厅党组的《实施方案》，严格执行重点岗位管理干部定期轮岗制度。对医院领导班子成员分管工作进行交流调整，对计划财务处、审计处、设备管理处、信息科重点岗位负责人以及设备处管理、招标采购科、药学部会计进行轮岗交流。对门诊医技综合楼、住宅楼及车库基本建设工程，严格按照规程组织招标和施工。编制工程简报，介绍工程进度、工程承建单位等信息情况，并设专栏张贴，以公开透明的方式主动接受监督。在医院工程招标环节主动接受七里河区人民检察院职务预防犯罪科的监督。主动向厅监察室申请跟踪审计单位，对工程实施全过程跟踪审计。与中标承建单位签订工程廉政协议。医院药品、耗材的采购均须通过医院药事管理委员会和医用设备及卫生材料招标小组审定。设备采购须经医疗设备管理委员会、通用设备物资管理委员会论证，提交院长办公会议审定后，按照招投标管理法规实施招标程序，并与中标单位签订采购廉政协议。修订完善医院内部审计工作实施办法、中层领导干部任中经济责任审计实施办法、干部任期经济责任审计实施办法、预算执行和财务决算审计实施办法、专项资金绩效审计暂行办法、内部控制审计实施办法、委托社会审计机构审计项目的管理办法等制度。特别是对医院维修改造项目决算审计中，对审减率超过规定比率的，其审计费用由施工单位承担，并由医院计划财务处从施工单位工程款中扣交等16项内部审计工作制度的修订。医院严禁设立“小金库”。医院重大事项和万元以上资金使用须通过院长办公会议。为保证医院内部管理有效、资产安全、会计数据准确等，医院审计处制订了2011年内部控制测试框架，以全过程系统检查了计划财务处、设备管理处、检验科的内控制度、工作流程，并就此提出评价意见和建议。按照医院审计工作规定，配合省卫生厅委托的中天恒会计事务所完成李盛华院长2008年4月—2010年12月任中经济责任审计，中研院2008—2010年财务收支审计。对提出的问题，形成《关于对李盛华院长定期任中经济责任审计报告涉及有关问题的整改意见》，并监督医院相关部门完成整改。全年累计128人次，拒收“红包”121800.00元。年终，就医院贯彻实施《廉政准则》工作情况做了专题汇报。

2012年，按照《党章》《党员领导干部廉洁从政若干准则》《关于领导干部报告个人事项的规定》和中央政治局会议通过的“八项规定”等党纪条规，充分利用医院定期干部会议及组织观看警示教育片等形式，强化党纪党规教育、权力观教育，反腐倡廉形势教育和职业道德教育，严格执行《廉政准则》提出的“八个禁止”和“52个不准”。结合医院开展创先争优活动、“三好一满意”活动、效能风暴活动、联村联户活动、“雷锋在我身边”活动，将党风廉政建设和行业作风建设任务分解至各位医院领导及各处（科）室，明确责任并落实到人，进一步强化医院的党风廉政建设和行业作风建设，不断提高党员干部服务社会、服务群众的主动性和自觉性。纪委参与医院重大经济活动的监督，严格杜绝“小金库”现象，从管理机制上强化纪律约束。杜绝收受回扣、索要和收受“红包”，医技科室人员拒收红包250800元。成立廉政风险防控工作领导小组及办公室，制定和印发了医院廉政风险防控工作实施方案，将开展廉政风险防范机制建设作列为一项重要任务，列入党政领导班子议事日程，并与行政、业务工作紧密结合。

2013年5月9日，邀请兰州市七里河区检察院职务犯罪预防科万青平科长，对医院护士长以上干部进行了职务犯罪预防知识讲座。5月30日下午，医院组织观看《老百姓是天》廉政教育影片。利用医院党委中心组学习和护士长以上干部会议等，传达学习第十八届中央纪委第二次全会、省纪委第十二届二次全会精神和党的十八届三中全会精神，贯彻落实中央和省委关于改进工作作风，密切联系群众的各项规定，卫生部的“九不准”，卫生厅的实施细则，坚决执行关于严禁公款购买印制寄送贺年卡等物品的规定，在全院党员干部中开展会员卡专项清退活动，出台了《医院公务接待和行政事务工作厉行勤俭节约实施细则》《医院公务接待用餐规定》。严格执行《党风廉政建设任务责任书》，逐级分解任务，责任到人，定期组织考核，并纳入年终干部考核。严格执行药品、医用耗材集中采购规定，建设工程、药品、耗材、设备采购招标后均签订“廉政协议”。完成医院廉政风险防控工作《制度汇编》《风险等级及流程图》的编制工作，其中制度137个，风险等级238个，流程图236个。杜绝回扣和索要、收受“红包”，医技科室人员拒收红包91900.00元。

【机关作风建设】2011年医院以开展民主评议行风工作为主线，以开展“三好一满意”活动为实践载体，按照“谁主管谁负责”，“管行业必须管行风”的总要求，把医院行风建设工作融入医院事业发展的总体布局中，在为医院事业的发展提供纪律、作风保障的同时，使医院各项工作相互配套，相互促进，协调发展。医院按要求开展民主评议行风工作，5月召开民主评议行风工作动员大会，按照《2011年甘肃省民主评议政风行风工作指导意见》和《2011年甘肃省卫生系统民主评议医疗机构行风工作实施方案》的要求，成立了以李盛华院长为组长、党委书记妥建福为副组长的医院民主评议行风工作领导小组，下设民主评议行风工作办公室，明确分解民主评议行风工作责任，有计划、有步骤地组织开展民主评议行风工作。纪委牵头组织制定了《甘肃省中医院2011年民主评议行风工作实施方案》，并具体组织实施。编制“动员部署阶段”学习资料专集、编辑医院民主评议行风工作简报12期。印刷万份院报赠送给住院病人以及所有来就诊的门诊患者。7月，召开行风建设工作患者座谈会，广泛听取并征求住院患者及家属的意见，结合“三好一满意”活动以及行风建设工作，找出差距，更好地为患者服务；是月，召开2011年民主评议行风第二阶段工作总结暨第三阶段工作安排会议，对第二阶段查找出的44条问题和建议进行了分类梳理和原因分析，将针对梳理出的问题和建议制定整改方案。8月，省卫生系统民主评议行风工作代表进驻医院，组织召开了行风工作汇报会。10月，全省卫生系统医疗机构行风评议大会在医院举行，完成了医院《2011年民主评议行风工作自查情况报告》。做好民主评议行风工作的同时，医院组织开展了“三好一满意”活动。根据《卫生部关于在全国医疗卫生系统开展“三好一满意”活动的通知》精神和省卫生厅关于全省医疗卫生系统开展“三好一满意”活动的要求，围绕让广大人民群众满意这个目标，结合医院创先争优活动，医院印发了《甘肃省中医院开展“三好一满意”活动2011年实施方案》，成立了以李盛华院长为组长、党委书记妥建福为副组长的医院“三好一满意”活动领导小组，下设“三好一满意”活动办公室，纪委牵头负责实施。医院及时召开“三好一满意”活动专题工作会议和开展“三好一满意”活动动员大会，传达学习了国家卫生部、省卫生厅关于开展“三好一满意”活动工作的要求，安排部署医院“三好一满意”活动工作，将“三好一满意”活动各阶段做了详细分工，做到了任务明确，责任到人，为促进医院“三好一满意”活动工作提供强有力的保障。编辑“三好一满意”活动简报12期，通过制作固定宣传专栏、悬挂宣传横幅及公共媒体大力宣传“三好一满意”活动，营造医院开展专项工作的活动氛围，积极主动接受社会公众和全院职工的监督。结合医院实际，利用各种形式加强学习和教育，把培养高尚的职业道德与提高业务水平放在同样的位置，赢得患者和社会的信任，使医德医风建设不断提高。向全院印发学习资料4期，在全体医务人员中组织开展“如何做一名好医生”大讨论，组织职工阅读《好医生的标准》《当看病成为温暖的享受——我在美国的一次就医经历》《吴阶平：毕生诠释“好医生”》《医魂——记人民医学家吴孟超》等文章，并开展讨论和交流。强化“合理用药、合理检查、合理治疗”工作规范培训，教育医护人员转变医疗服务观念，树立良好的医德规范。严格执行“4个排队”和“8个排队”，通过以医德医风、服务质量等为主要内容的考核体系，确保医院以优良的工作和服务，达到群众满意。认真贯彻执行卫生系统执业活动“八要八杜绝”及监督惩戒办法，建立健全教育、制度、监督并重的惩治和预防体系，充分利用群众举报等有效线索手段，尤其是对重点科室人员重点监管，促进医院服务行为的规范和良好行业风气的形成。严格执行医院领导每月行政查房和业务查房制度、医务人员不良执业行为积分管理暂行办法（试行）和医务人员医德考评与职工年终考核挂钩制度，以及医院医疗纠纷（事故）管理办法和出院患者随访制度。建立患者维权站，引进第三方调节机制。以创建优质护理服务示范病房为载体，进一步细化基础护理标准、危重病人护理标准，加大护理人员培训、考核力度，落实“三查七对”，提高患者满意度。加强中医药特色内涵建设，拓展中医药服务诊疗手段，中医特色服务成效显著，更多地满足了广大人民群众的医疗需求，医院社会效益稳步提高。积极创造条件，改善医院环境，为患者服务。医院拓展服务功能，将治未病中心、健康咨询科、城关区陇上名医馆、省委门诊部由保健处统一管理，修建医院特色门诊、门诊输液大厅等，运行以来患者及社会反映较好，为就诊病人和医务人员提供了较为舒适的治疗环境及工作环境。创建无烟医院努力营造无烟就医环境，年内荣获中华中医药学会表彰的全国“先进无烟中医医院”奖。

2012年医院持续抓行风建设，将行业作风建设任务分解至各位医院领导及各处（科）室，明确责任并落实到人。结合民主评议机关作风和政风行风工作，按照全省效能风暴行动工作要求和卫生厅安排，医院成立效能风暴行动领导小组和办公室，在效能风暴行动领导小组的领导下，配合评议工顺利开展。民主评议机关作风和政风行风工作8月开始，12月评议总结。医院设立民主评议机关作风和政风行风活动专栏和宣传简报，对工作的总体要求、范围内容、方法步骤和工作措施做了充分宣传动员，还从社会各界人士中聘请10名效能风暴监督员（民评代表）。采取明察暗访、走访服务对象等方式，围绕医院机关作风和政风行风建设情况开展工作。医院召开座谈会、问卷调查、情况通报会等，广泛听取干部职工、兄弟各单位和广大患者的意见和建议，查找工作作风和政风行风建设方面存在的问题和不足，并对照评议内容和要求进行自查自纠。按照省民评办的要求，组织召开评议质询会议，接受省民评代表的质询。针对评议中发现的问题，制定整改方案，强化整改措施，认真整改落实，形成了整改落实报告。年终，配合省民评办组织召开民主评议政风行风公开测评大会、效能建设网上问卷调查等工作。围绕医院“一个中心”（全面提高医疗质量），“两个重点”（管理和综合能力）的工作要求，制定了《抗菌药物分级管理制度》，修订了《甘肃省中医院关于规范医疗行为与医疗纠纷（事故）处置管理办法》，严格落实《甘肃省医务人员医德考评制度实施办法》和不良记录积分管理办法，落实临床用药点评制度，落实医疗质量与安全的责任制和责任追究制，完善了医患沟通制度和投诉处理制度。持续开展“三好一满意”活动，向省卫生厅报送活动开展的阶段性总结，印制“三好一满意”活动简报5期，“雷锋在我身边”系列报道17期。结合实际制定了医院改进工作作风、密切联系群众的规定。

2013年医院切实开展行业作风建设活动，不断提升医院行风建设水平。加强学习，为行风建设提供理论依据。充分利用医院党委中心组学习和护士长以上干部会议等，传达学习第十八届中央纪委第二次全会和省纪委第十二届二次全会精神，传达学习党的十八届三中全会精神，把全院干部的思想和行动统一到三中全会的精神上来，严明政治纪律、组织纪律、工作纪律，强化组织意识和纪律观念，切实改进工作作风，提高管理能力和医疗、科研、教学水平，有效地推进医院反腐倡廉工作机制的建设，保障医院各项工作有序实施。医院党政领导严格执行《行风建设工作任务责任书》，逐级分解任务，责任到人，定期组织考核，并纳入年终干部考核。根据中央、省委及省卫生厅党组要求，医院制定《甘肃省中医院关于改进工作作风密切联系群众的实施细则》《医院关于改进工作作风密切联系群众的九项规定》《甘肃省中医院关于厉行勤俭节约反对铺张浪费的通知》，从领导班子做起，推行院长行政查房制度，院领导定期到分管处（科）室调研，研究解决突出问题、难点问题。行政职能管理处室负责人深入临床医技科室了解管理层面的基本情况，及时发现问题，解决问题。医院领导亲自协调、接待群众来信来访，深入分管处室、临床医技科室，主动了解职工群众工作、生活情况，听取意见建议，回应期待和解决难题。切实严格控制外出开会，医院班子成员外出开会、参加活动，须向班子主要领导报告；各处室、科室负责人外出开会、参加活动，必须报分管医院领导审批，在人事处备案。班子成员率先转变工作作风，密切联系群众，真抓实干、求真务实，带动全院职工科学有序地做好各项工作，推进医院事业发展。根据省卫生厅要求，制定《甘肃省中医院2013年“三好一满意”活动实施方案》，开展“以病人为中心，以发挥中医药特色优势，提高中医临床疗效”为主题的活动。为提高行政职能干部素养，3月份医院开设新闻宣传通讯员培训班。6月份开展甘肃省中医院2013年行政干部写作“师带徒”学习活动。通过学习，切实提高了行政干部新闻写作的能力和水平，从根本上实现宣传和文件精简，提高了工作的效率。

【效能风暴】“效能风暴”行动作为省十二次党代会确立的“十大”任务之一，对甘肃省的发展，对省卫生事业的发展，对医院的发展有着积极、重大、深远的现实意义。为深入贯彻落实省委、省政府关于加强机关效能建设的具体要求和文件精神按照省卫生厅统一部署，结合医院实际，2012年全院范围内开展了效能风暴行动。通过活动的开展，医院进一步转变作风，提高工作效率，全面提升医院服务水平，取得了良好的社会效益。首先，医院高度重视，加强领导，切实保证活动的全面开展。7月12日，医院召开效能风暴行动动员大会，制定印发实施方案，成立领导小组。第二，强化学习，深化思想教育，切实提高干部素质 。医院把抓好干部的政治思想教育放在各项工作的首位，8月2日，邀请南华大学医院管理研究所所长、广州景惠康信医院管理咨询公司首席专家陈亚光教授，就有关《绩效工资分配面临的挑战和对策》进行了详细的讲述。8月3—4日，邀请清华大学教授陈秋铎教授做了题为《团队执行力训练》的讲座；湖北中医药大学管理学院院长黄明安教授做了《中医医院建设与发展理念研究》专题讲座。8月16日，邀请省卫生厅人事处处长金中杰做了《人文主义与人文管理》专题讲座。举办的3次医院管理培训班，进一步巩固和提升医院前期“效能风暴”行动工作，提纲挈领式开展后续工作。第三，实践中见“效能”。结合民主评议行风工作，医院印发《甘肃省中医院效能风暴行动民主评议工作作风实施方案》，将效能风暴行动落到实处。9月28日，省效能督导组在督导医院效能风暴行动工作时，协调解决了影响医院门诊医技综合大楼建设用电瓶颈问题，充分发挥了效能风暴行动的“效能”作用，在医院干部职工中产生了良好反响，为效能风暴行动的持续开展赢得了广泛的群众基础。12月，医院召开社会监督员及病友座谈会，邀请省委原办公厅机关党委副书记陈德新、西北师范大学招生办副主任郭建东、中国移动兰州分公司客户部经理邹懋源3位特聘社会监督员以及医院各病区部分病友参加了座谈会。对大家提出的意见和建议，做了详细记录，并敦促相关责任部门及时解决。通过效能风暴行动的开展，医院进一步规范诊疗行为，严肃查处收受“红包”，增强服务意识，改善服务态度，畅通投诉渠道，及时处理纠纷，加强医德医风等，在省卫生厅暗访和专项检查中评价良好。

2013年，按照省卫生厅《关于严肃春节后工作纪律的紧急通知》（甘卫发〔2013〕5号）文件精神，医院效能风暴行动领导小组办公室联合院长办公室、党委办公室、人事处、医务处、护理部、质量控制处和监察科等部门负责人，分别于2月19日下午和20日上午对全院工作人员到岗情况进行了抽查，对个别科室存在着不在岗、脱岗、串岗和随意性外出的情况按照有关管理规定进行处罚。

【廉政风险防控】2012年，按照省卫生厅要求，为进一步推进医院反腐倡廉建设，强化权力运行监督制约和廉洁风险防控能力，有效预防腐败行为发生，促进医院医疗卫生事业健康发展，医院开展了廉政风险防控工作。第一，领导重视，健全组织。为切实抓好医院廉政风险防控工作，根据省卫生厅的安排部署，7月12日医院召开廉政风险防控工作动员大会，认真学习关于廉政风险防控工作的重要文件和领导的重要讲话精神，动员全院干部职工积极行动起来，提高思想认识，转变工作作风，创新发展服务意识，以制约和监督权力运行为核心，以岗位风险防控为基础，以加强制度建设为重点，构建权责清晰、流程规范、风险明确、措施有力、制度管用、预警及时的廉政风险防控机制，为推动我省卫生事业科学发展提供有效服务和有力保证。为加强医院党风廉政建设，切实抓好廉政风险防范机制建设，医院成立了以院长李盛华为组长，以党委副书记孙援朝、纪委书记卫晓雯为副组长的廉政风险防控工作领导小组，领导小组下设办公室。制定和印发了医院廉政风险防控工作实施方案，明确了开展廉政风险防控工作的实施意义、实施范围，方案还明确了各级组织机构的工作职责，开展活动的工作原则、工作目标、工作安排和具体措施要求。医院将开展廉政风险防范机制建设作为一项重要任务，列入党政领导班子议事日程，并与行政、业务工作紧密结合。第二，大力宣传，营造氛围。廉政风险点查找是一项崭新的工作，工作要求高、涉及面广、时间紧、任务重。在工作中，医院紧密结合实际，切实加强宣传教育，提高全院干部职工的思想认识，形成工作合力。一是认真学习关于开展廉政风险防控的实施意见及要求，深刻领会开展廉政风险点查找和防控工作的重大意义。二是立足实际营造浓厚的工作氛围。在召开全院动员大会充分动员的基础上，大力开展宣传教育活动。三是坚持把宣传教育与解决干部的思想问题相结合，开展了深入细致的宣传教育工作，把开展廉政风险点查找作为促进工作的一项重要举措。集中开展廉政风险防范工作权力风险评估分析问卷调查活动，参与干部职工146人，回收有效问卷份数为122份，回收率为84%。第三，严格程序，认真查找，全面梳理，制定措施。在工作中，在岗位风险点中，以班子成员为重点，以重点科室的廉政风险点为主。结合工作实际，按照全面开展、突出重点、扎实推进、务求实效的总体要求，围绕规范各种权力运行，使廉政风险防控机制建设工作融入到医院管理工作中。对医院各项工作可能出现的廉政风险进行了全面及时的排查和梳理，制定了一系列可行措施，对医院日常行政管理、招标采购、基建工程、财务管理、医疗质量等工作进行了细化管控，切实提高了干部职工抵御风险的能力，较大程度地转变了干部职工工作作风，为推动各项工作的科学发展提供了有力保障。年内，初步完成医院各项规章制度的汇编、工作流程的梳理及防控软件的设计等，迎接省卫生厅纪检组组长段巍一行对医院廉政风险防控工作的督查。

2013年，医院把廉政风险防控工作放到更加突出的位置，严格按照卫生厅的要求，把建立廉政风险防控的着眼点放在医院的规范管理上，放在医院的长期建设和发展上，放在促进干部职工的教育和保护上。结合医院实际，强化教育，完善制度，规范行为，细化流程，加强防控，用制度规范和约束廉政风险行为，用科技手段做好防控软件的开发与应用，汇编了甘肃省中医院廉政风险防控制度和权力流程图，将制度执行、约束监管和权力风险等级进行细致分解，达到一事一流程一制度的信息透明化运作目的。安装医院风险防控软件，将国家各级相关法律法规、学习资料、先进典型、三重一大事项、办事流程、院务公开、满意度测评和患者医疗信息查询系统等内容分模块置于网页之中。建立医院综合运营管理平台，增强对人、财、物各项综合资源的计划、使用、协调、控制、评价和激励等方面的管理，规范医院各处室管理流程，解决医院目前在管理上存在的弊端和问题。医院审计处依据制度要求，对医院和省中医药研究院新旧制度衔接进行审计确认；加强基本建设全过程跟踪审计。监督保证把好基建合同审计关，工程决算审计关和财务决算审计关，实现投资领域的全面审计。

【违纪违规处理】2011年对过度医疗严重违规者进行处罚，1名医生被停止处方权1个月；根据《甘肃省中医院医师不良执业行为积分管理暂行办法（试行）》，全年对115人次进行了不良记录扣分，其中5人被停止处方权1～3个月。

依据《党章》第三十八条、第三十九条，《中国共产党纪律处分条例》第三十条、第三十三条规定，经2012年1月5日院党委会审议，对医院职工程烜予以开除党籍处分（2010年4月6日，程烜因涉嫌受贿被拘留，同年4月16日被依法逮捕。经兰州市七里河区人民法院初审判决和兰州市中级人民法院终审裁定，被告人程烜犯受贿罪判有期徒刑5年，刑期自2010年4月6日—2015年4月5日）。

2013年1月5日，经院长办公室讨论通过了《甘肃省中医院关于工作人员违规违纪处罚管理办法》（中医办发〔2013〕1号）。

（撰稿　罗克龙　白淑然）

参政议政

Political Participation

在做好日常医疗服务工作的同时，医院还通过推荐和选举各级人大代表、政协委员来及时反映社情民意，关注社会热点问题和民生问题，积极参政议政。

2011—2013年人大代表名录

（按任职先后排序）

姓　名	性别	届别及名称	任期	备注
安建福	男	甘肃省第十一届人大代表	2007—2011.7	
李兴勇	男	甘肃省第十一届人大代表	2007—2012	
李盛华	男	兰州市七里河区第十六届人大代表	2007—2012	
安建福	男	甘肃省第十一届人大常委	2008.01—2011.7	
李兴勇	男	白银市第七届人大代表	2009	
李盛华	男	兰州市第十五届人大代表	2011.10至今	
		兰州市七里河区第十七届人大代表	2012年至今	

2011—2013年政协委员名录

（按任职先后排序）

姓　名	性别	届别及名称	任期	备注
孙其斌	男	政协兰州市七里河区第七届委员会委员	2007—2012	
廖志峰	男	政协甘肃省第十届委员会委员	2008—2013	

（撰稿　罗克龙　白淑然）

民主党派活动

Democratic Party Activities

中国国民党革命委员会在院基层党员活动

截至2013年，民革党员发展到7人，具体参与民革省委第六党支部（由甘肃省医疗卫生界党员组成，主委由甘肃省妇幼保健院ICU主任刘晓丽担任）活动，具体为组织学习民革相关政策，赴临夏开展巡诊义诊，积极参与社会募捐，发动党员捐资、捐物。2013年岷县地震灾害发生后，组织医疗队开展义诊帮扶及灾后心理辅导。

中国民主同盟在院基层支部活动

2012年9月11日，民盟甘肃省委组织部部长周洁民、民盟甘肃省委组织部副调研员乔冬梅来医院调研民盟基层组织建设情况。医院党委副书记孙援朝简要介绍了医院统战工作，特别是民主党派建设情况，双方就民盟基层组织建设情况进行了座谈，就成立民盟甘肃省中医院支部委员会具体事宜充分交换了意见。10月18日，中国民主同盟甘肃省中医院支部召开成立大会，民盟甘肃省委秘书长、参政议政部部长杨枝良、民盟甘肃省委组织部部长周洁民、甘肃省中医院党委副书记孙援朝、甘肃省中医院纪委书记卫晓雯、甘肃省中医药研究院党委书记赵国杰等及两院全体民盟成员出席成立大会。大会选举谢兴文、袁仁智、李晓东等三位同志为民盟甘肃省中医院支部委员会成员，谢兴文同志为主任委员。截至2013年，甘肃省中医院民盟盟员发展到20人，其中博士6人，硕士7人，本科及以下6人。

中国民主促进会在院基层党员活动

截至2013年，医院有中国民主促进会党员1人，具体参与中国民主促进会省委支部（主委由毛玉良担任）活动。

中国农工民主党在院基层支部活动

2011年5月6日，医院农工党支部组织医院内、外、儿、针灸、超声影像等方面的专家13人，前往白银市妇幼保健医院社区门诊开展义诊活动。2011年11月26日，召开农工党甘肃省中医院支部换届大会。会议选举谢圆、刘志汉、朱小忠为新一届支部委员会委员，张彦彩同志为新一届支部委员会主任委员，盛丽、原睿为支部委员会副主任委员。年内，医院农工党支部赴定西调研，深入了解了我省中医药发展的现状，向农工党省委会提交了调研报告。积极履行参政议政、民主监督义务，副主任委员、农工党省委会委员盛丽主任医师作为甘肃省监察厅特邀监察员，参加了2011年甘肃省监察厅组织的《政风行风热线》直播节目4次，参加2011年甘肃省监察厅信访接待1次。截至2013年，医院有农工民主党党员29人。

九三学社在院基层党员活动

截至2013年，医院有九三学社社员4人，具体参与九三学社兰州大学第二附属医院委员会（主委由兰州大学第二附属医院泌尿外科医院副院长钟甘平主任担任），年内开展妇女联谊，年末联欢会等。

（撰稿　罗克龙　白淑然）

行政工作

Administrative Work

院长办公室

【公文处理与机要工作】2011年2月，医院内设职能机构调整，经省机构编制委员会办公室批复、省卫生厅核定，内设院长办公室等副处级建制22个，院务部等18个原内设职能机构撤销。3月4日，根据省卫生厅《关于核定省人民医院省中医院内设机构的通知》（甘卫党发〔2010〕103号）文件精神，自即日起，启用院长办公室、人事处、医务处、护理部、门诊部、特色医疗管理处、公共卫生与医院感染管理处、科研处、计划财务处、审计处、经济管理处、质量控制处、对外协作处、宣传处、医疗保险处、保健处、职业病防治管理处、设备管理处、基建处、后勤管理处等20个部门印章，原院务部、人力资源部、医务部、护理部、门诊部、公共卫生科、医院感染管理科、科研科、财务部、审计科、经营管理科、招标采购部、对外联络部、信息科、医疗保险办公室、医疗设备科、基建部、总务部印章同时废止。从2011年5月份起，每月新增“职能处室工作协调会”，专门协调解决、督办落实一些久拖未办、相互推诿的问题。加强会议管理。出台了《甘肃省中医院会议考勤管理办法》，加大会议考勤管理。对OA系统模块进行改进。为全院临床医技和部分职能部门配置电脑。要求正式职工以实名注册个人账号，临聘人员以科室公用账号登录，加大OA在全院的推广使用。全年起草和准备领导讲话稿41篇，计8万余字，完成各种汇报材料和综合材料20余篇，计5万余字。2012年审核制发各类上行文和医院指令性文件220余份，工作方案、工作总结、会议材料、讲话和事务性通知等60余篇。全年共收到上级来文450余份，分别呈送相关领导阅处，送相关部门落实。2012年2月16日，因医院工作需要，刻制并启用“甘肃省中医院白银分院”印章。5月，徐柏林主持院长办公室工作，厉红霞调离，原明明具体负责机要管理工作。2013年医院精简各类会议活动，规范文件简报，切实改进文风、会风。全年办公室审核发出各类上行文和医院指令性文件250余份，起草、发布各类领导讲话、通知、汇报材料等100余篇。全年共收到上级来文500余份，分别呈送相关领导阅处，送相关部门处理。将每周1次院长办公会议、每月2次全院护士长以上干部会议规范化，严格会议考勤制度，对无故缺勤干部通过绩效考核进行处罚。组织开展医院行政干部文字写作，首批“师带徒”学习活动确定5名带教老师和39名学员，院长办公室负责带教和学习考核工作。严格控制公务接待标准，全年会议接待总量相比去年有所减少。坚持每月安排医院月行政工作计划、行政总值班、行政查房和节日放假通知等。9月，为了加强医院移动电话费使用管理，控制医院运行成本，制定了《关于印发医院护士长以上干部移动电话话费补助暂行办法的通知》，对护士长以上干部移动电话话费补助标准进行了调整，将电话话费补助发放至个人，医院不再统一缴费。完成两院组织机构代码证、法人证、单位执业许可证审核换证工作。新刻制启用甘肃省中医院公章（铜质），原甘肃省中医院公章（原子章）停用。

【信访工作】2011年，为及时化解医患矛盾，改进工作，取消了定期的“院长接待日”工作，改为及时接待患者，接受社会监督。2012年院长信箱共收到和承办各类投诉和表扬信件39件。2013年为贯彻落实中共中央政治局、甘肃省委和省卫生厅党组关于改进工作作风、密切联系群众的相关规定，医院推出改进工作作风、密切联系群众的九项规定，院长信箱共收到和承办各类投诉和表扬信件20余件。

【总体规划】2011年4月，组织行政职能部门副科级以上干部赴白银讨论医院长远规划和绩效分配方案。2012年5月，医院中长期规划编委会在榆中召开专门会议，对规划草案讨论修改。2013年，医院中长期规划制订印发。

【社会监督与民主评议】2011年，配合医院纪委做好省纠风办民主评议医院行风工作，组织召开患者代表座谈会、职工代表座谈会、社会监督员座谈会以及2011年全省卫生系统医疗机构行风评议大会。会上，民评组对医院民主评议行风工作做了评议，对一些突出问题进行了质询，医院及时制定整改方案，对存在的问题逐一进行落实，限时整改。

【档案管理】2011年2月，经院长办公会议研究决定，对医院安全与保密工作领导小组进行调整，李盛华任组长，妥建福任副组长，成员有冯守文等，日常工作由院长办公室负责。12月再次调整，李盛华任组长，谢又生任副组长，成员有马忠祥等，日常工作由院长办公室负责。2012年完成文书档案、科研档案的收集、整理工作，整理科研档案15卷、文书档案645件，清理销毁档案253件。完成各部门档案借、查、阅工作，配合医院院庆工作为相关部门提供了大量档案史料。2013年完成医院综合档案的装订和电子录入工作。完成医院各种文字材料的印刷和装订工作。10月，将档案室库房从停车场车库搬迁至E座附楼一楼（体检中心原址），购置档案密集架9组，完成档案库房的整理工作。

【主要会议】2011年，牵头完成医院管理年活动的检查工作。协助省中医药管理局完成了在兰州举办的国家中医药管理局办公室主任会议的接待工作。利用双休日时间配合党办组织全院职工赴冶力关分批消暑度假。配合人事处组织厅管副处级干部工作汇报会。配合省中研院在敦煌举办中华中医药学会编辑出版分会年会。组织专家赴渭源县开展扶贫济困和义诊工作。举办院志年鉴知识讲座。完成医院中医文化节系列活动的组织、协调、会务接待等工作；完成国家、省市和医院的各类检查评比、学术活动、专题会议和参观学习等接待40余次。2012年，组织召开医院首届中医集团发展论坛，召开社会监督员座谈会，完成“三甲”复审、重点学科评审等专项检查接待工作，组织“生命之光——改变你的思维”医院创新管理训练营，协助相关部门完成各种会议接待20余次。2013年，组织医院护士长以上干部参加“预防职务犯罪知识”专题讲座，组织完成医院建院60周年职能管理部门学术论文交流会，编印《甘肃省中医院建院60周年职能管理部门论文集》，协同其他职能部门举办医院建院60周年系列活动，协助相关部门完成各种会议接待10余次。

【作息时间调整】依据兰州市政府相关文件精神在“十二五”期间，兰州市将通过错峰上下班、限时限速通行等方式来缓解市内交通拥堵问题。在保证医院正常医疗工作的前提下，经医院院长办公会议研究，医院作息时间由上午8：00—12：00，下午14：30—17：30，调整为上午8：00—12：00，下午14：00—17：00。于2011年2月14日起执行。

【行政值班管理】2013年9月，行政总值班室由原实习生公寓1楼搬至B座2楼，行政总值班电话及传真号码：2687068。2013年11月11日起，根据甘肃省卫生厅《关于切实加强医疗机构监管的通知》（甘卫医管函〔2012〕500号）文件要求，在医院领导二线值班的基础上，制定院领导值周制度，实行院领导周值班轮流制，主要负责对各岗位工作人员的到岗情况、履职情况和环境卫生进行综合检查；参与突发公共卫生事件及危重病人的抢救，协调现场有关抢救和医患关系沟通事宜；对值周期间发生的医疗安全、管理等问题，现场不能解决的与分管院领导协调处理；对值周期间发现的医务人员不良执业行为，按医院有关规定严肃处理。值周院长每天记录值班日志，每周一上午8时交接班；行政总值班及各部门均服从值周院长指挥。

【汽车班及公务用车管理】2011年5月，汽车班由后勤管理处划归院长办公室管理，苏官优担任班长。6月，医院印发《省中医院公务用车问题专项治理工作实施方案》（中医办发〔2011〕72号）文件，成立医院公务用车问题专项治理工作领导小组，李盛华、卫晓雯任组长，成员有张德宏、赵永强、杨继红、徐霞、徐柏林，具体工作由计划财务处负责，按照中央规定和《甘肃省机关事业单位公务用车编制管理实施办法》和《甘肃省机关事业单位公务用车配备使用管理实施办法》，对医院和甘肃省中医药研究院公务用车重点对工作要求落实情况、编制核定和配备标准情况、登记自查情况、纠正处理情况等进行全面细致检查，通过了省卫生厅的专项检查。通过专项治理工作，对医院和甘肃省中医药研究院公务用车重点建立和落实编制管理制度、购置审批制度、经费预算管理制度、日常管理制度等起到了积极促进作用。2013年9月，经过民主选举，由谢振军担任班长。3年来，院长办公室重视对汽车班的日常管理，加强沟通交流，改善服务态度，注重车辆清洁，强调行车安全，未发生重大交通事故，保证了医院公务用车。截至12月，有驾驶员12名；车辆17台。

2011—2013年医院新增车辆一览表

序号	车 型	牌 照	购置时间
1	金杯9座面包	甘A·41444	2011.03.01
2	别克小型轿车	甘A·25666	2011.03.18
3	丰田越野轿车	甘A·AX163	2011.11.21
4	奔驰11座面包	甘A·E8637	2013.04.26
5	五十铃小型皮卡车	甘A·JZ830	2013.04.26
6	别克商务轿车	甘A·E2803	2013.07.30
7	奔驰11座面包	甘A·23466	2013.07.30

应急办

【应急办与应急工作】2011年，张德宏兼任应急办主任。6月，赵永强、安富德兼任院长办公室应急办副主任。2012年5月，赵永强兼任院长办公室应急办主任，徐柏林、安富德兼任副主任，张德宏不再任应急办主任。2012年医院获得省卫生系统应急演练比赛第三名，6名同志获得先进个人。医院被国家中医药管理局授予“应急先进集体”荣誉称号，1名同志获“全国中医药应急先进个人”荣誉称号。2013年4月，医院召开突发公共卫生事件应急（救灾）工作专项会议，传达了国务院对支援芦山灾区的四条规定及省卫生厅对当前应急救灾工作的要求，就多个省份发生人感染H7N9禽流感病例及四川省雅安市芦山县发生地震灾情等突发事件形势进行通报，会议对做好医院应急工作提出要求，并对应急救灾演练、救援队伍24小时值守以及应急药品、车辆等物资的准备工作做出具体安排。4月27日，应急办联合医务处、院长办公室及后勤管理处组织开展应急救灾演练。7月底至8月中旬，在省卫生厅统一部署下，医院完成“7·22岷县、漳县地震”医疗应急救援任务。

院史办

【院史办与院志年鉴编辑工作】2011年，由院长办公室具体负责，开始甘肃省中医院年鉴（2008—2010）的编辑工作，李盛华任主编，张德宏任副主编；罗克龙、徐柏林、徐霞、张丽平、张景华、杨丽萍、原明明、李亮、田雁、裴学军具体负责或先后参与编辑工作。2012年5月，医院启动甘肃省中医院院志（2000—2010）编纂工作。医院成立甘肃省中医院院志（2000—2010）编纂委员会，李盛华任编委会主任、主编；谢又生、孙援朝、马忠祥、舒劲、李兴勇、赵继荣、卫晓雯、邱连利任编委会副主任、副主编；张德宏等任编委会委员；冯守文、罗克龙、张德宏、裴学军任主审；罗克龙、徐柏林、裴学军、乔莉、徐霞、张丽平、周琪、杨丽萍、原明明、马永鹏、张敏、乔静、田军、王晓蓉具体负责或先后参与编纂工作；院长办公室具体承担编纂工作的组织协调，裴学军任常务副主编。在院长办公室下设院史办公室，裴学军任院史办副主任。2013年1月，甘肃省中医院年鉴（2008—2010）由兰州大学出版社出版；12月，甘肃省中医院院志（2000—2010）由兰州大学出版社出版。完成《甘肃年鉴》医院2012年入鉴内容约13000字的编写工作，按期上报甘肃省地方志办公室。完成《甘肃省志·卫生志（1986—2010）》征求意见稿“甘肃省中医院及甘肃省中医药研究院”相关内容的修改和资料补充，撰写7000字书面意见，经院长审定后呈报省卫生厅编志办。完成《甘肃卫生行政与卫生大事记》“甘肃省中医院及甘肃省中医药研究院”相关内容的编写，经院长审定后呈报省卫生厅编志办。

项目办

【项目申报与获批】2012年5月，医院在院长办公室下设项目办公室，田军任项目办副主任。8月，胡雅杰兼任项目办主任。2012年根据国家中医药管理局《关于开展重点中医医院建设项目执行情况评估工作的通知》的文件精神，认真分析总结门诊医技综合楼建设项目执行情况，重点检查建设项目专项资金的投入使用情况，通过项目建设分析重点医院建设项目产生效果和效益，查找重点中医医院建设项目存在的问题并对“十二五”中医药事业发展提出合理化建议，完成医院《地市级以上中医医院建设项目情况调查表》内容填报。依据财政部《关于印发基本建设贷款中央财政贴息资金管理办法的通知》，向省卫生厅申报基本建设贴息贷款。2013年，申请国家中医药管理局第六期“慈善医疗济困行动”项目设备13台（件），争取项目资金175万元；申报入列国家中医药管理局2013年中医药预防保健及康复与服务能力建设项目，争取项目资金200万元；协助脾胃病科、药学部、护理部申报国家临床重点专科（中医类），争取项目资金350万元。向省发改委申报康复保健楼列建当年全省重大建设项目获批，争取项目资金700万元，同时继续申报康复保健综合楼项目建设资金补助；申报医院中药制剂研发工程中心项目；申报科研制剂中心项目列建2014年度省重大项目。向省财政厅申报争取中医诊疗设备购置经费200万元；申报甘肃省中医药研究院科研条件建设、“名中医工作室”建设及医院智能信息化建设项目。向省工信委申报我院陇药骨伤科条例药物科技创新项目获批。

伦理委员会

【组织机构与主要工作】医院伦理委员会成立于2008年12月。2011年2月经院长办公会议研究决定，对医院伦理委员会（领导小组）人员进行调整，妥建福任主任，李兴勇任副主任，冯守文等任委员，其中外请委员有医院法律顾问田国平、七里河区建兰路街道办事处主任郑小梅、七里河区建兰路街道王家堡社区书记吴心音、七里河区人民检察院反贪局局长胡相元、甘肃日报社记者宜秀萍；徐柏林任秘书。日常工作由院长办公室负责。2011年12月经院长办公会议研究决定，对医院伦理委员会组成人员进行了调整，谢又生任主任，赵继荣任副主任，谢兴文等任委员，其中外请委员有医院法律顾问田国平、七里河区建兰路街道吴西街社区书记吴心音，徐柏林任秘书，日常工作由院长办公室负责。2013年1月，朱琳由经济管理处（招标采购科）调入院长办公室伦理委员会，负责秘书工作。为准备迎接中医药临床研究伦理审查平台建设评估认证工作，医院加强伦理委员会构建，按照审查平台建设规范，先后制定了伦理委员会工作章程、审查项目会议会期制度、文件和项目资料管理制度、工作制度以及标准操作规程等。1月22日经院长办公会议研究决定，对医院伦理委员会组成人员进行了调整，赵继荣任主任，李勇、戴刚任副主任，谢兴文等任委员，其中外请委员有医院法律顾问田国平、七里河区建兰路街道吴西街社区书记吴心音，朱琳任秘书，日常工作由院长办公室负责。3月份派朱琳前往北京国际关系学院参加中医药临床研究伦理审查平台建设与评估培训，11月份邀请中国中医科学院胡镜清教授在医院做了题为“临床研究中受试者权益与安全的保护”的培训。全年送审、受理、审查各类项目28项。

2011—2013年院长办公室负责人

院务部

副主任（正科级，主持工作）张德宏 2009年5月任，2011年2月止

副主任（副科级）徐柏林 2009年6月任，2011年2月止

院长办公室

主　任（副处级）张德宏 2011年2月任

副主任（副科级）徐柏林 2011年2月任，2012年5月止

副主任（正科级，主持工作）徐柏林 2012年5月任

应急办

主　任 张德宏 2011年1月兼任，2012年5月止

　　　　赵永强 2012年5月兼任

副主任 赵永强 2011年6月兼任，2012年5月止

副主任 安富德 2011年6月兼任

副主任 徐柏林 2012年5月兼任

院史办

副主任（副科级）裴学军 2012年5月任

项目办

主　任 胡雅杰 2012年8月兼任

副主任（副科级）田　军 2012年5月任

（撰稿　裴学军）

人事处

【机构人事调配】2011年2月，根据省卫生厅党组《关于核定省人民医院省中医院内设机构的通知》（甘卫党发〔2010〕103号）精神，省机构编制委员会办公室批复医院内设副处级机构22个，经院长办公会研究决定，对医院内设职能机构进行了调整，至此，医院内设职能机构处级建制22个，内设职能科级建制8个，同时撤销了原院务部等18个内设职能机构。同月，根据医院内设机构变动，对临床医技科室进行了调整，医院共设临床医技科室57个。3月，对骨伤科临床医学中心科室名称及病床进行了调整，将风湿病科更名为风湿骨病科，病床由37张增至40张，骨伤科临床医学中心共设13个临床科室，1个骨伤病研究所，病床达405张。5月，对10个院内机构进行了调整和名称变更，新增国有资产管理科，隶属于计划财务处。按照国家中医药管理局中医医院管理年活动要求，将肛肠（痔瘘）科更名为肛肠科，脾胃病（消化）科更名为脾胃病

科，心血管疾病防治中心更名为心病科，普外科更名为外一科，泌尿外科更名为外二科，神经外科更名为外三科，脑病（神经内）科更名为脑病科，内分泌（糖尿病）科更名为消渴病科，肺病（呼吸）科更名为肺病科，并配备了相关专业人员，进一步完善了医院临床建制，提高了医院学科建设水平，增进了医院医疗服务能力。6月，对部分内设机构隶属关系进行调整，治未病中心（体检中心、健康咨询科、治未病研究所）、城关门诊部（陇上名医馆）、甘肃省中医院省委门诊部（陇上名医馆）归属保健处管理。8月，设立患者维权站，隶属党委办公室。12月，在住院部3号楼2楼成立十九病区，设病床25张（眼科病床15张，耳鼻喉科病床5张，口腔颌面外科病床5张），将十四病区老年病科病床由33张增至45张，至此，医院实际开放病床由820张增至845张。经省编办批准，新增事业编制103个，医院事业编制总额达到960名（其中全额拨款事业编制800名，差额拨款事业编制160名）。全年共进行中层干部调整37人次，院内人员调配83人次，转正定级55人次。办理调动手续9人次，退休手续16人次，辞退手续2人次。2012年，根据医院实际工作需要，对医院、省中研院、白银分院的内设机构、临床医技科室进行调整。新成立院史办公室、项目办公室、离退休人员管理科、拆迁办、病案管理科、名医工作管理科；增设外周血管病介入科、骨伤病科、康复科、肝病科、感染疾病科、心功能检查科；撤销肿瘤及血管病介入科，将肿瘤血液病科分设为肿瘤科和血液科。对医院部分内设机构进行更名，关节骨科更名为关节骨一科，运动创伤科更名为关节骨二科，针灸科更名为针灸推拿科，制剂科更名为制剂中心，供应室更名为消毒供应中心，医疗纠纷调解科更名为医患关系调节科，心胸外科更名为外四科，麻醉手术科更名为麻醉科，消渴病科更名为内分泌科，心病科更名为心血管病科，超声心电检查科更名为超声医学影像科，风湿骨病科更名为痹病（风湿骨病）科；对省中研院部分内设机构进行更名，中医药科技信息研究所（中医药查新中心）更名为中医药科技信息研究所（期刊编辑部、中医药查新中心）。对医院及省中研院部分内设机构隶属关系进行调整，骨伤病科归属骨伤病研究所管理，中医康复治疗中心归属保健处管理。至此医院共有临床医技科室59个。经省卫生厅批复，医院新增病床350张，编制病床数达到1150张，骨伤科临床医学中心开设病床436张，医院实际开设病床967张。全年进行中层干部调整158人次，院内人员调配63人次。办理职工调动手续3人次，退休手续11人次，辞退手续1人次，辞职手续3人次。根据甘肃省委、省政府、省编办关于全省机关事业单位实行机构编制实名制管理工作要求，查阅核实医院、省中研院职工人事档案信息919份，上报两院在编职工编制实名制个人基本信息。2013年，随着医院新门诊楼的启用，经医院研究决定，对内设机构进行较大调整。新成立重点学（专）科管理办公室、房管科、患者服务部；增设骨肿瘤科、外五科（肿瘤外科）、脊柱微创骨科；针灸推拿科分设为针灸推拿一科、针灸推拿二科；脾胃病科分设为脾胃病一科、脾胃病二科；脑病科分设为脑病一科、脑病二科；重症医学科下设重症医学科一部、重症医学科二部；麻醉科下设麻醉科一部、麻醉科二部；急诊科更名为急救中心；脾胃病二科更名为脾胃病二科（肝病科）；外一科更名为外一科（普外）；外二科更名为外二科（泌尿）；外三科更名为外三科（神经）；外四科更名为外四科（心胸）；脾胃病二科（肝病科）更名为脾胃病二科、肝病科；消化内窥镜诊疗中心更名为内窥镜诊疗中心；小儿骨科更名为儿骨科；儿科更名为儿内科。至此，医院及省中研院共有内设机构132个。其中行政职能部门有副处级内设机构22个，临床医技科室65个；省中研院内设机构25个。对白银分院内设机构进行调整，新增团总支、招标采购科、东区内科、保健科4个行政职能机构；将公共卫生科和医院感染管理科合并为公共卫生与医院感染管理科。消化科调整为脾胃病科，呼吸科调整为肺病科，传染病诊疗中心调整为感染性疾病科，超声心电图检查科调整为超声检查科。至此，白银分院内设机构共55个，其中职能科室20个，临床科室29个，医技科室6个。经省编办批准医院新增编制30个，医院总编制增至990个；医院实际开设病床1248张。全年进行中层干部调整193人次，院内调配166人次。办理职工调动手续7人次，退休手续10人次，辞退手续3人次，辞职手续3人次。

【人才引进与人才培养工作】2011年，根据医院业务发展和人才梯队建设的需要，按照《甘肃省事业单位公开招聘人员暂行办法》（甘办发〔2011〕22号）规定，面向社会为医院及省中研院公开招聘工作人员76名（其中博士研究生10名，硕士研究生56名，本科生10名），引进高层次人才10名（副主任医师1名，其他9名）；全年硕士研究生学历人员占招收人员比例为67%。组织实施老中医药专家学术经验继承工作，组织完成第四批国家级师承教育中期督导组检查及年度考核工作；上报第五批省级师承教育指导老师27人，继承人59人，完成第五批省级师承教育出师考核。对医院及省中研院取得大专以上继续教育学历人员进行学历审核、验证、备案登记。5月，人才培养工作划归医务处管理。2012年，面向社会为医院及省中研院公开招聘工作人员46名（其中博士研究生4名，硕士研究生27名，本科生5名）；引进高层次人才3名（主任医师2名，副主任技师1名）。为白银分院公开招聘工作人员10名。2013年面向社会为医院及省中研院公开招聘工作人员21名（其中硕士研究生21名，本科生7名）；引进人才3名。为白银分院公开招聘工作人员5名。全年硕士研究生学历人员占招收人员比例为63.6%。完成2013年紧缺专业公开招聘人员和其他专业公开招考人员的资格审查、考试、面试等工作。

【干部竞聘上岗】2011年1月，根据省卫生厅厅直单位副处级干部竞争上岗工作要求，组织50人参加医院内设22个副处级岗位的公开竞聘，经过厅人事处资格审查有38人符合条件参加笔试，通过民主测评、竞聘演讲、组织考察等一系列程序，最终有21名德才兼备、群众认可的干部就任副处级管理岗位。2012年5月，医院及省中研院进行新一轮科级干部、护士长竞聘上岗工作。此次竞聘共有138职，其中科级岗位111职（职能部门科级岗位27职，临床医技科室科级岗位78职，中医药研究院科级岗位6职），护士长27职。经过资格审查、竞聘演讲、民主测评、组织考察、任职公示等环节，共有153名同志走上管理岗位。8月，组织部分副护士长岗位竞聘上岗工作，15名护理人员担任副护士长。2012年8月，组织承办中层领导干部培训班一期，特邀时任省卫生厅人事处处长金中杰做了题为“人文主义和人文管理”的培训。

【劳资工作】2011年度，为医院及省中研院1322名在职及离退休职工发放生日贺卡，为在职职工、编外用工造册发放年度一次性奖金及福利。完成省管干部8人次、医院职工730人次、省中研院职工42人次的薪级工资正常晋升核批、发放工作；完成2011年护龄津贴、知老补贴的正常调整、津补贴增资的补发与调整，并及时做好工资档案的登记造册工作。完成首次岗位设置后医院及省中研院岗位变动人员共129人次的工资审批与补发工作；及时完成医院及省中研院2011年新聘人员的岗位工资、薪级工资及各项福利待遇的审批与调整；组织完成2011年度工人技师职称考试（10人次）的网上报名、人事厅审核及缴费工作；开展编外用工（包括协议用工）劳务派遣工作及工资、养老保险、工伤保险、医疗保险、失业保险、生育保险的审核与发放工作；完成全院职工失业保险以及残疾人保障金年度调整审核及上缴工作。按时完成岗位设置竞聘20人次、晋升职务78人次、新进人员1人次、转正定级55人次、调入人员9人次的工资调整和审批手续。2012年完成省管干部9人次、医院职工767人次、省中研院职工43人次年薪级工资正常晋升核批、发放工作；完成2012年护龄津贴、知老补贴的正常调整、津补贴增资的补发与调整，并及时做好工资档案的登记造册工作。依据人事部门相关文件，完成医院及省中研院公开招考工作人员45人、转正定级57人、定科12人的岗位工资、薪级工资及各项福利待遇的审批与调整。根据有关政策，完成医院在编职工津补贴调整工作，每人每月增资300元，编外用工来院工作满一年者，每人每月增资100元，并从2012年1月起至当年10月，累计补发10个月。2013年完成省管干部9人次、医院职工898人次、省中研院职工42人次的年薪级工资正常晋升核批、发放工作；完成214人次岗位内晋级工资审批；完成103人次晋升职务工资审批；编制个人工资晋升审批表2532份。完成医院及省中研院公开招考工作人员23人、转正定级定科30人的工资审批及各项福利待遇的审批与调整；完成医院退休职工11人的退休费审批。根据甘肃省人事厅、省卫生厅安排，对2009年至2013年职工绩效工资总量进行核定。

【职称评聘与岗位设置工作】2011年度，医院专业技术高级职务推荐会推荐申报评审高级职务人员27名，其中正高正常晋升8名（其中护理正高级职务1名），副高级职务正常晋升12名、破格晋升3名、小转大1名（其中护理正常晋升6名、破格晋升1名），省中研院副高级职务正常晋升2名，上报1名副职申报高职人员审核。医院有20人最终通过评审省卫生厅2011年度卫生技术暨中医药专业高级职务任职资格评审会，其中正高级职务8名，副高级职务12名。全年办理医院及省中研院高、中、初级专业资格考试报名171人次，办理各类资格证书191余份。根据《甘肃省事业单位岗位设置管理实施意见》和《关于核定事业单位岗位总量和各类岗位数额有关问题的通知》文件精神，结合医院实际，制定医院及省中研院岗位设置方案并上报省人社厅。年内组织召开医院及省中研院岗位聘用会议2次，共有121名专业技术人员聘用到相应岗位，其中正高级职务12名、副高级职务30名、中级职务48名、初级职务30名；高级工1名。2012年6月，召开2012年高级职务推荐会，推荐申报评审高级职务人员35名。其中正高级职务正常晋升10名，副高级职务正常晋升10名，破格晋升职务4名；护理正高级职务正常晋升3名，护理副高级正常晋升3名，破格晋升职务1名；省中研院正高级职务正常晋升1名，副高级职务正常晋升2名。全年共办理高、中、初级专业资格考试报名118人次，办理各类资格证书50余份。组织召开医院及省中研院岗位聘用会议1次，聘用97名专业技术人员职务，其中正高级职务8名、副高级职务25名、中级职务43名、初级职务13名、管理七级岗位3名、管理九级岗位2名、二级岗位技师2名、中级工1名。协助省卫生厅职改办完成当年度卫生专业组中医内科一组、中医外科一组、中药组专业组答辩工作（参与评审人员合计126名）。完成2012年度工人技师、技术工人等级考试共6人的资格审核、网上报名工作。2013年，组织召开当年度高级职务推荐会，推荐申报评审高级职务人员25名。全年共办理医院及省中研院高、中、初级专业资格考试报名333人次，办理各类资格证书114份，各类岗位等级证93份。组织召开医院及省中研院岗位聘用会议2次，聘用352名专业技术人员职务，其中专业技术二级职务4名，三级职务13名，四级职务11名，五级职务18名，六级职务32名，七级职务27名，八级职务54名，九级职务77名，十级职务63名，十一级职务35名。院内聘任正高级职务2名，副高级职务2名，中级职务1名；技师3名，高级工7名。协助省卫生厅职改办完成了当年度卫生专业组中医内科一组、中医外科一组、中药组的专业组答辩工作（参与评审人员合计122名）。完成2013年度工人技师、技术工人等级考试共10人的资格审核、网上报名工作。

离退休人员管理科

【离退休工作】2011年2月，随着医院内设机构调整，离退休工作直接归属人事处，不再单设离退休人员管理科。8月，在银滩港樱桃苑举办医院及省中研院2011年度离退休职工联谊会，200余名离退休职工参加活动。依据相关政策，妥善处理1名退休老职工的退休改离休审批与上访问题。全年走访慰问离退休职工60余人次，走访探望住院离退休职工50余人次，给离退休人员送去医院党政领导的问候贺卡和生日礼物。协助处理去世退休职工丧事7起。2012年5月，医院再次设立离退休人员管理科，隶属人事处，厉红霞任副科长。7月，在安宁区都市春天生态园举办医院及省中研院2012年度离退休职工联谊会，200余名离退休职工参加活动。全年走访慰问老同志和探望住院老职工60余人次。2013年探望慰问离退休职工70余人次。协助处理去世退休职工丧事4起。

【人事档案工作】2011年整理医院及省中研院人事档案84份，其中新进人员79份，调入人员5份。归档医院及省中研院干部履历表、2010年度考核材料共2600余份；补充归档材料3800余份；更新医院及省中研院在职人员档案目录及副科以上在职人员电子档案6000余份；制作省管、厅管干部档案副本31份，按照干部管理权限移交11名处级干部档案材料，查阅档案200余份，借阅档案60余人次。2012年，归档医院及省中研院人事档案材料1000余份，补充任免材料230余份；协助有关部门查阅档案2000余人次；整理新进人员档案45卷，调入人员档案2卷。及时完成人事档案改版工作，将档案盒及档案材料从B5更换为A4，重新打印档案目录，共更换案卷1000余份，整理归档材料3000余份。2013年，归档医院及省中研院人事档案材料1266份；协助有关部门查阅档案1000余份；整理新进人员档案23份，调入人员档案3份。人事档案库房由人事处办公室搬迁至E座1楼西侧。

【编外用工管理工作】2011年建立以医学理论笔试、综合素质面试和实践技能考查为内容的多层次考核制度，招录编外用工97名，从一定程度提高了编外用工的综合素质。制作《事业单位岗位设置与编外人员管理情况调查问卷》，就编外用工问题在医院开展了调研，切实了解了各科室临时工用工情况；修订《编外用工管理办法》，加强编外用工管理力度，认真做好派遣员工、协议用工的工资、福利的发放和考核工作。全年共派遣员工258名、协议用工58名、陪护25名。2012年，医院护理岗位、临床医技岗位及行政管理岗位的所有符合条件的编外用工实行劳务派遣制度，对全院编外用工重新套改工资，建立编外用工信息库，建立个人档案501份。协调组织部分续签员工及249名新增员工与派遣公司签订劳动合同，为13名辞职人员办理手续。全年共派遣员工499名、协议用工2名。2013年编外用工信息库个人档案增至658份，协助办理174名新增员工签订劳动合同，为39名辞职人员办理手续。全年共派遣员工631名、返聘特聘专家13名。切实解决编外用工职称聘用矛盾，逐步向同工同酬过度。首次对编外用工实行了岗位聘用，对269名编外人员进行岗位定级，其中聘用专业技术职务十二级66名，聘用专业技术职务十三级203名。

2011—2013年人事处负责人

人力资源部

副主任（正科级） 郑慧 2005年10月任，2009年5月主持工作，2011年2月止

人事处

处长（副处级） 郑慧 2011年2月任

副处长（正科级） 乔莉 2011年2月任，2012年5月止

副主任（正科级） 乔莉 2012年5月任

离退休人员管理科

副科长（副科级） 厉红霞 2012年5月任

（撰稿 裴学军）

医务处

【医疗管理】2011年负责修订《甘肃省中医院目标责任制》临床部分的医疗质量责任部分，并根据该责任制重新修订对临床医技科室的考核指标。借助引进人才，对部分科室进行帮扶，恢复耳鼻喉科、口腔颌面外科住院部床位。血液净化中心于2011年5月开始接收病人，医务处协助科室组织海峡两岸肾病高峰论坛及肾友会多次。接受“医院管理年”检查。2012年接受省卫生厅年度床位补助以奖代补工作检查考核；接受省卫生监督所妇科母婴保健专项检查及卫生综合检查；接受省卫生厅医政处、省紧急医疗救援中心牵头的兰州市区“120”院前医疗急救分站现场评审及指导。2012年4月，医院分别在白银市成立甘肃省中医院白银分院，定西市通渭县成立甘肃省中医院通渭分院，在临夏市成立甘肃省中医院临夏分院，协调派业务骨干进驻帮扶。5月14日，协调组织急诊科积极收治9名细菌性急性胃肠炎患者。6月，接受国家中医药管理局等级医院评审，医院顺利通过评审。7月，组织选派急诊、ICU、心血管科医生参加心肺复苏及急救技能培训。10月，制定颁布甘肃省中医院防治新型冠状病毒患者及疑似患者应急预案。2013年继续向临夏分院、通渭分院提供人员和技术支持，派出安福、张慧、师宁宁、樊彩娥、尤从新等5人前往通渭分院开展为期4个月的医疗帮扶工作，派出申建军、王爱华前往临夏分院开展为期4个月的医疗帮扶工作。为省委门诊部、城关门诊部协调人选，协助开展正常医疗工作。医保病历审核工作划归医务处管理。7月起制定方案，实施骨科专业细化，9月召开了骨科专业细化专题会议，院长李盛华、副院长赵继荣参加，组织医院骨科系统、麻醉科副高以上人员及医院经营管理处、门诊部、收费科部门负责人会议，对2个月来的骨科细化实施工作情况进行通报，对骨科细化工作中的具体问题进行了充分讨论和总结，医务处根据情况对实施方案进行局部调整。举办中医标准化培训项目1项。全年开具并审核医学诊断证明书3000余份。

【医疗核心制度落实】抓好制度落实，重点抓好三级医师查房制度、危重病人抢救和管理制度、疑难病例讨论制度、术前讨论制度、手术审批制度、死亡病例讨论制度、新技术新业务准入制度、首诊负责制度。2011年，为每个临床科室发放疑难病例、死亡病例、三级医师查房登记本并不定期检查，主管副院长带领学术委员会中临床、医技等相关专业成员轮流开展三级医师大查房12次，组织院际会诊12次，院内会诊100余次。开展重大疑难手术上报制度和双风险评估制度。遇到重大抢救和重大手术时主管副院长亲临现场指挥，全力协调，保证质量，防止医疗事故发生。2012年，出台《非计划再次手术监测管理制度》，加强病历书写质量的检查，对病例中各项核心制度的落实严格要求，对不合格病历给予通报和处罚。2013年7月，邀请兰石化总医院李顺保教授讲授三级医师查房制度规范化实施方案的培训。

【医疗质量】2011年，注重临床医技科室的流程和环节管理的提高，着重加强重症医学科、手术室、急救中心和手术科室的临床管理，参加晨交班，组织疑难和危重患者的院内会诊，建立院级、医务处和临床科室三级质控体系，每周下临床科室一次对医疗质量进行检查。会同护理部、医保处、信息科等相关部门对临床科室病历进行抽检。医院按照省卫生厅要求，改变传统医疗事故处理模式，在全省率先加入医疗纠纷调解委员会，医疗事故的处理由院内走向院外，全院医务人员参加医疗责任保险，使医患双方利益得到最大限度的保护。在全院开始实行术前双评估及三方签字见证制度，每季度召开一次医疗质量、医疗安全分析会，邀请医疗调解委员会主任陈一戎进行医疗安全教育及医疗纠风防范专题讲座。11月起，严格执行重大、高龄手术术前会诊制度，实行医师手术权限审批备案制度，全面推行双风险评估，全年共计完成手术备案132人次，停止不适宜手术23台。为规范医疗行为，有效预防处置医疗纠纷，保护医患双方合法权益，维护正常的医疗秩序，在原《甘肃省中医院医疗纠纷（事故）管理办法》基础上，修订印发《甘肃省中医院关于规范医疗行为与医疗纠纷（事故）处置管理办法》。对医技科室，要求做到检查及时、操作规范、结果准确，提高报告质量，增加医技科室和临床科室之间的沟通，严格规定急诊和平诊检查报告出具时间，要求重视急诊绿色通道患者的检查，及时出具报告并做好登记。严格手术开台时间，合理规范接送手术患者流程，对准时开台的科室及个人予以表扬，延迟开台的进行全院通报批评，责令整改。配合省卫生监督所综合督察检查。组织召开副高以上骨科专业细化讨论会，讨论骨科专业更好更快发展的新思路。因院长职能分工调整，在内科系统分管副院长的主持下，由医务处组织12个内科科室负责人召开内科系统科室发展规划会议。2012年，加强用药规范化、合理化管理，增强医疗安全意识，加强“三基”训练，每季度组织召开一次医疗质量安全分析会，邀请省卫生厅及医调委相关领导参加，就医疗纠纷中存在的问题和不足展开讨论。为加强医院手术管理，制定《甘肃省中医院手术分级管理办法》。强化住院医师和主治医师的基础理论知识和技能操作培养。2013年，及时转发各项医疗管理制度，加强医疗质量管理，医务处每月轮流循环参加临床科室三级医师查房。联合护理部参加临床医技科室周一和周五晨交班，节假日前联合护理部着重查看科室危重、疑难患者的诊治，检查急救药品和值班人员的安排，确保节假日医疗活动的安全。不定期举行病例讨论，增强业务能力。实行危急值上报制度。分别举办内科、药学、外科、骨科系统学术交流会。组织举办全省首届中医正骨技能大赛和全省中医标准化培训项目，组织参加全省创伤缝合大赛、心肺复苏大赛、康复保健大赛。加强青年医生基础知识的训练，举行2次三基考试，对医务人员的临床理论知识水平和实际操作技能进行综合评定。

【四个排队】2009年开始，省卫生厅要求实施“四个排队”制度，2010年，又将“四个排队”制度纳入到床位补贴以奖代补工作中。2011—2013年，医院认真贯彻落实省卫生厅要求，在全院开展医师用药量、抗生素使用量、患者自费药使用量、青霉素占抗生素比例四个项目的排队，临床医师用药量按每个临床医生每月开具处方和医嘱所使用药品费用（或数量）计算，抗生素使用量按患者所使用抗生素总费用（或数量）占药品总费用（或数量）比例计算，抗生素中青霉素使用比例按青霉素总费用占抗生素总费用（或数量）比例计算，患者自费药品比例按自费药品占药品总费用（或数量）比例计算。按照省卫生厅床位补贴以奖代补工作中对“四个排队”制度的考核分值，加大监管力度。医务处联合信息科每月对四个排队数据进行梳理和排序，将用药前十名的医生在全院护士长以上干部会上通报，医师用药量、抗生素使用量、患者自费药使用量连续3个月排名前三的医生，由纪委组织进行诫勉谈话。

【新技术新业务评审】2011—2013年，医院每2年开展1次医疗新技术新业务评审，凡是2年来在国内外医学领域具有发展趋势的新项目（即通过新手段取得的新成果），本院尚未开展和尚未使用的临床医疗新手段，科室均可上报，最初申报2011—2012年175项新技术、新业务。经过医务处初筛，最终呈医院学术委员会评审、公示，确定：Ilizarov支架治疗先天性膝关节屈曲挛缩畸形及桡骨小头脱位、激光汽化配合臭氧治疗腰椎间盘突出症的临床研究、Toric散光人工晶体植入治疗高度近视散光、重度膝关节外翻畸形的人工旋转教练式关节假体置换术、第二跖骨头坏死行第二跖趾关节置换术、单孔腹腔镜的临床应用、单一外侧入路治疗Pilon粉碎性骨折（AOC2型）合并腓骨远端骨折、双介入治疗门静脉高压症（胃冠状V栓塞，PTO）、刻度尺法肢体全长等大数字X线摄影技术、先天性髋关节的超声诊断、伤科洁肤液新制剂研究、鼻内镜技术的临床应用、小儿面罩联合鼻咽通气道对于解决困难面罩通气的临床应用、类风湿性关节炎腕关节功能障碍的小针刀治疗术、椎间盘镜下钉棒系统复位固定治疗胸腰椎压缩骨折技术、胸腔镜技术的临床应用、右肩袖损伤、肩关节镜检、肩袖损伤缝合术、经皮椎间孔入路椎间孔镜腰椎间盘摘除术、Center Piece钢板内固定术治疗多阶段颈椎病、藏药材的DNA条形码鉴定技术等20项新技术、新业务，对于技术团队年终给予奖励。

【中医执业医师技能考试安排】2011—2013年，全省中医执业医师技能考试是由省中医药管理局委托至省中医药学会管理，省中医院和甘肃中医学院附属医院派考官监考。每年7月中旬，医务处组织派出28名主治医师以上职称（其中副主任医师以上职称占50%）执业医师，作为中医执业类别执业医师的技能考试考官，同时提供6套中医执业医师技能考试的设备和器械，包括听诊器、血压计、叩诊锤、吸氧和隔离设备等。考官分病例辩证考试、技能操作、临床病例辩证描述3站监考评分，考试时间为4天。

【执业医师注册管理】2011年，执业医师的注册管理由省卫生厅统一移交到省政府政务大厅省卫生厅窗口。医务处安排专人管理执业医师资格考试的报名审核、执业医师资格证书的发放、执业医师执业证书的注册、变更、补办、纠错以及军队转地方执业医师资格证书的变更。全院临床医生的执业证书统一由医务处按照科室分类保管，全院临床医生执业证号都以Excel表格形式保存，对执业证书的借出和归还严格登记管理。

【抗菌药物管理】2011年，根据

国家卫生部关于抗生素临床应用的要求和省卫生厅关于“四个排队”的相关要求，在全院组织1—5月份临床抗生素用药点评大会，部分药事委员会委员作为点评专家参加了会议。会同药学部梳理医院抗生素种类，组织“临床抗菌药物规范使用专题讲座”，组织医院“合理应用抗生素菌素”知识技能大赛。根据省卫生厅要求，结合医院实际情况，将抗生素药物品种控制在50种以内，规范医院抗菌药物使用。制订《抗生素分级管理办法》《手术术前用药规定》《抗生素用药指南》，联合药学部制订《抗菌药物分级管理制度》，要求全院医生学习掌握。举行抗菌药物合理应用技能考试。承办中华医学会《全科医师杂志》“抗菌药物合理应用专家全国巡讲”专场巡讲，就抗菌药物应用指征、常用抗菌药物作用特点与注意事项、特殊人群抗菌药物的合理应用、抗菌药物的不良反应、国内革兰氏阳性致病球菌的耐药现状及合理用药等进行宣讲。2013年，根据省卫生厅抗菌药物专项治理文件精神，经过认真梳理和评估，院长李盛华与各临床科室主任签订抗菌药物专项治理责任状，抗菌药物治理责任落实到人。联合公共卫生与医院感染管理处、药学部举办3次抗菌药物点评大会，药学部临床药师就抗生素举办合理应用讲座，以期指导临床用药。

【麻醉病历管理】医院加强麻醉药品管理，每年组织麻醉药品管理知识的培训，授权接受麻醉药品知识培训的主治医师以上医生开具麻醉药品，为门诊、住院恶性肿瘤患者办理麻醉药品病历正本和副本，办理需患者和代理人的身份证明和确诊疾病证明材料，正本由患者保存，副本由医院保存，每份病历均有编号，编号中包含有办理日期和顺序号，要求患者不再用病历本购买麻醉药品时要交回病历。2011—2013年分别办理麻醉病历数为109份，118份，137份。

【医务人员不良积分管理】严格执行《甘肃省中医院医师不良执业行为积分管理暂行办法（试行）》，每月在护士长以上干部会上通报不良执业积分的医生名单和明细，督促改进。2011年，进行不良记录扣分120人次，其中2人被停止处方权3个月。2012年，全年记录医师不良执业行为积分124人次。2013年，全年记录医师不良执业积分108人次。

【应急演练与医疗救援】2011年5月，为增强应急能力，提高救护质量，组织急救演练，模拟高处坠落伤、急腹症患者案例，对医护人员现场急救能力进行实地检验。当月，甘肃省天祝县发生恶性纵火案，派出3名外科、骨科专家组成医疗队，携带药品、设备、物资、自制药品第一时间赴现场参与救援；事后又专门对伤员进行手术后回访。7月，完成青海国际环湖自行车赛兰州赛段医疗保障任务，先后对40多名中外运动员及工作人员进行检查治疗。10月份，定西市兰渝铁路施工现场发生特大工程事故，组织骨科、胸外科、普外科专家携带医院自制药品第一时间赴现场救治。11月，庆阳市发生特大交通事故，第一时间组织由胸外科、神经外科、骨科等专业5名技术骨干组成医疗队参与救援。2012年5月10日，在定西岷县发生特大冰雹山洪泥石流之后，迅速组建起一支具有中医特色的4人医疗救援队伍，配备急救设备、10余种中医特色治疗器械及数万元的急救药品、中成药品、医院自制药品，赶赴灾区实施救援工作。8月27日，组织医疗应急队伍在渭源县参加全省“2012卫生应急演练”。10月，组织应急办、药学部、急诊科、肺病科等部门10余人参加省卫生厅组织的新型冠状病毒疫情防控应急演练，发放预防感染新型冠状病毒中药制剂。2013年，组织院内应急演练培训2次。7月，先后组织4批共34人的医疗队赴岷县、漳县地震灾区参与医疗救援，治疗伤病员15名。年内还先后完成环青海湖自行车赛、马拉松、兰治会等各类大型活动的医疗保障工作。

【医疗宣传与义诊】2011年，共组织14人次参加“世界糖尿病日”“爱耳日”的宣传活动。2012年5月8日，组织8人参加由省卫生厅、省红十字会举办的“5·8红十字博爱周”大型义诊宣传活动。7月、8月，分别组建巡回医疗队赴定西市陇西县碧岩镇、漳县县城，开展义诊及健康体检活动。2013年共组织115人次，参与红字会、蓝光行动、“三八”妇女节、爱耳日、双联义诊等各项活动。

【医疗数据统计与上报】每日完成当日门诊、住院患者人次和床位使用率的日报工作，并实时在OA上公布，每月完成全院医疗数据的统计，包括门诊人次、住院出院人次、并将数据上报至省卫生厅数据统计中心系统中。同时与计划财务处、经济管理处共享，为医院经济管理提供数据支持。安排病案首页数据录入人员2名，负责每月向国家中医药管理局上报所有住院患者的病案首页数据，用于国家中医药重点专科的数据监测和评估。每月按照省卫计委疾病谱数据模式上报门诊疾病谱数据和住院疾病谱数据，2013年上报门诊数据共292808人次，住院数据共26611人次。开展肿瘤新发患者上报工作，2011年向兰州市七里河区疾控中心上报肿瘤患者信息203人，2012年上报189人，2013年上报住院肿瘤患者信息162人，死亡患者信息123份。2012年启动全省中医药监测数据上报工作，建立了监测QQ群，规范管理，各地上报工作陆续展开。2013年继续加强全省中医药监测中心数据上报工作：上报单位涉及3区7县的基层卫生院、卫生室、社区卫生中心、社区服务站等1700家和全省各级中医医院59家。完成其他临时性医疗数据的统计上报。

【患者随访】2011年2月，医院内设机构调整，随访科撤销科级建制，工作隶属医务处管理，由2名工作人员按照规定模式的随访内容对所有出院2周内的患者进行电话随访，通过询问治疗效果、医疗服务、流程管理等方面的内容，计算患者满意率，对于不满意的内容耐心解释、记录，通过调查、反馈、解决后，再次与患者沟通解释。截至2011年11月，共随访出院患者16285人，随访率为100%，满意率为98%。2012年随访出院患者19452人次，满意率为95.58%。2013年随访患者20599人次，满意率为95.03%。2013年10月，随访工作划归新设立的患者服务部，1名随访人员调出。

【转科人员管理】3年均完成了对来院硕士、博士等转科人员的转科安排，硕士轮转1年，博士轮转半年，每个临床、医技科室轮转1个月，每个转科人员出科时必须书写一份科室优势病种的患者入院记录和首次病程记录，通过科室内实践学习，提高理论和技能水平，最终填写医务处编写的转科人员考核登记本，转科完成后参加人事处和医务处共同组织的定科考试，考核合格后依照专业方向定科。

【民政项目（22项重大疾病救治）】2011年，医院被省民政厅确定为“救助贫困家庭中患有先天性心脏病患者”定点医院，全年共检查地县患儿700余例，完成手术80余例。2012年，协同相关部门对省民政厅七种重大疾病救助项目（白内障、脑瘫、乳腺癌、宫颈癌、先心病、急性白血病、重度精神病等）报销程序进行规范。开展终末期肾病（血液净化中心），肝癌、胃癌（脾胃病、肝病科），脑瘫后遗症（小儿骨科），乳腺癌（心胸外科）的救助申报工作。2013年，参与省民政厅项目（22种特大重大疾病）医疗救助患者72人。

【人才管理与培养】2011年4月李盛华荣获卫生部有突出贡献专家称号。5月，人才培养工作由人事处划归医务处管理。根据省卫生厅、省人社厅《甘肃省名中医评选管理办法》（2011年修订版）和《关于开展第三批甘肃省名中医评选工作的通知》，积极组织，推荐人选，认真审核，上报材料，医院及省中研院石国璧、李盛华、李妍怡、赵继荣、孙其斌、左进、张定华、田旭东、张洪涛、沈玉鹏、王海东等11名专家列入甘肃省名中医评选委员会第三批甘肃省名中医初选范围。聘用刘宝厚为首席主任医师。评选于己百等65名专家为甘肃省中医院名医药专家。10月，推荐甘肃省中医药研究院退休专家石国璧入选甘肃省海外人才百人计划。针对医院急诊力量薄弱的现状，通过和省急救中心积极联系，对医院年轻医生进行定期轮转培训。12月，组织医院各级人才新年座谈会。组织申报“甘肃现代十大名中医（已故）”2人。组织申报甘肃省中医世家5家。完成“陇原青年创新人才扶持计划”评估总结工作，收集汇总培养创新人才经验做法、典型人物案例和先进事迹材料。组织推荐王想福作为西部之光访问学者外出进修1年。2012年2月，李盛华等11名专家获得“甘肃省名中医”荣誉称号。9月，参加甘肃省领军人才成就回顾展布展工作。11月，配合甘肃省中医药管理局完成第五批师承教育中期考核。2012年11月赵继荣荣获卫生部有突出贡献中青年专家称号。2013年4—5月，完成2010—2012年度“334”人才总结考核。制定医院“345”人才评选管理办法，确定102人入选“345”人才，其中第一层次23人，第二层次30人，第三层次49人。6月，完成省领军人才2010—2013年周期考核。10月底，完成全国第五批国家级师承教育中期考核工作。10—11月，完成省级第五批中医药师承教育出师考核工作。按照医院相应规定，考核管理发放各类人才津贴。推荐张文贤作为西部之光访问学者外出进修1年。

【中青年学术年会】2011年12月组织召开“甘肃省中医院第十六届中青年学术年会”。收到交流稿件167篇，最终选出10篇优秀论文进行了大会交流。学术年会评出集体奖1名，一等奖1名，二等奖3名，三等奖6名，优秀论文奖10名。2012年12月，组织召开“甘肃省中医院第十七届中青年学术年会”。收到交流稿件201篇，最终选出10篇优秀论文进行了大会交流。学术年会评出集体奖1名，一等奖1名，二等奖3名，三等奖6名，优秀论文奖10名。2013年8—9月，为配合医院60周年院庆系列学术活动，医务处分别组织召开骨科系统、内科系统、外科系统、医技科室共4场学术论文交流会，共收集论文298篇，大会交流40篇。

【临床医师技能比赛】2011年，为促进医院“西医学中医，中医学经典”活动的大力推广，组织举办了全院中医经典名方背诵及应用大赛，要求45岁以下医生全部参加，分为笔试和操作两部分，考试内容参考《实用中医经典名方手册》。组织举办甘肃省中医院首届陇中中医正骨手法大赛，通过这种形式提高骨科专业技术人员的中医正骨技能水平，做好人才储备。组织开展全院医疗、药学、医技三基知识考试，督促基础业务知识的培训学习。2012年5月17日，组织选派3名选手参加了2012全省推拿技能大赛，荣获团体二等奖，其中2名选手获个人三等奖，1名获优胜奖。12月6日、7日，分别组织举办中医经典大赛和医院第二届中医正骨手法大赛。2013年，组织申报并举办全省首届中医正骨技能大赛和全省中医标准化培训项目，选派人员参加全省创伤缝合大赛、心肺复苏大赛、康复保健大赛，并取得了优异的成绩。加强青年医生基础知识的训练，积极组织临床医技科室开展岗位练兵，举行2次三基考试。

【师承教育管理】2010年10月，全省首批（省、市、县、乡、村）五级公立医疗卫生机构中医药师承教育工作开始。医院有王自立等27位名老中医药专家被省中医药管理局确定为指导老师，共指导带教学术继承人61名，其中安玉芬等48名继承人在院内遴选产生。2011年5月，师承教育管理工作由人事处移交医务处负责。12月，省中医药管理局组织专家对第四批国家级中医药师承教育工作学术继承工作进行结业考核，张竹君、王煜、王兰娣、杨瑞龙、王艳琴、杨永生、脱承德等8名继承人通过考核出师，另有1名同志因为身体健康原因中途退出跟师。

2012年5月，第五批全国老中医药专家学术经验继承工作开始，此次师承教育经费管理专款专用，三年周期中为每位指导教师及继承人拨付3万元专项经费，其中70%用于继承工作的教与学，20%用于理论学习和学术交流，10%用于继承工作的日常管理、检查考核、表彰奖励。医院有王自立、刘国安、廖志峰3位名老中医药专家被确定为国家级师承指导老师，柳树英、安玉芬、雷作汉、李正军、卢雨蓓、陈世旺被遴选为继承人，通过师徒之间签署带教协议，确定带教内容，自2012年8月开始，2015年8月结束，带教周期3年。带教期间，学术继承人安玉芬、卢雨蓓参加了由甘肃中医学院组织的中医师承硕士专业学位课程学习；李正军参加了由中国中医科学院组织的中医师承博士专业学位课程学习，均已圆满完成理论学习。

为了加强师承教育工作的教学管理，保证师承教育工作的顺利进行，制定了《甘肃省中医院老中医药专家学术经验继承工作管理办法》，明确职责，严格抓好执行。安排专人负责日常管理、检查考核。围绕师承教育，定期检查带教日志书写情况，督导带教老师认真批阅、修正学生的日志、临床医案、跟师笔记等。临床相关科室协助完成跟师带教临床工作。对继承人进行动态管理，严格考核管理流程，考核分为平时考核、阶段考核、结业考核。平时考核主要对继承人平时学习情况、跟师临床实践和独立临床实践进行考核，检查继承人《平时考核表》、月记、跟师日志书写情况；阶段考核主要是督促、检查继承教学工作的实施效果，每半年进行一次，严格按照《阶段考核表》规定的内容和要求，组织考核组逐项检查和考核，同时深入临床检查跟师及实践情况，人员通过跟师学习和工作，在整理、继承名老中医学术思想、临床经验和技术专长的基础上，做好发扬创新和推广应用名老中医学术经验。通过开展专题讲座和病案讨论，对疾病的病因、病机、诊断、治疗及预后等做好记录。甘肃省第五批省级中医药师承教育工作在医院开展期间，每位学生共完成导师临床医案总结100份，学习心得36篇，月记36篇，跟师笔记280篇以上，共发表学术论文75篇。2013年11月，甘肃省首批五级中医药师承教育工作进行出师考核。

【首批中医药传承博士后进站选拔】2012年10月，为发挥国家博士后制度在高层次中医药传承工作中的作用，提高中医药传承发展工作质量与水平，国家中医药管理局下发《关于开展全国中医药传承博士后工作的通知》（国中医药办人教函〔2012〕171号），启动全国中医药传承博士后工作。此项工作由国家中医药管理局主办，具体工作委托中国中医科学院博士后流动站组织实施。采用博士后在站传承研究名老中医药学术经验方式，按照国家博士后制度结合中医药传承工作特点开展，实行统一管理。传承博士后在站工作2年，传承合作导师的学术经验，挖掘合作导师的学术思想与学术成就，培养造就一批高层次中医药传承人才。2013年12月26日，由国家中医药管理局主办，中国中医科学院承办的首批全国中医药传承博士后进站启动会在北京召开。国家卫生计生委副主任、国家中医药管理局局长王国强出席会议并讲话。会议公布了国家中医药管理局在全国29个省（区、市）遴选出的首批133名传承博士后导师，其中甘肃省传承博士后合作导师确定为2名，分别为甘肃省中医院王自立教授，甘肃中医药大学宋贵杰教授；遴选134名博士后，甘肃省传承博士后均出自医院，分别为王自立教授传承马国珍博士，宋贵杰教授传承谢兴文博士。

医患关系协调科

【医患纠纷调解】2011年2月，刘庆龙任医疗纠纷调解科副科长。共接待各类医疗投诉72起，当年度发生医疗纠纷11起，解决医疗纠纷12起，同2010年相比减少7起。2011年总共赔付72万，其中赔付当年49万元，解决遗留赔付23万，同比2010年下降165万。2012年5月，医疗纠纷调解科更名为医患关系协调科，刘庆龙任科长。2012年，共受理各类投诉121起，处理医疗纠纷30起（遗留纠纷15起，新发纠纷15起）。全年共赔付349万元，其中2012年度以前发生的纠纷赔付总额189万余元，新发纠纷赔付159万余元。总计各类保险公司及单位赔付143万元，其中医疗责任保险为医院支付赔款额93万元，上海强生医疗器械有限公司支付赔款额5.5万元，通过司法途径追回中国人寿保险公司赔付金额45万元。对2007年以后医疗纠纷及赔偿金额进行统计和分析。2013年，接待投诉127起，其中当场协调解决67起，经调查后回复病人，得到谅解45起，法院审理中2起，经医调委调解处理完毕11起，未处理完毕3起。投诉率、事故发生率均比前三年有明显改善。全年处理医疗纠纷16起，赔付120.5万元。

病案管理科

【病案管理】2011年，因为出院患者增长，病历资料急剧增多，于4月份共整理搬迁2003年以前病历70361份。全年质控、归档病历20011份，病历复印8105份；抽查病历2510份，合格病历1987份，不合格523份，合格率为79.16%。2012年5月，医院成立病案管理科，隶属医务处管理，宫玉锁任病案管理科副科长。8—9月搬迁2007年以前近十年病历到兰雅小区，同时进行院内病历整理工作，暂时解决了医院病历无处存放的问题，与门诊部及信息科协调筹建门诊电子病历。制定并完善了《甘肃省中医院病历书写质控管理目标管理处罚办法》，在全院监督检查，每月抽查病历4次，并在OA办公系统通报。全年质控、归档病历24510份，病历复印9541份；抽查病历2689份，合格病历2159份，不合格530份，合格率为80.29%。2013年6月，宫玉锁不再任病案管理科副科长。加大对运行病历和归档病历的检查力度，在每天下科室查阅运行病历中医疗保险、合理用药等内容，每月至少2次抽查运行病历质量2次。全年质控、归档病历27156份，病历复印16025份；抽查病历2145份，合格病历1900份，不合格245份，合格率为88.57%。加大对不合格病历的处罚力度，对查阅的不合格病历书写者及所在科室主任进行通报批评和经济处罚，病历质量有了一定提高。

【重点学科建设】2011年8月，为促进医院业务发展，经过学术委员会专家评审，院长办公会议通过确定：肛肠科、消渴病科、针灸科、放射影像科为首批院内重点专科，形成院内、省内、国家三级重点科室梯队。2012年，医院及省中医药研究院“中医痹病学、中医血液病学、临床中药学、中医文化学”4个学科被国家中医药管理局确定为“十二五”中医药重点学科建设单位。至此，医院共有国家卫生部重点专科1个（中医骨伤科）；国家中医药管理局重点专科专病3个（中医骨伤科、脑病科、脾胃病科）；国家中医药管理局重点专科建设单位4个（老年病科、药学部、内分泌科、中医护理）；国家中医药管理局重点学科建设单位4个（中医痹病学、中医血液病学、临床中药学、中医文化学）。11月，国家中医药管理局“十一五”中医药重点学科建设中期检查组对医院中医骨伤科进行考核。12月，组织医院及白银分院各级重点专科、重点学科年度汇报及第二批院内重点专科的评审。2013年1月，医院成立重点学（专）科办公室，隶属于医务处，戴刚兼任主任。脾胃病科、中医护理被确定为国家临床重点专科，骨伤科被确定为国家重点专科医疗卫生人才培养基地，针灸科、内分泌科、中医药科技信息研究所被确定为甘肃省第五批中医药重点专科建设项目。骨伤科（掌骨骨折）、老年病科（老年不寐症和老年消渴病）3个病种入选国家中医药管理局全国临床路径和诊疗方案，医院成为牵头组长单位。开展学（专）科调研工作，建立学（专）科建设数据库进一步梳理和解决学专科建设中存在的问题。促进白银分院重点专科和医院总部一体化发展，对各级重点学专科进行调研，总结分析学专科建设成效、发展特色及存在的问题。利用专科视频平台，组织召开医院国家级重点专科视频会议10次；落实国家中医药管理局关于优势病种申报、临床路径和诊疗方案、疗效监测量表制定等试点工作。依照国家中医药管理局相关文件精神，在院内国家级重点专科及建设单位范围试行开展临床路径，截至2013年末，开展临床路径的科室有脑病科、老年病科、骨伤科、脾胃病科、内分泌科、肛肠（痔瘘）科；全院开展临床路径21个病种，收集病例919例。

2011—2013年医务处负责人

医务部

副主任（正科级，主持工作）杨宏武 2009年5月任，2011年2月止

医务处

处 长（副处级）赵永强 2011年2月任

副处长（正科级）邓 强 2011年2月23日任，2012年5月止

副处长（副科级）邓 强 2011年2月15日任，2011年2月23日止

副主任（副科级）史文宇 2012年5月任，2013年8月止

医疗纠纷调解科

副科长（副科级）刘庆龙 2011年2月任，2012年5月止

医患关系协调科

科 长（正科级）刘庆龙 2012年5月任

重点学（专）科办公室

主 任（正科级）戴刚 2013年1月兼任

病案管理科

副科长（副科级）宫玉锁 2012年5月任，2013年6月止

（撰稿 裴学军）

护理部

【中医护理管理（培训）】2011年，加强护理管理及考核工作。承办省级继续教育项目——中医护理基础理论及技能操作培训班。全年共有49人赴广东省中医院进修学习，举办学习汇报会3次。对新入院的护理人员

进行了十四项基础操作的集中培训和考核。每月对全院各病区进行护理质量考核。完善护理工作制度，督导执行护理核心制度。根据2011版《临床护理实践指南》，修订了医院五种疾病的中医护理常规。完成每月2次护理部主任跟随总值班护士长夜间查房工作。每月到病房督察各种评估表、卧床患者翻身时钟、翻身卡、腕带、各种提示牌的应用。不定期督导床头交接班，患者满意度得到明显提高。加强护士长总值班的督察，全年共解决疑难问题36个，技术指导20例；定期督查护理安全工作，重点加强节前安全检查，增强护理人员安全防范意识，杜绝事故隐患。定期召开护理案例分析会。组织完成每季度一次的三基理论及操作考试。手术室完成专科护士培训基地评审。制定实施了《甘肃省中医院护士执业不良记录与良好记录管理暂行办法（试行）》。

2012年，组织全院110余名护理人员进行为期两周的中医技术操作考试。考试内容包括头部按摩、拔罐、刮痧等，考试平均成绩90.12分。9月举办了新护士长培训班。11月组织安排新任护士长外出进修学习。开展“强化执行力建设”管理月活动，倡导护理质量英寸式攀升服务。活动内容包括邀请主管院长护理查房、召开护士长座谈会、举办护士及新招聘护理人员专项培训、举办质量讲座与案例分析讲座、开展护士长应急抢救能力现场观摩等。召开护理质量管理工作研讨会，共同探讨医院护理管理工作发展模式。完成等级医院复评护理部分工作。

2013年，成立护理考核小组。完成全院护理人员护理理论考核2次。不定期下临床对护理人员的应急操作能力进行摸底考核，对不合格人员进行集中培训。对新聘人员进行临床考核并对成绩不合格人员予以辞退。组织全院护士长参加“中医护理工作会议”。

【重点专科建设】2011年，积极申报国家中医药管理局“十二五”重点专科建设项目。成立糖尿病护理小组、伤口护理小组、静脉输液护理小组、中医特色护理小组等。定期或不定期组织开展业务学习，举办病友会、新技术新业务和专科操作培训等活动。制定了护理会诊制度，解决各专科护理疑难问题。

2012年，确立了专科小组工作目标，完善了小组成员工作职责。每月进行业务学习1次，每两月开展专题讲座1次。全年完成会诊40余次。

2013年5月，中医护理学通过国家中医药管理局审核成为国家临床重点专科。完善重点专科护理方案。作为胫腓骨骨折组长单位，协同其他9家协作组成员单位，共同完成了胫腓骨骨折中医护理方案的梳理与总结。作为膝痹病、小儿骨蚀、髌骨软化症的协作组成员单位，协助组长单位完成中医护理方案的制定。

【护理人员管理】2011年，整合现有人力资源，配备助理护士，充实护理队伍，保障示范病房护理岗位的人员配置，示范病房床位与护士之比达到1：0.4。制定基础护理服务人员岗位职责，助理护士职责，制作基础护理病人评估表、服务工作流程和服务工作量登记表。全年80人获得护士执业良好记录加分，8人被记录扣分。

2012年，加强临床工作，突出优质服务，分两批配备护理人员120人。公开竞聘聘任副护士长15名，制定新护士长培训课程。

2013年，全面修订印发护理工作制度、职责、考核标准。组织召开不良事件分析会，分析全年不良事件，提高护理人员风险防范意识。

【优质护理服务】2011年，总结了2010年“优质护理服务示范工程（136工程）”活动经验，根据卫生部和省卫生厅开展优质护理服务的目标要求，增加11个护理单元（五病区、六病区、七病区、九病区、十病区、十五病区、ICU、手术室、血透室、急诊科）开展优质护理服务，全院优质护理病房达到13个，占全院护理单元总数的62%。调整医院“优质护理服务示范工程”活动领导小组，制定了活动目标和优质护理服务小组职责。夯实基础护理，凸显细节服务。实行责任护士包干病人，负责患者的治疗、专科护理措施、健康宣教、基础护理等。优化排班模式。根据科室情况实行了以APN排班、大小夜班及按工作量为主要方式的弹性排班模式。提高护理人员人文素养。选派人员赴酒泉宾馆参加宾馆式服务培训2次。邀请专业人员开展《护士礼仪》培训3期。统一制作各种温馨提示卡、值班护士去向告知栏、健康宣教处方和预防压疮、防跌倒、防坠床等标识牌。制作专科疾病的食疗宣教单和个性化宣教提示卡。印制《护患沟通手册》。进一步规范基础护理操作技术。制定“三短六洁”标准，由护士长和责任组长定期检查。配备床旁基础护理车等基础护理用品。坚持做好患者满意度调查。每季度对病房、门诊护理工作满意度进行调查，发放《护理部服务质量满意度调查问卷》，对存在问题的科室提出反馈意见，限时出台整改措施。召开护理人员座谈会，探讨护理工作存在的问题，研究深化优质护理服务方案。注重优质护理服务理论学习。坚持晨会交班优质护理服务学习，在“三基”考试中加入优质护理服务内容。完成迎接省卫生厅“优质护理服务示范工程”检查工作。陪送、陪检服务、中医特色护理及人性化的细节服务成为全省优质护理服务活动的特色和亮点。

2012年，将优质护理服务在全院纵深推展。在三病区、八病区进行护士站前移试点，实施临床护士对患者整体护理责任制。扩充临床护理人员数量，使全院床护比达到1：0.4以上。以责任承包整体护理模式为主规范小组责任制护理，结合护士能力进行分层管理。根据病情轻重、护理难度和技术要求将患者分配给不同的责任护士，危重患者由年资高、能力强的护师负责，体现能级对应。举办优质护理展示活动。活动包括开展义诊，介绍和演示骨科设备的使用，开设骨科药膳超市，配备宣传展板，设置健康宣教报栏，举办中医护理操作体验与中医药知识猜谜语等。5月，迎接优质护理服务检查。2012年，医院荣获“甘肃省优质护理服务先进单位”荣誉称号；重症医学科荣获“甘肃省优质护理服务先进病房”称号；万迎霞、罗莉、李清花、陈雅玲被评为“甘肃省优质护理服务先进个人”。

2013年，全年招聘护理人员166人。护理满意度较去年有明显提高，满意率为98%。在全院范围推行护士站前移的工作模式。丰富了健康宣教内容。

【“5S”管理及品管圈】2011年，举办全院“5S”管理及品管圈知识普及培训2次。

2012年，邀请医院脾胃病科主任田旭东向全院护理人员讲解“5S”管理。

2013年，邀请田旭东对全院护理人员进行“5S”管理培训3次，邀请医院护理部副主任张丽平对全院护理人员进行品管圈培训1次。

【中医护理特色】2011年，医院成为“甘肃省中医护理培训基地”，开展了首期中医护理培训，培训省市护理人员近百名。制作了各项中医操作流程、评分标准，邀请专家进行集中培训、现场指导和考核。组织编写了《中医护理适宜技术指南》，将医院已开展成熟的26项常用中医护理技术操作规程及流程图收入指南。十八病区荣获“全国中医护理特色科室”。

2012年，为充分发挥中医药适宜技术在防治常见病、多发病中的优势，成立了以院长为组长、主管院长为副组长的中医药适宜技术推广使用领导小组，领导小组下设办公室、督导组、培训组和考核组。护理部下设质量控制小组和中医护理小组，指导全院中医护理特色工作开展。充分发挥中医护理培训基地的辐射与带动作用，利用西医学中医班开展中医护理里理论及技能的培训，举办培训班4期，培训省内各级护理人员600余人。在通渭县举办中医护理技能培训班3期。结合科室特点，积极开展中医护理服务项目。每个病区建立了3个中医优势病种中医护理常规。组织开展中医护理技术操作训练42次，培训护理人员57人；组织开展以拔火罐、艾灸、中药灌肠等为主的中医护理技能竞赛活动。开展中药足浴促进机能恢复，艾条灸、药熨治疗胃胀、肠梗阻，中药湿敷促进骨折愈合，穴位贴敷治疗腹泻，刮痧治疗呼吸系统疾病等特色护理项目。注重健康教育工作，突出中医食疗药膳作用。各护理单元责任护士根据季节气候、食物的性味和病证合理调配病人饮食。

2013年，完成中医护理技能操作视频拍摄，规范全院中医护理技能操作。根据病人实际情况，增加了耳穴压豆护理技术。

【护理技能培训】2011年，开展每月护理技能培训，并进行季度考核。开展艾灸、刮痧、拔火罐、开天门等中医适宜技术20余项。举办“5·12”国际护士节中医护理技能操作系列比赛。

2012年8月，举办国家级继续教育项目——中医护理技能培训班，培训学员400余人。全年组织护理人员学习、培训53人次。举办护士长应急模拟演练培训，24名护士长参与演练。举办护理质量讲座与案例分析，邀请田旭东为全院护理人员讲授质控体系建设。完成新入院护理人员为期4个月的基础知识及技能培训，内容包括医院文化、规章制度、护理文件书写及20余项中西医护理操作项目等。全年举行护士三基考试4次。制作输血小助手、抽血登记本、输血登记本等。邀请医院输血科陈进凡做输血安全讲座。举办护理不良事件分享专题会2次。

2013年7月，举办国家级“中医护理管理”培训班。4—7月，承办并完成省卫生厅三期“西学中”护理技能培训班的培训任务，培训省内护理人员200余人。全年组织护理人员业务学习10次。完成教学查房4次。完成ICU、CCU专科培训轮转20余人次。

【护理人员技能比赛】2011年，组织参加全省卫生行业护理岗位技能大赛和中医护理技能大赛，分别荣获集体二等奖和一等奖；张丽娟、湛静、杜丽梅、刘晓霞、张金花、马冰清获得个人一等奖，王颖获得优秀领队，张丽平获得指导老师一等奖。参加省卫生厅、省护理学会主办的优质护理服务演讲比赛，白蕾琪获得二等奖。开展医院首次护理新技术、管理新举措、护理小贴士评选活动，评选一等奖3名、二等奖6名、三等奖9名、优秀奖16名。唐锐、白会玲、郭云霞获得一等奖。

2012年，开展“护理实用技术创新奖”评选活动。

2013年，参加省卫生厅“2013年全省卫生行业宾馆式护理暨创新技能大赛”，医院护理团队获得团体二等奖，王颖获得优秀领队奖、张丽平获得优秀指导老师奖、张赟丽获得静脉留置针组一等奖、马冰清获得女病人留置导尿组三等奖、白蕾琪获得创新成果演示组三等奖。5月，医院被国家中管局评为“全国优质护理服务先进单位”。

【护理研究室（教学）】2011年，共接收、带教护理实习生191人，其中本科学生12人，大专学生29人，中专学生150人。接收全省进修护理人员31人。完成每月1次护理教学查房及业务查房，组织护理教学查房6次，业务学习4次。9人取得继续教育本科学历。王颖荣获“全国中医护理科研先进工作者”称号。

2012年，接收进修护士53名，接收张掖医专、省卫校、省中医学校等大中专院校实习生211名，完成岗前培训、临床带教的理论及操作考核等工作。

2013年，接收进修人员100余人，实习学生300余人。外出进修护理人员40余人。组织外出进修人员汇报会，共享新知识、新理论、新技术，提高医院护理技术水平。举办全院护理教学交流会，讨论临床科室护理教学管理模式。编辑并印制了《甘肃省中医院建院六十周年护理学术交流大会科研论文集》。护理部获评“建院60周年科技工作先进集体”。

【陪送、陪检、陪护】陪护中心开展陪送、陪检、陪护服务。2011年，陪护中心有陪检人员25人，开展无偿陪检、陪送服务工作，负责全院各护理单元急诊、日间取送药工作。有陪护人员50多人，面向院内外住院病人，开展“一对一”陪护服务。

2012年，取送标本9056例，取送药品13577次，陪检77015次。日间取送药服务业务转至原护理单元一至七病区。

2013年，陪护中心有陪检人员35人。病区日间送药服务业务取消。

【保洁服务】2011—2013年，医院与瑞达公司签订保洁合同，保洁区域实行划点、划片、划区、划楼管理，保洁人员实行定人、定岗、定位管理。

其中，2013年，A座保洁工作交后勤管理处负责管理。医院与亚太物业签订物业合同，负责医院A座保洁等工作。B、C、D、E座的保洁工作交护理部管理。医院与瑞达公司续签保洁合同，负责B、C、D、E座的保洁工作。

2011—2013年护理部负责人

护理部

主　任（正科级）　马郑萍　2009年6月任，2011年2月止

副主任（副科级）　张丽平　2009年6月任，2011年2月止

护理部

主　任（副处级）王　颖　2011年2月任

副主任（正科级）周毓萍　2012年5月任，2013年1月止

副主任（副科级）张晓岚　2011年6月任，2012年5月止

副主任（副科级）张丽平　2011年2月任

（撰稿　马永鹏）

门诊部

【门诊统计】2011年门诊挂号296767人次。发放患者满意度调查表600余份，满意率为98.5%。解决处理患者就诊问题130余件。门诊投诉42件，同比下降2.88%。

2012年1月，将隶属于保健处的甘肃省中医院城关门诊部（陇上名医馆）、甘肃省中医院省委门诊部（陇上名医馆）划归门诊部管理。3月，门诊护理部划归门诊部管理，门诊部挂号工作自3月1日起划归计划财务处收费科负责。全年门诊挂号329038人次，同比增长15.2%。发放患者满意度调查表600余份，满意率为98.1%。解决处理患者就诊问题112件。门诊投诉40件。省委门诊部挂号8973人次，城关门诊部挂号6546人次。

2013年7月15日，医院门诊医技综合楼全面投入使用。全年门诊挂号363383人次，同比增长8.9%。省委门诊部门诊挂号8487人次，城关门诊部门诊挂号6046人次。全年发放患者满意度调查表600余份，满意率为98.5%。解决处理患者就诊问题120件。门诊投诉20件，比去年下降50%。

【门诊管理】2011年，按照《甘肃省中医院质量控制考核办法》完成门诊各科室考核工作。门诊日志登记合格率为98%，门诊病历规范书写归档率为99.6%，门诊处方合格率为97%，检查申请单合格率为95.6%。门诊中药饮片占门诊处方总数比例为43.10%，门诊中药处方数占门诊处方总数比例为73.18%，门诊非药物中医技术治疗人次占门诊处方总数比例为13.61%。平均门诊诊次费用185.36元。加强门诊患者候诊管理。1—11月，各级医师挂号人次占总挂号人次比例，知名专家占5.76%，较去年同期增长4.73%；主任医师占14.66%，较去年同期增长8.27%；副主任医师占45.32%，较去年同期增长3.30%；主治医师占14.42%，较去年同期增

长6.50%；住院医师占6.70%，较去年同期降低40.02%。自12月1日起，门诊实行电子版门诊日志记录，纸质版日志记录一并取消。

2012年，完成门诊科室考核工作。门诊日志登记合格率为98%，门诊病历规范书写归档率为98.7%，门诊处方合格率为97%，检查申请单合格率为95%。门诊中药饮片占门诊处方总数比例为41.40%，门诊中药处方数占门诊处方总数比例为73.54 %，门诊非药物中医技术治疗人次占比为17.01%，平均门诊诊次费用208.75元。自2月13日起，对门诊医生开诊时间进行严格检查，对开诊时间每日在医院OA上公布。6月14日开始实行坐诊医生签到制。

2013年，完成门诊科室考核工作。门诊日志登记合格率为97%，门诊病历规范书写归档率为94%，检查申请单合格率为95%。门诊中药饮片占门诊处方总数比例为44.44%，门诊中药处方数占门诊处方总数比例为75.67 %，门诊非药物中医技术治疗人次占比为25.7%，平均门诊诊次费用231.78元。严格检查门诊医生开诊时间，在各楼层公示坐诊医生出诊信息，方便患者就诊。实行门诊楼层组长负责制，对门诊工作进行分层管理。加强导医培训工作，统一导医人员着装，每月评选导医服务之星，建立青年文明岗并挂牌公示，接受广大患者及医务人员的批评与监督。

【优化门诊流程】2011年，全面开展预约挂号服务工作。合理安排专家门诊时间，有效缓解了患者扎堆现象。开展网上预约、电话预约、现场预约等方式的预约挂号。1—11月，预约挂号17027人次，占门诊挂号总量的6.52%，较去年增长2.09%。制作就诊建卡信息单、预约挂号信息单、预约挂号及违约须知等。协助急诊科设计输液流程。协助口腔科进行内部整改。增设中草药取药窗口，缩短取药等候时间。重新设计门诊各种指示牌。在收费、挂号窗口增设隔离带，优化就医流程。坚持周一下午5:00例会制度，总结一周工作，解决存在的问题。

2012年，自3月1日起实行收费、挂号一体化管理，减少了病人排队现象。自6月1日起，实施骨科诊室周末及节假日轮流门诊制度。完成全年预约挂号工作，增设预约电话1部。全年预约挂号26059人次，占门诊挂号总量的8.66%，比去年增长32.82%。4月增设“便民服务台”，现场为患者提供咨询、开药及复查开单等服务。6月增设“患者接待处”。

2013年，门诊增加慢病、外四科、外五科、脊柱微创骨科、综合门诊等5个诊室。至此，医院门诊诊室达到44个。10月全面启用“叫号系统”。门诊总服务台增加预约电话1部，1—11月预约挂号2326人次，占门诊挂号总量的7.75%。设立门诊总服务台，开展现场预约，电话预约、现场咨询等服务，第一时间处理医患纠纷。制作温馨提示牌，绿化楼层环境，在儿内科诊疗区设置“儿童乐园”。加强环境卫生设施的监督管理。根据门诊诊室的调整，重新制定了患者就诊流程图、门诊楼层平面图、预约挂号流程图、挂号须知等。

【完善便民措施】2011年，实行便民号（2元），方便患者检查、取药。1—11月，便民挂号21516人次。购买医院自制药品免挂号费，1—11月免挂号2203人次。开展免费提供轮椅等便民服务。门诊大厅设置门诊信息、专家简介查询触摸屏，医保查询机。加强导医分诊工作。采用多媒体形式，定期对门诊部全体人员进行门诊导医礼仪等内容的培训。在呼吸科门诊增设“戒烟门诊”及咨询电话。

2012年，1—11月便民挂号30388人次，比去年同期增加5550人次，增长22.34%。根据门诊诊室的调整，重新制定了患者就诊流程图、门诊楼层平面图、预约患者挂号流程图、挂号须知等。5月，开始制作并发布“门诊简报”。

2013年1—11月，便民挂号37109人次，比去年增加5550人次，增长18.1%。免费为病人提供轮椅、一次性口杯及饮用水。门诊大厅增设ATM自助存取款机4台，安置计生用品提取机1台。在候诊区设立阅报栏，免费提供院报、科室诊疗资料等。配合开展全民健身运动，每天定时播放养生保健操“八段锦”，派专人领操。利用飞信、腾讯微博、新浪微博等信息网络平台，公布医院动态、医生出诊信息、通报科室工作检查情况、专科诊疗信息等。设立服务热线，公布各楼层导医组长电话。

【义诊活动】2011年9月，邀请李可中医药学术流派传承基地主任、广州南方医院古中医疑难杂病诊疗中心主任吕英教授来院坐诊。组织医院相关专家进行“消除疼痛，身心健康”为主题的大型义诊活动。11月举办诊治“颈、腰椎间盘疾病”大型义诊活动，接诊患者240人次。

2012年，组织开展大型门诊义诊、健康宣讲活动6次。1月，在省委门诊部和甘南路门诊部同时举办迎新年“医患携手、共赢健康”大型义诊、咨询活动。3月，门诊部与妇科联合举办“关爱女性健康、妇科疾病中医特色诊疗”大型义诊咨询活动。7月，针灸科、呼吸科、儿科、省委门诊部、甘南路门诊部共同举办“冬病夏治”义诊活动。7月，省委门诊部在省委礼堂举办干部保健系列讲座。8月，省委门诊部在省委机关礼堂举办“走进社区，走进机关”大型义诊、咨询活动，诊治患者300余人。10月，省委门诊部在大教梁社区举办“关爱老人”主题义诊活动，诊治患者200余人次。

2013年，举行各类义诊15场。1月，在省委门诊部和甘南路门诊部同时举办迎新年“医患携手、共赢健康”大型义诊、咨询活动。3月，门诊部与妇科联合举办“关爱女性健康、妇科疾病中医特色诊疗”大型义诊咨询活动。7月，省委门诊部在当地社区开展“冬病夏治”义诊活动。在省委礼堂举办甘肃省中医院省委门诊部干部保健系列讲座。8月，举办“甘肃省名中医大型义诊”活动，诊治患者800余人次。8月13日，门诊部首批爱心志愿者来院为行动不便、孤独无依患者提供挂号、取药、导诊等服务。10月，举办甘肃省中医院名中医迎国庆大型义诊活动，接诊患者300余人。重阳节举办“庆重阳，关爱老人”义诊活动，诊治患者200余人次。在省老干部活动中心举办“敬老爱老，关爱老人”大型义诊活动，诊治患者1000余人次。11月，举行甘肃省中医院硕士研究生志愿者服务队下社区出征仪式，拉开了医院“中医药服务进社区”大型公益活动的帷幕。全年志愿者服务队下社区5次，为56名社区居民进行健康指导和疾病的基础检查。举办“保护我们的未来，关注糖尿病”大型宣教义诊活动。前往甘肃省会宁县甘沟驿镇钟家岔村参加“双联”义诊活动。12月，与七里河卫生局联合参加“服务百姓健康行动”大型义诊和“中医药服务进社区”活动启动仪式。医院与各社区卫生服务中心建立分级医疗、双向转诊的长效运行机制，医院开设绿色通道，优先安排社区上转病人，及时下送医院康复患者至社区卫生服务机构。土门墩街道西津路社区、阿干镇社区卫生服务中心等12个医疗机构成为“甘肃省中医院专家医疗协作点”，“甘肃省中医院双向转诊协作单位”。在土门墩社区举办“服务百姓健康行动”大型义诊活动。

患者服务部

2013年9月30日，患者服务部成立，隶属门诊部。采取主动走访、电话接听、患者来访相结合的方式，开展患者访问工作。通过入院探视、人文关怀、发放亲情卡、介绍服务项目（代为患者联系住院床位、邮寄病历、联系周边宾馆及招待所）、出院患者电话随访及满意度调查等方式了解患者在就诊、住院过程中的困难和需求，并沟通协调相关部门解决患者需求。截至年底，共访问患者2023人。

2011—2013年门诊部负责人

门诊部

主　任（正科级）马真琴　2009年6月任，2011年2月止

副主任（副科级）张雪霞　2010年12月任，2011年2月止

门诊部

主　任（副处级）周　晟　2011年2月任

副主任（正科级）马郑萍　2011年2月任，2013年9月止

患者服务部

主　任（正科级）马郑萍　2013年9月任

（撰稿　马永鹏）

特色医疗管理处

【中医药适宜技术推广与实施】2011年，将针刺治疗技术和针刀治疗技术在全院推广使用。对中医特色突出、疗效显著，有较好开发潜力的诊疗项目，经专家论证，以新技术、新业务的方式进行年终奖励。创新服务内容和技术，建立规范的技术方案和服务流程，初步形成了中医预防保健服务技术体系。如肺病科开展“冬病夏治”中药内治、外治，治疗呼吸系统疾病；针灸科开展“冬病夏治”穴位贴覆治疗哮喘和支气管疾病以及各种风湿关节痛；风湿骨病科开展“蜡疗”技术；护理部在全院开展“刮痧”“拔火罐”“开天门”等中医预防保健护理技术。

2012年，开展陇中中医正骨手法、针刀技术、蜡疗技术等中医疗法技术。开展中医药适宜技术继续教育培训，向省内基层医疗机构推广应用。完成国家中医药管理局中医临床推广项目实用技术的视频培训。完成全国中医药适宜技术推广视频网络培训。根据国家政策要求指导医护人员开展中医特色诊疗。

2013年，组织临床科室医护人员学习全国中医药适宜技术推广视频培训课程30余次。引进中医药适宜新技术，如雷火灸疗法等。组织开展中医药适宜技术培训班10期，培训800余人次。受兰州市七里河区、安宁区卫生局委托，组织医院13名针灸推拿专业医师对其所属辖区的210余名基层医务人员进行31项省中医药适宜技术的培训。

【中医药基础知识与技术培训】2011年，整理了医院临床科室经典名方，编著出版了《实用中医经典名方手册》。

2013年，开展了为期10个月的“背方剂、认中药、定穴位”中医药基础知识活动，全院医护人员每周背熟2副方剂、认识2味中药、辨认2个穴位。设计、印发40套4万张中医药知识卡片。组织中药师、针灸医师为全院医护人员提供认中药、针灸取穴学习的指导和帮助。举行中医药基础知识考试3次。举办了甘肃省中医院首届中医药基础知识大赛。

【特色医疗管理】2011年，根据医院发展规划，制定发挥中医药特色优势的年度计划并逐步落实。制定了发挥中医药特色优势的鼓励和考核制度，鼓励门诊医师、临床科室使用中医中药治疗技术。经过积极协调和努力，省卫生厅批准医院20个院内特色制剂在全省调剂使用，并与22家医疗机构签订了使用协议。建立了中医预防保健服务提供体系框架。

2012年，制定了中医特色医疗补贴奖励新制度。补贴奖励项目共三类230余项。中医特色治疗服务项目补贴标准为10%；具有中医特色的物理治疗与康复治疗服务项目补贴标准为7%；部分物理治疗与康复治疗服务项目补贴标准为4%。制定了临床科室特色医疗流动红旗评选制度。评选分医疗组与护理组，实施月考核，每组第一名获得流动红旗并奖励现金2000元，倒数第一名扣除科室收入1000元，倒数第二、三名各扣除科室收入500元。制定了中医特色治疗登记制度。加强质量控制考核，突出“中医药特色服务”，特色考核分由0.8分增加为4分。加强经济指标考核。医疗考核纳入经济指标。将特色诊疗服务项目的种类与数量纳入考核。对临床科室中医特色诊疗服务内容进行严格考核，督促临床科室开展规范化的中医特色诊疗服务。将中医药适宜技术实施情况纳入考核。将临床科室开展中医药适宜技术项目的种类、数量、频次纳入每月考核指标。

2013年，全面落实中医特色医疗补贴奖励制度。特色医疗收入由2012年10月的190.9万元增长至2013年11月的520.2万元，占业务收入的比例也由6.91%增长至10.93%。优化临床科室特色医疗流动红旗评选制度，取消“护理组”流动红旗评选。制定了医院自制药品销售达标比例考核办法，使自制药品销售比例达到6%。将中医特色疗法实施、非药物疗法实施、自制药品使用、中药饮片使用及其增长率、中医特色疗法项目数、中医药适宜技术实施情况、医务人员的学习情况等纳入月考核。

【名医管理】2011年，组织申报“甘肃现代十大名中医（已故）”2人。

2012年5月成立名医工作管理科，隶属于特色管理处。举办名中医药专家王自立、廖志峰、刘国安、王子义学术思想研讨会。组织申报甘肃陇中正骨学术流派传承工作室、甘肃王氏“运脾”学术流派传承工作室、甘肃王子义京帮中药学术流派传承工作室为国家中管局中医学术流派传承工作室建设项目。购置名医工作室硬件设备。完成中央转移支付中医药教育项目总结评估。组织申报国家级中医药继续教育项目——甘肃名中医学术思想临证经验学习班项目。

2013年，举办名中医李盛华、裴正学、张延昌教授学术思想研讨会3场。为名老中医传承工作室添置办公设备。举办国家级中医药继续教育项目“陇中中医名家中医学术思想研讨班”。

【甘肃省名中医推选】2012年2月，石国璧（甘肃省中医药研究院）、李盛华、李妍怡、赵继荣、孙其斌、左进、张定华、田旭东、张洪涛、沈玉鹏、王海东（甘肃省中医药研究院）11位专家获批成为“第三批”甘肃省名中医。

【第二批国医大师推选】2013年12月，甘肃省中医药学会推荐医院王自立为第二届“国医大师”候选人。

【陇中正骨学术流派】2013年2月，国家中医药管理局公布全国64个学术流派传承工作室建设单位名单，医院甘肃陇中正骨学术流派传承工作室入选建设单位名单。

2011—2013年特色医疗管理处负责人

特色医疗管理科于2010年6月成立，隶属于医务部，未设立负责人。

特色医疗管理处

处　长（副处级）王海东　2011年2月任

副主任（副科级）王晓萍　2012年5月任

名医工作管理科

副科长（副科级）王晓萍　2012年5月兼任

（撰稿　马永鹏）

公共卫生与医院感染管理处

【公共卫生与医院感染】2011年，加强传染病管理。疫情管理人员每天协查传染病病人疫情，督促临床医师填卡上报，确保传染病信息报告及时准确。完成传染病疫情网络直报工作，全年累计报告传染病1355

例，疫报率和及时率达到100.00%。加强医院感染监测。根据甘肃省卫生厅《关于做好2011年全省医院感染管理重点工作的通知》要求，开展了阑尾炎、疝气和甲状腺三种手术的手术部位感染目标性监测并上报甘肃省医院感染监测管理培训基地，全年监测阑尾炎手术36例，甲状腺手术20例，疝气手术24例。全年监测医院感染病例119例次，感染例次率为0.66%，迟报率为1.01%。医院感染病例微生物送检率为68.90%。监测多重耐药菌218株。全年环境卫生学、无菌物品生物学监测采样共1121份，合格率达96.70%。加强消毒隔离工作。根据国家《医院隔离技术规范》，制作了空气、飞沫、接触传播防护措施的隔离标识。

2012年4月，印发了《甘肃省中医院传染病防治管理方案》，成立了传染病管理小组，对全院结核病、鼠疫、艾滋病和急性迟缓性麻痹的防治制定了详细处置方案。全年累计报告传染病1469例，疫报率和及时率达到100.00%。全年举办院内感染知识培训13场次。开展院感质控月活动。12月举办以“提升全员感控理念、强化医院感染管理”为主题的质量控制月活动。通过横幅、宣传板、院报等多种形式宣传传染病和医院感染防控知识。召开医院感染管理委员会会议，对医院感染方面的问题进行讨论，提出了解决方案。调整医院感染管理小组成员，明确了小组和成员工作职责。举办了多项专业培训。加强医院感染监测。全年监测医院感染病例177例次，感染例次率为0.72%。开展环境、物表、诊疗器械、空气和医务人员手细菌监测，共采集样本431份，微生物监测合格率为77.26%。监测多重耐药菌768株、监测髋节置换术共294例。协助制定门诊医技综合楼空气消毒机的配置方案。协助完成消毒供应中心的改扩建工程。2012年评选并奖励传染病管理先进科室针灸科和脊柱骨一科，传染病报告先进个人李冬梅、郭军、卢雨蓓、张建平、梁勤、张彦军等6人；评选并奖励医院感染管理先进科室病理科、急诊科和手术室；评选医院感染管理先进个人张民、赵霞、张锐、张雪霞、袁冰华、程麦莉等6人。

2013年，全年累计报告传染病1739例，疫报率和及时率达到100.00%，监测医院感染病例200例次，感染例次率为0.62%。开展全院环境、物表、诊疗器械、空气、医务人员手细菌监测，共采集样本829份，合格率为94.69%，监测髋节置换术共437例，多重耐药菌184株。监测ICU患者875人，感染率为1.37%。编印《甘肃省中医院医务人员电离辐射与感染防控知识手册》。举办全院职工感染防控培训讲座12场次。举办“乐新春、迎院庆”首届医院感染知识大赛。为门诊综合大楼配置安装117台空气消毒机和床单位消毒机，并制定了相应的考核管理办法。为临床医技科室安装手消毒液固定架，加强手卫生宣传。2013年，评选并奖励传染病先进科室脾胃病科、关节骨一科、检验科；传染病报告先进个人赵霞、赵晓英、王艳琴、杨玉翠等；评选并奖励医院感染管理先进科室呼吸科、创伤骨二科、药学部；评选医院感染管理先进个人乔登嫣、李冬梅、张学基、张雪霞、张祖萍、程麦莉等6人。

【医疗废物管理】2011年，根据《医疗卫生机构医疗废物管理办法》，为各临床医技科室配备了锐器盒和医疗垃圾桶，设计制作了“医疗废物处置示意图”，并张贴在医疗垃圾桶放置区域，指导临床对医疗垃圾正确分类和处置。

2012年，每月对临床医技科室的医疗废物进行监督检查，规范医疗废物分类和处置工作。

2013年，制作了医疗废物包装袋标签，规范了医疗废物包装。

【计划免疫和计划生育】2011年，加强计划免疫工作。全年免疫接种2322人次，其中，A+C流脑疫苗61人次、A群流脑疫苗163人次、百白破疫苗219人次、脊髓灰质炎疫苗481人次、甲肝减毒活疫苗94人次、麻风疫苗10人次、麻腮风疫苗121人次、麻疹疫苗114人次、乙肝疫苗144人次、乙脑减毒活疫苗177人次、23价肺炎疫苗11人次、成人乙肝疫苗307人次、甲肝灭活疫苗49人次、流感疫苗51人次、轮状病毒口服液44人次、麻腮风疫苗211人次、水痘减毒活疫苗65人次。

2012年，完成瓜州路片区和建西东路片区的儿童计划免疫接种工作。全年免疫接种1627人次，建立儿童计免接种卡37张，产后访视27人次。出具计划生育类相关证明24份，发放退休职工独生子女补助4500元，发放在职职工独生子女费12180元。

2013年，开具计划生育证明59份。完成瓜州路片区和建西东路片区的儿童计划免疫工作。全年免疫接种1203人次，建立儿童计免接种卡41张，产后访视17人次。开展世界防治结核病日、儿童计划免疫宣传日健康教育宣传活动。

【抗生素使用监测】2011年，监测Ⅰ类清洁手术病例1303人，抗菌药物术前使用率为93.32%。

2012年，监测Ⅰ类清洁手术病例1402人，抗菌药物术前使用率为77.03%。

2013年，监测Ⅰ类清洁手术病例1834人，抗菌药物术前使用率为69.19%。

2011—2013年公共卫生与医院感染管理处负责人

公共卫生科

科　长（正科级）王　颖　2009年11月任，2011年2月止

副科长（副科级）邓　强　2009年11月兼任，2011年3月止

感染管理科

主　任（正科级）周毓萍　2009年6月任，2011年2月止

公共卫生与医院感染管理处

处　长（副处级）杨维建　2011年2月任

副处长（正科级）周毓萍　2011年2月任，2012年5月止

副主任（副科级）薛世萍　2012年5月任

（撰稿　马永鹏）

科研处

【科研立项】2011—2013年，科研立项数目逐年提高，资助经费有较大幅度增加。2011年，科研立项45项（医院28项，中研院17项），资助经费94.4万，其中省科技支撑计划1项、省自然科学基金10项（含中研院4项）、省技术研究与开发专项3项（中研院3项）、软科学1项、卫生行业科研计划项目2项、卫生行业科研计划管理项目3项、省中医药管理局项目12项（含中研院6项）、省教育厅项目4项（含中研院2项）、兰州市科技局项目7项（含中研院2项），甘肃中医学院科研项目库基金项目2项。2012年科研立项59项，资助总经费741万元，其中国家自然基金项目3项、国家中医药管理局项目2项、省科技厅项目26项、省中医药管理局科研项目12项、省卫生行业计划项目1项、省教育厅项目1项、兰州市科技计划项目13项，甘肃省档案局项目1项。2013年科研立项71项，资助总经费达333.93万元，其中国家自然基金项目3项、国家中医药管理局项目1项、国家卫生部药政司专项1项、省科技厅项目21项、省中医药管理局科研项目13项、省教育厅项目2项、省卫生行业计划项目1项、兰州市科技计划项目7项、博士科研启动基金9项、院级课题12项，甘肃中医学院项目1项。详见附件。

【科研鉴定】2011年，组织科研项目鉴定16项（含中研院3项），其中15项达到国内领先水平，1项达到国内先进水平；2012年，组织科研项目鉴定16项，其中14项达到国内领先水平，2项达到国内先进水平；2013年，组织科研项目鉴定20项，其中18项成果达到国内领先水平，2项达到国内先进水平。详见附件。

【科研获奖】2011年，科研项目获奖7项（医院6项、中研院1项），其中获甘肃医学科技奖3项（三等3项）、甘肃省皇甫谧中医药科技奖3项（二等2项，三等1项），甘肃省黎秀芳护理科学技术奖1项（三等）；2012年，科研项目获奖17项，其中中华中医药学会科学技术奖1项（三等）、甘肃省皇甫谧中医药科技奖11项（一等1项、二等2项、三等8项）、省残疾人康复科学技术奖1项（二等）、省药学发展奖3项（二等1项、三等2项），兰州市科学技术进步奖1项（二等）；2013年，科研项目获奖20项，其中中华中医药学会科学技术奖3项（三等3项）、中国中西医结合学会科学技术奖1项（三等）、甘肃省科技进步奖1项（三等）、甘肃省残疾人康复科学技术奖2项（一等1项，三等1项）、甘肃医学科技奖1项（二等）、甘肃省情报学会科学技术奖3项（二等1项，三等2项）、甘肃省皇甫谧中医药科技奖6项（二等2项，三等4项）、甘肃省黎秀芳护理奖1项（二等）、甘肃省药学发展奖1项（二等），兰州市科技进步奖1项（二等）。

【科研成果及推广】2011年，医院发表论文359篇，其中SCI1篇、国家级92篇，省级266篇，主编出版论著12部，获得实用新型专利1个；2012年，医院发表论文371篇，其中SCI1篇、国家级234篇、省级136篇，主编出版论著27部，获得实用新型专利8个；2013年，发表论文433篇，其中SCI1篇、国家级354篇、省级78篇，主编出版论著42部，获得实用新型专利5个。详见科研工作。

推进中医药科技成果转化推广工作，将“十一五国家科技支撑计划项目中医药科技成果转化推广”及“面向农村的5种常见病中医药成果集成转化研究与平台建设”组织全院推广。2011年9月20日，在甘肃中医学院附属医院制剂综合楼七楼会议室参加国家中医药管理局“十一五”国家科技支撑计划——“中医药科技成果转化推广”座谈会，为使科研成果转化为生产力，服务社会，结合我省实际，国家中医药管理局决定在甘肃省首先示范进行“重大疑难疾病中医防治研究（21病种）”“中药资源可持

续利用及产业共性技术研究”两方面的推广实施方案，座谈会围绕实施方案的可行性、有效性、适宜性及可推广性评价进行深入讨论。成果推广落实到具体实施单位，医院有13项项目进行推广，根据国家中医药管理局办公室《关于同意将甘肃省作为国家中医药管理局科技成果转化基地的函》文件精神，医院承担了国家中医药管理局“中医药成果转化基地平台建设”项目（资助经费20万）。制订下发了《关于成立甘肃省中医院中医药科技成果转化推广工作领导小组的通知》，成立了中医药科技成果转化推广工作领导小组。

【科研管理】改革科研经费管理制度，规范科研经费报销流程，协调财务处对科研项目以项目进行经费列支，科研经费报销项目严格按照项目任务合同书经费类别进行审核、报销，项目负责人交科研处登记经费使用费用，签字后交由财务进行票据审核，再由主管院领导及院长进行审批。加强科研管理，及时传达最新科研动态及相关政策，2012年，要求各科室设立科研秘书，由科研秘书主要负责科室的科研活动，科研处定期对科研秘书进行科研申报及成果申报的培训，建立科研处与各科室科研工作的密切联系。积极选送科研人员前往北京参加每年1月份的国家自然基金项目申报培训，并于每年9—10月邀请省内外专家做国家自然基金申报培训专题讲座。

【科研配套经费】为保证医院科研项目的正常开展、项目经费的合理使用，根据甘肃省卫生行业科研计划项目合同书中第三条（共同条款）、省中管局项目申报条件要求以及兰州市科技计划项目申报指南中第三条中要求，申报单位必须给予配套资金及能够提供一定数量的配套资金，根据上级有关文件规定，经2013年10月29日院长办公会讨论决定，对2013年以来对91项课题进行经费配套（其中立项课题76项，鉴定完成课题15项），总额114.25万元。

【项目库】根据医院科研管理办法设立了“科研项目储备库”，每年度2次或3次集中受理各类科研课题申报书，减少临床医务人员每年反复申报带来的负担，延长各类课题的申报时限。科研项目储备库是由科研处对申报的各项目进行形式审查后，组织专家评审并指导修改，最后将优秀项目入库，入库项目动态管理、及时更新，然后根据省、市级项目申报指南要求优先推荐上报。每年收集项目库项目80～100项，有助于提高我院项目申报质量。

【科技大会】为全面回顾总结建院60年以来的科技成果，奖励为医学科技进步做出突出贡献的先进集体和优秀科技工作者，动员全院广大医务工作者积极参与医院科技创新之路，2013年5月17日，在医院三号楼五楼多功能厅举办了建院60周年科技大会。大会上院长李盛华做了“传承创新，厚积薄发，为建设研究型医院而奋斗”的科技工作报告，全面回顾总结了建院以来科技建设工作成果，展望和部署了医院“十二五”科技工作任务；表彰了一批为科技工作做出突出贡献的科技先进集体与个人；为国家中医药管理局陇中正骨学术流派传承基地、甘肃省级陇中骨伤特色药物研究创新团队进行了揭牌；进行了建院以来《科研成果集》的首发仪式；会议对科技成果进行了图片宣传及实物展示；副院长李勇、研究院副院长谢兴文做了专题讲座，并组织重点学科进行了医院重点学科发展规划研讨。

【研究生管理】2011年，因甘肃中医学院博士点申报建设工作，从临床教学部接管了研究生临床管理工作，制定了研究生管理制度，根据学院研究生培养相关要求，制定《研究生临床轮转计划进度表》，统一安排临床科室或辅助科室学习轮转，研究生临床轮训期间，医院科研处负责定期检查、临床教学督查及考核教师的带教工作；为体现我院人文关怀精神，给专科学习研究生给予一定的生活经费补贴及餐费，与医院门诊部联合组织研究生进行“硕士研究生志愿者服务队进社区”临床实践活动，既增加学生独立临床基层锻炼，又推动了医院社区服务工作开展。

【研究生指导教师管理】自2011年科研处接管研究生管理工作起，根据学院文件，参照《甘肃中医学院研究生指导教师遴选和管理工作实施细则（试行）》文件要求负责甘肃中医学院研究生指导教师的申报工作，制定了《研究生指导教师管理办法》，每年4—6月推荐我院正高职称或博士学历的临技人员及药师参加学院导师遴选，截至2013年，医院有39名硕士研究生导师（甘肃中医学院），4名博士研究生导师（天津中医药大学、甘肃中医学院、中国中医科学院）。2013年5月，召开了研究生导师及研究生座谈会，对研究生管理工作的问题及建议及研究生诉求进行反馈，每年10—11月组织全体硕士导师集体参加学院研究生处举办的研究生导师培训会。

【博士点建设工作】科研处配合甘肃中医学院做好申报中医学、中药学、中西医结合三个学科博士学位授予单位建设工作，2012—2013年度积极筹备博士点教学医院各项验收工作，规范了医院研究生管理工作，修改完善了医院临床实习研究生管理制度，教学督查、应急预案，举办了导师与研究生座谈会，验收总结材料及幻灯片汇报总结材料，完成实践基地考核等工作，顺利完成甘肃中医学院博士学位建设工作整体验收，2013年8月，经国务院学位委员会第三十次会议审议批准，甘肃中医学院被增列为博士学位授予单位，中医学、中药学、中西医结合等3个一级学科获得博士学位授予权，甘肃中医学院将正式招收博士研究生，实现由教学型向教学研究型大学转型，我院作为甘肃中医学院第一附属医院，批准通过4

名博士导师，通过博士学位授予单位建设，对医院研究生人才队伍建设、学科建设、学术水等都有促进作用，通过此项工作，医院可以积极向有关部门争取科研项目、资金，可以更加密切学院和医院的关系。

2011—2013年科研处负责人

科研科

科长（正科级）罗向霞 2009年6月任，2011年2月止

科研处

处长（副处级）罗向霞 2011年2月任

副主任（正科级）徐霞 2012年5月任

（撰稿 罗向霞）

计划财务处

【预算与财务管理】2011—2013年，完成医院会计核算、财务分析及预算管理工作。根据部门预算填报规定，依照医院总体发展规划，完成医院每年部门预算编报工作。完成财政国库支付系统财政拨款核拨业务。完成财政国有资产管理系统信息维护、国有资产报表填报。根据医院预算安排和资金运营状况，合理拟定资金使用额度，同时做好贷款规模控制，按期还贷。积极申报项目资金。健全和完善医院财务管理相关制度和规定。其中，2011年，完成门诊医技综合楼等基建、维修改造项目的资金筹措、使用管理工作。按照财务管理、内部控制等相关制度，与信息科配合，完善信息网络系统管理流程，保证各项资产及系统信息的安全与准确。

2012年，完成利用美国进出口银行主权担保贷款购置医疗设备项目申报工作，该项目已通过科研审批，正在进行财务风险评估等后续工作。健全和完善医院财务管理相关制度和规定。完善医院预算管理制度，加强支出审核，加强票据管理和发票核查，进一步规范核报流程。

2013年，完成利用美国进出口银行主权担保贷款购置医疗设备项目申报工作，该项目已通过国家发改委审批，进入办理转贷申报和招标准备等工作阶段。完成门诊医技综合楼沙特贷款项目提款报账和后续申报工作。按照财务管理、内部控制等相关制度，由财务处牵头，启动医院综合运营管理系统的建设工作。初步完成系统蓝图设计，基础整理等工作。完善医院预算管理制度，根据中央及省委改进工作作风等相关规定，加强支出审核，加强票据管理和发票核查，进一步规范核报流程。按照省卫生厅的要求，每月报送省委“双十条”督查检查情况统计表；完成财政存量资金审计方案报表的填报工作。

【物价收费管理】2011年，根据国家发改委医药卫生服务价格大检查要求，及时组织开展医院医药价格自查工作，积极配合国家检查组按期完成检查任务，针对检查提出的问题，认真分析，核实检查数据，及时整改规范，加强检查监督。按照成本核算原则，开展新增和修订医疗服务项目成本核算和项目申报工作。严格执行收费政策，按照收费项目，办理门诊、住院及医疗保险等各项收费业务，做到日清日结，及时存交银行，保证各项资金安全。与医务处协调，优化出院病人结账流程，加快资金回笼。依据临床需求和行风建设要求，与信息科协调，不断完善收费权限管理。

2012年，根据国家发改委医疗服务项目新旧版本衔接规范工作要求，组织相关人员认真学习文件精神。按照国家发改委要求和省发改委、省卫生厅安排部署，积极参与省级医疗服务新旧项目对接工作，及时反馈医院在价格执行中遇到的困难和相关建议，以促进中医项目价格的定价科学性。按照成本核算原则，开展新增和修订医疗服务项目成本核算和项目申报工作。完善医院收费物价管理制度，不断优化服务流程，提高服务质量。自2012年3月起，将门诊挂号收费窗口整合，挂号收费业务实行一体化管理，有效分流病人，提高了工作效率。严格执行收费政策，按照收费项目，办理门诊、住院及医疗保险等各项收费业务，完善信息系统统计核查权限管理。根据国家发改委医药卫生服务价格大检查结果和新下发的服务价格标准，对全院各收费单元价格执行情况进行监督检查，针对存在的问题，制定改进措施，及时更正，不断规范收费行为。

2013年，根据国家发改委、省发改委和省卫生厅医疗服务项目新旧版本衔接规范工作要求和具体安排，积

极协调各临床、医技科室专家参与医疗服务新旧项目对接工作。严格执行价格政策，依据核对价格标准，全年增加新的医疗服务价格项目83项，项目价格调整148项。按照成本核算原则，开展新增和修订医疗服务项目成本核算和项目申报工作。完善医院收费物价管理制度，不断优化服务流程，提高服务质量。配合门诊医技综合楼搬迁，增加服务设施，依据“大兼容、小区分”的原则，合理设置专家挂号窗口。与门诊部配合，加强内部考核，坚持收费窗口文明用语，不断改进服务态度。根据省卫生厅医疗服务价格专项治理规定和检查整改要求，对全院各收费单元价格执行情况进行监督检查，针对存在的问题，制定改进措施，完善价格管理体系。

【国有资产管理】2011—2013年，严格执行国有资产管理制度，执行大型资产购置论证、政府采购审批等相关制度。运用信息网络平台，不断完善医院国有资产网络管理系统。2011年5月，成立国有资产管理科，隶属计划财务处。制定印发《甘肃省中医院固定资产管理办法》。与资产管理部门配合，在全院范围内开展核实固定资产清理检查，核实资产，及时办理资产报废审批处置手续，并进行账务调整。

2012年，进一步完善物资管理流程。由后勤管理处、信息科配合完成后勤物资管理流程改进工作，提高物流管理的规范化，满足成本核算要求。

2013年，配合后勤管理处、设备管理处等部门完成报废资产的清理处置，并及时将处置收入上缴财政专户。根据国有资产管理规定，结合医院运营管理系统建设，与后勤管理处、设备管理处等部门共同进行全院资产清查和数据整理工作，按照运营系统实施进度，进行系统基础数据的录入工作。

【学习和继续教育培训】2011年，根据新《医院财务制度》《医院会计制度》的实施要求，积极组织财务人员参加各项培训。依据制度规定，结合医院实际，研究制定医院新制度实施方案，保证新旧制度的顺利过渡和新制度的顺利实施。积极开展业务学习和学术研讨，组织财务人员参加年度财务制度的网络学习培训，举办甘肃省中医药管理局继续教育培训项目。胡雅杰、杨继红、孟玉霞获得2011年全省卫生系统先进会计工作者荣誉称号。

2012年，组织财务人员参加年度财务制度的网络学习培训。12月，举办国家中医药管理局培训项目——全省中医医院财务骨干培训班，培训学员130多名。

2013年，积极开展业务学习和学术研讨，组织财务人员参加年度财务制度的网络学习培训，举办国家中医药管理局培训项目——全省中医医院财务骨干培训班，培训学员110多名。

收费科

2011年2月，收费科成立，隶属于计划财务处，分管住院处和门诊收费工作。住院处和门诊收费人员共26人，设置门诊收费窗口6个，入院窗口3个、出院窗口3个。通过培训提高收费员分诊病人的能力，切实改善服务态度。加强与门诊部的沟通与协调，保证挂号收费、就诊、检查各环节渠道畅通，就诊流程高效运转。强化收费员现金管理意识。定期对收费员备用金进行抽查，完成现金日清日结，保障资金安全。截至12月26日，收费484145笔，金额7048910.18元；退费4565笔，金额74.29万元。住院处共办理入出院19779人次，病欠227人次。

2012年，截至12月26日，门诊收费窗口挂号43.05万人次，挂号费合计金额526.29万元；退挂号人数1.83万人次，合计金额23.12万元；收费750083笔，金额1.027亿元；退费6361笔，金额147万元。住院处共办理住院36982人次，住院总费用约4.374亿元；办理出院结算36814人次；病欠260人次，合计金额1049647.09元。严格执行物价政策，及时更新医疗服务项目目录。接受病人物价投诉与咨询。开展全院范围内医疗服务项目价格审核工作。对HIS系统收费项目项目编码、项目名称、计价单位、价格等方面进行逐项核对。参与2012版医疗服务价格项目的对接工作。

2013年，收费科搬迁至门诊医技大楼。优化收费工作流程，根据“大兼容、小区分”的原则，对限号老专家设定专门挂号区域；设置医保门诊缴费窗口。窗口患者投诉数量较往年大幅度降低。全年新增医疗服务价格项目83项，项目价格调整148项。完成省卫生监督所价格专项检查工作。完善物价管理机制，提高价格监管水平。建立价格监管机制。11月，在临床、医技科室设立兼职物价管理员，负责对本科室收费进行监管，及时沟通计费过程中存在的问题。收费科内部设立专职物价管理员，负责全院的价格监管，对临床科室计费问题进行政策指导。

2011—2013年计划财务处负责人

财务部

主　任（副处级）胡雅杰　2005年9月任，2011年2月止

副主任（正科级）杨继红　2005年9月任，2011年2月止

副主任（副科级）刘廷梦　2010年12月任，2011年2月止

计划财务处

处　长（副处级）杨继红　2011年2月任

副处长（副科级）刘廷梦　2011年2月任，2012年5月止

副主任（正科级）刘廷梦　2012年5月任

收费科

副科长（副科级）张晓岚　2010年2月任，2011年6月止

副科长（副科级）王骁希　2012年5月任

国有资产管理科
副科长（副科级） 刘廷梦

2011年6月兼任，2012年5月止
科　长（正科级） 刘廷梦

2012年5月兼任

（撰稿　马永鹏）

审计处

【审计管理】2011年，制定医院内部审计工作制度16项，主要有内部审计工作实施办法、中层领导干部任中经济责任审计实施办法、干部任期经济责任审计实施办法、预算执行和财务决算审计实施办法、专项资金绩效审计暂行办法、内部控制审计实施办法、委托社会审计机构审计项目的管理办法等。特别是对医院维修改造项目决算审计中，对审减率超过规定比率的，其审计费用由施工单位承担，医院计划财务处从施工单位工程款中扣缴。

2012年，完成医院专项资金的审计工作，对医院项目资金管理提出审计建议，形成专题报告。依据制度要求，清查核对追溯10多年账目，对新旧衔接制度进行审计确认，出具衔接审计报告。为医院中长期发展规划和医院绩效管理提出建议24条。全程参与托管共建白银中西医结合医院交接工作。对白银市审计局资产审计报告中涉及20多亩土地及2500多万元问题资金提出异议。依据实际调研情况与托管协议，对报告的数据和内容进行了复核，对审计报告中资产、债务、土地等存在异议之处进行核查，提出工作建议，并上报白银市人民政府《关于对白银市中西医结合医院资产核实重新审计认定的报告》，使问题资金在审计报告中予以确认，维护了医院的合法权益。对基建处和招标采购科实施内部控制审计，重点对内部控制制度的执行情况进行审计。

2013年，配合计划财务处和省卫生厅委派的审计公司对医院财务报表进行审计。完成省中医药研究院新旧制度衔接审计工作，出具审计报告，完成新制度数据初始化的审核工作。完成医疗保险专项审计和医院综合运营系统跟踪审计。

【医院基本建设项目审计】2011年，加强门诊医技综合楼审计。严格按照卫生部《关于加强和规范建设工程项目全过程跟踪审计的通知》，从投标、签约阶段，施工准备阶段，施工阶段，验收、交工与竣工结（决）算阶段等四个重要环节，提出了实施方案和办法。完成空调、电梯、弱电、幕墙、消防工程等招标合同会审，电梯采购合同会审、工程预付款支付等审批工作，协助做好询价工作。协同项目跟踪审计机构完成门诊医技综合楼项目工程月进度款的支付工作。截至12月，门诊医技综合楼项目合同价款15662万元，补充合同价款224万元，应付工程款14189万元，累计支付工程进度款11689万元（其中拆迁费用2265万元、应扣回预付工程款1460万元、已扣回预付工程款350万元、不含当年贷款利息）。年内门诊楼项目接受省审计厅重点建设项目的延伸审计。完成地下立体停车库设备采购及安装项目招标报名以及招标文件会审等工作。完成住宅楼1号、2号楼的施工单位、监理单位的招标报名、单位考察工作，以及合同会审、工程造价控制合同会审。完成科研楼项目科研报告会审、设计合同会审、地勘合同会审。完成住宅楼地下立体停车库设备采购及安装项目招标报名以及招标文件会审等工作。

2012年，门诊医技综合大楼接受省审计厅重点建设项目审计。截至12月21日，门诊医技综合楼项目合同价23937万元（含拆迁），完成形象进度21454万元，实际支付工程款18696万元。组织科研制剂中心和康复保健楼建设项目申报省发改委2013年省列重大项目，康复保健楼建设项目获批成为省列重大项目。做好医院住宅楼、科研制剂中心、康复保健楼建设项目的内部审计工作，形成全过程、全方位的审计监督制约机制。截至12月21日，住宅楼（含1号楼、立体车库）项目合同价12984万元，完成形象进度4670万元，实际支付工程款3691万元。科研制剂中心项目合同价351万元，完成形象进度152万元，实际支付工程款152万元。

2013年，门诊医技综合楼进入决算审计阶段，完成资料整理，造价核定，支付款项重点核定，概算与决算对比等工作。截至12月18日，门诊医技综合楼项目合同价24120万元，实际支付工程款19427万元。1号、2

号、3号住宅楼按工程完工进度，核定工程进度，控制投资造价，截至12月18日合同价4521万元，实际支付工程款3564万元。住宅楼（含2号、3号楼，立体车库）项目合同价10684万元，实际支付工程款7527万元。康复保健楼项目建设分项实施，完成跟踪审计，测算医院资金投资缺口，协助完成资金筹措的科研报告，截至12月18日合同价16340万元，实际支付工程款308万元。完成科研制剂中心全过程跟踪审计工作，与纪委监察配合，完成分期工程量清单及造价控制编制，项目建设期做好资金的投资控制，合同审核等工作，截至12月18日合同价12855万元，实际支付工程款1143万元。

【院内维修改造项目及零星工程审计】2011年，完成当年新开工项目的预算标底编制，对在建项目进行现场跟踪审计。完成2010—2011年度老年病科、供应室等20项已完工项目的委托送审工作，送审金额687.91万元。审定金额509.59万元，审减技金额111.76万元。完成预算审核送审金额436.08万元。审定金额299.13万元，审减技金额136.37万元。完成维修改造项目预算标底的委托编制等工作，预算金额459.38万元。配合主管部门完成消防水泵、1号楼配电箱、手术室下水管、中研院配电、2号楼采暖管网等相关工程的维修及门诊中草药房阳光棚搭建、住院部西药房改造项目。完成省委门诊部维修改造项目的预算审核及部分项目的决算审计。完成医院文化广场雕塑询价以及合同会审工作。完成医院花园改造目的预算审核。完成医院其他项目合同、物资采购比价等审计。

2012年，对维修改造项目实行审计向事前、事中审计拓展。完成当年新开工项目的预算标底编制，对在建项目进行现场跟踪审计。2012年，院内维修改造项目15项，送审金额979万元，审定金额823万元，审减金额156万元。完成维修改造项目预算标底的委托编制等工作，预算金额459.38万元。审计处在全院范围内对屡教屡犯的施工单位进行通报，医院在三年内不得再使用被通报的施工单位。充分发挥内审监督职能。配合医院纪委制定《甘肃省中医院廉政风险防控工作实施方案》。

2013年，完成院内多项维修改造项目预算结算审计控制，全年院内维修改造项目竣工4项，送审金额143.9万元，审定金额123.7万元，审减金额20.2万元。完成维修改造项目预算标底的委托编制等工作，预算金额82.65万元。完成医疗保险专项年度审计。完成医院运营系统跟踪审计，实施项目的数据初始化审计，过程跟踪内部控制监控审计。受省卫生厅委派参加省药品招标中心整体移交，省公共资源管理局资产清查移交省卫生厅的专项审计和资产交接工作。配合医院纪委、监察，深化廉政风险防控系统建设，将防控系统嵌入医院运营管理软件，对已完成的内控流程进行审核。组织相关人员参加省审计厅的继续教育培训，与计划财务处配合组织全省中医医院财务骨干培训班。全程参与医院相关部门的招标议价监督工作及合同审签工作，提出意见及建议近百条。

【年度任中经济责任审计及医院内部控制】按照医院审计工作计划，配合省卫生厅委托的中天恒会计事务所完成对院长李盛华2008年4月—2010年12月任中经济责任审计，2011—2012年院长经济责任审计，省中研院2008—2010年财务收支审计。对审计中提出的问题，监督医院相关部门完成整改，并上报省卫生厅监察室《关于对李盛华院长定期任中经济责任审计报告涉及有关问题的整改意见》。参加卫生部专项资金督查，对贵州各市县及部门进行中央资金专项检查。2011年完成医院专项资金审计，对医院项目资金管理提出建议，形成专题报告《致医院计划财务处关于项目资金管理的建议书》。2011年完成设备管理处内部控制审计。2012年完成设备管理处内部控制专项审计。完成2012、2013年医院财务报表审计。2013年完成医保处医疗保险内控专项审计。

2011—2013年审计处负责人

审计科

负责人　胡雅杰　2010年12月兼管负责，2011年2月止

审计处

处　长（副处级）胡雅杰　2011年2月任

（撰稿　马永鹏）

经济管理处

【绩效管理】2011年，完成各科室收支核算、分析、统计汇总、编报工作，制订经营管理手册并存档。为各科室提供收支明细、折旧明细等相关信息。完成医院经济运行的分析工作。对医院经济运行情况进行通报。

制作医院经济运行简报，在OA系统公布各科室医院经济运行及绩效分配情况。完善医院经济管理的各项规章制度和管理办法。出台《关于领用办公用品及卫生材料的管理办法》《血液净化中心运行管理暂行办法》。完成甘南路门诊部及省委门诊部经济运行方案的起草工作。落实中药饮片、中药制剂的管理政策，支持中医针灸、小针刀的发展。根据医院经济运行状况，及时调整绩效提成比例。配合兰州理工大学《绩效分配方案修订》项目组，深入各临床科室进行调研，收集相关经济数据，结合医院实际情况，制定绩效改革方案。

2012年，完成等级医院复审资料准备工作。做好医院经济运行分析通报工作。加强门诊经济收入管理，提高门诊收入。加强外出进（研）修及派驻分院工作人员的绩效管理，修订了《关于对外出进（研）修人员工资管理办法方案》，制订了《外派到分院工作人员的绩效补助发放管理办法》。加强体检中心经济运行管理，制订了《关于体检中心体检费用分成核算管理办法》。加强耗材和设备折旧的管理，为医院运行提供数据支撑。逐步调整科室分成比例，对高压氧舱、儿科、重症医学科、输血科四个特殊核算科室进行调研分析，制订了新的分配方案。加强临床用药的监督管理，逐月分析对比各科室药品使用比例和医生使用药品比例，对使用药品比例高的科室和个人进行通报，并依据医院相关管理办法进行绩效考核。修订各科室目标责任书内容，完成目标责任书签约工作。

2013年，调整了体检中心劳务费用分配办法。调整了重症医学科、病理科、儿科三个科室绩效分配办法。完成低收入科室绩效分配方案的调整工作，调整了2012年绩效收入低于800元/系数科室的绩效分配方案。制订了省委门诊和甘南路门诊经济运行方案。调整了医院绩效分配办法，对现行绩效分配方案中的30%档案工资返回发放，每人发放300元/月的生活补贴及一定的职务津贴。对新门诊大楼中新建科室及搬迁科室的设备折旧办法予以界定，并相应调整其绩效分配方法、绩效提成比例，实现编外用工人员绩效工资同级、同等待遇。对医院返聘专家待遇予以调整。加强门诊经济收入的管理，提高医院门诊收入。逐月分析各科室药品使用比例和医生使用药品比例。完成各部门目标责任书的签约工作。

招标采购科

【采购工作】2011年2月，招标采购科由原来的独立建制改为隶属于经济管理处。

全年共完成招标采购物资、设备723项。其中为行政后勤部门采购355项，临床科室采购292项，医技科室采购76项。实际完成采购额2048万元，其中一般物资采购546项，采购金额247万元；院内设备招标采购168项，采购金额1605万元；政府采购设备59项，采购金额196万元。

2012年，完成招标采购物资、设备649项，其中为行政后勤部门采购283项，临床科室采购249项，医技科室采购117项。实际完成采购额4993万元，其中一般物资采购455项，采购金额282万元；院内设备招标采购119项，采购金额4711万元。办理大型设备政府采购申报手续20项，中小型设备政府采购申报手续14项，中医诊疗设备政府采购申报手续56项。完成门诊医技楼设备政府采购申报手续21项。在甘肃政府采购网及甘肃省建设工程招标投标信息网共发布招标公告60次，发布院内招标公告118次，组织召开各类谈价、讨论会共计213次；签订院内合同94项，整理政府采购设备合同34项，完成验收200余项，办理各类付款600余项。

2013年，完成各类招标采购任务881项，其中小型设备119项，大型设备29项，为行政后勤部门采购282项，临床科室采购369项，医技科室采购82项。报批政府采购项目56项；全年在甘肃政府采购网、甘肃省公共资源交易网及甘肃省建设工程招标投标信息网共发布招标公告57次，发布院内招标公告50余次，组织召开各类谈价、讨论会共计400余次；签订院内合同100余项，整理政府采购设备合同31项，完成验收130余项。全年采购总额约6982万元，其中设备约6542万元，材料约325万元，工程服务约1138万元。

【工程招标工作】2011年，完成门诊医技综合楼空调通风设备采购与安装，幕墙工程、消防设备采购与安装，弱电工程以及职工住宅楼一期施工、监理、立体停车库设备采购与安装等医院重点基建项目的招标工作。完成医院有关工程招标29项，金额共计795万元。

2012年，完成门诊医技综合楼内装、浮雕、室外工程、配电箱、配电室、设备带、饮水设备、EPS电源、射线防护、信息中心机房设备的采购与安装，1号住宅楼设计、土建、监理，2号、3号住宅楼电梯，住院部2号电梯维修，白银制剂中心围墙、制剂楼设计、白银制剂中心设计、地勘，1号住宅楼、康复保健楼、住院部大楼项目招标代理机构，外资贷款可行性研究报告编制及资金申请报告编制，康复保健楼建设项目环评报告编制，《中医药标志性文化作品集》《年鉴》印刷，标识导向系统设计，文化广场雕塑，煎药室、肾病科维修改造，药学部炮制加工室装修，兰雅公寓装修等工程项目招标工作。

2013年，完成科研制剂中心项目监理招标项目、临时配电室设计及设备采购项目、地基处理工程项目、土建主体工程项目、设备采购及安装一标段招标项目、电梯设备采购及安装项目、近围墙区及园林景观区地基处理项目、锅炉设备采购及安装项目、土建主体工程项目招标工作。完成康复保健楼基建监理工程项目、土建主体工程项目招标工作。完成院内1号住宅楼地上立体停车库、室外工程招标项目、配电室工程项目的招标工作。完成医院ICU、核磁室配电工程项目、煎药室、锅炉房烟囱拆除、院平房及旧门诊楼部分房屋拆除等改造项目的招标工作。完成新门诊楼雕塑、院志印刷项目招标工作。

2011—2013年经济管理处负责人

经营管理科

科　长（正科级）杨雅静　2010年12月任，2011年2月止

经济管理处

处　长（副处级）刘效栓　2011年2月任

副处长（正科级）杨　波　2011年2月任，2012年5月止

副处长（正科级）杨雅静　2011年2月任，2012年5月止

副主任（正科级）杨雅静　2012年5月任

招标采购科

科　长（正科级）杨　波　2010年12月任，2011年2月止

科　长（正科级）杨　波　2011年2月兼任，2012年5月止

科　长（正科级）赵　军　2012年5月任

副科长（副科级）杨灵歌　2010年12月任，2011年2月止

副科长（正科级）杨灵歌　2011年2月任，2012年5月止

副科长（正科级）杨灵歌　2012年5月任，2013年9月止

副科长（副科级）王晓蓉　2013年9月任

（撰稿　原明明）

质量控制处

【制度及流程建设】2011年，建立处室工作制度、工作流程7项。根据《甘肃省中医院质量控制考核办法（试行）》《甘肃省中医院行政管理部门职能（暂行）》，调整了行政职能处室的考核细则。

2012年，建立完善工作制度、工作流程6项。根据医院工作中心的调整及整体工作的需求，重新调整了行政职能处室的考核细则。

2013年，制订《甘肃省中医院关于工作人员违规违纪处罚管理办法》。全面落实医院三级质量控制制度，不定期地对医疗、后勤保障等工作中的基础质量、环节质量、终末质量进行全面检查和抽查，及时发现工作中存在的问题。

【质量控制与考核】完成医院职能处室月考核工作。完成全院41项考核数据表的月汇总工作。每月组织召开全院质量控制会议，及时完成质控会会议纪要，将质控会提出的改进要点整理后反馈相关部门，作为下月质控重点检查内容。按期完成《质控简报》。每月深入临床、医技、行政等部门检查行政部门所涉及职能工作情况。督促各行政部门负责人、质控员完成本部门质量控制检查工作，并对所管辖的科室进行工作质量检查，每月上报考核信息报表，由质量控制处对照检查结果分析异常数据。不定期抽查在院运行病历，督促医务处加强对在院运行病历质量的检查，使医院在院运行病历质量有所提高。加强对重点科室、重要岗位的质量控制检查，对存在重大质量缺陷、隐患的科室、班组、工作环节和多次出现工作缺陷或重大缺陷的个人作为重点监控对象。及时调整工作目标，在完成日常考核工作基础上，对存在的问题进行调研督查，2011年督查问题49项，2012年督查问题49项，2013年督查问题54项。自2013年3月起，配合护理部连续对全院护理骨干人员开展“5S”基础培训，按照“5S”培训要求，加强对新门诊综合楼各科室工作的督导，逐步落实物品摆放、工作流程标准化等工作。

2011—2013年质量控制处负责人

处　长（副处级）田旭东　2011年2月任

副处长（正科级）马真琴　2011年2月任，2012年5月止

副主任（正科级）马真琴　2012年5月任

（撰稿　原明明）

对外协作处

【对外交流合作】2011—2013年参加国家中管局、省卫生厅外事处、中华中医药学会等组织的各项出国（境）项目，先后选送108人次（3年分别为18、35、55人/次）赴国（境）外研修、短期培训、考察、学术交流、中医药知识宣讲。

2012年6月30日—7月1日，李盛华带领骨科专家赵道洲、李卫平、米仲祥、邓强应邀参加在美国芝加哥举行的第九届世界中医骨科学术交流大会。大会选举李盛华为第九届世界中医骨科联合会副秘书长、常务理事兼常务副主席，选举赵道洲为理事会理事兼副主席。

2013年医院组织两批20名管理干部赴台湾彰化基督教医院培训学习，其中分院有5人参加。

2011—2013年职工赴国（境）外讲学、研修、培训、学术交流一览表

科室	姓名	起止时间	进修学习内容	进修地点	备注
骨科	谢兴文	2011-01-07—04-07	甘肃省中青年领导赴瑞士第三批中长期培训班	瑞士	
门诊护理部	石瑞芳	2011-03-16—4-16	护理人员培训项目	英国伦敦国王大学	
放射影像科	王闻奇	2011-04-18—07-18	医师研修	丹麦	
脊柱骨一科	尤从新	2011-04-18—07-18	医师研修	丹麦	
脊柱骨二科	张天太	2011-04-18—07-18	医师研修	丹麦	
省中医药研究院	潘文	2011-06-10—06-18	中医师考察团	台湾	
临教部	韩艳	2011-06-10—06-18	中医师考察团	台湾	
脑病科	李妍怡	2011-07-26—08-06	巾帼建功活动代表团	台湾	
消渴病科	张定华	2011-07-26—08-06	巾帼建功活动代表团	台湾	
皮肤科	张玉琴	2011-10-08—11-08	毛发移植技术研修	韩国庆北医大毛发移植中心	
对外协作处	刘梦华	2011-10-08—10-30	临床科室管理培训班	美国南佛罗里达大学医学院	
院办	张德宏	2011-10-08—10-31	临床科室管理培训班	美国南佛罗里达大学医学院	
检验科	梁勤	2011-10-26—11-20	检验培训	加拿大	
麻醉科	薛建军	2011-10-30—2012-04-30	医师研修	美国俄克拉荷马州	
中药所	姜华	2011-11-08—11-15	日本中医药学术团	日本	
公共卫生与医院感染管理处	杨维建	2011-11-13—11-20	医院考察	香港、澳门	
检验科	邢福军	2011-11-13—11-21	医院考察	香港、澳门	

续表

科室	姓名	起止时间	进修学习内容	进修地点	备注
门诊部	马郑萍	2011-12-03—12-07	医院护理质控考察团	澳大利亚	
省中研究院	潘文	2012-01-31—02-13	妇女儿童公益事业考察团	南非、埃及	
院办	赵继荣	2012-02-12—02-23	医院管理考察团	韩国、新西兰、澳洲、新加坡	
院办	李盛华	2012-02-18—03-09	省领军人才培训项目	美国	
创伤骨二科	王想福	2012-03-15—06-15	医师研修	丹麦	
外一科	赵铁华	2012-03-15—06-15	医师研修	丹麦	
院办	舒劲	2012-04-14—04-27	医院管理培训	澳大利亚	
纪委	卫晓雯	2012-04-14—04-27	医院管理培训	澳大利亚	
人事处	郑慧	2012-04-14—04-27	医院管理培训	澳大利亚	
院办	邱连利	2012-06-16—06-23	中医学术研修考察交流团	台湾	
质控处	马真琴	2012-06-16—06-23	中医学术研修考察交流团	台湾	
院办	李盛华	2012-06-28—07-09	学术交流	美国芝加哥	
脊二科	赵道洲	2012-06-28—07-09	学术交流	美国芝加哥	
创一科	米仲祥	2012-06-28—07-09	学术交流	美国芝加哥	
小儿骨科	李卫平	2012-06-28—07-09	学术交流	美国芝加哥	
整复骨科	邓强	2012-06-28—07-09	学术交流	美国芝加哥	
肿瘤血液病科	王晨	2012-06-26—12-15	医师研修	美国俄克拉荷马州	
省中研院	潘文	2012-06-27—07-06	考察	美国、加拿大	
老年病科	郇雅珺	2012-10-18—10-28	中欧中医药信息论坛考察	意大利 、西班牙	
宣传处	陈春丽	2012-10-18—10-28	中欧中医药信息论坛考察	意大利 、西班牙	
审计处	胡雅杰	2012-10-18—10-28	中欧中医药信息论坛考察	意大利 、西班牙	
普外科	杨维建	2012-08-25—10-20	医师研修	台湾彰化基督教医院	
脾胃病科	田旭东	2012-08-25—10-20	医师研修	台湾彰化基督教医院	
药学部	李喜香	2012-08-25—10-20	医师研修	台湾彰化基督教医院	
康复骨科	鄢卫平	2012-08-25—10-20	医师研修	台湾彰化基督教医院	
关节骨二科	李玉吉	2012-08-25—10-20	医师研修	台湾彰化基督教医院	
耳鼻喉科	江燕	2012-08-25—10-20	医师研修	台湾彰化基督教医院	
针灸推拿科	金钰钧	2012-09-03—09-29	灸疗技术研修	韩国首尔	
针灸推拿科	袁涛	2012-09-03—09-29	灸疗技术研修	韩国首尔	
骨伤病科	谢兴文	2012-11-07—11-03	世界中医药学会学术年会	马来西亚	
关节骨二科	戴刚	2012-11-07—11-03	世界中医药学会学术年会	马来西亚	
关节骨一科	柳海平	2012-11-07—11-03	世界中医药学会学术年会	马来西亚	
手足微创骨科	何志军	2012-11-07—11-03	世界中医药学会学术年会	马来西亚	
康复骨科	鄢卫平	2012-11-07—11-03	世界中医药学会学术年会	马来西亚	
急诊骨科	董林	2012-11-07—11-04	世界中医药学会学术年会	马来西亚	
药剂科	张晓明	2012-11-24—12-02	中医药知识讲座	丹麦	
院办	舒劲	2013-02-19—02-27	中医药合作洽谈访问团	韩国	

续表

科室	姓名	起止时间	进修学习内容	进修地点	备注
对外协作处	刘梦华	2013-02-19—02-27	中医药合作洽谈访问团	韩国	
医务处	赵永强	2013-02-19—02-27	中医药合作洽谈访问团	韩国	
针灸推拿科	张洪涛	2013-02-19—02-27	中医药合作洽谈访问团	韩国	
皮肤科	李树君	2013-02-19—02-27	中医药合作洽谈访问团	韩国	
科研制剂中心	马新换	2013-02-19—02-27	中医药合作洽谈访问团	韩国	
医务处	史文宇	2013-04-02—06-30	医师进修项目	丹麦	
检验科	张邦能	2013-04-02—06-30	医师研修	丹麦	
麻醉科	王春爱	2013-04-02—06-30	医师研修	丹麦	
关节骨二科	赵振文	2013-04-02—06-30	医师研修	丹麦	
手足微创科	张亚维	2013-04-02—06-30	医师研修	丹麦	
关节骨二科	戴刚	2013-04-14—04-28	学术交流	美国	
院办	李盛华	2013-04-19—04-29	中医药合作交流考察团	瑞典、匈牙利	
针灸推拿科	张洪涛	2013-04-19—04-29	中医药合作交流考察团	瑞典、匈牙利	
超声检查科	盛丽	2013-05-01—05-10	学术交流	巴西	
针灸推拿科	赵霞	2013-05-12—05-19	针灸技术讲座	黑山共和国	
院办	李兴勇	2013-05-16—05-24	医院管理培训	台湾彰化基督教医院	
纪委	卫晓雯	2013-05-16—05-24	医院管理培训	台湾彰化基督教医院	
门诊部	周晟	2013-05-16—05-24	医院管理培训	台湾彰化基督教医院	
计划财务处	杨继红	2013-05-16—05-24	医院管理培训	台湾彰化基督教医院	
职业病防治管理处	李玲	2013-05-16—05-24	医院管理培训	台湾彰化基督教医院	
院办	徐柏林	2013-05-16—05-24	医院管理培训	台湾彰化基督教医院	
设备管理处	冯康虎	2013-05-16—05-24	医院管理培训	台湾彰化基督教医院	
经济管理处	刘效栓	2013-05-16—05-24	医院管理培训	台湾彰化基督教医院	
信息科	李贵臻	2013-05-16—05-24	医院管理培训	台湾彰化基督教医院	
老年病科	郇雅珺	2013-05-16—05-24	医院管理培训	台湾彰化基督教医院	
院办	李盛华	2013-05-24—06-02	第五届海峡两岸中医药合作发展论坛	台湾	
骨科	赵军	2013-05-24—06-02	第五届海峡两岸中医药合作发展论坛	台湾	
骨科	杨波	2013-05-24—06-02	第五届海峡两岸中医药合作发展论坛	台湾	
骨肿瘤科	宫玉锁	2013-05-24—06-02	第五届海峡两岸中医药合作发展论坛	台湾	
骨伤病科	周明旺	2013-05-24—06-02	第五届海峡两岸中医药合作发展论坛	台湾	
眼科	刘永民	2013-07-11—07-14	26届亚太白内障和屈光外科医师协会	新加坡	
院办	赵继荣	2013-07-18—07-24	医院管理培训	台湾彰化基督教医院	
党办	罗克龙	2013-07-18—07-24	医院管理培训	台湾彰化基督教医院	

续表

科室	姓名	起止时间	进修学习内容	进修地点	备注
后勤管理处	安富德	2013-07-18—07-24	医院管理培训	台湾彰化基督教医院	
医保办	宋良春	2013-07-18—07-24	医院管理培训	台湾彰化基督教医院	
院办	张德宏	2013-07-18—07-24	医院管理培训	台湾彰化基督教医院	
白银分院	苏奋翔	2013-07-18—07-24	医院管理培训	台湾彰化基督教医院	
白银分院	贾明辉	2013-07-18—07-24	医院管理培训	台湾彰化基督教医院	
白银分院	徐国荣	2013-07-18—07-24	医院管理培训	台湾彰化基督教医院	
临夏分院	李昌瑞	2013-07-18—07-24	医院管理培训	台湾彰化基督教医院	
临夏分院	尤海鹰	2013-07-18—07-24	医院管理培训	台湾彰化基督教医院	
口腔颌面外科	胡永寿	2013-07-29—08-27	整形美容技术研修	韩国首尔	
口腔颌面外科	赵弼洲	2013-07-29—08-27	整形美容技术研修	韩国首尔	
中研院	潘文	2013-09-17—09-22	援外队员慰问团	马达加斯加	
院办	马忠祥	2013-10-12—10-31	公共卫生应急保障培训团	瑞典	
医务处	赵永强	2013-10-12—10-31	公共卫生应急保障培训团	瑞典	
内分泌科	张定华	2013-10-13—11-09	医师研修	台湾彰化基督教医院	
院办	李兴勇	2013-11-02—11-25	医院管理培训	美国南佛罗里达州	
院办	谢兴文	2013-11-02—11-25	医院管理培训	美国南佛罗里达州	
院办	赵继荣	2013-11-17—11-21	公立医院院长管理研讨班	香港	
院办	邱连利	2013-11-17—12-8	公共卫生服务体系培训班	美国	
耳鼻喉科	王中霞	2013-11-18—2014-05-13	医师研修	美国俄克拉荷马州	
脊柱骨科	蒋振兴	2013-11-18—2014-05-13	医师研修	美国俄克拉荷马州	
人事处	郑慧	2013-11-27—12-09	医院管理培训	台湾彰化基督教医院	

【国际交流合作】2011—2013年接待国（境）外来宾13批次，共63人，来访的国家和地区有丹麦、新西兰、韩国、美国、瑞士、乌克兰、西班牙等。

2012年3月9日，麻醉科与美国俄克拉荷马州州立大学医学中心进行远程视频教学。9月22日，由甘肃省中医药学会和甘肃省医学会麻醉专业委员会主办，医院承办的“2012中美（兰州）麻醉学术交流暨心肺复苏新理念培训班”，邀请美国俄克拉荷马州立大学医学中心麻醉学专家饶教授和查特教授来兰讲学。2013年11月30日—12月2日，韩国正统针灸学会会长、无极保养灸创始人金南洙一行6人来医院参观访问并参加“韩国无极保养灸疗中心”的挂牌仪式。

2013年3月10—29日，医院举办外籍学员中医针灸学习班。韩国正统针灸学会10名学员来院参加为期3周的中医针灸学习班，学习班采取讲座、示教、临床观摩等学习形式。9月14—15日，由中华中医药学会和韩国大韩韩医师协会主办，医院承办的第十七届中韩中医药学术研讨会暨第二届国际中西医学汇通论坛在兰州举行。中华中医药学会副会长吕玉波，国际部主任孙永章，韩国大韩韩医师协会会长金甲成，大韩韩医师协会韩方肥胖学会会长金昊俊，国家中医药管理局医政司医疗处处长邴媛媛，省卫生厅刘维忠、甘培尚等领导，参加了开幕式。

2011—2013年国（境）外来宾参观交流一览表

项目名称	姓名	起止时间	目的	国家或地区	备注
丹麦医学专家代表团	加斯帕·费劳瑞斯博士等3人	2011-02-22—02-23	参观访问	丹麦	
韩国釜山大学医学院代表团	韩荣榛、金花、Park SuHua等5人	2011-10-28	参观访问	韩国	
新西兰大卫·圣·乔治先生	1人	2011-11-01	参观访问	新西兰	
瑞士友人	丽莎1人	2012-04-26	参观访问	瑞士	
韩国SCL医疗卫生集团	金克宇、金泰镒、李宰容、尹明锡4人	2012-07-04	参观访问	韩国	
美国俄克拉荷马州立大学医学中心麻醉学专家	饶教授、查特教授2人	2012-09-22	学术讲座	美国	
韩国正统针灸学会	金南洙等一行6人	2012-11-30—12-02	参观访问、挂牌	韩国	
丹麦医学专家研修团	托本、丽莎贝斯、妮娜等10人	2013-02-27—03-01	参观、讲座、研修	丹麦	
韩国研修学员中医针灸学习班	金星男、李谨学、朴胎顺等10人	2013-03-10—03-29	研修学习	韩国	
西班牙东洋针灸教养学会	孙在同、玛丽安夫妇一行3人	2013-07-31	参观访问	西班牙	
乌克兰国立医科大学副校长一行	安东年科·玛莲娜,科沃尔奇客·奥力山大2人	2013-08-06	参观访问	乌克兰	
法国自由传统中医学院中医研修班学员	法国学员一行10人	2013-08-13	交流研修	法国	
第十七届中韩中医药学术研讨会	金申成、金昊俊一行6人	2013-09-14—09-15	学术研讨会	韩国	

【国内交流合作】从2013年开始，对外协作处承担部分接待国内来宾参观考察的工作，全年会同有关部门共接待来宾7批次，共59人。

2013年国内来宾参观交流一览表

项目名称	姓名	起止时间	目的	地区	备注
泰州市卫生局、市中医院考察团	泰州市卫生局局长徐洪涛、副局长陈圆桃、市中医院院长毛跃等一行4人	2013-10-16	考察交流	江苏省泰州市	
合作市卫生系统考察团	合作市副市长赵兵、卫生局局长徐朝阳一行14人	2013-10-19	参观交流	甘南州合作市	
上海合作组织(中国)传统医学促进会考察团	上海合作组织(中国)传统医学促进会执行主席贾其海、国家中医药管理局国际合作司项目官员陆烨鑫一行9人	2013-10-31	参观调研	北京、上海	
国家中医药管理局医政司中西医结合与民族医药处领导	国家中医药管理局医政司中西医结合与民族医药处处长赵文华一行3人	2013-11-14	调研指导	北京	
国家中医药管理局传统医药国际交流中心领导	国家中医药管理局传统医药国际交流中心主任黄振辉一行6人	2013-12-09	调研指导	北京	

续表

项目名称	姓名	起止时间	目的	地区	备注
宜兴市中医院考察团	江苏省宜兴市中医院院长毛端良，副院长尹鹤松、邵天容、吕建洪等一行11人	2013-12-11	参观交流	江苏省宜兴市	
永昌县中医院考察团	永昌县中医院院长陈永贤，副院长刘绍毅等一行12人	2013-12-11	参观交流	金昌市永昌县	

【援外医疗】2011—2013年，医院先后完成第十八批、十九批甘肃原马达加斯加医疗队共2名队员的选拔和派遣任务。李永升、田雁相继赴马达加斯加进行为期2年的援外医疗服务。2013年，田雁被甘肃省卫生厅评为优秀援外医疗队员。9月17—22日，省中医药研究院副院长潘文参加时任省政府办公厅周虎成巡视员、甘肃省卫生厅副厅长王晓明率领的慰问团，赴马达加斯加慰问我省第十九批援马医疗队队员。

2011—2013年援外医疗队情况一览表

批次	姓名	性别	医疗队地点	时间	备注
第十八批	李永升	男	昂布翁贝	2010.11—2012.12	省中研院人员
第十九批	田雁	女	昂布翁贝	2012.11	院办

【国内进修培训】2011—2013年共派出209名医护技及医院管理专业人员在国内各大医院、研究机构进修学习（3年分别为46、53、110人/次）。2013年12月，修订印发《甘肃省中医院职工外出进修学习管理办法》。

2011—2013年职工外出进修学习一览表

科室	姓名	起止时间	进修学习内容	进修单位	备注
心内科	康娟	2011-01-01—03-01	护理	广东省中医院	
急诊科	湛静	2011-01-01—03-01	护理	广东省中医院	
急诊科	马冰清	2011-01-01—03-01	护理	广东省中医院	
脊柱骨一科	白蕾琪	2011-01-01—03-01	护理	广东省中医院	
普外科	杨衍迪	2011-01-01—03-01	护理	广东省中医院	
ICU	赵静	2011-01-01—03-01	护理	广东省中医院	
十病区	刘欣	2011-02-01—04-02	护理	兰大一院	
普外科	赵铁华	2011-02-26—08-27	外科	第二军医大学长海医院	
眼科	慕明燕	2011-03-19—09-20	眼科	上海市第九人民医院	
超声心电科	陈梦雅	2011-04-02—07-03	超声影像技术	浙江大学附属医院	
脑病科	李清花	2011-04-04—06-05	脑病科康复专科护士培训	大连	
风湿骨病科	田雪梅	2011-04-04—10-05	骨科	北京大学第一医院	
十病区	许彩凤	2011-05-01—07-02	护理	兰大一院	
门诊部	周晟	2011-06-01—09-01	放射影像技术	广东省中医院	
针灸科	孙力	2011-06-01—09-01	针灸	广东省中医院	
肾病科	张新丽	2011-06-01—09-01	肾病	广东省中医院	
药学部	王磊	2011-06-01—09-01	药学	广东省中医院	
脑病科	张谦	2011-06-01—09-01	神经内科	广东省中医院	
老年病科	曹红霞	2011-06-01—09-01	老年病	广州南方医院	

续表

科室	姓名	起止时间	进修学习内容	进修单位	备注
呼吸科	史东静	2011-06-01—09-01	呼吸科	广州南方医院	
肿瘤科	倪红	2011-06-01—09-01	肿瘤科	广州南方医院	
名医工作室	王煜	2011-06-01—09-01	中医内科	广州南方医院	
放射科	贾润慧	2011-06-07—12-08	放射影像技术	北京大学第三医院	
普外科	汪佳明	2011-06-29—11-30	外科	天津南开医院	
麻醉手术科	王春爱	2011-06-20—08-21	英语强化培训班	西安外国语大学	
运动骨科	赵振文	2011-06-20—08-21	英语强化培训班	西安外国语大学	
护理部	张晓岚	2011-06-20—08-21	英语强化培训班	西安外国语大学	
检验科	张邦能	2011-06-20—08-21	英语强化培训班	西安外国语大学	
病理科	骆元斌	2011-06-20—08-21	英语强化培训班	西安外国语大学	
肿瘤介入科	王晨	2011-06-20—08-21	英语强化培训班	西安外国语大学	
内分泌科	张东鹏	2011-06-20—08-21	英语强化培训班	西安外国语大学	
老年病科	李东青	2011-07-01—09-01	ICU及急诊科护理	广东省中医院	
老年病科	姚小芳	2011-07-01—09-01	内分泌科护理	广东省中医院	
老年病科	郦雅珺	2011-07-20—09-21	心内科	广东省中医院	
老年病科	雷作汉	2011-07-20—09-21	内分泌科	广东省中医院	
老年病科	孙涛	2011-07-20—09-21	内分泌科	广东省中医院	
老年病科	张华丽	2011-07-20—09-21	脑病科	广东省中医院	
老年病科	曹希勤	2011-07-20—09-21	呼吸科	广东省中医院	
老年病科	李正军	2011-08-05—11-06	消化科	广东省中医院	
肿瘤介入科	黄邦荣	2011-09-13—12-14	肿瘤介入技术	东南大学附属医院	
骨科	李玉吉	2011-08-11—10-12	运动创伤	上海华山医院	
急诊科	吕娟	2011-11-03—12-04	急诊内科	兰大二院	
ICU	刘亚儒	2011-07-15—10-16	ICU护理	广东省中医院	
ICU	李春柳	2011-07-15—10-16	ICU护理	广东省中医院	
内分泌科	王莉惠	2011-07-15—10-16	护理	广东省中医院	
普外科	李剑	2011-12-02—02-03	外科护理	南京军区总医院	
十一病区	周瑞霞	2012-01-05—02-06	护理	南京军区总医院	
呼吸科	王兰娣	2012-02-27—03-28	呼吸科	广东省南方医院	
肿瘤介入科	王兰英	2012-02-27—03-28	肿瘤介入技术	广东省南方医院	
急诊科	钞建峰	2012-02-03—03-03	急诊内科	兰大二院	
妇科	许彩凤	2012-03-01—05-02	妇科	广东省中医院	
急诊科	陈弘	2012-03-01—04-01	急诊内科	兰大二院	
风湿骨病科	王智明	2012-03-08—05-09	针灸推拿	北京中医药大学针灸推拿学院	
院办	田雁	2012-03-09—09-10	第十九批援马医疗队预备队员培训班	省卫生厅出国人员培训班	
六病区	张金花	2012-03-15—06-16	护理	浙江省人民医院	
十二病区	程如意	2012-03-19—05-20	护理	甘肃省妇幼保健院	

续表

科室	姓名	起止时间	进修学习内容	进修单位	备注
药学部	张宏武	2012-03-19—09-20	药学	中国中医科学院西苑医院	
十二病区	纪蕊	2012-03-19—09-20	护理	甘肃省妇幼保健院	
十三病区	宋媛媛	2012-03-20—06-21	护理	浙江省人民医院	
药学部	姜玲艳	2012-03-21—09-22	药学	江苏省中医院	
疼痛科	李艳萍	2012-04-01—10-02	疼痛科	广州医学院第二附属医院	
ICU	李君霞	2012-04-23—10-24	心血管病科	北京阜外心血管病医院	
心内科	崔文建	2012-04-05—2013-04-06	心血管疾病介入诊疗中心	兰大一院	
妇科	刘迎萍	2012-05-21—11-22	妇科	甘肃省妇幼保健院	
急诊科	张海燕	2012-05-22—08-23	护理	浙江省人民医院	
麻醉科	张凌云	2012-06-17—08-18	英语强化培训班	西安外国语大学	
耳鼻喉科	王中霞	2012-06-17—08-18	英语强化培训班	西安外国语大学	
普外科	贺彩东	2012-06-17—08-18	英语强化培训班	西安外国语大学	
医保处	刘叶荣	2012-06-17—08-18	英语强化培训班	西安外国语大学	
骨科	陈杰	2012-06-17—08-18	英语强化培训班	西安外国语大学	
呼吸科	安玉芬	2012-07-01—10-02	呼吸科	北京中日友好医院	
泌尿外科	潘志强	2012-07-01—10-02	泌尿外科	广州中医药大学附属一院	
关节骨科	汪俊红	2012-07-16—2013-7-17	骨科	北京积水潭医院进修	
急诊科	薛雅娟	2012-08-01—2013-02-02	急诊科	第四军医大西京医院	
放射影像科	张晓明	2012-08-01—2013-02-02	放射影像技术	首都医科大学附属友谊医院	
内分泌科	史晓伟	2012-08-05—12-06	内分泌科	上海市中西医结合医院	
内分泌科	王晓晖	2012-09-01—12-02	内分泌科	上海市中西医结合医院	
急诊科	曹宏丽	2012-09-01—12-02	护理	首都医科大学附属北京朝阳医院	
手术室	王玥	2012-09-01—11-02	护理	重庆第三军医大学西南医院	
康复科	胥文娟	2012-09-01—2013-02-02	康复医学	江苏省人民医院	
肛肠科	吴世铖	2012-09-03—2013-02-04	肛肠科	上海长海医院	
肿瘤介入科	黄邦荣	2012-10-24—2013-10-25	肿瘤介入技术	甘肃省肿瘤医院	
十五病区	李小爱	2012-09-01—12-02	康复医学培训	无锡市中国康复学会江苏康复医学培训中心	
手术室	安玉玲	2012-10-01—11-02	护理	兰大一院	
十病区	潘婷	2012-11-01—2013-11-02	护理	中国医学科学院阜外心血管医院	
ICU	王宇馨	2012-11-01—2013-01-02	护理	兰大一院	
二病区	张燕琴	2012-11-01—2013-01-02	护理	兰大一院	
三病区	李桂桂	2012-11-01—2013-01-02	护理	兰大一院	
六病区	张金花	2012-11-01—2013-01-02	护理	兰大一院	
九病区	陈粹	2012-11-01—2013-01-02	护理	兰大一院	
十三病区	尹晓慧	2012-11-01—2013-01-02	护理	兰大一院	

续表

科室	姓名	起止时间	进修学习内容	进修单位	备注
十六病区	白蕾琪	2012-11-01—2013-01-02	护理	兰大一院	
七病区	杨珺	2012-11-01—2013-01-02	护理	兰州军区总医院	
十病区	康娟	2012-11-01—2013-01-02	护理	兰州军区总医院	
十二病区	程如意	2012-11-01—2013-01-02	护理	兰州军区总医院	
十一病区	李剑	2012-11-01—2013-01-02	护理	兰州军区总医院	
手术室	李文娟	2012-11-01—2013-01-02	护理	兰州军区总医院	
十五病区	刘晓霞	2012-11-01—2013-01-02	护理	甘肃省人民医院	
急诊	湛静	2012-11-01—2013-01-02	护理	甘肃省人民医院	
脾胃病科	李生财	2012-12-01—2013-03-02	消化内镜专科医师培训	上海中华消化内镜学会消化内镜专科医师培训班	
ICU	蒋媛媛	2012-12-03—2013-03-21	重症医学专业护理	浙江省人民医院	
眼科	苏莉	2012-12-26—2013-03-26	眼科	解放军总医院	
ICU	杜雨津	2013-01-01—03-31	重症医学专业护理	浙江省人民医院	
妇科	田莉	2013-01-01—06-30	妇科	甘肃省妇幼保健院	
ICU	乔娇	2013-01-15—04-15	ICU 护理	省人民医院	
泌尿外科	贾云鹏	2013-02-25—09-06	泌尿外科	解放军301总医院	
普外科	刘强光	2013-03-01—2014-04-01	普外科	南京军区总医院	
放射影像科	马建科	2013-03-08—10-20	影像诊断科	北京宣武医院	
儿科	李冬梅	2013-03-08—08-31	儿科	西安市儿童医院	
康复科	杨江霞	2013-03-11—09-16	康复培训	无锡同仁(国际)康复医院培训中心	
康复科	胥文娟	2013-03-11—06-11	康复培训	无锡同仁(国际)康复医院培训中心	
康复科	侯娟	2013-03-11—06-11	康复培训	无锡同仁(国际)康复医院培训中心	
体检中心	王玉珠	2013-03-11—06-11	健康体检	广州市职业病防治院	
体检中心	吴全人	2013-03-11—03-22	健康体检	广州市职业病防治院	
体检中心	王玉兰	2013-03-11—03-22	健康体检	广州市职业病防治院	
检验科	田卫花	2013-03-11—03-22	医学检验	北京协和医院	
肿瘤血液科	李兴	2013-03-11—06-11	肿瘤血液病	北京中医药大学东直门医院	
九病区	高振鸿	2013-03-11—06-11	消化科、脾胃病科护理	兰州大学第二附属医院	
脾胃病科	武正权	2013-03-11—05-11	消化科、脾胃病科	兰州大学第二附属医院	
放射影像科	唐治	2013-03-18—04-18	放射影像技术	江苏省中医院	
放射影像科	张晓明	2013-03-18—04-02	放射影像技术	江苏省中医院	
放射影像科	王华	2013-03-18—04-02	放射影像技术	江苏省中医院	
放射影像科	陈晓飞	2013-03-18—05-18	放射影像技术	江苏省中医院	
放射影像科	汪新竹	2013-03-18—04-18	放射影像技术	江苏省中医院	
放射影像科	孟建繁	2013-03-18—04-02	放射影像技术	江苏省中医院	
放射影像科	贾有福	2013-03-18—04-18	放射影像技术	江苏省中医院	

续表

科室	姓名	起止时间	进修学习内容	进修单位	备注
脑病科	万秋燕	2013-03-18—06-19	神经内科护理	兰州军区总医院	
神经外科	杨勇	2013-03-19—2014-03-19	神经外科	兰州大学第二附属医院	
心内科	李永忠	2013-03-30—06-30	心内科	西安交大附属医院	
药学部	王红丽	2013-03-31—2014-03-31	药学	上海交大医学院附属新华医院	
ICU	普丽	2013-04-01—06-30	重症医学专业护理	浙江省人民医院	
妇科	杜敏	2013-04-01—05-31	妇科	山东中医药大学附属医院	
城关门诊部	肖国民	2013-04-01—09-30	推拿针灸科	上海中医药大学附属岳阳中西医结合医院	
肺病科	金海浩	2013-04-01—06-31	呼吸科	兰州大学第二附属医院	
十六病区	白蕾琪	2013-04-08—05-31	骨科护理	佛山市中医院	
ICU	王宇馨	2013-04-08—05-08	脑病科护理	佛山市中医院	
脊柱骨一科	张燕琴	2013-04-08—05-08	骨科护理	北京广安门医院	
十三病区	尹晓慧	2013-04-08—05-08	骨科护理	北京广安门医院	
放射影像科	靳金龙	2013-04-18—05-18	放射影像技术	江苏省中医院	
急诊科	张丽娟	2013-05-02—06-02	护理	兰大一院	
六病区	杨晓芳	2013-05-02—06-02	护理	肿瘤医院	
八病区	刘秀芳	2013-05-06—06-06	护理	陆军总院	
急诊科	柴守范	2013-05-06—2013-08-01	内科ICU	兰州大学第二医院	
手术室	刘瑨	2013-05-06—08-06	手术室护理	兰州大学第二医院	
急诊科	曹宏丽	2013-05-20—07-19	护理	省人民医院	
针灸科	赵霞	2013-06-02—08-10	英语强化培训班	西安外国语大学	
药剂科	程晓华	2013-06-02—08-10	英语强化培训班	西安外国语大学	
超声心电科	强群	2013-06-02—08-10	英语强化培训班	西安外国语大学	
康复科	柳直	2013-06-02—08-10	英语强化培训班	西安外国语大学	
D座5病区	刘春雨	2013-06-02—08-10	英语强化培训班	西安外国语大学	
放射影像科	陈晓飞	2013-06-02—08-10	英语强化培训班	西安外国语大学	
手足微创骨科	赵萍	2013-06-02—08-10	英语强化培训班	西安外国语大学	
骨伤病研究所	周明旺	2013-06-02—08-10	英语强化培训班	西安外国语大学	
关节骨二科	吴锦秋	2013-06-02—08-10	英语强化培训班	西安外国语大学	
设备科	张磊	2013-06-02—08-10	英语强化培训班	西安外国语大学	
儿科	原睿	2013-06-02—08-10	儿科	河南中医学院附属一院	
院办	朱琳	2013-06-02—06-22	伦理评估	北京广安门医院	
十病区	刘玉霞	2013-06-03—09-30	ICU护理	北京阜外医院	
十病区	郭红红	2013-06-03—08-25	心血管外科	北京阜外医院	
放射影像科	周晟	2013-06-03—06-18	放射影像技术	江苏省中医院	
血液净化中心	魏淑兰	2013-06-24—08-23	急诊血液净化护理	省人民医院	

续表

科室	姓名	起止时间	进修学习内容	进修单位	备注
肾病科	丁文君	2013-07-01—2014-01-31	肾病科	广州中山大学附属第一医院	
消化科	武正权	2013-07-01—2014-01-31	消化科	上海长海医院	
手术室	李文娟	2013-07-01—08-25	护理	北京协和护理学院	
儿科	周黎黎	2013-07-01—12-31	儿科	成都市妇女儿童中心医院	
妇科	屈红	2013-07-01—07-31	生殖技术	省妇幼保健院	
超声心电科	吕永鑫	2013-07-03—12-03	超声影像技术	北京301医院	
外四科	刘明	2013-08-12—2014-08-21	胸外科	中国医学科学院肿瘤医院	
药学部	刘高宏	2013-08-28—09-28	制剂	北京301医院	
创伤骨一科	刘红喜	2013-08-26—09-26	骨科高级医师培训	北京积水潭医院	
外一科	许佳	2013-09-01—2014-02-28	护理	南京军区南京总医院	
骨肿瘤科	李晶	2013-09-01—12-01	肿瘤科	北京中国中医科学研究院广安门医院	
创伤骨二科	张文贤	2013-09-01—2014-09-01	关节创伤	北京积水潭医院	
外周血管病介入科	黄邦荣	2013-09-01—2014-02-28	肿瘤科	北京中国中医科学研究院广安门医院	
放射影像科	王闻奇	2013-09-01—10-01	放射影像技术	华西医院	
放射影像科	贾润慧	2013-09-01—10-01	放射影像技术	华西医院	
放射影像科	张倩	2013-09-01—10-01	放射影像技术	华西医院	
放射影像科	朱自洵	2013-09-01—10-01	放射影像技术	华西医院	
脑病科	曹骅	2013-09-02—2014-02-28	急诊介入	北京天坛医院	
老年病科	王天宝	2013-10-07—12-31	针灸科	上海中医药大学附属岳阳中西医结合医院	
消毒供应中心	马彩云	2013-10-08—2014-01-11	消供中心	北京友谊医院	
针灸科	蒋花	2013-11-04—2014-04-30	风湿病科	兰大二院	
急诊骨科	邢涛	2013-11-04—2014-04-30	骨科	佛山市中医院	
消毒供应中心	孙瑜	2013-11-08—12-08	消供中心	北京友谊医院	
药学部	程晓华	2013-11-11—2014-02-14	中药	首都医科大学附属北京中医医院	
门诊部	苗凤花	2013-11-19—2014-02-01	妇科护理	广东省中医院	
外一科	唐锐	2013-11-11—2014-01-17	英语强化培训班	西安外国语大学	
病理科	顾立萍	2013-11-11—2014-01-17	英语强化培训班	西安外国语大学	
康复科	徐秀梅	2013-11-11—2014-01-17	英语强化培训班	西安外国语大学	
脑病科	李清花	2013-11-11—2014-01-17	英语强化培训班	西安外国语大学	
检验科	查成喜	2013-11-11—2014-01-17	英语强化培训班	西安外国语大学	
妇科	马晓莹	2013-11-18—2014-02-17	妇科护理	广东省中医院	
手术室	刘惠玲	2013-11-15—2014-02-17	手术室护理	广东省中医院	
药学部	张晓明	2013-11-12—2014-02-18	中药	广东中医药大学第一附属医院	

续表

科室	姓名	起止时间	进修学习内容	进修单位	备注
药学部	张承军	2013-11-12—2014-02-18	中药	广东中医药大学第一附属医院	
儿科	樊彩娥	2013-11-18—2014-02-18	儿科	广东省中医院	
药学部	葛新春	2013-11-18—2014-02-18	中药	广东省中医院	
ICU	梁玉洁	2013-11-30—2014-05-30	ICU	北京阜外医院	
放射影像科	汪新柱	2013-11-21—2014-02-21	放射影像技术	北京积水潭医院	
放射影像科	朱小忠	2013-11-21—2014-02-21	放射影像技术	北京积水潭医院	
放射影像科	梁改琴	2013-12-01—2014-03-01	放射影像技术	中国人民解放军白求恩医院	
医务处病案室	刘旭琴	2013-12-01—2014-03-01	档案管理	南方医科大学南方医院	
E5病区	陆立芳	2013-12-01—2014-03-01	康复护理	上海龙华医院	
脑病科	杨春林	2013-12-02—2014-03-04	神经内科护理	广东省中医院	
脑病科	李西兄	2013-12-02—2014-03-04	康复科护理	广东省中医院	
心内科	杨珺	2013-12-02—2014-03-04	心内科护理	广东省中医院	
脊柱骨二科	邓强	2013-12-02—2014-02-28	骨科	北京望京医院	
儿骨儿内科	白会玲	2013-12-29—2014-02-28	儿科骨科护理	西安西京医院	
肛肠科	吴双红	2013-12-29—2014-02-28	消化科护理	西安西京医院	
护理部	郭秀珍	2013-12-29—2014-02-28	护理	西安西京医院	

2011—2013年，组织医院职工参加丹麦医学专家专题讲座4场，韩国正统针灸学会会长、无极保养灸创始人金南洙专题讲座1场。组织召开赴国（境）外人员研修学习报告会3场。2012—2013年，举办英语口语培训班，聘请新西兰籍外教斯蒂文·童任教，每期10周，共举办4期，学员共78人。

【对口支援工作】2011—2013年，医院积极开展城乡医院对口支援工作，先后派出3批50名队员分赴古浪、民勤、岷县、陇西、通渭等县乡开展为期1年的支农工作。开展门诊、查房、带教、讲座、培训、义诊、开展中医适宜技术、参与指导医院管理等形式的帮扶。3年共接收对口支援医院的进修人员41名，2012年免费为对口支援医院培养小针刀技术和中医正骨手法技术人才3名。2012年医院被卫生部、国家中医药管理局、总后勤部卫生部评为全国“城乡医院对口支援工作先进集体”。

2012年5月10日，驻岷县支农队员赴岷县灾区开展医疗救援工作。

2011年万名医师支援农村卫生工程医疗队一览表

2011年3月—2012年3月

序号	姓名	性别	职称	医疗队驻点	备注
1	徐玉德	男	医师	古浪县中医院	
2	申建军	男	主治医师	古浪县中医院	
3	古秋莉	女	主管药师	古浪县中医院	
4	陈　杰	男	主治医师	古浪县中医院	队长
5	李晨旭	男	医师	合作市人民医院	
6	陈志龙	男	主治医师	民勤县中医院	队长
7	郑倩君	女	主管护师	民勤县中医院	

续表

序号	姓名	性别	职称	医疗队驻点	备注
8	贾文芳	女	主管护师	民勤县中医院	
9	李　岩	男	医师	民勤县中医院	
10	柳　直	男	主治医师	民勤县中医院	
11	陈玉庆	女	主治医师	岷县中医院	
12	杨　峰	男	主治医师	岷县中医院	
13	陈　弘	男	主治医师	岷县中医院	
14	温剑涛	男	主治医师	岷县中医院	队长
15	严宛鸿	女	医师	榆中县医院	

2012年万名医师支援农村卫生工程医疗队一览表

2012年3月—2013年3月

序号	姓名	性别	职称	医疗队驻点	备注
1	李　岩	男	主治医师	古浪县中医院	队长
2	张　锐	男	医师	古浪县中医院	
3	程　娟	女	医师	古浪县中医院	
4	焦正花	女	主管药师	古浪县中医院	
5	高天虹	女	主管护师	古浪县中医院	
6	刘　明	男	医师	民勤县中医院	
7	刘强光	男	医师	民勤县中医院	队长
8	曹发文	男	医师	民勤县中医院	
9	靳金龙	男	医师	民勤县中医院	
10	吕江宏	女	主管护师	民勤县中医院	
11	朱晓铭	男	主治医师	岷县中医院	队长
12	王亦山	女	医师	岷县中医院	
13	张文贤	男	主治医师	岷县中医院	
14	吕永鑫	男	医师	岷县中医院	
15	唐　治	男	主治医师	岷县中医院	
16	王玉兰	女	主管护师	岷县中医院	

2013年万名医师支援农村卫生工程医疗队一览表

2013年3月—2014年3月

序号	姓名	性别	职称	医疗队驻点	备注
1	王玉泉	男	主治医师	陇西县中医院	
2	张凌云	男	主治医师	陇西县中医院	队长
3	丁玉萍	女	主管护师	陇西县中医院	

续表

序号	姓名	性别	职称	医疗队驻点	备注
4	付金钰	女	主管护师	陇西县中医院	
5	邵　亚	女	医师	陇西县中医院	
6	王发娟	女	主管护师	陇西县中医院	
7	黄宗涛	男	医师	陇西县中医院	
8	王亚伟	男	主治医师	民勤县中医院	
9	闫　宁	女	医师	民勤县中医院	
10	张　普	男	医师	民勤县中医院	
11	徐　进	男	医师	民勤县中医院	
12	连　琯	男	医师	民勤县中医院	队长
13	唐晓栋	男	医师	通渭县中医院	
14	李　栋	男	医师	通渭县中医院	
15	沈　涛	男	主管中药师	通渭县中医院	队长
16	潘志强	男	医师	通渭县中医院	
17	孟庆鑫	男	医师	通渭县中医院	
18	杨　莉	女	医师	通渭县中医院	
19	赵新华	女	主管护师	通渭县中医院	

2011年6月始，医院落实省卫生厅卫生援藏工作意见，对口支援甘南州藏医药研究院附属医院。先后选派柳永明、程涛挂职甘南州藏医药研究院附属医院院长助理。11月，医院捐赠甘南州藏医药研究院附属医院价值32275元的电脑、病房用被褥，支持其开展电子病历工作，改善患者住院条件。免费接收该院进修人员2名。在援藏干部积极建议和帮助下，甘南州藏医药研究院附属医院于2012年5月成立了融合藏医、中医适宜技术的“外治中心”，王海东、张洪涛主任应邀参加外治中心义诊活动，免费为其培养小针刀和中医正骨手法技术人员3名。

2013年省卫生厅开展对甘南全州县以上医院重症监护室的专项建设工作，医院对口支援临潭县第一人民医院，建设周期从2013年7月—2014年底。医院选派重症医学科苟占彪、南英姬对口支援，开展培训讲座近20次，带教当地医护人员学习掌握各种监护抢救设备的使用方法，使其能独立开展工作。按照省卫生厅要求，帮助临潭县医院监护室选址建设、人员培训、设备调试等工作。

2011—2013年对口支援藏区医疗队员一览表

序号	姓名	性别	职称	对口支援医院	时间	备注
1	柳永明	男	副主任医师	甘南藏医药研究院	2011.6—2012.6	挂职干部
2	程　涛	男	主治医师	甘南藏医药研究院	2013.3.20—2014.3.20	
3	苟占彪	男	主治医师	临潭县第一人民医院	2013.6.30—2013.12.31	
4	南英姬	女	护师	临潭县第一人民医院	2013.6.30—2013.12.31	

2011—2013年对外协作处负责人

对外联络部

主　任（副处级）刘梦华　2009年5月任，2010年4月止

对外联络培训部

主　任（副处级）刘梦华　2010年4月任，2011年2月止

对外协作处

处　长（副处级）刘梦华　2011年2月任

（撰稿　马永鹏）

宣传处

【医院宣传】2011年，完成国家中医药知识宣传普及复查团检查工作。整理了医院2008年以来所有中医药科普知识宣传方面的资料，制定了科普宣传方案，制作了中医药知识宣传展板、宣传画册等。统一更换了门诊大厅、取药大厅、病区标识牌800多块，制作医院文化墙600多平方米，更换医院宣传栏48块，制作各科室各种宣传牌、宣传展板300多块。在《中国中医药报》上发稿20余篇，撰写了6000多字的纪实性稿件《弘扬中医药文化　提升医院软实力》，并在12月1日《中国中医药报》第8版刊发，全面宣传了医院文化建设成果。《甘肃日报》刊发报道医院重大活动稿件6篇，图片新闻2篇。在甘肃电视台、兰州电视台播发医院新闻7条。在《中国卫生画报》《甘肃经济日报》《现代护理报》《兰州晨报》《兰州晚报》刊发各类报道30余篇。将医院大型活动新闻在人民网、新华网、中国新闻网、中国广播网、中国甘肃网、甘肃新闻网、每日甘肃网、省卫生厅网等网络媒体刊发。配合组织评选了全省“我最喜爱的健康卫士”活动。在《甘肃日报》卫生与健康栏目刊发5期我院专家专访，普及了中医药知识。组织编写了137.5万字的《常见病的中医预防调护》系列丛书（共8本），由甘肃文化出版社出版发行。

2012年，在《健康报》刊发稿件3篇，在《中国中医药报》上刊发我院骨科专版1次，报道28篇。在《现代护理报》上刊发医院报道24篇。在《甘肃日报》上刊发医院报道13篇。在《甘肃经济日报》上刊发医院报道6篇。在甘肃省电视台、甘肃人民广播电台、兰州电视台、兰州交通广播电台播放医院消息16次。在《甘肃法制报》《兰州晨报》《兰州晚报》《西部商报》《鑫报》等媒体报道医院活动30多篇次。主动深入各临床科室，采写和宣传我院专家专科，并在兰州晨报健康周刊刊发专刊20期。在医院外网撰写和发布新闻稿件80余篇，在省卫生厅网站上转发我院各类报道150余篇。陈春丽和郑访江被中国中医药报社评为2011年度“优秀通讯员”，1人被现代护理报社评为优秀特约记者。配合北京睿虎公司进行医院logo和VI设计工作，及时更换制作医院各个科室的宣传品及宣传牌。完成医院的文件、报纸、杂志的收发工作。完成2013年医院各科室报刊纸、杂志征订的统计工作。完成医院各类活动的摄影摄像工作120场次。参与“双联”行动，多次宣传报道医院“双联”工作的开展情况。结合医院开展的“三好一满意”“医德医风”“创先争优”活动，大力宣传医院先进人物，先后采写“雷锋就在我身边”系列报道20余篇。配合医务处处理医疗纠纷的对外舆论发布和控制。根据省医药卫生文化促进会《关于举办全省“健康所系——我的一天”有奖征文活动的通知》精神，开展“健康所系——我的一天”有奖征文活动，并评出一、二、三等奖和优秀奖，12件优秀作品上报省医药卫生文化促进会参与评奖。参与省卫生厅健康传播作品有奖征集活动，报送健康传播作品12件。

2013年，在《健康报》《中国中医药报》上刊发医院新闻近10篇、消息34篇；在《甘肃日报》《现代护理报》《甘肃经济日报》《甘肃工人报》《兰州晨报》《兰州晚报》《西部商报》等媒体刊发报道50余篇。在中央电视台新闻频道、甘肃卫视、甘肃公共频道等多家电视媒体播出新闻13条、专访1个。采写和宣传医院专家专科，在医院官方网站发布新闻报道130余篇，在省卫生厅网站转发医院各类报道250余篇。在《每日甘肃》《人民网》《新华网》《中国新闻网》等的网站发布医院新闻近50篇。完成医院人民网微博更新、维护，发布微博200余条。完成了“7·22”岷县、漳县地震医院医疗队救援新闻报道，联系甘肃卫视完成医疗系统抗震救灾院长专访节目，联系甘肃公共频道为医院入住的15名伤员每人捐赠800元现金和价值200元的营养品。跟踪报道抗震救灾先进事迹，在中国中医药报、健康报、甘肃各大媒体共发稿67篇。采写“雷锋就在我身边”系列报道20篇。陈春丽被中国中医药报社评为2012年度“优秀通讯员”，被省卫生厅评为2012年度“全省卫生系统优秀通讯员”。重新设计医院院徽、新门诊大楼的标示标牌，制作新门诊大楼的临时标牌4000余个。更换住院部C、D、E座科室简介、科室牌、床头牌800多个。完成全院各类宣传展板、折页、横幅等宣传品的制作。完成医院文件、书报、杂志的收发征订工作。配合医务处完成医疗纠纷处理的对外舆论发布。

【医院文化】2011年，认真开展“创先争优”活动。制定了医院创建“全国无烟医院”控烟管理方案，出台了控烟考评奖惩制度，制作张贴了2000多条（块）控烟标识，举办创建“无烟医院”启动仪式，举办了戒烟技能培训班，每月不定期组织控烟小组对全院各科室进行控烟督导。7月，迎接了卫生部创建无烟医院督查组的检查。医院被中华中医药学会授予全国“先进无烟中医医院”荣誉称号。组织排练了文艺节目小品《职责》、音诗画《护士之歌》，参加了全院庆祝建党90周年文艺演出。两个节目在全省卫生系统文艺调演中荣获二等奖，医院被省卫生厅、省文化厅授予全省卫生系统文艺调演“优秀组织奖”。搜集整理了我院自建院以来三个阶段的65名“名中医药专家”和历任院领导的图片文字资料，编印了《陇中杏林撷英》画册；整理了我院十大首席专家和古代十大名医资料，并制作成文化墙。2011年医院被国家中医药管理局授予“全国中医药文化建设先进单位”荣誉称号。

2012年，结合医院三甲复评工作，完成了第二批雕塑医仙封衡、医圣张仲景、药圣李时珍、神医华佗、骨伤名医郭均甫等的设计、招标、配文、安装及专利申请工作，通过制作医院文化雕塑广场提升了医院人文环境。成功承办了全国中医药标志性文化内涵学术交流会。医院院徽被评为全国中医药标志性优秀文化作品一等奖。重新编印了《员工手册》，编印《中国传统文化核心价值观经典读本》《甘肃省中医院中医药标志性文化作品集》等文化宣传册。制作了反映医院发展的电视专题片《苍生大医写春秋》。医院被省卫生厅、省精神文明办评为“全省卫生行业精神文明建设先进单位”，孙援朝、舒劲荣获“全省卫生行业精神文明建设先进个人”荣誉称号。

2013年，完成门诊医技综合大楼的雕塑及浮雕设计、制作、安装；举办了职工摄影展；制作了庆祝建院60年贺岁片《风骚独领一甲子》；话剧《沈为众的一天》获得了省卫生系统2013年文艺调演一等奖；举办医院建院60周年文艺晚会。配合党办制作中医药知识宣传板、健康科普知识文化栏、各类宣传栏500多块；编撰纪念建院60周年的画册《岐黄之路》，图书《媒介视线》。

【院报编辑】2011年，采编印发了《院报》5期。并将《院报》原来的四个版面改（扩）版为要闻、综合新闻、教研平台、项目建设、名医风采、护理园地、医技动态、杏林文化等8个版面。在原发行渠道的基础上，增加了院报发行数量，每期院报发送至省卫生厅机关各处室、卫生系统各直属单位、全国院报协会成员单位、全省各地州市中医院、全院所有职工、门诊就医患者和住院患者等，进一步扩大了医院的社会影响力。

2012年，全年编辑印刷院报12期，编辑文字26万多字，图片120余张。在省卫生厅院刊院报评比活动中，医院院报被评为“全省卫生系统院报院刊评比二等奖”。

2013年，全年编辑印刷院报12期，编辑文字36万多字，图片150余张。

【中医文化节】2011年，举办了医院第二届中医文化节，编制反映医院文化的新年台历和手提袋。12月6日，医院举行了甘肃省中医院中医文化节开幕式及系列活动。省人大常委会副主任崔玉琴，省政协副主席侯生华、栗震亚，省政府副秘书长张正锋和省卫生厅、省发改委、省财政厅、省住建厅、省国土资源厅、省文化厅、省中医药管理局等单位的领导和代表出席活动。省政府副秘书长张正锋代表咸辉副省长到会祝贺并做了讲话。省人大常委会副主任崔玉琴正式启动省中医院中医文化节。系列活动由医院画册《精诚至善》和《陇中杏林撷英》首发式、医院文化传承广场塑像群和名中医工作室揭幕、职工住宅楼开工奠基、干部病房和消毒供应中心装修落成投入使用、医院骨伤手法治疗和经典名方大赛、新入院员工宣誓仪式以及全国中医文化建设先进单位、甘肃省传统医学疑难病诊疗中心、国家重点专科骨伤科、国家级名中医工作室、医院65位名医药专家和中华中西医结合学会11名突出专家的授牌仪式组成。中医文化传承广场主题雕塑位于医院中央花园内，总占地3000余平方米，六组雕塑分为两部分，即文化传承广场和古代名医广场。雕塑群由医院曾任院长张汉祥和著名院长张涛清，以及伏羲创八卦、神农尝百草、黄帝问道、皇甫行针和悬壶济世等组成。

信息科

2011年2月，信息科由原来独立建制改为隶属宣传处。完成全院运行服务器的检查和维护工作。拆除UPS电池组，将不间断电源间改为维修工作间。解决HIS服务器不定期重启故障。接入铁路医保服务器，纳入HIS系统统一管理。完成HIS软件的升级工作，完成数据迁移及系统安装工作，对病区内网计算机逐台升级软件。举办HIS操作培训班13批，培训158人。在全院安装合理用药支持系统，进行相关培训。为城关门诊部、省委门诊部、干部病房铺设网络，配置医院内网系统。新铺设内网信息点73个、外网信息点86个。做好取药机的调试、测试、改进工作。完成检验血库系统调试、验收工作。完成医院外网域名申请工作。开通医院人民网微博。制作医院触摸屏导医台。制作医院网上报修系统，对设备维修过程中维修部门响应速度实行过程监督，绘制医院网络拓扑图，为日常网络维护检修提供资料。自主设计时钟程序、抽号程序、核算效益工作程序、内网系统GHOST盘、外网系统程序等。调整门诊医技综合楼机房装修、配置方案。调研、设计规划新机房装修、走线、设备配置、环境建设方案。在全院安装赛门铁克杀毒软件，统一部署全院网络安全策略，限制大流量软件在网络运行，提高全院网络办公效率。11月25日，成功举办甘肃省首届计算机知识竞赛。做好全院计算机硬件维修、网络故障处理、HIS操作指南等日常维护工作。全年维修计算机约2400台，处理网络故障1200余次，HIS系统操作指导约3000余次。定期升级院内网上图书馆。顺利完成医院信息系统日常维护工作。

2012年，积极寻求解决网络带宽窄、网络办公速率慢等问题。通过多方专家论证医院机房建设、硬件装备、软件建设方案。对全院电脑进行普查，通过规范计算机名、IP地址、MAC地址、使用人，逐一对电脑贴标签等方法，加强对医院电脑的管理。完成服务器日常保养维护工作。规范信息化制度。规定值班人员每天必须对服务器运行环境、运行状态进行检查，登记日常维护记录。完成防统方软件的安装、调试、测试和医院HIS系统的接口等。制作医院信息查询系统、中研院科技查新系统，医院新网站，医院廉政风险防控系统等。调整机房装修、配置方案，设计规划新机房装修、走线、设备配置、环境建设方案。完成全院计算机硬件维修、网络故障处理、HIS操作指南等日常维护工作。全年维修计算机约2320台，处理网络故障3180余次，HIS系统操作指导约16400余次。

2013年，信息机房和硬件建设基本完成。完成移动无线网络（WLAN）全院范围部署和覆盖。举办第二届计算机知识竞赛。申请发明专利“空调自启动装置”。完成市医保实时结算接口的开发。获准成立了中西医结合学会中医信息专业委员会。新网站投入使用。完成医信通平台开发，完成与HIS联调，并投入使用。配合兰雅公寓搬迁，重新整理医院图书馆图书，分类打包各类图书561箱。完成全院网络割接。完成信息系统和信息科搬迁工作。完成全院计算机硬件维修、网络故障处理、HIS操作指南等日常维护工作。2013年，发放电脑215台，维修计算机约2860台，处理网络故障3520余次，HIS系统操作指导约13200余次。完成医院信息系统日常维护工作。全年网络布线费35598元，维修材料费16896元。

2011—2013年宣传处负责人

宣传科

副科长（副科级）田　军　2010年12月任，2011年2月止

宣传处

处　长（副处级）陈春丽　2011年2月任

副处长（副科级）李贵臻　2011年2月任，2012年5月止

副处长（副科级）田　军　2011年2月任，2012年5月止

副主任（副科级）王晓蓉　2012年5月任，2012年9月止

信息科

科　长（正科级）李贵臻　2012年5月任

副科长（副科级）李贵臻　2011年2月兼任，2012年5月止

副科长（副科级）李贵臻　2010年2月任，2011年2月止

副科长（副科级）刘莉莉　2012年5月任

（撰稿　马永鹏）

医疗保险处

2011年，加强处室内部管理，进一步提高服务能力。大力开展优质服务活动，在结算窗口公布医保咨询电话。狠抓内部管控，控制医保费用不合理增长。制订印发《甘肃省中医院医保费用控制管理办法（试行）》（以下简称《办法》），《办法》从普通定额控制、单病种及特殊诊疗项目管理和高值耗材的使用等方面做出了规定。制定完善了医保病历质量控制管理办法、外伤患者登记制度。建立了医保病历审核登记制度。进一步严格血液制品、蛋白类制品的审批程序、转外就医规定。重新制作了医保患者入出院流程图。对各级医保局检查、病历审核中发现的问题，以及医保处在检查、病历审核、结算等环节中发现的问题，通过医院OA系统和

每月全院干部会进行通报。完成铁路医保药品、耗材以及诊疗项目对码工作。完成新农合HIS接口。1—11月，全院住院结算18504人次，其中医保患者8680人次，占46.9%，医保患者住院总费用8131.8万元，人均住院费为9368元，较上年有所下降。医保超支扣除业务收入合计108万元。医院被评为2010年度兰州市医疗保险定点医疗机构先进单位，被兰州市医保局评定为医疗保险A级定点医疗机构。

2012年，狠抓内部管控，控制医保费用不合理增长。重点加强白蛋白的审批使用，严格掌握部分药品适应证，规范计费等方面的管理。进一步细化了医保病历质量控制管理办法、外伤患者登记制度。3月底，出台了《甘肃省中医院医保患者使用高值材料的管理办法》。根据兰州市调整定额的精神，对我院内部控制定额标准及时进行调整，对临床各科室运行过程中出现的医保问题，通过参加科室交班和单独约谈的方式，与主管医生和科室主任共同分析、查找出现问题的原因，避免同类问题再次发生。2011年12月—2012年11月，全院结算医保患者11856人次，较上年增长36.8%，医保患者住院总费用11346.7万元，人均住院费为9570元，较上年增长2.16%，患者自付比率为26.8%，较上年下降1%。3月与榆中县医保局签订定点医疗机构服务协议，对兰州辖区范围内的所有职工、城镇居民实行直接结算。为铁路系统、电力系统及周边市、州、县的定点医疗机构和职工、居民及全省新农合住院患者提供费用审核及协查服务。完成直接结算报表上报工作。接受各医保局的监督检查，及时协调解决检查中发现的问题，减少了医院医保扣款。完成铁路医保联网直接结算工作的网络专线、HIS系统接口。实现与新农合省级平台联网，23种重大疾病可以直接结算。

2013年，参加省、市医保局的各类业务培训会议，掌握新政策和业务技能知识，业务管理技能不断提高。定期召开科室会议，组织全科人员学习医保、新农合等医保政策。7月，医保处搬至门诊医技综合楼一楼工作。8月，根据省医保局的统一安排，开展省直医保的网络结算。合理控制医疗费用，不断提高医疗质量。加强医保审核力度。医保处人员巡视病房，进行病床边医保政策宣传，征求病人意见，及时解决问题，核查有无挂床及冒名顶替使用医保现象，查对住院病人两证一卡，对不符合住院要求的病人，一律不予医保审批。规范诊疗过程，要求全体医务人员熟练掌握医保政策及业务。进一步规范白蛋白的审批使用、严格部分药品适应证、规范计费等。完善医保病历质量控制管理办法、外伤患者登记制度。进一步严格转外就医规定。全面推行住院病人费用“一日清单制”。对医保账目实行公开制度，自觉接受监督。通过医保年审专家组对医院2013年度的医保工作年审，考核内容涉及医保服务、病历质量、慢性病门诊、特殊门诊等。2012年12月—2013年11月底，医院共结算医保患者16698人次，住院总费用16951.7万元，人均住院费用10152元，较上年同期增长6.1%。患者自付比率为21.68%，较上年同比下降5.14个百分点。医院荣获全省新型农村合作医疗工作先进集体。

2011—2013年医疗保险处负责人

医疗保险科

副科长（副科级）赵　军　2009年6月任，2011年2月止

副科长（副科级）刘叶荣　2010年12月任，2011年2月止

医疗保险处

处　长（副处级）宋良春　2011年2月任

副处长（副科级）赵　军　2011年2月兼任，2011年6月止

副处长（副科级）刘叶荣　2011年2月任，2012年5月止

副主任（正科级）刘叶荣　2012年5月任

（撰稿　马永鹏）

保健处

【处室建设与发展】2011年6月，治未病中心（体检中心、健康咨询科、治未病研究所）、城关门诊部（陇上名医馆）、甘肃省中医院省委门诊部（陇上名医馆）隶属保健处管理。2012年1月，将甘肃省中医院城关门诊部（陇上名医馆）、甘肃省中医院省委门诊部（陇上名医馆）划归门诊部管理。5月，中医康复治疗中

心隶属保健处管理。

2011年，制定了医院保健实施方案及定期保健随访制度。组织编写全省慢病管理制度。细化干部保健工作具体措施，增加保健设备，提高保健质量。建立了干部保健就诊绿色通道、干部保健电子档案。根据医院安排，将医院副高及副高以上技术人员、处级及处级以上干部纳入干部保健对象，并建立健康档案，定期组织体检和健康评估。成立了甘肃省中医院保健专家组，为干部提供优质的医疗保健服务。提升体检中心内涵建设，制定治未病规范，建立中医预防保健服务平台、体质辨识体系、健康干预评价体系等。

2012年，制作干部保健工作宣传手册。完善保健处工作制度。整合体检中心、康复理疗中心、干部病房资源，为干部保健工作提供了较好的硬件设备和保健环境。

2013年，为省第一干休所老干部建立甘肃省中医院就诊绿色通道。成立医院干部体检小组、干部保健领导小组、干部保健专家小组。以中医体质辨识为基础，开展了中医特色保健、中医四季养生，积极使用中医膏剂。组织处室人员参加在天津市举办的中国保健委员会保健专业培训。牵头组织医院中医药预防保健能力建设和预防保健进社区国家级项目的申报和具体实施计划工作。

【干部保健】2011年，完成省级干部来院治疗51人次，院外会诊9次，为60余名省市级在职与离退休干部提供了保健服务，地厅级以上领导干部预约看病110人次。应省保健局派遣，先后到延安、积石山县等地为领导做好干部外出视察保健和医疗应急预防保健工作。为国家领导人承担了相关保健任务。

2012年，完成省地级干部中医保健治疗371人次，接受上级指派出外保健任务12次，完成干部保健体检120人次。

2013年，完成省地级干部中医保健治疗684人次，接受上级指派出外保健任务19次，完成干部保健体检200人次，并对健康体检干部进行了中医体质辨识、风险评估、心理测试等健康干预。

【健康宣讲】2011年，先后到人社厅、市委、武威、天祝、榆中、省电力公司、省建行和医院离退休办等地开展健康保健巡讲10次。推荐全省和全国保健巡讲专家8人，医院1名专家入选全国保健巡讲专家团队，8名专家入选全省保健巡讲专家团队。

2012年，开展健康保健巡讲8次。处室医生担任“兰州新闻经济广播夕阳正红栏目”特约健康专家，每周二参加老年常见疾病防治热线咨询。

2013年，开展保健巡讲10次，在重阳节、糖尿病日分别举行了大型义诊。

2011—2013年保健处负责人

干部保健处

主　任　赵继荣　2009年6月兼任，2011年2月止

副主任　杨宏武　2009年2月兼任，2011年2月止

副主任　郝雅珺　2009年6月兼任，2011年2月止

保健处

处　长（副处级）郝雅珺　2011年2月任

（撰稿　原明明）

职业病防治管理处

【处室制度建设】2011年，开展了医院职业健康监护工作可行性调查研究并向省卫生厅提出申请，通过了省卫生厅组织的专家组的现场审核认定，取得职业健康监护资质，医院可以开展3类67种职业健康检查工作。先后制定《甘肃省中医院职业卫生管理制度》《甘肃省中医院放射安全防护制度》《甘肃省中医院放射工作人员职业健康监护管理规定（试行）》《甘肃省中医院放射工作环境监测制度》等规章制度。

【院内职业病防治调查工作】2011年，对全院职业病危害因素种类、岗位及其人员分布和防控情况进行了摸底调查。医院职业病危害因素有3类3种，分别是X线电离辐射、粉尘和噪声（中草药粉碎岗位）。接触放射性危害的职工有225人，接触粉尘和噪声危害的职工有8人，其中固定人员1人。在职业病防治方面存在着制度缺乏、防护设施设备配置不完善、多数职工职业健康监护未开展、工作环境职业病危害因素未监测

等问题。

2013年，在全院开展了职业卫生相关状况调查和职工心理健康调查，对调查结果进行了统计分析。完成新门诊楼职业病危害（放射）防护预评价和控制效果评价工作。

【放射工作人员职业健康监护】2011年，组织163名职工到省CDC进行职业健康检查，其中接触放射性危害的职工162人，接触粉尘和噪声危害职工1人。分批组织放射科等科室31名放射工作人员完成个人辐射剂量监测卡换发工作。

2012年，组织职业健康体检13人。开展个人辐射剂量监测58人次，申请办理《放射工作人员证》22个。

2013年，组织173名职工进行了放射工作人员职业健康体检。开展个人辐射剂量监测63人次。

【放射诊疗工作环境辐射情况监测】2011年，申请购置了放射工作环境辐射监测设备，每月对全院放射工作环境X辐射情况进行监测。

2012年，每月对全院放射工作环境（包括省委门诊部）X线辐射情况进行监测。更换了心血管病导管室操作室与监控室之间的传话装置。完备手术室和放射影像科辐射防护用品，共配备各种类型铅衣23件（包括铅衣、铅围裙、铅短裤），铅围脖15个、铅眼镜2副、铅护臂2副。

2013年，完成全院放射工作环境（包括省委门诊部）X线辐射情况监测工作。对新门诊楼放射工作场所开展辐射防护监测。完备心血管介入导管室辐射防护用品，共配备铅防护服18套（每套包括铅围脖、连体长铅衣或分体铅套裙），其中外周血管病科5套，心血管病科9套，铅短裤3件、铅眼镜1副。

【职工职业病防治知识培训】2011年5月，邀请省级职业病防治专家对从事辐射危害工作的职工开展放射防护知识讲座。7月，对新入院职工开展职业病相关知识培训。

2012年，组织开展主题为“贯彻落实《职业病防治法》，维护劳动者健康权益”的宣传活动。邀请省疾病预防控制中心专家对全院职工开展职业病危害防控知识培训。制作《甘肃省中医放射工作人员辐射防护手册》。对全院新入职职工开展了职业病知识培训。组织体检中心、急诊科和呼吸科等科室11人参加了卫生部和省卫生厅举办的有关职业健康检查、职业病防治和尘肺病诊断的培训。

2013年，组织开展了主题为“防治职业病，幸福千万家”的宣传活动。对全院实习生和新上岗职工开展了“职业病防治常识与医务人员职业危害防控”培训。邀请兰州大学公共卫生学院教授对全院职工做了职业危害防控知识讲座。与公卫处合作编写印发了《医务人员电离辐射与感染防控知识手册》。选派体检中心3人到广州市职业病防治院学习职业健康体检业务技术与管理。派处室1人赴台湾彰化基督医院进行为期2周的学习。组织医院急诊科、呼吸科等3名专业人员参加了由省卫生厅举办的“全省职业健康监护”“职业中毒诊断医师资格暨劳动卫生与职业病新进展”培训班。

【职业病防治管理工作档案】2011年，建立了“院内职业病防治管理工作档案”“职工职业健康监护档案”“职工职业健康监护管理档案”“放射工作人员剂量监测档案”“职业病危害防护培训档案”和“职业病危害环境监测档案”等各类工作档案。

2012年，收集和整理工作资料，分类归档，建有职业健康监护档案210人份。

2013年，建立职工职业健康监护档案220人份。

2011—2013年职业病防治管理处负责人

处　长（副处级）　李　玲　2011年2月任

（撰稿　原明明）

设备管理处

2011年，建立健全各项规章制度，细化岗位职责。完成与大部分厂商签订《廉政协议书》工作。加强处室内部管理，提高制度执行力度。实行采购双验收制度。量化维修组考核工作。定期盘点库房。进一步规范大型医疗设备和卫生材料采购流程，杜绝了科室私自购进卫生材料现象。举办百万元以上大型医疗设备申购听证会。获得乙类大型设备购置许可证。通过查阅资料、实地核查的方式摸清了医院专业医疗设备的运行、使用、保养、维修情况。检查、维修、保养大型设备数量为历年最高。重视设备绩效考核。全年购置设备共计316台，金额11448623.00元。其中，万元以上设备数量99台，金额10788300.00元；10万元以上设备数量40台，金额8741000.00元；万元以下设备数量217台，金额660323元。全年购进高值耗材（包括骨科内固定）金额20959099.50元，普通低值卫生材料18153611.32元。

2012年，量化考核维修组。对库房进行定期盘点。规范大型医疗设备和卫生材料采购流程，杜绝了科室私自购进卫生材料的现象。召开百万元以上的大型医疗设备购置前专家论证会。十万元以上的大型医疗设备购置全部纳入省卫生厅挂网招标流程。成立由纪检、财务、招标、设备管理部门组成的议价委员会，对所有新近及变更厂家的卫生耗材组织三家以上厂家公开议价。1—11月购进10万元以上设备数量37台，金额17206100.00元，10万元以下设备数量445台，金额3715120.00元。全年购进高值耗材（包括骨科内固定）金额30131051.1元，普通卫生材料25810604.4元，检验试剂4100621.36元。对全院所有设备进行全面检查、维修，保障顺利通过三甲复审。建立了保障生命体征的医疗设备每日查记制度。组织维修组工作人员利用节假日对一些重要大型设备停机检修，减少设备停运对临床的影响。

2013年，8月份设备处搬迁至旧门诊一楼。加强设备管理制度化、规范化建设。完成设备的申购、论证、安装、调试、验收、交付使用等各项工作。规范各种可操作表格，完善验收报表及其工作流程，申购报表及其操作流程，不良事件处理流程及报表等。进一步规范机器操作流程，建立使用登记制，加强设备使用管理。进一步加强设备管理委员会作用，加强设备从采购到报废的监管。严格植入人体医疗器械产品使用信息登记，建立使用追溯制度，使质量追溯系统覆盖所有植入器械，保障患者用械安全。加强医疗器械不良事件上报工作，保证医疗器械使用安全。完成医疗器械使用情况调查工作，及时了解使用部门对医疗器械产品的质量评价，按临床需要调整产品采购方向和采购内容。对采购环节实行双验收制度，对维修组进行量化考核，完成库房定期盘点。规范了大型医疗设备和卫生材料采购流程，杜绝了个别科室私自购进卫生材料的现象。对百万元以上的大型医疗设备购置召开专家论证会。10万元以上的大型医疗设备购置全部纳入省卫生厅挂网招标流程。1—11月购进10万元以上设备数量38台，金额38911100.00元；10万元以下设备数量455台，金额4182909.00元。全年购进高值耗材（包括骨科内固定）金额33574325.6元，普通卫生材料30494524.91元，检验试剂4746907.13元。完成2013年医院计量器具的年检工作。与计量研究院续签了2013—2015年的计量器具检定合同。完成全院设备的维修及保养维护工作。完成各科室淘汰的废旧设备清理工作。会同纪委、监察、审计和财务等部门对仍有使用价值的闲置设备及时作价处理。完成医疗器械不良事件登记报告工作。

2001—2013年设备管理处负责人

医疗设备科

副科长（副科级）邓　强　2010年12月任，主持工作，2011年2月15日止

设备管理处

处　长（副处级）冯康虎　2011年2月任

副处长（副科级）赵　军　2011年2月任，2012年5月止

副主任（副科级）张　磊　2012年5月任

（撰稿　马永鹏）

基建处

【门诊医技综合楼建设】2011年，完成门诊医技综合楼14～17层主楼结构施工。3月29日大楼主体结构顺利封顶，医院举行封顶仪式。完成了基坑回填、地下室汽车坡道、整体楼内的砌体及抹灰施工。完成楼内上下水、雨水立管及4层以上水平管安装。协助完成电梯、弱电、消防的设备采购及施工招标。完成沙特政府

贷款甘肃卫生项目省中医院子项目空调及通风、外幕墙的招标工作。完成合同签订。电梯设备采购及安装直梯11部，扶梯8部。完成图纸深化设计，设备定制。弱电设备完成图纸深化设计，完成楼内线管的疏通，并安装4～17层以上桥架。完成主要设备安排采购。完成消防箱2～17层安装，喷淋10～17层安装。完成外幕墙设计及施工图纸深化设计和主要材料的选定及采购。完成北立面85%，西立面95%，东立面50%，南立面60%的石材、保温安装。完成60%的玻璃幕墙龙骨安装。完成空调及通风设备风管4～17层安装工作。完成空调水管安装，完成水平管4～17层安装。完成内装饰设计方案设计，正在进行施工图设计。完成遗留施工手续办理。组织设计院、各参建单位召开图纸会审会2次。召开图纸变更设计论证会1次。根据医院实际需要督促设计院完成变更设计，主要将11～16层主楼变更为病房，将信息机房变更至11层裙楼。门诊医技综合楼项目获2011年度省级“安全文明施工工地”称号。委托甘肃土木勘察研究院完成结构实体检测，楼体沉降观测。完成地基与基础工程质量验收；组织设计院、省质量安全监督管理局、施工单位、监理单位、跟踪审计单位等完成主体结构验收。委托完成外网方案设计。接受省审计厅对项目的延伸审计。2011年底完成投资11913万元。

2012年，完成门诊医技综合楼楼层功能变更，确定内装设计方案。配合完成内装单位招标工作，完成全部工作量的90%，其中4层、5层和14～16层已初步具备交付使用条件。配合完成成套配电箱、配电室、室外工程、医疗设备带、射线防护、EPS应急照明电源和信息中心机房的设备采购、安装及施工招标和合同的签订工作。完成医院整体用电量的设计和批复，完成电缆管道、间隔占用等供电手续。2012年完成投资9370万元，实际支付7540万元。

2013年，完成门诊医技综合楼楼内总配电室建设。通过兰州供电局组织验收，1月15日顺利供电，完成与医院旧配电室的连接工作。5月20日，8～16层住院部逐层搬迁试运行；7月15日，负1楼至7层正式投入试运行。配合完成门诊大厅浮雕和吊顶的招标、安装。9月17日，门诊医技综合楼工程通过甘肃省建设工程安全质量监督管理局组织的竣工验收。完成管理人员的操作培训工作，完成楼内电梯、配电室、水泵房、弱电等工程运营管理的移交工作。

【住宅楼建设】2011年，完成1期住宅楼（2号、3号住宅楼及车库）设计方案。完成油脂厂划拨土地及社会居民共计26亩土地的收地、拨地、公示等工作，并取得划拨决定书，划拨用地土地证。完成2号、3号住宅楼及车库规划局准建手续的办理，取得《建设工程规划许可证》，完成初步设计并取得初步设计批复。配合完成立体车库设备招标、土建设计等工作，并通过初步设计审查。完成住宅楼施工图审查并取得《施工图审查合格书》及《节能审查意见书》。车库施工图通过审查，取得《施工图审查合格书》。配合完成对施工单位和监理单位的招标等相关工作。12月6日，1期住宅楼奠基开工；12日，1期住宅楼（2号、3号住宅楼及车库）施工单位及监理单位正式进场施工。

2012年，完成1期住宅楼《施工许可证》及后期地震、人防、消防、节能、安检备案、质检备案等相关手续的办理工作；签订了土建施工、监理、电梯、车库设备等合同；完成图纸会审、基坑验槽、静载测试、结构检测等工作。12月6日，住宅楼主体封顶；完成了部分砌体和安装工作。根据医院需求，完成了部分户型平面的调整。完成2期住宅楼（1号楼及其配套附属项目）地质勘探及方案设计，取得了市规划局《建设工程规划许可证》；完成了施工图设计，通过审查并取得《施工图审查合格书》；完成1号住宅楼及其配套附属项目的土建、监理招标工作，并签订了合同。完成了市发改委关于1楼商业网点、物业用房、车库等配套设施的立项备案。7月27日，立体车库平口，完成了立体车库巷道的整改和安装准备工作。10月31日，1号住宅楼奠基开工。完成基坑支护方案论证及部分土方开挖。

2013年，完成1期住宅楼（2号、3号楼）准建手续的会签；完成暂定价的招标确认。完成电梯、门窗、壁挂炉、天然气、楼宇对讲、水电暖及弱电、消防系统等安装。完成地下室、屋面防水施工及人防、通风、防雷设备的安装。完成室内墙体砌筑、刷白及公共部分装修装饰以及外墙保温及涂料装饰。完成主体结构验收、各项质量检测。完成2期住宅楼（1号楼）《施工许可证》办理和后期地震、节能、安检、质检备案等相关手续。完成图纸会审、基坑验槽、静载测试等工作。6月11日，1号住宅楼完成楼于平口，主体建至29层，完成部分墙体砌筑。完成1号、2号、3号住宅楼生活区配套用水、电、气的接入手续办理工作。完成总水表的安装。完成配电室配电设计和供电局用电手续的批复工作。完成配电室招标，进入安装阶段。天然气取得昆仑燃气公司用气批复，完成室内外燃气图纸设计、审查，完成室外调压柜的安装和燃气管道的施工铺设。完成室内燃气管道、燃气计量表的安装工作。完成生活区室外配套工程的设计、招标和合同签订；完成室外上下水、地下管线、道路硬化等配套设施的施工。完成1期地下立体车库土建剩余工程和车库设备堆垛机、升降机及控制系统的安装和调试；通过了兰州市技术监督局的检测，通过医院组织的验收；4个车辆出入口、两套机械设备、202个车位全部调试完成并投入使用。完成2期地上5层钢结构立体机械车库方案设计、论证及招标工作。2期车库有两套设备，约200个车位，完成合同签订，完成了地下土建施工，正在进行地上钢结构的安装。

【科研制剂楼建设项目】2011年1月，省发改委对医院科研制剂楼立项批复，立项建筑面积2.6万平方米，投资7800万元。委托武汉医药设计院对科研制剂楼项目进行可行性研究报告的编写。省政府投资评审中心主持召开“医院科研制剂楼项目可行性研究评估论证会”，确定科研制剂楼的建筑面积为29633平方米。委托环科院完成了环评报告书的编写。省环境影响评估中心组织召开了科研制剂楼环评审查会。完成了科研制剂楼方案设计报市规划局确定方案，2012年，因白银市政府专职西工业园为医院提供101亩，医院决定在白银兴建科研制剂中心，院内科研制剂楼建设遂即中止。

【污水处理中心建设】2011年，完成方案设计和施工图设计。委托环科院对污水项目完成了环境影响报告表的编写工作。

2012年，完成污水处理中心地质勘探及方案设计，取得了市规划局《建设工程规划许可证》；完成了施工图设计，通过审查并取得《施工图审查合格书》；配合完成项目污水处理设备采购及安装招标工作，签订设备供货合同；完成环评报告的编写并通过环保部门的审查批复。

2013年，配合完成污水处理设备的招标。完成设备安装和调试。11月1日，污水处理中心正式投入试运行。根据环保要求进一步完善设计，增加了除臭设备。

【康复保健楼建设】2012年，完成康复保健综合楼可行性研究报告编制工作。11月2日，省发改委批复康复保健综合楼建设项目可行性研究报告（甘发改社会〔2012〕1755号文件），批复立项面积49903.2平方米，土建安装投资1.59亿元。招标确定康复保健综合楼设计单位并签订设计合同。广东粤建设计研究有限公司完成方案设计。完成消防一审的上报和审查工作。

2013年，康复保健综合楼列入2013年省级重点建设项目。完善康复保健综合楼建设方案设计，通过兰州市规划局专家审查。1月17日，由省环科院编制的康复保健综合楼环境影响评估报告书通过兰州市环保局组织的专家审查。5月8日，取得兰州市规划局《建设工程规划许可证》、附图及方案核定通知书。完成兰州市消防支队消防平面审查和兰州市建委节能备案等准建手续的申报办理工作。通过甘肃省政府投资审查中心康复楼初步设计审查。7月1日，省发改委对初步设计进行批复，批复总建筑面积49718平方米，总投资15936.81万元。8月21日，康复楼施工图纸通过审查，取得《施工图审查合格书》，设计最终面积为49727.25平方米。配合完成项目招标，中标施工单位为甘肃省第一建设集团有限责任公司，监理单位为甘肃蓝野建设监理有限公司，省卫生厅委派南京永道工程造价咨询公司对康复保健综合楼建设进行全过程跟踪审计。8月30日，康复保健综合楼举行奠基仪式并开工建设。完成康复楼地质勘探、周边建筑物拆除、地下燃气管道及污水管道移位。完成基坑开挖、基坑支护、基坑监测及降水、底坑防水及保护层施工。

【土地拆迁及规划】2011年，完成油脂厂家属楼天然气管网的移位工作。完成一期住宅楼建设场地兰州军区通信营国防通信线路的迁移工作。完成油脂厂东西区家属楼的给排水管网移位工作。与兰州军区、油脂厂签订日照影响协议。完成医院北区地勘工作及地震评估报告。完成油脂厂四合院和北出口社会居民房屋的拆迁评估工作。拆除了影响科研制剂楼建设的北出口社会居民房屋一间。

2012年，兰州市规委会同意将医院北区四合院土地划拨给医院用于扩建用地；兰州市规划局同意将医院北区（医院以北，127规划路以南）约21亩土地定点给医院，拟报兰州市规委会批复；委托设计院对院区进行第二次整体规划设计。

2013年，医院北区（医院以北，127规划路以南）16.557亩土地经兰州市规委会同意定点给医院用于扩建，医院占地面积增至105.468亩。

拆迁办

2012年5月成立拆迁办，隶属于基建处。建立健全规章制度，制定《甘肃省中医院拆迁办工作职责》《甘肃省中医院拆迁办主任工作职责》及《甘肃省中医院拆迁办管理工作人员岗位职责》。根据周边拆迁房屋实际情况，结合相关法律法规，制定了《医院房屋拆迁补偿安置方案（试行）方案》；明确了拆迁范围，包括吴家园119号（四合院）8户、吴家园133号（医院北区社会居民私房）8户及北街169～203号（社会居民院落9座）。11月8日，对油脂厂四合院1户居民实施拆迁，向七里河区政府上报《甘肃省中医院关于对七里河北街169号至203号社会居民院落及医院北区房屋申请办理拆迁征收令的请示报告》，申请办理《拆迁征收令》。对医院整体建设规划中需拆迁的房屋进行整体摸底调查。完成拆迁范围内的房屋评估工作。

2013年，康复保健综合楼建设项目拆迁居民19户，拆迁面积1073.91平方米。经过组织调研，兰州市七里河区人民政府制定了《甘肃省中医院康复保健综合楼项目房屋征收补偿安置方案》，出台《甘肃省中医院康复保健综合楼项目征收决定》（兰七国征字〔2013〕第02号）。依据方案和决定完成四合院5户居民房屋拆除，东出口1户居民房的拆除，拆除面积415.5平方米。

2011—2013年基建处负责人

基建一部

主　任（正科级）　马小明　2010年1月任，2011年2月止

基建二部

副主任（副科级）杨沛霖　2010年1月任，2011年2月止

基建处

处　长（副处级）马小明　2011年2月任

副处长（副科级）杨沛霖　2011年2月任，2012年5月止

副主任（正科级）杨沛霖　2012年5月任

拆迁办

副主任（副科级）　仝风光　2012年5月任

（撰稿　马永鹏）

后勤管理处

【后勤服务】2011年，完成医院锅炉房粉刷装修工程。完成锅炉房新建平房及马路铺设工作。完成手术室、省委门诊部及城关门诊部LED显示屏安装工作。完成十吨采暖锅炉烟筒及消声器安装工作。完成全院化粪池清掏工作。完成住院部1号、2号楼防火门油刷工作。完成中研院电路及配电室变压器维修改造工作。完成一病区搭建阳光棚工作。完成手术室污水管、蒸气管、雨水管改造工作。完成2台二氧化氯化生器大修工作。完成工勤人员制服、临床人员工作服、病员服制作工作。完成住院部1号楼纱窗更换工作。完成住院部2号楼1楼暖气回水改造工作。完成院内有线电视信号接收改造工作。完成院内停车收费系统安装工作。完成院内文化广场A区、B区改造工作。完成院内干粉灭火器充装工作。完成药剂科加工室彩钢屋顶及门诊中药房阳光板安装工作。完成住院部2号、3号楼马路下沉维修工作。完成住院部西药房粉刷装修工作。完成院内消防泵及管网改造工作。完成老年病科2～4层粉刷改造工作。完成院内、省委门诊部及城关门诊部电子监控头安装工作。支付兰雅公寓装修费39000元，支付取暖费34631.52元，扣房租费45811.26元，全年支付电话费160000元。防雷检测费4800元。全年支出办公物资消耗1597245.99元，电脑耗材72646元。洗衣班全年加工各种物品740件，缝补手术衣34403件，床单、被套共721件。洗涤被套43705件，床单48071件，枕套39084件，工作衣26769件，病员服69677件，敷料30087件，包皮48382件，窗帘1346条，沙发椅套1441条。全年支付洗涤费670000元。保障电梯安全运行，支付维保费56000元。售电室完成全年水电暖等费的收缴工作。收取铺面房屋租金45600元，铺面水、电费32931元；职工购电费183919元；职工购自来水费20000元；收取拆迁户水、电、暖费1585元，院外住户水、电、暖费2830元。扣取病区水、电费778468元，蒸汽费212700元。

2012年，完成医院兰雅公寓6套房屋装修工程。完成肾病科及煎药室粉刷装修工作。完成住院部2号楼两部电梯维修工作。完成药学部新建加工室工作。完成医院新增十吨天然气锅炉及泵房改造工作。完成院内暖气管网改造工作。完成家属楼地基下沉回填工作。完成新建2号、3号家属楼分配工作。洗衣房全年缝补被套415件、床单605件、枕套565件、手术衣套2150件。改褥套148条，改枕套和枕芯358条。制作热敷袋80件。为ICU制作绷带24条，为功能科制作腹带2条。完成电梯保障工作，支付维保费87000元。

2013年，完成门诊医技综合楼搬迁及投入使用后的后勤保障工作。经公开招标，确定门诊医技综合楼后勤保障由中标单位亚太物业全面接管，后勤处对其管理进行全程监督，制定考核细则。举办建院60周年后勤管理处学术论文交流会，征集论文80篇，大会交流10篇。完成ICU及制氧中心改造装修工程。完成B座输血科粉刷装修工程（包括1楼暖气管网改造、1～3层卫生间改造、部分房屋粉刷、大厅暖气罩安装）。完成煎药室粉刷装修工程。拆除B座东侧4间楼房、原医务处平房。完成4号、5号家属楼屋面防水工程。完成D座2、4、6层房屋粉刷及1～6层开水锅炉电路安装。完成兰雅公寓5套房屋装修工程。完成上河苑进修生公寓、瓜州路进修生公寓装修工程。拆除锅炉房旧砖烟囱。处理库房旧物资，部分物资捐赠陇西县塄岸村。完成医务处旧址拆除后马路硬化工作。完成药学部制剂楼设备移位，房屋改造装修。

拆除药学部加工室、汽车库。完成地下管网改造。配合影像中心完成核磁中心改扩建粉刷装修工程。完成洗衣房、木工房、维修组搬迁工作。完成医用垃圾房、生活垃圾箱的移位工作。完成4号、6号家属楼及C座电缆移位工作。完成医院购买兰雅公寓新建天然气锅炉房增容费支付工作。全年支付医院各类后勤费用14046477.93元。洗衣班全年缝补被套1680件、床单2354件、枕套3120件、手术衣套2420件，导管手术衣1500件。改褥套、枕套和枕芯合计1500条。制作热敷袋260件，盐袋260件。制作ICU绷带40条，功能科腹带10条。制作湿扫巾600个。完成洗衣房整体搬迁工作。完成医院七部电梯保障工作，支付年检费用85682元。

【电工房】2011—2013年，电工班实施24小时值班制度。完成消毒供应中心电缆及配电柜改造任务。完成门诊大楼电杆、电缆、工程线路改造工作。配合完成医院文化广场照明线路设计，音响控制室配电线路的工作。更换门诊大厅照明。完成电工房配电室2台变压器及配电线路检查机维修工作。

2013年，完成C座、D座、E座照明设备改造。抢修药学部制剂楼电源电缆。完成药学部制剂楼蜜丸机、5千瓦烘箱、瓶盖封口机的电源安装及电缆铺设。完成庭院照明设备安装工作。对6号家属楼电缆更新移位。更换配电室1500安培电流开关。更新B座1～3楼电源照明线路。更新门卫室照明设备。完成C座电源电缆拆除移位工作。拆除4号家属楼电源电缆并重新铺设。完成E座5楼和9楼电源新装和线路改造。完成全院空调线路及电源的改装（20余处）。完成新配电室供电及移交工作。配合完成新门诊电缆支架制作安装验收工作。

【锅炉房】2011—2013年，完成全院的供水、供气、供暖以及管道维修等保障工作。其中，2011年，更换水泵房抢修进水电磁阀门1501台，100闸阀1台，100逆止阀1台，更换18.5千瓦电机轴承1套，机械密封1套。安装煎药室上水管道150米，制作管道支架25个，岩棉保温层150米。改装制剂室蒸气管道25米，新安装制剂锅管道25米，改造旧锅炉管道5米，改装浓缩锅1台，新安装浓缩锅1台，筛药机1台。改装2号楼上水管道35米，更换3号楼上水主阀，更换住院部西药房至住院处上水管道30米。为门诊医技综合楼更换电子感应小便池3个，为住院部新增3号楼电子感应小便器3个。为住院部2号楼1～6层蒸气开水锅进行清垢，更换部分配件和龙头、阀门。为锅炉房值班室安装暖气3组，更换暖气管道50米，为汽车班安装暖气1组，更换花房暖气管道6米。为人事处办公室安装防护栏1组。抢修手术室消防管漏道。全年支付自来水费、排污费619453元。支付安全阀、压力表检验费2900元。支付天然气费1624098元，其中采暖锅炉用气900000方，蒸汽锅炉138755方。

2012年，新安装电热水器15台，清垢20多次。为4号家属楼维修安装下水管道12米。为手术室洗手间更换热水器5台，更换下水管道40多米，修理洗手池4台。为原煎药室安装上水管道150多米。为老年病科更换上水管道20多米。为介入中心更换暖气管道15米。为行政综合楼改装暖气管道，排气管道10米。为供氧中心更换上水管道20米。为食堂改造更换管道40多米，新装水表1个，安装下水管道15米。为高压氧舱更换上水管道5米。为行政综合楼5楼15病区新安装壁挂暖气1组。为污水处理室更换暖气管道30米。为药剂科修理提升机4次。修理医院垃圾箱5次。

2013年，完成锅炉维修、保养和年检工作。修理药剂科提升机8次，更换钢丝绳8次。更换南院家属楼上水管道、暖气管道50多米。拆除C座旧蒸汽开水锅6台，管道30多米。清垢电热水器20多次。更换E座3层总下水管道20多米。拆除旧医务处、收费处、医保办等科室暖气片10组，管道50米，封堵暖气管径、回水口8处。维修地沟管道20多米。为B座三楼安装防盗门2扇。拆除B座门前电缆管道200多米。更换食堂蒸汽管道。

【木工房】2011—2013年，完成全院各科室门窗玻璃修补，门、抽屉锁、木器家具维修工作。

其中，2012年，安装门锁428次，修配门锁258次。修理家具198次。修理天花板，安装换气扇40次。安装配裁玻璃台板、窗户、家具玻璃150次。

2013年，安装门锁435次。修配门锁578次。修理家具315次。修理门窗198次。安装配裁玻璃台板、窗户、家具玻璃237次。

【污水处理中心】医院污水处理中心实行24小时值班，按时开、关机加药，经环保部门监测，基本符合国家排放标准。

新污水处理中心于2012年11月开工建设，2013年11月1日正式投产使用。总投资208万元，以处理生活废水、医疗废水为主，设计处理能力（吨/小时）1200m³/d，实际处理能力（吨/小时）1200m³/d。采用一级强化处理工艺的废水处理方法。配备有手动格栅、罗茨风机、污泥回流泵、消毒装置、穿孔曝气管等设备。可处理污染物种类主要有COD、BOD5、SS、氨氮、粪大肠菌群及其他细菌、病菌等。

【维修组】2011—2013年，完成院内绿化美化，环境卫生打扫，垃圾清运，医用垃圾收集、物资搬运、日常维修改造等工作。其中，2011年下送氧气13586瓶，支出氧气费312478元。全年多次完成各类会议卫生保洁和物资搬运。全年支付医用垃圾处理费300000元，生活垃圾处理费50000元。

2012年，下送氧气19929瓶。在病区进行蟑螂鼠害灭除工作。

2013年，下送氧气23424瓶。配合门诊医技综合楼完成科室搬家工作。

【餐饮中心】2011年，完成供餐总额3475366.32元。其中病陪员供餐1475673.30元，职工供餐1612171.76元，临床科室供餐387521元。为职工补助餐费96514元。

2012年，完成供餐总额3683527.47元。其中病陪员供餐1526843.41元，职工供餐1756822.39元，临床科室供餐399861元。为职工补助餐费99148元。

2013年，完成供餐总额3776499.89元。其中病陪员供餐1537991.70元，职工供餐1829378.79元，临床科室供餐409129.40元。为职工补助餐费114321元。2013年4月起，医院为带教研究生每人每月饭卡补助100元。

【房管科】2013年1月16日，医院成立房管科，隶属后勤管理处。制定了房管科工作制度、人员职责、年度工作计划等。开展春节前医疗区、家属区房屋水电气等安全检查工作，加强节日防火防盗。完成4号家属楼屋顶维修面积测量、提交维修报告、编制说明、现场答疑、防水材料审核、施工监督、组织验收等工作。完成临教部租赁的学生公寓（南滨河路292号、瓜州路754号）、麻醉手术科灭菌室粉刷工程项目。4月，对医院周边商铺租房价格进行摸底，向医院提交商铺租赁调研报告。追缴2010—2012年拖欠采暖费17人次，金额为18164.36元。完成南院5单元602室粉刷简装工作。测量、绘制旧门诊楼平面图。8—12月完成兰雅公寓6套住房装修预算报告、编制、监工、验收等工作。与兰雅房地产有限公司协商办理医院所有80套房屋房产证、锅炉增容费等事宜。处理解决手术室屋顶漏水、4号家属楼1单元地基裂缝、职工房屋漏水、管道堵塞、暖气不热等问题。完成新门诊楼楼层面积测量、统计等工作。发放2013年度职工采暖费，其中包括正式职工953名，离退休职工308名，合同制人员414名。编制住宅房屋拆迁表131户，房款缴纳（30%金额）表393份。办理经济适用房住房合同198人次，1188份。对医院家属区住宅楼物业管理进行市场调研，提交调研报告，拟定试行办法。根据国家政策和省上要求，完成办公用房清理工作，包括实地测量、依据图纸计算面积、数据录入软件、各阶段材料汇报等。1—11月，共收缴5号住宅楼水费70人次，金额6269.1元，5户拆迁户水费2489.9元；电费853人次，金额165667.8元。追缴2010—2012年院外职工采暖费18164.36元。

【保卫科】2011—2013年，认真落实综合治理责任制，结合平安医院的创建工作，开展普法教育，消防安全教育，安全生产管理等活动，加强治安防范工作，完成了医院各项安保工作。与七里河保安公司和亚太物业签订安保协议，共有保安48人。3年共支出保安费用172.8万元。加强消防工作，开展消防演练3次，参加人员300余人。开展消防知识讲座3次，参加人员160人。配备、充装灭火器8万余元。2012年，在A座设立电子监控室，新安装摄像头380个。加强治安管理。为警务室安装警灯，购置盾牌、头盔、橡皮警棒等价值6万余元警用器材。3年处理盗窃案件案15起，未发生重大事故案件。协助医务处处理医疗纠纷2起。加强停车收费管理，2012年在医院南门设立电子门禁系统，投资13万元，配卡1000余张，为医院车辆和职工车辆发放免费车卡200张。2013年6月开始收取停车费，截至2013年年底，收取停车费用110余万元。2013年，加强医院交通治理，设置院区环形道路，开通东出口，车辆现实南进东出。

2011—2013年后勤管理处负责人

总务部

主　任（副处级）　安富德　2005年10月任，2011年2月止

副主任（副科级）　张　磊　2009年6月任，2011年2月止

后勤管理处

处　长（副处级）安富德　2011年2月任

副主任（正科级）杨灵歌　2013年9月任

副处长（副科级）张　磊　2011年2月任，2012年5月止

副主任（副科级）张雪霞　2012年5月任

保卫科

科　长（正科级）张　磊　2012年5月任

副科长（副科级）张雪霞　2011年2月任，2012年5月止

房管科

科　长（正科级）　周毓萍　2013年1月任

营养科

副科长（副科级）　张雪霞　2011年2月兼任

（撰稿　马永鹏）

临床教学部

【临床带教、进修培训】2011年，接收甘肃中医学院、省中医学校、省卫校、张掖医专、华北煤炭医学院、海南医学院等院校9个专业、3个层次的352名实习生，免费接收省内各基层医院各类项目进修人员100名。甘肃中医学院博士学位授予单位立项建设工作取得成功。省教育厅和省卫生厅正式认定医院为甘肃省高等医学院校临床教学基地。

2012年，全年接收实习生474名，较去年增加126名。接收集中见习生198名。全年免费接收省内基层医院进修人员183名。举办了为期12个月的“全省县级中医临床技术骨干培训班”，培训学员19名；7月20日承办为期1年的“全省城市中医类别全科医师转岗培训班”，培训学员36名；12月完成对省卫生厅分派医院13名县级医院骨干医师的培训。新成立教研室4个，将外科教研室调整为西医外科教研室。至此，医院设有内科、儿科、妇科、西医外科、中医外科、骨伤科、五官科、医学影像、护理等9个教研室。规范带教科室的教学资料记录。完成7个科室的教学查房督查。完成352名实习生的考试、考核工作。完成261名实习生岗前培训。完成20个临床科室教学讲课的督查任务。补充遴选韩娟、任耀全、周剑、刘怡、齐银辉等5人为“分段式”教学的教师，完成108名见习学生的理论教学任务。参加“甘肃中医学院附属医院联盟会”。入选全国中医药高等教育学会临床教育研究会第八届理事单位。征集教学研究与教学改革课题。为实习、进修人员发放就餐和生活补助。发放447名进修、实习人员考核就餐补助。推荐苟占彪教师参加甘肃中医学院2012年青年教师教学技能竞赛，获得优秀奖。

2013年，全年接收甘肃中医学院、张掖医学高等专科学校、甘肃省中医学校、甘肃省卫校、兰州市卫生学校等5所院校11个专业的实、见习生772名，各类自费实习生13名。被兰州市卫生学校的新增成为教学医院，接收该校护理专业实习生50名。完成“分段式”教学2个班80名学员教学工作，开设课程11门。组织学生参加各类学术讲座16次。截至12月免费接受省内基层医院进修人员185名，其中帮扶61人。承担为期1年的全省县级医院骨干医师培训，接收学员10名。6月承接为期1年的全省县级中医临床技术骨干培训工作，接收培训学员51名。12月承办医院第二期中医类别全科医生转岗培训班，接收学员42名。接收甘南州重症加强护理病房（ICU）技术人员培训班5名学员（其中医生2名，护理人员3名）进行为期8周的培训学习。根据省中管局的安排，配合兰州军区联勤部卫生部完成人员培训计划。

【继续教育】2011年，举办了骨科、消化、脑病、风湿、药剂、护理、财务、影像、老年病、疼痛等11个国家级和省级继续教育项目学习班，参加人数达2236人次。

2012年，医院被甘肃省人力资源社会保障厅重新认定核准为甘肃省专业技术人员继续教育基地。完成医院1103名专业技术人员继续教育学分证书的更换，完成公共课课本征集、集中培训、考试、阅卷、登分、公示等工作。完成2013年继续教育项目的申报工作，申报国家级中医药继续教育项目12个、省级中医药继续教育项目17个、专业技术人才知识更新工程2013年高级研修项目选题1个。组织完成医院2012年Ⅱ类学分登记、授予工作。为2067人授予了Ⅱ类学分。承办国家级中医药继续教育项目7项，省级中医药继续教育项目7项，2676人参加培训，完成国家级和省级Ⅰ类继续教育学分证办理。完成医院和省中医药研究院1061名专业技术人员继续教育学分验证工作。

2013年，完成国家级继续教育项目9项，省级继续教育项目13项。参加国家级项目培训2200人，省级1800人，完成国家级和省级Ⅰ类继续教育学分办理。完成医院和省中医药研究院2012年1080名专业技术人员继续教育学分验证工作。完成医院2013年1284名专业技术人员的公共课课本征集、集中培训、考试、阅卷、登分、公示等工作。完成2014年继续教育项目的申报工作，申报国家级中医药继续教育项目15个、省级中医药继续教育项目16个、省级医学继续教育项目1个。完成医院

2013年Ⅱ类学分登记、授予工作，2487人授予了Ⅱ类学分。

【学术学会】2011年，积极参与各级各类学（协）会工作，多名同志担任各种学会主委或副主委职务。

2012年，为“甘肃省中医药学会2012年学术年会”“2012年甘肃省学术年会”“华佗医学与中国传统文化学术研讨会”“2012年甘肃中医学院教学研究与教学改革学术讨论会”等学术研讨征文、投稿报送工作。完成医院推荐促进全国中医服务大众工委会专家团成员及推荐资料报送，推荐35人；完成医院推荐中华中医药学会方药量效研究分会委员候选人和推荐资料的报送，推荐2人；完成第七届卫生部医疗服务标准专业委员会专家库专家遴选，推荐33人。完成医院推荐甘肃省康复医学会代表及理事候选人和推荐资料的报送，推荐理事候选人5人，代表候选人10人。完成医院推荐中华中医药学会脑病、肾病、眼科、防治艾滋病、中药基础理论、中药制剂、中药分析、护理、亚健康、民间传统诊疗技术与验方整理等分会委员候选人及推荐资料的报送，推荐委员候选人20人。完成组织医院人员参加“2012年甘肃省中医药学会学术年会”和“甘肃省中西医结合学会2012年学术年会”工作。

2013年，完成红十字会、甘肃省中医药学会、甘肃省康复医学会、甘肃省健康促进与教育协会、甘肃省医药卫生文化促进会、甘肃省残疾人康复学会、中医药继续教育论坛暨国家级中医药继续教育项目培训班等7个学会2013年会费缴纳工作。完成各类学会常务理事、理事、会员110名资料收集及报送工作。组织参加各类学术年会工作。完成省中医药学会2013年年会、中医药高等教育学会临床教育研究会第十二次学术研讨会、省中西医结合学会2013年学术年会、甘肃中医学院附属医院联盟第二届联盟论坛、中华中医药学会2013年学术年会等5个学会论文征集工作。完成各类学会任职情况登记工作，2013年共登记67人次。

【教学管理】2011年，完成临床实践学习毕业考核工作。完成甘肃中医学院83名实习生的临床实践学习毕业考核工作。完成新入院职工岗前培训工作。开展实习生入临床科室教育。全年完成7个科室的教学查房督查工作。严格管理实习、进修人员，处理未履行请假手续学生2名，其中1名被劝退回校。定期召开各院校实习生座谈会。组织完成了2007级48名本科毕业实习生的临床实践技能操作期中考核工作。制定印发《关于规范毕业实习生实习科室安排的通知》。完成遴选理论授课教师7人。开展继续教育工作质量控制管理。骨伤特色疗法临床研究室、脾胃病临床研究室、中药制剂研发临床研究室、脑病临床研究室成为甘肃中医学院首批临床研究室，每个研究室资助启动经费20万，医院按照1：2的比例给予配套资金。2名专家被新聘为甘肃中医学院硕士研究生指导教师。参与完成中华医学会继续教育学会奖惩办法的部分编写工作。完成2010—2011年度的优秀教师评选工作，评选优秀教师24名。完成医院《学生宿舍管理条例》修订工作。2011年，教学经费收入594060元，其中实习费234060元，西中班培训费30万元，甘肃中医学院实习生管理费6万元。

2012年，组织进行甘肃中医学院兼职教师的评定聘任。召开2011—2012学年教学工作会。完成推荐甘肃中医学院优秀教师的推荐及材料报送工作。舒劲获优秀教育工作者，韩艳获优秀实习管理工作者，唐晓勇获优秀教师，原睿获优秀带教教师。全年收入教学经费668010元，其中，实习费334010元，甘肃省西医学习中医培训项目拨款300000元；县级骨干医师培训费34000元。

2013年，完成367名实习生岗前培训。医院为来院实习的所有实习生每人每月发放100元餐费补助，制定了《甘肃中医学院第一附属医院实习学生餐费补贴发放考核办法》。严格管理进修、培训学员。评选奖励了25名“优秀教师”。11月25日，接受教育部专家对甘肃中医学院中医学专业临床教学工作的认证检查。组织了医院“首届临床教师教学基本功竞赛”，苟占彪、罗向霞荣膺“首届临床教师教学基本功”竞赛一等奖；赵铁华、杜敏获二等奖；贾润慧、杨志华、张玉琴、杨镇源获三等奖；内科教研室、五官科教研室获优秀组织奖。组织6名“分段式”教学班学生（2个参赛队）参加大学生知识和技能竞赛活动，组织3名青年教师参加教学技能比赛。组织参加“甘肃中医学院附属医院联盟第二届论坛暨甘肃中医学院附属医院临床教师教学基本功竞赛”，罗向霞、苟占彪分别荣膺二等奖、三等奖。组织申报甘肃中医学院教学研究与改革立项课题，全院共申报3项课题，选送2项课题上报学院备案，分别是杨丽霞负责的《硕士研究生科研能力培养方案探讨》，周晟负责的《TBL教学法在医学影像学临床实习中的应用探索》。完成甘肃中医学院新增博士学位授予单位立项建设工作。租赁进修公寓2处，6月正式启用，共有住宿学员143人。11月20日甘肃中医学院聘任医院兼职教授49人，兼职副教授90人，兼职讲师106人，兼职助教28人，共聘任兼职教师273名。为白银分院分配中西医结合临床医学专业30名实习生。全年处理“分段式”教学违纪学生1名，退回省中医学校违纪学生1名，张掖医专违纪学生1名。

【国家药物临床试验】2011年，医院临床药物试验机构（GCP）通过国家食品药品监督管理局的资格认定。2月9日国家食品药品监督管理局正式发布公告（2011年第12号）认定医院中医骨伤、中医消化、中医神经内科、中医老年病、中医心血管、中医风湿、中医肿瘤七个专业具有药物临床试验机构资格（证书编号：0301），颁布《药物临床试验机构资格认定证书》（药品临床试验机构资格认定公告第25号）。

2012年，全年共接洽临床试验项目55项，其中新药项目34项，经与临床科室进行可行性论证，正式签订合同并承接8项（新药2项），商洽待启动项目5项。急诊骨科承接Ⅱ期新药“衡通贴膏”24例（已完成5例，试验已暂时中止）；骨伤病科承接上市评价项目“芪麝丸”48例；急诊科承接中药保护品种项目“复方芩兰口服液” 40例；脑病科承接中药保护品种项目（组长单位）“夜宁胶囊” 24例（资料整理中）；脾胃科承接Ⅱ期新药“利胃胶囊”56例；脾胃科承接中药保护品种项目“荆花胃康胶丸”16例；脑病科承接中药保护品种项目“益脂平胶囊”20例；急诊科承接中药保护品种项目“桂枝颗粒” 40例。脾胃病科承接的新药“参香养胃胶囊”Ⅱ期临床试验实际完成18例，剩余6例因故未完成。脑病科承接的新药“清脑止痛胶囊”Ⅳ期临床试验完成研究81例。2012年医院签订临床试验合同的总收入（税前且不含待启动项）为48.12万元，其中为医院结余14.4万元。组织七个认证专业参加2012年全省药物临床质量管理规范（GCP）培训班，20人取得相应的GCP培训证书。选派人员参加首都医科大学北京天坛医院举办的“临床研究GCP与伦理审查培训班”，2人获得培训证书。

2013年，全年共接洽44个临床试验项目，经与临床科室进行可行性论证，正式承接签订合同并启动临床试验项目5项（其中新药3项）。急诊科承接中药保护品种项目“加味藿香软胶囊”24例；脑病科和心血管病科承接国家重大新药创制科技专项“苦碟子注射液”2000例；妇科承接并完成Ⅳ期新药“乳杆菌活菌胶囊”15例；脑病科承接Ⅱ期新药“通脑溶栓胶囊”36例；心血管病科承接Ⅲ期新药“红花滴丸”32例。2013年医院签订临床试验合同的总收入（不含待启动项）为40.2万元。增加试验进行过程中的质控环节，将质控措施环节前移。6人参加国家食品药品监督管理局高级研修学院第六十三期药物临床试验质量管理规范（GCP）培训班并获得培训证书。9人参加国家食品药品监督管理局高级研修学院第五期药物临床试验现场检查培训班并获得证书。开展药物器械临床试验论证，协助申办者与研究者沟通修改试验方案。10月15日，顺利通过甘肃省食品药品监督管理局对我院药物临床试验工作运行情况的突击检查。

2011—2013年临床教学部负责人

临床教学部

主　任（正处级）舒　劲　2007年2月兼任

副主任（副处级）韩　艳　2009年5月担任部门负责人，12月担任副主任

副主任（副处级）闵云山　2009年5月任，2011年8月止

（撰稿　马永鹏）

专项委员会

伦理委员会（2011-02-24）

主　任　妥建福

副主任　李兴勇

委　员　冯守文　赵继荣　谢兴文　潘　文　张德宏　赵永强　王　颖　周　晟　王海东　杨维建　罗向霞　刘效栓　李妍怡　田旭东　陈春丽　邴雅珺　李　玲　冯康虎　盛　丽　徐义先　张定华　姜　华　黄小玲　邢福军　田国平（医院法律顾问）　郑小梅（七里河区建兰路街道办事处主任）　吴心音（七里河区建兰路街道王家堡社区书记）　胡相元（七里河区人民检察院反贪局局长）　宜秀萍（甘肃日报社记者）

秘　书　徐柏林

日常工作由院长办公室负责。

伦理委员会（2011-12-19）

主　任　谢又生

副主任　赵继荣

委　员　谢兴文　潘　文　张德宏　赵永强　王　颖　王海东　罗向霞　刘效栓　盛　丽　张定华　邢福军　田国平（医院法律顾问）

吴心音（七里河区建兰路街道吴西街社区书记）
秘　书　徐柏林
日常工作由院长办公室负责。

伦理委员会（2013-01-22）

主　任　赵继荣
副主任　李　勇　戴　刚
成　员　谢兴文　赵永强　罗向霞　刘效栓　张定华
　　　　徐柏林　张丽平　吴心音
秘　书　朱　琳
日常工作由院长办公室负责，下设两个分组：
第一组　科研（含GCP）伦理审查小组
组　长　赵继荣
副组长　李　勇
成　员　谢兴文　罗向霞　张定华　徐柏林　吴心音
秘　书　朱　琳
第二组　临床器械、设备伦理审查小组
组　长　赵继荣
副组长　戴　刚
成　员　赵永强　刘效栓　徐柏林　张丽平　吴心音
秘　书　朱　琳

学术委员会（2011-02-24）

主　任　李盛华
副主任　冯守文　舒　劲　李兴勇　赵继荣
委　员　谢兴文　潘　文　张德宏　赵永强　王　颖
　　　　周　晟　王海东　杨维建　罗向霞　刘效栓
　　　　田旭东　邴雅珺　李　玲　韩　艳　闵云山
　　　　李妍怡　盛　丽　王承祥　徐义先　左　进
　　　　赵道洲　张定华　姜　华　靳　锋　张敏思
　　　　黄小玲　党建中　刘永民　张洪涛　王兰娣
　　　　原　睿　邢福军　张崇岳　杨宏武　杜自忠
　　　　杜　敏
日常工作由科研处负责。

学术委员会（2011-12-19）

主　任　李盛华
副主任　舒　劲　李兴勇　赵继荣　邱连利
委　员　谢兴文　潘　文　张德宏　赵永强　王　颖
　　　　周　晟　王海东　杨维建　罗向霞　刘效栓
　　　　田旭东　邴雅珺　韩　艳　闵云山　冯康虎
　　　　李妍怡　盛　丽　王承祥　徐义先　左　进
　　　　赵道洲　戴　刚　张定华　姜　华　靳　锋
　　　　张敏思　黄小玲　党建中　刘永民　张洪涛
　　　　王兰娣　原　睿　邢福军　张崇岳　杨宏武
　　　　杜自忠　杜　敏
日常工作由科研处负责。

质量管理委员会（2011-02-24）

主　任　李盛华
副主任　妥建福
委　员　孙援朝　冯守文　马忠祥　舒　劲　李兴勇
　　　　赵继荣　谢兴文　潘　文　卫晓雯　张德宏
　　　　罗克龙　郑　慧　赵永强　王　颖　周　晟
　　　　王海东　杨维建　罗向霞　杨继红　胡雅杰
　　　　刘效栓　田旭东　刘梦华　陈春丽　宋良春
　　　　邴雅珺　李　玲　冯康虎　马小明　安富德
　　　　韩　艳　杨　波　杨雅静　马真琴　李贵臻
日常工作由质量控制处负责。

质量管理委员会（2011-12-19）

主　任　李盛华
副主任　谢又生　马忠祥　李兴勇
委　员　孙援朝　舒　劲　赵继荣　卫晓雯　邱连利
　　　　谢兴文　潘　文　张德宏　罗克龙　郑　慧
　　　　赵永强　王　颖　周　晟　王海东　杨维建
　　　　杨继红　刘效栓　田旭东　宋良春　冯康虎
　　　　安富德　杨　波　邓　强　张晓岚　马郑萍
　　　　周毓萍　杨雅静　马真琴　马新换　张丽平
　　　　刘廷梦　赵　军　刘叶荣　张　磊（后勤）
　　　　李喜香
日常工作由质量控制处负责，经济管理处配合。

医疗事故鉴定委员会（2011-02-24）

主　任　李盛华
副主任　冯守文　舒　劲　李兴勇　赵继荣
委　员　张德宏　赵永强　王　颖　周　晟　王海东
　　　　杨维建　罗向霞　刘效栓　田旭东　邴雅珺
　　　　李　玲　冯康虎　韩　艳　李妍怡　盛　丽
　　　　王承祥　徐义先　赵道洲　张定华　靳　锋
　　　　杨宏武　脱承德　邓　强
秘　书　刘庆龙
日常工作由医务处负责。
下设：
(一) 内科专业组
组　长　赵继荣
副组长　赵永强
委　员　李妍怡　徐义先　王　颖　王海东　田旭东
　　　　邴雅珺　张定华　靳　锋　张敏思　王兰娣
　　　　王兰英　张洪涛　张参军　崔文建　杜自忠
(二) 骨外科专业组
组　长　李兴勇
副组长　邓　强
委　员　杨维建　冯康虎　王承祥　赵道洲　左　进
　　　　樊成虎　米仲祥　王　辉　李树君　党建中
　　　　刘永民　唐晓勇　李卫平　柳海平　关永林
　　　　杨宏武　何志军　张崇岳　谭　萍　杜　敏
　　　　慕明燕　张丽平

（三）医技专业组
组　长　冯守文
副组长　赵永强（兼）
委　员　周　晟　刘效栓　闵云山　盛　丽　黄小玲
邢福军　陈进凡　张宝洲　李喜香　王闻奇
梁　勤

医疗事故鉴定委员会（2011-12-19）

主　任　赵继荣
副主任　舒　劲　李兴勇
委　员　赵永强　王　颖　周　晟　王海东　杨维建
刘效栓　田旭东　郦雅珺　冯康虎　盛　丽
王承祥　徐义先　赵道洲　戴　刚　张定华
靳　锋　党建中　唐晓勇　杨宏武　脱承德
邓　强　谭　萍　邢福军
秘　书　刘庆龙
日常工作由医务处负责。

院报编辑委员会（2011-02-24）

总　编　李盛华　妥建福
副总编　孙援朝　冯守文　马忠祥　舒　劲　李兴勇
赵继荣　潘　文
主　编　舒　劲（兼）
副主编　陈春丽（常务）
编　委　马郑萍　周毓萍　杨雅静　马真琴　孙锦艳
邓　强　徐柏林　张丽平　刘廷梦　杨灵歌
李贵臻　田　军　刘叶荣　杨沛霖　张雪霞
乔　莉　徐　霞　黎媛媛
责任编辑　海青岳　裴学军
日常工作由宣传处负责。

院报编辑委员会（2011-12-19）

总　编　李盛华　谢又生
副总编　孙援朝　马忠祥　舒　劲　李兴勇　赵继荣
卫晓雯　邱连利　潘　文
主　编　舒　劲（兼）
副主编　陈春丽（常务）
编　委　马郑萍　周毓萍　杨雅静　马真琴　孙锦艳
邓　强　徐柏林　张丽平　刘廷梦　杨灵歌
李贵臻　刘叶荣　田　军　杨沛霖　张雪霞
乔　莉　徐　霞　黎媛媛
责任编辑　海青岳　郑访江
日常工作由宣传处负责。

感染管理委员会（2011-02-24）

主　任　冯守文
副主任　杨维建
委　员　赵永强　王　颖　周　晟　冯康虎　安富德
周毓萍　王兰娣　谭　萍　杨宏武　脱承德
杜　敏　李喜香　杜自忠　慕明燕　李晋凤
李生财　杨宝平　李永新　马彩云　谢　圆
日常工作由公共卫生与医院感染管理处负责。

感染管理委员会（2011-12-19）

主　任　马忠祥
副主任　杨维建
委　员　赵永强　王　颖　周　晟　冯康虎　安富德
周毓萍　王兰娣　谭　萍　杨宏武　脱承德
杜　敏　李喜香　杜自忠　慕明燕　李晋凤
李生财　杨宝平　李永新　马彩云　谢　圆
日常工作由公共卫生与医院感染管理处负责。

药事管理委员会（2011-02-24）

主　任　舒　劲
副主任　赵继荣
委　员　卫晓雯　赵永强　杨继红　胡雅杰　刘效栓
杨　波　张定华　赵道洲　靳　锋　李树君
刘永民　唐晓勇　王兰英　王兰娣　脱承德
原　睿　张参军　杨瑞龙　柳海平　李喜香
崔文建　杜自忠
日常工作由药学部负责。

药事管理与药物治疗学委员会（2011-12-19）

主　任　李兴勇
副主任　赵继荣　卫晓雯
委　员　赵永强　杨继红　胡雅杰　刘效栓　郦雅珺
杨　波　张定华　赵道洲　靳　锋　李树君
刘永民　唐晓勇　王兰英　王兰娣　脱承德
柳海平　原　睿　张参军　杨瑞龙　李喜香
崔文建　杜自忠　王春爱
日常工作由药学部负责。

护理质量管理委员会（2011-02-24）

主　任　马忠祥
副主任　王　颖
成　员　马郑萍　周毓萍　马真琴　张丽平　张晓岚
刘叶荣　赵　燕　郭秀珍　冯玉香　吴圃萍
崔兰玲　唐　锐　郭云霞　马小娟　杨春林
陈　涛　李晓萍　万迎霞　高雪华
日常工作由护理部负责。

护理质量管理委员会（2011-12-19）

主　任　马忠祥
副主任　王　颖
成　员　马郑萍　周毓萍　马真琴　张晓岚　张丽平
刘叶荣　赵　燕　郭秀珍　冯玉香　张雪霞
吴圃萍　崔兰玲　唐　锐　郭云霞　马小娟
杨春林　陈　涛　李晓萍　万迎霞　高雪华
日常工作由护理部负责。

输血管理委员会（2011-02-24）

主　任　冯守文

副主任　赵永强
委　员　王　颖　李　玲　周毓萍　陈进凡　樊成虎
　　　　党建中　米仲祥　唐晓勇　李卫平　张参军
　　　　何志军　张崇岳　梁　勤　慕明燕　王春爱
　　　　杜　敏
日常工作由输血科负责。

输血管理委员会（2011-12-19）
主　任　舒　劲
副主任　赵永强
委　员　王　颖　李　玲　周毓萍　陈进凡　樊成虎
　　　　党建中　米仲祥　唐晓勇　李卫平　杨宏武
　　　　张参军　脱承德　何志军　谭　萍　张崇岳
　　　　王兰娣　杜　敏　杨宝平　杨瑞龙　梁　勤
　　　　慕明燕
日常工作由输血科负责。

输血管理委员会（2013-04-22）
主　任　舒　劲
副主任　赵永强
委　员　王　颖　李　玲　杨维建　陈进凡　樊成虎
　　　　党建中　米仲祥　柳海平　冯康虎　鄢卫平
　　　　关永林　李卫平　唐晓勇　靳　锋　田旭东
　　　　杨宏武　张建平　脱承德　邓　强　何志军
　　　　薛建军　王兰娣　杜　敏　张崇岳　杨宝平
　　　　杨瑞龙　邢福军　刘永民　李永新　谢　圆
日常工作由输血科负责，办公室设在医务处。

医疗废物管理委员会（2011-02-24）
主　任　李兴勇
副主任　杨维建　安富德
委　员　邓　强　马郑萍　周毓萍　张丽平　赵　军
　　　　张　磊（后勤）　陈进凡　薛建军　王闻奇
　　　　梁　勤　李晓萍　谢　圆
日常工作由公共卫生与医院感染管理处负责。

医疗废物管理委员会（2011-12-19）
主　任　马忠祥
副主任　杨维建　安富德
委　员　邓　强　马郑萍　周毓萍　张丽平　赵　军
　　　　张　磊　陈进凡　薛建军　王闻奇　梁　勤
　　　　李晓萍　谢　圆
日常工作由公共卫生与医院感染管理处负责。

爱国卫生运动及综合治理委员会（2011-02-24）
主　任　李兴勇
副主任　赵国杰　罗克龙　安富德
委　员　田旭东　张定华　赵道洲　李秦生　周　琪
　　　　南国正　张文斌　黄仕君　马郑萍　马真琴
　　　　杨　波　周毓萍　杨雅静　孙锦艳　鄢卫平
　　　　乔　莉　杨灵歌　徐　霞　徐柏林　刘庆龙
　　　　张丽平　张晓岚　田　军　赵　军　刘叶荣
　　　　杨沛霖　张　磊（后勤）　张雪霞　李贵臻
日常工作由后勤管理处负责。

综合管理及爱国卫生运动委员会（2011-12-19）
主　任　马忠祥
副主任　赵国杰　罗克龙　安富德
委　员　张定华　赵道洲　周　琪　南国正　张文斌
　　　　黄仕君　田旭东　鄢卫平　孙锦艳　马郑萍
　　　　杨　波　周毓萍　杨雅静　马真琴　徐柏林
　　　　刘庆龙　张丽平　张晓岚　杨灵歌　赵　军
　　　　刘叶荣　杨沛霖　张　磊（后勤）　田　军
　　　　张雪霞　徐　霞　李贵臻　乔　莉
日常工作由后勤管理处负责。

医疗设备（卫生材料）管理与招标委员会（2011-02-24）
主　任　冯守文
副主任　舒　劲　李兴勇　赵继荣
委　员　谢兴文　卫晓雯　赵永强　王　颖　周　晟
　　　　王海东　杨继红　胡雅杰　刘效栓　宋良春
　　　　邴雅珺　李　玲　冯康虎　杨　波　李妍怡
　　　　盛　丽　徐义先　左　进　张定华　赵道洲
　　　　樊成虎　靳　锋　姜　华　张敏思　黄小玲
　　　　刘永民　唐晓勇　邢福军　谭　萍　马新换
　　　　王闻奇　谢　圆
秘　书　杨灵歌
日常工作由经济管理处负责。

医疗设备（卫生材料）管理与招标委员会（2011-12-19）
主　任　李兴勇
副主任　舒　劲　赵继荣　卫晓雯
委　员　谢兴文　赵永强　王　颖　周　晟　王海东
　　　　杨继红　胡雅杰　刘效栓　宋良春　邴雅珺
　　　　李　玲　冯康虎　杨　波　李妍怡　盛　丽
　　　　徐义先　左　进　张定华　赵道洲　樊成虎
　　　　靳　锋　姜　华　张敏思　黄小玲　刘永民
　　　　唐晓勇　邢福军　谭　萍　马新焕　赵　军
　　　　谢　圆
秘　书　杨灵歌
日常工作由经济管理处负责，设备管理处配合。

通用设备物资管理与招标委员会（2011-02-24）
主　任　李兴勇
副主任　卫晓雯　安富德
委　员　胡雅杰　马郑萍　周毓萍　杨　波　马真琴
　　　　徐柏林　邓　强　张丽平　杨灵歌　赵　军
　　　　刘廷梦　杨沛霖　张　磊（后勤）　张雪霞
　　　　李喜香
日常工作由经济管理处负责。

通用设备物资管理与招标委员会（2011-12-19）

主　任　李兴勇

副主任　马忠祥　卫晓雯　邱连利

委　员　胡雅杰　安富德　马郑萍　周毓萍　杨　波
　　　　马真琴　邓　强　杨灵歌　徐柏林　张丽平
　　　　赵　军　刘廷梦　杨沛霖　张　磊（后勤）
　　　　张雪霞　李喜香

日常工作由经济管理处负责，基建处、后勤管理处配合。

红十字会（2011-02-24）

会　长　李盛华

副会长　赵继荣

理　事　赵永强　王　颖　杨维建　安富德　马郑萍
　　　　南国正　邓　强　张丽平　刘廷梦　杨灵歌
　　　　赵　军　田　军　盛　丽　李喜香　原　睿
　　　　张参军　陈进凡　柳海平　李生财　梁　勤
　　　　王闻奇

日常工作由医务处负责。

红十字会（2011-12-19）

会　长　舒　劲

副会长　马忠祥　李兴勇　赵继荣

理　事　赵永强　王　颖　周　晟　杨维建　陈春丽
　　　　冯康虎　安富德　南国正　邓　强　张丽平
　　　　刘廷梦　杨灵歌　盛　丽　柳海平　原　睿
　　　　张参军　邢福军　陈进凡　李喜香　李生财

日常工作由医务处负责。

行风建设工作领导小组（2011-02-24）

组　长　妥建福

副组长　李盛华

成　员　孙援朝　冯守文　马忠祥　舒　劲　李兴勇
　　　　赵继荣　赵国杰　谢兴文　潘　文　卫晓雯

下设办公室

主　任　卫晓雯（兼）

成　员　张德宏　罗克龙　郑　慧　赵永强　王　颖
　　　　周　晟　杨继红　刘效栓　胡雅杰　冯康虎
　　　　马小明　安富德　杨　波　张定华　赵道洲
　　　　李秦生　周　琪　田旭东　张文斌　南国正
　　　　黄仕君　鄢卫平　孙锦艳　马新换　乔　莉
　　　　徐　霞

日常工作由纪委负责。

行风建设工作领导小组（2011-12-19）

组　长　李盛华

副组长　谢又生

成　员　孙援朝　马忠祥　舒　劲　李兴勇　赵继荣
　　　　卫晓雯　邱连利　赵国杰　谢兴文　潘　文

下设办公室

主　任　卫晓雯（兼）

成　员　张德宏　罗克龙　郑　慧　赵永强　王　颖
　　　　周　晟　杨继红　刘效栓　胡雅杰　冯康虎
　　　　马小明　安福德　杨　波　张定华　赵道洲
　　　　周　琪　田旭东　张文斌　南国正　黄仕君
　　　　鄢卫平　孙锦艳　马新焕　乔　莉　徐　霞

日常工作由纪委负责。

安全与保密工作领导小组（2011-02-24）

组　长　李盛华

副组长　妥建福

成　员　冯守文　马忠祥　舒　劲　李兴勇　赵继荣
　　　　谢兴文　潘　文　卫晓雯　张德宏　罗克龙
　　　　郑　慧　赵永强　王　颖　周　晟　王海东
　　　　杨维建　罗向霞　杨继红　胡雅杰　刘效栓
　　　　田旭东　刘梦华　陈春丽　宋良春　邴雅珺
　　　　李　玲　冯康虎　马小明　安富德　韩　艳
　　　　杨　波

日常工作由院长办公室负责。

安全与保密工作领导小组（2011-12-19）

组　长　李盛华

副组长　谢又生

成　员　马忠祥　舒　劲　李兴勇　赵继荣　卫晓雯
　　　　邱连利　赵国杰　谢兴文　潘　文　张德宏
　　　　罗克龙　郑　慧　赵永强　王　颖　周　晟
　　　　王海东　杨维建　罗向霞　杨继红　胡雅杰
　　　　刘效栓　田旭东　刘梦华　陈春丽　宋良春
　　　　邴雅珺　李　玲　冯康虎　马小明　安富德
　　　　韩　艳　杨　波

日常工作由院长办公室负责。

人事制度改革领导小组（2011-02-24）

组　长　李盛华

副组长　妥建福

成　员　孙援朝　冯守文　马忠祥　舒　劲　李兴勇
　　　　赵继荣　赵国杰　谢兴文　潘　文　卫晓雯

领导小组办公室

主　任　郑　慧

成　员　张德宏　罗克龙　赵永强　王　颖　周　晟

秘　书　徐　霞

日常工作由人事处负责。

人事制度改革领导小组（2011-12-19）

组　长　李盛华

副组长　谢又生　卫晓雯

成　员　孙援朝　马忠祥　舒　劲　李兴勇　赵继荣
　　　　邱连利　赵国杰　谢兴文　潘　文

领导小组办公室

主　任　郑　慧

成　员　张德宏　罗克龙　赵永强　王　颖　周　晟
秘　书　徐　霞
日常工作由人事处部负责。

医院信息管理领导小组（2011-02-24）

组　长　舒　劲
副组长　陈春丽
成　员　罗克龙　罗向霞　马郑萍　杨　波　邓　强
　　　　徐柏林　张丽平　刘廷梦　张晓岚　李贵臻
　　　　田　军　刘叶荣　张　磊（后勤）
日常工作由宣传处负责。

医院信息管理领导小组（2011-12-19）

组　长　舒　劲
副组长　陈春丽
成　员　罗克龙　罗向霞　马郑萍　杨　波　邓　强
　　　　徐柏林　张丽平　刘廷梦　李贵臻　刘叶荣
　　　　田　军　张　磊（后勤）
日常工作由宣传处负责。

基本建设领导小组（2011-02-24）

组　长　李盛华
副组长　妥建福
成　员　马忠祥　李兴勇　孙援朝　冯守文　舒　劲
　　　　赵继荣　赵国杰　谢兴文　潘　文　卫晓雯
　　　　张德宏　罗克龙　郑　慧　赵永强　王　颖
　　　　周　晟　王海东　杨维建　罗向霞　杨继红
　　　　胡雅杰　刘效栓　田旭东　刘梦华　陈春丽
　　　　宋良春　邴雅珺　李　玲　冯康虎　马小明
　　　　安富德　韩　艳　杨　波　马新换　杨沛霖
　　　　张　磊（后勤）张雪霞
下设办公室
主　任　马忠祥（兼）李兴勇（兼）
副主任　卫晓雯（兼）马小明
成　员　胡雅杰　杨沛霖　张　磊　赵晨明　仝风光
　　　　胡英杰　杨　晶
日常工作由基建处负责。

基本建设领导小组（2011-12-19）

组　长　李盛华
副组长　谢又生
成　员　孙援朝　马忠祥　李兴勇　舒　劲　赵继荣
　　　　卫晓雯　邱连利　赵国杰　谢兴文　潘　文
　　　　张德宏　罗克龙　郑　慧　赵永强　王　颖
　　　　王海东　杨维建　罗向霞　杨继红　周　晟
　　　　胡雅杰　刘效栓　田旭东　刘梦华　陈春丽
　　　　宋良春　邴雅珺　李　玲　冯康虎　马小明
　　　　安富德　韩　艳　杨　波　马新换　杨沛霖
　　　　张　磊（后勤）张雪霞
下设办公室
主　任　邱连利（兼）
副主任　马小明
成　员　胡雅杰　杨沛霖　张　磊　赵晨明　仝风光
　　　　胡英杰　杨　晶
日常工作由基建处负责。

物价管理领导小组（2011-02-24）

组　长　李盛华
副组长　舒　劲　李兴勇　赵继荣
成　员　卫晓雯　赵永强　王　颖　周　晟　王海东
　　　　杨继红　刘效栓　田旭东　宋良春　李　玲
　　　　冯康虎　安富德　盛　丽　李喜香　刘廷梦
日常工作由计划财务处负责。

物价管理领导小组（2011-12-19）

组　长　李盛华
副组长　舒　劲　李兴勇　赵继荣　卫晓雯　邱连利
成　员　赵永强　王　颖　周　晟　王海东　杨继红
　　　　刘效栓　田旭东　宋良春　李　玲　冯康虎
　　　　安富德　盛　丽　李喜香　刘廷梦
日常工作由计划财务处负责。

继续教育工作领导小组（2011-02-24）

组　长　舒　劲
副组长　李兴勇　赵继荣
成　员　谢兴文　赵永强　王　颖　周　晟　王海东
　　　　李　玲　刘梦华　韩　艳　闵云山
日常工作由临床教学部负责。

继续教育工作领导小组（2011-12-19）

组　长　舒　劲
副组长　李兴勇　赵继荣
成　员　谢兴文　韩　艳　赵永强　王　颖　周　晟
　　　　王海东　李　玲　刘梦华
日常工作由临床教学部负责。

应对突发医疗事件抢救领导小组（2011-02-24）

组　长　赵继荣
副组长　舒　劲　李兴勇
成　员　赵永强　王　颖　王海东　邴雅珺　李妍怡
　　　　徐义先　王承祥　张定华　盛　丽　赵道洲
　　　　张敏思　靳　锋　杨维建　党建中　刘永民
　　　　米仲祥　唐晓勇　张参军　张崇岳　谭　萍
　　　　原　睿　杜　敏　王闻奇　杨瑞龙　李喜香
　　　　崔文建　杜自忠　谢　圆　袁冰华　张丽娟
日常工作由医务处负责。

应对突发医疗事件抢救领导小组（2011-12-19）

组　长　赵继荣
副组长　舒　劲　李兴勇
成　员　赵永强　王　颖　王海东　邴雅珺　李妍怡
　　　　徐义先　王承祥　张定华　盛　丽　赵道洲

张敏思　靳　锋　杨维建　党建中　刘永民
米仲祥　唐晓勇　张参军　张崇岳　谭　萍
原　睿　杜　敏　王闻奇　杨瑞龙　李喜香
崔文建　杜自忠　谢　圆　袁冰华　张丽娟

日常工作由医务处负责。

合理用药评估工作小组（2011-02-24）

组　长　赵继荣
副组长　舒　劲　赵永强
成　员　赵永强　周毓萍　李妍怡　徐义先　左　进
赵道洲　樊成虎　靳　锋　王海东　张敏思
党建中　米仲祥　刘永民　唐晓勇　原　睿
王兰英　王兰娣　张参军　谭　萍　马新换
李喜香　邓　强

日常工作由医务处负责。

合理用药评估工作小组（2011-12-19）

组　长　赵继荣
副组长　李兴勇　赵永强
成　员　赵永强　刘效栓　周毓萍　李妍怡　徐义先
左　进　赵道洲　樊成虎　靳　锋　王海东
张敏思　党建中　米仲祥　刘永民　唐晓勇
原　睿　王兰英　王兰娣　张参军　谭　萍
马新换　李喜香　邓　强

日常工作由医务处负责。

消防安全领导小组（2011-02-24）

组　长　李兴勇
副组长　安富德
成　员　马郑萍　邓　强　张文斌　马新换　马真琴
周毓萍　杨雅静　徐柏林　张丽平　刘廷梦
杨灵歌　李贵臻　赵　军　刘叶荣　杨沛霖
张　磊（后勤）

日常工作由后勤管理处负责。

消防安全领导小组（2011-12-19）

组　长　马忠祥
副组长　安富德
成　员　马郑萍　邓　强　张文斌　马新换　马真琴
周毓萍　杨雅静　徐柏林　张丽平　刘廷梦
杨灵歌　李贵臻　赵　军　刘叶荣　杨沛霖
张　磊（后勤）张雪霞

日常工作由后勤管理处负责。

计划生育领导小组（2011-02-24）

组　长　冯守文
副组长　卫晓雯　郑　慧
成　员　马郑萍　周毓萍　马真琴　张雪霞　王春爱
乔　莉　崔兰玲　刘翠林　杨玉翠
李　亮（党办）

日常工作由公共卫生与医院感染管理处负责。

计划生育领导小组（2011-12-19）

组　长　马忠祥
副组长　卫晓雯　郑　慧
成　员　马郑萍　周毓萍　马真琴　张雪霞　王春爱
乔　莉　崔兰玲　刘翠林　杨玉翠　李　亮

日常工作由公共卫生与医院感染管理处负责。

国有资产管理领导小组（2011-02-24）

组　长　李盛华
副组长　冯守文　舒　劲　李兴勇　赵继荣
成　员　杨继红　刘效栓　冯康虎　安富德　杨　波
刘廷梦　赵　军　张　磊（后勤）李喜香

下设办公室

主　任　杨继红
副主任　冯康虎　安富德
成　员　肖　斌　闵　彬　邓煦玮　杨继承　施建成
陈　灵　薛　军　李羽翠

日常工作由计划财务处负责。

国有资产管理领导小组（2011-12-19）

组　长　李盛华
副组长　马忠祥　舒　劲　李兴勇　赵继荣　卫晓雯
邱连利
成　员　杨继红　刘效栓　冯康虎　安富德　杨　波
刘廷梦　赵　军　张　磊　李喜香

下设办公室

主　任　杨继红（兼）
副主任　冯康虎（兼）安富德（兼）
成　员　刘廷梦　肖　斌　闵　彬　张小娟　杨继承
施建成　石丽竹　薛　军　李羽翠

日常工作由计划财务处负责。

病案管理委员会（2012-06-01）

主　任　赵永强
副主任　宫玉锁　史文宇

（一）病案质控组：

医师组：马红梅（副主任医师）赵勤英（主治医师）

护理组：刘旭琴（副主任护师）郭云霞（主管护师）

（二）病案登记管理组：

编码登记组：吕　芳（主管护师）王月荣（主管护师）

病历归档组：杨晨霞（主管技师）何梅霞（主管护师）

（整理　马永鹏）

医疗工作

Medical Work

门 诊

城关门诊部（陇上名医馆）

【科室建设】2010年2月—2011年4月，城关门诊部处于内部装修筹备阶段，张敏思任主任，邢福军任副主任，赵燕协助工作，地址位于兰州市城关区甘南路579号2楼，房屋使用面积约340.27平方米。2010年12月，邢福军调至检验科。2011年4月，装修工程通过医院整体验收。6月，取得兰州市卫生局签发的医疗机构执业许可证，赵燕任护士长。7月8日，取得市物价局签发的收费许可证。7月13日开始试营业，时有医护人员7人，隶属于保健处管理。门诊部开设有骨外科、内科、儿科、针灸理疗科、预防保健科、健康教育科、放射科和检验科等业务。配有中药熏蒸治疗仪、骨折治疗仪、中频治疗仪、疼痛治疗仪、全科治疗仪、TDP治疗仪等医疗设备。备有"陇中系列"院内制剂，如损伤胶囊、清宁胶囊、防风感冒颗粒、消定膏、三黄膏、玉红膏、三黄栓等，开展中药口服、针灸、推拿、正骨、牵引、外敷、熏洗等治疗方法。诊治各科常见病、多发病、疑难杂症。开业之初，建立健全各项规章制度，规范医疗行为，在医院的支持下实施门诊内部局域网建设，采取信息化管理，建立社区居民健康档案信息系统，构建中医药特色动态全程的社区居民健康状态信息平台。在社区开展中医药养身保健科普活动，积极推广具有中医文化内涵的健康生活方式，提高社区居民健康水平。2011年门诊挂号1038人次。

2012年1月，划归医院门诊部管理。充分发挥中医中药的优势，普及中医药养生保健的知识，开展冬病夏治"三伏贴"，取得良好收益。注重不同专科病种间的学科合作，如新开展穴位注射祛斑养颜技术，先由皮肤科专家给予辨证论治中药内服手段，同时加以针灸辨证选穴施行穴位注射，效果颇佳。全年门诊挂号6546人次。

2013年继续普及中医药养生保健的知识，开展冬病夏治"三伏贴"，巩固治疗"三九贴"。开展手法治疗骨折及关节功能紊乱，手法治疗骨折后的功能康复，针灸特色减肥治疗，耳穴贴敷治疗失眠、痤疮、便秘、近视等新技术。全年门诊挂号6046人次，组织参与义诊活动3次。

科室负责人

主　任　张敏思　2011年7月任

副主任　邢福军　2009年10月任，2010年12月止

省委门诊部（陇上名医馆）

【科室建设】2010年6月—2011年8月，省委门诊部处于内部装修筹备阶段。2011年6月，权晓理任主任，冯玉香协助工作。7月，隶属于保健处管理。8—12月开始试营业，

时有医护人员8人。地址位于兰州市城关区广武门街道办事处甘肃省委办公楼北楼1、2两层，房屋使用面积约400平方米。开设有骨外科、内科、儿科、针灸理疗科、预防保健科、健康教育科、放射科和检验科等业务。特色诊疗项目包括中医室、骨伤室、针灸室、按摩室和中药熏蒸室。主要的医疗设备有：心电图机、X光机、全科治疗仪、制氧机、熏蒸床等。试营业期间上门为保健对象诊疗22次，向省委机关干部和家属发放保健手册500份。在省委大教梁社区举行专家义诊4次，接待病人300人次。通过完善门诊部管理和内涵建设，优化工作流程，开展各种形式的学术交流和业务学习，提高业务技能和诊断水平，科室医疗质量稳步提升，全年未出现漏诊、误诊病例，无医德医风投诉及医疗纠纷事件。全年门诊挂号954人次。

2012年1月，科室划归门诊部管理。5月，曹红霞任副主任，权晓理不再担任主任职务，冯玉香任护士长。开展大型义诊4次。完善省委机关干部健康档案管理。内科针对各种慢性病和亚健康状态进行综合调养和干预治疗，体现传统医学“治未病”思想。针灸科和儿科开展了冬病夏治，自制中药补肺固本合剂和中药贴敷相结合，共治疗患者150余人次。依据“春夏养阳、秋冬养阴”的中医理论，“三九”天为患者服用对症的中药膏方，充分发挥中医药预防保健及治疗的作用。年内，权晓理参加全国第三届优秀临床人才培训班。冯玉香参加“预防接种学习班”，获得预防接种资格，为省委机关干部及附近社区居民提供流感疫苗、乙肝疫苗注射服务，扩大了门诊部影响力及知名度。全年门诊挂号8973人次。

2013年3月，曹红霞、冯玉香赴北京广安门医院分门诊学习。11月，曹红霞赴上海参加全国中医全科骨干师资高级培训班。加大对省委门诊部的宣传力度，增加省委门诊部知名度，多次在省卫生厅网站、甘肃广播电视报、兰州晚报、院报上以各种形式进行宣传。每月第一个周四上午在甘肃省老年活动中心义诊，组织、参与医院大型义诊7次。在医院大力支持下，省委门诊部针对省委在职及离退休人员安排高质量的医疗保健知识讲座。配合大教梁社区做好“美好社区”医疗服务项目。全年门诊挂号8487人次。

科室负责人

主　任　权晓理　2011年6月任，2012年5月止

副主任　曹红霞　2012年5月任

名医工作室

2010年，医院相继成立王自立、刘国安、廖志峰3个名医工作室，设在旧门诊楼2楼。2012年8月，名医工作室由医务处转归特色医疗管理处管理。2012年，特色医疗管理处组织举办名中医王自立、廖志峰、刘国安学术思想研讨会6期，讲座内容制作为影像资料并刻录成光盘，学术内容以学术经验传承集整理出版为系列丛书。根据国家中医药管理局全国名老中医传承工作室建设项目任务书要求，医院为王自立、刘国安、廖志峰名老中医传承工作室购置办公设备。2013年7月，名医工作室搬迁至A座7楼。特色医疗管理处举办名中医王自立、刘国安、廖志峰教授的学术思想研讨会3期。初步完成医院网站“名医工作站”日常的信息维护与更新，网站内容包括王自立、刘国安、廖志峰的成才之路、学术思想、临证经验、辨证特点等，辐射面广，影响力大。

名医工作室实行门诊挂号限号管理，日均门诊约50人次。2011年门诊挂号14596人次，2012年门诊挂号15571人次，2013年门诊挂号16485人次。

【王自立名医工作室】日常工作由王煜负责，工作室面积30平方米，配备电脑3台、打印机1台、投影仪1台、文件柜3个等办公设备，建立了信息化平台，配备影像同步传输系统。医院网站开设“名医工作站”名医工作室版块内容，截至2013年底上传医案165篇、论文10篇、影像资料10段。名中医王自立每周出诊3次，在每次门诊诊疗结束后组织继承人进行特色和疑难病案的讨论和讲解。指导国家级、省级师承继承人诵读《黄帝内经》《伤寒杂病论》等中医经典学习内容。2013年底，王自立主任医师学术思想传承队伍中共有国家级、省级师承继承人10人，传承博士后继承人1人，带教进修学习人员12人。举办国家级及省级继续教育项目3次。2013年王自立被国家中医药管理局授予“全国老中医药专家学术经验继承工作优秀指导老师”称号，继承人王煜被国家中医药管理局授予“全国老中医药专家学术经验继承工作优秀继承人”称号。

【刘国安名医工作室】日常工作由邴雅珺负责，工作室面积30平方米，配备电脑3台、打印机1台、投影仪1台、文件柜3个等办公设备，建立了信息化平台，配备影像同步传输系统。主持建立健全工作室的人才帮带培养、学术交流、论坛、网页管理、项目攻关、经费管理等各项运行制度。配有护士2名、计算机专门技师1名。坚持以“西医诊病，中医辨证，中药为主，西药为辅，内调外治，扬长补短，提高疗效”的中西医结合治病原则，探索开拓出一条有中医特色的针对老年病特点的内调外治治疗体系，形成了一整套防衰抗衰、治病延年的治疗方法。自制“通冠丸”用于治疗老年冠心病，“肠炎康Ⅲ号”治疗慢性结肠炎，“通脑丸”治疗脑动脉硬化，“镇静安神丸”用于老年不寐症，“锁阳胶囊”用于老年人习惯性便秘，“前列栓”用于老年人前列腺肥大并发症，“降龙擦剂”治疗老年性带状疱疹等，效果显著。

【廖志峰名医工作室】日常工作由田旭东负责，工作室面积（含门诊、住院部）80平方米，配备电脑4台、打印机1台、投影仪1台、文件柜3个，初步建立了信息化平台，工作室配备音像同步传输系统。名中医廖志峰每周三早晨固定时间指导研究生和中青年医师学习《黄帝内经》《伤寒杂病论》等经典著作，每名研究生和跟师学徒每两周撰写跟师心得1篇。工作室成员认真按照建设要求，收集名医临床病历200份；完成廖志峰主任临证思辨特点和学术思想研究报告、成才之路研究报告等；制作名医诊疗影像资料在甘肃经济频道专题节目《甘肃省名老中医巡礼——廖志峰》及《为肿瘤患者开出个体化诊疗单》播出；总结名中医廖志峰诊疗经验及学术思想，形成健脾益气，理气消胀，活血化瘀治疗胃痞病（慢性胃炎）的诊疗方案；形成补通相合，抑酸敛疡，活血化瘀治疗胃脘痛（消化性溃疡）的诊疗方案；形成气血同调，乙癸同治治疗鼓胀病（肝硬化腹水）的诊疗方案。对萎缩性胃炎、结肠炎的治疗，主张从胃、肠本脏论治为主，辅以从肝、从脾、从肾、从肺辨证论治。在此见解指导下，研制的健胃系列制剂作为医院制剂广泛应用，颇受患者好评。带教培养国家级和省级师承继承人卢雨蓓、王兰娣、陈世旺、廖挺等。带教进修人员10余名，举办国家级和省级继续教育项目3项。

心理咨询门诊

2011年初，心理咨询门诊由周云霞固定坐诊，设在门诊3楼。配有上海惠城心理测验综合系统1套。全年心理咨询患者514人次，院内会诊18人次。2012年，全年心理咨询患者664人次，院内会诊27人次，参加院内义诊活动3次。2013年7月，心理咨询门诊由B座3楼搬迁至A座7楼。全年心理咨询患者574人次，院内会诊41人次，参与门诊部组织的义诊活动4次。

2013年7月岷县、漳县地震期间，马真琴、周云霞等加入应急医疗队心理咨询援助组，马真琴赴灾区参与救援，周云霞等参与转入医院接受治疗灾区伤病员的心理干预疏导。

慢病门诊

2013年7月，医院在A座7楼设立慢病门诊，由曹红霞、张敏思、权晓理、吴红艳等人坐诊，截至年底门诊挂号1074人次。

综合门诊

2013年7月，医院在A座7楼设立综合门诊，房间1间，由韩艳、王煜、张参军、王玉珠等人坐诊，截至2013年底门诊挂号2056人次。

离退休专家门诊

2011年，全年门诊挂号16009人次。黄腾辉、贾正中、毕学恭、李泉云、刘永丰、席书贤、吴亮、张延昌等专家坐诊，每周2次。2012年，全年门诊挂号16575人次。2013年7月，专家诊室整体搬迁至A座7楼，全年门诊挂号16526人次。黄腾辉、贾正中、毕学恭、李泉云、刘永丰、席书贤、燕中、吴亮、张延昌、郑侠等专家坐诊，每周2次。

急救中心

【诊疗业务】2011年初急诊科位于原门诊楼1楼，与急诊骨科共享一个护理部，张参军任主任，医生5名。接诊患者31070人次，抢救243人，收住入院274人。急诊科严格落实首诊负责制，医护人员实行交接班、危重病人床头交接班，科室医护人员具有比较扎实的中、西医急诊知识和技能并能正确运用，均能熟练开展CPCR术，能够熟练使用现有各种科内及车载急救设备；急诊“绿色通道”畅通，急诊服务及时、安全、便捷、有效。各科室能够较好地配合急诊工作，院内会诊医师均能在10分钟内到达。急诊值班人员能够胜任急诊抢救工作，能够保证24小时的急诊服务。2012年3月，急诊科设置日间病床5张，收住病人115人次。全年接诊患者35581人次，抢救420人，收住入院409人，急诊抢救工作及时，抢救成功率为92%。积极迎接医院“三甲”复审，组织学习评审细则，仔细领会评审要素，将评审细则落实到日常工作中。2013年6月，急诊科日间病床由5张增至10张。全年门诊挂号39031人次，日均107人次，抢救急危重患者974人次，急危重患者抢救成功率为97.8%，同比增长3.8%。

【科室建设】2011年，每日利用5～10分钟开展晨间交接班后专题学习，及时组织全科医护人员开展疑难及死亡病例讨论，相互交流诊治心得与体会，不断总结教训，积累经验。结合全省卫生行业及护理岗位技能大赛，科室进行了各种急救技术的强化培训；急诊科兼有医院“发热门诊”工作，科室多次举办传染病防治方面的培训，并顺利通过了卫生厅组织的督查。2012年5月，何国华任科室副主任，9月，张建平任副主任，张参军、何国华调离。急诊科进一步完善了各项管理规章制度、疾病诊疗及技术操作规范、应急预案，并进行了强化培训及实地演练。科室注重发挥“全国青年文明号”带头示范作用，开展微笑服务，加强医患沟通，加强医护合作，消除医疗隐患，确保医疗安全，努力提高医疗服务质量，医患关系日趋和谐，病人满意度进一步提高，患者复诊率逐年提高。及时在全科范围内开展业务学习、疑难及死亡病例讨论，相互交流心得体会，及时总结经验教训。鼓励参加院内外举办的各种学习班、培训班，加强学习《急诊疾病临床诊疗规范教程》《24个专业105个病种中医诊疗方案》等，促进急诊业务素质的不断提高。2013年6月，科室整体搬迁至A座1楼，日间病床由5张增加至10张，设抢救室、重症观察室、急诊日间病房以及同时容纳40余人输液治疗的输液大厅，规模庞大，布局合理，设备先进。8月，科室更名为急救中心。

【人才建设】

2012年3月，曹发文参加“万名医生支援农村卫生工程”，为期1年。8月，薛雅娟前往西京医院进修半年。吕娟荣获“2012年甘肃省中医院中医经典大赛”一等奖。2013年，先后派出5名医师前往兰大二院急诊科、ICU进修学习，派出5名护士前往兰大一院、兰大二院急诊科进修学习，外出学习人员及时反馈学习内容，达到共同提高的目的。及时组织全科医护人员开展疑难及死亡病例讨论，相互交流诊治心得与体会，不断总结教训，积累经验。张建平、曹宏丽、王志勇参加医院院感知识竞赛获团体一等奖。柴守范、钞建峰、李菊兰参加医院“计算机大赛”获团体二等奖，柴守范获个人第一名。柴守范、吕娟、李菊兰参加医院“背方剂、认中药、定穴位”大赛获团体一等奖。张婷参加全院“中青年讲师比赛”获个人二等奖。

【120急救中心】2011年初，120急救工作人员有王博、谈君、武将，总院成立直属分站，收费标准上调（每次出车200元标准，外加50元车费）。全年“120”出车958次，其中有效出车796次，接入患者345人次。120在省紧急救援中心的督导下，经过整改，出车速度达到中心要求，确保了快速、安全、及时出车。能够熟练、正确地使用现有各种科内及车载急救设备；进一步完善了急诊科各项管理规章制度、疾病诊疗及技术操作规范、应急预案，加强了120监管；加强120急救人员的院前急救意识及急救技术培训，按时参加科室的病例讨论及业务学习，及时总结经验教训，不断提高院前急救水平。2012年，总出车1217次。其中有效出车915次，送入本院414人次。2013年，确保快速、安全、及时出车，出车次数、送回医院病人数等均有了明显的提高；共计出车1410次，月均129次，其中有效出车1144次，月均104次，送入院546人次。

【发热门诊】发热门诊自2009年10月成立以来，一直由急诊科负责管理，成为排查疑似传染病患者、治疗发热患者的专用诊室。2013年5月由B座1楼搬迁至A座1楼东侧。发热门诊内设清洁区、潜在污染区和污染区，配有消毒隔离设施，科室多次举办了传染病防治方面的培训，顺利通过省卫生厅组织的多次督查。

【感染疾病科】2012年5月，感染疾病科成立，张建平兼任副主任。科室负责发热患者的预检和转诊工作，截至2013年底预检发热患者341人次。

急救中心负责人

主　任　张参军　2009年6月任，2012年9月止

副主任　何国华　2012年5月任，2012年9月止

张建平　2012年9月任

（撰稿　杨丽萍）

临　床

痹病（风湿骨病）科

【诊疗业务】2011年初，风湿病科位于十八病区，设在3号楼9楼，床位37张，医生6名，王海东任科室主任。门诊挂号5586人次，出院患者969人次，床位周转次数24.7次，床位使用率为109.4%，平均住院日17天。2012年，门诊挂号7199人次，出院患者1242人次，床位周转次数29.6次，床位使用率为106.1%，平均住院日13.1天。2013年，门诊挂号7541人次，出院患者1640人次，床位周转次数30.4次，床位使用率为98.6%，平均住院日11.6天。

【科室建设】2011年，加大科室文化建设，在走廊放置风湿骨病知识、预防保健、康复理疗等风湿骨病相关内容的宣传牌，在理疗室墙壁悬

挂中医养生内容为主的书法屏条，在宣传栏放置风湿病相关诊疗、康复、护理内容的小册子，在病房、过道等关键地方张贴温馨提示卡，提高患者对疾病的认知，丰富了患者防治风湿性疾病的知识，增加治疗依从性。清晨鼓励患者做广播体操锻炼关节功能，提高身体素质。2012年5月，田雪梅任副主任。9月，科室床位由37张增至45张。获批国家中医药管理局中医痹病学重点学科建设单位，获得“2012年甘肃省青年文明号”称号。为配合三甲医院的中医文化方面的要求，在特色治疗室及小针刀室增加了中医特色诊疗的宣传牌。组织拓展训练增强科室的团体协作精神。10月，风湿骨病科更名为痹病（风湿骨病）科。2013年4月，科室整体由E座9楼搬迁至A座8楼，床位由45张增至65张。重新布置规划文件建设，开展拓展训练。9月，医院全面实施骨科专业细化，痹病（风湿骨病）科负责充分发挥中医优势，主治类风湿性关节炎、强直性脊柱炎、痛风性关节炎。

【继续教育】2011年，成功举办甘肃省中医药学会针刀医学专业委员会2011年学术年会、针刀医学培训班、蜡疗培训班，通过举办学习班，使学员掌握了针刀医学的相关基础知识、治疗禁忌证和适应证，规范了针刀医学治疗过程。2012年，举办甘肃省中医药学会针刀医学专业委员会2012年学术年会，举办针刀医学培训班2期，赴地县区举办专题讲座6期、蜡疗讲座10期。2013年，举办中华中医药学会针刀医学分会2013年学术年会，4月、7月、8月、9月成功举办了4期针刀医学培训班。推广中医适宜技术，在地县区举办10次专题讲座，通过举办培训班，提高学员运用针刀及其他中医特色疗法治疗风湿骨病所致的关节疼痛和关节功能障碍的能力，运用蜡疗法治疗风湿骨病所致的关节疼痛和关节功能障碍，提高了中医药特色疗法治疗风湿骨病的参与率和治疗效果。

【业务技术】2011年，开展新技术3项。第1项是小针刀治疗类风湿关节炎所致小关节功能障碍。根据针刀疗法通过松解关节局部肌肉、肌腱、韧带等软组织，改变关节局部病理力学状态，恢复关节周围正常的动态平衡，从而改善患者关节功能的原理，松解相关肌腱和韧带，不仅缓解了疼痛，改善了关节功能，而且使肿胀的关节积液有不同的消退，与此同时对于类风湿关节炎所致的不同部位的腱鞘囊肿，采用针刀十字切开加拔罐治疗，使囊液迅速消退，效果十分理想，较好地改善了患者关节功能，提高了患者的生活质量。第2项是埋线治疗银屑病关节炎。将可吸收的羊肠线用特制的埋线针植入患者相应的穴位，使其对穴位进行持续的刺激，达到疏通经络，提高机体免疫力，消肿止痛，对1例严重的银屑病关节炎患者进行埋线治疗后，在关节疼痛明显缓解的同时，皮疹和指甲改变明显好转，以此为经验，对多名患者进行同样的治疗，取得了较好的疗效。第3项是运用中药熏洗治疗仪开展中药熏洗治疗风湿骨病。采用中药辨证配方局部熏洗治疗风湿病所致的关节肿胀、疼痛和功能障碍，中药熏洗治疗具有活血化瘀、祛风除湿、散寒止痛、通络消肿的作用，对于关节疼痛性疾病、肿胀、怕风、怕冷性疾病有较好的疗效，其他理疗方法治疗四肢小关节不便利者，更适用中药熏洗治疗。

2012年，开展新技术3项。第1项是大椎五穴小针刀松解治疗反复外感。风湿病患者多免疫力低下，易外感，每因外感病情反复加重。大椎穴针刀松解治疗有解表、疏风、散寒、温阳、通阳、清心、宁神、健脑、消除疲劳、增强体质、强壮全身的作用。现代研究发现艾灸大椎穴，可增加淋巴细胞的数量、提高淋巴细胞的转化率和E-玫瑰花环形成率、具有提高机体细胞免疫的功能。科室以此理论为依据在国内首次提出大椎五穴针刀松解术并应用临床，疗效显著。该技术具有提高机体免疫力，振奋阳气的作用，临床观察患者出汗多、易外感等症明显改善。第2项是委中穴针刀松解术治疗腰腿痛。委中穴是治疗腰背疼痛的要穴，属足太阳膀胱经，具有舒筋通络、散瘀活血、清热解毒之功效。刺激委中穴可用于治疗腰脊强痛、股膝挛痛、风湿痹痛等。依据“腰背委中求”这一针灸理论，创造性地利用小针刀这一中医适宜技术治疗该类疾病取得满意的临床疗效。第3项是中药穴位敷贴防治风湿病。具体是指结合穴位与药物作用，在春分、秋分进行贴敷，从而调节人体阴阳水平，既能治疗痹病，又能防止疾病的发生，是中医“治未病”学术思想在临床中的典型运用。

2013年，围绕甘肃省民生科技计划项目“以针刀松解术为核心的中医特色疗法在基层的推广应用”，结合各自在研究范围及临床实践的体会，进行了全面深入细致的讨论，进一步细化研究范围，争取有突破性进展，为按时圆满完成科研课题打下了坚实的基础，对促进针刀技术的深入研究、规范操作、广泛普及起到了积极的推动作用。在全科普及平衡针灸疗法。平衡针灸法治疗疼痛，直接对疼痛对应区神经干或特殊反应点（区）进行刺激，使大脑痛阈升高，针刺带来的良性刺激经外周神经的动脉类粗纤维由后根的内侧部进入脊髓，经薄束和楔束上行，在脑干下部与薄束核和楔束核发生突触联系，从而阻断痛觉在中枢的整合。其次，由于针灸针直接刺激神经干、特殊反应点（区），造成的刺激强度大，大量消耗了神经递质，也可阻止痛觉在脊髓后角的换元，从而达到止痛的增强效果，尤其对软组织损伤引起的疼痛，效果好、见效快。把踝三针与小针刀技术创造性地融合，治疗腰背痛、踝膝关节痉挛痛、下肢疼痛，临床疗效满意。

【人才建设】2011年，组织人员参加中国中西医结合风湿病学术年会、全国风湿病研究新进展培训班、西北五省风湿病研讨会、陕西省风湿病学术年会、甘肃省中医药学会学术年会、甘肃省医学会风湿病学术年会，以及甘肃省医学会举办的有关风湿病的报告会、研讨会等。王海东参与甘肃省针刀医学初级培训班、2011年针刀专业委员会年会、甘肃省疼痛管理专家研讨会、全省蜡疗学习班、全国脊柱相关疾病与针刀微创治疗学习班、西部地区首届疼痛与风湿骨病研讨会等培训班的授课。全年科室共组织学习36次，带教实习生77人，进修生27人，1人赴北大人民医院进修6个月。王海东获"甘肃省第三批名中医"称号，被评为"甘肃省中医优秀巡讲员"，李伟青获医院"中医经典名方背诵比赛"三等奖。

2012年，全科人员不断加强自身专业理论的学习，先后参加了中华中医药学会针刀医学年会、中华中医药学会骨伤科年会、中华中医药风湿病学会学术年会、中华医学会骨伤科学术年会、中国中西医结合风湿病学术年会、中华中医药风湿病学会西部学术年会、中华医学会北京风湿病学术年会、南京国际针刀学术年会、西部风湿病论坛等并参加大会论文交流，了解风湿病的最新诊疗进展，提高了诊治水平，拓展了思维，同时通过论文的学术交流，增加了科室的学术影响力，为打造西北地区有影响力的风湿病专科夯实了基础。王海东当选为中华中医学会风湿病分会常务委员，中国中西医结合风湿类疾病防治联盟常务委员。科室获得中华中医药学会针刀医学分会和甘肃省中医药学会风湿病专业委员会2013年学术年会的承办权。全年共组织学习100余次，带教实习生37人，见习学生80人，进修生35人，1人赴北京中医药大学进修3个月，1人参加北大医院举办的肌肉骨骼彩超学习班。

2013年，参加了中华中医药学会针刀医学年会、中华医学会风湿病分会年会、中华中医药风湿病分会学术年会并参加大会论文交流。王海东当选为世界中医药杂志编委、中国针刀医学产学研联盟副理事长兼专家委员会副主任委员。科室获得甘肃省中医药学会风湿病专业委员会2014年学术年会的承办权。全年带教实习生53人，见习学生80人，进修生61人，1人参加北大医院举办的风湿病高级学习班，全科参加国家级学术会议52人次。王海东应邀到中日友好医院、河南安阳讲学，不定期地到甘肃各地县进行小针刀知识普及和技术培训，扩大了科室在全国针刀界、风湿界的影响。

科室负责人

主　任　王海东　2009年9月任

副主任　田雪梅　2012年5月任

脾胃病一科

【诊疗业务】2011年初，脾胃病（消化）科位于九病区，下设消化内窥镜中心，位于2号楼2楼，床位40张，医生8名，田旭东任主任，李生财任副主任，廖志峰任业务技术指导，卢雨蓓任消化内窥镜中心副主任。门诊挂号14317人次，出院患者1046人次，床位周转次数35.1次，床位使用率为106.7%，平均住院日15天。完成胃镜检查2718人次，肠镜828人次，内镜检查及治疗3600人次。年内通过了国家中管局重点专科（病）建设单位评审验收，通过了甘肃中医学院教学评估。2012年，门诊挂号15847人次，出院患者1209人次，床位周转次数28.7次，床位使用率为102.3%，平均住院日13.5天。完成胃镜检查3020人次，肠镜1114人次。2013年门诊挂号19686人次，出院患者1147人次，床位周转次数31.0次，床位使用率为95.6%，平均住院日11.9天。完成胃镜检查3932人次，肠镜1348人次。

【科室建设】2011年，严格各项制度的执行，强化科室内部管理，坚持三级医师查房制度；加强科室职工思想教育，强调岗位责任制。充分发挥名老中医廖志峰的优势，以深厚的中医底蕴为依托，做好突出中医特色的工作；进一步加强中药自制药品的开发力度，使专科专药特色深入人心，得到广大患者的信任与认可。积极与国内多省份的相关学科专家联络，在科研和专科建设方面多点协作，提升科室在全国的知名度，进一步优化科室建设。5月，脾胃病（消化）科更名为脾胃病科。12月，科室引进马国珍、刘清君两名博士研究生。2012年5月，医院成立肝病科，卢雨蓓担任副主任，兼任消化内窥镜诊疗中心副主任。9月，科室床位由40张增至45张。加强医疗服务意识，强化医疗服务理念，改变医护思想观念，以外治法为切入点，以服务态度为标尺，深入贯彻"病人至上"的医疗护理观念。科内医师内镜操作能力得到进一步提升，7名医师熟练掌握胃镜操作，5名医师熟练肠镜操作。积极配合基建部门对于新门诊楼病房及消化内镜中心的装修改建工作，反复研究装修方案。2013年4月，脾胃病科分为脾胃病一科、脾胃病二科，科室由D座2楼搬迁至A座，脾胃病一科位于9楼，设病床31张，脾胃病二科、肝病科位于12楼，设病床31张。消化内窥镜诊疗中心位于9楼。5月，脾胃病二科更名为脾胃病二科（肝病科）。田旭东任脾胃病一科主任，兼任脾胃病二科（肝病科）主任；李生财任脾胃病一科副主任。卢雨蓓任脾胃病二科（肝病科）副主任，兼任消化内窥镜诊疗中心副主任。医生组针对分科做了相应的科内人员分配及调整，田旭东、李生财、武正权、张慧君、刘清君、郭军、李彦龙分在脾胃病一科，卢雨蓓、马国珍、陈世旺、孙平、刘顺庆分在脾胃病二科（肝病科），保证了2个病区的正常运转和医生的专业主攻方向。鼓励2个病区间的合理竞争，学科中医特色更加鲜明，搬迁后就医环境明显改善。学科实现了进一步细化，患者满意率进一步提高。脾胃病科获批国家卫生部重点专科（中医专业），使学科建设提升到更高的层次。

【业务技术】2011年，大力开发中医外治法，在科室内开展了包括便秘与腹泻生物反馈治疗、肝病治疗仪、中药外敷、热奄包、中药足浴、穴位贴敷、针刺艾灸等多个治疗项目，提高了疗效。在消化内窥镜方面，增加内镜介入治疗和超声内镜检查数量，开展首例超声引导下黏膜剥离活检，成功诊断1例肠道类癌患者。内窥镜中心与普外科协作，应用超细内镜行鼻肠管放置术，为肠梗阻患者开辟了新的治疗途径，扩大了消化内窥镜的临床应用范围。内镜中心年内还开展了内镜检查前乙肝、丙肝筛查，加强了医院感染的控制，保证了医疗安全。2012年，开展艾灸仪多穴位治疗胃肠肝胆疾病，提高了疗效、增加了病源。在开发外治法基础上，继续积极参与临床路径验证，与国内多家医院协作优化诊疗方案；成功开展内镜下多种方式联合治疗消化道出血。2013年，引进内镜下最新辅助诊疗设备，开展了黏膜剥离等内镜下治疗的多项新技术，改进了食管、胃肠支架置入等技术的操作方法，进一步加强与普外科等相关科室的业务协作，年内与外科合作行术中内镜治疗，完成了内镜双镜联合治疗胃巨大间质瘤手术，进一步拓展了内外科合作空间。内镜中心工作重心也从单纯检查向综合检查及治疗过渡，全年收治消化道出血、重症胰腺炎、急腹症、炎症性肠病等危重疑难病例数超过200人次，学科收治病人质量得到了提高。落实临床诊疗方案及临床路径病例近180例。

【人才建设】2011年，讲授全省西医学习中医班课程20学时；举行科内专题学术讲座52次；主办全国中医继续教育学习班1次；外派长、短期学习1人，参加全国、全省学术会议共46人次。2012年，积极参与国内外学术交流，提高科室医护人员学术水平，使科室人员掌握国内外最新学术动态，进一步提升科室专业技术水平，提高医疗质量；举行科内专题学术讲座43次；主办省级中医继续教育学习班1次；外派长、短期学习2人，参加全国、全省学术会议56人次。2013年，举行科内专题学术讲座50次；主办国家级中医继续再教育学习班1次；协办国家级继续教育项目1项，外派长、短期学习2人，参加全国、全省学术会议60余人次。派出2名医生在国内先进内镜中心进修学习，提高了内镜技术。

脾胃病一科负责人

主　任　田旭东　2010年12月任

副主任　李生财　2010年12月任

消化内窥镜诊疗中心

主　任　田旭东　2010年6月任，2013年6月止

副主任　卢雨蓓　2010年12月任，2013年6月止

内窥镜诊疗中心负责人

主　任　田旭东　2013年6月任

副主任　卢雨蓓　2013年6月任

脾胃病二科（肝病科）

【科室建设】2013年4月，脾胃病二科由脾胃病科分出，科室由D座2楼搬迁至A座12楼，设病床31张。5月，脾胃病二科更名为脾胃病二科（肝病科）。田旭东兼任脾胃病二科（肝病科）主任，卢雨蓓任脾胃病二科（肝病科）副主任。6月，脾胃病一科、二科依照专业进行人员调整，卢雨蓓、马国珍、刘顺庆分至肝病科，陈世旺、孙平、刘顺庆分至脾胃病二科。脾胃病二科（肝病科）与脾胃病一科未进行工作量和经济的分开核算。

科室负责人

科主任　田旭东　2013年5月兼任

副主任　卢雨蓓　2013年5月任

外一科（普外）

【科室建设】2011年初，普外科位于十一病区，设在2号楼4楼，床位25张，医生9名，唐晓勇任主任，杨维建任副主任。5月，普外科更名为外一科。全年挂号3345人次，出院人数600人次，床位周转次数24.0次，床位使用率为79.9%，手术台次424台。积极开展ERCP和局麻下射频消融治疗静脉曲张的工作；由于腹腔镜的损坏，造成病源的流失；科室获卫生部内镜培训中心颁发的内镜开展先进单位称号。2012年5月，王学军任科室副主任。全年挂号3353人次，出院人数738人次，床位周转次数29.5次，床位使用率为81.4%，手术台次444台。医疗运行平稳有序，无医疗纠纷，病人增长速度较快，床位使用和周转次数均在历史高位运行。购进腹腔镜1台。2013年4月，科室从D座4楼整体搬迁至A座10楼，床位由25张增至31张。6月，科室更名为外一科（普外）。全年挂号3406人次，出院人数890人次，床位周转次数31.8次，床位使用率为84.3%，手术台次554台。

【教学】2011—2013年，完成甘肃省中医学院的临床教学工作，每年完成理论课时授课72课时，承担临床实习带教。

【人才建设】2011年，唐晓勇荣获“医院名医药专家”称号。唐晓勇、汪佳明荣获卫生部内镜培训中心颁发的内镜开展优秀个人称号。唐晓勇获甘肃省医学会普外专业委员会腹腔镜学组颁发的“杰出中青年医师成才奖”。2012年，唐晓勇荣获“甘肃省卫生厅应急演练优秀个人”称号和“甘肃中医学院优秀教师”称号。

科室负责人

主　任　唐晓勇　2005年11月任

副主任 杨维建 2006年6月任，2011年2月止

王学军 2012年5月任

重症医学一科、二科

【科室建设】2011年初，科室位在2号楼2楼，设观察床8张，医生6名，脱承德任科室副主任。全年共收治危重患者1374人次，成功抢救ARDS、MODS、急重症胰腺炎、重症颅脑损伤、多发伤、心肺复苏等各种危重病患者，还配合骨科顺利完成3例围手术期高危患者的复苏、监护治疗工作。重症医学科担负着全院急危重症病人的监护、抢救工作以及各种围手术期高危病人的监护、治疗工作。

2012年5月，脱承德任主任。9月，张参军任科室副主任。全年共收治患者1177人次。积极开展肺栓塞肺动脉内溶栓治疗，研究围手术期及卧床患者深静脉血栓形成及肺动脉栓塞、创伤后脂肪栓塞的早期预防与治疗策略、容量管理的正规化、血糖监测与滴定式血糖调控等，常规开展重症患者的病例讨论。2013年4月，重症医学科分设为重症医学一科、重症医学二科，重症医学一科由D座2楼搬迁至C座3楼，设观察床21张；重症医学二科位于A座10楼，设观察床8张。全年共收治监护病人1092人次，其中全麻及腰硬联合麻醉术后743人次，急危重症呼吸衰竭37人次，重症胰腺炎29人次，重度感染70人次，多脏器功能衰竭49人次，心肺复苏术58人次，血气分析仪使用2850人次。全科医护人员均熟练掌握CRRT的治疗范围及操作规程。

【人才建设】2011年，定期举行科内业务讲座及参加主任医师查房，1名主治医师去北京朝阳医院ICU进修，2名医师参加兰州大学医学院在职研究生课程，1名医师参加甘肃中医学院"西学中"班学习，1名医师参加甘肃省中医药师承教育跟师学习。2012年，2名医师继续参加兰州大学医学院在职研究生课程，1名医师参加省中医学院"西学中"班学习。2013年，全年参加各种急危重症相关学习班共计30人次。苟占彪、南英姬承担并完成援助藏区建设重症医学科的工作任务。1名护理人员赴北京阜外医院心胸外科监护室学习血流动力学监测。苟占彪参加"甘肃中医学院临床教师教学基本功竞赛"获二等奖。

科室负责人

主　任　脱承德　2012年5月任

副主任　脱承德　2009年10月任，2012年5月止

张参军　2012年9月任

急诊骨科

【科室建设】急诊骨科成立于2010年6月8日，设观察床8张，董林任副主任并主持工作，医生4名。2011年3月，董林任主任。积极发挥急诊骨科的优势及特色，做到平诊病人精心治疗，急诊病人及时诊治。全年门诊接诊12784人次，抢救72人次，分诊收住患者1300人次，收治率为10.5%。观察床收住患者220人次，平均住院日12天，床位周转次数31.4次，床位使用率为121.0%，手术148台。科室认真做好急诊窗口骨科患者的接诊救治工作，按照各骨科专业合理分诊入院患者，结合医院管理年的要求，努力提高自身服务态度和质量，防止医患纠纷的发生。2012年5月，柳永明任副主任。全年门诊接诊患者14825人次，抢救105人次，分诊收治患者1389人次。观察床收住患者294人次，平均住院日12.6天，床位周转次数36.8次，床位使用率为138.1%，手术187台。2013年5月，科室住院部整体由B座1楼搬迁至A座11楼，床位由8张增至15张。7月，科室门诊诊室搬至A座1楼。全年门诊接诊患者13139人次，分诊收住患者1460人次，收治率为11.47%。观察床出院患者510人次，平均住院日12.9天，床位周转次数42.5次，床位使用率为152.0%，手术359台。9月，骨科专业细化后，急诊骨科负责各种骨折、创伤及创伤综合征、骨伤急诊患者的院前急救、处置、院内的转诊分流及开放创伤的手术治疗。确定桡骨远端骨折为科室纯中医治疗病种。

【人才建设】2011年，魏国俊被评为甘肃中医学院优秀带教。邢涛被评为万民医师下乡支农优秀共产党员。2012年，努力提高自身业务素质，鼓励医护人员申报科研，撰写论文，参加各种培训班及竞赛。徐玉德参加医院"中医正骨手法技能大赛"获三等奖。2013年，魏国俊获全省"首届中医正骨技能大赛"一等奖。

科室负责人

主　任　董林　2012年5月任

副主任　董林　2010年12月任，2012年5月止

外二科（泌尿）

【科室建设】2011年初，泌尿外科位于十一病区，设在2号楼4楼，床位16张，医生5名，赵永强兼任科室主任。全年挂号1811人次，出院人数275人次，床位周转次数17.2次，床位使用率为78.9%，手术台次115台。2012年5月，张建平任副主任。9月，何国华任副主任，张建平调至急诊科。全年挂号1599人次，出院人数339人次，床位周转次数21.2次，床位使用率为77.1%，手术台次105台。

2013年4月，科室从D座4楼整体搬迁至A座11楼，床位16张，与急诊骨科同在二十三病区。6月，科室更名为外二科（泌尿）。7月，门诊搬迁至A座4楼。全年挂号1672人次，出院人数356人次，床位周转次数22.2次，床位使用率为93.9%，手

术台次122台。随着搬迁后科室住院条件的明显改善，床位使用率升高。严格按照医院规章制度及运转机制落实科室临床工作，按照专科特点，完善具有本科病种特点的规章制度，促进科室良性发展。按照重点专科建设方向，落实科室建设，逐步完善临床诊疗常规，逐步完善科室微创检查、手术诊疗器械；购置前列腺治疗仪、体外冲击波碎石机、输尿管镜等。为充分发挥中医特色，把中西医结合治疗特点作为重点发展方向，逐步开展各项中医诊疗泌尿男科系统疾病的中医治疗，如针药结合治疗慢性膀胱炎、尿频综合征、中药灌肠治疗前列腺疾病中医适宜技术；中药灌肠治疗急慢性前列腺疾患等中医适宜技术。

【教学】2011年，完成甘肃省中医学院的临床教学工作，上半年完成理论课时授课24个课时，并且临床实习带教。2012年，开展科室学习8次，卫生技术人员“三基”考试合格率为100%。圆满完成带教实习任务。2013年，开展科室学习12次，卫生技术人员“三基”考试合格率为100%。圆满完成带教实习任务。进修1人。

科室负责人

主　任　赵永强　2007年12月任

副主任　张建平　2012年5月任，2012年9月止

何国华　2012年9月任

妇科

【科室建设】2011年初，科室设置在1号楼1楼，床位5张，杜敏任科室副主任并主持工作，许彩凤任副主任，共有医生5名。2月，科室床位增至6张。全年门诊挂号11632人次，出院患者267人次，床位周转次数53.4次，床位使用率为140.6%，平均住院日9天，手术台次58台，门诊手术510例。强化围手术期和危重病人抢救期的管理，建立规范的科室经济责任制考核办法并实施，规范疾病的诊疗，加强人文关怀的理念，规范科室人员按职责制度操作流程工作，提高工作效率。科室全体医生均取得母婴保健相关资质。开展新业务4项：宫颈癌根治术（广泛子宫切除术+盆腔淋巴结清扫术）、卵巢癌减瘤术、腹腔镜下不孕症治疗、聚焦超声治疗外阴白斑。大力开展中医药特色治疗妇科疾病，诸如局部上药治疗阴道炎、宫颈炎；以中药治疗为主，以理疗和外敷为辅治疗盆腔炎和乳腺增生。2012年5月，杜敏任科室主任。全年门诊挂号12250人次，出院患者334人次，床位周转次数55.7次，床位使用率为160.1%，平均住院日10.4天，手术台次91台，门诊手术543例。严格落实妇科各项规章制度，确保医疗安全，严防差错事故。强化围手术期及危重病人抢救期的管理；规范疾病的诊疗，提高工作效率。完成了医院首例经腹子宫全切术+膀胱悬吊术，达到省内同行业的领先水平，在临床上取得了良好的治疗效果。2013年6月，科室住院部整体由C座1楼搬迁至A座13楼，床位由6张增至25张，与耳鼻喉科共同组成二十五病区。全年门诊挂号13835人次，出院患者615人次，床位周转次数38.4次，床位使用率为111.0%，平均住院日10.3天，手术台次84台，门诊手术708例。

【人才建设】2011年，临床教学坚持医教并重，互相促进的原则，以临床医学理论教学为基础，以临床实践教学为重点的教学模式，并根据本科室的实际情况，制定本科室实习、见习的带教计划，使学生圆满地完成了本科室的学习任务。杜敏被聘为甘肃中医学院硕士研究生指导教师。12月，引进博士郑君。2012年，加强科室内部人员的专业技术培训，有效提升综合素质。重点开展专业理论和业务技能培训，并多次安排进修人员举行相关讲座，提高我科各种疾病的诊疗水平。选派许彩凤副主任医师前往广东省中医院进修学习3个月，刘迎萍主治医师前往甘肃省妇幼保健院进修学习半年，进一步提升生殖内分泌相关疾病的诊疗技术。根据本科室的实际情况，制定本科室实习、见习学生的带教计划，使学生圆满地完成了本科室的学习任务。2013年，田莉前往甘肃省妇幼保健院进修学习半年。

科室负责人

主　任　杜　敏　2012年5月任

副主任　许彩凤　2009年6月任

杜敏　2010年12月任，2012年5月止

耳鼻喉科

【科室建设】2011年初，耳鼻喉科只开展门诊业务，医生4名，王辉任主任。8月，在十四病区成立住院部，位于3号楼2楼，设床位5张，医生5名。12月，与眼科、口腔颌面外科共建十九病区，地点未变。全年门诊挂号5528人次，出院患者68人次，床位周转次数13.6次，床位使用率为132.1%，平均住院日13天，手术台次18台。新增鼻窦内窥镜检查及手术设备，开展鼻内窥镜下鼻窦及鼻腔手术，咽部及喉部的常规手术。2012年1月，江燕任副主任。全年门诊挂号6137人次，出院患者220人次，床位周转次数44.0次，床位使用率为117.6%，平均住院日10.3天，手术88台。门诊拓宽业务范围，增加了耳声发射、耳内镜检查项目，过敏性鼻炎穴位贴敷、咽喉部疾病的中药雾化吸入治疗项目。积极开展中医特色治疗耳鼻喉科急慢性疾病、耳鼻咽喉的各类常规手术、内镜下耳鼻喉科微创手术。定期组织科室人员专项学习，加强科室人员的业务能力。严格执行三级医师查房制度，严把病历质量关。2013年4月，科室住院部整体由E座2楼搬迁至A座13楼，床位由5张增至12张。全年门诊挂号6898人次，出院患者355人次，床位周转次

数39.4次，床位使用率为102.1%，平均住院日9.8天，手术132台。开展中药金莲花制剂雾化吸入治疗急慢性咽炎、急慢性喉炎、声带小结、声带水肿及慢性鼻炎患者。创新性的将中药金莲花制剂用于鼻腔及鼻窦手术后的围手术期治疗，疗效显著。在利用电子喉镜检查喉部疾病的同时，开展电子喉镜下的喉部手术。

【人才建设】2011年，赵江涛参加全省“西医学中”研究生学习班。参加卫生部“十二五”规划《中医耳鼻喉科学》教材编写会议。2012年，外出进修1人。2013年，在人性化管理的基础上，使科室人员的工作量化，并在绩效工资中得到体现，提高科室人员工作积极性、主动性。

科室负责人

主　任　王　辉　2008年2月任

副主任　江　燕　2012年1月任

内分泌科

【科室建设】2011年初，内分泌（糖尿病）科位于十七病区，设在3号楼8楼，床位25张，医生5名，张定华任科室主任。5月，内分泌（糖尿病）科更名为消渴病科。9月，科室被确定为“甘肃省中医院重点专科”。科室积极推行中西医结合，内调与外治相结合，在中药足浴、中药外洗、中药热敷、中药熏蒸、穴位理疗的基础上，进一步丰富和完善了“中医药内调外治防治糖尿病”专科诊疗体系，糖尿病诊疗水平处于省内领先。新增糖尿病治疗仪，根据传统中医理论、经络腧穴特异性治疗作用，通过中频脉冲技术，药物离子参加导入技术和经皮穴位给药等尖端科技，专业治疗糖尿病，改善并发症。全年门诊挂号5702人次，出院患者668人次，平均住院日17天，床位周转次数26.7次，床位使用率为131.0%。参加全国糖尿病防治“蓝光行动”义诊1次。2012年4月，消渴病科更名为内分泌科。7月，引进“多功能温针综合治疗仪”，开展“温针”治疗；8月，开展“耳穴埋豆”中医特色疗法；9月，科室床位由25张增至29张。10月，引进“气压式肢体血液循环治疗仪”开展针对糖尿病周围血管病的有效物理治疗。被确定为“国家中医药管理局重点专科建设单位”，确定消渴、脾瘅、瘿痛三个优势病种，并加入到国家中医药管理局重点专科“脾瘅”协作组，临床中严格按照诊疗方案和临床路径进行诊疗，明显提高了临床疗效，降低了患者的住院费用，减少了平均住院日。经过全科的讨论，制定了内分泌科专科发展总体规划和建设周期内年度计划，为科室的长远发展指明了方向，形成了科室稳定的研究和发展方向。进一步丰富和完善了“中医药内调外治防治糖尿病”专科诊疗体系。门诊挂号6358人次，出院患者805人次，平均住院日15.4天，床位周转次数31.0次，床位使用率为133.8%。2013年4月，科室由E座7楼搬迁至A座14楼，床位由29张增至38张。6月，科室床位由38张增至40张。门诊挂号7663人次，出院患者1114人次，平均住院日14.5天，床位周转次数31.8次，床位使用率为117.2%。开展了“早期清热解毒利湿，恢复期温阳活血治疗糖尿病（筋疽）”的新业务。科室对甲状腺疾病的诊治独具特色，运用张定华提出“热毒致瘿”的亚甲炎病机理论，制定“清热解毒，化痰止痛”治法，通过中药内服和外敷，缓解了症状，明显提高了临床疗效，使科室对甲状腺类疾病的诊疗水平得到进一步提高。

【人才建设】2011年4月，科室组织举办“甘肃省中医药学会糖尿病专业委员会成立大会暨糖尿病中西医防治研讨班”，张定华任主任委员，科室部分人员任学会秘书、副秘书及委员。科室积极推行师承教育模式。5月，张定华被确定为第五批省级师承教育指导老师，带教王晓晖，学期3年。科室人员多次参加省级本专业的学术讲座和培训班，赴省外参加学习，努力提高业务水平。6—8月，张东鹏前往西安进修专业英语。9月，王晓晖、史晓伟赴郑州参加“中华中医药学会消渴病分会第七次代表大会”。11月，张定华被评为“甘肃省中医院名医药专家”，12月，被评为“甘肃省名中医”，史晓伟获得医院“经典名方背诵”二等奖。科室引进博士研究生和硕士研究生各1名，人才梯队更合理。2012年，对年轻医生进行专科培训和外出学习，及时了解本专业最新学术动态，达到科学诊治，规范操作，合理用药，形成了良好的可持续的发展势头。8—12月，派王晓晖、史晓伟前往上海中西医结合医院进修，学习糖尿病足病的最新中医诊疗方法。2月，科室荣获甘肃省“三八红旗集体”荣誉称号。举办省级继续教育项目“糖尿病中医临床路径培训班”。张定华先后5次在省级学术会议上进行学术讲座。2013年，举办省级继续教育项目1项。

【教学】2011年，带教甘肃中医学院、张掖医专实习生总计约50人，见习学生约60人，转科生10人，在读研究生2人，进修生1人，学术继承人2人。2012年，带教甘肃中医学院、张掖医专、甘肃省中医学校实习生总计约50人，见习学生约100人，转科人员10人，在读研究生2人，进修生4人，全科医师培训人员10人，学术继承人2人。2013年，带教甘肃中医学院、张掖医专实习生总计约50人，见习学生约60人，转科生10人，在读研究生2人，进修生5人。

科室负责人

主　任　张定华　2007年6月任

肺病科

【科室建设】2011年初，肺病（呼吸）科位于十七病区，设在3号楼8楼，床位15张，医生6名，王兰娣任主任。5月，肺病（呼吸）科更名为肺病科。努力加强专科建设，开展皮肤点刺过敏源检测、中药热奄等，总结经验方，研制出院内制剂鼻康胶囊。全年门诊挂号4493人次，出院患者421人次，平均住院日15天，床位周转次数28.1次，床位使用率为119.3%。2012年9月，科室床位由15张增至20张。全年门诊挂号5261人次，出院患者486人次，平均住院日15.9天，床位周转次数28.6次，床位使用率为125.6%。不断提高中医辨证论治水平，理、法、方、药应用水平，医务人员“基础理论、基本技能、基础知识”人人达标。2013年4月，科室由E座7楼搬迁至A座15楼，床位由20张增至38张。6月，科室床位由38张增至40张。7月，门诊搬至A座4楼，增加了独立的肺病科诊室和检查室。全年门诊挂号6085人次，出院患者763人次，平均住院日13.7天，床位周转次数23.8次，床位使用率为87.4%。

【教学培训】2012年，选派安玉芬赴中日友好医院学习。2013年，派1人赴兰州大学第二附属医院呼吸科进修学习3个月。3年内圆满完成多批进修、实习生的带教工作及外出讲学任务。

科室负责人

主　任　王兰娣　2009年6月

肿瘤科、血液病科

【科室建设】2011年初，肿瘤及血管病介入科位于十三病区，设在2号楼6楼，床位12张，医生8名，王兰英任主任，杜自忠任副主任。全年挂号3533人次，出院人数394人次，平均住院日13天，床位周转次数32.8次，床位使用率为116.4%，肿瘤介入543台。科室引进上海中医药大学血液病学博士研究生申小惠。2012年5月，医院撤销肿瘤及血管病介入科，成立肿瘤血液病科和外周血管病介入科，床位15张。8月，获批国家中医药管理局“十二五”重点学科中医血液病学建设单位。10月，肿瘤血液病科分设为肿瘤科、血液科。全年挂号4349人次，出院人数449人次，平均住院日11.5天，床位周转次数34.5次，床位使用率为110.8%，肿瘤介入599台。2013年4月，科室住院部由D座6楼搬迁至A座16楼，床位由15张增至38张。6月，科室床位由38张增至40张。9月，科室床位由40张减至30张。全年挂号5761人次，出院人数356人次，平均住院日15.1天，床位周转次数16.2次，床位使用率为71.3%，肿瘤介入836台。

【业务技术】2011年，肿瘤内科组新开展中药贴敷配合生理周期调理治疗乳腺增生，蜡疗配合微波治疗乳腺癌术后患侧肢体肿胀，应用腔内化疗配合全身化疗、中药支持治疗多腔膜积液；应用中医为主，西医化疗为辅的方法治疗消化、呼吸系统肿瘤；应用先介入后中医中药治疗原发性肝癌。介入组开展新技术3项，食道粒子支架置入术治疗食管癌，该技术填补了省内空白；气管支架置入术治疗食道癌气管狭窄症；左颌面巨大血管瘤介入治疗。2012年，对肿瘤的化疗、放疗、生物免疫治疗、介入治疗、热疗、专业护理等方面都有了进一步的认识和提高。采用中医特色治疗：中药外敷、中药灌肠、耳穴按压等治疗方法，明显改善了患者疼痛、恶心、呕吐、腹胀、大便不通等症状。新开展中药塌溃治疗放、化疗后骨髓抑制，中药熏洗治疗直肠癌肛周疼痛，中药贴敷配合生理周期调理治疗乳腺增生。6月，科室分成肿瘤科、血液病科，开展了血小板减少患者的治疗观察。10月12日积极与北京中医药大学东直门医院、中国中医药科学院西苑医院、贵阳中医学院第二附属医院、浙江中医药大学附属医院、上海中医药大学岳阳医院、辽宁中医药大学附属医院、黑龙江中医药大学第一附属医院、天津中医药大学第一附属医院、甘肃中医学院第一附属医院、陕西中医学院附属医院、山东中医药大学附属医院等国内大医院成立中医血液病学科建设学术发展联盟。2013年5月，科室由D座6楼搬迁至A座16楼，环境有了较大的改观。在对肿瘤病人规范化治疗的基础上，发挥中医特色，开展耳穴按压肿瘤敏感区治疗肿瘤，穴位贴敷治疗恶性肿瘤，耳穴按压减轻化疗副反应，艾灸治疗淋巴结肿大，金黄膏外敷治疗静脉炎，运用气功治疗、心理治疗、音乐治疗等改善恶性肿瘤患者体虚状况。陆续收治原发性血小板减少症、骨髓增生异常综合征、血友病、巨幼粒细胞性贫血、再生障碍性贫血、慢性粒细胞性白血病、急性白血病等血液病患者，采用中西医结合治疗方法，疗效显著。

【人才建设】2011年，王兰英参加省中医药学会组织的全省中医药巡讲巡诊活动，开展肿瘤科普知识讲座4场，获“先进个人”称号。王晨赴西安外国语学院大学英语培训2个月，倪红参加李可中医药学术流派传承基地培训1个月，黄邦荣赴东南大学附属医院进修介入专业3个月。2012年，王兰英参加李可中医药学术流派传承基地培训1个月。展锐、倪红分别参加医院组织的第二、第三批医疗队，赴临夏分院工作15周。2013年，举办甘肃省中医药治疗肿瘤血液病新进展学术会、中西医结合规范化治疗恶性肿瘤学习班。李兴赴北京中医药大学东直门医院血液肿瘤科进修学习；王兰英、申小惠参加第三类医疗技术审核解读暨第四期全国自体免疫细胞治疗技术人员高级研修班培训。李兴、杨萍参加第四期肿瘤深部热疗和全身热疗技术人员岗位培训班。王兰英参加国家食品药品监督管理局《关于开展药物临床试验机构资格认定复核检查工作》的培训。

科室负责人

主　任　王兰英　2009年6月任

副主任　杜自忠　2009年6月任，2012年5月止

外五科（肿瘤外科）

【科室建设】2013年9月，外五科（肿瘤外科）成立，在A座16楼设病床10张，与肿瘤科、血液病科同在A座九病区，杨维建兼任主任，医生3人，巫资明任职外一科（普外）。截至2013年底，门诊挂号人次224人次，出院患者71人次，手术33台。

科室负责人

主　任　杨维建　2013年9月兼任

皮肤疮疡科

【科室建设】2011年初，皮肤疮疡科尚未开设住院病房，在B座设有诊室2间，检查治疗室1间，李树君任主任，有医生5名。7月，新增过敏源筛查仪器——MORA生物共振治疗仪，截至年底完成检测治疗患者752人次。全年门诊挂号22079人次，参加院内及院外会诊126次。2012年5月，李和平任副主任。加强门诊病历的规范书写，做好门诊日志及传染病的登记工作。做好门诊首诊负责工作，严格按照要求进行临床医疗操作，做到操作规范到位。每月安排两次以上的医疗安全学习。全年门诊挂号23417人次。完成过敏源检测、脱敏治疗患者共2100余人次。2013年6月，科室开设住院病房，位于B座3楼，设置病床16张，与疼痛科同属B座一病区。7月，门诊从B座搬至A座4楼，在开展过敏源检测和脱敏治疗项目基础上，重点开设中医特色治疗项目，中医美容治疗项目，激光治疗项目等。开展的治疗项目有中药面膜治疗黄褐斑；中药倒膜、中药离子熏蒸治疗痤疮；针刺、放血、拔罐、穴位注射治疗各种皮肤病；激光治疗白癜风、痤疮、酒渣鼻、鲜红斑痣；光子嫩肤等，各项治疗累计1500余人次。全年门诊挂号25422人次，出院患者135人次，平均住院日13.9天，床位使用率为94.2%。

【教学培训】2011—2013年，科室坚持每月安排3次以上业务学习，不定期的进行疑难及重症病历讨论，提高诊疗水平。督促科室人员认真学习关于诊治皮肤病的新技术与新方法，加强中医经典理论的学习，继承和发扬传统医学中关于中医治疗外科疾病的行之有效的经验与方法，不断地总结并应用于临床。完成“银花痤疮酊”“洁癣酊”“肤痒舒搽剂”等组方筛选以及制备工艺、质量标准的制定。完成临床观察病例各850余例。按照教学大纲要求，完成带教实习生及进修生100余人次，完成2011—2012年中西医结合班中医外科教学工作。李树君参加第17届全国皮肤科年会；雒玉辉参加MORA技术操作培训班；张玉琴参加第8期全国皮肤激光美容学习班；张玉琴赴韩学习毛发移植专项技术；雒玉辉参加第6期全国皮肤病理学习班。

科室负责人

主　任　李树君　2009年6月任

副主任　李和平　2012年5月任

疼痛科

【科室建设】2011年初，疼痛科尚未开设住院病房，在B座设有诊室2间，谢朝晖任副主任，有医护人员3名。严格按照中华疼痛学会《临床疼痛学技术操作规范》《临床疼痛诊疗指南》内容开展工作，购置射频温控热凝器等，应用脊神经及交感神经阻滞技术，开展微创介入治疗疼痛病人。运用微创神经介入镇痛术、椎间盘微创射频消融术、三叉神经微创射频消融术等治疗顽固性、疑难性疼痛性疾病，特别对神经病理性疼痛的治疗，包括腰椎手术后疼痛综合征、三叉神经痛、带状疱疹后遗神经痛、顽固性腰腿痛等，取得良好疗效。开展对急性疼痛的诊疗，与骨外科、消化科、妇科等合作开展无痛诊疗及检查，包括手法复位、急性创伤镇痛、无痛人工流产等，诊疗更方便、有效。协助相关临床科室解决疑难、顽固性疼痛疾病，特别是保守治疗效果不佳又不适宜手术治疗的患者，效果良好。在“2011世界镇痛年”“中国镇痛周”活动期间，进行疼痛治疗业务宣传。全年门诊挂号866人次。2012年5月，谢朝晖任科室主任。利用宣传手册、折页、展板、学术讲座，在媒体、网络宣传，努力扩大科室影响及知名度。积极沟通、协调其他相关科室共同开展疼痛诊疗工作。全年门诊挂号784人次。开展多项新技术新业务，如经皮三叉神经半月节射频热凝术治疗三叉神经痛，经皮颈腰椎间盘靶点射频热凝术、经皮腹腔神经丛毁损术治疗腹部肿瘤疼痛，背根神经节脉冲射频治疗神经痛，胸腰脊神经后支射频消融术治疗胸腰椎骨质疏松压缩骨折后腰背痛，经皮奇神经节射频消融术治疗会阴痛，经皮腰交感神经毁损术治疗下肢血栓闭塞性脉管炎等，均取得良好疗效。2013年6月，科室开设住院病房，位于B座3楼，设置床位10张，与皮肤疮疡科同属B座1病区。建立了相关规章制度，注重医疗安全，无医疗差错事故或纠纷发生。全年门诊挂号820人次，出院患者45人次，平均住院日9.4天，床位周转次数15次，床位使用率为41.4%。

【人才建设】2011年9月，谢朝晖当选为中国抗癌协会肿瘤微创治疗专业委员会疼痛分会委员，作为专家组成员积极参与筹备、组建甘肃省医学会疼痛学分会。5月，成功举办疼痛微创介入治疗学习班暨甘肃省中西医结合慢性疼痛诊疗新技术、新进展研讨会暨椎间盘微创治疗学习班。2012年，谢朝晖当选为首届甘肃省医

学会疼痛学专业委员会副主任委员。2013年，获“甘肃省科技情报学会科学技术奖”一项。6月，举办第二届甘肃省疼痛诊疗新技术新进展研讨会暨椎间盘微创治疗学习班。10月，邀请韩国首尔广惠医院朴庆佑院长来院进行经皮硬膜外神经根松解术及侧路椎间孔韧带切除术。

科室负责人

主　任　谢朝晖　2012年5月任

副主任　谢朝晖　2009年6月任，2012年5月止

肛肠科

【科室建设】2011年初，科室位于1号楼1楼，设有床位24张，左进任主任，医生7名。2月，科室床位由24张增至30张，杨宏武由医务处调任副主任。2011年5月，肛肠（痔瘘）科更名为肛肠科，确定为院内重点专科。全年门诊挂号4471人次，出院患者995人次，平均住院日10天，床位周转次数33.1次，床位使用率为92.9%，开展各类结直肠癌根治手术22例，小手术982台。2012年9月，科室床位增至36张。在等级医院评审中，顺利通过国家中医药管理局专家组考核。全年门诊挂号4177人次，出院患者1122人次，平均住院日9.9天，床位周转次数35.1次，床位使用率为95.5%，开展手术1195台，各类结直肠癌根治手术33例，兰外就诊率为27.26%。2013年4月，科室床位由36张增至44张。7月，床位调整为41张。全年门诊挂号4585人次，出院患者1240人次，平均住院日9.7天，床位周转次数31.8次，床位使用率为80.9%，开展手术1206台，各类结直肠癌根治手术17例，兰外就诊率为26.46%。

【人才建设】2011年，左进被评为中华中医药学会第五批全国知名专家。左进当选为中华中医药学会肛肠分会常务理事，杨宏武当选为中华中医药学会肛肠分会理事。吴世铖参加“首届甘肃省中医院计算机大赛”，获得团体二等奖。2012年2月，左进获得“甘肃省名中医”称号。左进当选为第三届全国中医药高等教育学会临床教育研究会肛肠分会副秘书长，杨宏武当选为肛肠分会常务理事。2013年，左进当选为中国中西医结合学会肛肠分会常务委员。

科室负责人

主　任　左　进　2007年6月任

副主任　杨宏武　2011年3月任

脊柱骨一科

【科室建设】2011年初，科室位于1号楼二病区，设在1号楼2楼，床位38张，樊成虎任主任，尤从新任副主任，医生8名。6月，尤从新调至关节骨科任副主任。全年门诊挂号5672人次，出院患者996人次，平均住院日16天，床位周转次数26.1次，床位使用率为112.3%，手术491台。开展新技术后路减压、椎弓根钉内固定、枕颈融合治疗脊髓型颈椎病合并枕颈部畸形和后路减压、复位、钉棒内固定治疗儿童脊柱骨折。收到锦旗4面、感谢信21封。2012年5月，安福任科室副主任。9月，床位由38张增至43张。全年门诊挂号6799人次，出院患者1129人次，平均住院日13.7天，床位周转次数28.2次，床位使用率为107.5%，手术516台。科室开展专业特色突出的疗法：电脑牵引床配合推拿治疗腰椎间盘突出症，定点旋转复位法治疗颈椎病、腰椎间盘突出症，手法整复颈椎骨折脱位，中药泡洗疗法治疗骨髓炎，中药熏洗疗法治疗关节粘连、各种退行性骨关节病，神经根注射疗法治疗各种疼痛疾患等。作为国家中医药管理局项痹病、腰痛病、胸腰椎压缩骨折的协作组成员，协助完成诊疗方案的制定及完善，并提出优化方案，完成病例采集工作。2013年3月，温剑涛派驻白银分院骨二科。医院施行骨科专业细化，科室主攻以颈椎（损伤、骨病）为主的脊柱疾患，率先开展经后路寰枢椎椎弓根螺钉固定融合术治疗寰枢椎爆裂骨折脱位，达到省内领先水平；完成从颈1至骶1全脊柱椎弓根螺钉内固定技术；运用经皮球囊椎体成形术治疗92岁高龄腰椎压缩骨折患者，取得较好疗效；开展后路枕颈融合术治疗寰椎爆裂骨折等，随着颈椎及胸腰椎疾患及脊柱复杂创伤疾患的患者逐渐增多，科室手术难度不断增加。全年门诊挂号8013人次，出院患者1343人次，平均住院日11.3天，床位周转次数31.2次，床位使用率为97.5%，手术451台。

【人才建设】2011年，积极参加院内外各项继续教育学习班，提高业务水平。2012年，人才梯队建设日臻完善，新增科室负责人安福，医生由7人发展为8人，樊成虎确立为第五批师承教育指导老师，带教尤从新，作为硕士生导师，培养硕士生2名。张绍文攻读在职博士学位，2人攻读在职硕士学位。积极参加中华中医药学会骨伤科分会学术年会、中华中医药学会第八次中医整脊学术交流大会、中国中西医结合学会骨科微创治疗新技术学习班、陇中中医正骨手法学习班、中国针刀医学诊疗风湿病最新进展临床应用培训班。派安福、张绍文赴通渭县中医院、临夏州中医院开展定点帮扶活动，派唐晓栋赴通渭县中医院参加万名医生支农支教活动。

科室负责人

主　任　樊成虎　2007年3月任

副主任　尤从新　2010年12月任，2011年6月止

安　福　2012年5月任

血液净化中心

【科室建设】2010年9月，医院在原血透室基础上组建血液透析中心，位于1号楼4楼，血透设备30

台，医生2名，开设透析病床30张。12月，李永新任副主任。2010年9月至2011年5月，科室装修。2011年5月8日，科室正式运营。全年门诊挂号1057人次，固定透析患者数由最初的5人增加到37人。血液透析2226人次，血液滤过220人次，血液灌流27人次。开展了血液透析滤过、血液灌流技术，将血液净化的治疗范围逐渐拓宽，不再局限于尿毒症患者，在脓毒血症、类风湿关节炎及食物中毒等症的治疗中应用血液净化技术，严格操作规程，采取多种方式提高护士操作水平和医生处理血透急性并发症及中心静脉置管水平。专人负责感染控制，病人分区、分机治疗，强调工作人员手卫生，多个环节严格感染控制。为透析患者建立病历，定期检查，掌握病情，指导治疗，尽可能采用中医中药干预血透并发症。作为新建科室，以优质服务吸引患者，全体医护人员视患者如亲人，微笑服务，体贴入微，想病人所想，急病人所急，为患者提供免费午餐，专车接送等服务，病人满意率持续提高。2012年5月，李永新任主任。全年门诊挂号1580人次，固定透析患者数由2011年的38人增加到74人，完成透析6378人次，血液滤过875人次，血液灌流43人次。在完成日常工作的基础上，科室狠抓各项工作制度的执行和业务学习，开展血液灌流治疗农药中毒，业务能力、服务意识、安全意识大幅度提高，病人满意率持续提高，科室在市内的影响力逐步扩大。2013年4月，血液净化床位由30张增至42张。6月，血液净化床位增至43张。7月，床位调整为30张。全年门诊挂号837人次，科室固定透析患者由2012年的74人增加到117人，完成透析11132人次，血液滤过1388人次，血液灌流132人次。科室被甘肃省卫生厅授予“青年文明号”荣誉称号。作为主委单位牵头成立甘肃省中西医结合学会血液净化专业委员会，李永新任副主任委员，5名医生任委员。引进高晓东博士研究生。

科室负责人

主　任　李永新　2012年5月任

副主任　李永新　2010年12月任，2012年5月止

脊柱骨二科

【科室建设】2011年初，科室隶属于五病区，设在1号楼5楼，床位38张，医生7名，赵道洲任主任，王想福任副主任。全年门诊挂号5699人次，出院患者935人次，床位周转次数26.7次，床位使用率为111.4%，平均住院日15天，手术台次333台。从合理用药、单病种费用、一次性材料的使用、加快病床周转四个方面抓科室管理，在科室业务增长速度较快的情况下，使各项费用维持在相对较低的水平，切实减轻群众的负担。全面开展脊柱退行性病变、骨折、结核、肿瘤等手术治疗，继续开展激光减压治疗腰椎间盘突出症，开展腰椎间盘镜下微创手术治疗腰椎间盘突出症及腰椎管狭窄症。加大椎间盘镜手术的推广和运用，开展了经皮球囊扩张椎体后凸成形术、后路棘突纵割式切开椎管扩大人工骨桥成形术、Wistle入路经椎弓根植骨治疗胸腰椎爆裂骨折。2012年9月，科室床位由38张增至39张。全年门诊挂号7338人次，出院患者832人次，床位周转次数21.9次，床位使用率为98.2%，平均住院日16.9天，手术台次280台。加大对椎间盘镜手术的推广和运用，开展各项新技术、新业务，如腰椎间盘突出症的翻修术、胸腰椎骨折的开窗减压经椎弓根椎体内植骨术、老年性脊柱侧凸的单侧经椎间孔入路腰椎体间融合术。在保证疗效的基础上积极寻求新的手术方法，总结临床经验。2013年4月，科室床位由39张减至36张。6月，邓强任主任，赵道洲调至整复骨科任主任，王想福任脊柱微创骨科副主任，科室床位由36张增至38张。7月，科室床位调整为36张。全年门诊挂号7156人次，出院患者1042人次，床位周转次数28.2次，床位使用率为101.1%，平均住院日13.7天，手术台次267台。加大对经皮激光汽化减压治疗腰椎间盘突出症手术的推广和运用。9月，医院全面实施骨科专业细化，脊柱骨二科负责脊柱疾患的诊治，主攻腰椎疾患。

【人才建设】2011年，王想福作为甘肃省第七批“西部之光”访问学者在北京积水潭医院研修1年。朱换平赴天津中医药大学攻读博士研究生。2012年，1人赴国外进修3个月。

科室负责人

主　任　赵道洲　2009年6月任，2013年6月止

邓　强　2013年6月任

副主任　王想福　2009年6月任，2013年6月止

脊柱微创骨科

【科室建设】2013年4月脊柱微创骨科成立，设床位20张，与脊柱骨二科同在C座五病区。6月，王想福任科室副主任。8月正式收治住院患者，全年门诊诊治患者2323人次，入院收治患者294人次，手术83台，床位周转次数36.8次，床位使用率超过125.9%，平均住院日14天。9月骨科专业细化，科室主要负责椎间盘镜手术的推广和运用。主攻颈胸腰椎的微创技术的治疗（椎间孔技术、椎体成形术、MED椎间盘镜及椎间盘的激光技术、微创设备引导下的椎间融合术）。王想福获得甘肃省“首届中医正骨技能大赛”个人一等奖。

科室负责人

副主任　王想福　2013年6月任

创伤骨二科

【科室建设】2011年初，科室位

于六病区，设在1号楼6楼，床位38张，医生7名，冯康虎任主任，宫玉锁任副主任。全年门诊挂号4488人次，出院患者829人次，平均住院日17天，床位周转次数21.8次，床位使用率为96.9%，手术486台。积极开展新技术3项：单一切口腓骨后外侧入路治疗胫腓骨骨折及胫骨远端骨折，膝关节骨性关节炎伴外翻关节置换术，单通道经皮椎体后凸成形术治疗胸腰椎压缩性骨折等。2012年5月，冯康虎兼任科室主任，张文贤任科室副主任。全年门诊挂号5173人次，出院患者931人次，平均住院日14.0天，床位周转次数24.5次，床位使用率为93.5%，手术515台。9月，科室床位由38张增至39张。2013年4月，科室由床位由39张减至38张。9月，医院全面实施骨科专业细化，创伤骨二科负责四肢骨折创伤的紧急救治。主攻成人上下肢、骨盆骨折及创伤综合征的急救、诊断、治疗。全面开展外伤引起的髋关节置换、四肢创伤骨折的微创手术治疗、局麻下有限切开可吸收缝合线石膏外固定治疗第五跖骨基底部骨折，继续开展复杂创伤骨折疾患的临床诊疗。全年门诊挂号4099人次，出院患者931人次，平均住院日13.4天，床位周转次数24.5次，床位使用率为93.1%，手术568台。

【人才建设】2011年，积极参加国内、省内举办的各种骨科培训班、学术沙龙、学术讲座，时刻关注骨科病的诊治新动向。张文贤赴天津中医药大学博士在读。2012年，坚持每周二开展科室主任大查房、阅片，对上周所做的手术影像资料通过手术医师的自我体会与讲解，全科医师互动分析其成功与失败的经验教训，指出其缺点与优异的方面，进一步完善、提高专业学术水平。参加中华医学会第十四届骨科学术会议、中华中医药学会骨伤科学术年会、海峡两岸关节高峰论坛专业会议3次。2013年，完成甘肃中医学院2004级临床带教任务。张文贤作为第八批“西部之光”访问学者赴北京学习1年。冯康虎、申建军赴北京参加全国骨科COA年会。

科室负责人

主　任　冯康虎　2009年6月任

副主任　宫玉锁　2009年6月任，2012年5月止

张文贤　2012年5月任

骨伤病科

【科室建设】2011年11月，骨伤病研究所开始设床位15张，与关节骨科同在十三病区，位于2号楼6楼。截至年底门诊挂号174人次，出院44人次，平均住院日12天，床位周转次数2.4次，床位使用率为113.8%，手术34台。2012年5月，骨伤病科成立，在骨伤病研究所下设立骨伤病科，谢兴文兼任科主任，李红专任副主任。门诊挂号4533人次，出院480人次，平均住院日12.8天，床位周转次数32.0次，床位使用率为114.4%，手术281台。完成肱骨外髁颈及胫腓骨骨折优势病种诊疗方案和临床路径的制订与临床验证工作，协助完成国家中医药管理局重点学科骨伤科的中期检查，协助承办中华中医药学会骨伤科分会2012年学术年会和全国中西医结合微创骨科新技术继续教育培训班。成功申报陇中骨伤特色药物疗法研究科技创新团队，牵头完成国家中医药管理局牵引技术的制定与临床验证工作。

2013年4月，科室由D座6楼搬迁至5楼，与脊柱骨三科同在十二病区，床位由15张增至30张。6月，科室由D座5楼搬迁至C座6楼，床位由30张减至20张，谢兴文调至骨肿瘤科任主任，副主任李红专负责科室工作。门诊挂号6342人次，出院583人次，平均住院日12.4天，床位周转次数32.4次，床位使用率为114.5%，手术317台。在医院专科细化细则指导下开展四肢创伤，脊柱手术，完成颈椎“单开门”椎管扩大成形术。参与国家中医药管理局胫腓骨及肱骨外髁颈骨折临床路径的制定及病例收集工作，积极配合重点专科办公室工作。9月，骨科实行专业细化，骨伤病科负责定期完成骨科临床医学中心及国家重点学科指令性临床科研任务，临床路径的规范管理，病例的收集、完善、总结，指导或协助各临床科室完成临床科研任务，最少确定一个病种进行纯中医药治疗。

【人才建设】2012年，谢兴文赴瑞士进修学习3个月。周明旺赴北京学习适宜技术1周。2013年，积极优化人才结构，周明旺赴西安学习外语3个月，李红专获甘肃省“首届中医正骨手法技能大赛”一等奖。加强对教学实施过程的量化监控，充分调动带教人员的积极性，有计划地加强带教师资培养，将教学工作纳入质控范畴，确保教学质量，完成孙凤岐、穆欢喜、乔斌、敬平福4位研究生的带教工作。

科室负责人

主　任　谢兴文　2012年5月兼任，2013年6月止

副主任　李红专　2012年5月任

手足微创骨科

【科室建设】2011年初，科室位于七病区，位于1号楼7楼，设床位43张，医生7名，何志军任主任。2月，科室床位由43张增至45张。全年门诊挂号6804人次，出院874人次，平均住院日17天，床位周转次数19.4次，床位使用率为99.5%，手术544台。落实医疗质量和医疗安全的核心制度，严格落实首诊负责、三级医师查房、疑难病例讨论、危重患者抢救、会诊、术前讨论、死亡病例讨论、交接班等核心制度，按照《病历书写基本规范》和《手术安全核对制度》，规范病历书写和手术安全核

对工作，保障医疗质量和医疗安全。严格规范诊疗服务行为，推进合理检查、合理用药、合理治疗。认真落实临床路径，深入学习《临床技术操作规范》《临床诊疗指南》《医疗机构药事管理规定》《处方管理办法》《抗菌药物临床应用指导原则》等规章、规范，规范抗菌药物临床应用专项，促进科室医疗质量管理向科学化、规范化、专业化、精细化发展，规范诊疗行为。科室患者以开放伤居多，大多数患者入院时组织损伤严重，感染较重，有些患者组织缺损较重，创面修复时间较长，创面修复困难，院内感染的机会较高。科室在日常工作中严格遵守感染预防与控制相关管理制度，制定相关工作规范和工作标准；对全科室医务人员定期进行院内感染知识的培训和继续教育，严格规范换药室的工作制度及流程，对疑似感染的患者有样必采，对确定的院内感染积极上报管理部门，并采取相应的隔离消毒措施，全年无一漏报。蒋振兴参加"5·13"天祝特大纵火案伤员的救治、"10·29"兰渝铁路重大施工事故伤病员的会诊救治，均圆满完成了救治任务。2012年5月，赵萍任副主任。9月，科室床位由45张增至50张。全年门诊挂号7780人次，出院995人次，平均住院日16.1天，床位周转次数21.2次，床位使用率为102.2%，手术562台。2013年4月，科室床位由50张减至40张。儿科搬离，外三科（神经）搬入。全年门诊挂号7351人次，出院1113人次，平均住院日15.0天，床位周转次数25.3次，床位使用率为102.4%，手术619台。提高中药及自制药的使用率；控制单病种费用。在科室业务增长速度较快的情况下，使患者平均住院费用维持在相对较低的水平。9月，医院骨科专业细化，手足微创骨科负责手足（腕、踝关节）部位的骨折、手足开放性损伤、四肢骨折合并血管神经损伤，开放性骨感染及骨不愈合，各类皮瓣修复四肢创面与组织缺损、断指（趾）再植、手指再造、手足功能重建，以及手足部位骨坏死、手足畸形、臂丛神经及其他周围神经损伤等的一期治疗及后期功能重建。

【业务技术】2011年，手足微创骨科是显微外科和骨科紧密结合的科室，手术操作精细，治疗以组织的修复和重建方面见长。2011年，科室一方面归纳总结诊疗范围内常见疾病的治疗经验，另一方面加强进修学习，积极开展新技术、新业务，开拓疑难重症的治疗。先后完成医院首例带血管蒂腓骨骨皮瓣转移修复外踝骨及软组织缺损，臂丛神经束间游离移植治疗臂丛神经损伤，游离股前外侧皮瓣转移修复足远端软组织坏死创面修复，游离腓骨移植修复前臂尺骨缺损，手部微型皮瓣转移修复手指皮肤软组织缺损，跗外侧转移皮瓣修复足趾部坏死组织，足背动脉转移皮瓣修复足外踝部组织缺损，腓肠肌营养皮瓣修复外踝部组织缺损，小腿难治性骨髓炎显微外科修复，大肢体离断伤再植，手指末节旋撕脱伤再植修复，手掌毁损短缩再植等高难度手术，术后愈合均良好，使我院手足创伤性损伤、开放骨折及组织缺损，手足部先天畸形等范围的诊治达到省内先进水平。全年共开展各类皮瓣手术180余例。积极与医院其他临床科室进行技术协作，有效解决了骨科术后组织坏死、缺损、骨外露及内固定外露等棘手问题。2012年，开展疑难病例的治疗，完成了改良扩大外侧"L"型切口在跟骨骨折中的应用专项研究、成年马蹄足内翻矫形治疗、右下肢毁损伤的保肢治疗、局麻下微创治疗拇外翻、带胫后动脉皮瓣加胫骨骨瓣转移修复大段胫骨骨缺损合并软组织缺损、掌背动脉穿支皮瓣修复手指组织缺损、游离拇指腓侧皮瓣修复手部创面、游离静脉皮瓣桥接断指再植等新技术。全年共开展各类皮瓣手术200余例，手术效果良好。2013年，引进足底压力测量系统，测定足底异常压力分布区，发现足部的生物力学异常，提高下肢关节及足踝部疾病的诊断率，为足踝部手术提供准确的术前资料，也为术后治疗效果的评估提供准确的数据，甚至可以根据每个人足部特有的形状及生物力学特点，定制医用鞋垫，做到个体化的治疗。全年科室共开展各类皮瓣手术240余例，手术效果良好。

【人才建设】2011年，全年带教实习医生60余人，进修人员3人，带教过程注重专业技能、法律意识及与患者沟通能力方面的培养。3月，蒋振兴从山东省省立医院进修手足外科进修归来。7月，新分配入科住院医师李非、张莉。9月，何志军当选为甘肃省中西医结合学会微创骨科专业委员会副主任委员。2012年，全年带教实习医生60余人。加大人才培养的力度，取得明显的成绩，鼓励科室人员申报科研、撰写论文，在专业领域不断提高与创新，进行专题研究，发挥专科专病的特色。2013年，全年共带教实习医生70余人，带教进修人员3人。

科室负责人

主　任　何志军　2009年6月任

副主任　赵　萍　2013年9月任

外三科（神经）

【科室建设】2011年初，科室位于2号楼4楼，设在十一病区床位16张，医生4名，张崇岳任主任，外聘兰大二院专家罗克政担任业务技术指导。5月，神经外科更名为外三科。全年门诊挂号3206人次，出院338人次，平均住院日17天，床位周转次数21.1次，床位使用率为101.9%，手术54台。开展颈胸段脊髓积水行脊髓中央管与腹腔分流术、运用标准大骨瓣减压手术抢救治疗弥漫性轴索损伤病人。2012年，全年门诊挂号2363人次，出院360人次，平均住院日16天，床位周转次数22.5次，床位使用率为101.5%，手术45台。开展新技术冠状瓣双额去骨瓣减压术治疗重度颅脑外伤、钻颅输液器灌注引流治疗慢性硬膜下血肿。多次参与急危重症的院内会诊和抢救治疗。2013年4月，科室由D座4楼搬迁至C座7楼，与手足微创骨科同在C座七病区。6月，科室更名为外三科（神经），床位调整为18张。全年门诊挂号1951人次，出院355人次，平均住院日14.1天，床位周转次数20.9次，床位使用率为89.6%，手术28台。开展新技术数字化塑形二维钛网颅骨修补术。参与了岷县、漳县地震救灾及伤病员爱心救治工作和省卫生厅组织的2013卫生应急演练。

【人才建设】2011年，参加全省神经外科新技术研讨班，全省首届神经脑血管病介入和手术治疗新进展研讨会，2011年甘肃省神经外科年会，2011年甘肃省第四届脑心同治学术研讨会。新分配1名神经外科专业研究生。圆满完成了临床教学部分配的教学及76名临床实习带教任务。2012年，参加第33期全国改良立体定向软通道微创治疗颅脑出血高级研修班，全省神经外科新技术研讨班，2012年国际神经外科论坛暨甘肃省神经外科年会，2012年中国西部神经外科技术新进展暨神经导航应用高级研讨会，2012年全国神经外科技术新进展学习班。张崇岳被省卫生厅评为2012年卫生应急演练先进个人。完成临床教学部分配的教学及临床实习带教任务。2013年，参加国际神经外科论坛暨甘肃省神经外科年会（平凉），2013年中国西部神经外科技术新进展暨神经导航应用高级研讨会（银川），2013年全国神经外科技术新进展学习班（北京）。

科室负责人

主　任　张崇岳　2009年6月任

儿骨科

【科室建设】2011年初，小儿骨科位于十二病区，位于2号楼5楼，床位35张，医生7名，李卫平任主任，裴生太任副主任。2月，科室床位由35张减至30张。全年门诊挂号5481人次，出院694人次，平均住院日15天，床位周转次数23.1次，床位使用率为94.6%，手术499台。2011年收治患儿常规入院后采取骨盆蛙式位平片复查，通过影像学资料来评估患儿闭合复位后股骨头与髋臼同心圆复位匹配程度，观察股骨头与髋臼内侧Y形软骨中心距离，以此评估患者行矫形手术适宜度及治疗后愈合度。联合功能检查科室运用髋关节常规彩超及关节造影技术对儿童发育性髋关节脱位在治疗手段上进一步更新和完善，为此类疾病治疗上总结制订出一套较完善的治疗流程。儿童孟氏骨折临床诊治及处理上常令年轻儿骨科医生感觉比较棘手，陈旧性桡骨小头脱位是孟氏骨折令人担忧的并发症之一，在尺骨发生轻微骨折情况下，进行尺骨矫正对于加强桡骨小头稳定性非常重要，同时要考虑环状韧带是否必须重建。新鲜骨折与陈旧性骨折的处理方式及手术时间掌握是骨科医生在临床实践过程中需要仔细体会。科室通过诊治患儿总结并梳理出儿童陈旧性孟氏骨折的治疗时机以及不同阶段患儿手术治疗方式选择的系统流程及方法，采用弹性髓内针治疗儿童四肢长管状骨折不愈合数例，充分体现弹性钉在儿童创伤治疗上发挥的巨大作用。2012年，全年门诊挂号5117人次，出院721人次，平均住院日13.1天，床位周转次数24.0次，床位使用率为84.5%，手术557台。积极引进和运用新技术，加大了对微创手术的推广和运用，积极开展Ilizarov架的临床研究和应用、发育性髋关节脱位的标准化诊疗、开辟脑瘫后遗症手术新思路、新方法，小儿创伤的标准化诊疗措施，努力提高对先后天畸形的治疗效果。同时积极开展民政项目中脑瘫后遗症的保守及手术矫正，多次去通渭、白银筛查病人，取得较好的效果。2013年4月，科室由D座5楼搬至1楼，与儿科同在八病区，床位30张。6月，小儿骨科更名为儿骨科。7月，科室床位由30张减至28张。护理人员全部调整，彻底实行专业细化。9月，医院全面实施骨科专业细化，小儿骨科收治年龄在18岁以下儿童及青少年的创伤，先、后天性畸形（如脊柱侧弯、小儿先天性髋关节发育不良、脑瘫后遗症、先天性马蹄内翻足）的治疗及康复。全年门诊挂号5860人次，出院811人次，平均住院日10.7天，床位周转次数28.0次，床位使用率为84.1%，手术619台。重视医疗质量，坚持病例讨论制度、三级医师查房制度及各种预防医疗差错的规章制度。继续发展微创诊疗手段，主要体现为闭合复位内、外固定技术，强调弹性内固定理念，如管状骨工作弹性钉内固定，继续应用Ilizarov技术微创诊疗多种肢体短缩、成角、旋转畸形，提高手术理念及高水平操作技能。发挥中医治疗技术的优势，如门诊手法复位技术及住院部特色治疗手段。

【人才建设】2012年，外出进修1人。2013年，2名医生参加全国小儿骨科学术会议。

科室负责人

主　任　李卫平　2009年6月任

副主任　裴生太　2010年12月任

儿内科

【科室建设】2011年初，科室位于1号楼7楼，设在七病区床位8张，医生7名，原睿任副主任并主持工作。全年门诊挂号12130人次，出院453人次，平均住院日7天，床位周转次数56.7次，床位使用率为118.0%。开展新业务新疗法，采用穴位贴敷治疗支气管炎、肺炎等疾病取得了良好的疗效，采用穴位贴敷做冬病夏治，对反复呼吸道感染、哮喘等疾病的预防亦取得了良好的效果。

2012年5月，原睿任科室主任。9月，科室床位由8张增至10张。全年门诊挂号12768人次，出院483人次，平均住院日6.4天，床位周转次数53.7次，床位使用率为101.9%。2013年4月，科室从C座7楼搬迁至D座1楼，与儿骨科同在八病区，床位由10张增至20张。6月，儿科更名为儿内科。7月，科室床位由20张减至12张。全年门诊挂号10973人次，出院481人次，平均住院日6.9天，床位周转次数43.7次，床位使用率为81.4%。

【教学】2011年，带教本、专科实习生86人次，完成中西医结合儿科理论教学120个学时。2012年，参加全科医生及西学中的带教工作，有本专科实习生86人次，完成中西医结合儿科理论教学120个学时。2013年，带教本专科实习生及进修152人次，完成中西医结合儿科理论教学120学时。

科室负责人

主　任　原睿　2012年5月任

副主任　原睿　2009年6月任，2012年5月止

创伤骨一科

【科室建设】2011年初，科室位于1号楼3楼三病区，床位33张，医生6名，米仲祥任主任，刘红喜任副主任。全年门诊挂号8315人次，出院780人次，平均住院日14天，床位周转次数23.6次，床位使用率为97.8%，手术480台。积极开展新技术、引进新设备。率先开展脊柱压缩骨折椎体成形微创手术，复杂股骨骨折顺行带锁钉固定技术，抗生素珠链在骨髓炎中的应用分析研究，软组织平衡技术在胫骨远端骨折治疗中的应用效果研究等新技术新业务。2012年9月，科室床位由33张增至39张。全年门诊挂号8228人次，出院818人次，平均住院日14天，床位周转次数23.4次，床位使用率为99.6%，手术489台。开展滴灌冲洗在骨髓炎治疗中的应用研究，骨折延迟愈合与不愈合治疗研究等新技术。使用电脑中频治疗仪、脉冲微循环治疗仪更好地为术前术后患者服务，收到了良好的疗效。收到锦旗5面、表扬信5封。2013年4月，科室由C座3楼搬迁至D座2楼，床位由39张减至34张。9月，医院全面实施骨科细化，创伤骨一科负责四肢骨折创伤的紧急救治，主攻成人上肢，肩胛骨折及创伤综合征急救、诊断、治疗。开展内固定加外固定架治疗复杂粉碎骨盆骨折手术，经皮微创锁定钢板固定粉碎胫骨骨折技术，骨搬移技术治疗骨折延迟愈合与不愈合等新技术。全年门诊挂号8753人次，出院893人次，平均住院日13.6天，床位周转次数24.8次，床位使用率为96.5%，手术504台。

【人才建设】2011年，参加院外学术会议及短期业务学习班6人次，外出讲座4人次。2012年，参加院外学术会议及短期业务学习班20人次。毕军伟获得医院“中医正骨手法大赛”二等奖。米仲祥参加医院“5·10”岷县抗洪抢险医疗救援工作。2013年，参加院外学术会议及短期业务学习班20人次，2名医生参加北京中华医学会第十五届骨科学术会议暨第八届COA国际大会，积极参与医院第十八届中青年学术论文征稿活动，全科共投稿20篇。

科室负责人

科主任　米仲祥　2007年3月任

副主任　刘红喜　2010年12月任

外周血管病介入科

【科室建设】2012年5月，外周血管病介入科成立，与肿瘤科、血液病科同在一个病区，位于2号楼6楼，杜自忠任主任，医生4名。相继开展闭塞性脉管炎球囊扩张术及部分支架植入术、急性肺栓塞的溶栓及开通术、肾动脉支架植入术、结肠支架植入术、髂外静脉狭窄球囊扩张术及部分支架植入术、四肢血管瘤的经皮超选择动脉栓塞术。2013年4月，外周血管病介入科从肿瘤科、血液病科分离。6月，科室由D座6楼搬迁至D座2楼，设置床位12张。7月，床位调整为11张。开展中央动脉堵塞的介入导管溶栓技术、门静脉癌栓的粒子植入或支架植入技术、经颈静脉肝内门体静脉内支架分流术技术、静脉曲张的硬化治疗技术。全年门诊挂号174人次，出院患者376人次，平均住院日11.0天，床位周转次数28.9次，床位使用率为88.8%。

【人才建设】2012年，王晨赴美进修学习介入专业6个月，杜自忠参加急诊介入培训班、临时滤器置入培训班及下肢动脉硬化介入治疗培训班，杜自忠、张明星参加全国介入放射学年会及甘肃省介入放射学年会。2013年，黄邦荣进修学习肿瘤介入专业6个月，杜自忠、王晨、张明星参加全国介入放射学年会及甘肃省介入放射学年会。

科室负责人

主　任　杜自忠　2012年5月任

心血管病科

【科室建设】2011年初，心血管疾病防治中心位于十病区，下设心内科、心胸外科、导管室。其中心内科、心胸外科位于2号楼3楼，导管室位于2号楼1楼，共设置床位47张（含CCU6张），医生15名，徐义先任中心主任，党建中任心胸外科主任，崔文建任心内科副主任，杨宝平任导管室副主任。5月，科室更名为心病科。开展体外循环后并行循环技术、甘露醇在体外循环中对脑、肾功能的保护作用、BNP（脑利钠肽）对心源性抑或其他源性呼吸困难鉴别诊断、胸腔镜技术。全年门诊挂号5319人次，出院患者1320人次，平均住院

日13天，床位周转次数28.1次，床位使用率为101.2%，手术157台，导管手术692台次，其中PCI 218台次，冠状动脉造影273台次，永久性心脏起搏器20台次，先天性心脏病介入封堵术13台次，临时起搏器植入术19台次，电生理检查+射频消融52台次，心室造影和动脉造影42台次。24小时动态心电图检查124人次，运动平板试验58人次，食道心脏调搏25人次。2012年1月，心胸外科独立设置，心病科床位由47张减至32张。4月，心病科更名为心血管病科。5月，杨宝平任科室主任，兼任导管室主任，崔文建任副主任。9月，科室床位由32张增至38张。10月，成立心功能检查科，隶属于心血管病科管理。确定了心血管病医疗小组及制定考核办法和细则，完善三级查房制度，成立了医疗质量考核领导小组、医疗小组，介入治疗组、科研组、教学组、中医特色医疗组。全年门诊挂号5612人次，出院患者1081人次，平均住院日12.1天，床位周转次数30.9次，床位使用率为102.6%，导管手术507台。开展冠状动脉内注射替罗非班联合血栓抽吸预处理、冠状动脉内血栓高负荷病变后植入支架治疗急性心肌梗死、儿童左心室特发性室性心动过速射频消融术、二维标测下使用拖带技术指导右心房峡部依赖性心房扑动的导管消融、永久性人工心脏起搏器植入联合大剂量β受体阻滞剂治疗长QT间期综合征、直立倾斜试验诊断血管迷走性晕厥等技术。2013年7月，床位由38张减至32张。全年门诊挂号5377人次，出院患者1060人次，平均住院日11.8天，床位周转次数30.3次，床位使用率为98.9%，导管手术500台。组织科室认真学习《病例处方书写规范》《医疗事故处理办法》《医疗法规》《三级查房制度》等规章制度，发挥中医专家的优势，门诊多安排中医专家、副高职称人员，全年科室的门诊量、住院病人、出院病人、床位使用率明显增加。积极引进和运用新技术，在冠脉介入技术上有所突破、开展了无保护左主干分叉严重钙化病变的介入手术、对支架内血栓的防治有了新的认识和提高，对STEMI急诊直接PCI时无复流现象的防治尝试了新的办法，并取得了新的效果。

【人才建设】2011年，利用大交班及科晨会的时间反复强调医护人员严格按照诊疗常规和操作规程来进行医疗护理工作，对病人的病情要熟练掌握，主动和患者家属沟通，做到耐心、细致、周详。要求低级职称和低年资医生及时向上级医生和科主任汇报危重病人情况，以便于上级医生掌握情况，做到早请示主，早汇报。对于带教学生放手不放眼，多做讲解，亲手示范，让学生的理论和实践有机结合起来，使学生既学到了知识，又掌握具体操作。2013年，加强学术交流，加快人才培养，1人赴西安交通大学进修心脏介入、1人赴国家卫生部心脏介入培训中心学习心脏电生理与起搏技术知识、1人赴国家卫生部心脏介入中心学习冠心病介入治疗方法。

科室负责人

心病科

主　任　徐义先　2006年9月任，2012年5月止

（心胸外科）主任 党建中 2009年6月任，2012年1月止

（心内科）副主任　崔文建 2006年6月任，2012年5月止

（导管室）副主任　杨宝平 2009年6月任，2012年5月止

心血管病科

主　任　杨宝平　2012年5月任

副主任　崔文建　2012年5月任

外四科（心胸）

【科室建设】2012年1月，心胸外科独立设置，设病床15张，位于2号楼3楼十病区，党建中任主任。5月，心胸外科更名为外四科。9月，科室床位由15张增至17张。全年门诊挂号266人次，出院患者296人次，平均住院日13.9天，床位周转次数19.7次，床位使用率为76.7%，手术159台。筛查先天性心脏病患者390人，收治51人。2013年6月，科室床位由17张增至18张，更名为外四科（心胸）。积极引进和运用新技术，加大了对胸腔镜手术的推广和运用，在保证疗效的基础上积极寻求新的手术方法，总结临床经验。积极联合省内兄弟医院胸外科知名专家主持筹建了“甘肃省胸腔镜培训基地”和“中国医师协会甘肃省胸外科医师分会”等重要项目，增强了医院及科室整体知名度，推动了业务的发展。全年门诊挂号239人次，出院患者307人次，平均住院日13.9天，床位周转次数17.1次，床位使用率为68.4%，手术142台。筛查先天性心脏病患者390人，收治51人。

【人才建设】2013年，加强临床业务学习及进修工作，派出1名同志进修学习了胸部肿瘤的诊治。为科室引进新技术、新经验拓展业务。同时派出10余人次参加各类学术会议。

科室负责人

主　任　党建中　2012年1月任

康复骨科

【科室建设】2011年初，科室位于1号楼6楼六病区，床位15张，医生5名，鄢卫平任副主任并主持工作。3月，鄢卫平任主任。全年门诊挂号2603人次，出院448人次，平均住院日15天，床位周转次数29.9次，床位使用率为125.2%，手术173台。在治疗中突出中医骨伤特色，应用针灸、中药、手法、针刀、按摩、牵引、理疗、穴位埋线、臭氧技术等方法进行治疗，疗效满意。开展臭氧治疗腰椎间盘突出症及膝关节骨性关节炎、穴位埋线技术治疗颈腰椎疾

病，以及在省级课题《旋牵手法治疗椎动脉型颈椎病的临床研究》的基础上，在临床工作中运用旋牵手法治疗椎动脉型颈椎病取得了良好的社会效益。2012年9月，科室床位由15张增至17张。全年门诊挂号3209人次，出院467人次，平均住院日13.9天，床位周转次数29.2次，床位使用率为114.9%，手术173台。开展臭氧髓核消融术联合腰椎斜扳手法治疗腰椎间盘突出症。2013年6月，康复骨科由C座6楼搬至D座4楼，床位由17张增至30张。9月骨科专业细化，康复骨科负责各种骨关节退行性疾病的中医特色治疗、功能康复，术后的康复治疗，主攻骨伤病的各种康复治疗。全年门诊挂号4022人次，出院629人次，平均住院日14.3天，床位周转次数27.3次，床位使用率为101.1%，手术178台。

【人才建设】2011年，全年带教进修、实习学生10人。承担了中医学院实习生《中医骨伤科》课程的授课任务，共授课15个学时。举办了甘肃省穴位埋线与针刀医学培训班，并授课8小时。2012年，带教进修2人、实习学生10人。陈杰赴西安外国语学院参加英语培训2月，鄢卫平赴台湾参加骨科学术交流2月，鄢卫平赴马来西亚参加第九届世界中医药联合会，并做大会论文交流。柳直赴北京参加第七届中华医学会骨科学分会主办的国内骨科界最大的国际学术年会。全科医师参加正脊学会年会和中西医结合骨伤科学会年会。2013年，带教进修、实习学生34人。临床带教进修医师2人、实习学生10人。鄢卫平参加全国康复医学会年会，柳直在西安外国语学院参加英语培训2月，陈杰在常州参加中国医师协会康复分会康复论坛。

科室负责人

主　任　鄢卫平　2011年3月任

副主任　鄢卫平　2010年12月任，2011年3月止

整复骨科

【科室建设】2011年初，科室位于1号楼3楼三病区，床位20张，医生4名，李红专任副主任并主持工作。3月，医务处副主任邓强兼任主任。全年门诊挂号5568人次，出院565人次，平均住院日14天，床位周转次数28.3次，床位使用率为115.0%，手术251台。开展了陈旧性腕舟骨骨折带血管蒂桡骨瓣植骨Hberter螺钉内固定术；胸12椎、腰椎结核、双侧腰大肌脓肿、背侧脓肿一期病灶清除与内固定术。2012年5月，邓强任主任，孔令俊任副主任，李红专调任骨伤病科副主任。9月，科室床位由20张增至22张。全年门诊挂号4415人次，出院680人次，平均住院日13.3天，床位周转次数32.4次，床位使用率为124.4%，手术382台。实施中医临床路径，进一步规范桡骨远端骨折、单纯胸腰椎压缩骨折的中医单病种诊疗方案，使诊疗步骤更为清晰、明确，加强对于临床医疗行为的指导与监督，同时突出中医特色。开展经后路颈椎管扩大成形Centerpiece钢板内固定术、人工肩关节置换术。2013年6月，赵道洲任主任，邓强调至脊柱骨二科，科室由C座3楼搬迁至D座4楼，床位由22张增至30张。全年门诊挂号5041人次，出院856人次，平均住院日13天，床位周转次数32.9次，床位使用率为118.0%，手术464台。9月，医院实行骨科专业细化，整复骨科负责四肢骨折的中医正骨手法治疗和脊柱的整脊治疗，主攻中医正骨手法、经皮复位的内固定技术、脊柱退行性疾患的中医手法治疗。

【人才建设】2011年，完成甘肃中医学院中西医结合班2008级临床阶段式带教任务；李红专攻读天津中医药大学博士学位，科室协助举办陇中中医正骨手法学习班，派人参加全国骨科微创学习班和中国创伤初级培训班。2012年，积极参与医院举办的2012年中华中医药学会骨科分会、全省中医陇中正骨手法培训班、2012年中华医学会骨科分会举办的第七届COA国际学术会。

科室负责人

主　任　邓　强　2011年3月兼任，2013年6月止

赵道洲　2013年6月任

副主任　李红专　2010年12月任，2012年5月止

孔令俊　2012年5月任

脊柱骨三科

【科室建设】2011年初，科室位于2号楼5楼十二病区，床位35张，医生6名，关永林任主任，史文宇任副主任。全年门诊挂号7198人次，出院935人次，平均住院日15天，床位周转次数26.7次，床位使用率为111.1%，手术393台。积极开展经后路病灶清除、全病椎切除术治疗胸椎结核并严重后突畸形、经后路V形截骨矫形钉棒系统内固定治疗胸椎陈旧性骨折并严重后凸畸形、多发性半椎体畸形先天性脊柱侧弯的治疗、经后路病椎前方支撑植骨椎板间植骨融合术治疗小儿脊柱结核并后突畸形、经皮球囊扩张椎体成形术治疗骨松型胸腰椎骨折、椎间盘造影、椎间盘内封闭诊断治疗盘源性腰痛、下腰椎结核经椎间孔入路病灶清除并270°融合术、关节突关节造影、局封治疗关节突源性腰痛、改良经椎间孔入路腰椎体间融合术手术治疗腰椎退变性疾患、小针刀环枕筋膜、小关节松解治疗颈性颈椎病、单节段、短节段、伤椎置钉与长阶段固定治疗胸腰椎骨折疗效对比和中远期随访。在治疗手段上，充分发挥针灸、按摩、系列方剂中药内服、外敷、擦洗、薰洗及自制中药品的运用，其中中药外敷、擦洗治疗腰椎骨折、腰椎间盘突出症及骨

折不愈合形成科室独特的系统治疗药品。运用智能化多功能脊椎牵引治疗床，结合中药，针灸，按摩等中医保守治疗颈椎病、椎间盘突出症、骨折不愈合、肌萎缩等疾病。2012年5月，史文宇调任医务处副主任，张天太任科室副主任。9月，科室床位由35张增至37张。全年门诊挂号7190人次，出院969人次，平均住院日15.3天，床位周转次数26.9次，床位使用率为113.0%，手术360台。积极开展一期后路VCR（全脊柱截骨）技术治疗活动期胸腰段脊柱结核伴严重后凸畸形、极重度脊柱侧弯并发严重心脏病的手术治疗、经后路病灶清除、全病椎切除术治疗胸椎结核并严重后突畸形、多发性半椎体畸形先天性脊柱侧弯的治疗。2013年4月，床位由37张减至30张。6月，床位调整为40张。8月，柳永明任科室副主任，张天太调至急诊骨科任副主任。全年门诊挂号7231人次，出院1087人次，平均住院日14.7天，床位周转次数27.9次，床位使用率为112.8%，手术230台。9月，医院全面实施骨科专业细化，脊柱骨三科负责脊柱疾患的诊治。主攻胸椎疾患及脊柱侧弯的诊治。积极开展退变性脊柱侧弯伴有腰突症及椎管狭窄症行椎板/椎管减压髓核摘除的同时行脊柱畸形矫治术、腰突症/椎管狭窄症患者椎板减压髓核摘除后椎板回植内固定植骨融合术。

【人才建设】2011年，注重人才队伍建设，完善人才储备，定科2名硕士研究生，为科室发展注入新鲜血液。2012年，加强对教学实施过程的量化监控，充分调动带教人员的积极性，有计划地加强带教师资培养，将教学工作纳入质控范畴，确保教学质量。继续抓好全科各级医护人员的医学继续教育，尤其是住院医师规范化培训和脊柱骨科专科医师培训，培养高端的脊柱骨科后备人才。2013年，医护人员在完成繁忙的临床工作的同时，完成实习医生的专题授课任务。

科室负责人

主　任　关永林　2009年6月任

副主任　史文宇　2010年12月任，2012年5月止

张天太　2012年5月任，2013年8月止

柳永明　2013年8月任

骨肿瘤科

【科室建设】2013年6月，骨肿瘤科成立，在D座5楼设置床位20张，与脊柱骨三科同在D座五病区，谢兴文兼任主任，宫玉锁任副主任，医生4名。积极开展各项业务，自拟慢性化脓性骨髓炎疾病协定方3个，开展脊柱肿瘤病椎切除椎体重建技术、肿瘤型假体置换治疗近关节部位骨肿瘤技术和抗生素骨水泥珠链配合中药治疗慢性化脓性骨髓炎技术。门诊挂号1405人次，出院患者242人次，平均住院日14.4天，床位周转次数24.2次，床位使用率为103.2%，手术135台。9月，骨科专业细化，骨肿瘤科负责各年龄段的四肢、脊柱及关节部位的骨与软组织肿瘤、骨病的诊治。包括骨与关节结核、骨髓炎、骨质疏松症等。主攻病种为骨与软组织肿瘤和骨髓炎、骨质疏松、骨与关节结核。

【人才建设】2013年，谢兴文赴美国考察学习1月，李晶赴中国中医科学院广安门医院进修学习3月。

科室负责人

主　任　谢兴文　2013年6月兼任

副主任　宫玉锁　2013年6月任

关节骨一科

【科室建设】2011年初，关节骨科，位于2号楼6楼十三病区，床位50张，医生7名，王承祥任主任，柳海平任副主任。3月，柳海平任科室主任，王承祥任业务技术指导。6月，尤从新任科室副主任。11月，床位由50张调整为35张。科室在科主任和护士长的带领下，积极配合医院开展“百日医疗安全活动”，把加强医疗治疗管理、提高专业技术水平及打造技术品牌作为重点来抓，坚决落实“首诊负责制度、三级医师查房制度、术前讨论制度及三查七对制度”，加强服务意识强，坚持“以病人为中心”，对病人实施个性化医疗、人性化服务，吸引了大量患者的就医就诊，门诊诊疗量、住院病人数等较去年同期明显增长，达到历史最高水平。在业务技术方面除常规开展关节内骨折、骨盆骨折、腰椎间盘突出症、腰椎管狭窄症、腰椎滑脱症及胸、腰椎骨折等脊柱疾患和骨肿瘤外，主攻人工全髋关节置换术、人工膝关节置换术。随着髋、膝关节翻修病人及复杂疾患的病人逐渐增多，新开展一系列新技术及新业务：人工膝关节术后感染二期行LCCK人工膝关节假体翻修术，这也是医院第一例完整意义上的人工关节翻修术；髋臼骨折术后人工全髋关节置换术；对长期服用激素系统性红斑狼疮病人行人工全髋关节置换术；胫骨近端骨肿瘤人工膝关节肿瘤型假体置换术及股骨颈骨囊肿经皮病灶清除扩大减压生物陶瓷植骨术等。全年门诊挂号9233人次，出院患者1051人次，平均住院日16天，床位周转次数21.9次，床位使用率为97.1%，手术708台。2012年4月，关节骨科更名为关节骨一科。本年度各种类型髋膝关节置换手术量已超过150例，新开展重度膝外翻畸形的人工关节旋转铰链式假体置换，重度膝外翻畸形的人工全膝关节表面置换术，重度膝内翻畸形并胫骨内侧严重缺损的人工全膝关节表面置换术，股骨近端粉碎性骨折并髋关节脱位的人工全髋关节置换术（Wagnar假体），人工全髋关节置换术后假体松动脱落行加长翻修柄人工全髋关节翻修术，人工全髋关节置换股骨远端骨折行加长翻修柄人工全髋关节翻

修术，第二跖骨头坏死行第二跖趾关节置换术，人工全膝关节置换术后假体周围骨折行切复解剖钢板内固定术，股骨头缺血型坏死潜行扩大病灶清除自体或异体骨打压植骨术等。全年门诊挂号9630人次，出院患者891人次，平均住院日15.3天，床位周转次数25.5次，床位使用率为109.5%，手术635台。2013年4月，科室床位35张增至40张。9月，医院全面实施骨科专业细化，方案明确规定关节骨一科负责关节内病变的诊治，主攻关节内病变的手术治疗。科室在业务技术方面主攻人工全髋关节置换术、人工膝关节置换术及关节内骨折，且髋膝关节置换量增长比例显著，全年各种类型髋膝关节置换手术量超过200例，人工膝关节置换术量超过了髋关节置换术量，随着髋、膝关节翻修病人及复杂疾患的病人逐渐增多，开展的手术难度也在不断增加，手术量居全院领先。开展发育性髋关节脱位Crowe Ⅳ型的人工全髋关节置换术，人工全膝关节置换术后假体周围骨折行切复解剖钢板内固定术，股骨头缺血型坏死潜行扩大病灶清除自体或异体骨打压植骨术等。全年门诊挂号9635人次，出院患者1054人次，平均住院日14.4天，床位周转次数27.7次，床位使用率为117.6%，手术779台。

【人才建设】2011年，柳海平荣获“首届全国中西医结合优秀青年”贡献奖，贾潇荣获医院“第十六届中青年学术年会优秀论文”三等奖。9月，全科医生参加了中国中西医结合微创骨科新技术继续教育培训班开班仪式暨甘肃省中西医结合学会微创骨科专业委员会成立大会和西部首届人工关节置换高峰论坛。12月，柳海平、王承祥、尤从新、张小岗和汪俊红参加中华医学会第十三届骨科学术会议暨第六届国际COA学术会议。2012年，9月，全体人员参加了中西医结合骨科微创治疗新技术学习班、西部第二届人工关节置换高峰论坛、陇中中医正骨手法学习班、第八届全国整脊学术交流大会。11月，柳海平、王承祥、尤从新、柴喜平、汪俊红和叶丙霖参加中华医学会第十四届骨科学术会议暨第七届国际COA学术会议。汪俊红赴北京积水潭医院学习6个月，叶丙霖攻读天津中医药大学在职博士学位。2013年，组织参加西部第三届人工关节置换高峰论坛、陇中中医正骨手法学习班。11月，柳海平、王承祥、尤从新、张锐、贾潇参加中华医学会第十五届骨科学术会议暨第八届国际COA学术会议。贾潇攻读天津中医药大学读在职博士学位。

科室负责人

主　任　王承祥　2007年3月任，2011年3月止

柳海平　2011年3月任

副主任　柳海平　2007年3月任，2011年3月止

尤从新　2011年6月任

关节骨二科

【科室建设】2011年初，科室位于1号楼5楼五病区，床位15张，医生4名，李玉吉任科室副主任并主持工作。6月，赵军任科室副主任并主持工作。全年门诊挂号2718人次，出院患者372人次，平均住院日15天，床位周转次数24.8次，床位使用率为106.6%，手术251台。2012年1月，戴刚任主任，4月，运动创伤科更名为关节骨二科。5月，赵军调任招标采购科科长，孔令俊调任整复骨科副主任。6月，大连医科大学骨科硕士唐兆鹏分配入科。9月，科室床位由15张增至17张。全年门诊挂号4090人次，出院患者417人次，平均住院日14.8天，床位周转次数26.1次，床位使用率为101.9%，手术274台。2013年4月，科室由C座5楼搬迁至D座6楼，床位由15张增至20张，与关节骨一科同位于D座6楼十三病区。9月，医院全面实施骨科专业细化，关节骨二科负责关节内病变的诊治，主攻关节镜下关节内病变的治疗及功能重建。10月，医院引进国际最先进的施乐辉高清晰度关节镜系统及其可满足四肢六大关节微创关节镜诊疗的配套仪器到位启用，科室用于中西医特色治疗的8台高新技术设备和仪器投入使用。开展肩关节镜及肘关节镜手术、关节镜下踝关节骨折复位内固定术、关节镜下髌骨关节脱位及半脱位髌骨外侧支持带松解、内侧支持带紧缩重建术、关节镜下膝关节半月板缝合术、无痛微创全膝关节表面置换术、关节镜下膝关节僵硬关节松解术、关节镜下膝关节结核或化脓感染关节清理术、关节镜下踝关节融合螺钉内固定术、关节镜下髂胫束松解术。全年门诊挂号5799人次，出院患者552人次，平均住院日13天，床位周转次数30.7次，床位使用率为106.7%，手术404台。其中关节镜手术（包括膝、踝、肩、肘关节及关节外关节镜手术）共302台次，前后交叉韧带重建术28台次，微创关节置换术57台次，其他手术12台次。

【人才建设】2013年4月至6月，赵振文赴丹麦哈维德夫医院关节外科中心研修。6—8月，吴锦秋赴西安外国语大学脱产培训英语。8—10月，李玉吉赴台湾彰化医院关节外科研修。

科室负责人

主　任　戴　刚　2012年1月任

副主任　李玉吉　2010年12月任

赵　军　2011年6月任，2012年5月止

眼科

【科室建设】2011年初，科室位于3号楼2楼十四病区，床位15张，医生6名，刘永民任主任，慕明燕任副主任。8月，眼科病床由15张减至10张。11月，眼科床位由10张增至15张。12月，与耳鼻喉科、口腔颌

面外科共建十九病区。严格按照医疗规章制度进行管理，开展眼底荧光造影和眼部整形手术。全年门诊挂号4035人次，出院患者476人次，平均住院日9天，床位周转次数34次，床位使用率为80.9%，手术494台。2012年，全年门诊挂号4903人次，出院患者473人次，平均住院日7.8天，床位周转次数31.5次，床位使用率为64.4%，手术569台，其中白内障手术348例，斜视手术74例。积极探索符合科室实际情况的管理模式，按照科室成员的专业特长安排日常工作，使科室人员团结一心，共为科室发展奉献力量。开展Toric散光晶体植入治疗白内障合并角膜散光、眼底荧光造影对眼底病的诊断、泪小管吻合术治疗泪小管外伤断裂、鼻腔泪囊吻合术治疗慢性泪囊炎、泪小管插管术治疗泪道阻塞、眼睑畸形矫正术治疗各种原因导致的各种眼睑畸形、中药熏药治疗多种眼表疾病和中药离子导入治疗多种眼后节疾病。2013年，耳鼻喉科从E座2楼搬至A座13楼，与妇科同属一个病区。全年门诊挂号5343人次，出院患者517人次，平均住院日8.3天，床位周转次数34.5次，床位使用率为71.3%，手术548台。开展离子导入和贴耳穴的新业务。

科室负责人

主　任　刘永民　2009年6月任

副主任　慕明燕　2009年6月任

口腔颌面外科

【科室建设】2011年初，口腔科只开展门诊诊疗业务，医生6名，张剑峰任科室主任。2月，张剑峰不再担任主任职务。11月，口腔颌面外科设病床5张，在十四病区。12月，与眼科、耳鼻喉科共建十九病区。全年门诊挂号3401人次，出院患者11人次，平均住院日12天，床位使用率为116.8%，手术5台。2012年1月，胡永寿担任副主任。着手调整科室的空间和布局，清产核资，整章建制。规范牙科X线片的管理办法和拍摄操作程序，使拍片操作更加规范合理。门诊6名医生，住院部3名医生。陆续开展18项新的技术业务：颧眶颌多发骨折切开复位内固定、髁状突合并体部骨折内固定术、颧弓骨折内固定术、下颌角骨折内固定术、颌骨骨折颌间牵引复位外固定、骨化纤维瘤摘除术、腮腺恶性肿瘤根治术、解剖面神经腮腺及肿物切除术、舌下腺摘除术、颌下腺摘除术、鳃裂囊肿摘除术、腭部肿瘤切除术、面颊部肿瘤切除+自由皮瓣整复术、颌骨囊肿摘除术、牙龈瘤摘除术、舌体部分切除术、唇部血管瘤切除术、阿霉素神经鞘内注射三叉神经痛治疗。全年门诊挂号3377人次，出院患者134人次，平均住院日12天，床位使用率为82.3%，手术43台。2013年4月，科室床位由5张增至10张。积极学习专业知识，提高工作技能，科室人员分别参加了兰州军区总医院举行的创伤新技术培训班、种植牙基础培训及新技术培训、韩国整形美容研修班、整形美容年会及新进展学习班等国内外学术活动等6期培训，积极学习中医基础知识和中医特色治疗技巧。全年门诊挂号3557人次，出院患者156人次，平均住院日11.2天，床位使用率为57.9%，手术49台。

科室负责人

主　任　张剑峰　2005年11月任，2011年2月止

副主任　胡永寿　2012年1月任

老年病科（干部病房）

【科室建设】2011年初，科室包含有中医康复治疗中心位于3号楼正楼3楼，副楼2层、3层、4层，床位33张，医生10名，邴雅珺任科室主任。7月6日—12月6日暂停运营装修。12月，床位由33张增至45张。明确岗位责任制，强化首诊负责、三级查房制，严抓医疗安全与医疗质量，严格执行疑难、死亡病例讨论制度、入院3天内明确诊断、合理有效用药，出院时不遗留问题，定期回访。业务技术发展方面着重加强老年糖尿病的胰岛素泵联合动态血糖监测强化治疗，老年心力衰竭、心律失常的综合、系统治疗，眩晕、失眠、脑动脉硬化、脑萎缩的综合治疗，慢性结肠炎的综合治疗。加大科室自研制剂“通冠丸”“通脑丸”“糖肾康”“肠炎Ⅲ号”“降龙擦剂”等药品的临床应用，收集临床资料并进行系统整理与分析，建立系统的老年病治疗理论体系。全年门诊挂号3398人次，出院患者445人次，平均住院日15天，床位周转次数29.6次，床位使用率为96.8%。2012年5月，中医康复治疗中心隶属于保健处管理。9月，科室床位由45张增至47张。针对老年病发病特点及中医治疗特色进行科研论证，针对老年骨质疏松症，在中西医常规治疗的基础上，引进骨质疏松治疗仪；针对失眠患者，在使用中医药治疗的基础上，辅以西药，使用失眠治疗仪，根据中医五行理论开展辨证进行“五行音疗”，使失眠复发再住院率明显下降。针对老年糖尿病性周围神经病变这一难题，在科室原有“72小时动态血糖监测+胰岛素泵”即双“C”治疗模式，以血糖严格达标为基础，配合中医药口服、中医针灸、中药沐足、中药熏洗等特色治疗，同时使用空气压力波治疗仪，症状好转率显著提升。针对老年糖尿病视网膜病变、高血压眼底病变、老年白内障，引进DY眼罩治疗仪，开展中药离子导入治疗，症状改善明显。全年门诊挂号3934人次，出院患者1175人次，平均住院日12.5天，床位周转次数25.5次，床位使用率为88.6%。2013年7月，门诊搬迁至A座4楼。全年门诊挂号4749人次，出院患者1306人次，平均住院日12.2天，床位周转次数27.8次，

床位使用率为95.6%。老年病科依托科室资源和人员配置，继续加强完善“多学科一体化”高血压病、老年糖尿病、睡眠障碍三个防治中心建设工作。对老年病专科眩晕、消渴病、胸痹心痛三个诊疗方案进行了优化和总结，进行了眩晕病临床路径的验证工作，1月到11月，科室总结纳入高血压病临床路径病例数230例。制定不寐病的中医诊疗方案和临床路径。在对老年常见病、多发病药物治疗的基础上，大力开展针灸、拔罐、微波、激光、蒸气浴、中药熏洗等综合理疗，发展“中西医结合+综合理疗”的治疗模式，疗效满意，中医特色突出。收集临床资料并进行系统整理与分析，成功申报“通脑丸”为院内制剂，待药学部批量生产后大量应用于临床。按照国家中医药管理局重点专科建设的要求，科室被国家中医药管理局确定为重点专科专病老年失眠协作组牵头单位，完成老年性不寐（老年性失眠）中医诊疗方案的制定和协作组成员单位的成立工作。

【人才建设】2011年，举办省级继续教育《中西医结合防治糖尿病并发症培训班》学术会议，主持组织甘肃省中西医结合学会糖尿病专业委员会的换届工作，郦雅珺担任主任委员，2名医师为委员会秘书长，6名医师为委员会委员。在装修期间，派出6名医师和2名护士到广东省中医院集中进修学习，涉及内分泌、消化、呼吸、心内、神经、重症医学等专业，提升了科室的整体医疗水平。培养带教甘肃中医学院中西结合临床硕士4名。2012年，按老年病研究的不同学科方向，以进修及短期培训，会议交流等不同形式的培养，积极提高研究所人员的业务水平，使科室人员均有业务专长，形成研究互补、技术过硬、团体协作的研究业务团队。举办“名老中医刘国安主任医师学术研讨会”。引进博士魏蔓。10月，郦雅珺被聘为中华中医药学会亚健康学会常委，同时担任“兰州新闻经济广播夕阳正红栏目”特约健康专家，每周二进行老年常见疾病防治及热线咨询，作为“全国健康巡讲专家”“甘肃省首批健康巡讲专家”，配合甘肃省干部保健局完成巡讲8次。社会反响良好。作为甘肃省中西医结合学会糖尿病专业委员会主委单位，甘肃中西医结合学会糖尿病专业委员会为评为“2012年度先进中医药学会”。2013年，举办老年病科糖尿病大型义诊2次，接诊人次560余人次。作为甘肃省中西医结合学会老年病专业委员会主委单位，郦雅珺当选为新一届甘肃中西医结合学会老年病专业委员会主任委员，雷作汉当选为副主任委员，张华丽、孙涛任秘书。郦雅珺作为“全国健康巡讲专家”“甘肃省首批健康巡讲专家”配合甘肃省干部保健局完成巡讲12次，响应省委组织部要求，分别进行2次为老干部送健康、进社区的义诊活动和老干部家庭保健专题讲座，得到了老干部局的好评。11月，举办“中西医结合防治老年病常见疾病培训班”省级继续教育项目。全年接受进修人员15人，带教实习和见习学生120人。

科室负责人

科主任　郦雅珺　2009年6月任

脑病一科、脑病二科

【科室建设】2011年初，脑病（神经内）科位于3号楼十五病区，设在3号楼正楼4楼、5楼，床位64张，医生13名，李妍怡任主任，杨瑞龙任副主任，高压氧治疗中心挂靠科室管理，位于住院部1号楼与2号楼连接通道南侧，工作人员3名。5月，脑病（神经内）科更名为脑病科。全年门诊挂号9594人次，出院患者1317人次，平均住院日24天，床位周转次数20.6次，床位使用率为134.2%。继续应用补脑膏、中风膏等自制药品外，开展了中医足浴、穴位贴敷等治疗方法，得到了广大患者的一致好评。开展中风病、痴呆病2个国家中医药管理局重点病种的临床路径实施工作，并对临床疗效进行了分析、总结和评价。全面开展神经介入技术，内容涉及全脑血管造影术、血管内支架成形术、血管内栓塞术、血管内药物灌注术等，顺利通过国家中医药管理局组织的脑病科重点专科验收。2012年9月，科室床位由64张增至90张。全年门诊挂号9903人次，出院患者1572人次，平均住院日19.9天，床位周转次数21.8次，床位使用率为117.7%，兰外患者比例达35%，优势病种中风病和眩晕病排前列。新增专科诊疗设备12种27件，价值17.542万元，包括DAJ-23型多功能艾灸仪1台、奔奥医疗型电脑中频治疗仪1台、动态心电监护仪2台、MEC-1000型便携式多参数监护仪3台、可压缩式肢体压力治疗系统2套、简易气囊1个、科邦医用波动喷气气垫床及气垫专用泵5套、SY-1200输液泵2台、WZS-50F6双道微量注射泵1台、超声探头1件、多参数监护仪3台。开展了预防下肢深静脉血栓形成、中药穴位贴敷、穴位艾灸、动态心电图检查等新业务。协助创建了白银分院脑病科。指导通渭县中医院脑病科建设。2013年5月，脑病科分设为脑病一科、脑病二科。新增专科诊疗设备5种11件，价值237.85万元，包括患者监护仪1套、经颅及周围血管多普勒1台、温度感觉分析仪1台、32通道脑功能监护仪1台、多功能艾灸仪1台。开展了脑电监护、感觉和振动觉定量分析等新业务。全年门诊挂号10651人次，出院患者1683人次，平均住院日19.1天，床位周转次数18.7次，床位使用率为100%。

【人才教学】2011年，以发展和完善“佛手”系列方剂为研究方向，以中风膏和补脑膏治疗重点疾病的临床和实验研究为重点，加强科学研究，完善人才梯队建设，引进硕士研究生2名，科室人才层次和水平得到进一步提高。举办了2011年“中西医结合脑血管病新进展学习班”。2012年，李妍怡教授培养在职博士研究生1名、硕士研究生6名，指导省级学术经验继承人3名。全科带教甘肃中医学院本科实习医生65名、张掖医专实习医生12名、省中医学校实习医生4名、进修医师10名。积极参加甘肃省康复医学新进展学术会、甘肃省神经科学领域专家论坛、中医脑病学习班、脑病科中医临床路径学习班、中医药标准应用评价人员培训班。2013年，培养硕士研究生6名，指导省级学术经验继承人3名。带教甘肃中医学院本科实习医生97名、张掖医专实习医生17名、北京中医药大学东方学院实习医生2名、温州医学院实习医生1名、省中医学校实习医生4名。带教来自和政县医院、高台县中医院、永昌县中医院、庄浪县人民医院、岷县人民医院、合水县人民医院的进修医师15名。举办省级继续教育项目“中西医结合神经内科新进展学习班”。9月，李妍怡、杨瑞龙参加2013年第四届全国中西医结合学会神经科专业委员会换届会暨第十次全国中西医结合神经科学术会议，曹骅赴北京天坛医院进修学习神经介入技术。

科室负责人

主　任　李妍怡　2006年6月任

副主任　杨瑞龙　2005年11月任

针灸推拿一科

【科室建设】2011年初，针灸科位于3号楼7楼十六病区，床位40张，医生19名，张洪涛任科室主任，金钰钧任副主任，孙其斌任业务技术指导。全年门诊挂号7900人次，出院患者1100人次，平均住院日21天，床位周转次数27.5，床位使用率157.3%。有医生24人，其中副高以上12人，护士16人，全科共有40人，总人数比以前增加了8人。

2012年4月，针灸科更名为针灸推拿科。9月，科室床位由40张增至49张。全年门诊挂号6851人次，出院患者1404人次，平均住院日19.9天，床位周转次数32.7，床位使用率172.3%。2012年派出10人次学习各种专业技术，汲取各家之长，掌握多种治疗方法，学习先进技术，扩大治疗范围，提高业务技术水平。

2013年4月，针灸推拿科分设为针灸推拿一科、针灸推拿二科。张洪涛任针灸推拿一科、针灸推拿二科主任，金钰钧任针灸推拿二科副主任。针灸推拿一科设在E座7楼，床位49张，针灸推拿二科设在E座8楼，床位30张，科室医生按照专业侧重进行分科。全年门诊挂号6501人次，出院患者1591人次，平均住院日18.9天，床位周转次数32.5，床位使用率163.5%。全年派出12人次学习各种专业技术。

【人才建设】2011年，进修学习4人，王立群参加援马达加斯加医疗队。7月，引进针灸推拿博士师宁宁。2012—2013年，外出进修2人。

科室负责人

主　任　张洪涛　2009年6月任

副主任　金钰钧　2010年4月任，2013年4月止

针灸推拿二科

【科室建设】2013年4月，针灸推拿科分设为针灸推拿一科、针灸推拿二科。针灸推拿二科住院部位于E座8楼，床位30张，与康复科共用病区护理部。门诊设在A座5楼，张洪涛任主任，金钰钧任副主任。截至2013年底，收治患者627人次，平均住院日17.9天，床位周转次数34.8，床位使用率181.2%。

科室负责人

主　任　张洪涛　2013年4月任

副主任　金钰钧　2013年4月任

康复科

【科室建设】2012年5月，康复科成立，与针灸推拿科同在一个病区，位于3号楼7楼，肖红任副主任。2013年4月，康复科单独设置床位19张。6月8日，科室正式开始运营。全年出院患者168人次，平均住院日17.8天，床位使用率86.2%。康复科是一个新建科室，康复医学也是一个新的医学专业。结合医院实际情况，科室在延续中医康复的基础上，如针刺、浮针、艾灸、电针、梅花针、拔罐、中药塌渍等项目，配置了上下肢机器人、动静态平衡评定及训练系统、电动步态减重训练仪、言语治疗仪等先进设备，开展了上下肢机器人训练、减重步态训练、平衡训练、作业训练、言语训练、引导式教育、偏瘫综合训练、截瘫综合训练、PT、OT等现代康复技术。确立了脊髓损伤、中风、骨关节病康复为优势病种，制定了优势病种诊疗方案，逐渐完善优势病种临床路径。7月20日，康复科门诊正式成立，挂号92人次。8月，科室全体医生到甘肃省荣誉军人疗养院开展义诊活动，向残疾军人宣讲康复治疗，指导康复训练，得到了良好的社会反响。

【人才建设】2013年3月至6月选派杨江霞、胥文娟、侯娟3名医师赴无锡同仁国际医院参加为期3个月的“全国康复培训班”。胥文娟到江苏省人民医院康复科进修6个月，全科人员参加了在兰州举办的“中国康复医学会第十届全国康复治疗学术年会”。8月，科室派3人参加“2013年甘肃省康复治疗专业技能大赛”，获得团体三等奖，2人获个人二等奖，1人获个人三等奖，肖红获指导老师三等奖。11月，派徐秀梅到西安外国语学院参加为期2个月的外语培训。协助甘肃省针灸学会成功举办全国针灸适宜技术推广研讨会暨甘肃省

针灸学会2013年学术年会。

科室负责人

副主任　肖　红　2012年5月任

肾病科

【科室建设】2011年初，科室位于2号楼1楼八病区，放床位26张，有医生6名，靳锋任主任。全年门诊挂号8086人次，出院患者471人次，平均住院日18.1天，床位周转次数24，床位使用率121.2%。新开展肾功能不全患者进行结肠透析及中药双肾区离子导入贴敷，并配合血透中心开展无肝素透析及单超、血液灌流。

2012年5月，张竹君任副主任。9月，科室床位由26张增至42张。全年门诊挂号9153人次，出院患者840人次，平均住院日18.4天，床位周转次数27.1，床位使用率1137.3%。开展腹膜透析及肾脏病理穿刺诊断技术，对肾功能不全患者采用“中药内服、肾区外敷、中药特色保留灌肠、药膳辅助”的“四管齐下”综合治疗方法。2013年4月，科室由D座1楼搬迁至E座9楼，床位由42张增至49张。全年门诊挂号10253人次，出院患者1108人次，平均住院日16.4天，床位周转次数24.1，床位使用率107.3%。与ICU合作开展连续肾脏替代疗法，完善血液净化技术。

【人才建设】2011年，选派1人赴西京医院进修，4人参加全国卫生系统肾脏病学习班。全年带教进修、实习学生共150人次。2012年，全年带教进修、实习学生共130人次。2013年，全年共带教进修、实习学生共120余人次。7人参加甘肃省肾病学会新技术学习班，1人参加第6届中华中医药学会肾病年会，1人参加北京协和医院内科培训班，1人进修肾病专业6个月。

科室负责人

主　任　靳　锋　2005年11月任

副主任　张竹君　2012年5月任

麻醉一科、麻醉二科

【科室建设】2011年初，麻醉手术科位于2号楼7楼，开放手术间10间，其中万级2间、十万级4间、普通手术室4间，医生12名，谭萍任主任，王春爱、薛建军任副主任。全年共完成手术麻醉5720例，其中全麻1603例，颈丛307例，硬膜外麻醉211例，腰麻1444例，臂丛麻醉952例，联合麻醉1140例，其他63例。2012年5月，麻醉手术科更名为麻醉科，薛建军任主任，谭萍、王春爱任副主任。全年共完成手术麻醉6339例，其中全麻2073例，颈丛211例，硬膜外麻醉141例，腰麻1462例，臂丛麻醉997例，联合麻醉108例，其他45例，小儿麻醉、危重病麻醉、高龄麻醉手术量稳步增加。人员结构较为合理，科室平均年龄35岁，共有麻醉医生13人，其中副高3人，硕士研究生7人。开展了困难气道处理、小儿舒适化麻醉、自体血回输以及术后镇痛等方面的新技术新业务。新购置麻醉机5台，监护仪4台，血液回收机2台。所有手术间均可同时开展全身麻醉和双有创监测。科室4台血液回收机的正常运行以及其他节约技术的开展，保证了手术用血的日趋科学合理。根据“三甲”复评需要，科室改建了麻醉恢复间，大大提高了手术间周转，保证了术后患者的安全。伴随麻醉恢复室的有效循环利用，危重病人麻醉管理及监测得到进一步发展和完善，降低了术后苏醒延迟等并发症的发生率。随着骨外科手术量加大，麻醉科手术风险率相应增高。强化学习和实施医院核心制度和麻醉科相关制度，尤其建立麻醉科不良事件无责上报制度和风险防范制度，做到患者舒心、手术医生安心、医院放心的枢纽科室。加强业务学习，提高麻醉医师的个人工作能力，加强手术室护理人员的业务培训，加强层流手术室的管理。2013年4月，麻醉科分设为麻醉一科、麻醉二科。麻醉一科设在D座7楼，手术间10间，麻醉二科设在A座10楼，手术间3间。全年手术麻醉量为7237例，比去年增长998例。其中麻醉一科6807例、麻醉二科430例。麻醉恢复1799例，术后镇痛2687例。为了降低深静脉穿刺、区域神经阻滞麻醉并发症以及老年心肺功能较差患者的麻醉风险，开展可视化麻醉，包括超声引导下深静脉穿刺技术、超声引导下神经阻滞技术、超声引导下联合神经刺激器神经阻滞技术等。增设麻醉专科护士和麻醉总住院岗位。麻醉专科护士岗位的成立为全国中医医疗系统及甘肃省医疗系统第一家，有效缓解了科室麻醉医生短缺的压力，保证了科室工作正常有效运转；麻醉总住院的设立使得年轻医生有更多的机会接触危重疑难手术麻醉，增强了年轻医生的科室主人感，分担了科室主任部分日常工作，有利于年轻医生的快速成长。初步实施PDCA管理和5S管理，即对质量管理实施PDCA管理，对科室环境实施5S管理。

【人才建设】2011年，组织科室人员利用晨会时间进行特殊病例针对性讨论或经验交流，科学习气氛浓郁，业务提高快，实现了心肺复苏培训三部曲，即科内培训、院内培训和省内培训。2012年9月，举办了“2012中美（兰州）麻醉学术交流暨‘守护生命’心肺复苏新理念培训班”，邀请美国俄克拉荷马州医学中心麻醉科的两位专家来兰交流，获得了广泛好评，极大提高了本科室在国内、省内的知名度和影响力。2013年，每周重点学习老年患者、小儿患者、术中大出血患者、深静脉血栓及肺栓塞患者等手术麻醉风险大的防范措施。

科室负责人

主　任　谭　萍　2009年6月任，2012年5月止

薛建军　2012年5月任

副主任　谭　萍　2012年5月任

王春爱　2009年6月任

治未病中心（体检中心、健康咨询科）

【科室建设】2011年初，体检中心位于3号楼1楼，医生4名，王玉珠任科室主任。6月，治未病中心（体检中心、健康咨询科）隶属于保健处管理。体检人数6143人次，健康咨询2135人次。体检中心是甘肃省干部定点体检单位、兰州市干部定点体检单位、甘肃省医保定点体检单位，当年被确定为省直机关入职体检定点单位。8月，体检中心顺利通过国家中管局中医预防保健服务体系的评估。完善中医体检项目综合评估，主要开展体质辨识、健康处方、体质量表观测、全身健康信息扫描检查。重点开展健康咨询和“治未病”干预，对高血压、糖尿病、中风、慢阻肺、高血脂、高尿酸、肥胖等慢性病进行信息采集、电话随访，规范慢性病管理。2012年5月，崔兰玲任副主任。体检人数5633人次，健康咨询1417人次。开展新技术新业务4项：四诊仪的开展充实了中医体检的内涵，为中医体质辨识打下良好的基础；开展心理焦虑评估为完善健康体检充实了内容；开展人体成分检查；加强治未病中心健康宣教工作，开展膏方的配制及四季养生的健康指导和宣教。完成省直机关干部招录体检任务448人次，全年联系团检单位41个，共计4519人次。2013年8月，体检中心由E座1楼整体搬迁至B座2楼，环境得到一定改善。体检6171人次，健康咨询3153人次。开展超声骨密度检测、碳14检测和职业病健康体检。积极联系大型体检单位，承接甘肃送变电公司职工体检，体检人数约3000人，这是体检中心成立以来第一次承接的大规模体检。11月，崔兰玲调离医院。

【人才建设】2011年，王玉珠、吴全人参加国家人力资源部举办的健康管理师培训班并获健康管理师资质。2013年3月，王玉珠、吴全人、王玉兰赴广东省第六人民医院学习职业病健康体检2周。

科室负责人

主　任　王玉珠　2009年6月任

副主任　崔兰玲　2012年5月任，2013年11月止

（撰稿　杨丽萍）

临床护理工作

门诊护理部

【业务建设】2011年，中药外敷29284人次，采血9006人次，换药1212人次，封闭治疗8621人次，非药物治疗960人次。急救物品完好率100%。无菌物品合格率100%。护理综合满意度95%以上。护理技术操作考核合格率98%。

开展健康教育，发放健康教育宣传手册，督促检查保洁工作；做好导诊分流工作；制作骨科常用外用自制药宣传牌；落实医院感染管理规章制度和工作规范，严格执行操作规程和工作标准，防止传染病的传播，做好自身防护、消毒隔离、医疗废物管理，严防院内交叉感染。做好每季度的细菌监测、每两个月紫外线灯管强度监测以及医用垃圾的分类、处理工作，院感各项检测均合格。

2012年2月，门诊护理部划归门诊部管理，完成经济指标1732605.03元，急救物品完好率100%。护理综合满意度95%。护理技术操作考核合格率98%。与检验科、信息科积极协调规范门诊病人采血流程，制作采血登记交接本。制作门诊护士礼仪考核标准，将护士礼仪纳入绩效考核，参与门诊导医管理，每月业务学习2次。

2013年6月，搬至A座4楼。

【人才建设】2011年至2013年，完成实习带教任务，专人带教，实行出科考核。

负责人

护士长　石瑞芳　2012年5月任

副护士长　石瑞芳　2010年4月任，2012年5月止

急救中心护理单元

【业务建设】2011年，重点护理患者约9600人次，参与抢救375人次，配合急诊手术及换药1750人次。护理留观患者143人次，门诊输液8045人次。急救物品完好率100%。无菌物品合格率100%。护理综合满意度95%以上。护理技术操作考核合格率98%。

2012年，重点护理患者约10200人次，抢救420人次，各种注射共计16425人，洗胃26人，留置导尿439人，灌肠158人，参与急诊应急演练48次。合理利用绿色通道的措施，服务患者；增加患者的宣教内容，开展每天为患者提供一壶开水等便民服务。

2013年6月，搬迁至A座1楼。急诊接诊46158人次，参加抢救957人次，配合急诊手术及换药1725例，护理留观病人947人次，门诊输液1078人次，各种注射共计5475人，洗胃54人，留置导尿245人，灌肠387人，中药涂擦治疗14600次，中药热敷3574次，参与应急演练12次。急救物品完好率100%，无菌物品合格率100%，患者满意度98%以上，护理技术操作考核合格率98%。加强护理文书管理，规范各种急诊操作告知书，制定了洗胃操作、灌肠操作、导尿操作和自带药品告知书，要求必须经过医生及患者家属同意并签字后，方可执行操作。严格做好消毒、隔离工作。病房每日定时通风换气、常规消毒，定期开展各消毒液检测工作，严防交叉感染发生。

【人才建设】2011年，组织业务学习24次，护理查房24次，共带教实习生60人次。6月，张丽娟、湛静参加全省护理技能大赛，获得个人一等奖、团体二等奖；马冰清参加全省首届中医护理技能大赛，获得个人一等奖、团体一等奖；马冰清、廖玉婷、曹宏丽参加全院首届中医护理技能大赛，获得个人三等奖、团体一等奖。

2012年，带教实习生60人次。

2013年，组织业务学习24次，护理查房12次，操作培训15项。每月组织1次抢救仪器操作培训；派出3人到甘肃省人民医院、兰大一院急诊科进修学习；曹宏丽参加全省专科护士培训，并取得急诊专科护士资格证；2人外出短期学习。完成实习带教任务，实行专人带教，专科考核。

负责人

护士长　张丽娟　2012年5月任

副护士长　张丽娟　2009年6月任，2012年5月止

湛　静　2012年8月任，2013年4月止

痹病（风湿骨病）科护理单元

【业务建设】2011年，制作各种温馨宣教牌，开展中药蜡饼法、热盐包理疗、火龙疗法等中医护理新技术，“清热二号”药的剂型制作与临床使用。

2012年，开展全身熏蒸疗法、局部熏蒸疗法、激光理疗、艾灸疗法等。

2013年6月，搬迁至A座15楼。全年抢救病人13次，护理危重患者462人次，应急演练8次。开展穴位贴敷、气压治疗、中药涂擦、中药足浴、中药热奄、耳穴埋豆、刮痧、拔火罐、机械辅助排痰、中药塌渍、中频脉冲治疗等中医特色15项，其中耳穴埋豆、足底拔罐2项为本年新开展项目。每周进行业务学习一次，每月进行业务查房一次，每季度进行病例讨论一次；对呼吸机、中央心电监护仪、除颤仪、过敏原皮肤点刺等操作使用进行反复培训。重新制定了各班工作职责，明确分工，加强协作；修订了操作流程，每周进行安全教育，每季度进行不良事件分析会，实行了“首迎负责制”。

【人才建设】2011年，参加理论考试4次，取得集体第二名，罗艳萍全院第一、陈萍全院第四名；10月，康娟参加在黄山召开的全国中医护理学术交流会，护理单元被评为“中医护理优秀科室”；王晓亮、陈延、马茜茜参加医院5·12护理技能大赛。

2012年，发表论文4篇。

2013年，对实习生进行专人带教，每周小讲课1次，每月教学查房1次，选派人员去ICU轮转学习。

负责人

护士长　杨小芳　2012年5月任，2013年4月止

副护士长　杨小芳　2009年9月任，2012年5月止

陈雅玲　2012年8月任，2013年4月止

康　娟　2013年4月任

脾胃病一科护理单元

【业务建设】2011年开展优质护理服务工作和中医特色护理操作，全年护理危重症患者48人次，抢救32人次，一级护理260人次，健康宣教1200人次，协助完成内镜检查3500人次，内镜下治疗500人次，中药热敷2160人次，胃肠动力治疗仪4800人次，肝病治疗仪1500人次，热奄包260人次，中药熏洗180人次，中药直肠滴入840人次；3个特色病种辨证施护180人次。全年基础护理合格率达到96%；危重患者护理合格率95%；护理技术操作合格率98%；急救物品完好率100%；医院感染和消毒隔离无菌物品合格率100%。完善5个病种的辨证施护方案；制定了具有中医特色的宣教栏、各种宣教单14种；护理排班模式改变，由传统的8-4大小改变为APN模式，工作形式转变为分组责任制整体护理，新开展的中医操作项目有中药贴敷、艾灸、中药熏洗、热奄

包。

2012年，中医特色项目新增了双下肢熏洗、中药贴敷配合红外线灯烤治疗脾胃虚寒的各种症状、艾灸仪的治疗；熏洗设施的改进；夜班、中班、节假日以及危重病患较多时，实行弹性排班制，合理搭配老、中、青值班人员；完成4项护理小创新。

2013年4月，科室分为脾胃病一科、二科，6月整体搬至A座9楼。每月科室定期召开工作座谈会1次，征求患者意见，新增中药涂擦种类（乳腺膏剂、金黄散）、耳穴贴敷、艾条灸（灸盒）、红外线烤灯等中医特色项目。

【人才建设】2011年，完成实习生及进修生的带教培训，全体护理人员均按要求完成三基理论、中医基础理论知识、中医操作项目的培训学习及考核。2012年完成实习生及进修生的带教培训，内镜中心护士轮训4人次。2013年，完成实习生及进修生的带教培训，有4人参加护理本科学习。

负责人

护士长　倪角角　2012年5月任，2013年4月止

王　莉　2013年4月任

副护士长　陈　辉　2012年8月任，2013年4月止

李桂桂　2013年6月任

倪角角　2009年6月任

脾胃病二科、肝病科护理单元

【业务建设】2013年4月科室成立，6月整体搬至A座12楼。全年静脉输液7371次，静脉采血1515次，输血64次，灌肠899次，下胃管71次，中药热敷610次，中药足浴1156次，中药贴敷1711次，胃肠动力治疗2004次，肝病治疗295次，拔罐71次，热奄包65次，艾灸17579次，雾化吸入229次等。

实行责任制整体护理，责任护士24小时负责。全面落实分级护理制度、生命体征监测制度、病房巡视制度，每天3次床头交接班，重点病人每班床头交接班。定期进行“三基”理论知识培训，参加医院护理理论考核，取得集体排名第6的成绩。每月2次业务学习、1次业务查房。执行弹性排班，开展优质护理服务活动，加强戒烟宣传，在第三季度护理部满意度调查中获得第二名。在科室内开展“5S管理”及“耳穴压豆”中医特色疗法。

【人才建设】2013年，指定专人负责带教，轮流授课，完成了进修、实习、见习学生带教工作。9月，配合科室完成王自立运脾思想师承教育学习班和脾胃病科的学术年会。

负责人

副护士长　陈　辉　2013年4月任，2013年7月止

李桂桂　2013年7月任

外一科（普外）护理单元

【业务建设】2011年，静脉输液14259次，静脉采血10566人次，输血246人次，导尿279次，灌肠1157次，下胃管169次，中药热敷1241次，艾灸221次，雾化吸入3568次等。协助护理部制定压疮、跌倒护理相关表单及培训。开展优质护理服务工作，推行《护患沟通小册子》使用，制定3个专科护理学习内容。护理查房（业务查房、教学查房）24次，业务学习48次；每月召开1次护士工作会议。

2012年，静脉输液15315次，静脉采血10898次，输血294次，导尿282次，灌肠1385次，下胃管177次，中药热敷1238次，艾灸244次，雾化吸入3823次等。开展责任制整体护理，每月模拟现场急救演练1次、护理业务查房2次、护理教学查房1次。

2013年5月，整体搬至A座10楼，新调入人员7名，使用“输血小助手”“专科特殊药品使用手册”等，整理外科中医适用技术并推广，护理业务与教学查房24次，业务学习48次。

【人才建设】2011年，李剑、周瑞霞前往南京军区总医院外科进修学习。10人参加各种护理及专科学术会议。低年资护士张敏学习CCU护理工作。新入科人员进行35项护理操作技能考核评估，参加医院护理部组织的“5·12”中医护理技能比赛，杨娟平获得个人二等奖、徐迎春获得个人三等奖、团体二等奖。医院首届护理发明创新会议中唐锐获个人一等奖、二等奖，姜媛、李燕获个人三等奖，徐迎春获个人优秀奖。唐锐、姜媛被评为医院2010—2011年度“优秀教师”。唐锐参加北京宣武医院压疮护理学习班。完成2次院内护理压疮培训。

2012年，张敏前往白银分院业务交流，参加了医院各种学习、培训，完成进修、实习、见习学生带教工作。唐锐2012年10月参加卫生人才培训网举办的“伤口处理专业人员网络培训班（初级）”学习。针对手术患者压疮预防问题修订补充2012年我院压疮护理资料。组织完成2次护理科研小组讲座学习，分别就“护理科研选题及标书书写规范”及“护理论文书写”进行17名本科护士培训。唐锐参与“全国女职工岗位创新技能大赛省级选拔赛”，2012年12月获“甘肃省技术标兵”称号。张艳琴获医院“护理服务之星”荣誉称号。医院“护理实用技术发明奖”比赛中，唐锐获三等奖2项，徐迎春获三等奖1项。

2013年，完成进修、实习、见习学生带教工作。许佳前往南京军区总医院进修学习，甘仙前往兰大一院ICU学习，徐迎春前往本院ICU学习。7月，伤口护理小组成员参加兰州军区总医院举办的压疮护理会议。

11月，唐锐前往西安外国语大学参加甘肃省卫生厅组织的英语培训学习。唐锐获医院年度护理科技大会论文交流一等奖。

负责人

护士长 唐 锐 2009年6月任

副护士长 李 剑 2012年8月任，2013年4月止

重症医学科护理单元

【业务建设】2011年，监护患者1340余例，成功抢救和护理ARDS、DIC、MODS、急重症胰腺炎、重症颅脑损伤、多发伤、心肺复苏等各种危重病患者，配合骨科顺利完成多例手术后监护任务，坚持每天早、中、晚床头交接班制度，建立特殊交接的床头卡及病情提示单，每床一卡一单，班班提醒护理要点。采取专人管床制度，根据病情为患者提供个性化护理；加强院感管理，每月对病房、治疗室的空气及医生、护士和学生的手部进行细菌采样，每日2次消毒机定时消毒和通风，一日2次病房及通道坚持用含氧消毒液拖地。开展中医护理技术操作：中药灌肠、头部按摩等。开展血气针抽取动脉血，上呼机的患者脱机前行脱机实验。开展健康教育，对住院病人发放满意度调查表，满意率98%。

2012年，共监护病人1340人次，完成各种重症患者抢救、术后患者监护工作，做好院内感染管理，开展中医护理技术操作：中药灌肠、头部按摩等，使用双下肢压力治疗仪、疼痛激光治疗仪、肠内营养泵等仪器。开展健康教育，对住院病人发放满意度调查表，满意率98%。

2013年，5月科室分为一部、二部。二部在A座10楼成立。一部进入装修阶段。全年监护病人1134人次，完成各种重症患者抢救、术后患者监护工作，做好院内感染管理。开展中医护理技术操作：耳穴压豆，使用疼痛治疗仪、下肢气压治疗仪、中药热敷等。开展新技术、新业务有连续性血液净化的治疗与护理、有创血流动力学检测。护士长每天随主任或医师重点查房，科室通过考核选拔，小组长协助护士长做好病房管理工作。开展健康教育，对住院病人发放满意度调查表，满意率98%。

【人才建设】2013年，选派护理人员赴浙江省人民医院和北京阜外医院学习CRRT的护理和有创血流动力学的相关护理知识，参加院内护士行为规范培训。

一部护理单元

负责人

护士长 袁冰华 2012年5月任

副护士长 袁冰华 2009年6月任，2012年5月止

王宇馨 2012年8月任，2013年4月止

张燕琴 2013年4月任

二部护理单元

负责人

副护士长 陈雅玲 2013年6月任

麻醉科护理单元

【业务建设】2011年，完成手术5689台（次），开展优质护理服务。实行弹性排班制度，重点加强了重点时段夜班、急诊、节假日的备班力量，编排了一线班、二线班，由护士长带班，要求手术室护理人员24小时不关机，保证各类手术需求。设立了职业病防护、外科组、器械管理组、骨科组、院感组，腔镜组实行专科组长管理，组长由5年以上手术室工作经验的4名主管护师及1名副主任护师担任。加强术前、术中、术后护理，切实落实“三查七对”工作制度。针对小儿患者开通绿色通道，特殊情况下，容许患儿在家长的陪伴下完成麻醉，对较大的患儿准备玩具以分散其注意力。制定各类突发事件应急预案，制作抢救流程图。开展自体血液回收技术和麻醉后无痛导尿业务。为预防患者术中发生低温，术中术野以外部位用小棉被覆盖或棉腿套保护，外用盐水、输注液体用覆盖物保温。积极申报甘肃省手术室专科护士培训基地。

2012年，共完成手术6200台次，继续开展优质护理服务，实行弹性排班制度、专科组长管理等科室管理措施；建立护理安全管理制度，在严格执行“三查七对”的同时，建立了无惩罚、无责备的意外事件上报制度，护理不良事件上报制度。

2013年5月，科室分为一部、二部。二部设在A座10楼，设立手术间3间。

严格执行查对制度及护理操作规程，督导消毒、灭菌、隔离措施的落实，严格一次性医疗用品的管理，全年无差错事故发生。规范外来器械的准入制度。开展手术室专科护士培训，实行高值耗材专人管理。

【人才建设】2011年，病人保暖、温馨小贴士、压力止血带的使用获“医院2011年护理新技术、管理新举措、护理小贴士（创造）”三等奖。

2012年，实行“一对一”带教，每周进行一次手术室护理工作授课，制作换型成人高级生命支持流程图获“甘肃省中医院2012年上半年护理新技术、管理新举措、护理小贴士（创造）”三等奖。12月，安玉玲取得甘肃省手术室专科护士证书。

2013年5—7月，刘瑨在兰大二院学习心外手术的配合。7月，李文娟取得全国手术室专科护士证书。张媛在兰大一院手术室进修。

一部负责人

护士长 张雪霞 2009年6月任，2012年5月止

谢 圆 2012年5月任，2013年4月止

李 韡 2013年4月任，2015年1月止

副护士长　李文娟　2012年8月任

谢　圆　2011年1月任，2012年5月止

二部负责人

护士长　谢　圆　2013年4月任

急诊骨科、外二科（泌尿）护理单元

【科室建设】2012年，8月急诊骨科设立病床8张，2013年5月，急诊骨科搬迁至A座11楼，病床增加至15张，与外二科（泌尿）同在一个病区，外二科病床16张。全面落实分级护理制度，一级护理230名，导尿412人，热敷917次，射频808人，光子治疗413人，微波针932人，中频247人，排痰213人，前列腺特殊治疗66人。

负责人

副护士长　湛　静　2013年4月任

妇科、耳鼻喉科护理单元

【业务建设】2013年5月，科室搬迁至A座13楼。医嘱每天大查对，每周护士长参加总核对3～4次，每天3次床头交接班。在APN排班基础上实行分组分床包干责任制护理模式，全年无差错事故发生。全年病历考核合格率100%。全年入院病人468人次，手术121台次，危重及一级护理患者187人次，完成5名新聘用护士的培训，开展业务学习讲座26次；开展中医特色护理中药足浴1287例，中药热敷2806例，中药灌肠1112例，艾灸治疗871例，射频电疗3207例，拔罐108例，中药雾化435例，穴位注射353例，中药涂擦153例，穴位贴敷425例。

认真执行各项查对制

【人才建设】全体人员进行急救技能培训、“三基”理论培训，每周五晨间教学。2人前往医院ICU进行短期培训，提高应急急救能力。马晓莹赴广东省中医院进修学习。全年完成省卫校、中医学校、张掖医专、省中医学院等实习生及进修生带教68人次。

负责人

护士长　裴重重　2013年4月任

内分泌科护理单元

【科室建设】2011年，基础护理合格率100%。急救药械由专人负责管理，急救药械完好率达100%。引进“糖尿病看图对话工具”，填补医院糖尿病健康教育的空白；开展糖尿病治疗仪糖化血红蛋白检查，专项变应原检查，开展中药热奄治疗、中药足浴中医特色治疗。新入护士2人。全年护理查房12次，业务学习16次。

2012年，全年完成1062人住院病人基础护理，其中危重患者84例。开展中医特色护理中药足浴12154例，中药塌渍650例，五子包中药热奄910例，糖尿病治疗仪治疗122例，机械辅助排痰170例，理疗124例。

开展呼吸科专项变应原检查、空气压力波治疗仪治疗。全院业务查房1次。在APN排班基础上实行分组分床包干责任制护理。每月1次护理工作全面检查，每周2～4次工作质量检查。急救药械专人负责管理，完好率100%。新入护士9人。

2013年5月，科室搬迁至A座14楼。落实岗位责任制，按分级护理标准护理病人，加强基础护理及重危病人的个案护理，基础护理合格率基本100%。实行压疮上报制度、跌倒/坠床上报制度，落实压疮评估制度、跌倒/坠床评估制度，全年无护理并发症发生，压疮发生率为零。病人满意度调查率99.66%。实行“首迎负责制”；对出院病人实行半月内随访；规范各警示牌标识；针对糖尿病患者的视网膜病变，开展“耳穴埋豆”。针对糖尿病患者的神经病变，开展了中药泡足辅以神灯、中频电治疗仪等物理治疗。针对糖尿病患者的血管病变，静脉输液时配合中药贴敷。成立了糖尿病病友会，制定发放了糖尿病健康手册、中医健康处方、中医药膳处方。

【人才建设】2011年，丁玉芬被世界糖尿病联盟组织HOPE基金授予“糖尿病基层教育专员”称号，被聘为甘肃省中医糖尿病专业委员会委员。7人参加学历教育，聂晓燕、杨爱蓉、王喜萍参加学术交流学习。

2012年，培养专科护士，完成进修带教工作。

2013年，每月组织理论考试和技术操作考核。参加医院“三基埋论”知识考试，取得团体第一，茹菊辉获得个人第一。杨爱蓉赴兰大一院进修学习。

负责人

护士长　丁玉芬　2012年5月任

副护士长　丁玉芬　2009年6月任，2012年5月止

肺病科护理单元

【业务建设】2013年5月，科室搬迁至A座15楼。全年抢救病人13次，护理危重患者462人次，应急演练8次。开展中医特色项目穴位贴敷、气压治疗、中药涂擦、中药足浴、中药热奄、耳穴埋豆、刮痧、拔火罐、机械辅助排痰、中药溻渍、中频脉冲治疗等15项。加强专科技能培训、“三基知识”培训、护士礼仪培训；每周业务学习1次，每月业务查房1次，每季度病例讨论1次，每周安全教育1次，每季度不良事件分析会12次，每日小查对1次，每周大查对2次，护士长参加查对不少于3次/周；对呼吸机、中央心电监护仪、除颤仪、过敏原皮肤点刺等新仪

器设备的使用进行反复培训，做到人人掌握；修订操作流程。

【人才建设】完成实习带教任务，实行专人带教，每周小讲课1次，每月教学查房1次，选派护理人员赴ICU轮转学习。

负责人

副护士长　刘晓霞　2013年4月任

肿瘤科、血液病科护理单元

【业务建设】2013年5月，科室搬迁至A座16楼。落实岗位责任制，按分级护理标准护理病人，加强基础护理及重危病人的个案护理，每日进行床头交接班，满意度调查95%。每月召开工作座谈会，征求患者意见，每周三下午科室进行专科知识培训。加强健康宣教，宣教到床头。开展中医特色热盐包、热奄包、中药涂擦（乳腺膏剂、金黄散）、耳穴贴敷、艾条灸（灸盒）、红外线烤灯等。

【人才建设】完成实习带教任务，4人参加本科学历继续教育。

负责人

副护士长　张金花　2013年4月任

皮肤疮疡科、疼痛科护理单元

【业务建设】2013年9月设立住院部，床位16张，位于B座3楼。全年共计收治患者200人，出院177人。一级护理患者67人次。静脉输液2627人次，静脉采血652人次，肌肉注射845人次，监测血糖729人次。艾灸270人次，中药溻渍169人次，中药热敷286人次，中药足浴344人次，中药涂擦450人次，激光照射治疗162人次。全年基础护理合格率达到98%；危重患者护理合格率96%；护理技术操作合格率97%；急救物品完好率100%；医院感染和消毒隔离无菌物品合格率100%。根据科室特点，制定新的工作制度、职责，利用业余时间组织基础操作、急救技术、专科知识、中医特色治疗、护理文件书写、院感知识、应急措施等培训。开展艾灸、耳穴压豆、拔罐、刮痧、中药塌渍、中药热敷、中药足浴、中药涂擦、中药喷雾等中医护理技术。每周二下午业务学习，共计18次。每周五晨间学习。组织业务查房4次。制定2个科室6个优势病种的中医护理方案及疗效评价表，制定其他4个常见病种的健康宣教方案。在病区走廊、洗手间、病房设有各种温馨提示牌。将5S管理模式运用于护理管理，参加护理礼仪培训。

【人才建设】2013年完成实习带教任务，带教实习生24人。对实习生进行专人带教，每周小讲课1次，每月教学查房1次。7名护士参加在职教育。陈辉获得首届院感知识竞赛个人一等奖，参加全省卫生系统演出获得团体一等奖。

负责人

副护士长　陈　辉　2013年7月任

肛肠科护理单元

【业务建设】2011年，一级护理、基础护理合格率100%，急救物品完好率达到100%，全年患者满意度98%，无护理并发症发生。开展优质护理服务，落实岗位责任制，按分级护理标准护理病人，落实健康教育，进行“三基”培训，每月组织理论学习和技术操作练习，每周安全教育。

2012年，全年入院病人1304人，手术1056台，一级护理、基础护理合格率100%，急救物品完好率达到100%，全年患者满意度98.7%，无护理并发症发生。开展优质护理服务，落实岗位责任制，按分级护理标准护理病人，落实健康教育，进行“三基”培训，每月组织理论学习和技术操作练习，每周安全教育。

2013年，护理住院病人1112人，出院1091人，手术病人1055人，输液小组参加院内护理会诊5次，协助PICC置管1例，严格落实“三查七对一注意”和各种操作规范；3月份组织全院护理人员进行静脉留置针培训1次；参加2次5S管理培训、2次“品管圈”的优化管理学习、护士礼仪培训等；抽调1人去爱心病房，1人赴岷县接送伤员。

【人才建设】2011年，参加医院中医护理竞赛，获团体二等奖，杨丽琴获拔罐组个人一等奖，寻晓珠获开天门组个人二等奖。

2012年，完成实习带教任务。

2013年，参加全院护士节急救技能大赛，获得集体二等奖。派出1人进修。培训到岗护士4名。

负责人

护士长　崔俊燕　2012年5月任，2013年4月止

马小娟　2013年4月任

副护士长　崔俊燕 2009年6月任，2012年5月止

脊柱骨一科护理单元

【业务建设】2011年，开展优质护理服务，重新修订科室各项考核标准，落实岗位责任制，按分级护理标准护理病人，落实健康教育，进行“三基”培训，每月组织理论学习和技术操作练习。开展了蜡疗、拔火罐等中医护理技术。患者满意度97%，全年护理单元无差错事故发生。

2012年，全面落实分级护理制度、生命体征监测制度，开展优质护理服务，实行“护理站前移”，护士到病床旁巡视和操作实现了“零距离”；全年护理基础理论考核取得集

体第一名；请急诊科护士长对急救应急能力进行了专业培训，开展艾灸仪、颈椎多功能治疗仪等新项目。

2013年，病危护理50人，病重护理82人，一级护理1285人；中药热敷4788人次，中药涂擦2665人次，射频电疗6428人次，拔罐1212人次。全面落实每班之间全体病人的交接制度、分级护理制度、生命体征监测制度，患者满意度调查99.8%。进行护理急救技术、中医技术操作、护理礼仪培训。全年护理基础理论考核取得集体第二名。全面推行“5S”管理。开展了艾灸、超短波治疗仪、耳穴压豆等治疗项目。配合医生开展脊柱矫形、脊柱损伤高位截瘫、经皮球囊椎体成形术、多发性骨折等复杂手术的围手术期护理。每月召开工休座谈会1次。全年护理单元无差错事故，无护患纠纷。

【人才建设】2011年，李思静全年护理基础理论考核第三名。

2013年，张燕琴、张秀娟赴兰大一院进修学习，张秀娟发明“手术部位敷料保护带”获得国家知识产权局专利1项。

负责人

护士长　万迎霞　2009年6月任

副护士长　张燕琴　2012年8月任，2013年4月止

血液净化中心护理单元

【业务建设】2011年5月，科室正式运营，配有透析机30台，护理人员7名。急救技能、急救程序、急救药械使用正确率100%，急救物品完好率100%。护士培训理论及技能考核合格率98%。健康教育覆盖率、入院宣教率达100%。基础护理、危重患者护理达标率90%，整体护理，护理管理达标率为95%。定期护理专科业务培训，组织业务考试3次。护理核心制度落实率达96%，患者满意度达98%。

强化院内感染，无菌容器、器械、敷料、器械消毒液每周更换一次。治疗室、透析室每日用消毒液拖地2～3次，桌面及其他物体表面擦洗2次，紫外线消毒2次，一次性注射器、输液器用后毁形率100%，集中处置率100%。

2012年，严格执行血透用品管理制度，无交叉感染事件出现。认真学习血液净化十大安全目标，重新制定管道脱落、化学污染物监测、血透感染监控等制度，规范操作流程。组织岗位技能、急救技术、专科应急能力培训。开展血液透析+血液灌流串联治疗尿毒症、皮肤瘙痒症等。

2013年，开展优质服务。增加3台血透机、1台血滤机。急救物品、药品、仪器完好率100%，“三基“考试合格率100%，常规器械消毒、灭菌合格率100%，一次性医疗用品回收率100%，患者满意度98%。修订岗位职责、工作流程、操作规范，完善透析风险预案、突发事件处理预案。每周对透析用水进行硬度和余氯监测，每月透析用水、透析液细菌培养、消毒液浓度监测，空气细菌培养和每季度内毒素检测，每年1次化学污染物测定，均合格。透析机严格“一人一用”，消毒管理，透析器管路一次性使用，感染患者分区专机透析，保证了患者的治疗安全；每月进行两次透析专业知识及感染知识学习；对所有的透析患者进行全国血液净化病例信息登记系统登记。

【人才建设】2011年，李晓萍、张祖萍、王晓萍、谢丹、钱真玉、陈学梅、靳芳赴南京医科大学第二附属医院血液净化中心进行专科培训。李晓萍、张祖萍、靳芳、谢丹、钱真玉、陈学梅，参加兰州大学第一医院兰州血液净化论坛暨新技术规范学习班。

2012年，培养新职工2人，晋升主管护师1名。全部人员完成继续教育。

2013年，魏淑兰参加甘肃省首届血液净化专科护士培训班学习。李晓萍、张祖萍、谢丹、钱真玉、陈学梅参加八一宾馆“血液净化新技术规范学习班”。

负责人

护士长　李晓萍　2009年8月任

脊柱骨二科、脊柱微创骨科护理单元

【业务建设】2011年，共完成1181例住院病人基础护理工作，其中护理围手术病人588例。开展中医特色中药熏蒸960例，中药塌渍11550例，蜡疗1080例，拔火罐721例，刮痧350例，头部按摩350例，理疗11555例。3月，被医院确定为第二批优质护理服务病房。在APN排班基础上实行分组分床包干责任制护理模式，护理人员自制温馨提示牌、温馨服务小贴士等。在病区内创办康复园地，以图文并茂的形式进行健康宣教。自制了模范病房流动红旗，开展模范病房评比活动。新开展中医特色护理4项。感染检测合格率100%。每月组织业务学习4次，护理查房2次。医院基础理论考试全科平均成绩93.17分，王美君获得全院个人第二名，技能考试全科平均成绩92.79分。

2012年，全年共完成1252例住院病人基础护理工作，其中护理围手术病人489例。开展中药熏蒸144例，中药熏药7628例，蜡疗380例，拔火罐407例，刮痧213例，头部按摩17例，理疗11556例，磁振热治疗1522等中医特色护理。新开展中医特色护理2项。感染检测合格率100%。每月业务学习4次，护理查房2次。

2013年，全年共完成1261例入院患者的基础护理工作，其中护理围手术患者536例，70岁以上及危重症患者134例。开展中药熏药1440人次、中药熏蒸144人次、中药封包90人次，拔火罐1190人次，艾灸1435人次，穴位贴敷265人次，放血疗法16人次，骨折愈合治疗1241人次，

磁振热治疗1387人次，光子治疗36人次。每2个月组织1次急救演练，每月业务学习4次，护理查房2次。护理“三基”理论考试中，科室成绩全院第4，平均94.47分，唐廑个人100分；参加医院5·12护理技能比赛荣获集体三等奖。开展刮痧、蜡疗、头部按摩、拔火罐、耳尖放血、耳穴埋豆、穴位注射护理新技术新业务。建立了3个中医优势病种中医护理常规。开展药食同源的护理宣教，指导患者根据季节气候、食物的性味和病证合理调配饮食或采用食疗配合疾病的治疗。开展专科知识培训30次，中医知识培训30次，急救知识培训24次，工作制度培训18次，应急预案培训15次，专科设备培训15次。

【人才建设】2011年，张德娟参加甘肃省护理质量控制管理培训班，并获2011年甘肃省中医院先进个人称号。

2012年，赵昭被评为医院“护理服务之星”，参加医院护理实用技术创新获得一等奖；王美君获评甘肃省中医院优秀共产党员。9月，张德娟参加由卫生部医院管理研究所主办的护理管理高级研修班。

2013年，张德娟被评为甘肃省中医院优秀员工。王美君被评为甘肃省中医院优秀护士。每月教学查房1次，讲课4次，完成实习、进修带教任务。

负责人

护士长　张德娟　2012年5月任

副护士长　张德娟　2009年6月任，2012年5月止

创伤骨二科、骨伤病科护理单元

【业务建设】2011年，每周组织基础理论知识和骨科知识学习。参加医院护理技术操作考核。每日3次床头交接班。创建优质护理服务病房，开展整体护理，责任分组，健康宣教。开展蜡疗、中药熏蒸、拔火罐、头部按摩等中医特色护理。

2012年，推行骨科专科细化，完成15项创伤骨科和康复骨科治疗护理康复资料整理并组织培训；开展蜡疗、中药熏蒸、拔火罐、头部按摩等中医特色护理，实行护理工作站前移，实行无铃病房。

2013年，一级护理1125人次；中药热敷1526人次，中药贴敷1878人次，蜡疗103人次，红光理疗4226人次，电疗2130人次。火龙23人次，拔罐15人次，耳穴210人次，艾灸80人次，AV泵治疗2230人次，足浴8人次，磁振热治疗180人次。新开展耳穴压豆、中药贴敷、艾灸等中医治疗项目。调整本病区护理程序与排班模式；制定新的岗位职责与护理流程。协助康复骨科搬迁。每周1次业务学习，进行急救技术、中医护理技术、“三基”理论培训与考核；中医护理小组完成了拔罐、刮痧、火龙、艾灸、开天门、蜡疗技术的视频录制。

【人才建设】2011年，完成实习、进修带教任务，4人参加护理本科学习。张金花在全省中医护理技能大赛中荣获个人一等奖。

2013年，杨小芳赴甘肃省肿瘤医院学习。

负责人

护士长　李　韡　2012年5月任，2013年4月止

杨小芳　2013年4月任

副护士长　张金花　2012年8月任，2013年4月止

李　韡　2009年6月任，2012年5月止

手足微创骨科、外三科（神经）护理单元

【业务建设】2011年，认真落实各项规章制度及护理核心制度，开展优质护理工作，严格执行三查七对；实行小组包干，弹性排班制度，岗位职责明确，责任组长需对患者住院期间各个阶段进行评估，定期对低年资护士进行基础护理、护理常规、健康教育等护理知识和技术的强化训练。每周1次业务学习。参加医院的理论考试、技能操作，根据成绩给予相应奖励。每月召开工作反馈会，改进工作制度及流程，严格执行消毒隔离制度，每月定期对病区、治疗室空气培养，每日对治疗室、换药室紫外线消毒，并做好记录。一次性用品使用后能及时毁形，集中处理，医疗垃圾分类处理。

2012年，认真落实各项规章制度及护理核心制度，开展优质护理工作。配合医疗组先后完成了改良扩大外侧“L”形切口在跟骨骨折中的应用，成年马蹄内翻足治疗，右下肢毁损伤的保肢治疗，局麻下微创治疗拇外翻，后动脉皮瓣加胫骨骨瓣转移修复大段胫骨骨缺损合并软组织缺损，掌背动脉穿支皮瓣修复手指组织缺损等手术的护理。进行急救知识及急救技能的培训。

2013年，开展专科优质护理服务，落实岗位责任制，按分级护理标准护理病人。进行专科技能培训、“三基”知识培训、护士礼仪培训。实行APN排班及弹性排班制。由于神经外科的搬入，外加手足骨科急诊多的特点，全年的培训重点围绕提升护理人员急救水平、应急能力及危重患者病情观察与护理。

【人才建设】2011—2013年，完成实习带教任务。

2012年，孙迎春在下夜班途中抢救一车祸老人，受到家属、医院、社会媒体的表扬及奖励。

负责人

护士长　白会玲　2012年5月任，2013年4月止

副护士长　白会玲　2011年1月任，2012年5月止

杨　珺　2012年8月任

程如意　2013年4月任

儿骨科、儿内科护理单元

【业务建设】2013年6月，完成儿骨科、儿内科的搬迁工作，搬至D座1楼。科室搬迁后加强了护理人员的专科知识与技能的学习、培训，在组织参加院内的业务学习及护理查房的同时，每周1次科内业务学习。严格执行三查七对，严格床头交接班。对全科人员进行了2010版急救知识及急救技能的学习培训，严格执行消毒隔离制度。每天为病房通风3次，每次半小时。一次性用品使用后及时毁形、集中处理，医疗垃圾分类处理。

负责人

护士长　刘春雨　2012年5月任，2013年4月止

白会玲　2013年4月任

副护士长　程如意　2012年8月任，2013年4月止

创伤骨一科、外周血管病介入科护理单元

【业务建设】2011年，每天3次床头交接班制度，严格执行消毒隔离制度，开展优质护理服务，严格病房管理，加强戒烟宣传，每月1次护理查房和1次护理业务学习，全年无差错事故发生，全年病历考核合格率100%。全年入院病人1174人，完成新聘用护士培训2人，完成科内业务学习（讲座）36次。全体护理人员进行急救技能培训、“三基”理论培训。医院基础理论考试，团体全年排名第三，病历质控评比第三。

2012年，开展优质护理服务，落实岗位责任制，定期进行专科技能及“三基”知识培训，实行小组包干责任，护士全程负责患者的各项治疗，实行了“流动护士工作站”，为病人提供“一站式服务”，提高了患者满意度。全年入院病人1288人次，手术844台，危重及一级护理患者929人次，完成新聘用护士培训7人次，科内业务学习（讲座）34次。定期对全体护理人员进行基础护理、护理常规、健康教育等护理知识和技术的强化训练。

2013年6月，完成创伤骨一科和外周血管介入科的搬迁工作，搬至D座二楼。推行护士责任包干制护理模式，根据科室特点，重新制定工作程序、工作计划、工作质量评价表、患者健康教育评价表，每月进行小组考核，制作科室患者满意度调查表，对患者最满意人员给予奖励。邀请医生讲课，同时加强基础理论、专科知识的学习，专科技能操作的培训，采用晨会提问与业余时间相结合的方式进行培训考核。实行弹性排班。每周不定期进行急救技能培训与演练1～2次。开展中药塌渍、气压治疗、中药涂擦、射频电疗、中药熏蒸、蜡疗、耳穴埋豆、四黄水蜜膏外敷、隔物灸等中医特色项目20项，其中耳穴埋豆、隔物灸、四黄水蜜膏外敷、艾灸4项中医特色新技术项目；参加护理礼仪培训、中医护理技能大赛。

【人才建设】2011年许海燕前往医院CCU进行短期培训。全年完成省卫校、中医学校、张掖医专、省中医学院等实习生及进修生带教48人次。

2012年轮派低年资护士王焱、王清、金红萍、贾娟娟在医院ICU学习，选派牟彩芬、李桂桂前往兰大一院进修学习。全年完成省卫校、中医学校、张掖医专、省中医学院等实习生及进修生带教42人次。

2013年，完成实习带教任务。5月，刘秀芳到兰州军区总医院进修学习。

负责人

护士长　裴重重　2012年5月任，2013年4月止

刘秀芳　2013年6月任

副护士长　李桂桂　2012年8月任，2013年6月止

裴重重　2009年6月任，2012年5月止

心血管病科、外四科（心胸）护理单元

【业务建设】2011年，健康宣教2379人次，翻身拍背456人次，病危99人，病重52人，特级护理841人，一级护理3206人。积极开展优质护理服务工作，实行责任制整体护理；每月评选“最受病人欢迎的护士”并予奖励；定期进行心肺复苏及各类基础护理操作的培训与考核，组织学习典型护理案例分析、心电图知识、输血反应的应急处理、高低血钾症状的观察等基础知识，加强专科知识培训。定期组织学习《消毒隔离制度》及《医疗废物处理条例》等；每周参与医疗组重点查房，了解患者病情及治疗方案，进行全面的宣教；每季度参加医院中医操作及理论知识考核，开展开天门、中药涂擦、中药灌肠等中医护理操作项目。

2012年，病危护理93人，病重护理156人，特级护理787人，一级护理3647人；配合科主任筛查先天性心脏病患者560人；进行免费救治先心病手术122人次；实行责任制整体护理，责任到人。每周组织2～3次的床边突发状况抢救及处理演练，参加医院“静脉输液小组”“伤口小组”“糖尿病护理小组”“中医特色小组”的培训；开展穴位贴敷（治疗冠心病、高血压、失眠）、艾灸治疗仪、中药热敷、中药足浴、中药涂擦、耳穴压豆、中药保留灌肠等中医特色治疗项目；制定介入手术护理记录、碘过敏实验操作流程。

2013年，病危护理40人，病重护理189人，特级护理826人，一级护理3571人；配合科主任筛查先天性心脏病患者390人；开展穴位贴敷（治疗冠心病、高血压、失眠）、艾灸治疗仪、中药热敷、中药足浴、中药

涂擦、耳穴压豆、中药保留灌肠等中医特色治疗项目；完成心衰病、眩晕、高血压、胸痹、促脉的优势病种中医护理方案。

【人才建设】3年间，选派人员赴CCU轮转学习，完成实习带教任务

负责人

护士长　王　莉　2012年5月任，2013年4月止

副护士长　康　娟　2012年8月任，2013年4月止

杨　珺　2013年4月任

王　莉　2009年9月任，2012年5月止

康复骨科、整复骨科护理单元

【业务建设】2013年6月，完成康复骨科、整复骨科的搬迁工作，搬至D座四楼。实行"流动护士工作站"，即责任护士每日晨会交班后携带治疗车巡病房；争创护患关系零距离、护理质量零差错、护理技术零缺陷、护理服务零投诉、病房管理零缝隙的"五零"目标管理；建立护理工作特殊交班本，即班对班的特殊事件交接；每月护理文书质量分析；落实责任制护理，按分级护理标准护理病人；进行急救技能培训、急救演练、"三基"培训、专科培训、优势病种的护理常规培训；按医院内感染管理标准进行院内感染管理，病区全年院感监控指标均达标。

负责人

护士长　刘秀芳　2013年4月任，2013年6月止

郭雪梅　2013年4月任

脊柱骨三科、骨肿瘤科护理单元

【业务建设】2011年，认真执行护理核心工作制度，严格落实护理质量管理，配合完成术前准备患者739人次，护理术后患者674人次，每月护理业务查房1次，护理业务学习2次。每周跟随主治医生查房1次，参加医院中医护理技能操作培训、考核和比赛；参加护士礼仪培训；针对小儿骨科患者开展"棒棒糖、彩色气球"等人文护理。

2012年，严格执行各项护理规章制度及护理操作流程。配合完成术前准备患者749人次，护理术后患者694人次。每周跟随主治医生查房1次。完成等级医院的评审及骨科国家重点学科的中期评估。病区内设护理质量督查员，护理质量考核与绩效挂钩。

2013年6月，小儿骨科迁出，骨肿瘤科迁入。配合完成术前准备患者601人次，护理术后患者583人次。开展中药涂擦、中药塌渍、射频电疗、中药熏蒸、蜡疗、磁热疗等中医特色护理10项，共计完成21822人次治疗。10月，开展骨质疏松治疗仪治疗、中药透药、耳穴压豆3项中医特色新技术，完成了305人次治疗。全面开展优质护理服务，实行APN连续排班及双班制度。针对新成立骨肿瘤科室的专科业务特点，组织科室人员学习专科护理知识及技能。

【人才建设】2011年，完成实习带教任务。7月派刘延霞至CCU轮训，11月派王佳去ICU轮训，5人参加护理本科继续教育学习。组织全院教学查房1次。完成3名新上岗人员的岗前培训。

2012年，完成实习带教任务，带教实习生76人次，教学讲课10次，教学查房12次，教学技能考核74人次；3月程如意、纪蕊、颜惠琴、张芝翠赴甘肃省妇幼保健院学习；11月程如意赴兰州陆军总院骨科进修学习；培养院内星级护士1名；7人参加护理本科继续教育学习。

2013年，参加医院组织的中医护理技能大赛，纪蕊、白岩在双人急救大赛中取得团体三等奖。3月刘菁祖赴医院急诊科培训学习，6月刘春雨赴西安外国语大学参加英语培训。4人参加护理本科继续教育学习，7人参加护理大专继续教育学习。完成6名新入科护士的专科培训。

负责人

护士长　刘春雨　2013年4月任

副护士长　刘春雨　2009年6月任，2013年4月止

关节骨一科、关节骨二科护理单元

【业务建设】2011年，严格执行各项规章制度，明确各类岗位职责，坚持查对制度，落实骨科及肿瘤介入科专科护理常规。每日3次床头交接班。开展整体护理，特别加强手术患者的术前关爱、术后指导；配合科室新技术开展相应的临床、术后护理。

2012年，科室开放床位65张，配有护理人员14名，面临护理工作超负荷状态，认真落实查对制度、各项操作规程；护士长定期质控运行病历、跟班落实健康宣教，每日3次床头交接班。参加各项技术操作考核、理论考试、单人及多人急救技术培训；每周进行业务技能、"三基"培训、专科知识学习。开展磁振热治疗仪及多功能艾灸仪等中医特色疗法、中药足浴疗法。

2013年，5—7月完成肿瘤科、血管介入科、骨肿瘤科、骨伤科的迁出，7月完成关节骨二科的迁入。组织学习语言行为服务规范，开展优质服务；组织急救演练，每周进行安全意识教育，认真落实各项护理规章制度及操作流程，定期检查各项护理制度的执行情况。落实岗位责任制，按分级护理标准护理病人，落实健康教育，加强基础护理，全年无护理并发症发生。

【人才建设】2012年，完成实习带教任务。3月宋媛媛赴浙江省人民

医院进修学习；9月尹晓慧赴白银分院进行护理技术指导，11月尹晓慧赴兰大一院肿瘤内外科学习。

2013年，完成实习带教任务。

负责人

护士长　马小娟　2009年6月任，2013年4月止

崔俊燕　2013年4月任

副护士长　尹晓慧　2012年8月任，2013年4月止

眼科、口腔颌面外科护理单元

【业务建设】认真落实各项护理规章制度及操作流程，进行每日跟班制。加强护理文书的检查力度，质控小组定期检查，每周对工作中的漏洞和不良事件进行分析。开展耳穴压豆和艾灸治疗中医护理操作。用自制宣教单、护理小贴士向患者宣传中医养生、膳食、眼科保健等知识。每周业务学习，进行基础理论、院内感染、专科知识、急救技能培训，组织急救技术演练；落实消毒隔离制度，全年院感监控指标均达标。

【人才建设】2012年5月，获护理部“护理创新大赛”优秀奖。

负责人

护士长　郭雪梅　2012年5月任，2013年4月止

副护士长　郭雪梅　2011年12月任，2012年4月止

白蕾琪　2012年8月任

老年病科（干部病房）护理单元

【业务建设】2011年，每月组织理论考试、技术操作考核、急救技能培训和《护理紧急风险预案医院护理核心制度》学习；举办急救演练；实行“首迎负责制”；全年患者及家属无投诉，满意率98.5%；认真落实各项护理规章制度及操作流程，定期检查各项护理制度的执行。完成病重护理34人次，病危护理21人次，抢救19人次，静脉输液15015人次，静脉采血2634人次，氧气吸入3884人次，雾化吸入4380人次，测血压16790人次，测末梢血糖6570人次，动态心电监测10951人次，动态血压监测10223人次，72小时动态血糖监测188人次。

2012年，认真贯彻落实护理规章制度，针对常见病糖尿病、高血压、冠心病制作床头健康宣教单；开展失眠治疗仪配合音疗对失眠患者的护理，DY型眼病治疗仪对于老年糖尿病、高血压病引发眼病的护理，空气压力波治疗仪对于糖尿病患者末梢神经病变的护理等新业务；完成的主要护理工作量有：病重护理39人次，病危护理27人次，抢救17人次，静脉输液15122人次，静脉采血2704人次，氧气吸入3961人次，雾化吸入4487人次，测血压1790人次，测末梢血糖6613人次，动态心电监测11742人次，动态血压监测10887人次，72小时动态血糖监测211人次。

2013年，建立了电脑管理制度、套间病房管理制度、组长负责制、病房钥匙押金交班制度；严格执行三查七对制度、医嘱核对制度、交接班制度、麻限药品管理制度、夜查房制度等，并定期考核，年终对考核前三名给予经济奖励；每月全体护理人员集中学习无创呼吸机的使用、输液泵的使用等新技术操作；定期学习难度较大的股静脉穿刺、动脉血气分析的采集。不定期抽查低年资护理人员常见护理技术操作。制作了老年人常见疾病健康宣教册，悬挂在病房内；每周护理人员向患者讲解老年人常见疾病知识。前三季度的护理满意度位列全院第一。完成的主要护理工作量有：病重护理43人次，病危护理31人次，抢救27人次，静脉输液16017人次，静脉采血2884人次，氧气吸入3992人次，雾化吸入4611人次，测血压16998人次，测末梢血糖6673人次，动态心电监测11014人次，动态血压监测11123人次，72小时动态血糖监测203人次。完成科内护理人员双人心肺复苏术培训3次，注射泵、输液泵正规操作流程培训2次，年底组织护理人员急救比赛1次。科室护理人员积极参加我院护理部组织的各种业务学习10余次，科内组织专科疾病知识学习15次，优势病种中医护理方案学习8次，各种应急预案、规章制度学习每月1次。开展的护理新技术新业务有：糖尿病、高血压、冠心病等优势病种的耳穴治疗；更新了盐包的制作方法，将艾叶、花椒、小茴香等装入盐袋中并定期更换。

【人才建设】2011年，选送姚小芳、李东青赴广东省中医院进修学习3个月。

2012年，崔小娟被省卫生厅评为“技术标兵”。完成了省卫校、中医学校、张掖医专、省中医学院等院校约100人的带教工作。

2013年，医院5·12护理技能大赛蒋小芳获得拔罐二等奖，李东青获得创新技术三等奖。张爱萍被评为先进工作者。

负责人

护士长　高雪华　2012年5月任

副护士长　李学学　2012年5月任；

高雪华　2009年6月任，2012年5月止

脑病一科、脑病二科护理单元

【科室建设】2011年，全年输液28755人次，静脉推注39042人次，各种注射26648人次，灌肠1278人次，口腔护理2380人次，导尿1993人次，吸氧3879人次，心电监护2476人次，脑电监测1320次，褥疮护理2403人次，蜡疗12330人次，中药塌渍6850人次，足浴358人次，中

频脉冲电治疗18962人次，激光治疗6244人次。全年明确岗位责任制和护理工作制度，坚持查对制度、床头交接班制度及晨间护理医嘱班班查对，每周护士长参加总核对1～2次，并记录、填写输液卡；实行APN排班制，保证护理工作的连续性。

严格执行院内感染消毒隔离制度：每班对治疗室进行清洁及紫外线消毒，坚持每月对病区治疗室进行空气培养，并记录。积极开展优质护理服务，做到"送药到手，看服入口，服后再走"，每日3次由护士长带领床头交接班，开展健康教育，发放健康教育手册，组织讲课，让病人掌握疾病防治、康复护理及自我保健等知识。制作温馨提示牌，如防摔倒、防烫伤等。每周业务学习1次，组织"三基"理论学习，参加医院"三基"理论考核4次。对新分配、新调入科的人员进行专科知识培训，全年共16项；组织应急能力和急救培训；根据科室特点组织动态脑电监测、电子冰帽、心电图机、心电监护仪、心电除颤机等专科培训。

2012年，明确岗位责任制和护理工作制度，坚持查对制度、床头交接班制度及晨间护理医嘱查对，每周护士长参加总核对1～2次，并记录、填写输液卡，全年未发生护理差错及事故；实行APN排班制，保证护理工作的连续性。

严格执行院内感染消毒隔离制度：每班对治疗室进行清洁及紫外线消毒，坚持每月对病区治疗室进行空气培养，并记录。一次性用品使用后能及时毁形，浸泡，集中处理，并定期检查督促，对各种消毒液浓度定期测试检查，做到晨间护理一床一中一湿扫。组织应急能力和急救培训，根据科室特点组织动态脑电监测、电子冰帽、心电图机、心电监护仪、心电除颤机等专科培训。开展中药穴位贴敷的方法治疗血管性痴呆、中风等疾病。全年贴敷病人186人次。

2013年，全年护理危重病人400人次，TCD 2585人次，肌电图及诱发电位3262人次，12月新开展的感觉定量分析12人，生物反馈33人。开展优质护理服务，如陪同检查，帮助出院病人联系车辆，免费借用轮椅等；开展出院患者随访，出院半月内主动询问患者的康复情况并记录访问内容，护士长定期和不定期检查及出院病历终末质量检查。落实岗位责任制，按分级护理标准加强基础护理及重危病人的个案护理。对工作三年以下的护理人员进行"三基"培训及专科知识的培训，每月组织理论考试和技术操作考核，每周晨间提问2次；组织全科护士学习中医卡片；组织心肺脑复苏急救技术培训。开展蜡疗、中药塌渍、穴位贴敷、耳穴压豆、中药足浴、艾灸等特色的中医护理操作。

【人才建设】2011年，完成实习带教任务。刘晓霞在全省技能比赛中获得二等奖。

2012年，完成实习带教任务。张丽娟、付菊妍在医院"三基"考核中成绩优秀。

2013年，卞梅梅、赵小红、王宇馨、万秋燕、杨春林、李西兄6人去省内及外省进修学习。团体在参加医院"三基"理论考试获得全院第六，中医知识考试进入决赛，技术操作考核第一。

负责人

护士长　杨春林　2009年6月任

副护士长　郭雪梅　2009年6月任，2012年5月止

刘晓霞　2012年8月任，2013年4月止

王宇馨　2013年4月任

针灸推拿一科护理单元

【业务建设】2011年，完成静脉输液14393人次，理疗22593人次，牵引5519人次，中药热敷13840人次，拔火罐2735人次，艾箱灸1726人次。每月组织学习护理月考核质量标准，进行执业法律法规、护士"三基"知识、中医基础理论、临床操作技能、应急预案等学习培训。积极开展优质护理服务，加强基础护理和健康宣教。实行APN排班模式。做好医院感染管理，全年科室院感质量控制符合要求。实施5S管理。科室引进阿是超声波治疗仪、干涉波治疗仪。开展艾箱灸、拔火罐治疗。

2012年，按照"三甲"复评的要求，做好复评准备工作，顺利完成复评工作。建立了科内质控小组，每周有重点地检查护理质量情况，每月进行护理质量大检查1次，并与绩效考核相结合。加强基础护理和危重患者护理工作，对护理文件书写进行质量控制，病床分管落实到人，质控小组每周查1次，护士长定期和随机抽查。急救物品做到了定位、定数，高危药品专人管理，要求班班交接。开展中医特色护理。

2013年，完成中医护理操作10余项，其中拔罐8214人，中频治疗19580人，导频治疗15960人，中药涂擦1237人，中药热敷16619人，艾灸治疗4315人。认真落实各项护理规章制度及操作流程，定期和不定期检查各项护理制度的执行，落实岗位责任制，按分级护理标准护理病人，落实健康教育，加强基础护理及重危病人的个案护理；执行医院内感染管理标准，重点加强医疗废物管理。专人负责心电监护仪、氧气设备、吸引器及设备带运行情况，急救物品做到定位、定数，高危药品专人管理。

【人才建设】2011年，赵丽媛在5·12护士节中医护理技能比赛中获得二等奖。9月组织护士参加了全省首届中医护理培训班学习，郭云霞和姜涛承担了艾灸的讲课和操作示范；10月，姜涛到ICU学习；年内共接受护理实习及进修生67人，完成了实习带教工作

2012年，承担了省卫校、张掖医

专、省中医学院、省中医学校中专、大专护生的实习，完成了实习带教工作。派2人支援白银分院工作。8人参加护理本科的学习，1人参加护理专科的学习。

2013年，完成了实习、进修带教工作。7月何娟派往岷县灾区参加救治。5·12护士节，中医护理技能大赛中，张娜娜取得个人一等奖，杨春娟取得个人三等奖，集体获得二等奖。医院护理科技大会中，蒲慧琴的小发明——燃艾仪进行了展示。陈涛参加伤口处理专业人员培训。

负责人

护士长　郭云霞　2009年6月任，2012年5月止

陈　涛　2012年5月任

针灸推拿二科、康复科护理单元

【业务建设】2013年6月科室针灸推拿二科、康复科建科，入E座8楼。2013年，完成静脉输液3612人，中医护理操作拔火罐2624人，中频治疗3268人，神经肌肉电治疗1364人，中药热敷3253人，艾灸治疗1026人。全年无不良事件发生，每周进行科室护理质量检查。严格执行各项规章制度、明确各班岗位职责，科室管理应用5S管理模式，每日4次床头交接班，每周2次医嘱大查对，每天小查对，做到“三查七对一注意”。

开展拔罐疗法、艾灸疗法、中药涂擦、中药塌渍、射频理疗、足浴等中医特色护理。参加护理部组织的耳穴治疗业务学习后，新开展中医定向透药治疗、干扰治疗仪、耳穴压豆等中医特色技术。进行护理技能培训、护士礼仪培训、急救演练，开展健康教育，每月底科室满意度调查。邀请专家讲述留置针运用及压疮湿性护理等最前沿的新知识；每周业务学习1次。严格执行院内消毒管理制度。认真落实各项护理规章制度及操作流程，不定期检查各项护理制度的执行，落实岗位责任制，按分级护理标准护理病人。科室自制健康宣教手册，切实做好健康宣教，加强基础护理和危重患者的个案护理，严格执行医院内感染管理标准，加强医疗废物的管理。

【人才建设】2013年，8月派银秀帮、11月派张娜娜在外科学习，完成实习带教任务。

负责人

副护士长　尹晓慧　2013年4月任

肾病科护理单元

【业务建设】2011年，认真落实各项规章制度，严格执行三查七对制度；每月召开护士会议，每日护士长带领全科护士早中晚进病房进行床头交接班工作，重点检查新入、转入、危重和生活不能自理存在潜在危险、病危病重患者。卧床患者严格执行床头交接班，并严格交接患者皮肤及治疗情况。成立护理质量控制小组，在科内进行学习培训，组织1次全院护理教学查房，开展拔火罐、刮痧、蜡疗、头部按摩等中医特色护理技术。规范护理电子病历书写流程。抢救车内药品做到了“四定”，班班交接，有记录。对新聘的护士进行岗前培训。科室定期召开患者座谈会，征求患者及家属的意见。通过墙报宣传栏开展健康教育，制定专科护患沟通手册，制定肾病专科病情观察表及肾病专科饮食指导等，为患者提供便民盒及糖果盒，制作了各种温馨提示卡，陪检人员陪同护送患者进行各项检查及会诊，负责接送血液透析患者，帮助病人办理出入院手续。

2012年，每周召开护士会议，每月召开护理质量及医疗护理质量分析会。认真落实各项规章制度，严格执行三查七对制度。每日护士长带领全科护士早、晚进病房进行交接班，重点查新入、转入、危重和生活不能自理存在潜在危险的病人，督促检查护理工作的落实，加强环节质量控制，减少了护理缺陷的发生，全年护理投诉及纠纷发生次数为0，护理不良事件发生次数为0，褥疮发生次数为0。对科室新聘和低年资护士进行岗位培训，每周业务学习1次，组织急救技能培训与演练，包括单人演练或多人的配合演练；学习各种核心制度。实行优质护理服务，完成三甲医院复评工作，出院宣教患者742人次。开展“优质护理服务”，推广科室中医护理特色服务，在今年7月、8月、9月连续三个月中，“中医特色护理”在全院护理单元排名第一。严格执行院内感染管理领导小组制定的消毒隔离制度。

2013年，平均每月采血280人次，输液1600人次。消毒隔离工作符合规范要求，并做好登记。安全检查每周1次，安全查房每月1次，每周业务学习、每月业务查房，每季度考核。每季度急救和应急演练1次。新开展药物熨烫（粗盐、茴香、花椒）、下肢熏洗、新增中药涂擦种类、艾条灸（灸盒）、红外线烤灯等中医护理技术。改进制作了30个足浴架，缝制了50个药熨布袋。通过制定并发放健康教育单开展健康教育，满意度调查结果均在97%。

【人才建设】2011年至2012年，完成临床带教任务。

护士长　刘秀芳　2012年5月任，2013年4月止

倪角角　2013年4月任

消毒供应中心

【业务建设】2011年，全年清洗、包装、灭菌换药碗79440个，泡镊筒2654个，纱布盒825个，棉球缸797个，各种治疗包1452个，纸塑单把器械7304个，消毒包8654个，其他3540件。参与供应室改扩建工

作，内装期间，督促工程进度，多次对防盗门、瓷砖、洗手盆、淋浴等设施进行市场调研。组织学习行业标准、部分特殊器械的手工清洗流程、包装与灭菌质量控制、灭菌器的安全操作等。

2012年3月，完成供应室改扩建、内装工作，并正式搬迁，4月供应室更名为消毒供应中心。搬迁后对人员进行流程、设备、岗位及追溯系统的培训，培训利用下班时间分区、分期进行，培训结束后进行理论及操作考核，考核合格者安排岗位。开展了临床科室治疗盘、湿化瓶、止血带，肛肠科手术器械，妇科手术器械，口腔、耳鼻喉器械新业务。7月，统一临床缝合包、骨牵引包、小缝合等治疗包的包内配置明细。8月，接收手术室器械及辅料的灭菌工作，开始24小时值班，为夜间急诊手术提供灭菌器械。9月，追溯信息管理系统启动，对医疗器械处理流程的全过程进行跟踪记录，减少工作漏洞，控制院内感染的发生。12月接收手术敷料的包装及灭菌。全年接受三甲复评、专科护士培训基地、省卫生厅专项验收、省卫生监督所等专家的检查。重新制定工作流程、岗位职责、消毒隔离与安全防护制度、应急预案、质量控制与监测、操作规程等。

开展追溯信息管理、清洗器械、生物指示剂快速阅读、使用煮沸槽对手工清洗器械进行煮沸消毒上油、手工清洗器械使用干燥柜进行干燥、封口机闭合完好性测试、管腔器械及穿刺针清洗与干燥新技术7项。全年下收下送700余次，共清洗、包装、灭菌换药碗87548个，单把器械13214把，治疗包3432个，纸塑小缝合包482个，治疗盘6162个，湿化瓶3518个，止血带725把，消毒包15711个，其他1587个；制作纸塑纱布54405包，纸塑棉球11447包，纸塑棉垫35840包。新进设备15类，追溯信息管理系统1套，分7个子系统。

2013年，全年下收下送4800余次，共清洗、包装、灭菌了换药碗96058个，单把器械12292把，治疗包6203个，手术器械包25959个，手术辅料包30885个，外来器械包4546个，其他19674个，制作发放辅料248780包。

全面接手手术器械的处置并追溯，对科室人员进行器械、包装的培训与考核，建立各类登记本，分两批接手手术器械的清洗、包装、灭菌，共计接手18类手术包；全面接手外来医疗器械，接手前与厂家业务员进行沟通协商器械的清点交接、包装细节，并对业务员进行操作培训；制定外来器械管理制度及收费标准，共接手14家外来医疗器械公司的器械。

5月门诊大楼启用，协助手术二部准备各类手术器械包及辅料包，全面收送门诊大楼9个病区及各诊室的复用器械。

9月分类整理交接各项改扩建资料，后勤管理处交接资料包括工程概要及交接说明、工程竣工结算书、政府采购合同、装饰改造工程资料、装修工程竣工图、杂物梯相关资料；设备管理处交接资料包括设备彩页、设备说明书、政府采购合同、专用设备出库单、设备验收单；信息科追溯系统交接资料包括使用说明书、系统光盘、政府采购合同、服务器引导盘、网络拓扑图及各区IP地址；审计处交接资料包括立项报告、招标文件、合同、工程决算书、工程量计算单、设计变更及签证资料、隐蔽工程验收记录、工程施工图、工程竣工图、竣工验收资料、院内专家验收打分记录。再次修订工作流程、岗位职责、消毒隔离与安全防护制度、应急预案、质量控制与监测、操作规程等。

【人才建设】2011年至2013年，完成实习带教工作。2013年4人赴山东新华医疗器械公司参加设备操作及保养培训，选派人员外出进修学习。

负责人

护士长　马彩云　2012年5月任

副护士长　马彩云　2009年6月任，2012年5月止

体检中心护理单元

2013年4月，整体调整全院护理单元，未任命负责人，体检中心有护理人员5人。

负责人

护士长　陈　涛　2009年6月任，2012年5月止

（撰稿　徐霞）

医技科室

放射影像科

【科室建设】2011年，共检查患者107047人次，其中普放检查82384人次，CT检查12681人次，磁共振检查8992人次，增强扫描758人次。未出现漏诊、误诊病例。

开展新业务、新技术6项：CT引导下胸椎爆裂骨折所致胸腔积液置管引流术，CT下消化道阴性造影剂灌注诊断结肠病变，儿童骨骼病变CT低剂量扫描，MRI-STIR序列对骨骼病变的诊断价值，踝关节负重位及应力位的应用，膝关节30°、60°、90°位摄片的临床应用。

2012年，共检查患者116593人次，其中普放检查86945人次，CT检查14237人次，磁共振检查11744人次，增强扫描766人次，胃肠检查297人次，透视2311人次，特殊造影293人次。

开展新业务、新技术7项：骨关节影像学检查技术及诊断、多部位CT冠状位扫描、CT引导下双针联合穿刺融骨性病变的应用技术、双下肢负重位、全长X线摄影、低场磁共振骨关节外伤STTR扫描技术、刻度尺法肢体全长等大数字X线摄影技术、床旁胸部X线摄影技术。

2013年，共检查患者147354人次，其中普放检查112423人次，CT检查17365人次，磁共振检查13470人次，增强扫描970人次，胃肠检查290人次，透视2541人次，特殊造影295人次。5月，科室搬至A座负1楼，完成新旧设备搬迁安装。飞利浦64排CT、瑞柯智能DR摄影系统等高端大型设备投入使用。在医技科室首先推行电子申请单制度，合格率达到100%。

开展新业务、新技术7项：骨关节MSCT容积扫描，三维重建（MPR）技术，胸部高分辨扫描及毛玻璃结节检测技术，肋骨容积重建（VR）及微骨折诊断技术，脊柱全长、上肢全长、下肢全长X线摄影，胸部双能量减影技术，腹部薄层扫描三维重建技术。

【人才建设】2011年，完成甘肃中医学院中西医结合专业本科生影像教学工作，通过医院重点学科评审。9月，举办全省中西医结合学会医学影像专业委员会首届年会及第三届甘肃省中医系统影像诊断提高班。

年内有10余人外出进修学习、参加学术会议，参加全国各类学术论文交流4人次，参加全省学术论文交流8人次。其中2块展板在2011年全国影像技术年会上获优秀奖，获2011年度甘肃卫生行业CR/DR摄影技术大赛团体二等奖，个人一、二、三等奖。获医院首届计算机知识大赛团体一等奖，个人一、二等奖。获第16届中青年学术年会二等奖。

2012年，完成甘肃中医学院中西医结合专业本科生影像教学工作，通过医院重点学科本年度评审。8月，正式成立甘肃省中医院医学影像教研室，周晟被聘为甘肃中医学院影像医学与核医学硕士研究生导师。全年共有15人外出进修学习及参加学术会议；参加全国各类学术大会交流5人次，参加全省学术论文交流8人次。获“2012年度甘肃卫生行业CR/DR摄影技术大赛”团体一等奖，个人一、二等奖各2名。

2013年，有20人外出进修学习及参加学术会议。参加全国各类学术大会交流8人次，参加全省学术论文交流19人次。完成甘肃中医学院中西医结合专业本科生教学工作。8月，成功举办甘肃省中西医结合学会医学影像专业委员会第二届年会、北京积水潭医院第七届肌骨影像论坛。科室获得医院计算机比赛团体一等奖。

负责人

主　任　周　晟　2007年6月任

副主任　王闻奇　2009年6月任

检验科

【科室建设】2011年，参加卫生部临床检验中心和甘肃省临床检验中心组织的室间质评，均获得优良成绩；参加甘肃省疾控中心组织的HIV病毒抗体检测。建立科室与临床意见与建议登记处理制度、检验结果“危急值”登记处理制度，试剂严格执行报批程序，3人以上签字认可制度。

完成院感监测任务12批次，提供耐药菌谱，到病区参与临床科室的病例讨论及指导临床采样和用药。

完成药理基地检测项目“扭伤归”“清开灵滴丸”“参香养胃胶囊”“清脑止痛胶囊”“益脂平胶囊”项目4项，共计检验290人。

开展肺炎支原体抗体、结核抗体（TB IG-M）、抗核抗体ANA、抗nRNP、抗Sm、抗SS-A、抗Ro-52、抗SS-B、抗Scl-70、抗Jo-1、抗着丝点蛋白、抗dsDNA、抗核小体、抗组蛋白、抗核糖体P蛋白、促黄体生成素（LH）、促卵泡激素（FSH）、雌二醇（E2）、孕酮（P）、睾酮（T）、垂体催乳素（PRL）、游离绒毛膜促性腺激素（β-HCG）、同型半胱氨酸（HCY）、胱抑素C（Cys-c）、抗环瓜氨酸肽（CCP）等新项目25项。重新启动PCR实验室，开展乙肝DNA（PCR）、丙肝RNA（PCR）检测；配合临床急诊手术开展乙肝表面抗原（HBS-Ag）、丙肝抗体（HCV-Ab）、艾滋病抗体（HIV-Ab）胶体金快速病毒筛查业务。

2012年，完成体检6100人次。参加的甘肃省临床检验中心组织的省内200余家医疗机构室间质评项目，排名前十，获得甘肃省临床检验中心表彰奖励。完成院感监测任务20批次，提供耐药菌谱，到病区参与临床科室的病例讨论，指导临床采样和抗生素的用药。

开展透明质酸（HA）、层粘连蛋白（LN）、Ⅲ型前胶原肽（PC-Ⅲ）、Ⅳ型胶原蛋白（C-Ⅳ）、抗中性粒细胞胞浆抗体（P-ANCA、C-ANCA）、抗肾小球基底膜抗体（GBM）、铜蓝蛋白（CER）新项目6项；完成药理基地检测项目“衡通贴膏”“芪麝丸”“复方芩兰口服液”“夜宁胶囊”“利胃胶囊”“荆花胃康胶丸”“益脂平胶囊”“桂枝颗粒”8项。

2013年，完成临床标本检测283751人次，院感监测2500余个采样。配合省委和甘南路门诊工作，先后派去6名工作人员，承担日常检验工作；配合输血科工作，选派人员与输血科进行交流。7月搬至A座3楼。微生物实验室荣获由甘肃省抗菌药物临床应用及细菌耐药检测网专家委员会评选的“甘肃省细菌耐药检测网优秀单位”。

开展戊型肝炎检测、D二聚体定量检测、FDP定量检测、ATⅢ定量检测等新项目4项。引进了罗氏电化学发光仪Cobas601、全自动血球仪sysmex XE5000、全自动血凝检测仪sysmex CS2000i、美国IQ200全自动尿沉渣分析仪等设备。

【人才建设】2011年，接收进修人员2名，带教甘肃省卫校实习生5名。组织授课、专题讲座20余次。

坚持每两周1次学术讲座，组织4批技术骨干考察学习甘肃省人民医院、兰大一院、兰大二院、宁夏医科大学附属医院。邢福军当选甘肃省医学会检验专业学术委员会委员，并参加中华医学会中西医结合检验专业委员会筹备工作。

2012年，田卫花、周思彤和查成喜获得省临检中心颁发的PCR上岗资格证，陈晓娥、徐德萍取得省疾控中心颁发的HIV上岗资格证。对口带教县级中医院检验科进修人员3名，白银分院检验科进修人员1名，省卫校、定西卫校实习生5名。参加全省临床检验知识竞赛，获得团体第二名。

2013年，共带教甘肃省卫生学校的实习学生9人。每周业务学习1次、基础知识培训2～3次。参与全省临床检验大会、全省艾滋病培训会议、病毒学会议等培训4期。4—6月，张邦能前往丹麦，分别在哥本哈根大学附属医院、哈维德夫医院和丹麦国家医院进修学习微生物、生化和院感检测；3—9月，田卫花前往北京协和医院进修学习自身免疫病的实验室诊断；11月，查成喜前往西安外国语学校进修学习英语。

负责人

主　任　邢福军　2011年2月任

副主任　邢福军　2010年12月任，2011年2月止

梁　勤　2012年5月任

超声医学影像科

【科室建设】2011年，共诊治52791人次，其中：心电图21887人次，彩超30198人次，动态心电图632人次，动态血压74人次。开展超声介入治疗及超声引导穿刺组织活检术30余例，胃肠疾病造影检查100余例。新购置GE公司便携彩超1台，已安装投入使用，3月全部采用彩色超声检查，取缔黑白超声检查。

开展胃肠声学造影检查项目、桡神经病变的超声诊断、婴幼儿化脓性髋关节炎超声诊断、彩超引导监测大隐静脉局麻术新技术新业务4项。

2012年，开设7个彩超诊室，共诊治68884人次，其中：彩超39450人次，心电图28416人次，动态心电图890人次，动态血压128人次。全年开展超声介入治疗及超声引导穿刺组织活检术30余例；胃肠疾病造影检查100余例；肿瘤超声造影检查28例，血管造影检查3例，超声引导下经皮-肝胆管穿刺置管引流术（PTCD）1例。隔一周周五派张宝洲、王维斌赴白银分院超声科进行业务帮扶及指导。全科人员均取得彩超上岗证资质。10月，心电图室划归心内科管理，程娟留科室工作，招聘2名超声报告打字员。为配合介入及造影的需要，招聘护士1名。6月科室首次开展了超声造影检查项目。配合心血管防治中心省民政厅爱心项目，张宝洲、王维斌先后4次赴天水、白银、临夏三地区进行先心病普查，筛查儿童390多人次，可行手术121人，阳性率68%。完成全国中医院三甲复评工作。10月更名为超声医学影像科。

购进原装进口飞利浦iE33 xMA-

TRIX心脏最高档超声诊断仪、日立Hi Vision Preirus高档全身应用型彩超诊断仪、日立阿洛卡Prosound α7血管彩超诊断仪、迈瑞DC-7全身彩超诊断仪各1台。

开展肝脏、肾脏等器官的肿瘤超声造影检查，超声引导下经皮-肝胆管穿刺置管引流术（PTCD），婴幼儿先天性髋关节脱位α角、β角、髋臼指数等的测量检，囊肿、脓肿穿刺硬化治疗，细针组织活检等新技术新业务5项。

2013年全年共诊治51318人次，其中全腹彩超24104人次，心脏彩超收入7331人次，外周血管5359人次，介入78人次，浅表器官1809人次，门诊11010人次。开展超声介入治疗及超声引导穿刺组织活检术78例，术中超声60余例，肿瘤超声造影检查28例，血管造影检查3例。对初级医生、无彩超上岗证医生实行主任签字发报告制度。加强疑难病例的追踪与病理印证，固定专人进行追访、记录并在科会上组织讨论，总结归纳误诊、漏诊原因。全年科室未发生医疗差错及事故。7月搬至A座3楼，诊室15间，开放9间。张宝洲副主任配合心胸外科省民政厅爱心项目，先后3次赴平凉、天水、酒泉、张掖等地区进行先心病普查，诊查十多县区，筛查阳性病人224人次，可行手术95人。

开展周围神经疾病的超声诊断，如腕管综合征、尺管综合征、肘管综合征、坐骨神经疾病等；膝关节髁间软骨、髌骨下软骨、股骨内外髁软骨的评估；肝、胆、肾、甲状腺、乳腺等器官组织肿瘤的超声声学造影；超声引导下淋巴结、甲状腺、乳腺及软组织肿块穿刺组织活检术；血管超声造影，评估血管的狭窄程度及血管板块的稳定性；超声引导下腹膜后巨大血肿穿刺置管引流术；超声引导监测疑难取环及人流术等新技术新业务。

【人才建设】2011年，盛丽在中华医学会甘肃分会超声医学专业委员会换届选举中当选为副主任委员，张宝洲、王维斌当选为专业学组委员。强群获甘肃省中医院第16届中青年学术年会二等奖；王维斌、郑烈获甘肃省中医院首届计算机大赛三等奖；盛丽获甘肃省卫生厅“我最喜爱的健康卫士”称号、甘肃省中医院名医药专家称号。

3月，郑烈赴北京参加飞利浦超声应用培训班。5月，盛丽、霍树靓赴浙江湖州参加“胃肠超声技术在临床应用的新进展”学习班，张宝洲赴武汉参加“国际超声心动图与新技术大会暨2011年中国武汉超声学术研讨会”。6月，高晓玲赴北京参加“第五届心律学大会”。10月，盛丽赴厦门参加“第三届两岸三地超声医学高端论坛”、赴天津参加“天津市妇产科医院超声新技术学习班”；吕永鑫赴北京参加“第十三届全国介入超声新技术暨肿瘤消融临床应用进展学习班”。全科人员参加甘肃省超声工程学会举办的国家级继续教育项目“超声弹性成像及新技术在临床的应用”培训班，参加省医学会超声医学专业委员会举办的“2011年超声诊断临床实用技术进展”学习班，参加省内每月1次的学术活动。盛丽、张宝洲、高晓玲、王维斌给中西医结合班学生授课，共18个学时；年内带教进修医生3名，实习生59名。

2012年，盛丽以甘肃省监察厅特邀监察员身份先后4次参加了省广播电台每周二的行风热线节目及1次信访接待。

12月盛丽赴深圳参加“中国超声医学工程学会肌肉骨骼分会学术论坛”会议，并在换届选举中当选为委员。9月张宝洲赴广州参加“2012年超声医学和医学超声论坛会议”，并在中国超声医学工程学会第六届仪器工程开发专业委员会分会换届选举中当选为委员。4月张宝洲赴北京参加“第五届中意超声医学专家高峰论坛”，赴成都四川省人民医院参加“腹部及浅表器官超声造影研讨班”。7月张宝洲、王维斌赴乌鲁木齐参加“第四届中国西部超声高端论坛学术大会”。9月强群、郑烈、吕永鑫赴青岛参加中华医学会“第十二次全国超声医学学术会议”。11月杨惠秋赴北京参加“产科超声研讨会”和“第七期肌肉骨骼超声标准化操作培训班”。

盛丽为省医学会超声医学专业委员会举办的“2012年超声医学学术年会暨超声诊断临床实用技术进展”学习班授课；在超声医学工程学会国家级继续教育项目“2012年超声医学学术年会暨超声诊断临床实用技术进展”培训班授课；强群、郑烈在省医学会超声医学专业委员会举行的继续教育项目中分别进行大会论文交流；年内带教进修医生5名、专科医生11名、实习生76名。盛丽获得2012年度医德医风标兵、2012年度甘肃省医学会优秀工作者，参加统战部民主党派骨干培训班。

2013年，盛丽获得中国超声医学工程学会肌骨分会常务理事、甘肃省中西医结合学会超声分会主委、甘肃超声医学工程学会副主委、兰州市政协委员、甘肃省超声专业医疗质量控制中心委员、甘肃省2013年度效能风暴行动民评代表及民评监督员；张宝洲获得中国超声医学工程学会生物效应委员会常务委员、甘肃超声医学工程学会常务理事甘肃超声医学工程学会肌骨专业委员会副主委；王维斌获得甘肃超声医学工程学会肌骨专业委员会秘书长。8月，盛丽、霍树靓、郑烈赴北京参加中国超声医学工程学会并做了会议论文交流。9月，张宝洲、杨惠秋、刘倩倩赴昆明参加中华医学会超声医学分会第十三次全国学术会议；张宝洲赴重庆参加全国超声治疗与超声生物学效应学术会议；吕永鑫赴北京301医院进修超声介入3个月；强群赴西安外国语学院参加外语培训。盛丽为省医学会超声医学专业委员会举办的2013年省超声医学学会肌骨专业学组学习班授课，在超声医学工程学会国家级继续教育项目2013年超声医学学术年会暨超声诊断临床实用技术进展培训班授课；盛丽、张宝洲、王维斌给省中医类别全科医生理论培训授课。全年带教进修医生7名，转科医生5名，实习生25名。

负责人

主　任　盛　丽　2005年11月任

副主任　张宝洲　2009年6月任

病理科

【科室建设】2011年，完成病理标本2993例，细胞学检查2744例。诊断准确率达95%以上，未出现医疗差错事故及误诊。新开展了术中骨科冰冻检查项目。

2012年，完成病理标本3312例，细胞学检查3562例。诊断准确率达98%以上，未出现医疗差错事故及误诊。新开展了术中骨科冰冻检查项目。

2013年，全年病检4404例，细胞学检查3977例。诊断准确率达98%以上。新开展免疫组化检查项目，参加全省病理质控考评，获得优秀奖。

【人才建设】2011年，骆元斌荣获医院计算机基础知识竞赛个人三等奖。

2012年，黄小玲主讲和主持甘肃省病理学会疑难病例讨论会2次。

2011—2013年，黄小玲担任甘肃医学会病理专业委员会常委、甘肃省抗癌协会软组织肉瘤专业委员会委员、甘肃省抗癌协会血液淋巴瘤专业委员会委员

负责人

主　任　黄小玲　2009年6月任

输血科

【科室建设】2011年，为临床提供红细胞悬浮液3474单位，去白红细胞悬浮液1586.5单位，洗涤红细胞悬浮液33.5单位，RH（-）红细胞悬浮液25单位，新鲜冰冻血浆4.29万mL，病毒灭活冰冻血浆21.26万mL，血小板124单位，全血1.16万mL，冷沉淀12单位。成分输血比例达99.03%，全年输血量132.43万mL。自体血回输3.79万mL，104人次。开展不规则抗体筛查试验、血型血清微柱凝胶试验新项目2项。

2012年，为临床提供红细胞悬浮液6152单位，血浆51.2万mL，自采血5.84万mL，全年输血173.6万mL。

2013年，不规则抗体检测2012份/次。红细胞悬浮液3974.5单位，去白红细胞悬浮液303单位，洗涤红细胞24.5单位，RH（-）红细胞9.5单位，新鲜冰冻血浆4.4625万mL，病毒灭活冰浆20.1925万mL，血小板106单位，全血1.01万mL，冷沉淀66.5单位，成分输血比例达99.50%。自体储存式自体输血：采血117人次，采血量4.58万mL。全年输血111.895万mL。

参加国家级输血科实验室室间质量控制活动。血型不规则抗体检测及配血相容性实验均达到要求。每个项目都建立室内质控。4月科室搬至B座2楼。

科室每周开展业务学习，加强输血管理。医院输血管理委员会定期举行会议，每季度出临床输血简报1份，对用血重点科室及个人进行排名公示，执行输血标本患者床旁签字确认和输血标本双管要求，配血后的标本在专用冰箱保存一个月制度。

严格要求临床对输血患者进行输血前后评估制度，科学合理用血，全年在手术台次大幅度上升的情况下减少了用血量，红细胞降低了9.4%，血浆降低了11.6%，节约了血源，降低了医疗风险。

【人才建设】2011年，参加全国医院输血科质量管理与临床输血新进展培训班1次，全省临床检验与采供血质量控制培训1次，参加甘肃省血液中心举办的临床输血质量培训班，并讲课1次。

2012年，4人参加了输血培训班学习，对全院护理人员输血知识专题培训1次，组织血液中心专家对全院临床一线医护人员进行了《医疗机构临床用血管理办法》及输血风险控制培训1次，在全省输血培训班授课1次。

2013年，2名工作人员在血液中心脱产学习1个月，参加输血知识培训班4人次，参加全国医院输血科质量管理与临床输血新进展培训班1次、全省临床检验与采供血质量控制培训3次。

负责人

主　任　陈进凡　2009年6月任

药学部

【科室建设】2011年，全年召开4次药事管理与药物治疗学委员会会议，安排部署了医院药事管理工作。讨论并筛选出49个抗菌药物品种，通过“甘肃省中医院抗菌药物使用管理办法”，开展全院医务人员的抗菌药物培训。注册了10个医院制剂，加强了医院制剂的对外宣传力度。开展了药学服务工作，根据临床用药情况，对2个药品停用3个月，调整了医院药品品种结构。

根据省卫生厅化学药品和基本药物的招标结果，及时调整了中标品种的进货渠道和进货价格，完成了中标药品网上采购工作。保证了医院日常医疗、特殊病情、急救病人抢救和应急事件中的用药需求。全年无假药、劣药进入医院，未发生药品质量事故。全年采购药品9348.80万元。

根据医院基础建设的需要，中药加工炮制室暂时被拆除。药学部借用场地和设备进行中药的加工炮制，保证了饮片质量。年内完成饮片加工炮制125吨，比去年同期增加62.7％，其中外出加工药材8次，加工药品49

吨；包装洗剂8.7万袋。成立了制剂外销班组，先后与31家医疗机构签订医院制剂销售协议。

完成住院部西药房的改造，增加了中药饮片药房的窗口。药房定期派人去病房、诊室了解用药情况，及时掌握临床用药信息，全年完成药品调剂10945.56万元，其中中药饮片调剂1339.31万元。煎药90874剂。年内对医院自制制剂检验243批次，对采购的中药饮片进行抽检。修订了新注册的3种制剂的质量标准，完成10个医院制剂的注册申报工作。成立临床药学室，开展药学服务工作。门诊设置用药咨询窗口，开展处方点评，定期编印《医院药讯》，宣传和引导医务人员合理用药。开展药品不良反应检测工作，全年申报46起药品不良反应报告。科室每月学术讲座1次，各班组每周业务学习1次，每个职工每月记录20页的学习笔记、科室举办了“珍惜时间、开拓进取”的演讲比赛和“团结协作、积极拼搏”的趣味运动会。

2012年，完成三甲医院复评工作中的中药药事管理，召开4次药事管理与药物治疗学委员会会议。注册了8个医院制剂，开展了药学服务工作，根据临床用药情况，对3个品种停用3个月。申报国家中医药管理局重点专科和临床中药学重点学科，起草了《煎药室规范》《中药给付规范》；参加了眩晕、强直性脊柱炎、中风病脑梗死急性期和恢复期3个病种临床治疗用药标准方案的制定。

严格执行国家物价政策和医院采购、验收、养护、发放等制度，完成了中标药品网上采购工作。9月新建加工炮制室，同时配备了相应的加工炮制设备。全年完成饮片加工炮制51.793吨，配制中药洗剂18.158吨。优化了制剂生产流程，完善了制剂生产工艺，完成制剂销售655万元，药品调剂13777万元，其中中药饮片调剂1369万元，煎药88869剂。加强了临床药学服务工作，选派了具有临床药师资格的药师下临床开展临床用药服务工作。临床药师已经逐步参与用药方案的设计和危重病人的抢救。全年申报58起药品不良反应报告。

2013年，召开4次药事管理与药物治疗学委员会会议。新申报注册10个医院制剂，根据临床用药情况，对4个药品停用3个月，调整了医院药品品种结构。完成了门诊定量药房、饮片药房、中成药房、门诊西药房、急诊药房、住院部西药房、加工室、保管室、办公室、煎药室的搬迁工作。

科室成立中药饮片采购议价小组，每月进行议价招标；成立了中药饮片验收小组，严格饮片入库验收，对不符合中标结果的饮片坚决退货，全年共退货70多批次；对中药饮片进行A、B、C分类管理，不仅降低了药价，而且保证了中药饮片的质量。依据国家食品药品监督管理局制定的《医疗机构制剂管理规范》，优化了制剂生产流程，完善了制剂生产工艺。组织修订了《医院制剂设备及工作岗位SOP》。编写了《医院制剂手册》。销售医院制剂861.31万元。加强制剂外销工作，在白银分院、定西市中医院、华亭县中医院、会宁县中医院、金昌市中医院、通渭马营镇卫生院等20家医疗机构销售医院制剂50.65万元。

2013年7月门诊定量药房、饮片药房、中成药房、门急诊药房全部搬至A座2楼，增加了调剂面积，改换了新调剂台及药斗，对新药房进行了重新布置。全年定量药房调剂中药143.9897万剂，金额1379.8297万元；中药饮片药房调剂62.5127万剂，金额447.6879万元；中成药房调剂处方42.7941万张，金额5662.5222万元；门诊西药房调剂处方24.7244万张，金额2940.5369万元；免煎药房调剂处方0.3554万张，金额24.6778万元；颗粒药房调剂处方3.2833万张，金额597.6699万元；住院部西药房调剂处方47.5221万张，金额7700.0323万元。

药检室共检验医院制剂成品285批次，37个品种。增加了医院制剂品种薄层鉴别原始图片存档，加强了中药饮片的检验，全年检验中药饮片31批次，20个品种。加强了医院制剂中间品的检验，全年检验中间品50多批次。完成了40个医院制剂的再注册，10个医院制剂的注册申报工作。

全年参与临床查房280余次，参与病例讨论和药师会诊16例；全年共开展患者用药教育1200余人次；开展门诊处方点评12期，点评处方5148张，住院患者抗菌药物合理用药专项点评12期，点评病历7748份；完成全国抗菌药物监测网（共12期）、甘肃省抗菌药物监测网（4期）病例采集、分析上报工作。编撰我院药讯6期，开展药品不良反应检测工作，收集药品不良反应报告34例，初步完成药品不良反应关联性评价，并及时完成网上直报。上报我院全国合理用药监测网数据12次，分析我院进口药品使用情况12期次。

2013年1—8月份，加工炮制中药饮片10.17吨，净制中药饮片1.8吨，裁纱布袋9.46万个。全年包装中药洗剂26.2万袋，比去年增长30.73%，粉碎中药5.4吨。

8月，加工炮制室拆除，为了保证中药饮片质量，一些特殊中药品种如自然铜、磁石、枳壳、五味子、元胡等由炮制室和库房人员借用场地外出加工。煎药室煎中药9.3万剂，其中，住院部煎药占94%（其中特号急煎占15%），门诊占5%（其中门诊急煎占9.8%），其他占1%。配合临床科室开展了大剂量协定处方的煎药。9—12月，因医院总体规划，原煎药室被拆，新煎药室在建设中，煎药工作暂时停止。与风湿骨病科合作完成了“火龙疗法治疗膝骨关节病的特色疗法”资料的收集。完成了甘肃省各地（县）处方应付调研工作，并向国家中医药管理局上报了《甘肃省中药调剂处方应付调查表》。

【人才建设】2011年，在省卫生厅主办的2011年中药技能大赛中获得团体一等奖，葛新春、张承军获得个人一等奖，张晓明获得个人二等奖，李喜香获得指导老师一等奖。在医院首届计算机知识竞赛中，荣获团体二等奖，李琼获得个人三等奖。举办了省级继续教育项目“中药制剂研究与开发”学习班。

2012年，在省卫生厅主办的全省抗菌药物比赛中获得团体二等奖，张民获得个人一等奖，刘军刚、李莉获得个人三等奖；在省卫生厅主办，医院承办的2012年全省传统中药制药技能大赛中获得团体一等奖，李季文获全省第一名，梁海宁、毕映燕获得个人二等奖，詹文强、包强、王宝才获得个人三等奖，李喜香获得指导老师一等奖。

带教进修和实习生92名。完成了国家级继续教育项目“第五届中药制剂论坛及新药创制”的承办，举办王子义学术思想研讨会的演讲比赛。

2013年，举办省级继续教育项目临床中药学新模式与实践创新学习班，与省科协、省药学会炮制专业委员联合举办了全省中药加工炮制和储存的传统与变革学术研讨会，举办建院60周年药学部学术交流研讨会。2人为医院护理部举办的全省继续教育学习班讲课；2人参与了3次国家三级甲等医院的评审、3次省级二级甲等医院的评审；1人在全国卫生职业中药调剂技能大赛中担任评委，1人赴台湾彰化基督教医院进行学术交流，6人考核通过了省级中医药师承教育。

参加国家重点专科协作组会议4次，参与国家重点专科组织的《中医优势病种临床路径（诊疗方案）用药指南》中《眩晕》《胆胀》《湿疹》用药方案和《中风后手功能障碍用药指导》编写工作。参与修订了国家中医药管理局制定的《煎药室管理规范实施细则》和《医院中药饮片质量管理规范实施细则》。1人被省委宣传部等部门授予“我最喜爱的健康卫士”荣誉称号；1人被中国药学会授予“2013年优秀药师”称号。

药学部被甘肃省抗菌药物临床应用及细菌耐药监测网专家委员会授予2012年度甘肃省抗菌药物临床应用监测网优秀单位。获得医院第二届计算机知识竞赛团体二等奖和优秀奖，1人获得个人二等奖。

负责人

药学部

主　任　刘效栓　2010年12月任

副主任　马新换　2010年12月任（正科级），2012年5月止

马新换　2012年5月兼任

药剂科

主　任　刘效栓　2012年5月兼任

副主任　李喜香　2009年6月任，2012年5月止

李喜香　2012年5月任（正科级）

制剂科

主　任　马新换　2010年12月任，2012年5月止

制剂中心

主　任　马新换　2012年5月任

副主任　汪付田　2012年5月任

（撰稿　徐霞）

公共卫生与卫生应急

【“5·13”天祝县纵火案医疗救援】

2011年5月13日9时许，甘肃省天祝县发生恶性纵火案，13时26分省卫生厅应急办电话通报灾情并传达了刘维忠厅长的指示，根据伤情需要，要求我院派2名中医专家并携带必要的医疗急救药品在第一时间赶赴天祝县人民医院开展医疗救助工作。院长李盛华、副院长赵继荣高度重视，启动公共卫生突发事件应急预案，紧急做出安排部署，抽调精兵强将，由普外科杨维建主任医师带队，脊柱骨三科史文宇副主任医师、手足微创骨科蒋振兴主治医师组成紧急救援医疗队，随车携带急救药品及我院特色中药制剂损伤胶囊、消肿止痛合剂、玉红膏等，冒雨紧急奔赴天祝藏族自治县。

经过3个多小时的长途跋涉，于当日17时30分抵达天祝县人民医院，立即投入救治工作，伤员49人，住院33人，留观16人。住院患者中17人为烧伤合并多发骨折，多以脊柱骨折及足踝部创伤为主。经过分析讨论，为每个患者制定了个体化的治疗方案。根据甘肃省卫生厅党组

成员、省中医药管理局甘培尚局长安排，6名脊柱爆裂性骨折伤员由省中医院及省人民医院专家行手术治疗，11名合并四肢骨折的患者，由脊柱骨三科史文宇负责指导手法复位及小夹板固定，充分使用中医院特色自制制剂，对必须手术的患者尽早安排了手术，所有患者均使用省中医院自制中药制剂，内服损伤胶囊，外用消肿止痛合剂，密切观察病情。

23时，在省政府工作组的通报会上，充分肯定了省卫生厅专家组工作，认为救治方案缜密、措施到位。

【兰渝铁路定西“10·29”事故医疗救援】

2011年10月29日上午，正在修建中的兰渝铁路临洮县漫洼乡工区发生工程事故，部分伤员被紧急转往定西市人民医院救治。事故发生后，省卫生厅高度重视，指示相关医院抽调专家参与医疗救治工作。接到命令后，院长李盛华立即要求医务处选派精干专家组成医疗救援组赶赴定西参与伤员救治工作。

下午2时许，由米仲祥、柳海平、李卫平、唐晓勇、赵铁华、蒋振兴等创伤、关节、小儿骨、普外、微创等方面的专家人员组成的甘肃省中医院医疗救援组，在医务处副处长邓强的带领下抵达定西市人民医院，积极开展医疗救治工作。专家组首先逐一了解并查看了事故伤员的伤情，进行了必要的检查，随后和院方治疗组及其他兄弟单位的专家共同开展了伤情商讨工作，讨论并制定了医疗救治方案，同时将医院自制伤科药品损伤散、消肿止痛合剂交与治疗组给伤员使用，以加快伤员的康复。

【“11·16”庆阳正宁校车事件医疗救援】

2011年11月16日9时40分许，甘肃省庆阳市正宁县榆林子镇西街道班门口发生一起交通事故，该镇幼儿园接送校车被撞，造成19人死亡，数人受伤。事故发生后，根据省卫生厅指派，我院迅速启动应急预案，由医院应急办牵头，医务处、药学部配合，立即组建了由脊柱骨科樊成虎、关节骨科柳海平、神经外科张崇岳、心内科包海军等专家组成的医疗救援队，携带了必要的药品及院内制剂后，赶赴事发地，参与医疗救援工作。

【“12·23”平凉西长凤高速交通事故救援】

2011年12月24日14时许，医院接到省卫生厅应急办通报，青兰高速泾川段发生道路交通事故，造成人员伤亡，要求医院派专家赴庆阳开展医疗救援。

接到通知后，院长李盛华立即指示医院应急办启动应急医疗救援机制，抽调专家，调派车辆，组织药品，赴庆阳开展医疗救援工作。14时50分，经过半个小时的准备，由医务处抽调李卫平、张崇岳、尤从新等骨伤科和神经外科专家组成医疗队，携带医院自制伤科药品启程奔赴庆阳。经过6个多小时的奔波，医疗队于当晚9点30分左右，抵达事故伤员所在地庆阳西峰区，和省卫生厅应急办宋兰平副处长汇合并了解伤员情况。25日，医疗队在宋兰平处长和庆阳市卫生局马副局长的带领下前往庆阳市人民医院，与主管医生一起逐一查看了6名事故伤员的伤情，参与诊治。随后，医院医疗队专家和治疗组进行讨论和评估，认为庆阳市人民医院对事故伤员处理及时、治疗得当，应继续当前治疗，并建议为伤员使用我院自制伤科药品，通过中西医结合治疗，促进伤情恢复。12时，医疗队完成医疗救援任务，18时顺利抵达兰州。

【“5·10”岷县雹洪灾害医疗救援】

2012年5月10日甘肃省定西市岷县发生特大冰雹山洪泥石流自然灾害，5月11日8时，省卫生厅刘维忠厅长指示甘肃省中医院立即组建专家医疗救护队赶赴灾区开展医疗救援。院长李盛华亲自抽调普外科主任医师杨维建带队、创伤骨科主任医师米仲祥、脊柱骨科主任医师樊成虎、心外科主任医师包海军4人组成医疗救护队，携带急救药品，急赴灾区。因泥石流导致道路多处阻塞，交通不畅，于15时30分到达岷县人民医院。在听取了主管医生的介绍后，对8位伤员进行了详细的检查、会诊，提出了检查和中西药治疗方案。后又立刻赶赴岷县中医院详细检查16位伤员，针对1位左侧第八、九肋骨骨折，多处软组织挫伤患者，及1位胸12椎体压缩性骨折患者给出中西医结合治疗的诊治方案。

18时30分，返回岷县人民医院再次对两位重症患者进行了检查，并向省卫生厅党组成员、省红十字会常务副会长陈明和定西市卫生局负责人详细汇报了伤员的病情及诊治情况。对岷县人民医院1位重症患者进行了病例讨论，并邀请当时在岷县中医院下乡支农的放射影像科主治医师唐治参加了病例讨论。

23时，医疗队长杨维建参加由省卫生厅党组成员、省红十字会常务副会长陈明主持的医疗救灾情况通报会。会议传达了“5·10”特大岷县冰雹山洪泥石流救灾总指挥刘伟平省长的重要指示，并安排了下一步的救灾工作，对医疗救治、疾病预防控制工作提出了具体措施。

5月12日，救援队在岷县人民医院参加“5·10”岷县暴洪灾害救灾医疗救援指挥部成立大会，进行了专业分工。对岷县人民医院当日收住的3位伤员进行详细检查、会诊，提出了具体救治方案，赠送院内自制制剂损伤胶囊和杜仲腰痛丸。根据医疗救援指挥部的安排：包海军到受灾较重的茶阜乡卫生院检查医疗救治工作，详细检查了解灾民安置点的饮水及卫生防疫工作；杨维建协助定西市及岷县卫生局发挥好中医药特色救助作用；樊成虎、米仲祥到岷县中医院对31位伤员进行详细检查及会诊讨论，提出了指导方案。

21时30分，救援队接到救灾指

挥部紧急通知，急赴岷县中医院会诊，抢救1名车祸儿童。杨维建、包海军和我院在岷县中医院下乡支农的普外科朱晓铭共同为该患儿进行了剖腹探查手术。5月13日3时30分完成手术，手术顺利，患儿生命体征平稳。医疗队开展了独具中医药特色的医疗救援服务，免费发放了中成药品和院内自制中药制剂10余种，为救灾的医疗卫生救援工作做出了积极贡献，赢得了各级领导和当地群众的普遍好评。省总工会授予甘肃省中医院“5·10”岷县抗洪抢险医疗队“甘肃省劳动先锋号”称号。

【“7·22”岷漳县地震灾害医疗救援】

2013年7月22日7时45分，甘肃省定西市岷县发生6.6级地震。甘肃省中医院在接到省卫生厅的命令后，迅速启动抗震救灾应急预案，成立了以院长李盛华为组长的抗震救灾领导小组及专家救治小组，并在第一时间组建了医疗救援队，分三批赶赴灾区开展医疗救援工作。

第一批医疗救援队由15名来自急诊科、骨科、重症医学科、神经外科、胸外科、普外科和麻醉科医护人员组成，马忠祥副院长带队，22日9时出发，13时抵达岷县灾区。在省卫生厅和当地地震救灾指挥部的统一安排下，医疗救援队立即投入救治工作，分别在梅川镇中心卫生院、岷县人民医院与当地医生一起对地震伤员进行了全面会诊，及时救治了危重病人，对轻症患者进行手法复位、小夹板固定、院内制剂中药发放等中医药特色诊疗工作。

16时20分，第一组医疗队员在梅川镇中心卫生院诊疗时，恰逢甘肃省委书记、省人大常委会主任王三运，省委副书记、省长刘伟平等前来该卫生院探望、慰问受灾群众和地震伤员，对我院医疗队的工作给予了充分肯定。22日18时，第一批医疗救援队就灾区的医疗救助阶段性工作向李盛华院长做了专项汇报。根据灾区伤员情况及医院医疗队在漳县、岷县开展工作的实际情况，考虑到地震救灾医疗救援急需，派出医院第二批医疗专家急赴灾区，于23日凌晨2时到达岷县协助开展伤员救治工作。22时40分，王三运、刘伟平赴岷县中医院看望地震伤员，亲切接见第一批医疗队员，在听取并了解部分地震伤员的病情后，再三叮嘱医护人员做好伤员救治工作，当地无条件救治的患者迅速转诊至省级医院。会后，医疗救治组决定将2名伤员连夜转诊至医院救治，医院接到灾区转运伤员的通知后，医院迅速腾出A座11楼急诊骨科病房，抽调业务骨干准备救治。7月23日下午，省卫生厅厅长刘维忠、副厅长王晓明、定西市副市长陈国栋等领导赴岷县中医院看望了正在接受治疗的地震伤员，慰问奋战在临床一线参与救治的我院全体医疗救援队成员。

7月23日2时15分，岷县2名伤员运抵医院，院长李盛华召集临床骨科专家和护理骨干进行紧急会诊。经过认真讨论和研究，确定了突出中医特色的治疗方案。遵照“保守为主，手术为辅；中医为主，西医为辅；中药内服与中药外治相结合；临床救治与心理治疗相结合”的治疗原则，为伤员制订了详细的诊疗方案，充分发挥中医手法、针灸、中药、熏蒸、理疗等传统医学优势，积极、科学、规范、系统救治好每一位伤员。7月23日下午，省委常委、副省长咸辉，省政府副秘书长张正锋等一行来到省中医院，看望慰问正在接受治疗的2名地震受伤患者。

7月23日23时58分，10名地震伤员送至医院救治，院长李盛华连夜召集临床骨科专家和护理骨干进行紧急会诊，确定了突出中医特色的治疗方案。

7月24日16时05分，1名地震伤员紧急送至医院救治。省卫生厅党组成员、省中医药管理局局长甘培尚带领北京协和医院专家和省“7·22”岷县地震灾区伤病员中医药救治专家组为该患者会诊。7月25日17时50分，2名地震伤员转运至医院。26日8时30分，院长李盛华召开专项会议派出第三批医疗救援队，由挂职副院长北京广安门医院博士后、心血管专家李勇带领6人赴灾区开展康复治疗和心理辅导。

7月26日下午，省卫生厅厅长刘维忠来院看望慰问地震伤员，检查指导医疗救治工作，对我院采用中医综合疗法救治地震伤员的做法给予了充分肯定。他指出，中医正骨手法在救治地震骨伤病员方面简便易行，特色突出，疗效显著，在汶川地震、玉树地震、舟曲泥石流灾害等伤员救治中发挥了很好的作用。

此次救援，医院共派出3支医疗队共26人，查房会诊218人次，手法复位、夹板固定42人，牵引治疗18人次，针刺、艾灸、拔罐治疗15人次。派出四批救护车赴灾区转运15名伤员至医院治疗，积极发挥中医特色，充分运用中医手法复位、夹板或石膏固定、内服损伤胶囊、外用消定膏、针刺、艾灸、拔罐、刮痧等中医疗法。

（撰稿　杨丽萍）

医疗集团

Medical Group

甘肃省中医院医疗集团

【集团组建概况】2011年7月，根据中央和甘肃省深化医药卫生体制改革总体工作部署，在省卫生厅的关心支持下，甘肃省中医院牵头组织成立了甘肃省中医院医疗集团筹备领导小组，医院主要领导亲自抓“集团”筹备工作，把“集团”筹备工作作为医院的中心工作，省卫生厅领导多次对集团筹备工作做出重要指示。医院着手起草了“集团”章程、承诺书、组织架构、运行模式等。同时围绕国家中医药“六位一体”的发展思路，将全省中医医院共同纳入集团范畴，主动和各单位联系、协调、通报、沟通“集团”成立相关事宜，并将甘肃省中医院医疗集团章程及承诺书以邮件方式发至各单位征集意见和建议。

2012年8月，甘肃省中医院在兰州举行了医疗集团成立大会暨院长论坛，大会以“相互促进发展，共同追求进步”为主题，省内13家中医院院长围绕医院管理进行了大会主题交流。2013年12月，经省卫生厅研究决定，正式批准成立甘肃省中医院医疗集团。经与相关单位多次协调沟通，并报省卫生厅和省中医药管理局同意，初步确定省中医药研究院、省中医院白银分院、临夏分院、通渭分院、榆中分院、永登分院等20家医院为甘肃省中医院医疗集团理事单位。甘肃省中医院医疗集团以国家相关的法律、法规为依据，以挖掘现有中医药资源潜力为抓手，以服务群众为目的，按照各级卫生行政部门要求，对全省现有的中医医院进行组合，通过战略规划，区域协调，把设备、人才、技术等资源联结成一个整体，形成集团优势，产生规模效应，为群众的健康做出更大贡献。一是以甘肃省中医院为牵头单位，联合组织全省中医医院组成甘肃省中医院医疗集团。二是集团为非法人治理结构，实行理事会管理体制，设理事长、副理事长、秘书长、副秘书长、理事。三是成员单位的行政隶属关系不变，独立法人地位、资产管理和财务补助渠道不变，实行自主管理、自负盈亏。四是实行民主管理，按照议事规则，定期召开理事会会议，研究集团的发展战略以及行业自律的相关制度，制订发展计划并推动各项计划的落实。

甘肃省中医院医疗集团本着互助互利、共谋发展的原则，打破院际界限，实行资源共享、促进成员单位的共同发展。组建重点专科协作中心：在甘肃省中医院分别成立中医重点专科协作中心，各成员单位根据各专科发展现状选择优势专科、重点专科加入协作组。开展科学研究、技术推广、人才培养等方面的协作，促进全省重点中医专科的均衡发展，满足基层群众的中医药服务需求。联合开发应用中药制剂：以省中医院白银制剂科研中心等为平台，大力开发中药制剂，推动中药制剂的临床应用。甘肃省中医院现有中药制剂均以成本价提供给成员单位使用；成员单位可向甘肃省中医院科研制剂中心推荐具有良好临床疗效的单方、复方，合作开发成中药制剂供临床使用。联合开展科技攻关研究：对国家、甘肃省下达的中医药科研课题，可以甘肃省中医院医疗集团的名义参与投标，并组成最佳科研团队，共同进行科研攻关，争取多出科研成果。同时要组织专家对各医院临床遇到的实际问题进行专项研究并协助解决。搭建继续教育互通平台：一是省中医院无偿接收成员单位的临床进修和短期培训，无偿接收市（地）级和县级中医医院住院医师规范化培训；二是具备甘肃省级师承工作资格的高年资主任医师可以在集团内选择传承人，并享受该院传承人的同等待遇；三是省中医院医疗集团将定期邀请省内外知名专家教授传授临床经验，开展学术交流，营造浓厚学术氛围，提高临床诊疗水平。提供宣传信息共享平台：利用甘肃省中医院网络的信息平台，传播中医药发展信息，及时向各成员单位提供信息服务，传播中医药发展动态，为临床一线的中医诊疗服务。

（撰稿　杨丽萍）

甘肃省中医药研究院

概况

2013年末，省中医药研究院继续受省中医院托管，有在编职工44人，本科15人，硕士研究生17人，博士研究生4人，中级职称20人，副高级职称12人，正高级职称3人，专业科研人员38人，研究院人、财、资产及福利均统一由省中医院管理，党政负责人隶属省卫生厅管理，内设机构中中层干部统一由省中医院管理，通过参加中层干部竞聘任职。研究院位于省中医院西北侧，为五层砖混结构建筑，有房屋38间。主要科研设备有真空冷冻干燥机、远红外快速恒温干燥箱、二氧化碳培养箱、荧光倒置显微镜、酶标分析仪、电热恒温培养箱、立式灭菌器、超纯水机、超低温冰箱、电热鼓风干燥箱、制冰机、酶标分析仪、全自动洗板机等，设备总值889.65万元。设有中医药科技信息研究所、中药研究所、医史文献研究所、骨伤病研究所、中心实验室5个科研研究所，针灸研究所、肛肠（痔瘘）病研究所、老年病研究所、中西医结合心血管病研究所、脑病研究所、脾胃病研究所、治未病研究所、眼病研究所、糖尿病研究所、哮喘病研究所、风湿病研究所、中西医结合外科研究所、中西医结合影像研究所、肾病研究所、肿瘤研究所、儿科研究所、皮肤病研究所、耳鼻喉病研究所、中西医结合外周血管介入研究所19个依托省中医院临床专业研究所。

中医药科技信息研究所

【思想、精神文明建设】组织工作人员坚持学习马列主义、毛泽东思想和邓小平理论及新时期党的新闻出版方针，把握好时代的脉搏，树立和培养爱岗敬业，不计名利地位，甘为他人作嫁衣的无私奉献精神，努力学习现代编辑理论和编辑业务知识，调整自己的知识结构，提高编辑水平。

牛崇信、王晓怀参加医院组织的义务献血，每人献血200毫升。为联村联户帮扶点陇西县碧岩镇塄岸村贫困户捐献衣物31件。深入基层实施“联村联户，为民富民”行动，分别与定点帮扶对象建立了联系。

【科室建设】2011年，经国家新闻出版总署、甘肃省新闻出版局、甘肃省卫生厅、中华中医药学会批准或同意，2011年7月刊名由《甘肃中医》更变为《西部中医药》，主办单位由甘肃省中医药研究院变更为中华中医药学会、甘肃省中医药研究院，正式成为中华中医药学会系列期刊。同时将《西部中医药》杂志列入甘肃省国家级期刊名录。

《西部中医药》杂志由甘肃省政协副主席侯生华、甘肃省卫生厅厅长刘维忠担任编委会名誉主任；由葛宝丰、石学敏、李大鹏等中国工程院院士及施杞、钱超尘、温长路、孙树椿、裴正学、李顺保、赵文鼎等省内外知名教授、专家担任学术顾问；由张伯礼院士担任名誉主编，潘文担任主编；由中国中医科学院博士研究生导师、国家中医药师承教育指导老师、甘肃省名中医、甘肃省中医院首席内科主任医师王自立，中华中医药学会秘书长李俊德，甘肃省中医药研究院副院长潘文任编委会主任。组成了涵盖中国工程院、中国中医科学院、中华中医药学会、北京中医药大学、上海中医药大学、天津中医药大学、广州中医药大学、南京中医药大学、成都中医药大学、上海中西医结合医院、甘肃省中医院、甘肃省中医药研究院等全国著名中医药院校、科研、医疗单位等组织机构的编委会。

《西部中医药》杂志在原有《甘肃中医》版式设计的基础上进行了调整：(1) 所有文章均设有中英文提要；(2) 正文字号由原来的小五号调整为五号；(3) 对层级标题采用不同字体加以区别；(4) 目录采用四色彩版印刷；(5) 调整栏目。

《西部中医药》杂志2011年收稿、审稿3260篇，修改并发表论文500余篇，其中省外作者248人。全年共审读文章等1000余万字，编校文字240余万字。除了邮局发行外，继续与天下好图书发行公司、看看网、华艺等公司及网站联合，通过网上征订、邮购等多种渠道进行杂志发行。制作了《西部中医药》杂志合订本。完成2011年内部刊物《骨伤论坛》4期杂志的编辑出版工作，并制作了合订本，全年刊载文章90余篇，审读40万字，编校120万字。成功举办了由中华中医药学会中医药编辑出版分会2011年年会。

查新中心全年完成110项课题的查新工作。

韩国驻华大使馆卫生参赞韩荣燮，韩国驻华大使馆金花秘书，釜山大学韩医学院专门大学副院长Park Sung Ha，釜山大学韩医学院国际化委员会委员长Chae Han，釜山大学韩医学院国际化委员会委员Shin Byoung Chol；新西兰卫生部结合医学官员大卫·圣·乔治；中医骨伤专家、博士研究生导师、中国中西医结合学会骨伤专业委员会名誉主任委员、中国中西医结合学会骨伤外固定学组主任委员、《中国骨伤》杂志副主编、主任医师孟和；甘肃省教育厅科技处处长、省学位办主任余学军，甘肃中医学院副院长、甘肃中医学院附属医院院长李应东等多位国内外领导、专家多次参观《西部中医药》编辑部。

经省卫生厅批准成立了甘肃省中医药文化研究与传播中心，下设医史文献研究所、中医药科技信息研究所2个研究机构。

为了增加杂志的订阅量，印制了5000份2012年《西部中医药》杂志征订启事，向广大读者、作者进行赠送。

甘肃省新闻出版局组织相关审读专家进行了甘肃省科技期刊审读，采用盲审形式。《西部中医药》杂志经审读专家评审，差错率为万分之一点三，低于科技期刊的差错率标准。

潘文、康开彪、柳树英、程涛、牛崇信、张敏等同志参加了国家中医药管理局、中华中医药学会组织的“中华名医研究项目课题——中华古代名医名著研究集成”系列丛书的第八本大型著作——《皇甫谧研究集成》编写，潘文为该书的执行主编。

2012年6月8日至13日，在甘肃西兰国际大酒店举办了全国“中医药科技查新培训班”。承接了全国11个省市14家单位的近50名专家和代表。

2012年6月16日，与医史文献研究所共同举办了国家级继续教育项目丝路中医药文化研究与应用研讨班暨省级继续教育项目甘肃特色中医药文化研讨班。来自全省10余所医院及科研单位的近200名学员参加了研讨班。

2012年8月11—12日，在兰州西北宾馆举办了《西部中医药》杂志编委会第一次会议。中华中医药学会副会长兼秘书长、《西部中医药》杂志编委会主任李俊德，中华中医药学会学术顾问、中医文化大师温长路教授，甘肃省中医药管理局副局长崔庆荣，甘肃省中医院院长李盛华以及来自全国各中医药院校、科研院所、医疗机构的50余位编委出席了会议。

2012年8月11日，协助宣传处等部门在兰州西北宾馆举办了全国中医药标志性文化内涵学术交流会，这次会议由中华中医药学会主办、甘肃省中医院承办、世界中西医结合杂志社协办。来自全国约30个省份的140余名中医药机构的领导和专家参加。8月25日至26日，由省中医药学会主办，省中医药研究院、天水市卫生局、天水市中医药学会联合承办的2012年度甘肃省中医药学会学术年会在天水市召开。省中医院院长李盛华、副院长舒劲、省中医药研究院副院长潘文等10余人以及来自全省各地的200余名代表参加会议。《西部中医药》杂志采编系统投入使用

2012年，《西部中医药》杂志全年收稿4500余篇，比2011年增加1150篇；刊登论文580篇，比2011年增加79篇。全年共审读文字1200余万字，编校文字400余万字。

在2011年杂志变更的基础上对封面、栏目、版式设计等内容进一步调整，如增设了包括敦煌医学、武威汉简、皇甫谧医学、岐黄医学、伏羲文化、陇上医家、道地药材等具有甘肃特色的陇上医学专栏。

《西部中医药》杂志再次入选《2011年1998种中国科技核心期刊目录（中国科技论文统计源期刊）》《2011版中国期刊引证报告》（核心版）。

11月12日，《西部中医药》杂志荣获由国家中医药管理局举办的第四届全国中医药优秀期刊三等奖。

全年共完成课题查新检索111项，向全院各部门推广使用甘肃科技文献共享平台。自2008年以来，两院职工已累计下载文献27600余篇。开展中医药信息和情报工作

牛崇信完成“杏林觅宝”活动中收集整理诊疗技法、中医古籍和单验方的工作，省卫生厅和省中医药学会组织有关单位考证确定了甘肃古代、近代、现代已故十大名中医，完成30位中医名家的肖像考证和绘制工作。

完成“天下中医”网站新浪微博的维护工作，发布微博近4000条，完成《甘肃省中医药信息》全年8期的排版、1期出刊工作，内部刊物《骨伤论坛》杂志全年4期的编辑出版工作。

编辑印刷《2012年度甘肃省中医药学会学术年会论文集》，论文集共收集文章180余篇，审读78万余字，编校78万余字。

2013年，《西部中医药》杂志在核心期刊中综合排名从1518位上升到734位。全年共收到稿件8000余篇，刊登论文603篇，全年共审读文字3200万余字，编校文字1800余万字。学术不端系统检测文字3200万字。完成《甘肃省中医药信息》6期的出版工作，编校40余万字。完成内部刊物《骨伤论坛》4期杂志的编辑出版工作，编校150余万字。《西部中医药》杂志参展首届中国期刊交易博览会。

5月25日，与医史文献研究所共同举办了国家级继续教育项目——敦煌出土医药文献临床应用研讨班。全年完成82项课题查新工作。对“天下中医”网站进行维护，新浪微博发布微博4868条。

【人才建设】2011年，中华中医药学会科普分会召开了换届会议，潘文当选为中华中医药学会编辑出版分会副主任委员。

潘文、康开彪参加由新闻出版总署、中华中医药学会联合主办的第四期全国中医药期刊主编（社长）及编辑部负责人岗位培训班；潘文、张丽君、王安萍参加甘肃省新闻出版局主办的2010—2011年度出版专业技术人员继续教育（面授）培训班；柳树英参加中华医学会举办的卫生医药科技期刊编辑业务培训班。柳树英、王安萍完成责任编辑注册。康开彪参加十六届医院中青年学术年会获一等奖。

2012年，全体工作人员参加了新闻出版总署举办的在线培训，潘文、张丽君、柳树英、王安萍等编辑参加甘肃省新闻出版局举办的继续教育培训，康开彪参加中华医学会主办的编辑业务培训班，程涛、牛崇信、赵晓丽参加中国中医科学院中医药信息研究所与甘肃省中医药研究院联合举办的全国中医药科技查新培训班，并取得中医药科技查新员证书。赵晓丽参加中国科学技术信息研究所在北京举办的2012年第二期全国科技查新员培训班。考试合格后获得全国科技查新员证书。

2013年，潘文参加中华中医药学会文化专业委员会学术年会，再次当选为常委并做了大会交流。潘文参加中华医药学会科普分会年会、世中联信息专业委员会学术年会、中国中西医结合学会学术年会、庆阳中医文化论坛。潘文、张丽君、柳树英、王安萍等编辑参加甘肃省新闻出版局举办的继续教育培训，康开彪参加中华中医药学会编辑出版分会年会，程涛参加中国卫生信息学会中医药信息化专业委员会成立大会暨中医药信息化工作座谈会并当选为委员，王安萍参加中华医学会编辑培训班，王晓怀参加循证医学培训，牛崇信参加中医药标准申报暨本体论方法研讨会，康开彪、牛崇信参加医院公文写作师带徒培训等。潘文参加中华中医药学会在北京举行的2013年全国中医药学会秘书长工作会议，并做了题为“立足西部，面向全国，谋求发展，打造品牌”的论文交流。

程涛赴甘南州援藏挂职锻炼一年。

柳树英为甘肃中医学院本科班学生讲授《循证医学》24学时，程涛为甘肃中医学院本科班学生讲授《医学文献检索》8学时，王晓怀为甘肃省中医类别全科医师转岗培训班讲授《预防医学概论》8学时，潘文在兰州为基层医务工作者进行论文写作培训，康开彪在平凉为基层医务工作者进行论文写作培训。

潘文当选为甘肃省中西医结合学会妇科专业委员会主任委员，甘肃省中西医结合学会中医信息专业委员会名誉主任委员。

程涛当选为甘肃省中西医结合学会中医信息专业委员会副主任委员、甘肃省科技情报学会理事。

康开彪当选为甘肃省中西医结合学会妇科专业委员会秘书。

负责人

所　长　潘　文　2009年6月任

　　　　潘　文　2010年1月兼任

副所长　康开彪　2012年5月任

　　　　程　涛　2012年5月任

中药研究所

【思想、精神文明建设】2011年，每月进行一次集体政治思想学习，及时传达和贯彻院党委决议，按照院党委的安排和要求积极完成政治理论学习。6月28日，郭敏参加甘肃省卫生厅举办的庆祝建党90周年党史知识大赛，获得一等奖。7月，姜华等4人参加第一届“兰州国际马拉松赛”，完成10公里赛程。

2012年，为贫困村儿童捐赠图书，开展效能风暴行动的工作，认真学习《甘肃省中医院效能风暴行动实施方案》。11月郭敏参加院党委举办的“创佳绩向十八大献礼，展风采为党旗增辉”主题演讲活动。

2013年，深入学习贯彻党的十八大精神，10月参加院工会组织的“职工拔河比赛”，12月参加医院建院60周年院庆系列活动。

【科室建设】2011年，中药研究所细胞生物学实验室和动物室完成了建设，新建成了细胞冷藏室和试剂存放室。到位和投入使用的实验仪器和设备有：真空冷冻干燥机、远红外快速恒温干燥箱、二氧化碳培养箱、荧光倒置显微镜、酶标分析仪、电热恒温培养箱、立式灭菌器、超纯水机、超低温冰箱、电热鼓风干燥箱、制冰机、酶标分析仪、全自动洗板机等共计70多件专业仪器设备。制定了48项实验室和仪器的使用管理制度和57项实验仪器标准操作规程（SOP），并全部打印、装订成册，供研究所工作人员学习使用。被确定为甘肃省中医药研究院重点研究所，每月定期在院内办公网络平台上介绍研究所的科研设备和新技术。10月，甘肃中医学院、甘肃省中医药研究院联合成立研究生培养基地，完成了“中药学”研究生联合培养基地的申请和汇报工作。由甘肃省政府外事办公室任命，姜华作为甘肃省中医药学术交流赴日本奈良访问团团长，率领访问团于11

月8—15日前往日本奈良县进行了友好访问和技术交流。访问期间，姜华博士以“甘肃道地药材资源利用现状及问题”为专题对我省中药资源分布、产量、药材加工、产品开发等内容做了学术报告。11月，杨丽霞、李晓东参加“第九届国际新药发明科技年会”。开展实验新技术4项：①高效液相制备色谱（HPLC）技术分离中（藏）药有效成分方法的开展；②中药提取物不稳定物质低温冷冻干燥技术的引进及应用；③骨髓间充质干细胞的培养；④荧光倒置显微镜拍照技术的应用。

2012年，中药研究所实验室建设基础部分已完成，动物室也已投入使用。实验仪器设备已全部到位，投入使用。8月20—22日，姜华、黄聪琳在青海省西宁市参加了2012年中医药实验研究与重点实验室建设管理经验交流会，8月17—21日在医院多功能厅举办国家中医药管理局中医药继续教育项目“中医药研发思路与科研标书撰写培训班”。开展实验新技术3项：①制备高效液相色谱仪（PHPLC）在藏药有效成分提取中的应用；②真空冷冻干燥代替旧法热处理干燥在中药制剂中的应用；③藏药材的DNA条形码鉴定技术。

2013年，继续完善中药研究所的基础建设和科研能力建设。在继续保持中药化学、中药制剂科研优势的基础上，初步开展中药资源学方面的科研工作。王晓琳每周为眼科中医特色治疗制备所需熏眼制剂500 mL，制备共计28批次。姜华、黄聪琳完成了对2009级中西医结合临床医学专业本科学生的教学工作。承担了2009级中西医结合临床医学专业本科生的科研实践任务。姜华、黄聪琳、郭敏为该专业108人次的本科生进行了“中药有效成分提取干燥及含量测定等实验设备操作和使用”“中医药科研常用实验设备的功能及相关实验演示”和“医学相关分子免疫实验原理及常用实验仪器”等内容的科研实践讲解。9月姜华参加了在呼和浩特举办的“2013全国新药创制前沿技术与产业化发展专题研讨会”。11月姜华参加在天津举办的“全国中药复方效应物质基础学术研讨会”，交流论文2篇。

【人才建设】2011年3月，李晓东完成在中国中医科学研究院中药研究所进修。7月兰州大学分子生物学硕士研究生王永胜分配至中药所，11月兰州大学植物学博士研究生黄聪琳同志分配至中药所。

2013年9月，李晓东考取了中国中医科学院中药研究所博士，调离医院。11月王晓琳取得兰州理工大学制药工程硕士学位。

负责人

所　长 姜　华　2009年6月任

副所长　刘效栓　2012年5月兼任

医史文献研究所

【思想、精神文明建设】2013年，认真贯彻党的十八大精神，深入开展党的群众路线教育实践活动，认真贯彻落实中共中央关于改进工作作风、密切联系群众的“八项规定”及“六项禁令”。

【科室建设】2011年，完成《皇甫谧研究集成》的编纂工作，全书220万字，由中医古籍出版社出版。被确定为甘肃省中医药研究院重点研究所。参与了省卫生厅家属院中医药文化宣传栏的设计，完成《黄帝内经》的考证工作。

2012年，受甘肃省卫生厅、甘肃省中医药学会委托，开展“甘肃古代、近代、现代已故十大名中医”考证工作。共整理出近四十位古今医家。考证结果经省卫生厅、省中医药学会审定后，于5月8日在《甘肃日报》进行了公布，各类宣传媒体进行了报道。8月，与中国中医药研究院中国医史文献研究所合作，参与2013年中医药行业科研专项项目中医药传统知识保护研究。完成话说国医丛书甘肃卷的编纂。协助宣传处举办全国中医药标志性文化内涵学术交流会。6月，举办国家级继续教育培训班丝路中医药文化研究与应用研讨班。

2013年5月，举办国家级继续教育项目敦煌出土医药文献临床应用研讨班。

【人才建设】2011年，袁仁智参加中华中医药学会第二十届医古文学术年会会议，当选为医古文分会委员。8月28—30日，参加中国庆阳2011岐黄文化节暨中华中医药学会医史文献分会年会。

2012年，参加中华中医药学会医古文分会、中医药文化分会、医史文献分会、民间传统诊疗技术与验方整理分会、亚健康分会年会、中医科学院中国医史文献研究所成年三十周年暨首届中医药文化高级论坛等学术会议。袁仁智当选为全国民间传统诊疗技术与验方整理分会、亚健康分会委员。

2013年，抽调吕有强为帮扶干部，赴医院双联点陇西县碧岩镇塄岸村开展10天的入村帮扶调研工作。袁仁智当选世界中医药学会中医传统知识保护分会常务理事、药膳分会理事、亚健康分会理事，中华中医药学会医史文献分会、文化分会、中医哲学分会委员，《西部中医药》杂志编委。

袁仁智参加省卫生厅组织的全省药膳培训，做“走进经典　品味健康”的主题讲座。9月，袁仁智参加国家中医药管理局在北京召开的重点学科建设规划答辩会。

负责人

所　长　张延昌　2009年12月任，2012年5月止

所　长　潘　文（兼）　2010年12月任，2012年5月止

副所长　潘　文（兼）　2009年12月任，2010年11月止

副所长　袁仁智（主持工作）2012年5月任

骨伤病研究所

【科室建设】2011年，协助骨伤

科临床科室完成国家中医药管理局对国家中医药管理局重点专科——骨伤科及管理年活动的检查；成功申报骨伤科国家临床重点专科；协助承办国家级继续教育项目“全国中西医结合微创骨科新技术继续教育培训班”“常见骨科疾病中西医结合治疗进展学习班”“甘肃省中医药学会年会”，省级继续教育项目“陇中中医正骨手法学习班（2期）”。申报甘肃中医学院骨伤特色疗法临床研究室。4—5月，谢兴文承担甘肃中医学院两段式教学“中医骨伤科学”教学任务；11月，谢兴文在省内进行继续教育项目“脊柱手法治疗进展”讲座。甘肃省中医药研究院骨伤病研究所与甘肃中医学院联合成立“中医骨伤科学”硕士研究生联合培养基地，成立骨伤特色疗法临床研究室。开展转基因绿色荧光蛋白小鼠骨髓间充质干细胞分离、培养、纯化技术，大鼠骨髓间充质干细胞流式细胞表型鉴定技术，大鼠骨髓间充质干细胞Brdu免疫组化染色技术，大鼠骨髓间充质干细胞haochest荧光染色标记技术，外固定架结合VSD一次性闭合多段开放性骨折伴骨外露新技术5项。

2012年，协助完成国家临床重点专科（骨伤科）自查工作；协助承办中华中医药学会骨伤科分会2012年学术年会；协助承办国家级继续教育项目“全国中西医结合微创骨科新技术继续教育培训班”，完成重点专科优势病种诊疗方案及临床路径（肱骨外科颈及胫腓骨骨折）制定与临床验证工作。

2013年2月，甘肃陇中正骨学术流派传承工作室列入建设计划。骨伤病研究所负责的陇中骨伤特色药物研究创新团队，完成消肿止痛颗粒、忍冬藤颗粒、消肿止痛颗粒制备工艺3项专利的申请。购置超低温冰箱，分配两间房间用于骨伤科实验室的建设，完成房屋用途的规划。

【人才建设】2011年，谢兴文赴瑞士学习3个月。5月谢兴文获得全省医德医风先进个人称号，11月获首届中西医结合优秀青年贡献奖。

2012年，周明旺赴北京学习适宜技术1周。研究所人员外出进修学习人骨髓间充质干细胞的培养技术。甘肃中医学院中医骨伤专业硕士研究生徐世红作为专职研究所成员定岗，开展相关工作。

负责人

所　长　谢兴文　2006年8月任

　　　　谢兴文　2012年5月兼任

副主任　戴　刚　2012年5月兼任

中心实验室

【科室建设】2012年，完善了实验室安全管理制度、实验材料管理制度、仪器设备管理制度等21项实验室管理制度。6月，对进实验室开展研究的3名甘肃中医学院硕士研究生进行了管理制度的培训。做到仪器设备专人专管，实验物资领用登记，进入实验室签署安全责任书和申请书。每月在医院办公系统发布本科室相关业务及开展的新技术，为全院职工提供科研服务信息。甘肃中医学院5名硕士研究生在中心实验室细胞室开展实验研究。8月，与中药研究所、科研处联合举办了国家级继续教育项目1项、省级继续教育项目1项。培训学员300余名，授予Ⅰ类学分。9月，配合基建处完成科研制剂中心中药研究所和中心实验室的房屋规划。10月，引进了免疫酶标检测技术（ELISA）。

2013年，新增中研院四楼房屋4间，面积约60平方米，分别建为免疫组化室、蛋白检测室、材料储存室、动物取材室。完成美国贷款项目专家论证、蛋白检测系统所有配套设备的招标采购工作。在医院新网站开辟了中心实验室版块。接受甘肃中医学院3批硕士研究生在中心实验室开展细胞培养、血清离心冻存的实验。5月，完成美国贷款项目专家论证。6至7月，实验室人员前往甘肃中医学院参观了Western-blot实验室，规划了蛋白检测室，并完成了本项科研技术所需配套仪器设备的招标采购工作。

【人才建设】2012年9月，王永胜参加了卫生部举办的免疫组化实验技术培训，并获得资格证书。杨丽霞被选为中华中医药学会亚健康专业委员会委员。12月，杨丽霞参加医院第十七届中青年学术年会获得三等奖。

2013年，王永胜参加院庆60周年论文交流获得二等奖。5月杨丽霞被选为医院345人才第二层次培养计划；6月杨丽霞赴上海参加中医药新药研发思路的学术交流；7月王永胜赴甘肃中医学院进行了Western-blot实验技术的学习；9月王永胜赴兰州大学病理实验室进行病理组织观片学习；10月杨丽霞当选甘肃省中医药学会糖尿病分会委员；11月杨丽霞参加了中华中医药学会治未病分会学术交流，被选为委员。

负责人

主　任　姜　华　2009年3月任，2012年5月止

副主任　杨丽霞（主持工作）2012年5月任

甘肃省中医药研究院机构设置图

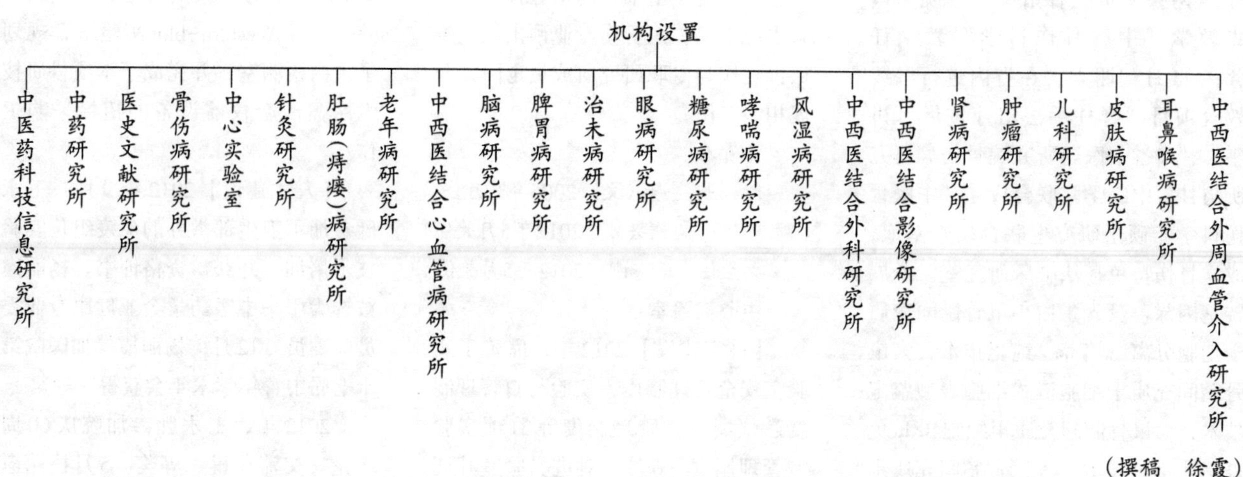

（撰稿　徐霞）

甘肃省中医院白银分院

【托管前医院概况】

1986年白银区中医院成立，1995年白银区中医院通过国家中医药管理局二级甲等中医医院等级评审。2006年7月，白银区中医院整体划归白银市管理，更名为白银市中医医院，2007年6月，白银市中医医院（白银区公园路346号）与白银市人民医院（原二十一冶医院，白银区冶金路194号）组合成立白银市中西医结合医院，2009年5月22日，白银市中西医结合医院总部搬迁至白银西区长安路71号。新成立的白银市中西医结合医院占地面积100.09亩（西区75亩，东区3.1亩，四龙路社区中心21.99亩），建筑面积约31000平方米，白银市编办核定的事业编制300名（其中市紧急医疗救援指挥中心32名），编制床位252张。职工318人，其中，编制内正式职工240人，编制内招聘24人，临聘54人。卫生专业技术人员236人，占编制内总人数比例的89.39%，其中正高职称5人，副高职称28人，中级职称109人。有10个职能科室和21个临床医技科室，承担着白银市120急救指挥中心职能和传染病定点防治职能，四龙路社区中心承担社区常见病、多发病的诊断治疗。已建成国家级重点专科1个（针灸科），国家中医药管理局登记的中药制剂一级科研实验室1个，省级重点中医药专科1个（中医妇科）、市级重点专科2个（骨伤科、皮肤痔瘘科）。配有飞利浦数字胃肠透视机、数字化X光摄片机、西门子双排螺旋CT、彩超、全自动生化分析仪、电子胃镜、腹腔镜、关节镜、人工肝治疗仪等大型医疗设备40余台（件），设备总价值2036.29万元。2011年，全年总收入4466万元（含财政补助约2664万元），当年共计结余约106万元，但用于弥补以前年度亏损约390万元后，亏损约284万元。拟申请报废设备仪器352台件，报废资产金额228.56万元。经白银市审计局审计医院总资产为6430.87万元，固定资产为5112.61万元（不包括在建住院部大楼和社区卫生服务中心项目），负债2800万元。2011年分院门急诊82864人次，平均门诊费60.30元/人次。入院病人2557人次，出院病人2477人次，住院病人手术台次545台，平均住院日13天，床位使用率为58%，平均住院费用3312.73元。

医院发展存在的不足：一是医院发展定位不明确。由于原中医院、中西医结合医院办院方向不明晰，病历书写不统一、不规范。医院西区、东区医疗发展定位不明确，致使科室布局不科学。二是学科建设发展不足。专科专病特色不突出，缺乏在同级医院中技术一流、专病特色突出、被大众认同的优势学科，学科建设不完善，缺少急诊科、神经外科和胸外科等相关科室的配合支撑。三是专业技术人员缺乏，人员结构不合理。专业技术人才缺乏，尤其缺乏各专业学科带头人和业务骨干，现有人员基础学历偏低，岗位胜任能力欠缺。四是未建立有效的绩效分配考核激励机制。不能有效促进医护人员的工作积极性，管理不到位，工作效率不高。五是保障服务不到位。医院远离老城区、交通不便，未建立食堂，无法保障住院患者的饮食问题，保洁及保安工作不到位。未建立规范的消毒供应室，现有消毒设备及场所不符合消毒供应室的设置与配备要求。六是医院建设资金匮乏。住院部大楼建设病房设施、办公设备、医疗设备采购缺乏资金支持。七是未进行等级评审，收费额度等级较低。

【托管工作】为促进白银市中西医结合医院跨越式发展，有效提高白银市中医药服务水平，率先在医疗卫生领域推进兰白都市经济区建设，根据《国务院办公厅关于印发2011年公立医院改革试点工作安排的通知》（国办发〔2011〕10号）、《甘肃省深化医药卫生体制改革实施方案（2009—2011年）》、《甘肃省公立医院改革试点指导意见》（甘卫医管发〔2011〕393号）和《关于省中医院全面托管白银市中西医结合医院的批复》（甘卫人发〔2012〕22号）文件精神，经白银市人民政府和甘肃省中医院双方认真协商，于2012年1月12日签订协议，委托医院全面托管白银市中西医结合医院。2月7日，医院成立甘肃省中医院白银分院，保留白银市中西医结合医院牌子。

在医院与白银市人民政府协商托管具体事宜期间，医院根据工作需要，确定副院长李兴勇为白银分院院长代表主持分院工作，院长办公室主任张德宏为白银分院常务副院长协助院长代表负责医院管理工作，制剂科科长马新换为白银分院副院长，同时对白银分院行政工作做了分工：院长代表李兴勇代表省中医院全面主持白银分院行政工作，分管办公室、人事科和财务科。副院长王华录协助院长代表负责白银分院内科系统、社区医疗服务、“120”急救、公共卫生和安全生产工作，主管各内科科室、社区卫生服务中心、“120”急救中心、公共卫生科和工会。常务副院长张德宏协助院长代表主持白银分院日常工作，负责白银分院外科系统、设备和质控工作，主管各外科科室、医务科、质量控制科、设备科和核算科，协管办公室。副院长曾贤翠协助院长代表负责白银分院医技系统、护理、门诊、医保、医院感染和健康保健工作，主管医技科室、中医分部、护理部、门诊部、医保科、感染管理科和体检中心。副院长马新换协助院长代表负责白银分院药学、后勤和基本建设工作，主管药剂科和后勤科。8月，医院党委任命王华录为白银分院党总支书记。

【发展建设】2012年2月，在对分院开展全面的调研和现状分析后，分院领导班子提出了初步发展规划：依托省中医院的品牌和资源优势，明确医院定位和发展方向、完善学科建设、突出重点专科建设、提高医疗服务水平、加强人才队伍建设、建立行之有效的绩效考核激励机制、推进人事制度改革、加强文化建设、加快基础建设。确定以中医为主的办院方针，突出中医药特色，加强学（专）科发展。明确西区为医院主体，东区以针灸康复为重点，社区卫生服务中心以履行社区卫生服务为主要职能功能定位。4月，批复增加编制床位250张，由2011年底的252张增至502张。合理设置内设机构，同总院科室对接，实行一体化管理，新成立脑病科、心血管病科、风湿骨病科等8个临床科室，完善了集急诊科、院前急救、ICU、急救调度指挥为一体的120急救中心，在原来10个职能科室和21个临床医技科室的基础上，确定设置办公室、人事科、医务部（含患者维权室）、护理部、门诊部、科教科、质量控制与特色医疗管理科、公共卫生科、医院感染管理科、信息科、宣传科、财务科、审计科、经济管理科、医疗保险科、设备科、基建与后勤管理科（含保卫、营养）17个内设机构职能科室。急诊科（含重症医学）、外科、神经外科、骨一科、骨二科、风湿骨病科、肛肠（痔瘘）科、脑病科、妇产科、儿科、消化科、肾病科、心血管病科、呼吸科、针灸推拿科、眼科、传染病诊疗中心、麻醉手术科、口腔科、耳鼻喉科、内分泌科、皮肤科、特色治疗中心、治未病中心（含体检中心）、专家门诊、退休专家门诊、四龙社区服务中心、“120”急救中心28个临床科室。放射影像科、超声心电检查科、检验科、病理科、药剂科、消毒供应室6个医技科室。2月，由医院选派杨波任医务部（含患者维权室）主任，张晓岚任护理部副主任，王江红任财务科副科长，4月，医院选派张亚维任骨二科副主任，胡敏棣任脑病科副主任，姚双吉任急诊科副主任，马英任肛肠（痔瘘）科副主任，常驻白银分院负责科室工作，拓宽业务发展范围，筹建新的临床科室，加大与医院脑病科、痹病（风湿骨病）科、肛肠科等重点学科帮扶对接力度，实施大主任制的科室管理模式，将总院的临床业务发展模式全面融入分院专科发展中。同时，总院每周安排省名中医、医院优秀专家通过坐诊、查房、手术、培训、病例讨论等方式，全面提升分院临床业务水平，使得白银地区患者在当地享受到省级专家的医疗服务。6月25日，由全国政协常委、教科文卫体委员会副主任黄洁夫和全国政协常委、教科文卫体委员会副主任、农工党中央副主席蔡威带领的全国政协调研组在分院调研，通过听取汇报和120急救中心、心血管病科、脑病科、骨二科、外二科等科室现场调研，向医务人员了解病员情况、科室主要业务以及新技术、新业务等开展情况。调研组对白银分院组建1年来在学科建设、人才培养、中医特色、软硬件建设等方面取得的成绩给予了充分的肯定。

分院狠抓医疗质量和医疗安全，落实院长查房制度和24小时值班制度，健全医疗质量管理体系，对病历书写、三级医师查房、病例讨论等22项核心制度予以规范。严格执行专业技术人员准入及技术准入制度，明确了医务人员执业范围界定；举办了《2010版心肺复苏指南讲解》等的讲座和培训。加强重点专科建设，加大国家“十一五”重点专科针灸科建设力度，对其业务用房进行了改造，优化了人才队伍，充实了中医特色医疗服务项目。骨科引进了椎间孔镜，治疗腰椎间盘突出症微创技术，率先在甘、青、宁地区开展。启动“甘肃白银周伯展眼科中心”项目，组织眼科下乡100余次，筛查白内障患者5000余人次，完成白内障复明手术423例。突出中医特色治疗，临床科室均设置了特色医疗室，推行《中医药特色优势奖励及考核制度》。实施“惠民政策”，购置2台救护车免费接送出入院患者。加强医院感染质量控制，严格质量考核措施，医疗废物由白银市医疗废物集中处置中心统一处置，实现了无害化管理。

为全面提高护理管理质量，总院派驻护理管理骨干，将总院的管理方式与理念带入到分院的护理管理中，加强了护理优质服务措施，修订各级护理管理岗位职责，规范各种护理文件书写，建立健全护士长总值班制度，开展中医护理工作。建立健全护理质控考核，定期召开护士长例会、满意度调查、护理质控考核，完善和提高医院护理质量。加强护理队伍素质建设，组织“三基”理论、中医基础理论和护理技术操作培训。通过选派分院护理骨干赴总院参观学习、进修，总院安排护理专家、骨干讲座、培训、查房、临床技能指导等方式，在短时间内，全面提高了分院的护理技能。7月，以总院三级甲等医院复评为契机，通过三级甲等中医医院复评。完成了白银市区（县）城镇职工等各行业医疗保险定点医疗机构协议续签及更名工作，成为白银地区首家跨地区医保垫付结算医院。8月，通过“甘肃省中医药特色示范社区卫生服务机构”的评审验收。9月，人员编制增至450个。12月18日，针灸科通过国家中医药管理局重点专科复评。

新建临时餐厅，完成住院部大楼和社区楼搬迁启动、东区业务用房的改造装修，开工建设后勤综合服务楼建设项目、消毒供应中心和医技用房建设项目。

全年派出11名专业人员赴省外进修，选派1名专业人员参加援马医疗队；与总院互派专业技术人员近30人，进行帮扶交流；完成11名市级中医药师承人员的年度考核。多渠道解决医院人才短缺问题。

2012年全年门诊挂号75698人次，与2011年同比增长20%；住院病人4549人次，相比2011年同比增长81%；出院病人4401人次，相比2011年同比增长78%；手术1132台，相比2011年同比增长107.8%；平均住院日11.6天，平均住院费4154元/人，平均门诊97元/人，中医治疗率为85%。

2013年3月，成立团总支、招标采购科和东区内科，公共卫生科和医院感染管理科合并为公共卫生与医院感染管理科，消化科调整为脾胃病科，呼吸科调整为肺病科，传染病诊疗中心调整为感染性疾病科，超声心电图检查科调整为超声检查科。同月，完成18个职能科室、29个临床科室和6个医技科室护士长以上干部的岗位竞聘。其中，总院选派巢磊任信息科副科长、温剑涛任骨二科副主任、王智明任风湿骨病科副主任。5月，成立干部保健科，截至年底，分院内设机构共54个，其中职能科室19个，临床科室29个，医技科室6个。

建立医院领导班子周值班制度和总值班制度，健全医疗质量管理体系，严格落实十四项医疗核心制度，每月召开医师大会和质量分析例会，举办医疗安全专题讲座3期。开展三级医师观摩查房活动，规范和提高三级医师查房制度。开展为期1个月的全院医师急救技能培训和三基知识考核。加强医疗安全防范措施，成立患者维权室，为全院医师购买了医疗责任保险。加强病历质量管理，下发了

《归档病历管理办法》，建立起了病历的终末质控，聘用责任心强、科室病历管理经验丰富的科室主任兼任医院病历终末质控员，健全病历的二级质控。编写《中医病历书写规范》和《中医病历评分标准》等讲座课件，在全院进行了4次培训，促进了病历质量的提高，开展了全年的病历书写评比活动。积极贯彻落实《白银市促进公立医院与基层医疗卫生机构协作发展实施方案》，医院与水川乡镇卫生院等5所中心卫生院、景泰县上沙窝乡等4所卫生院结成对口支援对象，分别达成协作发展意向。医院组织8次100余名专家分赴景泰、会宁、四龙等地进行技术培训、推广“中医适宜技术”和免费义诊，共诊治1350余人次，发放宣传资料11800余份。眼科完成对靖远等十乡镇122个自然行政村的义诊活动，完成白内障患者手术265例。组织开展“3H”护理品牌服务活动，提升优质护理服务水平；建立健全护理质控考核体系；组织“三基”理论和中医基础理论考试，开展护理质控考核、护理技术操作竞赛。加强医疗废弃物处置、废水消毒的管理和传染病疫情报告。由于分院消毒供应中心在建，所有高压灭菌消毒物品均统一由总院消毒供应中心消毒。

4月，在广泛调研和征求职工意见的基础上，聘请广州景惠康信医院管理顾问有限公司对医院工资分配制度进行改革。经过2个月的反复测算、征求意见，按照分类管理，按劳分配，优劳优酬，向临床一线和关键岗位倾斜，打破身份界限的原则，6月，制订并下发《甘肃省中医院白银分院经济管理核算办法（试行）》《甘肃省中医院白银分院工资分配制度改革实施方案（试行）》《甘肃省中医院白银分院绩效考核办法（试行）》，全面实施，极大地调动了全院职工的工作积极性。根据《甘肃省中医院白银分院聘用人员管理办法（试行）》，对108名聘用人员实行人事代理制度，购买“四险一金”，实现同工同酬。

实行24小时查岗和保安值班巡查工作，加强了医院安全保卫和消防管理。完成后勤综合服务楼建设项目、消毒供应中心、医技用房建设项目主体工程、东区业务用房改造装修工程、电梯安装工程，改造装修原二十一冶医院业务用房作为单身公寓。通过更换LED显示屏，扩大宣传视角，积极宣传中医药预防、保健、适宜技术等内容。在医院形象标识系统中，院徽、院歌、院训等内容同总院统一。

全年引进和公开招考临床类本科生及硕士研究生25名。先后选送43名医疗业务骨干赴北京、广州等地进修学习，赴总院学习培训12人次；每月邀请北京广安门医院、中国中医科学研究院、北京304医院等眼科、心血管病科、骨科微创和感染性疾病等方面的全国知名专家来医院进行门诊、科室管理及业务指导，培养业务技术骨干，扩大医院影响力；举办省级继续教育项目1项、市级继续教育项目2项和各类讲座32期。接受实习、进修生74人。

全年住院患者7308人次，同比增长61%，出院患者7231人次，同比增长64%，超额完成了年度工作计划预期目标。

2013年甘肃省中医院白银分院领导班子成员名录

姓名	性别	民族	职　务	任职或止任时间
李兴勇	男	汉	院长代表	2012年2月任
王华录	男	汉	副院长 党总支书记	2012年8月任 2012年2月任
张德宏	男	汉	常务副院长	2012年2月任
曾贤翠	女	汉	副院长	2012年2月任
马新换	男	汉	副院长	2012年2月任

（撰稿　杨丽萍）

甘肃省中医院通渭分院

【分院概况】通渭县中医院创建于1987年，是一所集医疗、预防、康复、保健为一体的二级甲等中医医院。医院占地面积5500平方米，建筑面积9200平方米，设有内、外、妇、儿、骨伤、针灸理疗等7个临床科室，放射、检验、病理、超声、胃镜室等7个医技科室和7个后勤行政职能科室。医院开放床位200张，职工236人，正式职工88人，专业技术人员123人，高级职称5人，中级职称14人。

医院拥有全数字化彩超、双层螺旋CT、500mAX光机、CR影像诊断系统、移动式C形臂电视X光机、高频电脑电刀、全自动生化分析仪等医疗设备60余台（件）、磁共振成像设备。

医院坚持中医特色，走“中西结合，优势互补”的发展道路，逐渐形成“院有专科、科有专病、病有专药、人有专长”的发展格局。在心血管疾病的诊疗方面达到县内领先水平，并能够独立承担外科多种手术，包括胆囊切除术、胆总管探查引流术、肠梗阻、甲状腺瘤、前列腺及运动系统常见病和多发病、剖腹产、子宫肌瘤、卵巢囊肿及盆腔包块等妇产科手术。2009年成立的针灸理疗科为全县唯一具有中医特色的科室，其在治疗面瘫、腰椎间盘突出症、颈椎病、神经性耳聋等疾病方面具有独到疗效，建科不久已取得良好的社会效益，得到患者的一致好评。医院积极引进先进诊疗技术，通过邀请专家指导，成功开展了系列腔镜手术、中毒急救等诊疗项目。

2012年4月，因医院业务发展需要，在定西市通渭县成立甘肃省中医院通渭分院。医院与通渭分院达成了医院管理、人才培养、专科建设、科研项目、院内制剂、医疗设备、转诊会诊七个方面的协议，启动了双向合作交流。

【技术帮扶】2012年4月16日—8月16日，派出针灸副主任医师金钰钧、骨科副主任医师孔令俊、儿科副主任医师石宗珂、脑病科副主任医师张小荣常驻分院帮助拓展业务。2012年11月1日—2013年2月，派出骨科副主任医师安福、儿科副主任医师樊彩娥、呼吸科副主任医师张慧、针灸推拿科副主任医师师宁宁常驻分院帮助开展医疗业务，帮助成功筹建儿科。帮助开展中医药适宜技术针刺、拔罐、游走罐、火针、小针刀、铺灸、耳尖放血疗法治疗高血压病技术、穴位药物注射、平衡针、小儿捏脊、中药熏蒸等36种。选派2人在省中医院免费进修学习。

2013年，向分院派驻专家7人次，帮助针灸推拿科成功申请省级重点专科，新筹建1个骨伤科。医院先后被省卫生厅评为“全省卫生行业精神文明建设先进单位”，被市卫生局、团市委评为市级“青年文明号”，妇产科被定西市总工会评为全市“工人先锋号”，护理部被定西市妇女联合会评为“巾帼文明岗”。

2013年甘肃省中医院通渭分院领导班子成员名录

姓　名	性别	民族	职　务
蔡文通	男	汉族	院　长
雷普洲	男	汉族	党委书记
张　静	女	汉族	副院长
刘想德	男	汉族	副院长
张普军	男	汉族	副院长

（撰稿　杨丽萍）

甘肃省中医院临夏分院

【分院概况】临夏州中医医院始建于1986年，是一所集医疗、教学、预防保健、康复为一体的综合性二级甲等中医医院，临夏州卫校临床实习医院，是临夏地区各类医保、新农合定点医疗机构。服务范围除本州外，还有甘南藏族自治州、青海省、四川省等周边地区，中医医疗辐射面达13万平方公里，约250万人口。占地面积12368平方米，建筑面积6680平方米。核定编制220人，核准床位400张。现有职工220人，其中正式职工139人。研究生学历4人，本科44人，专科48人，中专及以下124人。专业技术人员184人，高级职称18人，中级职称50人。实际开放床位214张，开设内科、外科、骨一科、骨二科、针灸科、理疗科、妇科、急诊科、五官科、儿科、肛肠科、皮肤泌尿科、呼吸病专科、肝胆病专科、脾胃病专科、风湿病专科等16个临床科室和检验科、放射科、功能检查科、手术麻醉科、药剂科等5个医技科室，骨伤科和针灸科是目前医院发展的重点专科。拥有意大利百胜彩超、德国西门子DR机、狼牌腹腔镜、好克牌电切镜及膀胱镜、德尔格（Drager）麻醉机、美国贝克曼大生化、电子胃镜、全自动凝血因子分析仪、多导心电图机、电子阴道镜等较为先进的医疗设备和腰椎间盘复位机、骨伤愈合治疗仪、肛肠综合治疗仪、中频治疗仪、产后康复治疗仪、多功能牵引床（椅）、脊柱梳理床、灸疗仪、全（半）身熏蒸机等中医特色诊疗设备。

2011年9月13日，医院与临夏州中医院达成了医院管理、人才培养、专科建设、科研项目、院内制剂、医疗设备、转诊会诊七个方面的协议，启动了双向合作交流，挂牌为甘肃省中医院临夏分院，李盛华院长聘为甘肃省中医院临夏分院名誉院长，2012年4月，医院发文在临夏州成立甘肃省中医院临夏分院，两院领导为甘肃省中医院临夏分院举行挂牌仪式，重点进行人才培养、学科建设、业务管理和科研能力的帮扶。

【技术帮扶】2011年，省中医院派驻专家4人，帮助开展针刺疗法技术（14种）、灸类疗法技术（4种）、刮痧疗法技术（1种）、拔罐疗法技术（5种）、中医微创类技术（1种）、推拿类疗法技术（6种）、敷熨熏浴类疗法技术（4种）、骨伤类疗法技术（8种）、肛肠类技术（3种）、其他类技术（8种）。积极选派人员参加省中医院中医正骨手法学习班和蜡疗培训学习班，免费进修人员4人。11月5—6日，承办了省中医院主办的陇中中医正骨培训学习班。

2012年2月20日—6月20日，省中医院选派脾胃病科李生财博士、骨科副主任医师张小岗、中医内科主任医师展锐、针灸科副主任医师刘文霞，2012年8月1日—11月15日，选派出针灸副主任医师安珂、骨科副主任医师张天太、内科副主任医师倪红支援临夏分院3个半月，副主任护师周毓萍支援2个月。派往省中医院免费进修15人。10月，针灸科、骨伤科被确定为临夏州中医药重点专科。

2013年，省中医院派驻专家3人，派往省中医院进修人员20人。9月，骨伤科被确定为甘肃省中医药重点专科建设单位。

2013年甘肃省中医院临夏分院领导班子成员名录

姓　名	性别	民族	职　务
李昌瑞	男	汉	院　长
尤海鹰	男	汉	副院长
袁秀芳	女	汉	副院长

（撰稿　杨丽萍）

教学科研工作

Teaching and Scientific Research

教　学

教学管理

2011年度

临床教学部组织完成甘肃中医学院实习生的临床实践学习毕业考核和临床实践技能操作期中考核工作。对实习生进行为期一周的岗前培训。

安排督查了7个科室的教学查房工作，每次均邀请内、外、妇、儿教研室专家参加，进行现场点评。

按时完成了24个科室的全年教学讲课督查。

8月组织7位教师参加对新承担分段式教学理论授课任务进行试讲，通过分段式教学理论授课任务的试讲，每位老师都通过临床教学部理论授课教师遴选工作。

每月对临床科室的教学资料进行考核，按照考核标准一一对照检查，不足之处及时告知科室改进，有利于教学资料的完善及质量保证。

每月检查实习、见习、进修生轮转科室及在岗情况，对不遵守纪律要求的学生及时给予批评教育，情节严重者进行处理。处理了2名不按时履行请假手续的学生，其中1名被退回学校。临床教学部定期召开各院校实习生座谈会，了解学生学习状况，促进教学质量的提高。

临床教学部于11月23日组织召开了2010—2011学年医院教学工作会议。对前期教学工作取得的成绩和不足进行了总结，并对下一步教学工作的改进提出了整改措施。

临床教学部于2011年7月组织医院相关科室进行临床研究室的申报工作，经学院审查批准了医院骨伤特色疗法临床研究室、脾胃病临床研究室、中药制剂研发临床研究室、脑病临床研究室4个临床研究室，7月15日组织完成在医院进行的首批临床研究室授牌仪式，学院为每个研究室资助启动经费20万元，医院已按照学院资助启动经费的1∶2的比例给予配备建设经费，并提出建设要求，将对促进医院教学研究，加强教学基地条件建设，提升人才培养层次，提高人才培养质量发挥积极作用。

临床教学部根据高等医学院校临床教学基地评审认定工作的通知，于2010年12月9日接受了甘肃中医学院组织的预评审。根据预评审中对医院教学工作指出的不足，临床教学部于2011年2月开始组织临床科室进行积极整改，补充完善了相关资料，进一步修改了教学基地自评报告及多媒体汇报材料。2011年4月9日甘肃省卫生厅组织专家对医院进行了高等医学院校临床教学基地的正式评审认定。

临床教学部经过前期大量准备工作，于6月21日在医院组织召开了甘肃中医学院博士学位授予单位立项建设工作促进会，为医院迎接学院博建的中期检查做好了各项准备工作。

2012年度

医院接受同一个专业的两个班次108名大四学生的理论教学任务。

2012年共办理352名实习生的考试、考核。医院严格执行期中考核和毕业考核方案，实习生临床实践毕业考试考核已成体系。

2012年6月18日至21日为3所院校3个层次6个专业共261名实习生举办了岗前培训。

临床教学部于2012年4月制定了规范的6个实践教学资料记录内容模板，并公布在OA上和发放至科室，不定时检查敦促科室按要求完成教学资料记录。

按照临床教学部年初计划，共完成对20个临床科室教学讲课的督查任务。5月，医院接受了甘肃中医学院高教评估办组织的“分段式”教学督导检查。

临床教学部按计划完成7个科室的教学查房督查。每次督查邀请专家为点评科室打分，年终评出平均分最高的科室，并推荐至医院予以奖励。以规范教学查房流程。

对来院的447名进修、实习人员考核并发放就餐补助。对25名进修医师考核并发放生活补贴。

医院首次推荐人员参加甘肃中医学院组织的2012年青年教师教学技能竞赛，重症医学科苟占彪主治医师代表医院参赛，获得优秀奖。

医院将外科教研室调整为西医外科教研室，至此，医院设有内科、儿科、妇科、西医外科、中医外科、骨伤科、五官科、医学影像、护理等9个教研室。

按照建设方案要求临床研究室进行阶段总结，检查医院骨伤特色疗法临床研究室、脾胃病临床研究室、中药制剂研发临床研究室、脑病临床研究室等阶段建设情况。经检查，基本都达到初期建设要求，但需继续努力加强建设方案中各项内容的建设，尤其是需要提升临床教学研究能力方面的建设。

组织韩娟、任耀全、周剑、刘怡、齐银辉等5位教师试讲中西医结合儿科学、内科学、耳鼻喉科学等，均顺利通过试讲，完成分段式教学的教师遴选工作。

9月，舒劲副院长、临床教学部韩艳副主任代表医院参加“甘肃中医学院附属医院联盟成立大会暨首届联盟论坛”。

医院正式成为全国中医药高等教育学会临床教育研究会第八届理事单位。

学院征集教学研究与教学改革课题，有2项课题申报。

新门诊综合楼内设置了示教室、大教室、实训室等，为更好发挥其教学功用，临床教学部为其设备和家具的配置进行了精心的设计安排。

2013年度

临床教学部安排学院122名实习生进行期中技能操作考核，其考核成绩将与实践技能期末成绩平均后占实践技能毕业总评成绩的50%。

6月为新来医院的367名实习生举办为期一周的岗前培训，培训涉及医院的各类规章制度、医德医风等十余项内容。同时要求实习生进入各临床科室时，科室也要进行入科教育。通过两级岗前培训，加强实习生医德医风教育，使其了解医院工作规范，熟悉临床实习规程，为避免在实习过程中出现差错等起到一定的促进作用。

督导学生书写病历，教和学双向促进。要求209名本科及专科医疗实习生每次出科时完成一份完整大病历，带教教师、临床教学部认真审查每份病历，修改合格后交临床教学部存档。

督查了7个有带教任务科室的教学查房，每次邀请专家现场点评。

临床教学部制定了实习生餐费补贴发放考核办法。10月医院决定为来院实习的所有实习生每人每月发放100元餐费补助。

2013年安排周黎黎、申小惠、金海浩、郑君、屈红、江燕等6位教师进行试讲，完成分段式教学任务教师的遴选工作。

遵循“早临床、多临床、反复临床”原则，充分发挥医院临床优势，分段式教学结合开设课程，安排80名同学早期深入临床见习，边学习，边实践，以此启发学生思维，培养学生自主学习的能力，指导学生拓展专业知识，以达到更好的理论教学效果。

为了规范中医临床实践教学，培养学生的中医临床思维能力，邀请兰大二院中医科张武德主任进行规范中医临床实践教学的专题讲座。

2013年12月，临床教学部负责组织，评选奖励了26名优秀教师。

2013年先后组织学生参加各类学术讲座16次，共计900人次参加。

2013年11月20日，经甘肃中医学院研究决定，聘任我院兼职教授49人，兼职副教授90人，兼职讲师106人，兼职助教28人，共计聘任273名兼职教师。

随着医院新门诊综合楼的投入使用，医院的教学用房及设施得到极大改善。临床教学部搬迁至A座17楼，设置了250平方米可容纳208人的多媒体学术报告厅1间，20平方米的临床教学部办公室1间，18平方米的专家接待室1间，8平方米的茶歇室1间，79.2平方米的护理实训室1间，另外用于教学的53平方米多媒体实训室2间，53平方米示教反示教实训室2间，53平方米的示教室5间。临床教学部为每个房间都精心做了设计，为了突出中医特色，充分体现中医文化，医院教学用房应用中医元素进行了命名。配置必备家具，以及现代化的教学基础设施和教学模拟设备，保证了教学用房在专业认证时落实到位。

实习、见习

2011年

2011年5月底前圆满完成了甘肃中医学院、省中医学校、省卫校、张掖医专等院校354人的临床教学实习工作。6月后又先后接受甘肃中医学院、省中医学校、省卫校、张掖医专等4所院校9个专业3个层次的348名实习生，华北煤炭医学院、海南医学院等自费实习生4名。办理了甘肃中医学院120名实习生的住宿安置。

根据甘肃中医学院、甘肃省中医院协议，接受学院硕士生7名在医院实习。

根据教学大纲和教学计划要求，完成2010—2011学年第二学期2007级中西医结合临床医学专业30名学生的中西医结合骨伤科学、中西医结合儿科学、中西医结合眼科学、耳鼻喉科学、形势政策与教育5门课程及2011—2012学年第一学期2008级中西医结合临床医学专业54名学生的中医外科学、内科学、中西医结合妇产科学、医学影像学、形势政策与教育5门课程的分段式教学的授课安排、协调、监督工作，临床教学部分别为两个学期的学生安排了临床见习，组织两个学期的期末考试、监考，保证了分段式教学各项工作的顺利进行。

截至2011年12月19日，共收教学经费594060元，其中：实习费234060元，西医学习中医培训班培训费30万元，甘肃中医学院实习生管理费6万元，全部上缴计划财务处。

2012年

接受甘肃中医学院实习生102名，再加省中医学校、省卫校、张掖医专等3所院校9个专业3个层次的实习生共372人，全年在医院的实习生共有474名，较去年增加126名。今年还接受集中见习生198名。

2013年

接受甘肃中医学院、张掖医专、省中医学校、省卫校、兰州市卫生学校等5所院校11个专业的实、见习生772名，13名各类自费实习生的临床实践教学，较去年增加141名。

分段式教学本年度为2个班80名学员开设了11门课程（包括中西医结合儿科学、中西医结合妇产科学、内科学、外科学、中西医结合骨伤科学、耳鼻喉科学、中西医结合眼科学、形势与政策教育、科研训练、循证医学、医药卫生政策与法规）。

进　修

2011年

全年分两批免费接受省内基层医院进修人员81名。协助完成万名医师下乡、3名基层医院医生在医院的帮扶任务。完成甘肃省中医院临床教学部对支援甘南藏医药研究院进修培训帮扶的计划。

2012年

随着医院规模和诊治范围的扩大，中医特色建设成效凸显，适宜技术应用广泛，医院在省内影响力也大大增强，基层医院选择来医院进修学习的人员也增多，截至2012年12月17日已免费接受省内基层医院进修人员183名，较2011年增加102名。

对来院的447名进修、实习人员考核并发放就餐补助。对25名进修医师考核并发放生活补贴。

2013年

截至2013年12月已免费接受省内基层医院进修人员185名，其中帮扶61人。

为解决来院进修和培训人员的住宿问题，2013年医院要求临床教学部负责在外商谈租赁了2处房屋作为进修公寓，与租赁单位签订了合同。房屋经过简单装修改造，临床教学部负责为公寓配置了必备的家具和卧具，并负责全面管理。公寓于2013年6月开始正式启用，目前共住宿143名学员，较大幅度地改善了进修人员的进修生活条件。

严格管理进修公寓，对医院已租赁的2处进修公寓严格进行按章管理，及时交纳相关费用，及时维修水、电、暖等生活设施，注重安全管理，为进修和培训学员提供整洁、具有基础生活保障的生活环境。

各类培训

2011年

完成了省卫生厅分派到我院的16名县级医院骨干医师的“一对一”培训安排及住宿安排工作，并按时上报省卫生厅医管处。

承办了甘肃省第五期西医学习中医学培训班。开班前制定了教学进度计划、课程安排表，为学员购书，进行授课教室及住宿等安排，邀请授课教师，为保证培训班的开办做了大量细致的工作。于2011年4月15日正式开班，共有来自全省的49名西医人员参加了中医培训班。本期培训班共安排7门课程，同时邀请甘肃中医学院知名教授王道坤、我院省内知名中医专家廖志峰主任医师、兰大二院副院长张有成教授、甘肃省中医院知名专家黄腾辉主任医师、甘肃中医学院优秀教师牟惠琴教授等分别进行了关于中医辨证论治经验及《黄帝内经》《伤寒杂病论》中医经典著作介绍的5场专题讲座，经过3个月的理论授课及见习学习，进行了前期、中期、结业考试，于7月15日圆满完成培训任务；培训班结束时组织全体学员评选了优秀班干部及优秀学员，共评出优秀学员4名，优秀班干部1名，并为学员办理结业证、学分证。

根据国家中医药管理局《关于开展首批全科医生规范化培训示范基地认定工作的通知》，临床教学部认真填写了《首批中医全科医生规范化培训示范基地认定申请表》，并按时报送甘肃省中医药管理局。

2012年

2012年以来承担政府分配的指令性培训任务增多。5月开始承担为期12个月的“全省县级中医临床技术骨干培训班”，共培训学员19名；5月11日至7月18日先后承办了2期“全省中医护理知识与技能培训班”，共培训来自全省的102名护理学员；7月20日开始承办为期一年的“全省城市中医类别全科医师转岗培训班”，共培训来自全省的36名学员，并于10月19日根据国家中医药管理局和省中医药管理局要求，完成了项目实施情况的总结报告；12月间完成了省卫生厅2011年分派到我院的13名县级医院骨干医师培训，并按要求进行了培训结束考核工作及上交项目工作总结报告。

2013年

1月开始承担为期一年的全省县级医院骨干医师培训，共接受来自全省10名学员，较2012年减少3名。

6月开始承接为期一年的全省县级中医临床技术骨干培训工作，共接受来自全省的培训学员51名，较2012年增加32名。

12月开始承办医院第二期中医类别全科医生转岗培训班，共接受学员45名，较第一期增加6名学员。

1月21日接受甘南州“重症加强护理病房（ICU）技术人员培训班”5名学员（其中医生2名，护理人员3名）在医院学习8周。

根据省中医药管理局的安排，配合兰州军区联勤部卫生部完成制定人员培训计划，并于4月、11月先后接受2批培训人员，共计8人。

继续教育

2011年

根据省人社厅继续教育管理中心要求，进行了国家级专业技术人员继续教育基地的申报工作。主动向主管部门汇报工作，积极撰写并按时完成申报资料。

对继续教育工作开展质量控制管理。结合继续教育工作内容，及时纳入到科室月质量考核中。根据继续教育项目班的办班时间，敦促项目负责人按时完成继续教育项目班的办班任务。对公共必修课则根据科室购书、到课率、试卷答题情况对科室进行督促，以提高公共必修课的学习效果；同时利用各种方式及时传达省卫生厅中医药继续教育委员会有关每年学分要求的相关内容，以更好地保证医院专业技术人员所获专业技术学分符合要求。

完成了2010年度医院、中研院专业技术人员906人的学分整理、登记、统计、核查工作，配合省中医药管理局对医院的继续教育证书进行验证审核，医院合格率达99.4 %，中研院合格率达99.5%。

9月22日邀请甘肃省城市环境学院吴晓英老师在医院多功能厅为全院937名专业技术人员讲授省人事厅要求的2011年度专业技术人员继续教育《低碳经济与幸福指数》公修课培训。

完成了2011年度医院专业技术人员1867人的Ⅱ类学分行文、办证工作。

全年为配合相关科室临床医学中心、职工职称晋升等事宜，完成53人次学分证借阅工作。

督促和协助消化、骨科、脑病、风湿、药剂、护理、财务、影像、老年病、疼痛科等医院优势学科举办完成2011年的继续教育项目学习班。截至2011年12月19日已完成国家级项目班2个，省级项目班11个。共有2456人次参加学习班培训，并分别办理了国家级、省级Ⅰ类继续教育学分。国家级继续教育项目2项，省级继续教育项目11项。

2012年

临床教学部3月间积极完成医院专业技术人员继续教育基地的工作总结及重新认定核准申报材料。省人社厅通过对医院继续教育工作材料审查后，重新认定核准医院为甘肃省专业技术人员继续教育基地，并为医院更换颁发了新的继续教育基地牌匾。

2012年度为医院1103名专业技术人员进行了专业人员继续教育学分证书的更换。

完成医院2012年继续教育培训计划和公共课培训方案的制定与报送。并按照省人社厅要求组织完成医院2012年1103名专业技术人员的公共课课本征集、集中培训、考试、阅卷、登分、公示等工作，及格率达100%。完成公共课培训任务。

根据相关文件要求，临床教学部积极组织2013年继续教育项目的申报工作，最后申报国家级中医药继续教育项目12个、省级中医药继续教育项目17个、专业技术人才知识更新工程2013年高级研修项目选题1个。

组织完成医院2012年Ⅱ类学分登记、授予工作。共为2067人授予了Ⅱ类学分。

2012年医院承办了7项国家级和7项省级中医药继续教育项目，各类项目班均于2012年12月前圆满完成，共有2676人参加了培训，并分别办理了国家级和省级Ⅰ类继续教育学分。同时，按照国家中医药管理局及省中医药管理局的要求，完成本年度项目总结报告。

根据有关要求，经过临床教学部对专业技术人员2011年学分完成情况初审后，于2012年7月19日配合完成省中医药管理局对我院和省中研院的1061名专业技术人员继续教育学分验证工作，合格率达到100%。

国家级继续教育项目7项，省级继续教育项目11项。

2013年

敦促和协调完成申报国家级继续教育项目9项，省级继续教育项目13项，共计22项，完成率100%。国家级有2400人、省级有2000人参加了培训，并分别办理了国家级和省级Ⅰ类继续教育学分。组织完成医院2013年Ⅱ类学分登记、授予工作。共为2487人授予了Ⅱ类学分。

按照省人社厅要求组织完成医院2013年1284名专业技术人员的公共课课本征集、集中培训、考试、阅卷、登分、公示等工作，及格率达100%。

根据相关文件要求，积极组织2014年继续教育项目的申报工作，最后申报国家级中医药继续教育项目15个、省级中医药继续教育项目17个、省级医学继续教育项目1个。

国家级继续教育项目9项，省级继续教育项目13项。

学　会

2011年

1月完成推荐甘肃省农村卫生协会常务理事及理事候选人事宜。推荐人选：李盛华、赵继荣为常务理事，赵永强为理事。

2月组织完成甘肃省中医药学会成立巡讲巡诊团申报报名工作，并将报名结果报送甘肃省中医药学会秘书处。共有13人报名。

2月完成甘肃省医学会骨科、超声、放射、老年病、眼科、麻醉等专业委员会换届委员候选人推荐及资料报送事宜。李兴勇、盛丽、周晟、邴雅珺、刘永民、谭萍等当选甘肃省医学会专业委员会骨科、超声、放射、老年病、眼科、麻醉专业委员会委员。

5月组织中华中医药学会部分分会委员候选人推荐及资料报送事宜。

5月组织推选首届百名“郭春园式的好医生”，最后决定报送左进、廖志峰、靳锋、赵道洲、张洪涛5名专家。

6月协助完成征集甘肃省中医药学会2011年学术年会论文的征文。

8月推荐王颖为甘肃省中西医结合学会护理专业委员会第二届副主任委员，唐锐为甘肃省中西医结合学会护理专业委员会第二届委员。8月推荐邴雅珺、张洪涛、孙其斌、杨瑞龙、鄢卫平为甘肃省康复医学会首届理事，李妍怡、柳直、胡敏棣、肖红、张普为甘肃省康复医学会首届理事。

8月完成甘肃省食品安全事故调查处理专家委员会我院候选人的推荐及资料报送工作。完成甘肃省中医药学会评选中医药巡诊巡讲活动先进集体、先进个人、优秀组织者及评选优秀中医药科普宣传读物我院的评选及材料报送工作。

9月完成甘肃省中医药学会2011年学术年会的参会组织工作。

10月完成组织、报送推荐第二届中西医结合贡献奖及首届中西医结合优秀青年贡献奖候选人的资料。共报送推荐第二届中西医结合贡献奖8人，首届中西医结合优秀青年贡献奖7人。

10月完成推荐甘肃省医院协会急救中心（站）管理专业委员会委员工作。医院推荐人选为赵继荣副院长。

10月推荐报送李盛华、舒劲、潘文、陈春丽、田军、海青岳、袁仁智等7人为甘肃省医药卫生文化促进会个人会员及甘肃省中医院、甘肃省中医药研究院团体会员。

10月组织申报女科技工作者协会会员的工作，共报送42人。

11月完成“推荐全国基层中医‘读中医经典，学中医名著’活动标兵”共8人。

11月完成报送2011年度科协系统先进集体、先进个人等四个奖项的推荐及推荐材料的报送工作。共推荐先进集体3个，先进个人5个。

12月完成甘肃省卫生经济学会第五届会员代表大会理事推荐及会员申请入会宣传、材料报送工作。共推荐理事5人，动员个人申请入会15人。

12月完成组织安排2011年度甘肃省中西医结合学会学术年会暨理事会工作会议我院相关人员参会的工作。

12月完成中国中医药信息研究会医院信息系统专业委员会委员的推荐及材料报送工作。共报送3人。

2011年全年登记医院报送推荐学会各类人员共计131人。

2012年

2012年，临床教学部积极为“甘肃省中医药学会2012年学术年会”“2012年甘肃省学术年会”“华佗医学与中国传统文化学术研讨会”“2012年甘肃中医学院教学研究与教学改革学术讨论会”等学术研讨进行论文征集，并按时完成投稿报送工作。

为“甘肃省医院协会”“甘肃省农村卫生协会”办理缴纳了2012年度会费事宜，分别缴纳会费1000元和500元。

完成医院推荐促进全国中医服务大众工委会专家团成员及推荐资料报送，共推荐35人。

医院推荐中华中医药学会方药量效研究分会委员候选人和推荐资料的报送，共推荐2人。

按要求完成医院推荐第七届卫生部医疗服务标准专业委员会专家库专家33人。完成医院10名进入专家候选人的推荐资料的报送。

推荐甘肃省康复医学会代表及理事候选人和推荐资料的报送，共推荐理事候选人5人，代表候选人10人。

推荐中华中医药学会脑病、肾病、眼科、防治艾滋病、中药基础理论、中药制剂、中药分析、护理、亚健康、民间传统诊疗技术与验方整理等分会委员候选人及推荐资料的报送，共推荐委员候选人20人。

按照学会学术年会的要求，临床教学部先后组织医院人员参加“2012年甘肃省中医药学会学术年会”和“甘肃省中西医结合学会2012年学术年会”工作。

2013年

按时收缴2013年学会会费。共收缴会费30300元。

完成甘肃省性病艾滋病防治协会、甘肃省健康促进与教育协会、甘肃省医师协会、中华中医药学会、全国职业院校技能大赛中药传统技能大赛、甘肃省中医药学会、甘肃省农村卫生协会等的推荐申报工作。

组织参加学术年会工作。

为省中医药学会2013年年会、中医药高等教育学会临床教育研究会第十二次学术研讨会、省中西医结合学会2013年学术年会、甘肃中医学院附属医院联盟第二届联盟论坛、中华中医药学会2013年学术年会等5个学会进行论文征集工作。

对各类学会人员任职情况进行登记，2013年共登记67人次。

（供稿　马冀晨）

（撰稿　张景华）

科　研

甘肃省中医院2011年科研课题立项一览表

序号	项目来源	项目名称	立项时间	项目负责人	划拨经费（万元）	项目编号	立项文号
1	甘肃省科技支撑计划	亚麻木酚素缓释片的开发研究	2011年	刘效栓	8	1104FKCA121	甘财教〔2011〕82号
2	甘肃省自然科学基金计划	膝关节力学失衡与骨性关节炎发病及其关节置换术后功能的相关性研究	2011年	王承祥	3	1107RJZA235	甘财教〔2011〕85号
3	甘肃省自然科学基金计划	佛手益气活血汤对大鼠血栓闭塞性脉管炎模型的治疗作用及其机理研究	2011年	何国华	3	1107RJZA237	甘财教〔2011〕85号
4	甘肃省自然科学基金计划	黄芪总苷对大鼠CSM动物模型IL-1β、IL-6及TNF-a含量的影响	2011年	樊成虎	3	1107RJZA217	甘财教〔2011〕85号
5	甘肃省自然科学基金计划	头清胶囊治疗椎动脉型颈椎病的临床研究	2011年	孙其斌	3	1107RJZA203	甘财教〔2011〕85号
6	甘肃省自然科学基金计划	中频、拔罐、耳压治疗单纯性肥胖的临床及实验观察	2011年	尚亚婷	3	1107RJZA199	甘财教〔2011〕85号
7	甘肃省自然科学基金计划	面神经微血管减压术相关解剖及临床研究	2011年	张崇岳	3	1107RJZA180	甘财教〔2011〕85号
8	甘肃省软科学专项	兰州市社区卫生服务中医药现状调查研究	2011年	徐霞	自筹	1105ZCRA200	甘财教〔2011〕92号
9	甘肃卫生行业科研计划项目	X线摄影刻度尺的研制及在肢体等大全长摄影中的应用研究	2011年	周晟	10	GSWST2011-03	甘卫科教发〔2011〕295号
10	甘肃卫生行业科研计划项目	腰椎不同角度及深度置入椎弓根螺钉对把持力影响的研究	2011年	邓强	2	GSWST2011-18	甘卫科教发〔2011〕295号
11	甘肃卫生行业科研计划管理项目	中医药防治大骨节病的临床与实验研究	2011年	李盛华	5	GWGL2010-36	甘卫科教发〔2011〕237号
12	甘肃卫生行业科研计划管理项目	中药肠瘤康对人结肠癌HT29细胞增殖及细胞周期相关蛋白影响及作用机制的研究	2011年	杨维建	医院配套0.5	GWGL2010-7	甘卫科教发〔2011〕237号

续表

序号	项目来源	项目名称	立项时间	项目负责人	划拨经费（万元）	项目编号	立项文号
13	甘肃卫生行业科研计划管理项目	大隐静脉射频闭合术日间病房的临床研究	2011年	唐晓勇	医院配套0.5	GWGL2010-8	甘卫科教发〔2011〕237号
14	甘肃省中医药管理局科研项目	李可古中医学术观点指导治疗癌性疼痛的临床疗效观察	2011年	倪红	3	GZK-2011-3	甘卫中函〔2011〕707号
15	甘肃省中医药管理局科研项目	中西医结合护理优化方案对围手术期低体温影响的研究	2011年	马郑萍	2	GZK-2011-29	甘卫中函〔2011〕707号
16	甘肃省中医药管理局科研项目	密集型针刺治疗枕下三角区综合征疗效观察	2011年	张洪涛	2	GZK-2011-52	甘卫中函〔2011〕707号
17	甘肃省中医药管理局科研项目	伤科洁肤液的研制及质量标准研究	2011年	刘效栓	2	GZK-2011-65	甘卫中函〔2011〕707号
18	甘肃省中医药管理局科研项目	骨刺消巴布剂对大耳白兔膝骨性关节炎影响机制的实验研究	2011年	赵军	2	GZK-2011-66	甘卫中函〔2011〕707号
19	甘肃省中医药管理局科研项目	运脾颗粒治疗功能性消化不良的临床观察	2011年	王煜	自筹	GZKLP-2011-1	甘卫中函〔2011〕707号
20	甘肃省教育厅项目	藏药羌活鱼有效成分对骨髓间充质干细胞增殖及向成骨细胞分化与成骨能力影响的实验研究	2011年	谢兴文	医院配套3.0	1106B-13	甘教技〔2011〕45号
21	甘肃省教育厅项目	藏药镰形棘豆药材及其总黄酮类成分中黄酮成分的含量测定方法研究	2011年	姜 华	医院配套3.0	1106B-14	甘教技〔2011〕45号
22	甘肃省教育厅项目	糖网康调控VEGF视网膜血管保护作用实验研究	2011年	罗向霞	医院配套3.0	1106B-15	甘教技〔2011〕45号
23	甘肃省教育厅项目	膝骨性关节炎中医体质与调体治疗的临床研究	2011年	周明旺	医院配套3.0	1106B-16	甘教技〔2011〕45号
24	兰州市科技计划项目	自制C型椎管内骨折复位器在胸腰椎骨折手术治疗中的临床应用研究	2011年	赵继荣	1	2011-2-30	兰财建〔2011〕118号
25	兰州市科技计划项目	矩阵针刺治疗椎动脉型颈椎病临床研究	2011年	金钰钧	1	2011-2-31	兰财建〔2011〕118号
26	兰州市科技计划项目	三黄巴布剂的制备与质量标准研究	2011年	徐玉娥	1	2011-2-32	兰财建〔2011〕118号
27	兰州市科技计划项目	通闭益气活血汤对大鼠血栓闭塞性脉管炎模型的治疗作用及其机理研究临床研究	2011年	何国华	1	2011-2-33	兰财建〔2011〕118号
28	兰州市科技局指导性项目	草清栓的研制及质量标准研究	2011年	沈涛	自筹	2011-ZD-15	兰科字〔2011〕112号
29	甘肃中医学院科研项目库基金项目	甘肃中医学院第一附属医院院内中药制剂现状汇总分析	2011年	舒劲	0.2	—	院科发〔2011〕7号
30	甘肃中医学院科研项目库基金项目	甘草的药效学及产品开发研究现状分析	2011年	刘效栓	0.2	—	院科发〔2011〕7号

甘肃省中医药研究院2011年科研课题立项一览表

序号	项目来源	项目名称	立项时间	项目负责人	划拨经费（万元）	项目编号	立项文号
1	技术研究与开发专项计划	甜菜碱对酒精性肝病大鼠的保护性作用及对MCP-1、IL-10表达的影响	2011年	田旭东	3	1105TCYA020	甘财教〔2011〕83号
2	技术研究与开发专项计划	脊柱改良弓形架的设计研究	2011年	赵军	4	1105TCYA013	甘财教〔2011〕83号
3	技术研究与开发专项计划	胰岛素对周围神经损伤的改善效应及机制	2011年	王华明	4	1105TCYA021	甘财教〔2011〕83号
4	甘肃省自然科学基金计划	新辑敦煌和吐鲁番医药卷子整理及文献研究	2011年	袁仁智	3	1107RJZA257	甘财教〔2011〕85号
5	甘肃省自然科学基金计划	岷当归提取物对血管性认知功能障碍大鼠神经细胞凋亡的影响研究	2011年	东红	3	1107RJZA224	甘财教〔2011〕85号
6	甘肃省自然科学基金计划	溃疡期压疮应用养阴生肌散的临床观察和抑菌效果分析	2011年	邢福军	3	1107RJZA200	甘财教〔2011〕85号
7	甘肃省青年基金计划	藏药镰形棘豆总黄酮干预糖尿病KK-Ay小鼠胰岛素抵抗作用机制研究	2011年	杨丽霞	2	1107RJYA081	甘卫中函〔2011〕707号
8	甘肃省中医药管理局科研项目	基于TGF-β1/Smads信号途径探讨糖肾康干预糖尿病肾间质纤维化的机制	2011年	杨丽霞	3	GZK-2011-13	甘卫中函〔2011〕707号
9	甘肃省中医药管理局科研项目	敦煌医学真迹释录与文献研究	2011年	袁仁智	3	GZK-2011-14	甘卫中函〔2011〕707号
10	甘肃省中医药管理局科研项目	健胃消胀合剂治疗慢性萎缩性胃炎的临床观察	2011年	田旭东	2	GZK-2011-44	甘卫中函〔2011〕707号
11	甘肃省中医药管理局科研项目	归甲疏通胶囊治疗输卵管阻塞性不孕症的药效学研究	2011年	潘文	2	GZK-2011-60	甘卫中函〔2011〕707号
12	甘肃省中医药管理局科研项目	中风膏的剂型改进及质量标准制定	2011年	姜华	2	GZK-2011-76	甘卫中函〔2011〕707号
13	甘肃省中医药管理局科研项目	抗感合剂治疗流行性病毒性呼吸道感染的临床观察	2011年	王兰娣	自筹	GZKLP-2011-4	甘卫中函〔2011〕707号
14	甘肃省教育厅项目	藏药羌活鱼有效成分对骨髓间充质干细胞增殖及向成骨细胞分化与成骨能力影响的实验研究	2011年	谢兴文	自筹	1106B-13	甘教技〔2011〕45号
15	甘肃省教育厅项目	藏药镰形棘豆总黄酮的提取及其药学相关性研究	2011年	姜华	自筹	1106B-14	甘教技〔2011〕45号
16	兰州市科技计划项目	羌活鱼有效成分对骨髓间充质干细胞增殖及向成骨细胞分化影响的实验研究	2011年	谢兴文	1	2011-2-34	兰财建〔2011〕118号
17	兰州市科技计划项目	脊髓型颈椎病动物模型椎间盘组织中HIF-Ia与VEGF的表达及相关性研究	2011年	樊成虎	1	2011-2-35	兰财建〔2011〕118号

甘肃省中医院2011年科研获奖一览表

序号	项目来源	项目名称	获奖类别	项目负责人	获奖等级	获奖文号
1	厅列中医药科研课题	化积止痛巴布剂穴贴配合中药内服对小鼠肝癌抑瘤作用的影响	甘肃省皇甫谧中医药科技奖	王兰英	二等奖	甘中医药会发〔2011〕17号
2	自选课题	胆胰宁对大鼠慢性胰腺炎的实验研究	甘肃省皇甫谧中医药科技奖	唐晓勇	三等奖	甘中医药会发〔2011〕17号
3	技术研究与开发专项计划	青海玉树地震兰州骨伤病流行病学调查	甘肃医学科技奖	李盛华	三等奖	甘医会字〔2011〕30号
4	甘肃省科技攻关项目	锚定法单开门颈椎管扩大成型术的临床应用研究	甘肃医学科技奖	米仲祥	三等奖	甘医会字〔2011〕30号
5	自选课题	甘肃省妇女宫颈HPV感染分型检测与宫颈病变的相关性研究	甘肃医学科技奖	杜敏	三等奖	甘医会字〔2011〕30号
6	技术研究与开发专项计划	中医护理技术(穴位按压)促进社区产妇宫体恢复的研究	甘肃省黎秀芳护理科学技术奖	周毓萍	三等奖	甘护会发〔2011〕10号

甘肃省中医药研究院2011年科研获奖一览表

序号	项目来源	项目名称	获奖类别	项目负责人	获奖等级	获奖文号
1	厅列中医药科研课题	针刀松解枕下三角治疗椎动脉型颈椎病疗效评价	甘肃省皇甫谧中医药科技奖	王海东	二等奖	甘中医药会发〔2011〕17号

甘肃省中医院2011年科研鉴定一览表

序号	项目来源	项目名称	鉴定时间	项目完成人	鉴定水平	鉴定号
1	甘肃省中医药管理局科研项目	颈椎病中医证型规范化研究	2010-12	谢兴文	国内领先	甘科鉴字〔2010〕869号
2	甘肃省科技支撑计划项目	杜仲腰痛丸治疗职业性腰背痛的临床研究及毒理研究	2011-07	赵继荣	国内领先	甘科鉴字〔2011〕0219号
3	甘肃省自然科学基金计划	射干扶正口服液的制备及对H22小鼠实体瘤抑瘤及免疫镇痛作用的实验研究	2011-07	王红丽	国内领先	甘科鉴字〔2011〕202号
4	甘肃省中医药管理局科研项目	中药熥敷保健颈托的研制及其治疗颈椎病的临床试验研究	2011-07	赵继荣	国内领先	甘科鉴字〔2011〕202号
5	甘肃省中医药管理局科研项目	中风膏治疗脑出血急性期的临床研究	2011-07	李妍怡	国内领先	甘科鉴字〔2011〕0255号
6	甘肃省中医药管理局项目	中风膏对大鼠脑缺血再灌注损伤保护作用及机制的研究	2011-12	刘志军	国内领先	甘科鉴字〔2011〕0645号
7	兰州市科技计划项目	补脑膏对大鼠脑缺血再灌注损伤保护作用及机制的研究	2011-07	李妍怡	国内领先	甘科鉴字〔2011〕0254号
8	兰州市科技计划项目	佛手溃疡颗粒治疗复发性口腔溃疡疗效观察	2011-07	张剑峰	国内领先	甘科鉴字〔2011〕0204号

续表

序号	项目来源	项目名称	鉴定时间	项目完成人	鉴定水平	鉴定号
9	自选课题	CDFI联合TCD与DSA对颈部血管狭窄诊断的相关性对比研究	2011-08	曹骅	国内领先	甘科鉴字〔2011〕0250号
10	甘肃省自然基金项目	佛手瓜蒌胶囊治疗冠心病心绞痛的临床及实验研究	2011-09	李妍怡	国内领先	甘科鉴字〔2011〕407号
11	自选课题	高糖牛奶饲喂制备高脂血症动物模型的研究	2011-09	杨世霞	国内先进	甘科鉴字〔2011〕325号
12	甘肃省科技厅科学事业费项目	中风膏对脑出血的临床研究	2011-10	李妍怡	国内领先	甘科鉴字〔2011〕0330号
13	甘肃省自然科学基金计划	不同接骨方药对骨髓间充质干细胞增殖、成骨分化、迁移影响的实验研究	2011-10	谢兴文	国内领先	甘科鉴字〔2011〕380号
14	甘肃省中医药管理局科研项目	中风膏对大鼠脑缺血再灌注损伤保护作用及机制的研究	2011-12	刘志军	国内领先	甘科鉴字〔2011〕0645号
15	甘肃省技术研究与开发专项	中药注射剂不良反应的循证医学研究	2011-12	郑慧	国内领先	甘科鉴字〔2011〕第542号

甘肃省中医药研究院2011年科研鉴定一览表

序号	项目来源	项目名称	鉴定时间	项目完成人	鉴定水平	鉴定号
1	甘肃省青年科技基金项目	清上达下法治疗热淋的临床与实验研究	2011-07	潘文	国内领先	甘科鉴字〔2011〕439号
2	甘肃省自然科学基金计划	多层螺旋CT低剂量扫描儿童骨骼优化策略研究	2011-11	张彦彩	国内领先	甘科鉴字〔2011〕404号
3	甘肃省中医药管理局科研项目	应用黄连酊湿性换药防治Ⅲ-Ⅳ期压疮的临床护理研究	2011-12	刘旭琴	国内领先	甘科鉴字〔2011〕406号

甘肃省中医院2012年科研课题立项一览表

序号	项目来源	项目名称	立项时间	项目负责人	划拨经费（万元）	项目编号	立项文号
1	国家自然基金（地区基金项目）	阳虚质膝骨性关节炎Wnt/β-catenin信号通路水平及调体干预研究	2012年	李盛华	52	81260546	国科金计项〔2012〕29号
2	国家中医药管理局项目	面向农村的5种常见病中医药成果集成转化研究与平台建设	2012年	李盛华	30	201207003	—
3	甘肃省科技重大计划项目	新型骨、软骨及其复合组织工程产品的研发与质量评价体系建立	2012年	戴刚	220	1203FKDA036	甘财教〔2012〕174号
4	甘肃省民生科技计划项目	以针刀松解术为核心的中医特色疗法在基层的推广应用	2012年	王海东	80	2012GS05409	甘财教〔2012〕254号

续表

序号	项目来源	项目名称	立项时间	项目负责人	划拨经费(万元)	项目编号	立项文号
5	国家中医药管理局“三个一批”诊疗项目	超声电导(针灸)仪的改造	2012年	王海东	—	ZYZLSB-2012〔010〕	横向合作课题
6	甘肃省科技支撑计划项目	多节段椎板开窗潜行扩大治疗退变性腰椎管狭窄症的临床与实验研究	2012年	关永林	3	1204FKCA148	甘财教〔2012〕197号
7	甘肃省科技支撑计划项目	中医特色干预腰椎间盘突出症社区方案研究	2012年	赵继荣	3	1204FKCA166	甘财教〔2012〕197号
8	甘肃省自然科学基金计划	补肾活血化痰法对PCOS大鼠子宫内膜容受性影响的实验研究	2012年	许彩凤	3	1208RJZA194	甘财教〔2012〕201号
9	甘肃省自然科学基金计划	三黄中空栓剂研制	2012年	肖正国	3	1208RJZA177	甘财教〔2012〕201号
10	甘肃省自然科学基金计划	藏药萝蒂对视网膜血管保护作用的实验研究	2012年	罗向霞	3	1208RJZA123	甘财教〔2012〕201号
11	甘肃省自然科学基金计划	大剂量岷当归对高同型半胱氨酸血症兔致动脉粥样硬化和自由基代谢的影响研究	2012年	王晓萍	3	1208RJZA187	甘财教〔2012〕201号
12	甘肃省自然科学基金计划	曲马多联合电针对神经病理性疼痛大鼠行为学及脊髓相关细胞因子的影响	2012年	谢朝晖	3	1208RJZA228	甘财教〔2012〕201号
13	甘肃省自然科学基金计划	玉红微乳膏剂制备工艺与质量标准研究	2012年	郑慧	3	1208RJZA135	甘财教〔2012〕201号
14	甘肃省自然科学基金计划	椎间盘细胞机械刺激-反应信号应答方式的实验研究	2012年	张德宏	3	1208RJZA174	甘财教〔2012〕201号
15	甘肃省自然科学基金计划	宣白承气汤灌肠对急性肺损伤ET和I-FABP的影响	2012年	脱承德	3	1208RJZA241	甘财教〔2012〕201号
16	甘肃省青年基金计划项目	膝骨性关节炎中医体质及其相关基因多态性研究	2012年	周明旺	2	1208RJYA041	甘财教〔2012〕201号
17	甘肃省青年基金计划项目	骨刺乳膏制备工艺研究	2012年	马琴国	2	1208RJYA059	甘财教〔2012〕201号
18	甘肃省自然基金第二批计划	消肿止痛合剂治疗创伤性SIRS的临床研究及抗炎药效学实验研究	2012年	张绍文	医院配套3	1212RJZA084	甘科计〔2012〕37号
19	甘肃省自然基金第二批计划	皮瓣移植术后静脉危象发生机制的实验研究	2012年	宋渊	医院配套3	1212RJZA086	甘科计〔2012〕37号
20	甘肃省中医药管理局科研项目	中风膏对颈动脉粥样硬化患者斑块易损性的影响研究	2012年	王晓萍	3	GZK-2012-2	甘卫中函〔2012〕732号
21	甘肃省中医药管理局科研项目	中风膏预适应对脑缺血损伤的延迟保护作用及机制研究	2012年	杨瑞龙	3	GZK-2012-7	甘卫中函〔2012〕732号

续表

序号	项目来源	项目名称	立项时间	项目负责人	划拨经费（万元）	项目编号	立项文号
22	甘肃省中医药管理局科研项目	银柴胡提取干预治疗脊髓慢性渐进性压迫后基质金属蛋白酶的表达及转归的实验研究	2012年	王想福	3	GZK-2012-13	甘卫中函〔2012〕732号
23	甘肃省中医药管理局科研项目	老年原发性高血压体质类型分布规律及预防策略构建研究	2012年	郦雅珺	3	GZK-2012-22	甘卫中函〔2012〕732号
24	甘肃省中医药管理局科研项目	裴正学教授"兰州方"治疗再障的研究	2012年	展锐	3	GZK-2012-23	甘卫中函〔2012〕732号
25	甘肃省中医药管理局科研项目	复方苦参注射液和顺铂联用对抑制骨肉瘤血管生成的协同增效作用	2012年	冯康虎	2	GZK-2012-56	甘卫中函〔2012〕732号
26	甘肃省中医药管理局科研项目	甘草喷雾剂的制备及预防全麻气管插管呼吸道并发症的作用机理研究	2012年	薛建军	2	GZK-2012-67	甘卫中函〔2012〕732号
27	甘肃卫生行业科研计划项目	兰州市先天性儿童手畸形的流行病学调查及干预治疗	2012年	陈志龙	5	GSWST2012-17	甘卫科教函〔2013〕84号
28	兰州市科技计划项目	亚麻木酚素防治女性围绝经期乳腺癌及骨质疏松症的药学基础研究	2012年	李兴勇	10	2012-2-77	兰财建〔2012〕151号
29	兰州市科技计划项目	补脑软胶囊的开发研究	2012年	李喜香	10	2012-2-78	兰财建〔2012〕151号
30	兰州市科技计划项目	兰州地区健康人群五种肿瘤标志物参考范围的调查	2012年	邢福军	2	2012-1-44	兰财建〔2012〕97号
31	兰州市科技计划项目	针刀辨位定点治疗项痹的疗效及技术规范研究	2012年	王海东	2	2012-1-45	兰财建〔2012〕97号
32	兰州市科技计划项目	大剂量岷当归对脑出血大鼠神经细胞凋亡的影响研究	2012年	李妍怡	2	2012-1-46	兰财建〔2012〕97号
33	兰州市科技计划项目	针刺对围绝经期情志抑郁的干预研究与评价	2012年	邱连利	1	2012-1-47	兰财建〔2012〕97号
34	兰州市科技计划项目	综合运用中医护理技术促进中风偏瘫患者康复的研究	2012年	郭雪梅	1	2012-1-48	兰财建〔2012〕97号
35	兰州市科技计划项目	参附注射液对老年大鼠肢体缺血再灌注后远隔器官损伤保护作用的实验研究	2012年	谭萍	1	2012-1-49	兰财建〔2012〕97号
36	兰州市科技计划项目	骨刺消巴布剂对大鼠急性软组织损伤模型的治疗作用及机理研究	2012年	董林	1	2012-1-50	兰财建〔2012〕97号
37	兰州市科技指导性计划项目	中药穴位贴敷配合腹部按摩治疗中风后便秘的护理研究	2012年	杨春林	自筹	2012-ZD-01	兰科计字〔2012〕184号
38	兰州市科技指导性计划项目	应用中医护理干预社区高血压患者的临床研究	2012年	赵燕	自筹	2012-ZD-02	兰科计字〔2012〕184号

续表

序号	项目来源	项目名称	立项时间	项目负责人	划拨经费(万元)	项目编号	立项文号
39	兰州市科技指导性计划项目	多项干预措施对抗菌药物临床应用效果研究	2012年	张民	自筹	2012-ZD-03	兰科计字〔2012〕184号
40	兰州市科技指导性计划项目	小剂量氯胺酮复合芬太尼术后镇痛对下肢关节置换术后病人免疫功能的影响	2012年	刘叶荣	自筹	2012-ZD-04	兰科计字〔2012〕184号
41	甘肃省档案局项目	甘肃省医疗系统管理模式研究	2012年	张景华	自筹	2012-2	甘档发〔2012〕118号

甘肃省中医药研究院2012年科研课题立项一览表

序号	项目来源	项目名称	起止时间	项目负责人	划拨经费(万元)	项目编号	立项文号
1	国家自然基金(地区基金项目)	镰形棘豆鼠李柠檬素抗炎免疫作用及对治疗慢性支气管炎的机制研究	2012年	姜华	49	81260633	国科金计项〔2012〕29号
2	国家自然基金(青年基金项目)	镰形棘豆总黄酮干预炎症介导的胰岛素抵抗分子机制研究	2012年	杨丽霞	23	81202971	国科金计项〔2012〕29号
3	甘肃省科技支撑计划项目	甘草次酸口服囊泡包裹的纳米载体构建及肝靶向特性研究	2012年	李喜香	5	1204FKCA183	甘财教〔2012〕197号
4	甘肃省科技支撑计划项目	单孔胸腔镜肺叶袖式切除术的临床应用	2012年	党建中	5	1204FKCA184	甘财教〔2012〕197号
5	甘肃省科技支撑计划项目	局麻下共同性外斜视术中和术后早期目标眼位的研究	2012年	慕明燕	3	1204FKCA186	甘财教〔2012〕197号
6	甘肃省技术研究与开发专项	基于快速循环渗漉法——对中药制剂渗漉工艺的研究	2012年	马新换	3	1205TCYA019	甘财教〔2012〕198号
7	甘肃省技术研究与开发专项	温阳通络针灸法与腰椎间盘突出症髓核常量元素相关性研究	2012年	孙力	3	1205TCYA019	甘财教〔2012〕198号
8	甘肃省技术研究与开发专项	鼻康胶囊治疗过敏性鼻炎—哮喘综合征的临床观察	2012年	王兰娣	4	1205TCYA029	甘财教〔2012〕198号
9	甘肃省技术研究与开发专项	岷当归提取物对大鼠皮层神经细胞凋亡的影响研究	2012年	李妍怡	4	1205TCYA024	甘财教〔2012〕198号
10	甘肃省创新团队建设计划项目	陇中骨伤特色药物研究科技创新团队	2012年	李盛华	150	1207TTCA004	甘财教〔2012〕200号
11	甘肃省自然基金计划项目	腓骨后外侧切口入路钢板内固定治疗PILON骨折合并腓骨远端骨折	2012年	宫玉锁	3	1208RJZA170	甘财教〔2012〕201号
12	甘肃省青年基金计划项目	基于藏药甘青青兰保肝作用的有效部位活性筛选	2012年	李晓东	2	1208RJYA035	甘财教〔2012〕201号
13	甘肃省中医药管理局项目	中药熥敷保健颈托的工艺改进及防治颈椎病生物力学研究	2012年	赵继荣	3	GZK-2012-28	甘卫中函〔2012〕732号

续表

序号	项目来源	项目名称	起止时间	项目负责人	划拨经费（万元）	项目编号	立项文号
14	甘肃省中医药管理局项目	运脾颗粒治疗慢传输性便秘的临床疗效评估及实验研究	2012年	左进	3	GZK-2012-37	甘卫中函〔2012〕732号
15	甘肃省中医药管理局项目	不同浓度骨痹止痛液对兔膝骨性关节炎不同时期骨细胞中IL-1、TNF-a、IFG-1、TGF-b、bFGF、PGE2等相关因子的表达	2012年	李兴勇	3	GZK-2012-45	甘卫中函〔2012〕732号
16	甘肃省中医药管理局项目	名老中医临床诊疗经验及传承方法——唐士诚学术思想及临证经验研究	2012年	李树君	3	GZK-2012-48	甘卫中函〔2012〕732号
17	甘肃省中医药管理局项目	藏药镰形棘豆的DNA条形码鉴定	2012年	黄聪琳	2	GZK-2012-71	甘卫中函〔2012〕732号
18	甘肃中医学院导师科研项目	从TNF-α介导的IKK/IκB/NF-κB信号通路探讨补肾活血方对PCOS伴IR的干预机制	2012年	潘文	3	1206-07	甘财教〔2012〕90号

甘肃省中医院2012年科研获奖一览表

序号	项目来源	项目名称	获奖类别	项目完成人	获奖等级	获奖文号
1	厅列中医药重点科研项目	制萎扶胃浓缩丸防治慢性萎缩性胃炎的机制研究	甘肃省皇甫谧中医药科技奖	舒劲	一等奖	甘中医药会发〔2012〕10号
2	甘肃省科技厅科学事业费项目	旋牵手法治疗椎动脉型颈椎病手法标准操作规程(SOP)的研究	甘肃省皇甫谧中医药科技奖	鄢卫平	二等奖	甘中医药会发〔2012〕10号
3	自选课题	矩阵针灸治疗突发性耳聋的临床研究	甘肃省皇甫谧中医药科技奖	张洪涛	三等奖	甘中医药会发〔2012〕10号
4	厅列中医药科研项目	射贝止咳液对小儿咳嗽变异性哮喘免疫调节作用的研究	甘肃省皇甫谧中医药科技奖	樊彩娥	三等奖	甘中医药会发〔2012〕10号
5	甘肃省科技厅科技计划项目	消臌饮治疗肝硬化低蛋白血症的临床观察及急性毒性研究	甘肃省皇甫谧中医药科技奖	田旭东	三等奖	甘中医药会发〔2012〕10号
6	厅列中医药科研项目	消肿止痛合剂预防人工髋关节置换术后异位骨化形成的临床研究	甘肃省皇甫谧中医药科技奖	柳海平	三等奖	甘中医药会发〔2012〕10号
7	厅列中医药科研项目	玉红膏对开放性软组织损伤兔的碱性成纤维细胞生长因子(b-FGF)及其转化生长因子b1（TGF-b1)表达的影响	甘肃省皇甫谧中医药科技奖	史文宇	三等奖	甘中医药会发〔2012〕10号
8	甘肃省自然科学基金计划	不同接骨方药对骨髓间充质干细胞增殖、成骨分化、迁移影响的实验研究	甘肃省皇甫谧中医药科技奖	谢兴文	三等奖	甘中医药会发〔2012〕10号

续表

序号	项目来源	项目名称	获奖类别	项目完成人	获奖等级	获奖文号
9	甘肃省自然科学基金计划	佛手瓜蒌胶囊治疗冠心病心绞痛的临床和实验研究	甘肃省皇甫谧中医药科技奖	李妍怡	三等奖	甘中医药会发〔2012〕10号
10	甘肃省科技支撑计划项目	杜仲腰痛丸治疗职业性腰背痛的临床研究及毒理学研究	甘肃省残疾人康复科学技术奖	赵继荣	二等奖	2012-2-1-R1/4
11	甘肃省科技厅科学事业费	糖肾康胶囊治疗DN及与RAS相关机理的研究	甘肃省药学发展奖	张定华	二等奖	甘肃省药学会
12	甘肃省自然科学基金计划	不同接骨方药对骨髓间充质干细胞增殖、成骨分化、迁移影响的实验研究	甘肃省药学发展奖	谢兴文	三等奖	甘肃省药学会
13	兰州市科技局项目	附炎栓的制备及药效学研究	甘肃省药学发展奖	古秋莉	三等奖	甘肃省药学会
14	兰州市科技局项目	MARK标记分次曝光负重位下肢全长X线摄影技术研究	兰州市科学技术进步奖	周晟	二等奖	2012-2-24

甘肃省中医药研究院2012年科研获奖一览表

序号	项目来源	项目名称	获奖类别	项目完成人	获奖等级	获奖文号
1	厅列中医药科研项目	藏药镰形棘豆活性组分的筛选	甘肃省皇甫谧中医药科技奖	姜华	二等奖	甘中医药会发〔2012〕10号
2	甘肃省自然科学基金计划	清上达下法治疗热淋的临床与实验研究	甘肃省皇甫谧中医药科技奖	潘文	三等奖	甘中医药会发〔2012〕10号

甘肃省中医院2012年科研鉴定一览表

序号	项目来源	项目名称	鉴定时间	项目完成人	鉴定水平	鉴定号
1	甘肃省科技支撑计划项目	CT增强扫描患者的心理疏导及行为干预研究	2012-03	周晟	国内领先	甘科鉴字〔2012〕006号
2	甘肃省科技支撑计划项目	自负重站立动力位DR片对腰椎曲度影响的影像学评价	2012-03	王闻奇	国内领先	甘科鉴字〔2012〕007号
3	甘肃省科技支撑计划项目	强直性脊柱炎早期髂骼关节量化评定与临床相关性研究	2012-07	唐治	国内先进	甘科鉴字〔2012〕211号
4	自选课题	肤宁洁乳膏制备工艺对压疮Ⅰ、Ⅱ期皮肤护理的临床研究	2012-07	张丽平	国内领先	甘科鉴字〔2012〕167号
5	甘肃省自然科学基金计划	消肿止痛合剂防治急性脊髓损伤的实验研究	2012-07	邓强	国内领先	甘科鉴字〔2012〕250号

续表

序号	项目来源	项目名称	鉴定时间	项目完成人	鉴定水平	鉴定号
6	甘肃省自然科学基金计划	铁箍膏巴布剂的制备及质量标准研究	2012-08	乔莉	国内领先	甘科鉴字〔2012〕283号
7	甘肃省技术研究与开发专项	肠毒清口服液对SD大鼠全身炎症反应综合征的治疗及作用机制的研究	2012-07	陈进凡	国内领先	甘科鉴字〔2012〕155号
8	甘肃省软科学专项	兰州市社区卫生服务中医药现状调查研究	2012-10	徐霞	国内先进	甘科软评字〔2012〕028号
9	甘肃卫生行业科研计划项目	瞳孔缘环行切除在葡萄膜炎并发复杂性白内障手术治疗中的应用研究	2012-12	刘永民	国内领先	甘科鉴字〔2012〕670号

甘肃省中医药研究院2012年科研鉴定一览表

序号	项目来源	项目名称	鉴定时间	项目完成人	鉴定水平	鉴定号
1	甘肃省中医药管理局项目	佛手通瘀汤防治人工髋关节置换术后下肢深静脉血栓形成的疗效研究	2012-01	董林	国内领先	甘科鉴字〔2012〕033号
2	兰州市科技计划项目	羌活鱼不同提取物对骨髓间充质干细胞增殖及向成骨细胞分化影响的实验研究	2012-10	谢兴文	国内领先	甘科鉴字〔2012〕407号
3	甘肃省科研院所技术开发项目	中药“复方芦荟鼻安软膏”医院制剂的开发研究	2012-07	姜华	国内领先	甘科鉴字〔2012〕149号
4	甘肃省自然科学基金计划	溃疡期压疮应用养阴生肌散的临床观察和抑菌效果分析	2012-09	邢福军	国内领先	甘科鉴字〔2012〕319号
5	甘肃省技术研究与开发专项	Survivin VEGF在骨良性、交界性、恶性成骨性肿瘤中的表达及意义	2012-12	黄小玲	国内领先	甘科鉴字〔2012〕691号
6	甘肃省自然科学基金计划	基于信息技术的名老中医王自立学术思想、临证经验数据挖掘	2012-12	舒劲	国内领先	甘科鉴字〔2012〕708号
7	甘肃省自然科学基金计划	注线法治疗高血压病的临床观察及实验研究	2012-12	张洪涛	国内领先	甘科鉴字〔2012〕710号
8	甘肃省技术研究与开发专项	甘肃省亚健康人群中医基本证候特征的流行病学研究	2012-05	张小荣	国内领先	甘科鉴字〔2012〕0065号

甘肃省中医院2013年科研课题立项一览表

序号	项目来源	项目名称	立项时间	项目负责人	划拨经费（万元）	项目编号	立项文号
1	国家自然基金项目（地区基金）	新型含“界层结构”仿生一体化支架与人脐带MSCs工程化制备关节骨软骨复合组织研究	2013年	戴刚	50	31360230	国科金计项〔2013〕57号
2	国家自然基金项目（青年基金）	基于蛋白质组学对三黄泻心汤干预Hp克拉霉素耐药的作用机制研究	2013年	刘清君	23	81302966	国科金计项〔2013〕57号

续表

序号	项目来源	项目名称	立项时间	项目负责人	划拨经费（万元）	项目编号	立项文号
3	甘肃省科技支撑计划计划	化积止痛巴布剂穴贴治疗癌症的临床研究	2013年	王兰英	6	1304FKCA077	甘科计函〔2013〕22号
4	甘肃省科技支撑计划	少数民族聚集区儿童发育性髋关节脱位的流行病学调查	2013年	李卫平	5	1304FKCA110	甘科计函〔2013〕22号
5	甘肃省自然科学基金计划	基于肾阳虚血瘀湿聚理论研究温肾活血方干预肾间质纤维化大鼠的作用机制	2013年	靳锋	3	1308RJZA164	甘财教〔2013〕182号
6	甘肃省自然科学基金计划	彩色多普勒超声评估茴香枳术汤对粘连性肠梗阻疗效的实验研究	2013年	盛丽	3	1308RJZA133	甘财教〔2013〕182号
7	甘肃省自然科学基金计划	酒精性股骨头坏死中医体质类型与肝酶相关基因多态性研究	2013年	柳海平	3	1308RJZA189	甘财教〔2013〕182号
8	甘肃省自然科学基金计划	糖肾康干预糖尿病肾病肾小球系膜细胞蛋白激酶C通路的分子机制研究	2013年	张定华	3	1308RJZA202	甘财教〔2013〕182号
9	甘肃省自然科学基金计划	穴位注射葛根素注射液抗局麻药心肌毒性的实验研究	2013年	王春爱	3	1308RJZA191	甘财教〔2013〕182号
10	甘肃省自然科学基金计划	消肿止痛合剂对膝关节置换术患者应激反应因子的影响	2013年	尤从新	3	1308RJZA160	甘财教〔2013〕182号
11	甘肃省自然科学基金计划	昆仑雪菊豆总黄酮干预糖尿病胰岛素抵抗作用机制研究	2013年	张邦能	3	1308RJZA106	甘财教〔2013〕182号
12	甘肃省自然科学基金计划	安坤种子丸对胚泡着床障碍小鼠子宫膜容受性影响的实验研究	2013年	王磊	3	1308RJZA126	甘财教〔2013〕182号
13	甘肃省自然科学基金计划	注线法对子宫肌瘤患者雌孕激素水平影响的临床研究	2013年	刘文霞	3	1308RJZA177	甘财教〔2013〕182号
14	甘肃省自然科学基金计划	《黄帝内经》系统解剖学探讨与现代解剖学的对比性研究	2013年	柳直	3	1308RJZA174	甘财教〔2013〕182号
15	甘肃省自然科学基金计划	管通方醇提物调控食管癌EC9706细胞PI3K/Akt信号通路的研究	2013年	李建省	3	1308RJZA250	甘财教〔2013〕182号

续表

序号	项目来源	项目名称	立项时间	项目负责人	划拨经费（万元）	项目编号	立项文号
16	甘肃省青年基金计划项目	动脉化静脉皮瓣缺血再灌注损伤及依达拉奉干预前后组织形态学变化的研究	2013年	蒋振兴	2	1308RJYA050	甘财教〔2013〕182号
17	甘肃省自然科学基金B类计划	甘肃人群COL9A2、MMP-2基因多态性与腰突症术后复发的关联性研究	2013年	王想福	医院配套3	1310RJZA053	—
18	甘肃省自然科学基金B类计划	陇中损伤散诱导骨质疏松骨折大鼠BMSCs成骨分化中Wnt信号通路的研究	2013年	史文宇	医院配套3	1310RJZA030	—
19	甘肃卫生行业科研计划项目	基于核酸适配子电化学发光生物传感器的建立及胃癌诊断的应用研究	2013年	邢福军	5	GSWST2013-07	甘卫科教发〔2013〕286号
20	甘肃省中医药管理局科研项目	穴位贴敷联合中药辨证治疗对反复呼吸道感染患儿免疫功能影响的研究	2013年	沈玉鹏	3	GZK-2013-1	甘卫中函〔2013〕361号
21	甘肃省中医药管理局科研项目	藏药椭圆叶花锚体内外抗氧化活性研究	2013年	颜秀琰	3	GZK-2013-2	甘卫中函〔2013〕361号
22	甘肃省中医药管理局科研项目	阴中求阳法对糖尿病视网膜病变VEGF-VEGFR促存活信号通路调控作用	2013年	罗向霞	3	GZK-2013-5	甘卫中函〔2013〕361号
23	甘肃省中医药管理局科研项目	蜂胶结合冰硼散干预Ⅱ期压疮的临床研究	2013年	王颖	3	GZK-2013-11	甘卫中函〔2013〕361号
24	甘肃省中医药管理局科研项目	解毒消瘀膏联合玻璃酸钠治疗膝关节骨性关节炎临床研究	2013年	武纪玲	3	GZK-2013-13	甘卫中函〔2013〕361号
25	甘肃省中医药管理局科研项目	祛寒逐风合剂动员内源性透明质酸治疗阳虚型膝骨性关节炎的临床研究	2013年	尤从新	3	GZK-2013-15	甘卫中函〔2013〕361号
26	甘肃省中医药管理局科研项目	藏药十味乳香散与五味甘露对急性痛风性关节炎大鼠影响机制的实验性研究	2013年	柳永明	3	GZK-2013-20	甘卫中函〔2013〕361号
27	甘肃省中医药管理局科研项目	扶正化瘀抗纤方对肝硬化大鼠TGF-β1及PDGF表达的动态研究	2013年	卢雨蓓	3	GZK-2013-28	甘卫中函〔2013〕361号

续表

序号	项目来源	项目名称	立项时间	项目负责人	划拨经费(万元)	项目编号	立项文号
28	甘肃省中医药管理局科研项目	名中医临床经验及学术思想研究——基于数据挖掘技术的左进学术思想及临证经验研究	2013年	甄熙奎	3	GZK-2013-39	甘卫中函〔2013〕361号
29	甘肃省中医药管理局科研项目	银花痤疮酊治疗痤疮的临床观察与实验研究	2013年	李和平	3	GZK-2013-40	甘卫中函〔2013〕361号
30	甘肃省中医药管理局科研项目	民间验方治疗创伤性肢体肿痛的临床比较研究	2013年	谢兴文	3	GZK-2013-43	甘卫中函〔2013〕361号
31	甘肃省中医药管理局科研项目	洁癣酊治疗手足癣的临床观察与实验研究	2013年	贾育蓉	3	GZK-2013-46	甘卫中函〔2013〕361号
32	甘肃省中医药管理局科研项目	中药贴敷配合生理周期调理治疗乳腺增生的临床观察	2013年	王兰英	2	GZK-2013-61	甘卫中函〔2013〕361号
33	甘肃省教育厅项目	从TGF-β/Smad信号转导与调控研究温肾活血化湿方抗肾纤维化的分子机制	2013年	李建省	2	2013A-082	甘财教〔2013〕105号
34	甘肃省中医药管理局科研项目	岷当归有效成分对高同型半胱氨酸血症兔致动脉粥样硬化的防治及机制研究	2013年	王晓萍	2	2013A-086	甘财教〔2013〕105号
35	兰州市科技计划项目(生物医药)	忍冬藤无糖颗粒的制备及其药效学比较研究	2013年	谢兴文	10	2013-4-86	兰财建〔2013〕115号
36	兰州市科技计划项目(医疗卫生)	单纯后路病灶清除植骨融合内固定术治疗脊柱结核的临床研究	2013年	关永林	1	2013-3-11	兰财建〔2013〕114号
37	兰州市科技计划项目(医疗卫生)	内外合治法对小儿肺炎咳嗽(痰热闭肺型)实验研究	2013年	沈玉鹏	1	2013-3-12	兰财建〔2013〕114号
38	兰州市科技计划项目(医疗卫生)	弹力止血气囊的研发	2013年	黄邦荣	1	2013-3-13	兰财建〔2013〕114号
39	兰州市科技计划项目(医疗卫生)	中西医结合健康教育路径对0级糖尿病足的影响	2013年	张晓岚	1	2013-3-14	兰财建〔2013〕114号

续表

序号	项目来源	项目名称	立项时间	项目负责人	划拨经费（万元）	项目编号	立项文号
40	兰州市科技计划项目（软科学）	甘肃省名中医师承教育工作调查研究	2013年	王兰娣	1.5	2013-3-90	兰财建〔2013〕114号
41	甘肃中医学院中药药理与毒理学重点实验室开放基金项目课题	加味温胆汤抗抑郁效应时序变化及其基于脑-肠轴的机制研究	2013年	张曼	2	zdsys-kj-2013-002	—
42	博士科研启动基金项目	药物铺灸疗法对慢性胃炎患者胃黏膜屏障功能改变的相关性研究	2013年	徐彦龙	3	博2013-1	—
43	博士科研启动基金项目	骶髂关节紊乱与腰椎间盘退变之间的相关性生物力学分析	2013年	师宁宁	3	博2013-2	—
44	博士科研启动基金项目	基于中医异病同治理论研究益髓解毒化瘀方治疗三种脾肾亏损瘀毒内阻型常见血液病调节外周血T细胞免疫作用的机制	2013年	申小惠	3	博2013-3	—
45	博士科研启动基金项目	半夏泻心汤对顽固性支气管哮喘的临床疗效观察	2013年	金海浩	3	博2013-4	—
46	博士科研启动基金项目	延迟性中风膏预适应促脑缺血后血管神经再生效应及机制研究	2013年	巩婷	3	博2013-5	—
47	博士科研启动基金项目	益气活血中药逆转心衰后认知障碍模型鼠神经元损伤的实验研究	2013年	于妍	3	博2013-6	—
48	博士科研启动基金项目	扶正化瘀抗纤方对肝硬化大鼠TGF-β1及CTGF表达的动态研究	2013年	马国珍	3	博2013-7	—
49	博士科研启动基金项目	三黄泻心汤干预Hp克拉霉素耐药的作用机制研究	2013年	刘清君	3	博2013-1	—
50	院级课题	贴脐疗法改善血液透析患者皮肤瘙痒的临床观察	2013年	巨生贵	1.5	院2013-1	—
51	院级课题	清宁胶囊对维持性血液透析患者BUN、SCr及血K^+的影响	2013年	苗海东	1	院2013-2	—
52	院级课题	火龙结合铺灸在膝痹病（早期）辨证施护中的应用研究	2013年	范东英	1	院2013-3	—

续表

序号	项目来源	项目名称	立项时间	项目负责人	划拨经费（万元）	项目编号	立项文号
53	院级课题	血塞通注射液与抗菌药物体外配伍实验研究	2013年	张民	0.5	院2013-4	—
54	院级课题	天芪降糖颗粒的制备工艺研究	2013年	梁海宁	0.5	院2013-5	—
55	院级课题	基于GPRS网络的环境监测系统研究	2013年	李贵臻	1	院2013-6	转立项卫生行业项目
56	院级课题	兰州地区变应性鼻炎中医患病的多因素分析	2013年	王中霞	1	院2013-11	—
57	院级课题	甘肃省中医院中医药文化建设的实践研究	2013年	郑访江	1	院2013-12	—

甘肃省中医药研究院2013年科研课题立项一览表

序号	项目来源	项目名称	立项时间	项目负责人	划拨经费（万元）	项目编号	立项文号
1	国家自然基金项目（地区基金）	基于TNF-α介导的IKK/IκB/NF-κB信号通道探讨补肾化瘀方调控多囊卵巢综合征伴胰岛素抵抗的机制研究	2013年	潘文	49	81360604	国科金计项〔2013〕57号
2	国家计生卫计委项目	部分常见病在基层中药验方临床应用研究	2013年	李盛华	5.93	—	—
3	国家中管药管理局	中医药科技成果转化基地建设	2013年	甘培尚	20	—	—
4	甘肃省技术研究与开发专项	基于激素内分泌变化探讨补肾化瘀方对多囊卵巢综合征伴IR的机制研究	2013年	潘文	8	1305TCYA029	甘科计函〔2013〕23号
5	甘肃省技术研究与开发专项	桡骨远端骨折手法复位质量与功能恢复相关研究	2013年	邓强	5	1305TCYA027	甘科计函〔2013〕23号
6	甘肃省科技支撑计划	益气固本颗粒的制备工艺及质量标准研究	2013年	沈涛	8	1304FKCA105	甘科计函〔2013〕22号
7	甘肃省自然科学基金计划	运脾止泻合剂对湿热泻小鼠肠道微生态调节及肠保护作用的研究	2013年	柳树英	3	1308RJZA253	甘财教〔2013〕182号
8	甘肃省自然科学基金计划	葛根素对高糖培养的成骨细胞增殖、凋亡及其Ⅰ型胶原mRNA表达的影响	2013年	王晓晖	3	1308RJZA136	甘财教〔2013〕182号
9	兰州市科技计划项目（医疗卫生）	基于社区的糖尿病中医药干预及推广应用研究——MCD中医药干预研究	2013年	罗向霞	1	2013-3-15	兰财建〔2013〕114号
10	博士科研启动基金项目	镰形棘豆黄酮合成关键酶查尔酮合酶CHS的基因克隆与鉴定	2013年	黄聪琳	3	博2013-9	—
11	院级课题	基于藏药羌活鱼治疗骨折的活性部位提取研究	2013年	郭敏	2	院2013-7	—
12	院级课题	陇中损伤胶囊成骨作用及机制的实验研究	2013年	张堃	2	院2013-8	—

续表

序号	项目来源	项目名称	立项时间	项目负责人	划拨经费（万元）	项目编号	立项文号
13	院级课题	Caveolin-1、TSP-1、Ezrin蛋白在骨肉瘤中的表达及与其生物学行为的相关性研究	2013年	顾立萍	2	院2013-9	—
14	院级课题	武威汉代医简方药文献研究	2013年	吕有强	1	院2013-10	—

甘肃省中医院2013年科研获奖一览表

序号	项目来源	项目名称	获奖类别	项目完成人	获奖等级	获奖文号
1	省科技厅项目	补脑膏治疗血管性痴呆的临床和实验研究	中华中医药科学技术奖	李妍怡	三等奖	中会奖办〔2013〕001号
2	—	《常见病的中医预防调护》系列丛书	中华中医药学会科学技术奖	李盛华	三等奖	中会奖办〔2013〕012号
3	厅列重点中医药科研项目	制萎扶胃浓缩丸防治慢性萎缩性胃炎的机制研究	中华中医药学会科学技术奖	舒劲	三等奖	中会奖办〔2013〕012号
4	省科学技术厅科学事业费项目	旋牵手法治疗椎动脉型颈椎病手法标准操作规程(SOP)的研究	中华中医药学会科学技术奖	鄢卫平	三等奖	中会奖办〔2013〕012号
5	—	中西医结合综合骨科微创技术临床研究	中国中西医结合学会科学技术奖	李盛华	三等奖	中西会发〔2013〕124号
6	厅列中医药科研项目	陇中Ⅰ号-汽雾透皮疗法对膝骨关节炎相关因子及临床疗效的研究	甘肃省科技进步奖	赵道洲	三等奖	2013-J3-125
7	甘肃省自然基金	血管内皮生长因子促进损伤脊髓血管新生和神经元恢复的实验研究	甘肃省残疾人康复科学技术奖	关永林	一等奖	甘残康学发〔2013〕5号
8	省卫生行业项目	瞳孔缘环行切除在葡萄膜炎并发复杂性白内障手术治疗中的应用研究	甘肃医学科技奖	刘永民	二等奖	甘医会字〔2013〕24号
9	省技术研究与开发专项	陇中Ⅰ号-汽雾透皮疗法对膝骨关节炎相关因子及临床疗效的研究	甘肃省皇甫谧中医药科技奖	赵道洲	二等奖	甘中医药会发〔2013〕9号
10	厅列中医药科研项目	颈椎病中医证型规范化研究	甘肃省皇甫谧中医药科技奖	谢兴文	二等奖	甘中医药会发〔2013〕9号
11	省自然基金	消肿止痛合剂防治急性脊髓损伤的实验研究	甘肃省皇甫谧中医药科技奖	邓强	三等奖	甘中医药会发〔2013〕9号
12	甘肃省自然基金	射干扶正口服液的制备及对H22小鼠实体瘤抑瘤及免疫镇痛作用的实验研究	甘肃省皇甫谧中医药科技奖	王红丽	三等奖	甘中医药会发〔2013〕9号

续表

序号	项目来源	项目名称	获奖类别	项目完成人	获奖等级	获奖文号
13	兰州市科技计划项目	消定膏对急性软组织损伤的临床研究	甘肃省皇甫谧中医药科技奖	樊成虎	三等奖	甘中医药会发〔2013〕9号
14	甘肃省自然基金	注线法治疗高血压病的临床观察及实验研究	甘肃省皇甫谧中医药科技奖	张洪涛	三等奖	甘中医药会发〔2013〕9号
15	厅列中医药科研项目	伤科洁肤液的研制及质量标准研究	甘肃省药学发展奖	刘效栓	二等奖	甘药发〔2013〕9号
16	—	中药炮制品临床应用指南	甘肃省科技情报学会科学技术奖	刘效栓	三等奖	甘科情学〔2013〕8号
17	—	中西医结合骨伤疼痛诊疗手册	甘肃省科技情报学会科学技术奖	谢朝晖	三等奖	甘科情学〔2013〕8号

甘肃省中医药研究院2013年科研获奖一览表

序号	项目来源	项目名称	获奖类别	项目完成人	获奖等级	获奖文号
1	厅列中医药科研项目	督脉注射疗法治疗中风病的疗效评价	甘肃省残疾人康复科学技术奖	赵俊喜	三等奖	甘残康学发〔2013〕5号
2	—	皇甫谧研究集成	甘肃省科技情报学会科学技术奖	潘文	二等奖	甘科情学〔2013〕8号
3	厅列中医药科研项目	黄连酊湿性换药治疗Ⅲ-Ⅳ期压疮的临床观察及实验研究工作报告	甘肃省黎秀芳护理科学技术奖	刘旭琴	二等奖	甘护会〔2013〕2号

甘肃省中医院2013年科研鉴定一览表

序号	项目来源	项目名称	鉴定时间	项目完成人	鉴定水平	鉴定号
1	甘肃省自然科学基金计划	豆腐果苷对大鼠坐骨神经慢性压迫性模型脊髓背角神经元的影响	2013-01	王春爱	国内领先	甘科鉴字〔2013〕002号
2	甘肃省自然科学基金计划	参附注射液对老年大鼠心肌缺血再灌注损伤保护作用的实验研究	2013-05	薛建军	国内领先	甘科鉴字〔2013〕150号
3	兰州市科技计划项目	制萎扶胃浓缩丸工艺研究	2013-05	舒劲	国内领先	甘科鉴字〔2013〕0268号
4	甘肃省自然科学基金计划	玉红微乳膏剂制备工艺与质量标准研究	2013-05	郑慧	国内领先	甘科鉴字〔2013〕0273号
5	甘肃省中医药管理局科研项目	伤科洁肤液的研制及质量标准研究	2013-05	刘效栓	国内领先	甘科鉴字〔2013〕156号

续表

序号	项目来源	项目名称	鉴定时间	项目完成人	鉴定水平	鉴定号
6	甘肃省中医药管理局科研项目	养阴生肌膜的药学基础研究	2013-05	李喜香	国内领先	甘科鉴字〔2013〕157号
7	甘肃卫生行业计划项目	X线摄影刻度尺的研制及肢体等大全长摄影中的应用研究	2013-06	周晟	国内领先	甘科鉴字〔2013〕168号
8	兰州市科技计划项目	肉苁蓉的分子鉴定研究	2013-07	顾秀琰	国内领先	甘科鉴字〔2013〕189号
9	甘肃省中医药管理局科研项目	中西医结合护理预防腹部外科围手术期低体温的研究	2013-08	马郑萍	国内领先	甘科鉴字〔2013〕0271号
10	甘肃省中青年科技基金	脏腑背俞排灌疗法治疗缓解期支气管哮喘的临床研究	2013-10	陈国廉	国内先进	甘科鉴字〔2013〕0344号
11	甘肃省自然科学基金计划	脏腑背俞排灌疗法治疗失眠症临床研究	2013-10	郑修丽	国内领先	甘科鉴字〔2013〕0343号
12	兰州市科技计划项目	多项干预措施对抗菌药物临床应用效果研究	2013-11	张民	国内先进	兰科鉴字〔2013〕006号

甘肃省中医药研究院2013年科研鉴定一览表

序号	项目来源	项目名称	鉴定时间	项目完成人	鉴定水平	鉴定号
1	甘肃省技术研究与开发专项	中风膏抗动脉粥样硬化作用及机制的实验研究	2013-05	东红	国内领先	甘科鉴字〔2013〕087号
2	兰州市科技计划项目	新药“陇中损伤胶囊”临床前药学研究	2013-05	姜华	国内领先	甘科鉴字〔2013〕158号
3	甘肃省科技支撑计划	局麻下共同性外斜视术中和术后早期目标眼位的研究	2013-08	慕明燕	国内领先	甘科鉴字〔2013〕第0255号
4	甘肃省技术研究与开发专项	基于快速循环渗漉法——对中药制剂渗漉工艺的研究	2013-08	马新换	国内领先	甘科鉴字〔2013〕第0274号
5	甘肃省中医药管理局科研项目	麝香促进兔软组织损伤感染创面愈合的实验研究	2013-09	张亚维	国内领先	甘科鉴字〔2013〕第0278号

2011年度医院发表论文一览表

序号	姓名	论文题目	杂志名称	发表时间
1	安桂香	胺碘酮治疗房颤并发静脉炎25例护理体会	西部中医药	2011-10
2	安桂香	心律失常Brugda综合征2例的护理体会	中华实用中西医杂志	2011-05
3	白会玲	2种青霉素皮试法的临床效果观察与分析	中华实用中西医杂志	2011-08
4	白芮	老年白内障病人术前心理护理	中华实用中西医杂志	2011-05

续表

序号	姓名	论文题目	杂志名称	发表时间
5	曹红霞	缺血性脑卒中的神经保护治疗	中国优生优育	2011-08
6	柴玉琼	上消化道出血病人的观察及护理	中国社区医师	2011-01
7	巢磊	PACS在医院数字化发展中的分析及应用	甘肃中医	2011-03
8	陈成	扶正培本合剂制备工艺研究	中医医药指南	2011-03
9	陈成	陈应贤教授制验撷粹	医学信息	2011-05
10	陈国栋	我国中医院管理体制改革中虚拟化集团模式研究	中国中医药信息杂志	2011-11
11	陈辉	中药灌肠治疗慢性溃疡结肠炎的护理体会	健康必读	2011-06
12	陈杰	手法配合机械牵引、中药热敷治疗腰腿痛560例临床观察	按摩与康复医学	2011-03
13	陈进凡	自体输血技术促进骨伤科术后康复的机理研究	甘肃医药	2011-12
14	陈进凡	肠毒清口服液对全身炎症反应综合征大鼠体质量及进食量的影响	西部中医药	2011-11
15	陈萍	中西医结合治疗膝关节骨性关节炎14例临床观察	中华实用中西医杂志	2011-08
16	陈世旺	免疫介导的消化系统疾病	中国社区医师	2011-00
17	陈世旺	注重调气消导治疗胃痛体会	中国中医药咨询	2011-05
18	陈世旺	廖志峰舍脉相合在脾胃病辨治中的运用举隅	陕西中医	2011-06
19	陈世旺	廖志峰治疗胃气不降经验总结	中国中医药咨询	2011-06
20	陈涛	红细胞沉降率与临床疾病的关系	中国社区医师	2011-12
21	陈晓飞	全下肢分次曝光与单次曝光X线成像对比	中国医学摄影技术	2011-09
22	陈延	浅谈颈椎病的治疗及护理措施	中华实用中西医杂志	2011-08
23	陈志龙	儿童髌骨袖套状骨折的治疗体会	中医正骨	2011-10
24	陈志龙	中药洗剂外敷配合舒血宁注射液治疗膝关节骨性关节炎80例	西部中医药	2011-11
25	程涛	中医方剂学中的《周易》思想	中国实验方剂学杂志	2011-12
26	程晓华	中药中空栓剂的研究进展	中国社区医师	2011-10
27	程晓华	推行药品集中招标采购的体会	甘肃中医	2011-05
28	崔兰玲	标本误差因素对血液生化检验结果的影响	中国社区医师	2011-07
29	崔文建	三维心脏电解剖标测射频消融治疗心房颤动35例临床观察	临床荟萃	2011-08
30	崔文建	经胸超声心动图指导房间隔缺损封堵术21例分析	中国社区医师	2011-08
31	崔文建	安体舒通联合依那普利治疗舒张性心力衰竭的疗效评价	甘肃科技	2011-08
32	崔文建	艾司洛尔联合胺碘酮治疗急性心肌梗死PCI后室速电风暴一例	卫生职业教育	2011-10
33	代长泉	“8”字钢板半骺板阻滞术治疗儿童膝内、外翻	中国当代医药	2011-08
34	党建中	甘肃省靖远县87672名中小学生先天性心脏病调查报告	西部中医药	2011-12
35	邓强	手法复位、可膨胀髓内钉固定治疗胫骨骨折的临床疗效分析	西部中医药	2011-11
36	邓煦玮	绩效沟通是医院绩效管理的核心	中华现代医院管理杂志	2011-12
37	邓煦玮	医院绩效考核应注意的问题	中华现代医院管理杂志	2011-12
38	丁玉芬	胰岛素泵强化治疗2型糖尿病的护理与观察	中华实用中西医杂志	2011-04
39	东红	中风膏联用阿托伐他汀钙对颈动脉粥样斑块的干预作用	中国社区医师	2011-09
40	董林	佛手通瘀汤防治人工髋关节置换术后下肢深静脉血栓形成的疗效观察	甘肃中医学院学报	2011-06
41	豆金彦	神经生长因子对2,5-己二酮中毒性大鼠周围神经病的治疗作用	兰州大学学报	2011-06
42	杜敏	妊娠剧吐中医药治疗研究进展	中国社区医师	2011-07
43	杜自忠	糖尿病足动脉病变的介入治疗	中国介入放射学	2011-10

续表

序号	姓名	论文题目	杂志名称	发表时间
44	段晖	护理干预对超声内镜检查者恐惧心理的影响	中国社区医师	2011-07
45	樊成虎	颈托为主治疗青少年颈椎间盘突出症11例	中国中医骨伤科杂志	2011-03
46	樊莹	高度近视白内障术后眼压变化的观察分析	中华眼外伤职业眼病杂志	2011-07
47	范东英	手术患者的舒适护理	西部中医药	2011-08
48	范东英	围手术期低体温的研究进展	中华实用中西医杂志	2011-11
49	冯康虎	Pilon骨折的治疗进展	甘肃中医	2011-04
50	高菲菲	浅谈糖尿病的护理及防护措施	中华实用中西医杂志	2011-08
51	高锦莲	循证护理在妊娠期肝内胆汁淤积症护理干预中的应用	西部中医药	2011-10
52	高侠	医院信息网络安全的管理和防范	西部中医药	2011-07
53	高小恒	无名异本草考证	实用中医药杂志	2011-01
54	高小恒	中药四性能量代谢方法研究概述	实用中医药杂志	2011-07
54	高雪华	将5S衍生为7S应用于病区护理管理中	中国社区医师	2011-02
56	高雪华	金豉清口液用于大疱性类天疱疮患者口腔护理的临床护理研究	卫生职业教育	2011-04
57	高雪华	广东省中医院进修见闻	卫生职业教育	2011-06
58	顾秀琰	兰州肉苁蓉rDNA基因内转录间隔区序列分析	卫生职业教育	2011-11
59	顾洋菲	MATLAB在医学图像增强中的应用	甘肃中医	2011-03
60	关永林	外源性血管内皮生长因子对损伤脊髓的作用	兰州大学学报(医学版)	2011-03
61	关永林	急性损伤对大鼠脊髓血管内皮生长因子受体表达的影响	兰州大学学报(医学版)	2011-03
62	关永林	外源性血管内皮生长因子对大鼠损伤脊髓神经元的作用	中国神经免疫学和神经病学杂志	2011-02
63	郭敏	不同生长期独一味中山栀苷甲酯和8-0-乙酰山栀苷甲酯的含量研究	药物分析杂志	2011-03
64	郭秀珍	对消化性溃疡患者实施健康指导的心得	中国社区医师	2011-12
65	郭雪梅	浅议个性化护理服务的实施与优点——我院灾区病房开展个性化护理服务的体会	中国社区医师	2011-12
66	何富霞	脊柱损伤患者围手术期的心理干预	中华实用中西医杂志	2011-06
67	胡敏棣	运动疗法治疗脑卒中患者肩手综合征疗效观察	中国中医药科技	2011-03
68	胡敏棣	卒中单元对脑卒中患者生存质量的影响	中国临床研究（中国厂矿医学）	2011-10
69	胡玉香	老年性梨状肌综合征扇形封闭的临床观察	中华实用中西医杂志	2010-12
70	黄小玲	血小板反应蛋白-1在肿瘤血管生成中的作用	兰州大学学报	2011-06
71	黄小玲	茴香枳术汤对粘连性肠梗阻大鼠营养状况及病理的影响	中国中医药信息杂志	2011-04
72	吉秀琴	非手术治疗颈椎病及护理	中华实用中西医杂志	2011-08
73	吉秀琴	截瘫病人的褥疮护理	中华实用中西医杂志	2011-09
74	贾福苏	病毒性肝炎患者血脂检测的临床应用	中华实用中西医杂志	2011-04
75	贾国龙	地佐辛用于膝关节置换术后静脉镇痛效果观察	甘肃科技纵横	2011-06
76	贾有福	低场核磁共振系统膝关节成像技术及临床应用	中国优生优育	2011-02
77	贾有福	低场核磁共振GRE序列在膝关节损伤诊断中的应用价值	中国初级卫生保健	2011-05
78	姜华	中医药治疗足跟痛的临床研究进展	中国中医骨伤科杂志	2011-05
79	姜华	金刚酒对肾阳虚大小鼠模型的影响	中国实验方剂学	2011-08
80	焦正花	射干口服液质量标准研究	中国中医药信息杂志	2011-12
81	靳方	颈内静脉置管常见并发症及护理对策	中国社区医师	2011-10

续表

序号	姓名	论文题目	杂志名称	发表时间
82	靳方	循证护理在糖尿病肾病患者血液透析中的应用	中国社区医师	2011-00
83	靳锋	糖尿病肾病早期诊断指标和治疗探讨	甘肃中医	2011-01
84	康开彪	中医药治疗热淋的进展	西部中医药	2011-12
85	雷作汉	健脾温肾疏肝法治疗老年慢性疲劳综合征45例临床观察	新中医	2011-09
86	雷作汉	刘国安教授治疗泌尿系结石经验	中国民族民间医药	2011-11
87	李晨旭	坐位定点斜扳手法治疗椎动脉型颈椎病93例	甘肃中医	2011-30
88	李晨旭	后路椎体间融合治疗退变性腰椎失稳症	实用中华中西医结合杂志	2011-01
89	李桂桂	股骨粗隆间骨折老年患者的围手术期护理	甘肃中医	2011-01
90	李红专	血友病性踝关节炎1例报告	中国中医骨伤科杂志	2011-10
91	李季文	养阴生肌喷剂处方配比研究	中国现代中药	2011-10
92	李平	浅谈医院成本控制	西部中医药	2011-10
93	李清花	住院患者院内检查的护理安全因素及对策	中国优生优育	2011-04
94	李清花	安全护理在高压氧治疗中的应用	中国优生优育	2011-12
95	李盛华	甘肃救治玉树地震伤员伤情调查与分析	中国中医骨伤科杂志	2011-01
96	李盛华	活血化瘀法在泥石流伤员救治中作用的病例对照研究	中国骨伤	2011-09
97	李盛华	骨科微创技术发展中存在的问题与困难	西部中医药	2011-11
98	李盛华	骨骼肌缺血再灌注损伤的重要防治研究进展	西部中医药	2011-07
99	李盛华	骶髂关节致密性骨炎	世界中医骨科杂志	2011-06
100	李树君	中医外治方治疗痤疮的研究进展	甘肃中医	2011-06
101	李树君	白复康胶囊并中药擦剂治疗白癜风62例临床观察	中国社区医师	2011-09
102	李树君	中药坐浴并内置三黄栓治疗慢性前列腺炎168例疗效观察	中国社区医师	2011-06
103	李树君	痤疮与三焦关系探讨	中华实用中西医杂志	2011-02
104	李伟青	蜡疗改善RA患者关节疼痛、肿胀症状的疗效评估	中华实用中西医杂志	2011-12
105	李伟青	针刀治疗足部急性痛风性关节炎疗效观察	中国社区医师	2011-12
106	李卫平	发育性髋关节发育不良	中国组织工程研究与临床康复	2011-12
107	李卫平	钛合金弹性钉治疗小儿四肢长骨骨折	国际骨科学杂志	2011-11
108	李文娟	护理风险管理与手术室安全的分析探讨	中华实用中西医杂志	2011-07
109	李文萍	止血宁海绵对创面局部止血动物实验研究	实用中医药杂志	2011-09
110	李喜香	制萎扶胃浓缩丸对小鼠胃肠动力的影响及急性毒性研究	实用中医药杂志	2011-03
111	李喜香	止血宁海绵对动物皮肤急性毒性与刺激及过敏试验研究	实用中医药杂志	2011-09
112	李喜香	小儿上感合剂制备工艺研究	中国中医药信息杂志	2011-12
113	李晓东	中药师承教育知与行	中华实用中西医杂志	2011-10
114	李晓娟	饮食及生活方式干预对老年胃食管反流患者的影响	西部中医药	2011-07
115	李秀娟	我院门诊电子西药处方应用效果浅析	甘肃医学	2011-11
116	李秀娟	试述药物临床试验中受试者的权益保护	西部中医药	2011-10
117	李岩	急性肺栓塞诊断与治疗进展	按摩与康复医学	2011-08
118	李岩	腰硬联合麻醉用于高龄患者髋关节置换手术的临床观察	按摩与康复医学	2011-09
119	李艳萍	逍遥散加减联合星状神经节阻滞治疗痤疮临床观察	中医临床研究	2011-10
120	李永新	刘宝厚教授诊治肾病综合征经验	甘肃中医	2011-10
121	李永忠	急性心肌梗死早期合并右束支传导阻滞对患者预后影响	陕西医学杂志	2011-11
122	李玉翠	呼吸机的分类特点及选型分析	临床医学工程	2011-11
123	连瑄	亚甲康治疗亚急性甲状腺炎激励探析	医药前沿	2011-09

续表

序号	姓名	论文题目	杂志名称	发表时间
124	梁改琴	护理干预在核磁增强扫描中的应用	中国初级卫生保健	2011-09
125	梁改琴	心理干预在MR扫描中的应用	中国优生优育	2011-03
126	梁改琴	心理疏导及行为干预对CT增强扫描患者降低造影剂不良反应发生率的对比研究	卫生职业教育	2011-06
127	梁丽娟	浅谈护患关中语言的作用	中华实用中西医杂志	2011-08
128	梁勤	玉树地震伤员血常规及生化指标检测的意义	国际检验医学杂志	2011-05
129	刘春岩	浅谈医院财务管理与资金运用	甘肃中医	2011-01
130	刘春岩	财务预算管理在企业中的作用	财会研究	2011-04
131	刘惠玲	各种标识在手术室安全管理中的应用	中华实用中西医杂志	2011-06
132	刘莉莉	IT环境下企业的网络安全	甘肃科技	2010-01
133	刘明	补中益气汤加减治疗开胸术后自汗、盗汗46例	西部中医药	2011-09
134	刘效栓	养阴生肌膜主要药效学实验研究	实用中医药杂志	2011-08
135	刘效栓	均匀设计优选通窍鼻渊丸的提取工艺条件	中国中医药信息杂志	2011-10
136	刘旭琴	湿性换药治疗压疮的疗效探讨	卫生职业教育	2011-04
137	刘旭琴	黄连酊湿性换药防治Ⅲ、Ⅳ期压疮的护理	护士进修杂志	2011-10
138	刘亚宁	胫骨高位截骨解剖钢板内固定治疗膝骨性关节炎并膝内翻43例	甘肃科技	2011-07
139	刘亚宁	应用外固定架治疗胫腓骨中下段严重粉碎性骨折的临床观察	甘肃医药	2011-04
140	刘延梦	浅谈支票管理系统的设计	中国商界	2011-02
141	刘延梦	浅谈VF在财务工作中的应用	现代商业	2011-01
142	刘延梦	浅议新形势下医院财务人员所面临的问题及对策	知识经济	2011-02
143	刘永民	超声乳化联合房角分离治疗PACG合并白内障	国际眼科杂志	2011-12
144	刘永民	中医分期治疗视网膜静脉阻塞疗效观察	甘肃医药	2011-11
145	刘永民	瞳孔缘环形切除在葡萄膜炎并发复杂性白内障手术治疗中的应用研究	中国中医眼科杂志	2011-12
146	刘媛	肠毒清口服液对全身炎症反应综合征大鼠血生化、血常规等指标的影响	卫生职业教育	2011-12
147	柳海平	氨酚羟考酮片配合消肿止痛合剂对全膝关节置换术后镇痛效果的临床观察	西部中医药	2011-10
148	柳海平	消肿止痛合剂预防全髋关节置换术后异位骨化的临床研究	中国骨伤	2011-10
149	柳海平	消肿止痛合剂预防全髋关节置换术后异位骨化的临床分析	西部中医药	2011-08
150	柳树英	六淫致脑心同病溯源	西部中医药	2011-12
151	柳湘洁	茴香积术汤对大鼠粘连性肠梗阻大鼠血浆D-乳酸的影响	西安交通大学学报	2011-09
152	柳湘洁	茴香积术汤对大鼠粘连性肠梗阻组织SOD,MDA及病理变化的影响	中国实验方剂学杂志	2011-01
153	卢少敏	糖尿病周围神经病变与C肽关系的临床观察	西部中医药	2011-10
154	卢少敏	灯盏花素对腔隙性脑梗塞患者血液流变学的影响	甘肃中医	2010-12
155	卢雨蓓	廖志峰辨证治疗功能性消化不良5法	中国社区医师	2011-11
156	陆立芳	内科老年住院患者的临床护理	中华实用中西医杂志	2011-08
157	陆立芳	面神经炎的治疗与护理	中华实用中西医杂志	2011-04
158	陆立芳	偏瘫患者下肢康复训练方法	中国社区医师	2011-01
159	罗莉	中药熏蒸治疗类风湿性关节炎的护理体会	中华实用中西医杂志	2011-09
160	罗文蓉	柴胡栽培品与野生品的生药学比较研究	西部中医药	2011-10
161	罗艳萍	浅谈强直性脊柱炎的护理体会	中华实用中西医杂志	2011-08

续表

序号	姓名	论文题目	杂志名称	发表时间
162	雒生梅	中药湿热敷配合针刀治疗颈肩综合征的护理体会	中国优生优育	2011-04
163	吕有强	浅谈《武威汉代医简》中"热熏"疗法	西部中医药	2011-11
164	吕洲杰	中风膏质量标准研究	中国中医药信息杂志	2011-09
165	马淑珍	静脉输注β-七叶皂苷钠对血管损伤的观察与护理	中华实用中西医杂志	2011-12
166	马茜茜	针刀治疗腰椎间盘突出症的护理方法	中华实用中西医杂志	2011-09
167	马新换	京帮鉴药拾粹	中国医药指南	2011-02
168	马新换	HPLC法测定血府逐瘀丸中甘草酸和芍药苷的转移率	中国中医药指南	2011-09
169	马雅静	新医保政策引发的关于医院发展的思考	西部中医药	2011-07
170	马真琴	医院门诊医患关系调查分析及改进措施	甘肃中医	2011-03
171	马真琴	院前急救护理质量控制方法的探讨	西部中医药	2011-12
172	马郑萍	开展优质护理服务对提升护理质量的作用	西部中医药	2011-12
173	孟玉霞	改进医院工资核算　完善工资管理机制	中华实用中西医杂志	2011-12
174	米仲祥	解剖型髋动力锁定钢板与动力髋螺钉治疗股骨粗隆间骨折比较	甘肃医药	2011-12
175	苗凤花	医院门诊质量管理的重要性	中华现代医院管理杂志	2011-10
176	闵彬	医疗体制改革中的医院财务管理	甘肃中医	2011-03
177	闵云山	4个地区独一味的ITS基因片段序列分析	中国当代医药	2011-06
178	缪文捷	核磁共振成像检查失败原因分析及对策	卫生职业教育	2011-05
179	缪文捷	降低儿童X线检查时受辐射的意义及防护策略	中国优生优育	2011-12
180	慕明燕	共同性斜视术后漂移的研究进展	中国斜视与小儿眼科杂志	2012-12
181	慕熙霞	脉动真空蒸汽灭菌器BD测试失败原因分析	中华实用中西医杂志	2011-07
182	南学彦	肱骨髁间骨折的治疗	中华实用中西医杂志	2011-06
183	倪红	裴正学教授治疗带状疱疹经验撷要	中医研究	2011-07
184	倪角角	鼓胀的辨证施护	中外健康文摘	2011-08
185	牛崇信	甘肃省中医药科技查新中心2008—2011年查新项目统计分析	西部中医药	2011-12
186	牛喜信	TGF-b1与关节软骨修复的研究进展	吉林医学	2011-04
187	牛喜信	小活络丸配得宝松封闭治疗腰臀肌经膜炎的临床观察	甘肃中医	2011-04
188	潘蓉	我院护理实习生就业压力及应对方式的调查分析	卫生职业教育	2011-12
189	潘蓉	关节置换手术感染的相关性因素分析及预防	中华实用中西医杂志	2011-11
190	潘文	痴呆的病因病机及其治疗在古籍中的体现	新中医	2011-11
191	潘文	清利通淋汤对机体免疫功能的影响	西部中医药	2011-12
192	裴重重	老年患者围手术期的护理	甘肃中医	2011-02
193	乔登嫣	正常粪便中大肠埃希菌产超光谱β内酰胺酶及耐药性调查	国际检验医学杂志(原)	2011-08
194	乔登嫣	626例骨科患者伤口分泌物病原菌的分布及耐药性	国际检验医学杂志	2011-08
195	乔莉	不同提取工艺血府逐瘀汤对血瘀模型大鼠的血液流变学影响	卫生职业教育	2011-10
196	邱连利	中等职业学校的学生管理浅议	卫生职业教育	2011-04
197	邱连利	粗细毫线对健康人痛阈的影响	卫生职业教育	2011-06
198	邱连利	针灸"治未病"之我见	甘肃中医	2011-04
199	任耀全	中药直肠滴注疗法在儿科的研究进展	中医儿科杂志	2011-05
200	任耀全	张士卿教授治疗小儿便秘经验	四川中医	2011-08
201	沙圆	肝硬化失代偿期患者的护理体会	甘肃医药	2011-07
202	申建军	小切口复位螺钉有限内固定单臂外固定架治疗肱骨干骨折29例	中国中医骨伤科杂志	2010-12
203	沈涛	中药调剂标准性和及时性管理浅析	卫生职业教育	2011-07
204	盛丽	彩色多普勒超声观察茴香枳术汤治疗大鼠粘连性肠梗阻的疗效	中国医学影像技术	2011-12

续表

序号	姓名	论文题目	杂志名称	发表时间
205	史文宇	消定膏对兔骨性关节炎关节液中TNF-α的影响	中国中医骨伤科杂志	2011-09
206	舒劲	制萎扶胃浓缩丸对慢性萎缩性胃炎模型大鼠SOD活性、MDA和NO含量的影响	中国实验方剂学杂志	2011-01
207	舒劲	制萎扶胃浓缩丸对CAG模型大鼠胃分泌功能和胃黏膜组织形态的影响	中国实验方剂学杂志	2011-10
208	舒劲	制萎扶胃浓缩丸对CAG大鼠血清胃分泌素、生长抑素、前列腺素E2和血浆胃动素的影响	中成药	2011-11
209	宋玉香	护理服务中的人文科学	中国社区医师	2011-08
210	宋渊	针刀治疗神经根型颈椎病研究现状	西部中医药	2011-11
211	苏莉	复方樟柳碱穴位注射联合血栓通治疗眼底出血的临床疗效观察	甘肃医药	2011-11
212	孙力	颈八珍旋指法治疗椎动脉型颈椎病64例	中医研究	2011-07
213	孙其斌	针刺配合捏脊法治疗胃食管反流性咳嗽31例	甘肃中医	2011-02
214	孙其斌	捏脊、针刺治疗慢性胃炎42例	甘肃中医学院学报	2011-06
215	孙其斌	针、捏、提治疗周围性面瘫	心理医生	2011-06
216	谭萍	对1例罗库溴铵致严重过敏性休克患者的研究报告	求医问药	2011-10
217	唐锐	外科术后体位改良的效果分析	中国社区医师	2011-02
218	唐锐	输血护理记录单的制作与应用	护理学报	2011-09
219	唐治	多层螺旋CT对胫骨平台骨折的诊断	中国临床研究	2011-08
220	唐治	髂腰肌囊扩张的影像学表现	西部中医药	2011-08
221	田广芳	类风湿性关节炎的护理体会	中华实用中西医杂志	2011-09
222	田继东	瓜蒌薤白半夏汤加味治疗胸壁挫伤653例疗效观察	按摩与康复医学	2011-08
223	田旭东	1例胃巨大间质瘤内镜下套扎术后的跟踪观察及分析	甘肃医药	2011-05
224	田雪梅	中西医结合配合小针刀治疗强直性脊柱炎68例临床分析	中国社区医师	2011-07
225	田雪梅	武威汉代医简辩证治痹思想探讨	中医研究	2011-08
226	田雪梅	中医外治法治疗急性痛风性关节炎综述	西部中医药	2011-09
227	汪新柱	X线自动曝光系统在数字X射线摄影四肢骨关节成像的规范应用	中国临床研究	2011-11
228	王爱华	参苓白术散加减治疗糖原贮积病	中医研究	2011-08
229	王承祥	臀肌松解术治疗臀肌挛缩导致膝骨性关节炎52例临床分析	中国骨伤	2011-07
230	王春爱	丙泊酚应用于5例小儿喉痉挛的体会分析	中华实用中西医杂志	2011-04
231	王春爱	丙泊酚对致敏豚鼠哮喘潜伏期的显效关系	甘肃科技纵横	2011-01
232	王海东	针刀医学与风湿病	中华现代医学与临床	2011-02
233	王海东	针刀松解枕下三角治疗椎动脉型颈椎病疗效评价	中国社区医师	2011-03
234	王兰娣	廖志峰主任医师从风燥论治咳嗽变异性哮喘临床经验	西部中医药	2011-09
235	王兰英	化积止痛巴布剂穴位贴敷配合益气化积方内服对H22荷瘤小鼠镇痛作用的影响	中国中医药信息杂志	2011-01
236	王兰英	化积止痛巴布剂穴位敷贴配合益气化积方内服对H22荷瘤小鼠免疫系统的影响	中国中医药科技	2011-04
237	王世太	小剂量氯胺酮复合舒芬太尼PCIA用于髋关节置换术术后镇痛	按摩与康复医学	2011-09
238	王闻奇	低场MRI对股骨头缺血坏死的诊断价值	中国优生优育	2011-12
239	王想福	闭合复位经皮穿针固定治疗儿童肱骨髁上骨折83例	西部中医药	2011-12
240	王晓辉	恩再适联合红花注射液对2型糖尿病周围神经病变的疗效观察	兰州大学学报(医学版)	2011-09

续表

序号	姓名	论文题目	杂志名称	发表时间
241	王晓辉	糖前康胶囊对糖耐量减低患者颈动脉中膜厚度、血流变学及血脂的影响	西部中医药	2011-12
242	王晓娟	浅谈儿科输液过程中注意事项及护理体会	中华实用中西医杂志	2011-09
243	王晓亮	牵引结合针刀治疗腰椎间盘突出症的疗效观察及护理体会	中华实用中西医杂志	2011-07
244	王想福	闭合复位带锁髓内钉治疗胫腓骨骨折疗效分析	中国当代医药	2011-11
245	王晓琳	高效液相色谱法测定柴胡中柴胡皂苷a、柴胡皂苷d的含量	现代医药卫生	2011-01
246	王雪岩	黄药材(山大黄)的生药学研究	西部中医药	2011-07
247	王彦斐	VSD技术应用后的观察与护理	中华实用中西医杂志	2011-05
248	王颖	3483例法定传染病疫情分析	西部中医药	2011-10
249	王玉珠	中药内外结合治疗老年男性皮肤瘙痒症的临床疗效及对血清睾酮的影响	西部中医药	2011-12
250	王煜	王自立主任医师运用黄连阿胶汤验案举隅	西部中医药	2011-07
251	王智明	王海东主任医师应用针刀治疗膝关节疼痛经验	西部中医药	2011-07
252	王智明	武威汉代医简中药外治法初探	中医研究	2011-08
253	王兆华	如何搞好医院住院收费管理	中华实用中西医杂志	2011-12
254	魏国俊	佛手通瘀汤防治人工髋关节置换术后下肢深静脉血栓形成的疗效研究	中国中医骨伤科杂志	2011-06
255	魏立莉	护患沟通技巧对患者康复的重要性	中华实用中西医杂志	2011-09
256	文玉玲	重视医学的人文科学性	中华实用中西医杂志	2011-07
257	吴荣	冠心病中医病机总述	中华实用中西医杂志	2011-10
258	吴世铖	复方苦参喷雾剂治疗肛周瘙痒症临床观察	甘肃医药	2011-04
259	吴燕	治痹心悟	中医研究	2011-04
260	肖国民	华佗夹脊排灌法对慢性疲劳综合征患者生活质量的影响	西部中医药	2011-07
261	肖正国	银花痤疮酊制备工艺的探索	甘肃中医	2011-06
262	谢朝晖	浮针结合枝川疗法治疗慢性软组织疼痛	中医临床研究	2011-10
263	谢兴文	羌活鱼研粉物、水提及酸提物含药血清对骨髓间充质干细胞增殖及向成骨分化的影响	中国组织工程研究与临床康复	2011-02
264	谢兴文	羌活鱼含药血清对大鼠骨髓间充质干细胞增殖及成骨分化的影响	中国组织工程研究与临床康复	2011-09
265	谢兴文	接骨散含药血清对骨髓间充质干细胞增殖与成骨性分化影响	中国中医骨伤科杂志	2011-08
266	谢兴文	膝关节发育性缺陷与骨性关节炎的关系研究进展	中国矫形外科杂志	2011-06
267	邢福军	酶联免疫法与电化学发光法检测AFP肿瘤标志物结果的对比分析	国际检验医学杂志	2011-10
268	邢福军	酶联免疫法与电化学发光法检测肿瘤标志物癌胚抗原结果的对比分析	卫生职业教育	2011-10
269	邢涛	凝血酶对脊髓组织毒性损伤机制及水蛭素的干预作用	西部中医药	2011-11
270	邢涛	可吸收螺钉内固定术联合中药熏洗治疗单纯内踝骨折疗效观察	中国中医药信息杂志	2011-12
271	徐金秀	腹部皮瓣移植术的术后护理	中华实用中西医杂志	2011-09
272	许彩凤	产后缺乳的中医药治疗研究进展	中国社区医师	2011-02
273	许彩凤	自拟益母增乳汤治疗产后缺乳60例	中国民间疗法	2011-08
274	许彩凤	自拟舒乳逍遥方治疗乳腺增生病60例	中国实用乡村医生杂志	2011-05
275	许艳华	挤压综合征急性肾损伤早期发现及护理	甘肃中医	2011-02

续表

序号	姓名	论文题目	杂志名称	发表时间
276	薛海霞	从典型病案谈脂肪栓综合征的诊断	中国社区医师	2011-11
277	薛建军	参附注射液对心肌缺血再灌注损伤保护作用的研究进展	西部中医药	2011-10
278	薛世萍	补充钙剂治疗儿童铅中毒效果的系统评价	临床儿科杂志	2011-02
279	薛世萍	兰州市388例学龄前儿童指血铅、钙、镁、锌、铜、铁浓度分析	中国妇幼保健	2011-11
280	杨宝平	三维电解剖标测系统联合单根环状导管指导阵发性心房颤动射频消融临床观察	临床荟萃	2011-04
281	杨峰	钩活术治疗神经根型颈椎病124例临床观察	中国社区医师	2011-11
282	杨佳华	香砂六君子汤加味治疗胃癌经验	中医研究	2011-04
283	杨佳华	益气化痰法在肺癌治疗中的应用	中医研究	2011-05
284	杨佳华	香砂六君子汤防治化疗药胃肠道延迟性不良反应	中医研究	2011-06
285	杨丽琴	断肢再植手术期的护理体会	西部中医药	2011-10
286	杨丽霞	Research Progress in Treating Diabetes Mellitus with Simple-Traditional Chinese Medicinal Herbs	Chin. J. Integr. Med.（中国结合医学杂志）	2011-03
287	杨舒涵	脊髓损伤病人膀胱康复的护理体会	中华实用中西医杂志	2011-07
288	杨涛	裴正学教授治疗心律失常的经验	中国社区医师	2011-09
289	杨涛	裴正学教授运用“同病异治”原则治疗紫癜经验总结	中国社区医师	2011-07
290	杨涛	裴正学教授异病同治和同病异治理论总结	中医研究	2011-08
291	杨维建	慢性胆囊炎中医治疗研究进展	西部中医药	2011-12
292	杨维建	健胃清肠合剂在腹部外科手术前肠道准备中的应用	中医药导报	2011-10
293	杨维建	克林霉素磷酸酯术前预防用药致严重过敏反应一例报道	中国保健杂志	2011-10
294	杨小芳	小针刀治疗强直性脊柱炎的围手术期护理	中国西部科技	2011-07
295	杨永生	赵健雄教授运用经方治疗冠心病经验	中国社区医师	2011-07
296	杨永生	赵健雄教授运用自拟方治疗慢性胃炎经验	中华实用中西医杂志	2011-04
297	杨玉翠	手术室护士心理压力状况的调查及应对措施	现代护理实践杂志	2011-02
298	姚小芳	老年病科优先开展优质护理服务的必要性及体会	中国社区医师	2011-01
299	尹小慧	玉树地震伤员的护理体会	西部中医药	2011-05
300	尤从新	椎弓根钉棒治疗颈椎骨折脱位疗效分析	临床骨科杂志	2011-03
301	俞小艳	《中医各家学说》之归属	中国健康月刊	2011-11
302	袁仁智	武威汉代医简校注拾遗	中医研究	2011-06
303	原睿	儿疝消汤治疗小儿睾丸鞘膜积液举隅	中医儿科杂志	2011-05
304	原睿	儿泄停汤治疗小儿迁延性腹泻40例临床观察	中医儿科杂志	2011-11
305	原睿	儿咳清和剂治疗咳嗽变异性哮喘的临床疗效观察	心理医生	2011-08
306	原睿	醒神指遗汤治疗小儿遗尿	医学新知	2011-01
307	展锐	射干的药理作用研究概况	甘肃中医	2011-01
308	张宝玲	麻醉前输液对腰硬联合麻醉后血压的影响	中国社区医师	2011-11
309	张参军	谈院前急救与院内治疗的无缝链接	西部中医药	2011-07
310	张参军	王自立名中医运用透脾汤治疗慢性萎缩性胃炎180例	实用中西医结合临床	2011-07
311	张承军	中医药现状及发展的建议	中国社区医师	2011-12
312	张崇岳	自主性颅内压升高治疗小儿外伤性硬膜下积液的临床体会	现代医药卫生	2011-11
313	张春艳	腰椎间盘突出症非手术治疗的护理	中华实用中西医杂志	2011-09
314	张德宏	浅谈OA系统在医院管理中的作用	卫生职业教育	2011-09
315	张德娟	结合分组包干制护理模式的APN排班在骨科病房的应用	中华实用中西医杂志	2011-07
316	张德娟	平衡火罐治疗项背肌筋膜炎60例临床观察及护理体会	中华实用中西医杂志	2011-08

续表

序号	姓名	论文题目	杂志名称	发表时间
317	张定华	糖肾康胶囊治疗糖尿病肾病113例临床观察	中国中医药信息杂志	2011-07
318	张定华	中医治未病与糖尿病前期的防治	中医临床研究	2011-02
319	张东鹏	糖肾康胶囊对早期糖尿病肾病患者血浆内皮素-1、尿微量白蛋白的影响	中华实用中西医杂志	2011-02
320	张宏武	甘肃武威汉简蜂蜜药用刍议	中国中医药现代远程教育	2011-09
321	张洪涛	矩阵针灸治疗突发性耳聋60例的临床研究	中国社区医师	2011-02
322	张洪涛	矩阵针灸治疗突发性耳聋60例的临床研究	中国社区医师	2011-04
323	张慧君	健胃消胀合剂治疗慢性萎缩性胃炎30例	西部中医药	2011-09
324	张剑峰	佛手溃疡颗粒治疗复发性口腔溃疡疗效观察	中国中医药信息杂志	2011-04
325	张景华	编写医院院志和年鉴的体会	中华实用中西医杂志	2011-02
326	张堃	手法配合中药热敷、机械牵引治疗腰椎间盘突出腰腿痛的临床研究	中华实用中西医杂志	2011-03
327	张磊	骨刺消巴布剂治疗肩部软组织损伤的疗效观察	西部中医药	2011-12
328	张丽君	科技期刊版式设计的艺术规律	甘肃科技	2011-01
329	张丽平	护理质量督导形式改进后效果评价	中国社区医师	2011-12
330	张丽平	临床护生带教工作探讨	西部中医药	2011-11
331	张凌云	小剂量氯胺酮复合异丙酚对老年患者内镜逆行胰胆管造影术应激反应的影响	中华老年多器官疾病杂志	2011-10
332	张民	临床药师参与1例术后出血患者抗菌药物的应用分析	中国药房	2011-10
333	张敏思	1例脂肪栓塞致弥漫性肺泡出血的治疗体会	甘肃中医学院学报	2011-08
334	张锐	经伤椎椎弓根螺钉内固定治疗胸腰椎骨折的临床疗效	中国中医骨伤科	2011-12
335	张文贤	骨结构的重建理念	中国组织工程研究与临床康复	2011-11
336	张小华	HPLC法测定消炎栓中黄芩苷、盐酸小檗碱的含量	中国中医药信息杂志	2011-11
337	张小娟	预约挂号流程及预约服务在医院发展中的作用	西部中医药	2011-12
338	张小荣	甘肃省公务员亚健康状态中医症候分型调查	卫生职业教育	2011-02
339	张小荣	甘肃省2所高校教师中医体质类型调查与分析	中医研究	2011-12
340	张小荣	TCD在急性缺血性脑卒中诊断的价值及临床意义	中国社区医师	2011-04
341	张小仙	7例晚期肝癌病人"中西医结合护理"探讨	中外健康文摘	2011-09
342	张晓岚	医院经营管理浅谈	甘肃中医	2011-01
343	张晓明	皂角刺及其常见易混品的形状鉴别	甘肃中医	2011-04
344	张学基	蛛网膜下隙出血后脑血管痉挛与血管内皮功能的相关性研究	中国医师进修杂志	2011-06
345	张雪霞	强化医院门诊导医管理的实践与体会	甘肃中医	2011-06
346	张雪霞	腰椎间盘突出症病人的护理	中华实用中西医杂志	2011-02
347	张雪霞	围手术期过敏性休克患者的急救及临床思考	中华实用中西医杂志	2011-03
348	张彦彩	儿童骨骼个性化剂量螺旋CT扫描	卫生职业教育	2011-12
349	张玉琴	肤痒舒擦剂治疗瘙痒性皮肤病356例	西部中医药	2011-08
350	张竹君	王自立主任医师"滋养肝肾、调和气血"思想在治疗月经病种的应用	甘肃中医	2011-08
351	赵道洲	手法配合陇中Ⅲ号方法气雾透皮治疗腰椎间盘突出症	西部中医药	2011-10
352	赵道洲	陇中Ⅰ号-气雾透皮疗法治疗膝骨关节炎的临床对比研究	中国中医骨伤科杂志	2011-04
353	赵继荣	L5S1椎间盘突出症合并双侧神经鞘瘤1例	中医正骨	2011-06
354	赵继荣	杜仲腰痛丸配合中药热敷治疗腰椎间盘突出症160例临床观察	中医临床研究	2011-05

续表

序号	姓名	论文题目	杂志名称	发表时间
355	赵继荣	中药熨敷保健颈托治疗颈椎病的动物实验研究	中医外治杂志	2011-02
356	赵继荣	经皮激光减压术治疗腰椎间盘突出症216例	中国激光医学杂志	2011-02
357	赵继荣	中药外治疗法治疗颈椎病的临床应用概况	中医正骨	2011-01
358	赵继荣	杜仲腰痛丸的急性毒理学实验研究	中国民族民间医药	2011-01
359	赵继荣	后方入路经椎旁病灶清除椎弓根内固定治疗胸腰椎结核42例	中国中医骨伤科杂志	2011-10
360	赵军	消定膏治疗膝关节创伤性滑膜炎的临床疗效	西部中医药	2011-11
361	赵军	中药熏洗对股骨远端B、C型骨折术后康复疗效的干预分析	中国中医骨伤科杂志	2011-10
362	赵世霞	癌症病人的心理护理	中华实用中西医杂志	2011-11
363	赵铁华	胆胰宁对慢性胰腺炎大鼠血清及胰腺组织中超氧化物歧化酶活性和丙二醛含量的影响	中国实验方剂学	2011-10
364	赵小红	中频电刺激治疗椎-基底动脉供血不足性眩晕的临床观察	中国社区医师	2011-08
365	赵燕	急性脑卒中后吞咽障碍60例康复治疗疗效观察	中国初级卫生保健	2011-08
366	赵燕	脑卒中危险因素的社区一级预防	西部中医药	2011-09
367	赵昭	老年痴呆症患者因其他病症入院治疗及护理中的注意事项	中华实用中西医杂志	2011-07
368	赵振文	关节镜下治疗髌股关节外侧高压综合征17例	中国中医骨伤科杂志	2011-07
369	赵振文	髌股关节不稳两种治疗方法的比较	中国中医骨伤科杂志	2011-06
370	赵振文	应用关节镜诊治运动性膝关节损伤	临床骨科杂志	2011-02
371	郑慧	卫生职业院校学籍档案管理质量分析	卫生职业教育	2011-09
372	郑慧	医疗机构人事档案管理现状及整改措施	西部中医药	2011-12
373	郑烈	关节炎丸对佐剂型关节炎大鼠关节的病理研究	世界中医药	2011-01
374	郑烈	关节炎丸对类风湿性关节炎骨侵蚀作用的实验研究	甘肃中医学院学报	2011-02
375	周晟	心理干预在小儿MRI扫描中的应用	中国优生优育	2011-04
376	朱小忠	浅谈儿童X线检查的现状及合理化防护	卫生职业教育	2011-04

2011年医院出版论著一览表

序号	著作者	学术著作名称	出版单位	出版时间
1	崔文建	实用心血管床旁技术	兰州大学出版社	2010-12
2	窦友义	窦伯清医话医案集	甘肃科学技术出版社	2011-11
3	李盛华	常见病的中医预防调护系列丛书	甘肃文化出版社	2011-06
4	李兴勇	骨关节病的诊断与治疗	天津科学技术出版社	2011-12
5	李永新	肾脏病临床特色治疗与调护	陕西科学技术出版社	2011-08
6	刘梦华	实用临床护理学	中医古籍出版社	2011-11
7	刘效栓	中药炮制制品临床应用指南	兰州大学出版社	2011-12
8	马真琴	医药康复指南	甘肃科学技术出版社	2011-06
9	潘文	皇甫谧研究集成	中医古籍出版社	2011-07
10	王爱华	风湿病临床特色治疗与调护	陕西科学技术出版社	2011-08
11	王磊	妇科病中西医结合治疗	甘肃文化出版社	2011-07
12	王颖	老年病的中西医护理	甘肃科学技术出版社	2011-07
13	张参军	肝胆病临床特色治疗与护理	陕西科学技术出版社	2011-08
14	甄熙奎	肛肠外科理论与实践	甘肃民族出版社	2011-05

2011年医院专利登记一览表

姓名	专利名称	专利类别	专利号	证书号	时间
赵奋国	X线摄影用刻度尺	实用新型专利	ZL201020577117.3	1923098	2011-09

2012年医院发表论文一览表

序号	姓名	论文题目	杂志名称	发表时间
1	白会玲	皮瓣修复治疗小腿及足部软组织缺损并感染21例护理体会	中国社区医师	2012-01
2	毕军伟	补肾壮骨汤治疗膝骨关节炎临床观察	中医药临床杂志	2012-01
3	边笑梅	80例急性期脑卒中患者早期康复的护理干预	卫生职业教育	2012-02
4	边笑梅	养阴生肌散治疗溃疡期压疮的临床观察	西部中医药	2012-04
5	郈雅珺	降脂抗凝药物与激光治疗仪在治疗老年缺血性心脑血管疾病中降脂溶栓效果的比较研究	医学信息	2012-06
6	郈雅珺	丹红注射液与舒血宁注射液治疗老年心绞痛疗效临床比较的回顾性病例研究	中国保健营养	2012-09
7	郈雅珺	归脾汤加减治疗106例老年失眠症患者的临床研究	中国保健营养	2012-01
8	郈雅珺	补阳还五汤治疗气虚血瘀型颈动脉粥样硬化疗效观察	西部中医药	2012-11
9	郈雅珺	临床路径在老年糖尿病患者中的应用探析	健康必读	2012-11
10	曹红霞	更年汤治疗更年期综合征58例	中华实用中西医杂志	2012-09
11	曹红霞	中医辨证治疗复发性口腔溃疡17例	中华实用中西医杂志	2012-08
12	曹骅	颈动脉支架成形术和颈动脉内膜切除术在颈动脉狭窄中的应用	中国老年学杂志	2012-01
13	曹希勤	静心宁神汤治疗不寐临床观察	甘肃中医学院学报	2012-01
14	柴玉琼	氩离子治疗萎缩性胃炎伴异型增生62例	中国社区医师	2012-01
15	陈成	通腑爽口胶的制备与应用	中国民族民间医药	2012-01
16	陈春丽	用中医药文化软实力促进医院大发展	甘肃卫生	2012-03
17	陈春丽	中华中医药学会骨伤科分会学术年会在兰召开	甘肃卫生	2012-01
18	陈二林	探讨医院中药制剂的现状与发展方向	甘肃医药	2012-03
19	陈辉	微量泵输注生长抑素治疗肝硬化合并上消化道出血的观察及护理	健康必读	2012-01
20	陈梦雅	高血压患者静息心率与颈动脉粥样硬化及其血流动力学的相关性分析	临床荟萃	2012-12
21	陈涛	2840例体检者脂肪肝与高血压、高血糖、高血脂的相关性分析	中国社区医师	2012-01
22	陈晓飞	儿童肘关节数字化X线摄影的体位探讨	中国临床研究	2012-09
23	陈玉庆	养血柔肝法治疗产后抑郁症临床观察	卫生职业教育	2012-01
24	陈志龙	锁定式钢板治疗老年股骨粗隆间骨折18例	中国中医骨伤科杂志	2012-09
25	程娟	动态心电图显示心脏性猝死1例	江苏省实用心电学杂志	2012-06
26	程晓华	HPLC法测定三黄中空栓剂中小檗碱的含量	西部中医药	2012-04
27	代长泉	"8"字钢板半骺板阻滞术治疗儿童膝内、外翻	卫生职业教育	2012-02
28	党建中	甘肃省靖远县87672名中小学生先天性心脏病调查报告	西部中医药	2011-12
29	党建中	胸腔镜手术治疗肺大疱的临床体会	卫生职业教育	2012-03
30	邓强	"三部"理筋手法治疗椎间盘源性下腰痛145例	西部中医药	2012-01
31	邓强	消肿止痛合剂对大鼠急性脊髓损伤的影响	西部中医药	2012-03
32	邓强	桡骨远端骨折一种电子夹板智能的设计	中国医疗器械杂志	2012-04
33	邓强	消肿止痛合剂对大鼠急性脊髓损伤NOS及MMP-9表达的影响	西部中医药	2012-01

续表

序号	姓名	论文题目	杂志名称	发表时间
34	邓煦玮	浅谈医院固定资产管理	中华实用中西医杂志	2012-04
35	邓煦玮	医院固定资产管理存在的问题及对策	西部中医药	2012-04
36	邓煦玮	浅谈医院绩效考核应注意的问题	西部中医药	2012-06
37	东红	中风膏抗脑动脉硬化60例临床疗效观察	西部中医药	2012-05
38	豆丽	浅谈关节镜下半月板缝合术后的护理体会	西部中医药	2012-02
39	杜敏	完带汤加味合外治法治疗复发性外阴阴道假丝酵母菌病68例	西部中医药	2012-04
40	冯康虎	胫腓骨开放性骨折合并下肢深静脉血栓治疗体会	甘肃医药	2012-12
41	冯康虎	下肢骨折术后LCP断裂原因分析及对策	甘肃科技	2012-12
42	高锦莲	消化性溃疡的服药护理	健康必读	2012-09
43	高小恒	基于代谢组学的中药毒性评价研究进展	实用中医药杂志	2012-11
44	高雪华	中医护理发展之我见	西部中医药	2012-04
45	高振鸿	胃镜润滑胶浆在留置鼻胃管方法中的应用及研究	中国社区医师	2012-03
46	郭秀珍	我院护理人员中医护理知识及技能现状调查与培训对策	西部中医药	2012-11
47	郭雪梅	综合运用中医护理技术对中风偏瘫患者生活自理能力的影响	西部中医药	2012-01
48	胡敏棣	中医体质学说在脑卒中防治中的应用	西部中医药	2012-01
49	黄清杰	中医治疗药物性肝损伤研究进展	西部中医药	2012-07
50	黄清杰	五味子炮制品的临床合理应用	光明中医	2012-09
51	贾文芳	可调式人体位支架治疗小儿发育性髋关节脱位30例护理观察	西部中医药	2012-07
52	贾有福	DirectView8900加热故障分析及排除	中国临床研究	2012-08
53	贾云鹏	三黄汤对Ecoli内ESBLs基因表达的干预性研究	西部中医药	2012-08
54	姜华	藏药镰形棘豆中鼠李柠檬素对照品的制备	中国实验方剂学杂志	2012-09
55	姜华	HPLC测定小儿解热中空栓剂中黄芩苷和绿原酸含量	西部中医药	2012-02
56	姜伟宇	基本公共卫生服务均等化存在的问题与对策构想	中华实用中西医杂志	2012-08
57	金海浩	基于粗糙集重要度和因子载荷对“滋水涵木法”古代医案的数据分析	中国中医急症	2012-06
58	金钰红	梅花针扣刺治疗面瘫40例临床观察	西部中医药	2012-12
59	靳金龙	腮腺基底细胞瘤的CT	卫生职业教育	2012-01
60	雷作汉	半夏白术天麻汤治疗痰湿中阻眩晕证临床观察	实用中西医结合临床	2012-11
61	黎媛媛	2006—2009某三级甲等中医院住院病人不同医疗保险方式对住院天数、住院费用的影响分析	西部中医药	2012-05
62	李莉	基于1例老年肺部感染患者探讨其药学监护特点	甘肃科技	2012-01
63	李红专	纤维肌痛综合征的中医治疗进展	甘肃中医学院学报	2012-01
64	李晶	淫羊藿总黄酮对去势大鼠骨密度的影响	中华中医药杂志	2012-06
65	李玲	某中医院放射工作人员职业健康检查结果分析	西部中医药	2012-12
66	李清花	急性脑梗死患者吞咽障碍的护理干预	中华现代护理学杂志	2012-01
67	李生财	肝纤维化中医诊治研究进展	实用中西医杂志	2012-01
68	李盛华	打陇药优势之品牌走中医特色之路	西部中医药	2012-02
69	李盛华	胫骨远端骨折的思考	中国骨伤	2012-03
70	李盛华	阶梯疗法治疗腰椎间盘突出症的意义	中国中医急症	2012-04
71	李盛华	微创术治疗腰椎间盘突出症研究现状	中国骨伤	2012-04
72	李盛华	前路齿状突螺钉内固定治疗齿状突骨折研究进展	中国中医骨伤科杂志	2012-07
73	李盛华	浅析美国的中医针灸和医学科研工作	甘肃卫生	2012-09
74	李盛华	更加注重中医药文化建设着力打造中医特色品牌	甘肃卫生	2012-01
75	李盛华	弘扬中医药文化提升医院软实力	当代旅游	2012-11

续表

序号	姓名	论文题目	杂志名称	发表时间
76	李天庆	生肌玉红膏制备工艺及影响质量的因素探讨	西部中医药	2012-06
77	李天庆	中药霜药的概念、制法及应用	甘肃中医学院学报	2012-06
78	李文娟	超高龄患者全髋置换手术的整体护理体会	甘肃医药	2012-09
79	李文萍	元胡镇痛作用小考	西部中医药	2012-02
80	李喜香	通窍鼻渊丸质量标准研究	中国中医药信息杂志	2012-03
81	李晓东	HPS-3对T2DM大鼠糖脂代谢和胰腺组织病理改变的影响	中药药理与临床	2012-01
82	李晓东	几种医院外用中药制剂微生物限度检查方法的建立	西部中医药	2012-02
83	李晓东	红芪多糖-3对实验性2型糖尿病大鼠脂质过氧化作用和胸腺、脾脏指数的影响	兰州大学学报	2012-12
84	李晓娟	《侵权责任法》视角下的医疗纠纷问题探讨	西部中医药	2012-09
85	李秀娟	大黄总蒽醌超滤纯化工艺研究	西部中医药	2010-12
86	李学飞	降低术中腰椎X线摄影辐射剂量的探析	中国优生优育	2012-06
87	李妍怡	中风膏治疗急性脑出血45例	中医研究	2012-02
88	李岩	自体血回输在骨科手术中的应用	西部中医药	2012-01
89	李永新	益气化湿胶囊对腺嘌呤肾衰大鼠治疗作用探讨	中国保健营养	2012-01
90	李永新	刘宝厚教授诊治小儿泌尿系感染经验	中医儿科杂志	2012-12
91	厉红霞	关于医院档案信息化建设的几点思考	西部中医药	2012-05
92	梁海宁	正交试验法优选三黄栓制备工艺	中国中医药信息杂志	2012-02
93	梁海宁	正交试验优选草清栓提取工艺	西部中医药	2012-12
94	梁勤	血小板参数与年龄的相关性分析	实验与检验医学	2012-08
95	梁勤	1例EDTA依赖性血小板假性降低临床资料分析	国际检验医学杂志	2012-11
96	梁真	3例痰热清注射液致不良反应分析	甘肃医药	2012-07
97	刘春岩	浅析政府采购行为在提升设备投资收益中的重要意义	现代商贸工业	2012-08
98	刘春岩	浅析医院成本核算管理在护理管理中的作用	西部中医药	2012-11
99	刘高宏	甘肃产羊耳蒜的生药鉴定	西部中医药	2012-01
100	刘惠玲	手术室实习生的临床带教体会	卫生职业教育	2012-08
101	刘军刚	参麦注射液治疗扩张型心肌病疗效与安全性的系统评价	中成药	2012-08
102	刘军刚	甘肃省中医院2008—2010年心血管系统中西药应用比较分析	中国中医药信息杂志	2012-08
103	刘军刚	麝香保心丸与复方丹参滴丸治疗冠心病心绞痛疗效与安全性评价	国际中医中药杂志	2012-09
104	刘莉莉	电压无功综合控制	化学工程与装备	2012-04
105	刘莉莉	使用Share Point构建医院网站协作平台	西部中医药	2012-07
106	刘莉莉	智能化太阳能供暖控制系统的设计	甘肃科技	2012-08
107	刘梦华	术后镇痛患者发生尿潴留的相关因素及护理干预	卫生职业教育	2012-01
108	刘梦华	转科护士护理病历书写能力培养的讨论	西部中医药	2012-06
109	刘梦华	开展中医护理技术培训　提升中医护理质量	西部中医药	2012-08
110	刘效栓	正交试验法优选防风感冒颗粒制备工艺	中国中医药信息杂志	2012-01
111	刘效栓	星点设计——响应面法优化亚麻子脱胶工艺	中药材	2012-09
112	刘效栓	正交试验法优选蜜炙款冬花的炮制工艺	中国实验方剂学杂志	2012-12
113	刘秀芳	中药结肠透析治疗慢性肾功能患者50例	中国社区医师	2012-12
114	刘旭琴	黄连酊对家兔皮肤的刺激性研究	西部中医药	2012-06
115	刘旭琴	黄连酊对107株致病菌体外抑菌试验的观察报告	卫生职业教育	2012-06
116	刘迎萍	知柏地黄汤加味治疗绝经综合征46例	西部中医药	2012-11

续表

序号	姓名	论文题目	杂志名称	发表时间
117	刘永红	瞳孔缘环切法解除并发性白内障瞳孔粘连	国际眼科杂志	2012-12
118	刘媛	肠毒清口服液对全身炎症反应综合征大鼠脾淋巴细胞增殖活性的影响	国际检验医学杂志	2012-03
119	刘媛	浅谈全自动尿沉渣分析仪与显微镜在尿液分析中的应用	卫生职业教育	2012-07
120	刘志军	中风膏对大鼠脑缺血再灌注损伤细胞凋亡及Caspase-3、Bcl-2表达的影响	中成药	2011-12
121	柳树英	通天口服液治疗偏头痛临床试验的质量分析	西部中医药	2012-02
122	柳直	标准旋牵手法治疗椎动脉型颈椎病的学术特色初探	西部中医药	2012-07
123	芦少敏	王自立主任治疗不寐经验	中医研究	2012-02
124	芦少敏	王自立主任医师妙用温胆汤治验4则	新中医	2012-08
125	陆立芳	面瘫的原因及治疗与护理	中国医药指南	2012-01
126	陆立芳	化疗后重度口腔溃疡1例护理体会	中国社区医师	2012-11
127	陆立芳	斑蝥酸钠注射液在治疗肿瘤患者输液时的临床观察及护理	中国社区医师	2012-11
128	陆丽琴	新医改形势下医院全面预算管理研究	中华实用中西医杂志	2012-09
129	罗文蓉	甘肃产党参种子的鉴定学研究	西部中医药	2012-04
130	罗文蓉	甘肃产党参种子质量研究	中国实验方剂学杂志	2012-07
131	罗文蓉	中药养护技术研究进展	西部中医药	2012-11
132	罗向霞	中医综合疗法治疗青少年轻度近视近期疗效观察	西部中医药	2012-05
133	骆元斌	《TSP-1、Survivin、VEGF表达在骨肉瘤肺转移中的意义》	西部中医药	2012-06
134	雒生梅	需要层次理论在优质服务护理中的应用	西部中医药	2012-01
135	马海冰	Preparation and cytocompatibility of polylactic acid/hydroxyapatite/graphene oxide nanocomposite fibrousmemrbrane	Chinese Science Bulletin	2012-08
136	马淑珍	健康教育路径在MED微创治疗中的应用	西部中医药杂志	2012-11
137	马小娟	心理干预对改善恶性肿瘤患者家属抑郁情绪的效果分析	西部中医药	2012-01
138	马晓莹	萨博心肺复苏机在心肺复苏中的应用体会	中华现代医院管理杂志	2012-02
139	马晓莹	中医护理在急危重症中的运用体会	卫生职业教育	2012-01
140	马新换	正交试验优选杞菊地黄丸的干燥工艺	中医研究	2012-02
141	马真琴	骨外伤患儿家长的心理疏导	卫生职业教育	2012-06
142	马郑萍	“中西医结合护理优化方案”对围手术期低温影响的临床研究	西部中医药	2012-01
143	马忠祥	欠发达地区推广中医药防治职业病可行性浅析	西部中医药	2012-11
144	苗凤花	门诊挂号排队现象的原因及对策	西部中医药	2012-01
145	闵云山	RP-HPLC测定止痛膏中大黄酸、大黄素和大黄酚的含量	中国中医药信息杂志	2012-07
146	慕明燕	局麻下共同性外斜视术中眼位与术后24h眼位的漂移的研究	中国斜视小儿眼科杂志	2012-02
147	慕明燕	局麻下常量手术术中调整眼位治疗大角度共同性外斜视的疗效观察	中国斜视小儿眼科杂志	2012-04
148	倪角角	两种肠道准备制剂在电子结肠镜检查中的应用及护理	西部中医药	2012-11
149	潘文	多囊卵巢综合征伴胰岛素抵抗的发病机制研究及中药干预作用	西部中医药	2012-12
150	潘蓉	中西医结合专业实习生就业压力分析及应对方式	中华实用中西医杂志	2012-07
151	裴学军	试论如何加强中医文化建设提升医院综合实力	中华实用中西医	2012-08
152	乔莉	铁箍膏巴布剂质量标准研究	中国中医药信息杂志	2012-02
153	邱连利	粗、细毫针对坐骨神经痛患者B-EP、CCK-8的影响	卫生职业教育	2012-02
154	权金林	鲍曼不动杆菌的流行病学调查与耐药性分析	西部中医药	2012-01
155	盛丽	彩超监测肠系膜上动脉流速对大鼠粘连性肠梗阻的诊断及茴香枳术汤疗效的判定	西部中医药	2012-01

续表

序号	姓名	论文题目	杂志名称	发表时间
156	师宁宁	腰5骶1椎间盘突出症与骶髂关节紊乱之间的相关性流行病学调查	中国中医骨伤科杂志	2012-11
157	石丽丽	西北地区某市三甲医院医务人员亚健康状况及影响因素研究	西部中医药	2012-04
158	石瑞芳	门诊封闭治疗患者健康宣教护理体会	西部中医药	2012-07
159	石瑞芳	痹证的中医护理	中国医药科学	2012-07
160	石瑞芳	“治未病”思想在腰椎间盘突出症中的护理体会	中国社区医师	2012-12
161	史文宇	赵道洲主任医师辨证治疗骨科痹证经验	中国中医骨伤科杂志	2012-09
162	舒劲	制萎扶胃浓缩丸质量标准研究	中国中医药信息杂志	2012-02
163	舒劲	脾阴虚小议	西部中医药	2012-03
164	宋薇	HPLC法测定复方红景天口含片中二苯乙烯苷的含量	西部中医药	2012-11
165	宋玉春	病区环境对骨折患儿心理行为影响浅析	心理医生	2012-05
166	宋渊	淫羊藿苷对去势雌性大鼠骨质疏松的影响	军医进修学院学报	2012-04
167	宋渊	旋转斜板手法配合中药外敷治疗神经根型颈椎病119例临床观察	西部中医药	2012-07
168	苏莉	非球面衍射型多焦点人工晶状体的临床应用观察	国际眼科杂志	2012-12
169	苏延玲	桑菊饮的药用价值及临床效果研究	求医问药	2012-09
170	孙涛	自拟痛风汤治疗原发性痛风30例	西部中医药	2012-06
171	谭萍	临床麻醉学教管探讨	卫生职业教育	2012-03
172	唐治	磁共振SPARCC评分与HLA-B27诊断早期强直性脊柱炎的临床价值	中国临床研究	2012-02
173	唐治	强直性脊柱炎——骶髂关节影像学检查进展	中国医师进修杂志	2012-04
174	唐锐	中医院外科护理实习教学管理模式探讨	西部中医药	2012-07
175	唐晓栋	羟基磷灰石在脊髓型颈椎病后路双开门手术	现代诊断与治疗	2012-01
176	陶文娟	人工全膝关节置换术的围手术期护理	甘肃医药	2012-07
177	田卫花	肠毒清口服液对全省炎症反应综合征大鼠BNP水平的影响	西部中医药	2012-12
178	田旭东	红花如意丸治疗月经不调伴面部色斑的疗效观察	中国医药	2012-03
179	田雪梅	采用《武威汉代医简》中古方辨证治疗痛风性关节炎	中医研究	2012-07
180	田雪梅	中医外治法辨证治疗膝骨性关节炎120例	西部中医药	2012-01
181	脱承德	刘国安主任医师应用炙甘草汤治疗心悸经验	西部中医药	2012-04
182	脱承德	通脑丸对慢性脑缺血性大鼠血清MPA及Gst-Px的影响	西部中医药	2012-08
183	汪付田	铁棒锤快速繁殖体系的建立	中草药	2012-06
184	汪佳明	复方苦参注射液联合FOLFOX7方案化疗治疗大肠癌的临床研究	中国新药杂志	2012-09
185	汪俊红	消肿止痛合剂在临床中的应用总结	中医临床研究	2012-01
186	汪新柱	MARK标记技术在X线摄影中的应用价值	中国临床研究	2012-01
187	王巍	青黛糊剂在根管充填中的疗效评价	卫生职业教育	2012-11
188	王颖	中医护理的思考	西部中医药	2012-12
189	王炯	三黄栓两种制备工艺比较研究	西部中医药	2012-01
190	王春爱	豆腐果苷对大鼠坐骨神经压迫模型机械痛敏和热痛敏的影响	西部中医药	2012-07
191	王春爱	豆腐果苷对疼痛大鼠脊髓背角C-FOS表达的影响	西部中医药	2012-12
192	王海东	从痰浊虚论痛风性关节炎病因病机	亚太传统医药	2012-03
193	王海东	针刀医学与风湿病	中国中医骨伤科杂志	2012-01
194	王海东	五劳七损方治疗强直性脊柱炎42例	医学信息	2012-11
195	王红丽	正交试验法优化射干扶正口服液的提取工艺	西部中医药	2012-02
196	王红丽	射干扶正口服液对H22肝癌小鼠的抑瘤作用及T细胞功能的影响	兰州大学学报	2012-03
197	王兰娣	沙美特罗替卡松联合益气养阴合剂治疗轻症及缓解期COPD 36例	西部中医药	2012-05
198	王兰娣	廖志峰治疗慢性咳嗽临床经验	中华实用中西医	2012-06

续表

序号	姓名	论文题目	杂志名称	发表时间
199	王兰娣	鼻康胶囊治疗过敏性鼻炎117例临床观察	西部中医药	2012-11
200	王兰英	益气升白汤对放化疗后白细胞减少的影响	中国民族民间医药	2012-08
201	王兰英	益气温肾汤治疗慢性特发性血小板减少性紫癜	中国民族民间医药	2012-09
202	王莉	成功抢救低体重婴儿室间隔缺损合并肺动脉高压的护理体会	卫生职业教育	2012-03
203	王莉	浅谈老年心血管系统疾病的护理技巧	卫生职业教育	2012-07
204	王亮亮	关于我国大型医院床位规模增长问题的研究	西部中医药	2012-02
205	王闻奇	水灌肠螺旋CT增强扫描对结肠癌的诊断价值	中国优生优育	2012-12
206	王想福	保守疗法治疗腰椎间盘突出症120例	西部中医药	2012-12
207	王想福	综合保守治疗腰椎间盘突出症203例临床观察	西部中医药	2012-12
208	王晓琳	HPLC同时测定陇中损伤胶囊中3种皂苷的含量	中国中医药信息杂志	2012-01
209	王晓萍	小承气汤配合中药穴位贴敷治疗中风后便秘的临床观察	西部中医药	2012-01
210	王亚伟	Lisfranc损伤手术治疗15例临床分析	中华实用中西医杂志	2012-02
211	王亚伟	中西医综合治疗膝骨性骨性关节炎疗效观察	西部中医药	2012-05
212	王亚伟	综合治疗神经根型颈椎病15例疗效观察	中国中医骨伤科杂志	2012-09
213	王艳琴	赵健雄教授治疗冠心病临证思路与用药经验	中国医药科学	2011-12
214	王艳琴	赵健雄教授治疗肝肾亏虚型类风湿性关节炎临证思路和经验	中国医药科学	2012-06
215	王亦山	超声乳化加人工晶体植入联合瞳孔再造术治疗葡萄膜炎并发性白内障的临床观察	卫生职业教育	2012-02
216	王玉泉	运用中医“治未病”思想探讨股骨头坏死的防治策略	中国中医骨伤科杂志	2012-04
217	王兆华	基于财务视角下的现代公立医院管理信息化研究	西部中医药	2012-12
218	王智明	王海东主任医师运用经方辨证论治发热病案3例	中医研究	2012-11
219	王智明	王海东主任医师针刀治疗四肢疾病经验	西部中医药	2012-12
220	魏国俊	锁定钢板治疗股骨远端骨折17例	中国中医骨伤科杂志	2012-03
221	文玉玲	中医药参与临床路径管理的探讨	健康必读	2012-04
222	吴锦秋	中药干预软骨细胞代谢的机制研究进展	中国中医骨伤科杂志	2012-12
223	吴润卿	儿童肱骨髁上骨折术后中药熏洗护理	中国民族民间医药	2012-09
224	吴双红	心理护理干预对30例miles患者术后的影响	卫生职业教育	2012-01
225	吴玮	中医人才培养体会	西部中医药	2012-01
226	吴晓琴	髋关节撞击综合征股骨头颈区DR成像的体位设计	中国临床研究	2012-01
227	吴燕	数控电磁仪不同输出方式治疗类风湿性关节炎疗效评价	中国药物经济学	2012-02
228	吴燕	点按枕下三角治疗椎动脉型颈椎病疗效观察	西部中医药	2012-11
229	肖红	多穴位点刺加头部矩阵针法结合运动疗法治疗脑瘫25例	世界中医药	2012-02
230	肖红	矩阵针灸治疗脊髓损伤后遗神经痛的临床观察	中华实用中西医杂志	2012-03
231	肖红	早期介入心理治疗对脑卒中患者肢体功能恢复的影响	中华实用中西医杂志	2012-01
232	肖正国	通窍鼻渊丸微波干燥工艺研究	西部中医药	2012-08
233	肖正国	均匀设计优选玉红膏中紫草油炸提取工艺	中国实验方剂学杂志	2012-01
234	谢朝晖	归脾汤加减联合星状神经节阻滞治疗顽固性失眠疗效观察	中医临床研究	2012-04
235	谢兴文	MAPK信号通路在MSCs成骨分化和增殖中作用的研究进展	中国中医骨伤科杂志	2012-04
236	谢兴文	颈椎病发病特征与影响因素的流行病学调查	中国中医骨伤科杂志	2012-07
237	谢兴文	不同浓度麝香酮对外源性骨髓间充质干细胞在体内迁移的影响	中国中西医结合杂志	2012-07
238	谢兴文	镁及镁合金植入体在骨科临床中的应用与进展	中国组织工程研究	2012-09
239	谢兴文	Hoechst33342标记大鼠骨髓间充质干细胞及其在大鼠体内迁移	中国骨质疏松杂志	2012-09
240	谢兴文	羌活鱼水提物在大鼠骨髓间充质干细胞成骨中的作用	西部中医药	2012-01

续表

序号	姓名	论文题目	杂志名称	发表时间
241	辛仲斌	消定喷膜剂研制及临床研究	西部中医药	2012-09
242	邢涛	骨刺消巴布剂对兔膝关节骨性关节炎软骨细胞凋亡的影响	中国中医药信息杂志	2012-11
243	邢福军	养阴生肌散对患者压疮部位微生物抑菌分析的探讨	西部中医药	2012-12
244	徐婷	中医药治疗高脂血症研究近况	亚太传统医药	2012-01
245	徐霞	加强廉政文化建设　建设平安和谐医院	西部中医药	2012-11
246	徐彦龙	针刺对脑梗死大鼠脑血管平滑肌蛋白激酶C的影响	针刺研究	2012-06
247	徐彦龙	针刺调节脑梗死大鼠脑血管平滑肌CaP、CaD变化的实验研究	辽宁中医	2012-09
248	徐玉德	小针刀配合中药热敷治疗腰3横突综合征临床观察	甘肃医药	2012-03
249	许晓	慢性病患者的心理特点及护理	医学信息	2012-12
250	薛海霞	从典型病案谈镇痛药的临床使用	中国社区医师	2012-01
251	薛建军	参附注射液对心肌缺血再灌注老年大鼠NF-KBP65及COX-2表达的影响	西部中医药	2012-08
252	薛建军	第3代喉罩在临床中的应用	卫生职业教育	2012-09
253	薛世萍	19例葛根素注射液不良反应重症病例分析	西部中医药	2012-04
254	鄢卫平	臭氧治疗膝骨关节炎临床观察	卫生职业教育	2012-03
255	鄢卫平	针刀松解枕下三角配合旋牵手法治疗椎动脉型颈椎病75例临床观察	西部中医药	2012-07
256	杨峰	钩活术配合中药热敷治疗颈椎病182例	西部中医药	2012-01
257	杨阿妮	酸枣仁汤合生脉散治疗女性冠心病患者48例	西部中医药	2012-04
258	杨宝平	经皮穿刺腋静脉植入埋葬式心脏转复除颤器治疗儿童Brugada综合征1例	中国心脏起搏与心电生理杂志	2012-01
259	杨佳华	中医治疗慢性特发性血小板减少性紫癜经验	中医研究	2012-07
260	杨佳华	肿瘤患者化疗期的中药调治方略	云南中医中药杂志	2012-07
261	杨佳华	回顾王向荣老中医医案三则	中国民族民间医药	2012-07
262	杨佳华	温补脾肾法在慢性特发性血小板减少性紫癜中的应用	中医研究	2012-08
263	杨丽萍	甘肃某三甲中医院服务半径分析	西部中医药	2012-08
264	杨丽萍	某三甲中医医院住院患者及病种构成分析	西部中医药	2012-04
265	杨萍	七叶皂在骨折病人输液中的临床观察及护理	中华实用中西医杂志	2012-03
266	杨萍	血栓病人介入术后注射低分子肝素并发出血的临床观察及护理	中华实用中西医杂志	2012-04
267	杨萍	骨伤科创伤性疾病术后用七叶皂苷钠治疗的临床护理	西部中医药	2012-09
268	杨世霞	肠毒清口服液对全身炎症反应综合征大鼠炎性细胞因子的影响	西部中医药	2012-11
269	杨维建	健胃清肠合剂对小鼠肠管运动及胃黏膜的影响	西部中医药	2012-08
270	杨维建	健胃清肠合剂在胃肠道造影检查中的应用研究	辽宁中医杂志	2012-08
271	杨维建	健胃清肠合剂应用于电子结肠镜检查中肠道准备的研究	中医学报	2012-11
272	杨小芳	发展中医护理、助力优质护理	中国社区医师	2012-03
273	杨小芳	创新“三零”模式为优质护理保驾护理	西部中医药	2012-11
274	杨秀娟	慢性胃炎的饮食体会	健康必读	2012-02
275	杨亚莉	冠脉造影术的护理体会	甘肃医药	2012-07
276	杨永生	赵健雄教授学术思想和临证经验总结	中华实用中西药杂志	2012-04
277	杨永生	赵健雄教授运用经方治疗疑难杂症举隅	医学信息	2012-06
278	杨永生	赵健雄教授运用抗风湿验方治疗风湿性疾病经验	内蒙古中医药	2012-07
279	杨志华	金双歧、蒙脱石散联合儿宝颗粒治疗婴幼儿腹泻临床疗效观察	中医儿科杂志	2012-07
280	姚小芳	酒精湿热敷治疗Ⅲ度以下药物性静脉炎的临床观察	中华实用中西医杂志	2012-08
281	尤从新	头清胶囊配合牵引治疗椎动脉型颈椎病眩晕临床疗效观察	西部中医药	2012-03

续表

序号	姓名	论文题目	杂志名称	发表时间
282	于金春	浅谈溃疡性结肠炎的健康指导	健康必读	2012-02
283	袁仁智	武威汉代医简87校注拾遗	中医文献杂志	2012-06
284	袁仁智	吐鲁番出土药价残片探微	西部中医药	2012-01
285	原睿	儿抽停汤治疗多发性抽动症36例	西部中医药	2012-02
286	展锐	论《黄帝内经》中升降出入之意义	中医研究	2012-01
287	张堃	手法配合中药热敷、机械牵引治疗腰腿痛234例	中国中医骨伤科杂志	2012-02
288	张爱萍	老年性高血压的中西医结合及健康指导	中华实用中西医杂志	2012-05
289	张邦能	30例脾虚性2型糖尿病患者唾液淀粉酶含量测定	中医研究	2012-03
290	张邦能	止消通脉宁对转化因子-B诱导的人肾小管上皮细胞Ⅰ、Ⅲ型胶原及纤维蛋白mRNA表达的影响	中国中医药信息杂志	2012-11
291	张宝洲	超声引导下经皮肝穿刺双介入法治疗门脉高压症的临床应用	甘肃科技	2012-07
292	张宝洲	超声引导下经皮肝穿刺双介入法中漂浮导管的应用价值	甘肃科技	2012-01
293	张参军	王自立主任医师运用补肺益寿合剂治疗慢性咳嗽380例	西部中医药	2012-05
294	张承军	UPLC法测定生长抑素原料药的含量	西部中医药	2012-01
295	张崇岳	重型颅脑损伤并发应激性溃疡的防治进展	中国现代药物应用	2012-12
296	张德宏	Wiltse椎旁入路治疗胸腰段压缩性骨折临床报道	临床骨科杂志	2012-06
297	张定华	亚甲康加减治疗亚急性甲状腺炎46例	西部中医药	2012-01
298	张定华	糖尿病合并葡萄膜炎诊治分析	中医临床研究	2012-11
299	张芳	溃疡性结肠炎(UC)的中医辨证分型及中医治疗进展	健康必读	2012-12
300	张洪涛	火针放血治疗下肢静脉曲张30例	中医研究	2012-12
301	张洪涛	注线法治疗高血压病的临床疗效观察	西部中医药	2012-08
302	张洪涛	注线法对高血压病患者血管紧张素Ⅱ的影响	西部中医药	2012-11
303	张华丽	老年高血压患者147例动脉硬化检测分析	中国保健营养	2012-11
304	张华丽	中医预防中风病浅析	中国保健营养	2012-11
305	张丽君	“实验”与“试验”在编辑工作中的规范使用	西部中医药	2012-01
306	张丽平	肤宁洁乳膏对淹渍皮肤保护作用的临床研究	西部中医药	2012-05
307	张丽萍	社区护理干预对高血压病患者健康知识和生活行为方式的影响	健康必读	2012-04
308	张曼	抑郁模型大鼠海马神经元再生变化及加味温胆汤的干预研究	神经解剖学杂志	2012-06
309	张民	夫西地酸钠致血小板减少1例分析	甘肃医药	2012-01
310	张民	抗菌药物专项整治前后某院抗菌药物使用分析	卫生职业教育	2012-11
311	张楠	浅谈艾灸治疗仪在中医护理中的应用	健康必读	2012-01
312	张文贤	骨结构的重建理念	中国临床实用医学	2012-02
313	张文贤	创伤性骨关节炎软骨细胞损坏与修复机制	中国组织工程研究	2012-11
314	张小华	化瘀生肌膏质量标准研究	中国中医药信息杂志	2012-06
315	张小荣	李妍怡教授治疗中风后遗症经验探析	西部中医药	2012-07
316	张小仙	舒适护理在晚期胃癌患者中的应用	西部中医药	2012-12
317	张秀娟	实施“优质护理服务”的体会	西部中医药	2012-01
318	张彦彩	MRI面肌抽搐的病因学分析	中国优生优育	2012-04
319	张燕琴	三黄膏治疗骨科患者药物性静脉炎的临床观察	中华实用中西医杂志	2012-02
320	张竹君	王自立主任医师应用经方验案举隅	西部中医药	2012-04
321	赵道洲	通络搽剂治疗软组织损伤的主要药效学研究	西部中医药	2012-09
322	赵继荣	经皮穿刺激光椎间盘减压术治疗腰椎间盘突出症的疗效及其影响因素	中国激光医学杂志	2012-02
323	赵继荣	自制C形复位器治疗胸腰椎爆裂骨折的临床观察	临床骨科杂志	2012-02

续表

序号	姓名	论文题目	杂志名称	发表时间
324	赵继荣	自制C形椎管内骨折复位器在胸腰段爆裂骨折后路手术中的应用	中国脊柱脊髓杂志	2012-12
325	赵军	骨刺消巴布剂对兔膝骨性关节炎IL-1β和TNF-α的影响	西部中医药	2012-11
326	赵俊喜	督脉穴位注射疗法治疗中风后遗症的疗效评价	西部中医药	2012-03
327	赵燕	养阴生肌散治疗溃疡期压疮的临床护理研究	卫生职业教育	2012-04
328	赵永强	某中医院不同科室住院患者疗效及费用对比分析	西部中医药	2012-01
329	赵昭	熟鸡蛋内膜配合氧疗治疗期Ⅱ-Ⅲ压疮的护理体会	西部中医药杂志	2012-12
330	赵振文	陇中牌中药洗剂配合膝关节镜治疗膝骨性关节炎的临床对照研究	中国中医骨伤科杂志	2012-05
331	郑慧	医院人事档案资源价值分析	卫生职业教育	2012-01
332	郑慧	浅谈医院建立内部经营业绩评价系统的方法	西部中医药	2012-12
333	郑君	瓜石汤对初老大鼠卵巢bcl-2表达影响的实验研究	成都中医药大学学报	2012-02
334	郑倩君	中药熏洗疗法治疗痔疮129例	甘肃中医学院学报	2012-03
335	郑倩君	桂芪通湿热敷用于术后尿潴留的临床护理观察	西部中医药	2012-06
336	郑倩君	黄连酊的抗炎药理作用研究	甘肃医药	2012-08
337	周晟	人性化服务在影像科实习生中深化和延续之探讨	中国优生优育	2012-04
338	周晟	放射影像科患者突发事件急救管理的临床价值	甘肃科技	2012-09
339	周晟	放射影像科患者突发事件急救管理的临床经验	中国危重病急救医学	2012-11
340	周晟	X线铅汞刻度尺在肢体等大测量X线摄影中的应用	中国临床研究	2012-11
341	周黎黎	加味益胃汤治疗脾胃阴虚型小儿厌食症	中医儿科杂志	2012-01
342	周明旺	陇中消肿止痛合剂预防全髋关节置换术后深静脉血栓的临床研究	中国中医药信息杂志	2012-03
343	周明旺	膝骨性关节炎与中医体质学关系研究现状	西部中医药	2012-04
344	周明旺	基因治疗非创伤性股骨头坏死的研究进展	中国骨伤	2012-12
345	周明旺	中医手法整复配合蜡疗治疗腰椎间盘突出症疗效分析	西部中医药	2012-12
346	周毓萍	穴位按压对产妇子宫缩复的影响	西部中医药	2012-05
347	朱建明	宫廷圣药定坤丹的现代研究进展	中国优生优育	2012-12
348	朱小忠	自制铅汞刻度尺在肢体数字化摄影等长测量中的应用	中国临床研究	2012-08
349	朱晓铭	原发性胃十二指肠结合穿孔并腹膜后脓肿1例	中国普通外科杂志	2012-02
350	左进	"治未病"思想在肛窦炎中的应用	辽宁中医药大学学报	2012-01

2012年医院出版论著一览表

序号	姓名	书名	出版社名称	出版时间
1	陈成	岐黄医药纵横	甘肃科学技术出版社	2012-11
2	陈进凡	临床输血与检验	江西科学技术出版社	2012-01
3	程晓华	临床医学研究	中医古籍出版社	2012-06
4	东红	金文嫩医案集	甘肃科学技术出版社	2012-06
5	杜敏	西医妇产科学应试指南	兰州大学出版社	2012-08
6	樊彩娥	儿科常见病中西医防治与护理	成都、吉林科学技术出版社	2012-01
7	冯玉香	常见病证的辨证施护与调治　内科	兰州大学出版社	2012-08
8	葛新春	中药材的鉴别与炮制	中医古籍出版社	2012-06
9	郭雪梅	常见病证的辨证施护与调治　五官科	兰州大学出版社	2012-05
10	李树君	唐士诚学术及临床经验集	甘肃科学技术出版社	2012-06
11	李妍怡	夏永潮医话医案集	甘肃科学技术出版社	2012-01
12	梁改琴	《放射影像介入治疗与护理	甘肃民族出版社	2012-03
13	马郑萍	中医护理新编	甘肃民族出版社	2012-02

续表

序号	姓名	书名	出版社名称	出版时间
14	邱连利	针灸推拿综合技能实训教程	第四军医大学出版社	2012-06
15	谭萍	骨科麻醉基础与临床	甘肃科学技术出版社	2012-06
16	唐锐	中医院护理实习指导	甘肃民族出版社	2012-08
17	魏国俊	骨科常见疾病诊疗对策	兰州大学出版社	2012-04
18	薛海霞	实用医学理论与实践	中国科学技术出版社	2012-04
19	杨宝平	急性冠状动脉综合征临床对策	兰州大学出版社	2012-06
20	杨瑞龙	刘国安医案集	甘肃科学技术出版社	2012-06
21	原睿	儿科常见病中西医诊疗常规	甘肃民族出版社	2012-04
22	张丽平	常见病证的辩证施护与调治(老年病科)	兰州大学出版社	2012-06
23	赵继荣	中国脊柱微创治疗学	甘肃科技出版社	2012-01
24	赵燕	常见慢性病的预防与治疗	吉林科技出版社出版	2012-07

2012年医院专利登记一览表

序号	姓名	专利名称	专利类别	申请人类别			时间
1	邓强	一种踝关节骨折脱位并下胫分离固定钳	实用新型专利	个人名义	ZL 2011 2 0482464.2	第2359126号	2012.08
2	邓强	一种桡骨远端骨折可调式电子夹板	实用新型专利	个人名义	ZL 2011 2 0493063.7	第255858号	2012.08
3	宫玉锁	胫腓骨联合环抱器	实用新型专利	个人名义	ZL2012 2 0042378.4	第2526369	2012.11
4	裴生太	一种儿童髋部手术架	实用新型专利	个人名义	ZL 2011 2 0554869.2	第2394513号	2012.09
5	赵奋国	一种医用X线摄影滤线栅暗盒	实用新型专利	个人名义	ZL 2012 2 0329666.3	第2183442号	2012.05
6	赵奋国	一种便携式X线摄影滤线栅盒	实用新型专利	个人名义	ZL 2012 2 0133731.X	第2486225号	2012.10
7	赵军	脊柱改良弓形架	实用新型专利	个人名义	ZL2011 2 0559113.7	第2509424	2012.11

2013年医院发表论文一览表

序号	姓名	论文题目	杂志名称	发表时间
1	安珂	矩阵针灸配穴方案设计的数学和物理学基础	西部中医药	2013-03
2	安玉芬	王自立教授运用复元活血汤治疗悬饮经验价值	新中医	2013-03
3	安玉芬	纤维支气管镜检查在老年难治性肺炎病因及病原学诊断中的价值	医药前沿	2013-03
4	白会玲	交腿皮瓣移植患者的术后护理	中国优生优育	2013-08
5	白芮	双黄连超声雾化吸入对全麻插管患者术后呼吸道症状的干预与护理	西部中医药	2013-11
6	包强	中药固体速释制剂及其工艺设计研究进展	中国药房	2013-11

续表

序号	姓名	论文题目	杂志名称	发表时间
7	郇雅珺	通脑丸干预脑动脉硬化症慢性脑缺血损伤大脑血脂随机平行对照研究	实用中医内科杂志	2013-06
8	郇雅珺	通脑丸干预脑动脉硬化症慢性脑缺血损伤的作用机制研究	西部中医药	2013-06
9	郇雅珺	通脑丸治疗脑动脉硬化症的疗效及脑电图变化分析	吉林医学	2013-01
10	郇雅珺	中药复方通脑丸干预脑动脉硬化症临床研究	新中医	2013-11
11	蔡忠刚	儿童CT增强造影剂注射方法的选择比较	中国优生优育	2013-07
12	曹骅	彩色多普勒与DSA对锁骨下动脉粥样硬化狭窄诊断一致性分析	亚太传统医药	2013-06
13	曹红霞	沉香在消化系统疾病的临床应用概况	中国临床研究(原名中古厂矿医学)	2013-01
14	曹红霞	浅谈内外结合治疗功能性便秘的临床体会	中国优生优育	2013-06
15	曹希勤	甘草干姜汤的临床应用研究进展	甘肃中医学院学报	2013-06
16	查成喜	细胞色素P450 2C19基因多态性与氯吡格雷抗血小板作用相关性的Meta分析	循证医学	2013-01
17	柴守范	论“久病入络”与“温邪入络”	西部中医药	2013-11
18	巢磊	软件实现DAS28——评价类风湿关节炎疗效及病情的方法	西部中医药	2013-03
19	陈杰	经皮穿刺椎体成形术治疗椎体压缩性骨折的临床观察	健康之路	2013-1
20	陈杰	臭氧治疗腰椎间盘突出症的临床观察	健康之路	2013-11
21	陈涛	层级全责护理模式在护理质量控制中的应用	西部中医药	2013-12
22	陈二林	养阴生肌散中龙胆苦苷的HPLC测定	西部中医药	2013-01
23	陈进凡	骨科手术患者自体血回输情况分析	西部中医药	2013-06
24	陈世旺	半夏泻心汤与奥美拉唑治疗消化性溃疡疗效对比的Meta分析	中国临床研究(原名中古厂矿医学)	2013-08
25	陈世旺	半夏泻心汤联合奥美拉唑治疗脾胃虚弱证胃溃疡的临床对照研究	中国临床研究(原名中古厂矿医学)	2013-07
26	陈晓飞	儿童数字化X线摄影防护措施	中国优生优育	2013-07
27	陈耀章	正交试验法优选血管康袋泡茶的最佳服用方法	中医研究	2013-08
28	陈志龙	舒血宁注射液配合枕颌带牵引治疗儿童寰枢椎半脱位	西部中医药	2013-12
29	程娟	稳心颗粒治疗室早搏96例疗效观察	甘肃科技	2013-05
30	程麦莉	某三甲中医院感染现患率调查分析	西部中医药	2013-03
31	程晓华	三黄中空栓剂的制备及质量标准研究	西部中医药	2013-05
32	崔文建	郇雅珺主任医师中医治疗糖尿病临床经验	甘肃科技	2013-12
33	崔文建	郇雅珺主任医师调理脾胃治疗冠心病临床经验	甘肃科技	2013-11
34	崔小娟	优甲乐致高敏体质患者过敏性休克的抢救及安全防范	中华实用中西医杂志	2013-11
35	邓强	姚树国主任医师临症经验拮要	西部中医药	2013-01
36	邓强	手法整复夹板外固定治疗桡骨远端骨折疗效观察	西部中医药	2013-05
37	邓强	陇中旋转晃抖法治疗桡骨远端C型骨折78例	中国中医骨伤科杂志	2013-11
38	东红	中风膏对动脉粥样硬化模型家兔血脂水平、血管内皮功能影响	西部中医药	2013-03
39	东红(通讯)	补脑膏治疗瘀血头痛62例临床疗效观察	内蒙古中医药	2013-05
40	董林	手法复位夹板外固定治疗桡骨远端骨折疗效分析	中国中医药信息杂志	2013-05
41	董润泽	自制匀浆膳在ICU危重症患者中的应用观察	卫生职业教育	2013-08

续表

序号	姓名	论文题目	杂志名称	发表时间
42	董润泽	经鼻螺旋型空肠管早期肠内营养护理在治疗41例重症胰腺炎患者的观察	中国保健营养	2013-03
43	董润泽	辨证施护在脊柱骨折合并脊髓损伤患者中的临床应用	中国优生优育	2013-03
44	杜敏	聚焦超声联合术后护理治疗外阴上皮内非瘤样病变体会	中国优生优育	2013-07
45	杜自忠	脾动脉栓塞联合思他宁灌注治疗门静脉高压、脾亢的临床观察	当代医学	2013-01
46	樊彩娥	运脾喜食方治疗小儿厌食症60例疗效观察	中医儿科杂志	2013-07
47	樊彩娥	射贝止咳液对咳嗽变异性哮喘患儿IFN-γ、IL-4的影响	西部中医药	2013-07
48	冯玉香	老年患者医院—社区—家庭安全护理评估体系的建立与实践	中国医药指南	2013-01
49	冯玉香	跟随美国导师的一天	现代护理报	2013-02
50	高菲菲	老年骨性关节炎小针刀术后的康复护理	中国保健营养	2013-07
51	高小恒	参附注射液药理作用研究进展	实用中医药杂志	2013-11
52	高雪华	蜡疗技术在风湿寒性关节痛患者中的应用	西部中医药	2013-07
53	葛新春	肿痛消颗粒的制备工艺	西部中医药	2013-05
54	葛新春	探讨中药膏方的制备与服用	内蒙古中医药	2013-04
55	葛新春	再论煎煮中药应注意的几个问题	医药前沿	2013-03
56	顾秀琰	肉苁蓉及其混淆品种的原植物鉴别	西部中医药	2013-11
57	关永林	骨质疏松性股骨颈骨折的治疗进展	中国中医急症	2013-03
58	关永林	“蛋壳”技术在脊柱结核手术治疗中的体会	中国伤残医学	2013-05
59	郭秀珍	门诊患儿静脉穿刺护理的改进探讨	中国优生优育	2013-07
60	郭雪梅	中药超声雾化眼浴引入护理程序的效果观察	中国优生优育	2013-01
61	郭有雷	生肌玉红膏配合硝硼散治疗肛肠病术后临床研究	现代中医药	2013-02
62	韩娟	儿癜消治疗小儿过敏性紫癜的临床观察	中医儿科杂志	2013-07
63	何国华	通闭益气活血汤治疗血栓闭塞性脉管炎的临床研究	西部中医药	2013-03
64	何志军	陇中消定膏对足舟骨缺血性坏死的临床疗效观察	西部中医药	2013-02
65	贺彩东	一次性根治术治疗肛周脓肿的疗效观察	内蒙古中医药	2013-08
66	胡君茹	三种非水溶性供试品溶剂对抑菌实验效果的影响	西部中医药	2013-11
67	胡君茹	阿司匹林联合氯吡格雷抗血小板治疗的研究进展	中国药房	2013-08
68	扈小健	中日传统医学教育机构特点浅析	西部中医药	2013-02
69	黄邦荣	裴正学教授治疗大肠癌经验	中医研究	2013-05
70	黄邦荣	裴正学教授治疗肺癌经验	中医研究	2013-04
71	黄邦荣	裴正学教授治疗肺癌经验	中医研究	2013-04
72	黄邦荣	裴正学教授治疗肿瘤学术思想探讨	中医学报	2013-06
73	黄邦荣	裴正学教授治疗再生障碍性贫血的经验	西部中医药	2013-07
74	黄聪琳	GST pull-down技术验证CIPK7蛋白激酶与CBL1蛋白的相互作用	兰州大学学报（自然科学版）	2013-12
75	黄清杰	巴戟天炮制品的合理应用	西部中医药	2013-01
76	黄清杰	复方酮康唑软膏联合野菊花外用致过敏反应1例	中国医院药学杂志	2013-09
77	贾国龙	比较两种不同麻醉方法在小儿先天性髋关节脱位手术中的应用	中国优生优育	2013-06
78	贾潇	青壮年股骨颈骨折经皮空心螺钉内固定疗效观察	求医问药	2013-11
79	贾秀梅	优质枸杞加工方法	农业科技与信息 现代农业	2013-04
80	贾有福	人性化服务对降低儿童辐射剂量之探讨	中国优生优育	2013-08
81	江燕	非侵袭性真菌性上颌窦炎42例临床观察	甘肃医药	2013-04

续表

序号	姓名	论文题目	杂志名称	发表时间
82	姜华	藏药镰形棘豆总黄酮苷元急性毒性实验研究	西部中医药	2013-08
83	姜玲艳	正交试验优选健胃清肠合剂的水提醇沉工艺	中国实验方剂学	2013-09
84	姜玲艳	大孔吸附树脂在分离纯化中药有效成分中的应用	西部中医药	2013-06
85	焦正花	正交试验优选制萎扶胃浓缩丸的水提工艺	西部中医药	2013-08
86	金钰红	矩阵针灸治疗血压异常患者60例临床观察	西部中医药	2013-03
87	金钰红	梅花针扣刺治疗面瘫40例临床观察	西部中医药	2013-12
88	金钰鈞	矩阵针刺法对椎动脉型颈椎病椎动脉血流的影响	西部中医药	2013-12
89	靳方	临床护理教学结合中医药文化的实践体会	中国优生优育	2013-05
90	靳方	76例尿毒症血液透析患者的中医护理体会	中国优生优育	2013-04
91	康开彪	四物汤免疫作用改善卵巢早衰症状的研究现状	西部中医药	2013-02
92	孔令俊	中药热敷治疗膝关节内侧髌股韧带重建术后并发症疗效观察	西部中医药	2013-05
93	孔令俊	赛来昔布超前镇痛在全膝关节置换手术中的应用	中国中医骨伤科杂志	2013-09
94	孔令俊	人工全膝关节置换治疗成人膝外翻畸形的疗效观察	中国中医骨伤科杂志	2013-07
95	孔令俊	关节镜下有效清理术治疗膝骨性关节炎的疗效	甘肃医药	2013-04
96	孔令俊	髂胫束重建内侧髌股结合术后患膝中药热敷治疗髌骨内侧不稳的临床疗效观察	中国保健营养	2013-05
97	来帅	基于变换算法的冲击接地电阻测量装置设计	甘肃科技	2013-07
98	雷宁波	骨刺消巴布剂外敷治疗膝关节骨性关节炎32例疗效观察	甘肃中医学院学报	2013-03
99	雷作汉	丹红注射液联合中药沐足治疗老年糖尿病性周围神经病变30例	中医杂志	2013-06
100	李媛	糖尿病性白内障超声乳化术的护理	中国优生优育	2013-11
101	李跟旺	消定膏皮肤刺激性及致敏性研究	中国现代中药	2013-08
102	李贵臻	基于GSM芯片和单片机的信息机房环境监控系统	中国医疗设备	2013-05
103	李晗	标准操作程序在医院收费窗口中的应用	西部中医药	2013-01
104	李晗	医疗机构关于新版医疗服务价格项目的思考	中国卫生经济	2013-09
105	李红专	手法复位小夹板与外固定支具外固定治疗内收型肱骨外科颈骨折135例	中国中医骨伤科杂志	2013-11
106	李季文	胡蓝降糖缓释片质量标准研究	中国现代中药	2013-01
107	李晋凤	养阴生肌膜对复发性口腔溃疡临床疗效的研究	西部中医药	2013-12
108	李莉	藏药唐古特青兰的显微特征研究	甘肃中医学院学报	2013-02
109	李玲	甘肃省14家医疗机构消毒供应中心管理现状调查	中国消毒学杂志	2013-07
110	李玲	医务人员手卫生规范执行状况调查	中国消毒学杂志	2013-08
111	李美妮	临床护理路径在老年高血压患者中的应用效果分析	内科	2013-02
112	李盛华	酒精性股骨头缺血性坏死与CYP450关系研究进展	中国骨质疏松杂志	2013-07
113	李盛华	酒精性股骨头坏死发病机制的研究进展	中国骨质疏松杂志	2013-01
114	李盛华	拜读老师《清宫正骨手法图谱》有感	西部中医药	2013-01
115	李盛华(通讯)	微型钛板与改良锚定法在颈椎管扩大成形术中应用的早期疗效观察	临床骨科杂志	2013-03
116	李盛华(通讯)	中西医结合保守治疗胸腰椎骨折470例临床疗效观察	西部中医药	2013-05
117	李盛华(通讯)	日本天理大学藏吐鲁番牛医方考释	中国中医基础医学杂志	2013-02

续表

序号	姓名	论文题目	杂志名称	发表时间
118	李盛华（通讯）	中医体质类型对腰椎间盘突出症臭氧髓核消融术的疗效影响	西部中医药	2013-04
119	李伟青	腰源性膝痛的病机研究	医学信息	2013-09
120	李韡	儿童股骨头缺血性坏死的术后康复护理	中国优生优育	2013-08
121	李韡	儿童股骨头缺血性坏死的术后康复护理	中国优生优育	2013-01
122	李卫平	中药洗剂外敷预防胫骨平台骨折术后功能障碍的临床观察	西部中医药	2013-02
123	李文娟	手术室专科护士面临的问题及应对的分析探讨	甘肃医药	2013-08
124	李文萍	闵云山主任学术思想概述	西部中医药	2013-05
125	李西兄	早期康复介入对急性脑卒中偏瘫患者运动功能的影响	西部中医药	2013-07
126	李西兄	分段式健康教育宣教在脑卒中患者中的应用	中国优生优育	2013-08
127	李西兄	康复治疗对脑卒中吞咽障碍患者的影响	中国优生优育	2013-06
128	李喜香	养阴生肌膜质量标准研究	中成药	2013-01
129	李喜香	新型栓剂制备工艺及其药动学特征研究进展	中国药事	2013-07
130	李喜香	养阴生肌膜黏膜刺激性及皮肤过敏性实验研究	中国药物经济学	2013-08
131	李晓斌	天王补心丹的现代应用	光明中医	2013-09
132	李晓娟	中医药文化在健康教育与健康促进中的应用探讨	西部中医药	2013-11
133	李晓萍	消定膏外敷治疗动静脉内瘘处皮下血肿的临床疗效观察	中国优生优育	2013-11
134	李兴勇	中医药治疗膝关节骨性关节炎的现状	西部中医药	2013-12
135	李兴勇	维生素D受体多态性位点与骨疾病发病的相关性	中国中医骨伤科杂志	2013-06
136	李兴勇（通讯）	中西结合治疗强直性脊柱炎51例临床疗效观察	颈腰痛杂志	2013-08
137	李兴勇（通讯）	膝关节半月板损伤的诊治进展	中医正骨	2013-09
138	李秀娟	1例老年糖尿病合并用药病例分析	卫生职业教育	2013-01
139	李妍怡	补脑膏对脑缺血再灌注损伤模型大鼠神经保护作用的机制研究	西部中医药	2013-01
140	李岩	脑卒中后患者并发急性化脓性胆囊炎的麻醉处理	国际麻醉学与复苏杂志	2013-05
141	李岩	地佐辛复合舒芬太尼在脊柱术后自控静脉镇痛中的应用	甘肃医药	2013-06
142	李羽翠	TR-8000型血液透析机故障维修	医疗卫生装备	2013-01
143	李玉吉	促进前交叉韧带重建术后腱-骨界面愈合研究进展	中国医师进修杂志	2013-09
144	李玉吉	消肿止痛合剂对血清肿瘤坏死因子和白细胞介素的影响	中国中医骨伤科杂志	2013-05
145	李玉吉	消肿止痛合剂对软组织损伤患者TNF-α、IL-6的影响	西部中药	2013-04
146	连琯	当归补血汤合金水宝诊疗早期糖尿病肾病16例临床观察	西部中医药	2013-06
147	梁改琴	护理干预对2型糖尿病患者生活质量及焦虑状况的影响	中国初级卫生保健	2013-11
148	梁改琴	静脉留置针在CT增强扫描中的优势探讨	中国优生优育	2013-6
149	梁海宁	正交试验优选革薢清栓制备工艺	现代中药研究与实践	2013-06
150	梁海宁	肠炎颗粒的制备工艺优化	中国实验方剂学	2013-01
151	梁勤	2012年甘肃省大肠埃希菌的分布及耐药率分析	中国卫生检验杂志	2013-11
152	梁勤	亚健康人群“气虚血瘀”证型与血流变指标的相关性研究	内蒙古中医药	2013-01
153	刘朝辉	点穴疗法治疗产伤型脑瘫之关节功能障碍的临床观察	中国优生优育	2013-03
154	刘惠玲	浅析麻醉恢复室对手术室工作的促进作用	中国优生优育	2013-06
155	刘惠玲	下颌骨骨折术后的中医康复护理	西部中医药	2013-07

续表

序号	姓名	论文题目	杂志名称	发表时间
156	刘军刚	临床药师独立查房参与地高辛中毒患者的治疗	中国医院用药评价与分析	2013-02
157	刘莉莉	化痰行气活血散结法治疗乳腺增生病的临床观察	中国优生优育	2013-08
158	刘强光	Drainobag真空高负压引流瓶在普外科术后应用	甘肃医药	2013-02
159	刘效栓	The Processing Technology of Honey -fried FLOS FARFARAE	MEDICINAL PLANT	2013-07
160	刘效栓	正交试验法优选伤科洁肤液的制备工艺	中药材	2013-05
161	刘效栓	RP-HPLC测定制萎扶胃丸中隐丹参酮和丹参酮ⅡA含量	中国中医药信息杂志	2013-08
162	刘效栓	伤科洁肤液质量标准研究	中国实验方剂学杂志	2013-02
163	刘效栓	星点设计——效应面法优化紫荆皮挥发油提取工艺	中国实验方剂学杂志	2013-12
164	刘效栓（通讯）	黄连解毒合剂质量标准研究	中国中医药信息杂志	2013-01
165	刘欣	妊娠期高血压疾病患者的护理观察	中外医学研究	2013-01
166	刘秀芳	大剂量环磷酰胺冲击联合激素治疗难治性肾病综合征的护理探析	西部中医药	2013-11
167	刘叶荣	浅谈“治未病”思想在小儿反复呼吸道感染调护中的指导意义	中国优生优育	2013-06
168	刘叶荣	健康教育对于心绞痛影响的Meta分析	中国优生优育	2013-07
169	刘叶荣	关于褥疮患者中西医护理的探讨	中国优生优育	2013-08
170	刘叶荣	辨证施护在52例产褥期妇女便秘中的应用体会	中国优生优育	2013-09
171	刘迎萍	中药配合药物流产终止早孕30例临床观察	西部中医药	2013-11
172	刘永红	瞳孔缘环切法解除并发性白内障瞳孔粘连	国际眼科杂志	2012-12
173	刘永民	Artisan虹膜夹持型人工晶状体治疗无晶状体眼临床观察	卫生职业教育	2013-01
174	刘志军	中风膏对大鼠脑缺血再灌注损伤脑梗死体积及细胞凋亡的影响	中西医结合心脑血管病杂志	2013-03
175	柳直	中医体质类型对腰椎间盘突出症臭氧髓核消融术的疗效影响	西部中医药	2013-04
176	柳海平	自拟骨痹痛消方内服配合中药熏洗外敷治疗退行性膝骨性关节炎临床观察	西部中医药	2013-08
177	柳海平	腓骨不同部位截骨对HTO治疗膝骨性关节炎并膝内翻的疗效影响	中国中医骨伤科杂志	2013-06
178	柳树英	王自立名老中医从“脾色环唇”论治疾病经验拾萃	西部中医药	2013-04
179	柳渊洁	低蛋白血症患者血清锌变化特点及与蛋白水平相关性探讨	卫生职业教育	2013-02
180	芦少敏	糖痹康汤治疗2型糖尿病周围神经病变气阴两虚兼血瘀证60例	中医研究	2013-12
181	罗莉	临床护理健康教育方法的讨论	中国保健营养	2013-07
182	罗文蓉	糖脂平颗粒的制备工艺优选	中国实验方剂学杂志	2013-12
183	罗向霞	瞳孔缘环形切除术对葡萄膜炎并发白内障术后眼前节的影响研究	中医眼耳鼻喉科杂志	2013-01
184	罗向霞	浅谈加强中医院科研管理	西部中医药	2013-12
185	罗向霞	糖尿病视网膜病变阳虚病机的代谢组学物质基础	中国中医眼科学杂志	2013-06
186	罗向霞（通讯）	DR病情进展与阳虚病机关系的研究	西部中医药	2013-08
187	罗艳萍	腰椎间盘突出症小针刀术后护理	中国保健营养	2013-07
188	骆元斌	胃黄色瘤30例临床病理分析	西部中医药	2013-01

续表

序号	姓名	论文题目	杂志名称	发表时间
189	骆元斌	糖耐康对转化生长因子-β1诱导的人肾小管上皮细胞纤维化细胞因子的影响	中国中医药信息杂志	2013-06
190	雒生梅	心理干预在针刀治疗骨性关节炎中的应用	中国优生优育	2013-09
191	吕芳	幼儿园儿童心理健康教育刍议	中国优生优育	2013-03
192	吕江宏	颈椎病神经根型保守治疗方案优化	甘肃科技	2013-12
193	马琴国	紫草化学成分及药理作用研究进展-	甘肃中医学院学报	2013-02
194	马小娟	三黄膏外敷治疗PICC置管致静脉炎60例效果观察	中国优生优育	2013-06
195	马新换	止消通脉宁对TGF-β_1诱导的人肾小管上皮细胞CTGF、PAI-1、MMP-9mRNA表达的影响	中国中医药信息杂志	2013-03
196	马英	分段开窗旷置对口引流切开挂线联合中药治疗复杂性肛瘘148例	西部中医药	2013-06
197	马英	中药熏洗配合口服地奥司明片治疗肛门肿痛	中国肛肠病杂志	2013-03
198	马郑萍	护生中医护理操作培训实践与思考	卫生职业教育	2013-03
199	马郑萍	我院预约挂号实施探索分析	西部中医药	2013-12
200	孟建繁	双层螺旋CT冠状位扫描肘关节骨折的应用价值	中国优生优育	2013-09
201	孟庆鑫	养心舒肝颗粒治疗冠心病抑郁状态39例临床观察	中国保健营养	2013-05
202	孟庆鑫	浅谈祖国医学对冠心病抑郁状态的认识	甘肃科技纵横	2013-06
203	米仲祥	推拿治疗神经根行颈椎病的临床疗效观察	西部中医药	2013-06
204	苗凤花	中医院门诊预约挂号存在的问题与对策	中国优生优育	2013-05
205	缪文捷	浅谈低场MRI下小儿头颅扫描技术	中国优生优育	2013-04
206	慕明燕	局麻下术中调整眼位的共同性外斜视手术的术后眼位漂移的观察	中国斜视与小儿眼科杂志	2013-09
207	倪红	裴正学教授从痰论治乳腺癌术后淋巴水肿验案	西部中医药	2013-02
208	倪红	李可临床应用红参和五灵脂经验探析	中国中医药信息杂志	2013-09
209	潘蓉	PICC护理健康宣教在乳癌患者中的应用	中国优生优育	2013-09
210	潘文	补肾化瘀方对多囊卵巢综合征伴胰岛素抵抗患者内分泌环境的影响	中国实验方剂学杂志	2013-07
211	潘文	清利通淋汤体外和体内抗菌作用的实验研究	西部中医药	2013-03
212	潘文	分子基因异常对多囊卵巢综合征发病机制的研究进展和中药的干预作用	世界中西医结合杂志	2013-02
213	潘文	补肾活血法治疗多囊卵巢综合征的研究现状	中国中医基础医学杂志	2013-12
214	潘文	产益康栓对大鼠阴道黏膜刺激及过敏反应的实验研究	西部中医药	2013-03
215	潘文	四物汤免疫作用改善卵巢早衰症状的研究现状	西部中医药	2013-02
216	潘文	基于药味加减的辅行诀药证初探	西部中医药	2013-11
217	裴生太	先天性桡骨头脱位手术治疗失败的原因分析	甘肃医药	2013-01
218	裴生太	赵道洲陇中正骨手法精要	中国中医骨伤科杂志	2013-08
219	裴生太	甘肃骨伤科名家赵道洲应用当归补血汤的经验	中国中医骨伤科杂志	2013-09
220	权金林	做好医院感染知识培训　加强医院感染管理	西部中医药	2013-12
221	任筠	医院急救设备管理模式探析	卫生职业教育	2013-12
222	任耀全	水蛭在儿科的临床应用进展	中医儿科杂志	2013-09
223	尚亚婷	孙其斌教授推拿治疗医案介绍	中外医疗	2013-04
224	尚亚婷	耳穴放血、贴压及面部拔罐治疗痤疮30例临床观察	西部中医药	2013-05

续表

序号	姓名	论文题目	杂志名称	发表时间
225	尚亚婷	中频拔罐耳压综合疗法对单纯性肥胖的临床观察	四川中医	2013-09
226	尚亚婷	中频拔罐耳压配合针刺治疗单纯性肥胖疗效观察	西部中医药	2013-11
227	邵亚	变异性格林-巴利综合征伴良性高颅压但脑脊液蛋白始终正常1例	甘肃医药	2013-04
228	盛丽	高频彩色多普勒超声对局限性骨化性肌炎的诊断价值	临床荟萃	2013-08
229	盛丽	彩色多普勒超声诊断指屈肌腱损伤的临床观察	临床荟萃	2013-06
230	师宁宁	骶髂关节紊乱与L4-5椎间盘突出的关系研究	中医正骨	2013-01
231	师宁宁	骶髂关节紊乱在X线片上的表现形式和临床意义	中国骨伤	2013-02
232	师宁宁	中国脊柱推拿手法的发展与评价	按摩与康复医学	2013-08
233	石丽丽	某中医院医护人员对传染病知识培训效果评价	西部中医药	2013-12
234	舒劲	中医药在突发公共卫生事件中的应用与探讨	西部中医药	2013-01
235	舒劲	名老中医王自立运脾系列方剂方证知识数据挖掘研究	西部中医药	2013-02
236	舒劲	风骚独领一甲子——甘肃省中医院建院60周年纪念	甘肃卫生	2013-12
237	舒劲(通讯)	黄芪在溃疡性结肠炎治疗中的运用	中医研究	2013-01
238	宋玉春	幼儿发育性髋关节脱位的护理	内蒙古中医药	2013-08
239	苏莉	非球面衍射型多焦点人工晶状体的临床应用观察	国际眼科杂志	2012-12
240	苏小军	五劳七损方治疗强直性脊柱炎50例临床研究	新中医	2013-11
241	孙力	孙其斌主任医师捏脊疗法经验小结	西部中医药	2013-08
242	孙力	孙其斌主任医师治疗颈腰椎疾病经验学习心得	中华实用中西医杂志	2013-11
243	孙涛	舒血宁注射液与银杏达莫注射液治疗老年心绞痛疗效临床比较的回顾病历研究	中国保健营养	2013-05
244	孙涛	通冠丸治疗不稳定型心绞痛40例	西部中医药	2013-12
245	孙焱	强直性脊柱炎的护理体会	中国保健营养	2013-07
246	唐晓栋	黄芪桂枝五物汤治疗脊髓型颈椎病27例	现代中医药	2013-05
247	唐晓栋	消定膏治疗膝关节骨性关节炎临床观察	亚太传统医药	2013-06
248	田继东	可吸收骨螺钉结合外固定架治疗肱骨干粉碎性骨折83例临床观察	卫生职业教育	2013-02
249	田卫花	MLCT和ELISA法检测HLA-B27的比较	国际检验医学杂志	2013-01
250	田雪梅	火龙疗法配合祛寒逐风方治疗风湿寒性关节痛56例临床观察	西部中医药	2013-04
251	脱承德	宣白承气汤灌肠治疗急性肺损伤的临床研究	中国中医急症	2013-07
252	万迎霞	儿童股骨头缺血性坏死的健康教育	中国优生优育	2013-03
253	万迎霞	中医护理对腰椎间盘突出症保守治疗患者的干预	甘肃医药	2013-03
254	汪俊红	宫颈环形电切术后联合电磁波仪治疗宫颈上皮内瘤变的疗效	中国优生优育	2013-02
255	汪俊红	自拟骨痹痛消方治疗膝骨性关节炎的临床观察	中医临床研究	2013-06
256	汪俊红	青少年初次髌骨脱位治疗的新进展	中国中医骨伤科杂志	2013-01
257	王煜	王自立主任医师中医反治法的临床运用	西部中医药	2013-05
258	王煜	王自立运用祛湿法治疗脾胃病验案	四川中医	2013-06
259	王煜	王自立主任医师同因通用法治疗崩漏经验	光明中医	2013-09
260	王爱华	小针刀治疗屈指肌腱狭窄性腱鞘炎体会	中医临床研究	2013-02
261	王爱华	五劳七损方治疗产后痹44例	中医研究	2013-09
262	王爱华	张延昌主任医师治疗产后痹经验总结	医学信息	2013-04

续表

序号	姓名	论文题目	杂志名称	发表时间
263	王安萍	宋以前医人社会地位变迁考	西部中医药	2013-03
264	王春爱	地佐辛联合咪达唑仑在大隐静脉射频闭合术中的临床应用	中国普外基础与临床杂志	2013-08
265	王东红	芬太尼和米索前列醇配合丙泊酚进行人流麻醉的方案研究	中国优生优育	2013-06
266	王发娟	高龄冠状动脉多支血管病变PCI术后上消化道出血患者的护理	西部中医药	2013-05
267	王芳林	辨证施护在33例糖尿病患儿中的临床应用体会	中国优生优育	2013-03
268	王海东	嘛呢骨痹胶囊对骨质疏松大鼠骨代谢指标的影响	中医研究	2013-04
269	王海东(通讯)	针刀疗法治疗颈椎病的Mete分析	中国骨伤	2013-11
270	王华明	弹性髓内钉治疗儿童股骨干骨折钢板内固定失效病例分析	中国组织工程研究	2013-06
271	王华明	儿童陈旧性孟氏骨折:需要重建环状韧带吗?	中国组织工程研究	2013-08
272	王炯	王子义京帮流派中药炮制制备工艺探析	西部中医药	2013-07
273	王兰娣	大量生黄芪治疗变应性鼻炎临床观察	光明中医	2013-01
274	王亮亮	浅议施工项目质量控制	城市建设理论研究	2013-05
275	王世太	生脉注射液在预防心血管疾病患者腹部手术全麻插管反应中的应用	西部中医药	2013-07
276	王世太	10例骨折手术中急性肺栓塞的临床观察	中国中医骨伤科杂志	2013-06
277	王天宝	火针治疗皮肤黏液水肿性苔藓的临床体会	内蒙古中医药	2013-01
278	王天宝	近5年来椎动脉型颈椎病非手术治疗研究进展	医学信息	2013-01
279	王闻奇	尺骨撞击综合征的影像学分析	中国优生优育	2013-11
280	王闻奇	尺骨撞击综合征的影像学研究进展	中国优生优育	2013-12
281	王想福	Wiltse入路经椎弓根植骨治疗胸腰椎骨折	中国骨伤	2013-07
282	王想福	独活寄生汤联合经皮激光椎间盘减压治疗腰椎间盘突出症138例	西部中医药	2013-12
283	王小萍	不同穿刺方法对透析患者动静脉内瘘的影响	西部中医药	2013-07
284	王晓红	小儿至宝丸的研究现状	中国优生优育	2013-02
285	王晓怀	黄芪注射液治疗不稳定型心绞痛的系统评价	西部中医药	2013-01
286	王晓琳	陇中损伤胶囊在骨伤科病临床应用和实验研究概况	中国中医骨伤科杂志	2013-06
287	王兴盛	经皮激光气化减压术治疗腰椎间盘突出症后椎间隙高度改变和中长期临床疗效	中国激光医学杂志	2013-05
288	王兴盛	二期翻修术治疗腰椎间突出症术后复发21例	中国中医骨伤科杂志	2013-01
289	王亚宁	后路椎弓根钉内固定联合椎间融合治疗腰椎滑脱症疗效分析	卫生职业教育	2013-06
290	王亚伟	脊柱调整手法联合中药热敷治疗腰椎间盘突出症临床观察	中国中医骨伤科杂志	2013-01
291	王亚伟	中医综合治疗颈椎病经验探析	甘肃医药	2013-11
292	王彦斐	中医护理在骨折术后临床护理中的应用	西部中医药	2013-01
293	王艳琴	赵健雄教授临证常用三方浅析	西部中医药	2013-06
294	王颖	等级医院评审护理工作状况及存在的主要问题	西部中医药	2013-12
295	王永胜	纳米雄黄对药物敏感性白血病细胞的凋亡诱导作用	中国中药杂志	2013-07
296	王玉兰	心理护理联合微波局部照射在体检发现宫颈炎患者中的应用价值研究	中国卫生产业	2013-09
297	王玉珠	止痒油膏外敷止痒作用的实验研究	西部中医药	2013-12
298	王智明	来氟米特治疗中医不同证型类风湿关节炎疗效观察	中国中西医结合杂志	2013-01

续表

序号	姓名	论文题目	杂志名称	发表时间
299	魏国俊	损伤胶囊与正骨水治疗慢性软组织损伤比较	西部中医药	2013-11
300	魏国俊	中药杜仲含药血清对成骨细胞增殖、成骨性的影响	西部中医药	2013-03
301	吴全人	元参升麻甘草汤治疗急慢性咳嗽临床观察	中医临床研究	2013-01
302	吴燕	刺络拔罐法治疗内科杂病	实用中医内科杂志	2013-01
303	武纪玲	优化中医护理适宜技术培训方法探讨	西部中医药	2013-01
304	武纪玲	消定膏外敷联合泼尼松龙鞘内注射治疗桡骨茎突狭窄性腱鞘炎30例	中医研究	2013-03
305	武纪玲	膝关节注射玻璃酸钠两种注射方法对比分析	护士进修杂志	2013-08
306	肖国民	华佗夹脊排罐法对失眠症患者睡眠质量的影响	西部中医药	2013-07
307	肖红	电动减重仪对偏瘫患者早期步态训练的影响	西部中医药	2013-05
308	肖红	变通密集针治疗膝关节骨性关节炎的临床观察	中国优生优育	2013-01
309	肖正国	通窍鼻渊丸制备过程中栀子苷转移率实验研究	中医研究	2013-01
310	肖正国	玉红膏治疗皮肤溃疡有效性的Meta分析	西部中医药	2013-11
311	谢朝晖	二仙汤加减联合星状神经节阻滞治疗围绝经期综合征临床观察	中国优生优育	2013-07
312	谢朝晖	曲马多联合电针对神经病理性疼痛大鼠行为学及脊髓相关细胞因子的影响	西部中医药	2013-12
313	谢兴文	麝香对颅骨骨缺损模型大鼠SDF-1表达的影响	中国骨质疏松杂志	2013-04
314	谢兴文	重组人骨形态发生蛋白2诱导骨修复的应用及前景	中国组织工程研究	2013-07
315	谢兴文	桃红四物汤含药血清对骨髓间充质干细胞增殖、成骨分化的影响	中华中医药杂志	2013-09
316	谢兴文	不同标记方法对大鼠骨髓间充质干细胞标记的研究	中国骨质疏松杂志	2013-02
317	谢兴文	浅谈踝关节三角韧带损伤对其稳定性的影响及治疗进展	中国中医骨伤科杂志	2013-04
318	辛仲斌	手法复位低温板材塑性固定治疗第一掌骨基底部骨折45例	西部中医药	2013-08
319	邢福军	兰州地区健康人群甲胎蛋白癌胚抗原参考范围	西部中医药	2013-12
320	邢涛	中药热敷结合玻璃酸钠局部注射治疗肩关节周围炎32例疗效观察	甘肃中医学院学报	2013-03
321	邢涛	锁定钢板结合植骨治疗SanderⅢ、Ⅳ型跟骨骨折	临床骨科杂志	2013-05
322	邢涛	刺消巴布剂对大鼠急性软组织损伤细胞凋亡的影响	西部中医药	2013-12
323	徐婷	蜡疗法的临床应用	中国保健营养	2013-06
324	徐霞	兰州市社区卫生服务中心基本情况分析	西部中医药	2013-06
325	徐秀梅	矩阵针法配合针刺三阴穴治疗慢性非细菌性前列腺炎31例	西部中医药	2013-12
326	徐彦龙	矩阵针法结合“五心穴”为主治疗痉挛性斜颈	中国针灸	2013-06
327	徐彦龙	《针灸甲乙经》对腰痛的疗法特点分析	西部中医药	2013-12
328	徐玉娥	玉红膏中β,β′-二甲基丙烯酰阿卡宁含量测定及QCC图在其质量管理中的应用	中国药房	2013-11
329	许晓	胃肠疾病中西医用药护理	健康必读	2013-01
330	许彩凤	苋蓉补肾方多囊卵巢综合征大鼠促排卵作用	新中医	2013-01
331	薛海霞	肃肺清肠合剂治疗急性呼吸窘迫综合征15例	中医研究	2013-03
332	薛海霞	肃肺清肠合剂对ARDS患者呼吸力学和血流动力学的影响	西部中医药	2013-06
333	薛建军	西方针刺方法和传统针灸治疗慢性疼痛的异与同	西部中医药	2013-04
334	薛建军	参附注射液对心肌缺血再灌注老年大鼠NF-kB及IkB-a表达的影响	西部中医药	2013-02

续表

序号	姓名	论文题目	杂志名称	发表时间
335	薛世萍	综合中医院多重耐药菌的临床分布调查	中国消毒学杂志	2013-12
336	薛旭玲	类风湿性关节炎患者的心理护理	中国保健营养	2013-07
337	鄢卫平	针刀治疗强直性脊椎炎60例	西部中医药	2013-12
338	严宛鸿	氯胺酮基础麻醉联合骶管阻滞在小儿发育性髋关节脱位(DDH)手术中的应用	甘肃科技	2013-08
339	杨爱宁	探讨自制片盒袋在床旁坐位胸部摄影中的临床意义	中国优生优育	2013-06
340	杨春林	中药穴位贴敷配合腹部按摩治疗中风后便秘患者的护理研究	中国优生优育	2013-07
341	杨宏武	茴香枳术汤粘连性肠梗阻模型大鼠血浆NO、DAO的影响	西部中医药	2013-02
342	杨宏武	茴香枳术汤对实验性大鼠粘连性肠梗阻组织NO、DAO的影响	西部中医药	2013-03
343	杨丽萍	2006—2009年某三甲中医院住院死亡患者情况分析	西部中医药	2013-11
344	杨丽霞	Effect of Tangnaikang on TGF-β1-Induced transdifferentiation of human renal tubular epithelial HK-2 cells	Journal of Traditional Chinese Medicine	2013-06
345	杨丽霞	止消通脉宁干预转化生长因子-β1诱导人肾小管上皮细胞表型转化的研究	中国中医药信息杂志	2013-01
346	杨丽霞(通讯)	镰形棘豆总黄酮对TGF-β1诱导的人肾小管上皮细胞纤维化因子的影响	中国实验方剂学杂志	2013-06
347	杨丽霞(通讯)	镰形棘豆总黄酮对TGF-β1诱导的人肾小管上皮细胞分泌细胞外基质成分的影响	中医研究	2013-03
348	杨世霞	左卡尼汀联合重组人促红细胞生长素及铁剂治疗血液透析并发症的疗效观察	中国临床药理学杂志	2013-04
349	杨涛	裴正学教授"心脑同治"学术思想初探	西部中医药	2013-12
350	杨维建	中西医结合治疗炎性肠梗阻临床疗效观察	西部中医药	2013-01
351	杨小芳	火龙疗法在风寒湿痹患者中的应用	中国优生优育	2013-07
352	杨小源	中药硬胶囊剂制备与质量影响因素研究	西部中医药	2013-01
353	杨晔	中药质量问题探讨	甘肃医药	2013-07
354	杨育红	对血型鉴定及交互配血差错标本的分析及对策	甘肃科技	2013-06
355	杨志华	中西医结合治疗小儿咳嗽变异性哮喘36例疗效观察	中国优生优育	2013-01
356	杨志华	普鲁卡因"封闭疗法"治疗过敏性紫癜疗效观察	中国优生优育	2013-11
357	姚小芳	六常法在创建"高标准、高质量、高品位"特需病房中的应用效果探析	西部中医药	2013-04
358	姚小芳	养阴生肌散应用于老年糖尿病足烫伤性伤口处理的临床研究	中华实用中西医杂志	2013-01
359	尤从新	中药外敷配合注射透明质酸钠治疗膝骨性关节炎疗效观察	中国医学创新	2013-12
360	于妍	肥大心肌细胞能量代谢变化及参附注射液对其的影响	西部中医药	2013-12
361	袁冰华	早期肠内营养护理危重症患者随即平行对照研究	实用中医内科杂志	2013-03
362	袁冰华	76例多发性肋骨骨折合并血气胸的急救护理体会	中国优生优育	2013-06
363	袁仁智	辅行诀补肝汤方证及应用探讨	中医研究	2013-07
364	袁仁智	基于药味加减的辅行诀药证初探	西部中医药	2013-11
365	袁仁智	穴位按摩降血糖	糖尿病新世界	2013-12
366	詹文强	杜仲腰痛浓缩丸制备工艺优化	中国实验方剂学	2013-03
367	张参军	头清胶囊治疗椎动脉型颈椎病100例临床观察	医学信息	2013-08
368	张崇岳	颅脑外伤后苯妥英钠致重症多形性红斑药疹1例	医学信息	2013-07
369	张德宏	老年骨质疏松症的病因病机及防治原则探析	西部中医药	2013-03
370	张宏武	中药膏滋方的选择及服用要点浅谈	新中医	2013-04

续表

序号	姓名	论文题目	杂志名称	发表时间
371	张洪涛	密集型针刺治疗枕下三角区综合征临床疗效观察	西部中医药	2013-11
372	张华丽	老年高血压药物治疗中存在的问题与解决思路	健康之路	2013-12
373	张慧	调气平喘汤治疗支气管哮喘100例	中国中医药远程教育	2013-01
374	张建平	针灸治疗慢性前列腺炎25例疗效观察	西部中医药	2013-03
375	张建平	两种途径进行腹腔镜去顶减压术治疗肾囊肿的疗效观察	兰州大学学报	2013-02
376	张丽娟	浅谈如何缓解护理技能大赛赛前及比赛中的心理压力	卫生职业教育	2013-02
377	张丽君	《西部中医药》杂志更名前后载文情况分析	西部中医药	2013-05
378	张丽平	中西医结合护理优化方案预防围手术期低体温的研究	西部中医药	2013-11
379	张凌云	小剂量氯胺酮预处理对大鼠肠缺血/再灌注后肝脏血红素加氧酶-1表达的影响	国际麻醉学与复苏杂志	2013-01
380	张凌云	小剂量氯胺酮术后镇痛对全髋关节置换术患者细胞因子表达的影响	中华老年多器官疾病杂志	2013-11
381	张民	细菌耐药背景下的中药抗菌作用研究	西部中医药	2013-06
382	张普	脏腑背俞排罐疗法治疗溃疡性结肠炎38例疗效观察	健康之路	2013-08
383	张小华	双波长HPLC法同时测定安坤种子丸中阿魏酸、芍药苷2种有效成分	中国中医药信息杂志	2013-09
384	张小华	安坤种子丸微生物限度检查法的建立及方法学验证	西部中医药	2013-11
385	张小荣	加味半夏白术天麻汤联合盐酸倍他司汀治疗椎-基底动脉供血不足性眩晕35例	西部中医药	2013-12
386	张晓岚	产后出血的辨证施护	中国优生优育	2013-02
387	张晓岚	中医医院健康教育的路径选择及策略	西部中医药	2013-11
388	张晓岚	兰州市编外护士对本职工作满意度调查及应对策略	健康大视野	2013-03
389	张晓明	紫斑风铃草的鉴定	西部中医药	2013-02
390	张晓明	水试、火试法在中药饮片经验鉴别中的应用	医药前沿	2013-02
391	张新丽	靳峰治疗慢性肾盂肾炎经验	实用中医药杂志	2013-05
392	张学基	面神经血管束显微外科解剖与临床研究	临床神经外科杂志	2013-04
393	张雪霞	手术患者转送中的风险管理	西部中医药	2013-01
394	张彦彩	缺氧性乳突炎的MRI表现与病理相关性分析	中国优生优育	2013-07
395	张艳琴	乳腺癌改良根治术后饮食护理与康复指导的临床体会	中国优生优育	2013-04
396	张燕琴	头部按摩法治疗骨科失眠患者的护理体会	中华实用中西医杂志	2013-01
397	张永萍	肩胛骨骨折的围手术期护理	西部中医药	2013-12
398	张祖萍	长期血透患者高位动静脉内瘘护理体会	西部中医药	2013-03
399	赵道洲	手法配合陇中Ⅰ号气雾透皮疗法治疗膝骨性关节炎的临床研究	西部中医药	2013-04
400	赵奋国	X线摄影专用刻度尺的研制及临床应用	卫生职业教育	2013-04
401	赵继荣	经皮激光汽化减压术治疗腰椎间盘突出症的临床应用进展	中国激光医学杂志	2013-06
402	赵继荣	两种体位下经皮穿刺激光汽化减压术治疗腰椎间盘突出症的比较	中国激光医学杂志	2013-06
403	赵继荣	脊柱旋转手法联合姿态调衡法治疗腰椎间盘突出症的临床研究	中国中医骨伤科杂志	2013-07
404	赵继荣	从生物力学角度探讨中医手法和牵引治疗颈椎病的机制	中医研究	2013-08

续表

序号	姓名	论文题目	杂志名称	发表时间
405	赵继荣	经皮激光气化减压术治疗青少年腰椎间盘突出症的远期临床疗效	中国激光医学杂志	2013-12
406	赵继荣（通讯）	手法治疗腰椎间盘突出症的临床疗效观察	甘肃科技	2013-06
407	赵继荣（通讯）	经皮激光汽化减压术治疗腰椎间盘突出症的临床观察	甘肃科技	2013-05
408	赵军	可调试脊柱俯卧架的设计及临床应用	中国医疗器械杂志	2013-03
409	赵萍	消肿止痛合剂对大鼠骨折愈合中VEGP表达的影响	西部中医药	2013-02
410	赵小红	激光照射联合中药治疗带状疱疹30例疗效观察	西部中医药	2013-02
411	甄熙奎	运脾颗粒对脾虚型慢传输型便秘小鼠肠道传输功能及MTL和NO的影响	中国肛肠病杂志	2013-08
412	甄熙奎	运脾颗粒对脾虚型慢传输型便秘小鼠肠道传输功能的影响	中国肛肠病杂志	2013-06
413	郑访江	自拟杏苏二陈汤加减治疗小儿支气管炎经验	中国优生优育	2013-02
414	郑访江（通讯）	婴儿奶嘴在小儿超声雾化吸入中的临床应用	中国优生优育	2013-01
415	郑访江（通讯）	中医针药并用治疗小儿遗尿的Meta分析	中国优生优育	2013-02
416	郑访江（通讯）	产后缺乳的中西医治疗研究进展	中国优生优育	2013-06
417	郑君	瓜石汤对初老大鼠卵巢血管变化的影响	山东中医杂志	2013-11
418	郑烈（通讯）	茵栀黄颗粒治疗新生儿病理性黄疸的临床观察	中医儿科杂志	2013-06
419	周晟	X线摄影刻度尺在下肢全长X线摄影中的应用	中国临床研究（原名中古厂矿医学）	2013-01
420	周晟	中西医结合成功救治造影过敏性休克1例体会	中国中西医结合急救杂志	2013-07
421	周明旺	中医体质与甘肃地区膝骨性关节炎相关研究	中国中医骨伤科杂志	2013-05
422	周明旺	单、双侧球囊扩张椎体后凸成形术治疗老年胸腰椎压缩骨折疗效分析	中国骨质疏松杂志	2013-07
423	周明旺	微创全髋关节置换术研究现状	中国中医骨伤科杂志	2013-02
424	周思彤	纳米雄黄对白血病K562细胞及其肝细胞的凋亡诱导作用	中药药理与临床	2013-02
425	周毓萍	祛风颗粒治疗特发性面神经麻痹的临床疗效观察	西部中医药	2013-01
426	周云霞	李泉云主任组方用药之经验	西部中医药	2013-05
427	朱建明	HPLC同时测定藏药镰形棘豆中鼠李柠檬素和2'4'-二羟基查耳酮含量	中国中医药信息杂志	2013-06
428	朱小忠	肩关节特殊体位摄影在肩峰撞击征中的应用	中国优生优育	2013-09

续表

序号	姓名	论文题目	杂志名称	发表时间
429	朱小忠	影像技术人员规范操作对降低辐射危害的重要性	卫生职业教育	2013-12
430	左进	运脾颗粒对脾虚型慢传输型便秘小鼠SP和VIP含量的影响	中国肛肠病杂志	2013-09
431	左进	复方苦参洗剂外用对皮肤毒性的实验研究	中国肛肠病杂志	2013-01

2013年医院出版论著一览表

序号	姓名	书名	出版社名称	出版时间
1	安珂	针灸综合疗法	甘肃科学技术出版社	2013-08
2	陈耀章	骨科临床用药指南	甘肃文化出版社	2013-06
3	邓煦玮	新制度下医院成本核算	科学技术文献出版社	2013-09
4	杜自忠	常见病的中医特色综合疗法——肝胆病症	兰州大学出版社	2013-08
5	郭秀珍	内科常见病的护理与健康教育	中山大学出版社	2013-07
6	胡永寿	常见病的中医特色综合疗法口腔科病证	兰州大学出版社	2013-08
7	黄邦荣	裴氏实用肿瘤学	甘肃科技出版社	2013-08
8	蒋花	中医特色疗法	第二军医大学出版社	2013-12
9	雷作汉	常见病的中医特色综合疗法(气血津液病证)	兰州大学出版社	2013-08
10	李晨旭	新编临床骨伤科学	天津科学技术出版社	2013-05
11	李盛华	甘肃省中医院院志(2000—2010)	兰州大学出版社	2013-11
12	李盛华	甘肃省中医院年鉴(2008—2010)	兰州大学出版社	2013-03
13	李盛华	武威汉代医简研究集成	安徽科学技术出版社	2013-12
14	李伟青	精编临床风湿病诊疗学	科学技术文献出版社	2013-05
15	李卫平	新编小儿骨科学	甘肃科技出版社	2013-12
16	廖挺	廖志峰医论医案集	甘肃科学技术出版社	2013-01
17	廖志峰	肝胆胰疾病中西医诊治新进展	甘肃科学技术出版社	2013-08
18	刘红喜	当代使用医学　骨科学	科学技术文献出版社	2013-01
19	刘叶荣	外科常见病的护理与健康教育	中山大学出版社	2013-07
20	刘永民	精编临床眼科学	科学技术文献出版社	2013-09
21	卢雨蓓	常见病的中医特色综合疗法	兰州大学出版社	2013-08
22	罗向霞	常见病的中医特色综合疗法　眼科病证	兰州大学出版社	2013-08
23	米仲祥	临床医学实践与研究全书　骨科学	中医古籍出版社	2013-06
24	南学彦	现代医学实践治疗全书　骨科学	中医古籍出版社	2013-03
25	王炯	常用中成药手册	甘肃民族出版社	2013-07
26	王玉珠	吕人奎学术思想及临床经验	甘肃科学技术出版社	2013-12
27	肖红	康复技术的临床应用	第二军医大学出版社	2013-12
28	邢涛	骨伤科效方验方集萃	吉林科学技术出版社	2013-12
29	徐霞	护理管理与临床	中医古籍出版社	2013-06
30	许彩凤	新编妇科常见病中医治疗	甘肃民族出版社	2013-09
31	薛建军	甘肃省中医院量化麻醉手册	甘肃科学技术出版社	2013-08
32	薛世萍	医院感染控制300问	第二军医大学出版社	2013-06
33	杨阿妮	常见病的中医特色综合疗法　心系病证	兰州大学出版社	2013-08
34	杨世霞	中西医结合剖析和诊治糖尿病肾病	重庆大学出版社	2013-06
35	杨维建	常见病的中医特色综合疗法　外科病症	兰州大学出版社	2013-08

续表

序号	姓名	书名	出版社名称	出版时间
36	杨小芳	骨伤科常见病的护理与健康教育	中山大学出版社	2013-07
37	张黎	新编临床眼科病学	天津科学技术出版社	2013-05
38	张民	药学经纬	甘肃科学技术出版社	2013-12
39	张文贤	股骨远端骨折手术要点与图解	甘肃科学技术出版社	2013-12
40	张小荣	当代实用医学·神经学	科学技术文献出版社	2013-01
41	张学基	临床神经外科诊疗新进展	科学技术文献出版社	2013-08
42	赵继荣	地震伤中西医救治集萃	中医古籍出版社	2013-12

2013年专利登记一览表

序号	姓名	专利名称	专利类别	申请人类别	专利号	证书号	时间
1	高雪华	中药湿敷的药袋预处理装置	实用新型专利	个人名义	ZL201320045674-4	3029317	2013-08
2	来帅	一种空调自启动装置	实用新型专利	甘肃省中医院	ZL201320104138-7	3082653	2013-08
3	张秀娟	手术部位敷料保护带	实用新型专利	个人名义	ZL201320379707-9	3288953	2013-12
4	赵奋国	一种带有立柱链接装置的X线摄影床	实用新型专利	个人名义	ZL201320157847-1	3118804	2013-07
5	赵继荣	一种应用于胸腰椎骨折手术中的C型复位器	实用新型专利	个人名义	ZL201220580521-5	3082172	2013-08

甘肃中医学院导师汇总表

序号	姓名	性别	技术职务	学科	专业	聘任时间	聘任文号	备注	博导、硕导
1	李盛华	男	主任医师	中医骨伤科学	中医骨伤科学	2004-01	中院发〔2004〕8号	甘肃省中医院	硕导
2	李妍怡	女	主任医师	方剂学	方剂学	2004-01	中院发〔2004〕8号	甘肃省中医院	硕导
3	刘国安	男	主任医师	中医内科学	中医内科学	2004-01	中院发〔2004〕8号	甘肃省中医院	硕导
4	李强	男	主任医师	中西医结合临床	中西医结合临床	2004-06	中院发〔2004〕75号	甘肃省中医院	硕导
5	张定华	女	主任医师	中医内科学	中医内科学	2006-09	中院发〔2006〕118号	甘肃省中医院	硕导
6	赵道洲	男	主任医师	中医骨伤科学	中医骨伤科学	2006-09	中院发〔2006〕118号	甘肃省中医院	硕导
7	樊成虎	男	主任医师	中医骨伤科学	中医骨伤科学	2008-11	中院发〔2009〕38号	甘肃省中医院	硕导
8	韩艳	女	主任医师	中医内科学	中医内科学	2008-11	中院发〔2009〕38号	甘肃省中医院	硕导
9	姜华	女	主任药师	中药学	中药学	2008-11	中院发〔2009〕38号	甘肃省中医药研究院	硕导

续表

序号	姓名	性别	技术职务	学科	专业	聘任时间	聘任文号	备注	博导、硕导
10	靳锋	男	主任医师	中医内科学	中医内科学	2008-11	中院发〔2009〕38号	甘肃省中医院	硕导
11	廖志峰	男	主任医师	中医内科学	中医内科学	2008-11	中院发〔2009〕38号	甘肃省中医院	硕导
12	潘文	女	主任医师	中医妇科学	中医妇科学	2008-11	中院发〔2009〕38号	甘肃省中医药研究院	硕导
13	王海东	男	主任医师	中医内科学	中医内科学	2008-11	中院发〔2009〕38号	甘肃省中医院	硕导
14	谢兴文	男	副主任医师	中医骨伤科学	中医骨伤科学	2008-11	中院发〔2009〕38号	甘肃省中医药研究院	硕导
15	杨维建	男	主任医师	中医外科学	中医外科学	2008-11	中院发〔2009〕38号	甘肃省中医院	硕导
16	赵继荣	男	主任医师	中医骨伤科学	中医骨伤科学	2008-11	中院发〔2009〕38号	甘肃省中医院	硕导
17	左进	男	主任医师	中医外科学	中医外科学	2008-11	中院发〔2009〕38号	甘肃省中医院	硕导
18	郇雅珺	女	主任医师	中医内科学	中医内科学	2010-06	院研字号〔2010〕126号	甘肃省中医院	硕导
19	东红	女	主任医师	中西医结合临床	中西医结合临床	2010-06	院研字号〔2010〕126号	甘肃省中医院	硕导
20	杜敏	女	副主任医师	中医妇科学	中医妇科学	2010-06	院研字号〔2011〕150号	甘肃省中医院	硕导
21	冯康虎	男	主任医师	中西医结合临床	中西医结合临床	2010-06	院研字号〔2010〕126号	甘肃省中医院	硕导
22	关永林	男	副主任医师	中医骨伤科学	中医骨伤科学	2010-06	院研字号〔2010〕126号	甘肃省中医院	硕导
23	李兴勇	男	主任医师	中医骨伤科学	中医骨伤科学	2010-06	院研字号〔2010〕126号	甘肃省中医药研究院	硕导
24	芦少敏	女	主任医师	中西医结合临床	中西医结合临床	2010-06	院研字号〔2010〕126号	甘肃省中医院	硕导
25	罗向霞	女	副主任医师	中医五官科学	中医眼科	2010-06	院研字号〔2011〕150号	甘肃省中医院	硕导
26	舒劲	女	主任医师	中医内科学	中医内科学	2010-06	院研字号〔2010〕126号	甘肃省中医院	硕导
27	王承祥	男	主任医师	中医骨伤科学	中医骨伤科学	2010-06	院研字号〔2010〕126号	甘肃省中医院	硕导
28	王玉珠	女	主任医师	中西医结合临床	中西医结合临床	2010-06	院研字号〔2010〕126号	甘肃省中医院	硕导
29	王自立	男	主任医师	中医内科学	中医内科学	2010-06	院研字号〔2010〕126号	甘肃省中医院	硕导

续表

序号	姓名	性别	技术职务	学科	专业	聘任时间	聘任文号	备注	博导、硕导
30	戴刚	男	主任医师	中医骨伤科学	中医骨伤科学	2012-09	院研字号〔2012〕160号	甘肃省中医院	硕导
31	李喜香	女	主任中药师	中药学	中药学	2012-09	院研字号〔2012〕160号	甘肃省中医院	硕导
32	刘效栓	男	主任药师	中药学	中药学	2012-09	院研字号〔2012〕160号	甘肃省中医院	硕导
33	杨丽霞	女	副主任医师	中医内科学	中医内科学	2012-09	院研字号〔2012〕160号	甘肃省中医药研究院	硕导
34	周晟	男	主任医师	影像医学与核医学	影像医学与核医学	2012-09	院研字号〔2012〕160号	甘肃省中医院	硕导

说明：2010年的课题立项、科研获奖、科研鉴定、发表论文、出版论著中在2008—2010年年鉴中未收入的，均补录入2011年相关内容中。

（撰稿　罗向霞）

学术团体

Academic organization

甘肃省中医院国家级学会任职情况统计表

截至2013年12月31日

序号	姓名	学会名称	职务
1	李盛华	中华中医药学会骨伤分会	副主任委员
2	王承祥	中华中医药学会骨伤分会	常务委员
3	谢兴文	中华中医药学会骨伤分会	委员
4	张德宏	中华中医药学会脊柱专业委员会	委员
5	王海东	中华中医药学会针刀医学分会	副主任委员
6	田雪梅	中华中医药学会针刀医学分会	常务委员
7	王海东	中华中医药学会风湿病分会	常务委员
8	田雪梅	中华中医药学会风湿病分会	委员
9	赵道洲	中华中医药学会整脊分会	副主任委员
10	史文宇	中华中医药学会整脊分会	常务委员
11	邓强	中华中医药学会整脊分会	常务委员
12	沈玉鹏	中华中医药学会儿科分会	委员
13	石宗珂	中华中医药学会儿科分会	委员
14	王辉	中华中医药学会耳鼻喉科分会	副主任委员
15	刘永民	中华中医药学会眼科分会	委员
16	罗向霞	中华中医药学会眼科分会	委员
17	马英	中华中医药学会肛肠分会	委员
18	杨宏武	中华中医药学会肛肠分会	委员
19	左进	中华中医药学会肛肠分会	常务委员
20	许彩凤	中华中医药学会妇科分会	委员
21	李树君	中华中医药学会分会皮肤科分会	委员
22	东红	中华中医药学会血栓病分会	委员
23	胡敏棣	中华中医药学会血栓病分会	委员
24	李妍怡	中华中医药学会血栓病分会	委员
25	刘志军	中华中医药学会血栓病分会	委员
26	杨瑞龙	中华中医药学会血栓病分会	委员
27	李永新	中华中医药学会肾病分会	委员
28	靳锋	中华中医药学会内科分会	委员
29	卢雨蓓	中华中医药学会内科分会	委员
30	舒劲	中华中医药学会内科分会	委员
31	王兰娣	中华中医药学会内科分会	委员
32	东红	中华中医药学会脑病分会	委员

续表

序号	姓名	学会名称	职务
33	杨瑞龙	中华中医药学会脑病分会	委员
34	贾育蓉	中华中医药学会外治分会	委员
35	李和平	中华中医药学会外治分会	委员
36	李树君	中华中医药学会外治分会	委员
37	郦雅珺	中华中医药学会治未病分会	常务委员
38	潘文	中华中医药学会科普分会	副主任委员
39	靳锋	中华中医药学会科普分会	委员
40	潘文	中华中医药学会编辑出版分会	副主任委员
41	胡敏棣	中华医学会物理医学与康复学分会	青年委员
42	李盛华	中华中医药学会医院管理分会	委员
43	袁仁智	中华中医药学会医古文分会	委员
44	潘文	中华中医药学会文化分会	常务理事
45	袁仁智	中华中医药学会民间传统诊疗技术与验方整理分会	委员
46	邓强	中华中医药学会民间传统诊疗技术与验方整理分会	委员
47	韩艳	中华中医药学会继续教育分会	常务理事
48	王颖	中华中医药学会护理分会	常务理事
49	张晓岚	中华中医药学会护理分会	委员
50	李和平	中华中医药学会防治艾滋病分会	委员
51	李树君	中华中医药学会防治艾滋病分会	委员
52	王玉珠	中华中医药学会亚健康分会	委员
53	韩艳	中华中医药学会仲景学说分会	委员
54	靳锋	中华中医药学会仲景学说分会	委员
55	李和平	中华中医药学会仲景学说分会	委员
56	舒劲	中华中医药学会仲景学说分会	委员
57	顾万红	中华中医药学会实验药理分会	委员
58	刘效栓	中华中医药学会实验药理分会	委员
59	李喜香	中华中医药学会炮制分会	委员
60	闵云山	中华中医药学会炮制分会	委员
61	汪付田	中华中医药学会炮制分会	委员
62	杨小源	中华中医药学会炮制分会	委员
63	李喜香	中华中医药学会中药制剂分会	委员
64	李喜香	中华中医药学会药房管理分会	委员
65	顾秀琰	中华中医药学会中药鉴定分会	委员
66	李天庆	中华中医药学会中药鉴定分会	委员
67	罗文蓉	中华中医药学会中药鉴定分会	委员
68	闵云山	中华中医药学会中药鉴定分会	委员
69	王炯	中华中医药学会中药鉴定分会	委员
70	顾秀琰	中华中医药学会中药基础理论分会	委员
71	汪付田	中华中医药学会中药基础理论分会	委员
72	刘效栓	中华中医药学会中药分析分会	委员
73	王炯	中华中医药学会中药分析分会	委员
74	马新换	中华中医药学会方药量效研究分会	委员
75	宫玉锁	中华中医药学会翻译分会	委员

续表

序号	姓名	学会名称	职务
76	关永林	中华中医药学会翻译分会	委员
77	罗向霞	中华中医药学会翻译分会	委员
78	唐晓勇	中华中医药学会翻译分会	委员
79	谢兴文	中华中医药学会翻译分会	委员
80	郝雅珺	中华医学会内分泌代谢分会	委员
81	李盛华	中国中西医结合学会骨科微创专业委员会	副主任委员
82	谢兴文	中国中西医结合学会骨科微创专业委员会	秘书
83	潘文	中国中西医结合学会信息分会	常务理事
84	潘文	中国中西医结合学会心脑同治专业委员会	理事
85	李妍怡	中国中西医结合学会神经科专业委员会	委员
86	东红	中国中西医结合学会神经科专业委员会	委员
87	刘志军	中国中西医结合学会神经科专业委员会	委员
88	杨瑞龙	中国中西医结合学会神经科专业委员会	委员
89	李妍怡	中国中西医结合学会活血化瘀专业委员会	委员
90	赵永强	中国中西医结合学会男科学	委员
91	张曼	中国中西医结合学会老年病专业委员会	委员
92	李妍怡	中国中西医结合学会心血管专业委员会	常务理事
93	刘永民	中国中西医结合学会眼科专业委员会	委员
94	罗向霞	中国中西医结合学会眼科专业委员会	委员
95	刘国安	中国中西医结合学会	理事
96	杨维建	中国中西医结合学会普通外科学会	青年委员
97	杜敏	中国民族医药学会妇科分会	常务理事
98	邱连利	中国民族医药学会针灸分会	副会长
99	邱连利	中国针灸学会	理事
100	张洪涛	中国针灸学会	理事
101	李强	中国针灸学会	理事
102	王海东	中国针刀医师协会	副会长
103	薛世萍	中国医院协会医院感染管理专业委员会	青年委员
104	左进	中国医师协会中西医结合医师分会肛肠专业委员会	常务委员
105	徐义先	中国医师协会心血管内科医师分会基层工作委员会	会员
106	张宝洲	中国超声医学工程学会生物效应委员会	常务委员
107	潘文	世界中医药学会联合会信息专业委员会	常务理事
108	李贵臻	世界中医药学会联合会信息专业委员会	委员
109	李妍怡	世界中医药学会联合会心血管病专业委员会	理事
110	赵道洲	世界中医药学会联合会中医骨科联合会	理事会副主席
111	王承祥	世界中医药学会联合会骨伤科专业委员会	委员
112	谢又生	全国中心城市中医院政研会	常务理事
113	舒劲	全国中医药高等教育学会临床教育研究会医药卫生委员会	理事
114	杨宏武	全国中医药高等教育学会临床教育研究会肛肠分会	常务理事
115	左进	全国中医药高等教育学会临床教育研究会肛肠分会	副秘书长
116	李喜香	中国中医药研究促进会中药制药专业委员会	委员
117	赵继荣	中国中医药研究促进会专科专病建设专业委员会	副会长
118	赵继荣	世界中医药学会联合会康复医学会	理事

甘肃省中医院省级学会任职情况统计表

截至2013年12月31日

序号	姓名	学会名称	职务
1	李盛华	甘肃省中医药学会	副会长
2	舒劲	甘肃省中医药学会	副会长
3	李兴勇	甘肃省中医药学会	副会长
4	王自立	甘肃省中医药学会	副会长
5	赵继荣	甘肃省中医药学会	副会长
6	潘文	甘肃省中医药学会	副会长
7	闵云山	甘肃省中医药学会	副会长
8	谢兴文	甘肃省中医药学会	常务理事
9	李盛华	甘肃省中医药学会骨伤科专业委员会	主任委员
10	赵继荣	甘肃省中医药学会骨伤科专业委员会	副主任委员
11	赵道洲	甘肃省中医药学会骨伤科专业委员会	副主任委员
12	舒劲	甘肃省中医药学会中医内科专业委员会	副主任委员
13	廖志峰	甘肃省中医药学会中医内科专业委员会	副主任委员
14	郦雅珺	甘肃省中医药学会肺系病专业委员会	副主任委员
15	沈玉鹏	甘肃省中医药学会肺系病专业委员会	副主任委员
16	黄芸	甘肃省中医药学会肺系病专业委员会	秘书长
17	金海浩	甘肃省中医药学会肺系病专业委员会	副秘书长
18	安玉芬	甘肃省中医药学会肺系病专业委员会	委员
19	樊彩娥	甘肃省中医药学会肺系病专业委员会	委员
20	苟占彪	甘肃省中医药学会肺系病专业委员会	委员
21	雷作汉	甘肃省中医药学会肺系病专业委员会	委员
22	史东静	甘肃省中医药学会肺系病专业委员会	委员
23	张慧	甘肃省中医药学会肺系病专业委员会	委员
24	李树君	甘肃省中医药学会男科专业委员会	主任委员
25	舒劲	甘肃省中医药学会脾胃病专业委员会	主任委员
26	田旭东	甘肃省中医药学会脾胃病专业委员会	副主任委员
27	张定华	甘肃省中医药学会糖尿病专业委员会	主任委员
28	郦雅珺	甘肃省中医药学会糖尿病专业委员会	副主任委员
29	芦少敏	甘肃省中医药学会糖尿病专业委员会	副主任委员
30	丁玉芬	甘肃省中医药学会糖尿病专业委员会	委员
31	连琯	甘肃省中医药学会糖尿病专业委员会	委员
32	王晓晖	甘肃省中医药学会糖尿病专业委员会	委员
33	张东鹏	甘肃省中医药学会糖尿病专业委员会	委员
34	东红	甘肃省中医药学会心脑血管病专业委员会	副主任委员
35	窦友义	甘肃省中医药学会心脑血管病专业委员会	副主任委员
36	胡敏棣	甘肃省中医药学会心脑血管病专业委员会	副主任委员
37	李妍怡	甘肃省中医药学会心脑血管病专业委员会	主任委员
38	脱承德	甘肃省中医药学会心脑血管病专业委员会	副主任委员
39	杨瑞龙	甘肃省中医药学会心脑血管病专业委员会	副主任委员
40	张崇岳	甘肃省中医药学会心脑血管病专业委员会	副主任委员
41	王海东	甘肃省中医药学会针刀专业委员会	主任委员
42	鄢卫平	甘肃省中医药学会针刀专业委员会	副主任委员

续表

序号	姓名	学会名称	职务
43	田雪梅	甘肃省中医药学会针刀专业委员会	副主任委员
44	杜敏	甘肃省中医药学会中医妇科专业委员会	副主任委员
45	许彩凤	甘肃省中医药学会中医妇科专业委员会	副主任委员
46	田莉	甘肃省中医药学会中医妇科专业委员会	会员
47	李树君	甘肃省中医药学会皮肤科专业委员会	副主任委员
48	王颖	甘肃省中医药学会护理专业委员会	主任委员
49	高雪华	甘肃省中医药学会护理专业委员会	秘书长、委员
50	郭秀珍	甘肃省中医药学会护理专业委员会	委员
51	马郑萍	甘肃省中医药学会护理专业委员会	委员
52	张丽平	甘肃省中医药学会护理专业委员会	委员
53	刘效栓	甘肃省职业药师协会	理事
54	刘效栓	甘肃省药学会	理事
55	刘效栓	甘肃省药学会中药炮制专业委员会	主任委员
56	李喜香	甘肃省中医药学会中药专业委员会	副主任委员
57	冯康虎	甘肃省医学会创伤学专业委员会	副主任委员
58	曹红霞	甘肃省医学会肾病专业委员会	
59	盛丽	甘肃省医学会超声专业委员会	委员
60	杨宏武	甘肃省医学会循证医学专业委员会	委员
61	刘永民	甘肃省医学会眼科专业委员会	委员
62	周晟	甘肃省医学会放射医学专业委员会	委员
63	李兴勇	甘肃省医学会骨科专业委员会	委员
64	郿雅君	甘肃省医学会老年病专业委员会	委员
65	谭萍	甘肃省医学会麻醉专业委员会	委员
66	李强	甘肃省中西医结合学会	副会长
67	李盛华	甘肃省中西医结合学会	副会长
68	李妍怡	甘肃省中西医结合学会	副会长
69	刘国安	甘肃省中西医结合学会	副会长
70	张德宏	甘肃省中西医结合学会	副秘书长
71	东红	甘肃省中西医结合学会	常务理事
72	李兴勇	甘肃省中西医结合学会	常务理事
73	刘梦华	甘肃省中西医结合学会	常务理事
74	潘文	甘肃省中西医结合学会	常务理事
75	盛丽	甘肃省中西医结合学会	常务理事
76	舒劲	甘肃省中西医结合学会	常务理事
77	杨瑞龙	甘肃省中西医结合学会	常务理事
78	杨维建	甘肃省中西医结合学会	常务理事
79	张定华	甘肃省中西医结合学会	常务理事
80	赵继荣	甘肃省中西医结合学会	常务理事
81	周晟	甘肃省中西医结合学会	常务理事
82	靳锋	甘肃省中西医结合学会	理事
83	李生财	甘肃省中西医结合学会	理事
84	罗向霞	甘肃省中西医结合学会	理事
85	脱承德	甘肃省中西医结合学会	理事

续表

序号	姓名	学会名称	职务
86	王兰娣	甘肃省中西医结合学会	理事
87	杨宏武	甘肃省中西医结合学会	理事
88	杨丽霞	甘肃省中西医结合学会	理事
89	张丽平	甘肃省中西医结合学会	理事
90	张德宏	甘肃省中西医结合学会骨伤科专业委员会	副主任委员
91	盛丽	甘肃省中西医结合学会超声医学专业委员会	主任委员
92	张宝洲	甘肃省中西医结合学会超声医学专业委员会	副主任委员
93	郑烈	甘肃省中西医结合学会超声医学专业委员会	秘书
94	王维斌	甘肃省中西医结合学会超声医学专业委员会	委员
95	潘文	甘肃省中西医结合学会妇科专业委员会	主任委员
96	杜敏	甘肃省中西医结合学会妇科专业委员会	副主任委员
97	康开彪	甘肃省中西医结合学会妇科专业委员会	秘书
98	左进	甘肃省中西医结合学会肛肠病专业委员会	副主任委员
99	赵永强	甘肃省中西医结合泌尿学会专业委员会	副主任委员
100	唐锐	甘肃省中西医结合学会护理专业委员会	委员
101	刘梦华	甘肃省中西医结合学会护理专业委员会	副主任委员
102	王颖	甘肃省中西医结合学会护理专业委员会	副主任委员
103	郇雅珺	甘肃省中西医结合学会老年病专业委员会	主任委员
104	李妍怡	甘肃省中西医结合学会神经内科专业委员会	主任委员
105	靳锋	甘肃省中西医结合学会肾病专业委员会	副主任委员
106	李永新	甘肃省中西医结合学会肾病专业委员会	副主任委员
107	郇雅珺	甘肃省中西医结合学会糖尿病专业委员会	主任委员
108	李永新	甘肃省中西医结合学会透析专业委员会	主任委员
109	田雪梅	甘肃省中西医结合学会风湿病专业委员会	副主任委员
110	李盛华	甘肃省中西医结合学会微创骨科专业委员会	主任委员
111	赵继荣	甘肃省中西医结合学会微创骨科专业委员会	副主任委员
112	邓强	甘肃省中西医结合学会微创骨科专业委员会	秘书长
113	董林	甘肃省中西医结合学会微创骨科专业委员会	常务委员
114	樊成虎	甘肃省中西医结合学会微创骨科专业委员会	常务委员
115	冯康虎	甘肃省中西医结合学会微创骨科专业委员会	常务委员
116	宫玉锁	甘肃省中西医结合学会微创骨科专业委员会	常务委员
117	李红专	甘肃省中西医结合学会微创骨科专业委员会	常务委员
118	李卫平	甘肃省中西医结合学会微创骨科专业委员会	常务委员
119	刘红喜	甘肃省中西医结合学会微创骨科专业委员会	常务委员
120	柳海平	甘肃省中西医结合学会微创骨科专业委员会	常务委员
121	米忠祥	甘肃省中西医结合学会微创骨科专业委员会	常务委员
122	史文宇	甘肃省中西医结合学会微创骨科专业委员会	常务委员
123	宋渊	甘肃省中西医结合学会微创骨科专业委员会	常务委员
124	王想福	甘肃省中西医结合学会微创骨科专业委员会	常务委员
125	魏国俊	甘肃省中西医结合学会微创骨科专业委员会	常务委员
126	谢朝晖	甘肃省中西医结合学会微创骨科专业委员会	常务委员
127	谢兴文	甘肃省中西医结合学会微创骨科专业委员会	常务委员
128	张亚伟	甘肃省中西医结合学会微创骨科专业委员会	常务委员

续表

序号	姓名	学会名称	职务
129	赵道洲	甘肃省中西医结合学会微创骨科专业委员会	常务委员
130	赵军	甘肃省中西医结合学会微创骨科专业委员会	常务委员
131	周明旺	甘肃省中西医结合学会微创骨科专业委员会	常务委员
132	刘国安	甘肃省中西医结合学会虚证与老年病专业委员会	主任委员
133	韩艳	甘肃省中西医结合学会虚证与老年病专业委员会	副主任委员
134	曹红霞	甘肃省中西医结合学会虚证与老年病专业委员会	委员
135	雷作汉	甘肃省中西医结合学会虚证与老年病专业委员会	委员
136	李正军	甘肃省中西医结合学会虚证与老年病专业委员会	秘书长、委员
137	李永新	甘肃省中西医结合学会血液净化专业委员会	主任委员
138	李文艳	甘肃省中西医结合学会血液净化专业委员会	副主任委员
139	高晓东	甘肃省中西医结合学会血液净化专业委员会	秘书长
140	靳方	甘肃省中西医结合学会血液净化专业委员会	委员
141	巨生贵	甘肃省中西医结合学会血液净化专业委员会	委员
142	李晓萍	甘肃省中西医结合学会血液净化专业委员会	委员
143	苗海东	甘肃省中西医结合学会血液净化专业委员会	委员
144	张祖萍	甘肃省中西医结合学会血液净化专业委员会	委员
145	刘永民	甘肃省中西医结合学会眼科专业委员会	主任委员
146	罗向霞	甘肃省中西医结合学会眼科专业委员会	副主任委员
147	慕明燕	甘肃省中西医结合学会眼科专业委员会	副主任委员
148	程涛	甘肃省中西医结合学会中医信息化专业委员会	副主任委员
149	李贵臻	甘肃省中西医结合学会中医信息化专业委员会	主任委员
150	潘文	甘肃省中西医结合学会中医信息化专业委员会	名誉主任委员
151	来帅	甘肃省中西医结合学会中医信息化专业委员会	秘书
152	普丽	甘肃省中西医结合学会重症医学专业委员会	秘书
153	脱承德	甘肃省中西医结合学会重症医学专业委员会	主任委员
154	张参军	甘肃省中西医结合学会重症医学专业委员会	副主任委员
155	李盛华	甘肃省康复医学会	副会长
156	赵继荣	甘肃省康复医学会	常务理事
157	郇雅珺	甘肃省康复医学会	理事
158	胡敏棣	甘肃省康复医学会	理事
159	李妍怡	甘肃省康复医学会	理事
160	柳直	甘肃省康复医学会	理事
161	孙其斌	甘肃省康复医学会	理事
162	肖红	甘肃省康复医学会	理事
163	鄢卫平	甘肃省康复医学会	理事
164	杨瑞龙	甘肃省康复医学会	理事
165	张洪涛	甘肃省康复医学会	理事
166	张普	甘肃省康复医学会	理事
167	李强	甘肃省针灸学会	会长
168	李盛华	甘肃省针灸学会	副会长
169	邱连利	甘肃省针灸学会	副会长
170	张洪涛	甘肃省针灸学会	副会长
171	孙其斌	甘肃省针灸学会	副会长

续表

序号	姓名	学会名称	职务
172	王海东	甘肃省针灸学会	副会长
173	肖红	甘肃省针灸学会	副秘书长
174	金钰钧	甘肃省针灸学会	理事
175	邱连利	甘肃省针灸学会针灸教育专业委员会	主任委员
176	王智明	甘肃省针灸学会针刀微创专业委员会	副秘书长
177	王爱华	甘肃省针灸学会针刀微创专业委员会	副主委
178	李兴勇	甘肃省骨科学会	副主任委员
179	杨维建	甘肃省肿瘤学会胃癌专业委员会	副主任委员
180	田旭东	甘肃省肿瘤学会大肠癌专业委员会	副主任委员
181	李妍怡	甘肃省残疾人康复学会	常务理事
182	孙其斌	甘肃省残疾人康复学会	理事
183	周云霞	甘肃省心理卫生协会中医心理咨询与治疗委员会	副主任委员
184	盛丽	甘肃省超声医学工程学会	副理事长
185	张宝洲	甘肃省超声医学工程学会	常务理事
186	左进	甘肃省肛肠学会	副会长兼秘书长
187	赵永强	甘肃省泌尿外科学会	常务委员
188	赵永强	甘肃省男科学会	常务委员
189	谢朝晖	甘肃省疼痛学专业委员会	副主任委员
190	杨维建	甘肃省外科学会结直肠外科学组	副组长
191	赵永强	甘肃省医疗质量控制委员会	副主任委员
192	王颖	甘肃省护理学会	副理事长
193	张丽平	甘肃省护理学会	理事
194	唐锐	甘肃省护理学会	理事
195	赵继荣	甘肃省医学伦理学学会	副会长
196	赵永强	甘肃省医学伦理学学会	理事
197	李盛华	甘肃省医院协会	副会长
198	舒劲	甘肃省医师协会	常务理事
199	王颖	甘肃省医院协会	理事
200	杨继红	甘肃省医院协会	理事
201	周晟	甘肃省医院协会	理事
202	赵继荣	甘肃省医院协会急救中心(站)管理专业委员会	委员
203	刘效栓	甘肃省医院协会药事管理专业委员会	委员
204	张民	甘肃省医院协会药事管理专业委员会	委员
205	周晟	甘肃省医师协会放射分会	副会长
206	唐晓勇	甘肃省医师协会普外分会	副主任委员
207	田雪梅	甘肃省医师协会风湿病专业委员会	委员
208	李贵臻	甘肃省医师协会信息委员会	副主任委员
209	连瑄	甘肃省医院协会内分泌代谢科医师分会	专科委员
210	芦少敏	甘肃省医院协会内分泌代谢科医师分会	专科委员
211	史晓伟	甘肃省医院协会内分泌代谢科医师分会	专科委员
212	王晓晖	甘肃省医院协会内分泌代谢科医师分会	专科委员
213	张定华	甘肃省医院协会内分泌代谢科医师分会	专科委员
214	张东鹏	甘肃省医院协会内分泌代谢科医师分会	专科委员

续表

序号	姓名	学会名称	职务
215	黄小玲	甘肃省抗癌协会	理事
216	田旭东	甘肃省抗癌协会	理事
217	王兰英	甘肃省抗癌协会	理事
218	李玲	甘肃省职业病防治协会	委员
219	李兴勇	甘肃省职业病防治协会	副会长
220	王兰娣	海峡两岸医药卫生交流协会中医药专家委员会	委员
221	赵继荣	甘肃省农村卫生协会	常务理事
222	樊彩娥	甘肃省食品安全事故调查处理专家委员会儿科专业	专家
223	沈玉鹏	甘肃省食品安全事故调查处理专家委员会儿科专业	专家
224	石宗珂	甘肃省食品安全事故调查处理专家委员会儿科专业	专家
225	原 睿	甘肃省食品安全事故调查处理专家委员会儿科专业	专家
226	马红梅	甘肃省食品安全事故调查处理专家委员会急救专业	专家
227	脱承德	甘肃省食品安全事故调查处理专家委员会急救专业	专家
228	张参军	甘肃省食品安全事故调查处理专家委员会急救专业	专家
229	赵继荣	甘肃省食品安全事故调查处理专家委员会急救专业	专家
230	东红	甘肃省食品安全事故调查处理专家委员会神经专业	专家
231	胡敏棣	甘肃省食品安全事故调查处理专家委员会神经专业	专家
232	李妍怡	甘肃省食品安全事故调查处理专家委员会神经专业	专家
233	杨瑞龙	甘肃省食品安全事故调查处理专家委员会神经专业	专家
234	李生财	甘肃省食品安全事故调查处理专家委员会消化专业	专家
235	卢雨蓓	甘肃省食品安全事故调查处理专家委员会消化专业	专家
236	舒劲	甘肃省食品安全事故调查处理专家委员会消化专业	专家
237	田旭东	甘肃省食品安全事故调查处理专家委员会消化专业	专家
238	马忠祥	甘肃省卫生经济学会	副会长
239	杨继红	甘肃省卫生经济学会(财务管理)	理事
240	胡雅杰	甘肃省卫生经济学会(经济管理)	理事
241	宋良春	甘肃省卫生经济学会(医疗保障管理)	理事
242	舒劲	甘肃省卫生经济学会(医疗设备装备)	理事
243	李盛华	甘肃省卫生经济学会(综合财务管理)	理事

(整理　张景华)

年度人物及荣誉

Person of the Year and Honor

2011—2013年医院新任领导简介

谢又生

谢又生，男，汉族，1966年10月生，甘肃华亭人，中共党员，主治医师，现任医院党委书记。全国中心城市中医院政研会常务理事。

1989年7月毕业于兰州医学院医学系医学专业，同年7月参加工作；1989年7月—1992年12月任兰州残疾儿童康复中心康复部、教学部副部长（副科级）；1992年12月—1996年12月在甘肃省康复培训中心任医师、科室负责人。其间，1993年2—12月参加同济医科大学WHO康复医师资格培训班；1996年12月—1997年8月任甘肃省工业合作协会副主任科员；1997年8月—2002年8月在甘肃省委统战部工作，任副处级秘书；2002年7月—2004年7月在兰州大学经济学院企业管理专业进行硕士研究生在职学习；2002年8月—2003年3月任景泰县委副书记（挂职）；2003年3月—2004年5月任会宁县委副书记、党校校长；2004年5月—2005年12月任甘肃省委统战部办公室调研员、会宁县委副书记（正县级）、党校校长；2005年12月—2011年7月历任靖远县委副书记、常务副县长、代县长、县长、县委书记，县人武部党委第一书记；2011年7月至今，任甘肃省中医院党委书记。其间，2012年3月—2013年5月任中央纪委绩效管理监察室副主任（挂职）。

曾于1993年获“全省残疾人三项康复工作先进个人”称号；1997年获省委办公厅“全省党委系统优秀信息员”称号；1998—2001年获省委统战部“信息工作先进个人”“优秀共产党员”“先进工作者”称号；2005—2006年获科技部“全国县市科技进步工作先进个人”称号；获“2007年至2010年度社会治安综合治理工作突出的县市区党政主要领导嘉奖”；2008年、2009年和2010年三次获“公务员三等功”奖励；2011年获科技部“全国县市科技进步考核工作先进个人”称号。

邱连利

邱连利，男，汉族，1962年12月生，辽宁辽中人，中共党员，主任医师，现任医院党委委员、副院长。中国针灸学会第四届、第五届理事会理事，甘肃省针灸学会第三届、第四届理事会副会长兼秘书长，中国民族医药学会针灸分会副会长，首届甘肃群众喜爱的中青年名中医，首批全省五级中医药师承教育工作指导老师。

1984年7月毕业于甘肃中医学院中医专业，同年8月在临夏州中医院参加工作，先后任针灸科医师、针灸科副科长。

1989年3月—1994年12月在南京中医学院参加“全国针灸经典及各家学说教研班”学习；1994年12月调入甘肃省中医学校工作；1996年3月任甘肃省中医学校办公室副主任。

1998年5月—2002年11月，参加中国援马达加斯加医疗队从事针灸临床工作；2002年—2005年参加甘肃省第三批老中医药专家学术经验继承工作，跟师省级名老中医伊达伟，经考核合格并出师。2005年任甘肃省中医学校党委委员、副校长；2009年11月参加甘肃省公共卫生培训团赴瑞典培训；2010年入选首批全省五级中医药师承教育工作指导老师；2011年11月任甘肃省中医院党委委员、副院长。

从事中医学及针灸学的教学与临床工作30余年，博采众长，对针灸传统针刺手法有深入的研究，擅长传统针刺手法治疗临床常见病、多发病和疑难杂症。主持完成甘肃省中医药管理局立项“粗细毫针针刺环跳穴为主治疗坐骨神经痛的临床研究”科研课题1项，并荣获2010年度皇甫谧中医药科技二等奖；主持完成兰州市科技局在研项目1项，针灸“治未病”对围绝经期情志抑郁的干预研究与评价；参与完成课题“温通针法对血管性痴呆大鼠GSH、VE的影响”“应用黄连酊湿性换药防治Ⅲ-Ⅳ期压疮的临床护理研究”“注线法治疗高血压病的临床观察及实验研究”等4项科研课题。发表专业学术论文20余篇，出版专著1部，参编2部。

1990年获“临夏州优秀支教工作者”称号；2003年获“全省防治非典型肺炎工作先进个人”称号；2006年获“甘肃省中医学校先进工作者”称号；2006年获“甘肃省第二届卫生职业教育‘高教社杯’教学优秀奖评选活动”个人三等奖；2006年被评为“首届甘肃群众喜爱的青年名中医”，2008年获“甘肃省中医学校优秀教师”称号及2006—2007年度“甘肃省卫生系统优秀共产党员”称号。

2011—2013年医院新晋正高级以上专业技术职务专家简介

戴刚

戴刚，男，汉族，1958年9月生，甘肃秦安人，中共党员，医学博士、博士后，主任医师，硕士生导师。现任医院关节骨二科主任，重点学（专）科管理办公室主任，甘肃中医药大学第一附属医院教授，骨伤科临床医学中心副主任，骨伤科研究所副所长。并为兰州大学基础医学院特聘教授，世界中医药学会联合会骨伤科专业委员会常务理事，中国生物材料学会骨修复材料分会委员，中国医师协会骨科医师分会中西医结合骨科工作委员会委员，中国西部运动医学关节镜联盟会副会长，中国中西医结合学会骨伤科分会运动损伤与关节镜工作委员会委员。

1975年9月参加工作。1983年毕业于兰州医学院，获医学学士学位；1983年7月至1997年8月任兰州医学院第二附属医院骨科住院医师、主治医师、副主任医师；1991年毕业于兰州医学院，获医学硕士学位；2000年毕业于第三军医大学，获医学博士学位；2001年7月至2004年12月任北京军区总医院全军骨科中心副主任医师、副教授、硕士生导师；2005年1月至2011年9月任第三军医大学第一附属医院关节外科中心副主任医师、副教授、硕士生导师；2008年1月第三军医大学博士后出站；2011年10月退役；2011年10月至今在甘肃省中医院工作。

长期从事骨伤科临床、科研和教学工作，熟悉并掌握本学科的前沿进展、新理论新知识及微创诊疗技术。近年来侧重于骨关节伤病防治、骨软骨组织工程及可吸收性医用修复材料研制的临床和基础研究，先后开展关节与脊柱外科微创手术及骨肿瘤诊疗方面的新技术和新业务15项，专注于四肢关节骨科诊疗与康复、中西医结合骨关节伤病防治、骨软骨组织工程产品的开发应用及可吸收性负重骨内固定材料研制。发表论文113篇（其中SCI期刊7篇，CSCD期刊68篇），获国家军队科技进步、医疗成果二等奖3项，甘肃省科技进步三等奖2项，国家技术发明专利7项，参编专著9部。并获国家“863”计划专项、国家自然科学基金重点与面上项目、甘肃省重大科技攻关项目及高新技术企业合作开发项目资助。

王立群

王立群，男，汉族，1961年11月生，甘肃临潭人，中共党员，主任医师，现在甘肃省中医院省委门诊部工作。

1983年毕业于甘肃中医学校，同年8月分配至甘肃省中医院工作。1987年9月—1990年12月在甘肃中医学院夜大中医专业专科学习；2002年9月—2004年6月武汉科技大学（成教）临床医学专业学习。其间，1991年在上海岳阳医院针灸科进修1年，跟随周行晓教授学习。1994—1996年、2006—2008年两次参加援助马达加斯加医疗队，在该国昂布翁贝医院、桑巴瓦医疗点工作并担任桑巴瓦医疗点分队长。

长期从事针灸临床工作，先后编写出版《中医临床常用药对手册》《针灸对穴实用手册》《王俭临床验方集锦》《成方切用》《经穴汇解》等多部医学著作，撰写发表专业论文10篇。2008年5月荣获马达加斯加共和国总统颁发的骑士勋章一枚。

李树君

李树君，男，汉族，1962年12月生，主任医师，现任皮肤疮疡科主任。甘肃省中医药学会男科学术委员会主任委员，甘肃省中医药学会皮肤科分会副主任委员。

1985年7月毕业于甘肃省中医学院中医系，同年分配至甘肃省中医院工作，先后在普外科、皮肤疮疡科及男性病科工作。其间，1990年3月至1991年3月在西安医科大学附属二院皮肤科进修一年。

师承甘肃名老中医唐士诚主任医师。在皮肤病、男性病治疗方面充分发挥中医中药内外兼治的特色优势，取得了很好的临床疗效，中医药治疗有效率达95%以上。先后主持完成科研6项，出版论著4部，发表国家级、省级论文10余篇。2011年6月被评选为“甘肃省中医院名医药专家”，2012年获“甘肃省首届医师奖”。

李和平

李和平，男，汉族，1963年8月生，主任医师，现任皮肤疮疡科副主任。甘肃省中西医结合学术委员会副主委，中华中医药学会外治分会委员，甘肃省中医学会皮肤病学会委员，甘肃省麻风防治委员会委员。

1986年7月毕业于甘肃中医学院中医医疗专业，同年12月分配至甘肃省中医院工作。

从事皮肤病及男性病临床工作29年，擅长中西医结合治疗银屑病、湿疹、痤疮、结缔组织疾病，对治疗血管炎性皮肤病、慢性荨麻疹、皮炎、风湿病、病毒性皮肤病有丰富的临床经验。主持和参与完成“银花痤疮酊治疗痤疮的临床观察与实验研究”“名老中医临床诊疗经验及传承方法——唐士诚学术思想及临证经验研究”“洁癣酊治疗手足癣的临床观察与实验研究”“基于细胞因子水平变化探讨仙女颗粒干预白癜风作用机制的研究”等科研课题4项。

刘梦华

刘梦华，女，汉族，1963年9月生，河北阳原人，中共党员，主任护师，现任医院对外协作处处长、妇委会主任、护理研究室副主任。兼任甘肃省中西医结合学会第六届理事会常务理事及护理专业委员会副主委、秘书长。

1984年7月毕业于定西卫校护理专业，同年分配至甘肃省中医院工作，先后从事临床护理和医院管理工作。其间，1995年9月至1999年6月在兰州医学院临床医学专业学习（大专），2001年9月至2004年6月在甘肃中医学院中医专业学习，取得在职本科学历、学士学位。2002年9月至2004年6月参加省卫生厅与四川大学华西公共卫生学院在兰州举办的社会医学与卫生事业管理研究生班学习。2006年3—6月，在中共甘肃省委党校第二十四期女干部培训班学习。2010年、2011年由医院选派先后赴新加坡和美国参加医院管理高级培训班学习。

1998年6月始任院长办公室副主任，2000年12月任院长办公室主任。2005年10月任人力资源部主任（副处级）、护理研究室副主任。同年7月经医院职代会选举，任妇委会（女工委）主任。2009年5月任医院对外联络部主任。2011年2月更名为对外协作处，任处长至今。

作为第二主持人，参加课题研究3项。获2004年度甘肃省科技进步三等奖一项，甘肃省皇甫谧中医药科技二等奖两项。主编专著《实用临床护理学》，在省级以上学术刊物发表论文10余篇。多次获医院“优秀党员”和“先进工作者”称号，2004年被省人事厅、省档案局评为全省“档案工作先进工作者”。

周毓萍

周毓萍，女，汉族，1963年10月生，甘肃临洮人，中共党员，主任护师，现任医院后勤管理处房管科科长。

1982年毕业于甘南卫生学校护理专业，同年分配至临潭县人民医院工作；1988年12月调入甘肃省中医院；2004年7月甘肃中医学院护理专业在职学习，取得本科学历。曾任医院感染管理科主任、护理部副主任。

先后开展了多项科学研究，主持完成甘肃省科技厅科研项目3项，参与科研项目5项，荣获多项成果奖，其中主持完成甘肃省科技厅科学技术攻关项目“脑卒中偏瘫病人早期肢体训练联合岷当归散穴位外敷的临床研究”；主持研究的甘肃省科技厅科学事业费科研项目“佛手活络酊剂预防治疗褥疮的临床观察”获甘肃省皇甫谧中医药科技二等奖。主持完成的甘肃省技术研究与开发专项计划“中医护理技术（穴位按压）促进社区产妇宫体恢复的研究”获甘肃省黎秀芳护理科学技术三等奖；参与完成的“‘5·12’大地震甘肃灾区骨伤病、多发病流行病学调查与中医处置对策研究”项目分别获甘肃省皇甫谧中医药科技二等奖、甘肃省科学技术进步三等奖。2013年被评为甘肃省建院60周年科技工作先进个人。参编医学专著3部，发表学术论文20余篇。

先后被甘肃省人事厅、甘肃省卫生厅评为“全省抗震救灾先进个人”，甘肃省卫生厅授予“万名医师支援农村卫生工程优秀党员”“甘肃省免疫规划先进个人”，甘肃省中医院“先进工作者”等荣誉称号。

赵燕

赵燕，女，汉族，1964年4月生，甘肃酒泉人，中共党员，主任护师，现在医院城关门诊部（陇上名医馆）工作。

1986年毕业于张掖卫校，同年8月分配至甘肃省中医院工作。

先后在心脑科、脊柱颅脑科、痔瘘科、颈腰椎病骨科、脑病科、城关门诊部工作并担任科护士长。2012年西安交通大学（网络教育）护理专业毕业，取得本科学历。

主持省、厅、市级科研项目3项，参与科研项目3项，其中1项科研项目获“甘肃省皇甫谧中医药科技三等奖”。主编出版论著2部，副主编出版论著1部，在国家级、省级杂志发表论文20余篇 。1997年获省直机关团工委首批“青年岗位能手”荣誉称号，2008年获甘肃省人事厅、甘肃省卫生厅、甘肃省红十字会联合颁发的“甘肃省优秀护理管理者”荣誉称号。

高晓玲

高晓玲，女，汉族，1964年5月生，江苏人，中共党员，影像诊断主任医师，现在心血管病科（心功能检查科）工作。

1983年7月毕业于甘肃省卫生学校，同年分配至甘肃省中医院工作。

1985年9月—1991年兰州医学院夜大学习，获学士学位。

从事心血管技术诊断工作25年。熟练掌握临床心电图诊断工作，对疑难心电图诊断有丰富的临床经验，擅长临床心电图诊断与教学工作。撰写国家级学术论文十余篇。积极参与科研，作为第二主持人完成省部级科研项目两项。获甘肃省科技进步三等奖一项，获甘肃省皇甫谧中医药科技奖两项。

吴红艳

吴红艳，女，汉族，1964年5月生，甘肃靖远人，中国农工民主党党员，主任医师，甘肃省中医药师承教育指导老师，现在医院城关门诊部（陇上名医馆）工作。

1988年7月毕业于甘肃中医学院中医医疗专业，同年分配至白银市白银区中医医院工作；2004年5月调入甘肃中医学院附属医院工作；2011年7月—2012年3月在广州南方医院李可中医药传承基地学习；2012年调入甘肃省中医院工作。

师承著名中医专家李可教授。从事临床工作近30年，经验丰富。擅长诊治月经病、不孕不育症、妇科肿瘤、更年期综合征及脾胃病、糖尿病、外感病和疑难杂症。先后主持、参与完成科研课题4项，著作1部，发表论文20余篇。

王颖

王颖，女，汉族，1964年6月生，辽宁沈阳人，中共党员，主任护师，现任医院护理部主任。中华中医药学会护理专业委员会常委，甘肃省护理学会副理事长，中医护理专业委员会主委，甘肃省中医药学会副秘书长及常务理事，甘肃省中医药学会护理专业委员会主任委员，甘肃省中西医结合学会护理专业委员会副主委，甘肃省管理学会常务理事，甘肃省女科技工作者协会委员，《南方护理》杂志、《西部中医药》杂志、《国际护理学》杂志、《甘肃护理》杂志编委。

1983年7月毕业于甘肃省卫生学校，同年分配至甘肃省中医院工作。1988年9月至1990年7月在南京中医药大学学习；2002—2004年7月于甘肃中医学院护理专业在职学习，取得本科学历。

主持、参与课题多项，所主持课题“运用护理经济学提升中医护理价值的研究”于2005年获甘肃省皇甫谧中医药科技进步三等奖；“健胃清肠合剂口服用于结肠镜检查前肠道准备效果的临床护理研究”于2009年获甘肃省皇甫谧中医药科技进步二等奖；参与完成“桂芪通热敷用于术后尿潴留的临床护理研究”“调脂颗粒干预高脂血症的临床及实验研究”等4项课题，均通过省科技厅鉴定。作为主编出版了《常见病的护理与健康教育》《老年病的中西医结合护理》《中医护理》，副主编出版了《中西医基础护理技术操作规程》，参编出版了《基础护理技术操作规程及评分标准》等多部学术专著。在国家级、省级杂志发表论文近三十篇。2008年5月被评为全省优秀护理管理者，2011年10月被评为全国中医护理科研先进工作者，2013年被评为建院60周年科技工作先进个人。

贾育蓉

贾育蓉，女，汉族，1964年6月生，主任医师，现在医院皮肤疮疡科工作。甘肃省第二批老中医学术继承人，甘肃省中医皮肤病学会委员。

1987年毕业于甘肃省中医学院，同年分配至甘肃省中医院工作。

从事皮肤病及男性病临床工作28年，在皮肤病诊疗方面，积累了丰富的临床经验。能熟练应用中西医理论诊疗各种常见病、多发病，擅长用中医药治疗痤疮、黄褐斑、扁平疣等面部皮肤病以及银屑病、湿疹、荨麻疹、下肢血管炎、白癜风等常见病。并对某些疑难病有较为深入的研究，在中西医结合治疗天疱疮、红斑狼疮等疑难病上总结了一定经验。主持和参与完成“名老中医临床诊疗经验及传承方法——唐士诚学术思想及临证经验研究”“洁癣酊治疗手足癣的临床观察与实验研究”“银花痤疮酊治疗痤疮的临床观察与实验研究”等科研课题3项。

杨瑞龙

杨瑞龙，男，汉族，1964年11月生，甘肃天水人，中共党员，中医内科主任医师，现任脑病科副主任。甘肃省中西医结合学会常务理事，甘肃省中西医结合学会神经内科专业委员会主任委员，甘肃省中医药学会心脑专业委员会副主任委员，中国微循环学会甘肃省分会神经变性病专业委员会常务委员，中华中药学会血栓病分会委员，第二届脑病分会委员。

1989年7月毕业于北京中医药大学中医专业，同年分配至甘肃省中医院工作，先后在急诊科、心脑科、脑病科工作。其间，获甘肃中医药大学临床医学硕士学位。

师承甘肃省名中医刘国安主任医师，临床工作近三十年，擅长脑病（神经内科疾病）的诊治及内科急危重症的抢救。参与完成的“补脑膏治疗血管性痴呆的临床及实验研究”分别获得2008年甘肃省皇甫谧中医药科技二等奖，甘肃省科技进步三等奖，2012年中华中医药学会科学技术奖三等奖；参与完成的“中风膏对成年大鼠脑缺血后海马神经元再生的影响”获2009年甘肃省皇甫谧中医药科技三等奖。撰写论著4部。2012年被评为甘肃省医德医风建设先进个人，2013年被评为甘肃中医学院“师德先进个人”。

董林

董林，男，汉族，1965年2月生，甘肃兰州人，民革党员，中医骨伤科主任医师，甘肃中医学院硕士研究生导师，教授。甘肃省中医院“345”人才，陇中正骨流派第四代传人，甘肃省第三批中医传承工作继承人，现任甘肃省中医院急诊骨科主任。甘肃省中西医结合学会骨伤分会常务委员，中国民族卫生协会全国骨科专家委员会副主任委员，甘肃省中西结合学会骨科微创委员会常务委员。

1988年毕业于甘肃中医学院，同年分配至甘肃省中医院工作。1995年2—12月在渭源县人民医院参加扶贫工作；2000年3—7月在南京鼓楼医院骨科进修学习；2002年3—7月参加第十届小针刀高级学习班；2004年6—12月在上海市第六人民医院进修，同年参加国家骨折内固定技术理论学习班。

师承姚树国主任医师，从事中医骨伤专业28年。多年来致力于创伤骨科的基础理论研究和手术治疗，能独立开展颈、腰、椎手术及各种关节置换术及肿瘤等疑难复杂手术。擅长创伤急救，创伤导致四肢、脊柱骨折的手术治疗，对脊柱退行性疾病、四肢骨关节退变，发挥传统中医优势，实施手法、针刀以及相关设备辅助治疗。注重中医手法复位技术在临床的应用，实现桡骨远端骨折90%以上门诊手法整复，有效缩短手术时间。科学地将中医骨伤治疗原则与国际骨伤医学理论相联系，采用动静结合的固定原则，临床收效颇丰。

编著专业类著作3部。主持完成省厅级科研课题3项；主持完成甘肃省中医药管理局项目5项。在国家级及省级刊物发表论文20余篇，2013年获甘肃省优秀青年医师奖，并获2009、2011、2013年甘肃省中医院先进个人称号。

张洪涛

张洪涛，男，汉族，1965年3月

生，针灸主任医师，甘肃省第三批名中医，现任医院针灸科主任 。甘肃省中医药研究院针灸研究所所长，甘肃省针灸学会副会长。

1987年毕业于北京中医学院针灸推拿专业，同年分配至甘肃省中医院针灸科工作；2002年至2004年参加卫生部组织的中国援马达加斯加医疗队。

师承全国名老中医药针灸专家金安德主任医师。从事临床针灸推拿工作近25年，在学习和继承金安德主任医师矩阵针灸基础上，汲取现代针灸名家靳瑞“靳三针”针法、石学敏院士“醒脑开窍”针法、宣蛰人“密集针法”等各流派针法精华，把传统针灸的点、线、面取穴，发展为三维空间立体取穴方法，使其治疗效果更集中，更能发挥针灸最大效应。

在国内外各级专业刊物发表论文近20篇，参编专著1部。主持省厅级科研课题4项，其中两项分别获“皇甫谧中医药科技二等奖”和“皇甫谧中医药科技三等奖”。2009年度被甘肃省精神文明办、甘肃省卫生厅授予医德医风先进个人称号，2010年度被甘肃省中医院评为优秀管理者，2011年被甘肃省总工会授予甘肃省“五一劳动奖章”，2011年被评为甘肃省中医院名中医药专家，2012年被人力资源和社会保障部、卫生部、国家中医药管理局授予全国卫生系统先进工作者荣誉称号。

展锐

展锐，男，汉族，1965年11月生，甘肃靖远人。中医内科主任医师，现在肿瘤科、血液病科工作。

1991年7月毕业于北京中医学院中医专业，同年分配至甘肃省中医院工作。先后在消化科、肾病科、神经内科、重症监护病房（ICU）、肿瘤血液病科等科室工作。

其间，1998年3月—1999年4月在兰州军区总医院进修神经内科；2005年3—10月在上海中医药大学附属龙华医院进修肿瘤学；2010年3月—2011年2月为甘肃省第六批“万名医师支援农村卫生工程”队员；2012年3—7月在甘肃省中医院临夏分院工作。

从事临床工作20余年，在治疗内科杂病及肿瘤疾病方面遵循辨证论治，遣方用药有独特之处。尤其对慢性咳嗽治疗、肿瘤的中西综合治疗方面，不但能精准对症治疗，而且重视调脾胃与调情志，提高肿瘤患者临床治疗效果和生存质量。作为主编编写本专业专著1部，作为副总主编编写丛书1部，参编著作1部（编委）。作为第一作者发表国家级论文3篇，省级论文3篇。主持完成并通过鉴定省级科研3项，1项获2012年“甘肃省药学发展奖”三等奖。参研课题多项。

田旭东

田旭东，男，汉族，1967年6月生，河南偃师人，中共党员，中医内科主任医师，硕士研究生导师，甘肃省名中医，现任甘肃省中医院质量控制处处长，脾胃病科、肝病科主任，消化内镜中心主任。甘肃省中西医结合学会消化专业委员会主任委员，甘肃省中医药学会脾胃病专业委员会副主任委员，甘肃省中医药学会内科专业委员会副主任委员，中国民族医药学会脾胃病分会副秘书长，中华中医药学会脾胃病分会常委，甘肃省医学会消化内镜专业委员会常委。

1988年毕业于甘肃中医学院针灸专业，同年分配至甘肃省中医院工作，先后在干部病房、消化科工作。2002年8月—2003年7月在第四军医大学西京医院消化科进修学习。2003年8月在甘肃中医学院中医专业在职学习，获本科学历。曾任医院消化科副主任，第四党支部书记。

擅长对肝纤维化、肝硬化、消化性溃疡的中医治疗以及预防复发治疗，中医药治疗慢性萎缩性胃炎以及对慢性萎缩性胃炎的癌前病变研究，重症胰腺炎的中医药干预治疗，溃疡性结肠炎的中医药治疗等。主持和参与科研课题8项，参编医学专著5部，撰写发表专业论文20余篇。2011年8月荣获全国卫生系统“职业道德建设标兵”称号。

唐晓勇

唐晓勇，男，汉族，1968年2月生，上海人，中共党员，主任医师，现任医院外一科（普外）主任。甘肃省医师协会普外分会副会长，甘肃省医师协会普外分会微创专业委员会副主任委员，甘肃省医师协会普外分会胆道专业委员会副主任委员。

1992年毕业于新疆石河子医学院，同年11月在甘肃省中医院参加工作。1998—1999年在北京中日友好医院普外科进修学习。2003—2004年在北京安贞医院血管外科进修学习，2010年赴丹麦哥本哈根大学医院研修，2011年在美国西雅图ST.CLARE医院学习。2010—2013年作为首批全省五级中医药师承教育工作学术继承人师从左进学习。

从事外科工作20余年，以快速康复为外科理念，积极开展腹腔镜外科手术，先后开展了腹腔镜胆囊、甲状腺、胃、结肠等一系列微创手术，通过十二指肠镜、胆道镜开展了双镜和三镜的联合手术，局麻下疝修补、局麻下静脉曲张射频手术。2010年作为主持人完成自选课题“胆胰宁对大鼠慢性胰腺炎的实验研究”，并获2011年甘肃省皇甫谧中医药科技三等奖；2011年主持完成甘肃省自然基金课题“茴香枳术汤对大鼠肠粘连的实验研究”，在国内期刊发表论文20余篇。荣获2011年全省医德医风先进个人，2011年省卫生厅抗震救灾先进个人，2012年省卫生厅卫生应急演练先进个人，2011—2012年甘肃省中医学院优秀教师等荣誉称号。

关永林

关永林，男，汉族，1968年3月生，四川广元人，骨科专业博士，主任医师，硕士生导师，现任医院脊柱骨三科主任。中华中医药学会翻译分会委员，中华中西医结合学会甘肃省分会骨伤科专业学会委员。

1986年9月—1991年7月在兰州医学院医疗系学习并获学士学位；1991年8月—1994年6月在兰州医学院攻读硕士学位；1994年7月在兰州军区空军医院骨科参加工作；2001年9月—2004年6月在苏州大学攻读博士学位；2003年10月退役；2004年7—12月在北京大学第三医院、北京积水潭医院进行科研及临床进修学习；2005年2月—2007年7月在扬州大学附属泰州市人民医院工作；2007年8月至今在甘肃省中医院工作。

长期从事脊柱外科疾病、骨关节疾病、骨肿瘤及创伤骨折的诊治工作，中西医综合临床诊治经验丰富。致力于脊柱脊髓损伤、颅脑损伤及骨肿瘤等骨科领域的基础及临床研究。擅长先天性或特发性脊柱侧弯、脊柱结核、颈（胸/腰）椎骨折脱位、颈椎病、腰椎间盘突出、椎管狭窄、腰椎滑脱、脊柱肿瘤等脊柱脊髓疾患的诊断及手术治疗。

先后主持完成多项省厅级科研项目，获得厅级成果一等奖1项，厅级成果二、三等奖4项，完成科研立项4项。在各类杂志发表专业论文10余篇，其中以第一作者发表国家级核心期刊学术论文10篇。

李永新

李永新，女，汉族，1967年9月生，甘肃兰州人，中国农工民主党员，主任医师，名老中医学术经验继承人。现任医院血液净化中心主任。中华中医药学会肾病分会委员，中华民族医药学会肾病分会理事，中华医学会甘肃肾脏病分会委员，甘肃省中西医结合学会血液净化专业委员会主任委员，甘肃省中西医结合学会肾病专业委员会副主任委员。

1991年毕业于甘肃中医学院临床专业，同年7月分配至甘肃省中医院工作，先后在医院消化科、消化肾病科工作。曾任肾病科副主任。

从事中西医结合肾病专业十余年，在急慢性肾炎、肾病综合征、紫癜性肾炎、狼疮性肾炎、肾功能衰竭等肾脏疾病的诊断和治疗方面经验丰富，熟练掌握血液净化技术。主持完成省厅级课题1项，参与完成省厅级课题4项。发表专业学术论文30余篇，主编出版学术专著2部，参编学术专著6部。

张彦彩

张彦彩，女，汉族，1969年1月生，甘肃白银人，中国农工民主党员，农工党甘肃省中医院支部主委。影像诊断主任医师，现在放射影像科工作。中国中西医结合影像学会青年委员，甘肃省放射学会会员。

1992年6月毕业于甘肃中医学院中医临床专业，同年12月分配至甘肃省中医院工作；2000年5月—2001年5月，在兰州大学附属一院进修学习放射诊断专业；2007年5月—2008年5月，在卫生部北京中日友好医院进修学习CT、MRI影像诊断。

从事放射影像诊断专业工作20余年，能对全身各系统疾病进行X线片、CT、MRI诊断。尤其在骨与关节疾病、神经系统疾病、胰胆管疾病影像诊断方面积累了丰富经验，在股骨头缺血坏死影像诊断及介入治疗方面有独到见解。主持完成的“中西医结合介入治疗股骨头缺血坏死临床研究”获得2006年兰州市科技进步二等奖，主持的“儿童骨骼低剂量螺旋CT扫描优化策略研究”达国内领先水平。作为副主编出版《全身MRI诊断问答》著作1部，在国家级及省级杂志发表专业论文29篇。

曹红霞

曹红霞，女，汉族，1969年3月生，甘肃庆阳人，医院“334人才”，主任医师，现任医院省委门诊部（陇上名医馆）副主任。甘肃省医学会全科医学专业委员会副主任委员，甘肃省中医药学会老年病专业委员会委员，甘肃省医学会糖尿病委员会委员。

1992年7月毕业于甘肃中医学院中医系，同年7月分配到甘肃省中医院工作，曾在干部病房工作。其间，2006年10月—2007年3月在北京友谊医院神经内科进修半年，2011年6—7月在南方医院李可中医药学术流派传承基地古中医疑难杂病诊疗中心进修学习。

师承甘肃省名老中医刘国安主任医师。长期从事临床、科研和教学工作，在中西医结合治疗老年性高血压、糖尿病及其并发症、顽固性失眠、缺血性脑血管病、前列腺增生、慢性阻塞性肺疾病、冠心病等疾病的诊断与治疗方面积累了丰富的临床经验。参与完成省科技厅科研5项，其中3项分别获甘肃省科技进步三等奖、甘肃省皇甫谧中医药科技三等奖及甘肃省医学科技三等奖。作为副主编，参与编写专著3部；作为第一作者在国家级、省级杂志发表论文30余篇。2011年度被中国中西医结合学会授予中西医结合优秀青年贡献奖。

张参军

张参军，男，汉族，1970年2月生，甘肃静宁人，中共党员。中医内科主任医师，现任重症医学科（ICU）副主任。全国突发公共卫生事件中医药应急专家委员会委员，甘肃省中医药学会脾胃病专业委员会秘书长，中华中医药学会名医学术思想研究分会委员，甘肃省医院管理学会急救中心（站）管理分会委员，甘肃省急救专业委员会委员，全国优秀名中医王自立工作室成员。

1993年7月毕业于北京中医学院中医临床专业，同年分配至甘肃省中医院工作。先后在医院消化科、ICU、急诊科工作。曾任医院急诊科副主任、主任。2012年3—10月在北京朝阳医院急诊重症监护进修学习。

师承全国名老中医王自立主任医师，并被评为全国第三批名老中医师承工作优秀继承人。擅长脾胃病、肝胆病、肺系疾病的中医辨治，尤其对胰腺炎、急慢性胃肠炎、气管炎、肺心病、胆囊炎、高血压、糖尿病、颈椎病、失眠以及更年期综合征等病积累了丰富的临床治疗经验。主编专著2部，其中《感冒的防治问答》于2012年2月被甘肃省人民政府评为“第九届甘肃省优秀图书三等奖”。作为副主编出版专著2部。参编专著6部，其中《中医痰病学》获“2005年度中华中医药学会科学技术（著作）三等奖”。参加“十五”国家科技攻关课题1项，省部级科研5项，其中1项获“甘肃省科技厅优秀科研二等奖”，2项获“甘肃省皇甫谧科技三等奖”。发表学术论文20余篇。2010年9月获“甘肃省中医药学会优秀会员”，先后荣获医院“青年岗位能手”“优秀共产党员”“优秀带教老师”等荣誉。

杜敏

杜敏，女，汉族，1970年7月生，甘肃兰州人，中共党员，主任医师，现任医院妇科主任。医院“334”人才，甘肃中医药大学第一附属医院中医妇科教研室主任，甘肃中医药大学校级重点建设学科学术带头人，中国民族医药学会妇科常务理事，甘肃省中西医结合学会妇科分会副主委，甘肃省中医药学会妇科分会副主委。

1991年7月毕业于兰州军区军医学校医学专业，同年12月在七里河区西果园卫生院参加工作；1995年调入甘肃省肿瘤医院工作，先后任住院医师、主治医师、副主任医师；1996—1998年脱产就读于兰州大学临床医疗系，取得学士学位；2004—2007年在兰州大学工商管理专业在职学习，取得硕士学位；2010年8月调入甘肃省中医院工作至今。

师承黄腾辉主任医师，从事妇科工作多年，临床专攻多囊卵巢综合征、盆腔炎、月经紊乱、乳腺增生、更年期综合征等疑难杂症。擅长宫颈病变的筛查，卵巢肿瘤的综合治疗，子宫内膜异位症的诊治。熟练掌握妇科各级手术，包括宫颈癌根治术、卵巢癌细胞减灭术、子宫体癌根治术等复杂手术。作为课题负责人，完成科研课题3项，其中“子宫腺肌症子宫内膜血管内皮生长因子的表达及临床研究”“甘肃省妇女宫颈HPV感染分型检测与宫颈病变的相关性研究”分别获得2005、2011年度甘肃医学科技奖三等奖。参与完成科研课题2项。“安坤种子丸的胚泡着床障碍小鼠子宫内膜容受性影响的实验研究”“补肾化瘀方对tnf-a介导的ikk/ikb/nf-kb信号通道在多囊卵巢综合征伴胰岛素抵抗的调控机制研究”，获2013年国家自然基金项目资助。主编出版论著1部，在国家级、省级杂志发表论文20余篇。

先进集体

2011年

甘肃省卫生厅表彰

甘肃省卫生行业护理技能大赛团体总分第二名

护理部

甘肃省卫生行业中医护理技能大赛团体一等奖

护理部

甘肃省科技厅表彰

2010年度省级科技经费决算先进单位

计划财务处

甘肃省卫生厅医政处表彰

2010年度甘肃省抗菌药物临床应用监测网优秀单位

药学部

兰州市医疗保险局表彰

2010年度医疗保险定点医疗机构先进单位

医疗保险处

兰州市七里河区统计局表彰

2011年劳动情况统计先进单位

人事处

中华中医药学会表彰

第二届全国中医特色护理优秀科室

十八病区

甘肃省中医院表彰

2010—2011年度优秀党支部

第十党支部

“文明处室”

人事处

医院2010—2011年度先进集体

宣传处

医务处

后勤管理处

妇科（含一病区护理部）

创伤骨二科

重症医学科

针灸科

门诊部

检验科

中药炮制加工室

中医药科技信息研究所

2012年

卫生部办公厅表彰

城乡医院对口支援工作先进集体

甘肃省中医院

国家中医药管理局表彰

全国中医药应急工作先进单位

甘肃省中医院

第四届全国中医药优秀期刊

《西部中医药》

全国中医药系统创先争优活动先进集体

甘肃省中医院党委

甘肃省人力资源和社会保障厅表彰

全省社会保险工作先进单位

甘肃省中医院

甘肃省总工会表彰

“5·10”岷县抗洪抢险医疗队“甘肃省劳动先锋号”

甘肃省中医院医疗队

甘肃省妇女联合会表彰

三八红旗集体

内分泌科

甘肃省卫生厅表彰

甘肃省卫生行业精神文明建设先进单位

甘肃省中医院

全省传染病疫情网络直报工作先

进集体

甘肃省中医院

省卫生厅2012年卫生应急演练先进单位

省中医院医疗救援队

2011年优质护理服务先进医院

甘肃省中医院

优质护理服务先进病房

重症医学科

全省卫生系统“创先争优”活动先进基层党组织

甘肃省中医院

2010—2012年度省卫生厅系统“双优一文明”创建活动“文明单位”

人事处

“优秀党组织”

第一党支部

“2012甘肃省卫生行业CR/DR摄影技能大赛”团体一等奖

甘肃省中医院

“2012年全省卫生行业传统中药制药技能大赛决赛”

团体一等奖

甘肃省中医院

团体三等奖

甘肃省中医药研究院

全省临床药师案例演讲比赛团体二等奖

甘肃省中医院

全省卫生系统院报院刊评比活动二等奖

《甘肃省中医院报》

兰州市医疗保险局表彰

2011年度医疗保险定点医疗机构先进单位

甘肃省中医院

2011年度城镇基本医疗保险A级定点医疗机构

甘肃省中医院

中华中医药学会表彰

中医药标志性文化作品一等奖

甘肃省中医院院徽

甘肃省医学会医学检验专业委员会表彰

第一届甘肃省检验医学知识竞赛二等奖

甘肃省中医院

甘肃省临床检验中心表彰

2011年度甘肃省临床检验质量控制优秀单位

甘肃省中医院

2013年

国家中医药管理局表彰

全国中医医院优质护理先进单位

甘肃省中医院

省委宣传部、省卫生厅表彰

“群众满意的医疗卫生机构”

甘肃省中医院

甘肃省卫生厅(甘肃省文化厅)表彰

第二届全省卫生系统文艺调演一等奖

甘肃省中医院

全省健康传播作品有奖征集活动优秀组织奖

甘肃省中医院

甘肃省卫生行业宾馆式护理暨创新技能大赛二等奖

护理部

2013甘肃省康复治疗专业技能大赛团体三等奖(残联)

康复科

甘肃省抗菌药物临床应用及细菌耐药监测网专家委员会表彰

抗菌药物临床应用监测网优秀单位、细菌耐药监测网优秀单位

甘肃省中医院

中华中医药学会表彰

“中医药文化共建单位”

甘肃省中医院

甘肃省中医学院第一附属医院表彰

首届临床教师教学基本功竞赛优秀组织奖

五官科教研室

甘肃省中医院表彰

医院2012—2013年度先进集体

宣传处

护理部

计划财务处

急诊骨科

康复骨科

麻醉手术科

血液净化中心

皮肤疮疡科

病理科

药学部中草药制剂室

临床教学部

中医药科技信息研究所

先进个人

2011年

科学技术部表彰

2011年全国县市科技进步考核先进个人

谢又生

卫生部表彰

2010年优质护理服务考核优秀个人

白蕾琪

国家中医药管理局表彰

“优秀指导老师”

王自立

中国教科文卫体工会全国委员会表彰

“全国卫生系统道德建设标兵”称号

田旭东

甘肃省总工会表彰

甘肃省五一劳动奖章

张洪涛

甘肃省精神文明建设指导委员会办公室(卫生厅)表彰

全省医德医风先进个人

谢兴文 马真琴 唐晓勇 左　进

甘肃省卫生厅表彰

2011年全省“我最喜爱的健康卫士”

盛　丽

第十七批援马达加斯加医疗队先进个人

陈耀章 肖　红

2010—2011年度全省先进会计工作者

胡雅杰　杨继红　孟玉霞

全省免疫规划工作先进个人

周毓萍

2010年度全省实施万名医师支援农村卫生工程优秀医疗队员

浦　军　牛喜信　孔令俊

吴圃萍　展　锐

优秀共产党员

邢　涛　冯玉香

2011年甘肃省卫生行业护理技能大赛一等奖

张丽娟　湛　静　杜丽梅

优秀指导老师二等奖

张丽平

甘肃省卫生行业护理技能大赛优秀工作者

王　颖

2011年甘肃省卫生行业中医护理技能大赛一等奖

张金花　刘晓霞　马冰清

技术指导老师一等奖

张丽平

甘肃省卫生行业中药操作技能大赛一等奖

张承军　葛新春

二等奖

张晓明

指导老师一等奖

李喜香

全省职工技能大赛“医疗急救”省级决赛个人优胜奖

李　栋

“2011甘肃省卫生行业CR/DR摄影技术大赛”

一等奖

陈晓飞

二等奖

朱小忠

三等奖

朱自淘　李学飞

“优秀指导老师”

贾有福　赵春国

2010—2011年度全省卫生系统“青年岗位能手”

连　瑄　李玉吉　高　侠

省卫生厅、省护理学会表彰

“爱心奉献、满意服务”优质护理服务演讲比赛二等奖

白蕾琪

甘肃省卫生厅系统工会委员会表彰

2010—2011年度省卫生厅系统优秀工会工作者

孙援朝

甘肃省统计局等六部门表彰

甘肃省第二次全国科学研究与试验发展（R & D）资源清查工作中成绩显著

俞小艳

甘肃省社会治安综合治理委员会表彰

社会治安综合治理工作突出的县市区党政主要领导

谢又生

中国共产党白银市委表彰

公务员奖励三等功

谢又生

兰州市食品药品监督管理局表彰

2010年度药品不良反应报告和监测工作先进个人

刘效栓

中共兰州市七里河区委、兰州市七里河区人民政府表彰

全区“五五”普法依法治理先进个人

罗克龙

兰州市七里河区统计局表彰

2011年劳动情况统计先进工作者

乔　莉

共青团甘肃省直机关工委表彰

甘肃省直属机关优秀共青团员

吴云云

中国农工民主党甘肃省委员会表彰

优秀农工党员

原　睿

中华中医药学会表彰

2011年全国中医医院医疗业务管理优秀工作者

李盛华　赵继荣　舒　劲

“全国中医师诵经典学名著活动标兵”

邓　强　李喜香　韩　艳

中国中西医结合学会表彰

第二届中西医结合贡献奖

李盛华　潘　文　王玉珠

首届中西医结合优秀青年贡献奖

谢兴文　何志军　刘志军

胡敏棣　李妍怡　曹红霞

柳海平　赵振文

中华医学会老年医学分会表彰

老年医学“杰出贡献奖”

刘国安

甘肃省中医药学会表彰

甘肃省中医药巡讲巡诊活动先进个人

周　晟　王兰英　王　颖　王海东

甘肃中医学院表彰

2010—2011年度甘肃中医学院科技工作先进个人十佳科技工作者

李盛华　赵继荣

科研管理工作先进个人

罗向霞

甘肃省中医院表彰

2010—2011年度“优秀共产党员”

潘　文　胡雅杰　邓　强

刘玉龙　王美君　刘春雨

王世太　李妍怡　周　琪

陈进凡　刘效栓　马馨如

王俊英

“优秀党务工作者”

孙援朝

2010—2011年度先进个人

刘梦华　徐春梅　徐柏林

厉红霞　张丽平　崔兰玲

石丽丽　罗向霞　杨丽萍

刘　勇　姜渭源　董　斌

刘廷梦　杨沛霖　万迎霞

裴重重　廖敏捷　张祖萍

张德娟　张天太　白会玲

李　韡　鄢卫平　王华明

宋玉春　马晓娟　张　锐

武正权　于金春　李　岩

潘　蓉　袁冰华　张崇岳

姜　媛　杨宝平　王　莉

李伟青　王爱华　张　慧

卢少敏　丁玉芬　李清花

刘志军　高雪华　刘秀芳

原　睿　马郑萍　石瑞芳

王　辉　张参军　董　林

黄小玲　冯康虎　陈进凡

高晓玲　王闻奇　李喜香

耿　霞　王　刚　王晓红

吕洲杰　葛新春　孙锦艳

杨丽霞　康开彪　李　晶

蒋月存　王晓花　胡秀珍

2012年

卫生部表彰

2011—2012年度“卫生部有突出贡献中青年专家”

赵继荣

人力资源和社会保障部、卫生部、国家中医药管理局表彰

全国卫生系统先进工作者

张洪涛

卫生部办公厅表彰

内部审计工作先进个人

胡雅杰

国家中医药管理局表彰

“全国中医药应急先进个人”

李盛华

第四批全国老中医药专家学术经验继承工作优秀指导老师和优秀继承人优秀指导老师

王自立

优秀继承人

王　煜

全国医药卫生系统创先争优活动指导小组办公室表彰

全国卫生系统“我身边的共产党员”演讲比赛优秀奖

李　非

甘肃省妇女联合会表彰

甘肃省三八红旗手

潘　文

甘肃省卫生厅表彰

甘肃省卫生厅、甘肃省人力资源和社会保障厅

“甘肃省名中医”

李盛华　李妍怡　赵继荣

孙其斌　左　进　张定华

田旭东　张洪涛　沈玉鹏

王海东

甘肃省卫生行业精神文明建设先进个人

孙援朝　舒　劲

2010—2012年度省卫生厅系统“双优一文明”创建活动“优秀党务工作者”“优秀共产党员”

“优秀党务工作者”

孙援朝

“优秀共产党员”

潘　文　陈进凡　胡雅杰

刘春雨　王世太

2011年度全省医德医风建设先进个人

刘效栓　周　晟　郭云霞

“全省医德医风建设标兵”

盛　丽

“全省医德医风建设先进个人”

杨瑞龙　靳　锋　张丽娟

2011年度甘肃省实施第七周期万名医师支农优秀队员

陈志龙

2011年优质护理服务先进个人

万迎霞　罗　莉　李清花

陈雅玲

“甘肃省技术标兵”

唐　锐

2012年卫生应急演练先进个人

唐晓勇　张崇岳　李红专

赵永强　张丽平　海青岳

“2012甘肃省卫生行业CR/DR摄影技术大赛”

“优秀指导教师”

周　晟　赵奋国

一等奖

朱小忠　陈晓飞

二等奖

贯有福　汪新柱

“2012年全省卫生行业传统中药制药技能大赛决赛”

优秀指导老师

李喜香

一等奖

李季文

二等奖

梁海宁　毕映燕

三等奖

包　强　王宝才　詹文强

2012年抗菌药物知识竞赛一等奖

张　民

全省临床药师案例演讲比赛

一等奖

张　民

三等奖

刘军刚　李　莉

甘肃省卫生行业中医推拿技能大赛指导老师

二等奖

吴　玮

三等奖

王天宝　徐彦龙

优秀奖

袁　涛

第二届“先锋林”演讲比赛省卫生厅系统选拔赛

一等奖

李　非

三等奖

康　娟　豆金彦

甘肃省科学技术厅表彰

2012年度全省职工技能大赛“优秀组织者”

刘效栓

甘肃省总工会、甘肃省科学技术厅、甘肃省人力资源和社会保障厅、甘肃省工业和信息化委员会、甘肃省人民政府国有资产监督管理委员会表彰

“甘肃省技术标兵”

李　栋　陈晓飞　葛新春

张承军　刘晓霞　张金花

张丽娟　马冰清　李季文

陈晓飞　朱小忠　湛　静

崔小娟

兰州市食品药品监督管理局表彰

2011年兰州市药品不良反应报告和药物滥用监测工作先进个人

刘效栓

兰州市七里河区统计局表彰

2012年劳动工资统计工作先进个人

顾洋菲

中华中医药学会表彰

全国“郭春园式的好医生”

李盛华

优秀志愿者

徐　霞　王晓蓉

中国中医药报社表彰

“优秀通讯员”

陈春丽　郑访江

“优秀特约记者”

郑访江

甘肃省医师协会表彰

“甘肃医师奖”

李树君

甘肃省医学会泌尿外科专业委员会表彰

2012年“挑战自我　追求卓越”全国泌尿外科青年医师演讲大赛太原赛区第二名，全国三十六强

贾云鹏

甘肃中医学院表彰

2011—2012年度优秀教育工作者

舒　劲

2011—2012年度优秀实习管理工作者

韩　艳

2011—2012年度优秀带教教师

原　睿　唐晓勇

“2012年青年教师教学技能竞赛”优秀奖、中西医结合系第二届青年教师教学技能比赛二等奖

苟占彪

兰州大学继续教育学院表彰

优秀学生干部

沈　涛

2013年

中共甘肃省委宣传部、甘肃省卫生厅表彰

2012年度“我最喜爱的健康卫士”

刘效栓　靳　锋

甘肃省人民政府重大项目建设管理办公室表彰

2012年省列重大项目信息报送工作先进个人

杨　旭

甘肃省卫生厅表彰

“甘肃省医院感染管理先进个人”

杨维建

2012年度全省卫生系统优秀通讯员

陈春丽

2012年度甘肃省实施万名医师支援农村卫生工程先进个人

刘强光　张　锐

甘肃省卫生行业宾馆式护理暨创新技能大赛

“优秀领队”

王　颖

“优秀指导老师”

张丽平

三等奖

白蕾琪

“2013年全省卫生行业创伤缝合技能大赛”

二等奖

何志军

二等奖

宋　渊

2013年全省心肺复苏技能大赛个人组（心肺复苏）比赛一等奖

李　栋

“全省首届中医正骨技能大赛”个人一等奖

宫玉锁　魏国俊

甘肃省卫生厅、甘肃省残疾人联合会表彰

“2013甘肃省康复治疗专业技能大赛”

指导老师三等奖

肖　红

PT二等奖

胥文娟

DT三等奖

吕汐妍

OT三等奖

侯　娟

甘肃省总工会、甘肃省人力资源和社会保障厅、甘肃省工业和信息化委员会、甘肃省科学技术厅、甘肃省人民政府国有资产管理委员会表彰

“甘肃省技术标兵”

宫玉锁　代长泉　魏国俊

张赟丽　李　栋

中共甘肃省委党校表彰

2013届在职研究生科研奖

郑访江

中共白银市卫生局直属机关委员会表彰

“同步小康先锋岗”荣誉称号

张晓岚

兰州市食品药品安全监测和评审中心表彰

2012年兰州市药品不良反应报告和药物滥用监测工作先进个人

刘效栓

中国药学会表彰

2013年度中国药学会优秀药师

刘效栓

农工党甘肃省委员会表彰

2012—2013年度优秀农工党员

盛　丽　张彦彩　缪文捷

中国中医药报社表彰

“优秀通讯员”

陈春丽

现代护理报社表彰

“优秀特约记者”

郑访江

甘肃省医学会影像技术专业委员会表彰

伦琴贡献奖

赵奋国

甘肃省抗癌协会表彰

先进个人

王兰英

中国共产党甘肃中医学院委员会、甘肃中医学院表彰

2011—2012年度优秀教师

卢雨蓓

甘肃省中医学院第一附属医院表彰

首届临床教师教学基本功竞赛一等奖“优秀教师”

苟占彪

张掖医学高等专科学校表彰

2012—2013学年优秀实习指导教师

李清花

甘肃省中医院表彰

2012—2013年度先进工作者

马真琴　赵　军　罗克龙
裴学军　刘旭琴　常晓燕
王玉珠　谢振军　马小明
杨　旭　王兆华　梅晓莉
赵良永　张兰亭　杜四兴
唐小栋　王想福　裴重重
李伟青　孔令俊　刘秀芳
董志芳　宋春燕　鄢卫平
蒋振兴　赵金凤　陈志龙
杨小芳　李晨旭　申小惠
吴　英　脱承德　袁冰华
杜雨津　姜　媛　何国华
张崇岳　孟庆鑫　杨　珺
倪角角　吴　荣　刘　燕
张凌云　李　韡　白　芮
卢雨蓓　柴玉琼　边笑梅
陈　涛　东　红　李冬梅
王兰娣　师宁宁　张爱萍
张　普　张东鹏　胡永寿
石瑞芳　徐淑云　杨小源
曹宏丽　马郑萍　张宝洲
柳渊洁　贯有福　任　筠
陈进凡　张晓明　张宏武
王晓红　梁海宁　张　民
陈二林　黄清杰　韩　艳
王海东　李　晶　杨有文

(资料整理及撰稿　厉红霞)

附 录

Appendix

重要文件选编

2011年度

关于医院内设机构调整的通知

中医人发〔2011〕75号

省中医药研究院，医院各处（科）室：

因医院工作需要，经2011年6月24日院长办公会议研究决定：

治未病中心（体检中心、健康咨询科、治未病研究所）、城关门诊部（陇上名医馆）、甘肃省中医院省委门诊部（陇上名医馆）隶属于保健处管理。

特此通知。

二○一一年七月六日

关于调整医院内设职能机构的通知

中医人发〔2011〕13号

省中医药研究院，医院各处（科）室：

根据省卫生厅党组《关于核定省人民医院省中医院内设机构的通知》（甘卫党发〔2010〕103号）精神，省机构编制委员会办公室批复我院内设副处级机构22个，经2011年2月15日院长办公会议研究决定，对医院内设职能机构调整如下：

一、内设职能机构副处级建制22个

1. 院长办公室

2. 党委办公室（含工会、团委、妇委会）

3. 人事处

4. 医务处

5. 护理部

6. 门诊部

7．特色医疗管理处
8．公共卫生与医院感染管理处
9．科研处
10．计划财务处
11．审计处
12．经济管理处
13．质量控制处
14．对外协作处
15．宣传处
16．医疗保险处
17．保健处
18．职业病防治管理处
19．设备管理处
20．基建处
21．后勤管理处
22．临床教学部

二、内设职能科级建制8个

监察科（隶属纪委）
应急办（隶属院长办公室）
医疗纠纷调解科（隶属医务处）
收费科（隶属计划财务处）
招标采购科（隶属经济管理处）
信息科（隶属宣传处）
保卫科、营养科（隶属后勤管理处）

三、撤销院务部等18个内设职能机构

1．院务部
2．党务部（含工会、团委、妇委会）
3．人力资源部（含离退休人员管理科）
4．医务部（含随访科、干部保健处）
5．特色医疗管理科
6．公共卫生科
7．医院感染管理科
8．科研科
9．财务部
10．审计科
11．经营管理科
12．对外联络培训部
13．宣传科
14．医保科
15．职业病科
16．医疗设备科
17．基建部
18．总务部

特此通知。

二〇一一年二月十五日

关于调整医院临床医技科室及床位的通知

中医人发〔2011〕14号

省中医药研究院，医院各处（科）室：

因医院内设机构变动，经2011年2月15日院长办公会议研究决定，各临床医技科室设置如下：

一、临床科室

一病区	肛肠（痔瘘）科	病床30张
	妇科	病床6张
二病区	脊柱骨一科	病床38张
三病区	创伤骨一科	病床33张
	整复骨科	病床20张
四病区	血液净化中心	
五病区	脊柱骨二科	病床38张
	运动创伤科	病床15张
六病区	创伤骨二科	病床38张
	康复骨科	病床15张
七病区	手足微创骨科	病床45张
	儿科	病床8张
八病区	肾病科	病床26张
九病区	脾胃病（消化）科（下设消化内窥镜诊疗中心）	病床40张
十病区	心血管疾病防治中心（下设心内科、心胸外科、导管室）	病床47张
十一病区	普外科	病床25张

	神经外科	病床16张
	泌尿外科	病床16张
十二病区	小儿骨科	病床30张
	脊柱骨三科	病床35张
十三病区	关节骨科	病床50张
	肿瘤及血管病介入科	病床12张
十四病区	老年病科（干部病房）（下设中医康复治疗中心）	病床33张
	眼科	病床15张
十五病区	脑病（神经内）科（下设高压氧治疗中心）	病床64张
十六病区	针灸科	病床40张
十七病区	内分泌（糖尿病）科	病床25张
	肺病（呼吸）科	病床15张
十八病区	风湿病科	病床37张
	重症医学科	观察床8张
	麻醉手术科、体检中心（健康咨询科、治未病中心）	

二、门诊科室

急诊骨科	病床8张

急诊科、疼痛科、耳鼻喉科、口腔科、皮肤疮疡科、城关门诊部陇上名医馆、甘肃省中医院省委门诊部（陇上名医馆）、名中医工作室（王自立名医工作室、刘国安名医工作室、廖志峰名医工作室）

三、医技科室

药学部（下设药剂科、制剂科）、放射影像科、检验科、超声心电检查科、病理科、输血科

至此，医院实际开设床位820张，共有临床医技科室57个。

特此通知。

二〇一一年二月十五日

关于医院内设机构调整的通知

中医人发〔2011〕54号

省中医药研究院，医院各部门：

根据医院工作需要，经2011年5月13日院长办公会议研究决定：

成立国有资产管理科，隶属于计划财务处；

肛肠（痔瘘）科更名为肛肠科；

脾胃病（消化）科更名为脾胃病科；

心血管疾病防治中心更名为心病科；

普外科更名为外一科；

泌尿外科更名为外二科；

神经外科更名为外三科；

脑病（神经内）科更名为脑病科；

内分泌（糖尿病）科更名为消渴病科；

肺病（呼吸）科更名为肺病科。

特此通知。

二〇一一年五月十三日

关于医院内设机构调整的通知

中医人发〔2011〕73号

省中医药研究院，医院各处（科）室：

根据工作需要，经2011年6月24日院长办公会议研究决定：

体检中心（健康咨询科、治未病中心）、城关门诊部（陇上名医馆）、甘肃省中医院省委门诊部（陇上名医馆）隶属于保健处管理。

特此通知。

二〇一一年六月二十四日

关于医院内设机构及病床调整的通知

中医人发〔2011〕96号

省中医药研究院，医院各处（科）室：

因医院工作需要，经2011年8月25日院长办公会议研究决定：

成立患者维权站，隶属于党委办公室。

眼科病床由15张减至10张。

耳鼻喉科设病床5张（十四病区）。

特此通知。

二〇一一年八月二十五日

关于医院病床调整的通知

中医人发〔2011〕120号

省中医药研究院，医院各处（科）室：

因医院业务工作需要，经2011年11月8日院长办公会议研究决定，口腔科更名为口腔颌面外科。

部分病区病床调整如下：

关节骨科病床由50张调整为35张（十三病区）；

骨伤病研究所设病床15张（十三病区）；

眼科病床由10张增至15张（十四病区）；

口腔颌面外科设病床5张（十四病区）。

至此，医院实际开放病床833张。

特此通知。

二〇一一年十一月十四日

关于医院内设机构调整的通知

中医人发〔2011〕133号

省中医药研究院，医院各部门：

根据医院业务发展需要，经2011年12月2日院长办公会议研究决定：

成立十九病区（综合楼二楼），设病床25张（眼科病床15张，耳鼻喉科病床5张，口腔颌面外科病床5张）。

十四病区老年病科（干部病房）病床由33张增至45张。

至此，医院实际开放病床845张。

特此通知。

二〇一一年十二月五日

关于医院内设机构变动的通知

中医人发〔2011〕142号

省中医药研究院，医院各处（科）室：

因医院工作需要，经2011年12月27日院长办公会议研究决定，成立：

会计科，隶属于计划财务处。

特此通知。

二〇一一年十二月二十七日

关于研究院内设机构变动的通知

甘中研院发〔2011〕21号

各研究所：

根据省卫生厅甘卫中函〔2011〕696号文件《关于成立甘肃省中医药文化研究与传播中心的批复》精神，经二〇一一年十二月二十七日院长办公会议研究决定，成立：

甘肃省中医药文化研究与传播中心，正科级建制。

甘肃省中医药文化研究与传播中心成员由中医药科技信息研究所（中医药查新中心）、医史文献研究所人员组成。

特此通知。

二〇一一年十二月二十七日

2012年度

关于成立甘肃省中医药研究院党总支部的通知

中医党发〔2012〕16号

省中医药研究院，白银分院，医院各处（科）室：

根据业务发展需要，为进一步加强党建工作，健全基层党组织，充分发挥党组织的战斗堡垒作用，根据省卫生厅《关于同意甘肃省中医药研究院成立党总支的批复》（甘卫直党发〔2012〕22号）意见，撤销甘肃省中医药研究院党支部，成立甘肃省中医药研究院党总支部委员会，下设两个党支部。

二〇一二年十二月三十一日

关于医院内设机构调整的通知

中医人发〔2012〕3号

省中医药研究院，医院各处（科）室：

根据医院业务发展需要，经2012年1月4日院长办公会议研究决定：

将隶属于保健处的甘肃省中医院城关门诊部（陇上名医馆）、甘肃省中医院省委门诊部（陇上名医馆）划归门诊部管理。

心胸外科独立设置，设病床15张（十病区）。心病科病床由47张减至32张。

医院病床总数845张不变。

特此通知。

二〇一二年一月五日

关于医院内设机构及病床调整的通知

中医人发〔2012〕26号

省中医药研究院，白银分院，医院各处（科）室：

因工作需要，经2012年2月8日院长办公会议研究决定：

门诊护理部划归门诊部管理，门诊部挂号工作自3月1日起划归计划财务处收费科管理。

急诊科设日间病床5张。

至此，医院病床总数增至850张。

特此通知。

二〇一二年三月二日

关于医院内设机构调整的通知

中医人发〔2012〕43号

省中医药研究院，白银分院，医院各处（科）室：

因医院业务工作需要，经2012年3月29日院长办公会议研究决定：

消渴病科更名为内分泌科；

心病科更名为心血管病科。

特此通知。

二〇一二年四月二日

关于成立甘肃省中医院白银分院的通知

中医人发〔2012〕44号

省中医药研究院，白银分院，医院各处（科）室：

为促进白银市中西医结合医院跨越式发展，有效提高白银市中医药服务水平，率先在医疗卫生领域推进兰白都市经济区建设，根据《国务院办公厅关于印发2011年公立医院改革试点工作安排的通知》（国办发〔2011〕10号）、《甘肃省深化医药卫生体制改革实施方案（2009—2011年）》、《甘肃省公立医院改革试点指导意见》（甘卫医管发〔2011〕393号）和甘卫人发〔2012〕22号《关于省中医院全面托管白银市中西医结合医院的批复》文件精神，经白银市人民政府和甘肃省中医院双方认真协商，于2012年1月12日签订了协议，委托我院全面托管白银市中西医结合医院，经院长办公会研究决定，成立甘肃省中医院白银分院。

特此通知。

二〇一二年四月二日

关于成立甘肃省中医院通渭分院的通知

中医人发〔2012〕45号

省中医药研究院，白银分院，医院各处（科）室：

因医院业务发展需要，经院长办公会研究决定，在定西市通渭县成立甘肃省中医院通渭分院。

特此通知。

二〇一二年四月二日

甘肃省中医院关于白银分院内设机构设置的批复

中医办批〔2012〕46号

白银分院：

《甘肃省中医院白银分院关于内设机构设置的请示》（省中医白发〔2012〕08号）收悉。经医院院长办公会议研究，现批复如下：

一、职能科室设置：办公室、人事科、医务部（含患者维权室）、护理部、门诊部、科教科、质量控制与特色医疗管理科、公共卫生科、医院感染管理科、信息科、宣传科、财务科、审计科、经济管理科、医疗保险科、设备科、基建与后勤管理科（含保卫、营养）。

二、临床科室设置：急诊科（含重症医学）、外科、神经外科、骨一科、骨二科、风湿骨病科、肛肠（痔瘘）科、脑病科、妇产科、儿科、消化科、肾病科、心血管病科、呼吸科、针灸推拿科、眼科、传染病诊疗中心、麻醉手术科、口腔科、耳鼻喉科、内分泌科、皮肤科、特色治疗中心、治未病中心（含体检中心）、专家门诊、退休专家门诊、四龙社区服务中心、“120”急救中心。

三、医技科室设置：放射影像科、超声心电检查科、检验科、病理科、药剂科、消毒供应室。

至此，白银分院内设机构设置为职能科室设置17个、临床科室设置28个、医技科室6个。

此复。

二〇一二年四月二日

关于成立甘肃省中医院临夏分院的通知

中医人发〔2012〕47号

省中医药研究院，白银分院，医院各处（科）室：

因医院业务发展需要，经院长办公会研究决定，在临夏州成立甘肃省中医院临夏分院。

特此通知。

二〇一二年四月二日

甘肃省中医院关于医院内设机构调整的通知

中医人发〔2012〕56号

省中医药研究院，白银分院，医院各处（科）室：

因医院工作需要，经2012年4月20日院长办公会议研究决定，对内设机构调整如下：

关节骨科更名为关节骨一科；

运动创伤科更名为关节骨二科；

针灸科更名为针灸推拿科；

制剂科更名为制剂中心；

供应室更名为消毒供应中心。

特此通知。

二〇一二年四月二十四日

甘肃省中医院关于内设机构调整的通知

中医人发〔2012〕71号

省中医药研究院，白银分院，医院各处（科）室：

因医院工作需要，经2012年5月12日院长办公会议研究决定，成立：

院史办公室、项目办公室，隶属于院长办公室；

离退休人员管理科，隶属于人事处；

病案管理科，隶属于医务处管理；

名医工作管理科，隶属于特色管理处；

肿瘤血液病科；

外周血管病介入科；

骨伤病科，隶属于骨伤病研究所；

康复科；

肝病科；

感染疾病科。

以上十一个科室均为科级建制。

撤销：肿瘤及血管病介入科。

医疗纠纷调解科更名为医患关系协调科；

心胸外科更名为外四科；

麻醉手术科更名为麻醉科。

中医康复治疗中心隶属于保健处。

特此通知。

二〇一二年五月十四日

甘肃省中医院关于内设机构调整的通知

中医人发〔2012〕79号

省中医药研究院，白银分院，医院各处（科）室：

因医院工作需要，经院长办公会议研究决定，成立：

拆迁办，隶属于基建处。

特此通知。

二〇一二年五月二十四日

甘肃省中医院关于调整临床科室病床的通知

中医人发〔2012〕144号

省中医药研究院，白银分院，医院各处（科）室：

因医院工作需要，经2012年8月28日院长办公会议研究决定，各临床科室病床调整如下：

一病区	肛肠科	病床36张
	妇科	病床6张
二病区	脊柱骨一科	病床43张
三病区	创伤骨一科	病床39张

	整复骨科	病床22张
五病区	脊柱骨二科	病床39张
	关节骨二科	病床17张
六病区	创伤骨二科	病床39张
	康复骨科	病床17张
七病区	手足微创骨科	病床50张
	儿科	病床10张
八病区	肾病科	病床42张
九病区	脾胃病科、肝病科	病床45张
十病区	心血管病科	病床38张
	外四科	病床17张
十一病区	外一科	病床25张
	外二科	病床16张
	外三科	病床16张
十二病区	小儿骨科	病床30张
	脊柱骨三科	病床37张
十三病区	关节骨一科	病床35张
	骨伤病研究所（骨伤病科）	病床15张
	肿瘤血液病科、外周血管病介入科	病床15张
十四病区	老年病科（干部病房）	病床47张
十五病区	脑病科	病床90张
十六病区	针灸推拿科、康复科	病床49张
十七病区	内分泌科	病床29张
	肺病科	病床20张
十八病区	风湿骨病科	病床45张
十九病区	眼科	病床15张
	耳鼻喉科	病床5张
	口腔颌面外科	病床5张
	急诊骨科	病床8张
	急诊科、感染疾病科	病床5张

至此，骨伤科临床医学中心开设病床436张，医院实际开设病床共967张。

二〇一二年九月三日

关于医院内设机构调整的通知

中医人发〔2012〕175号

省中医药研究院，白银分院，医院各处（科）室：

根据医院工作需要，经2012年10月30日院长办公会议研究决定：

成立心功能检查科（科级建制），隶属于心血管病科管理；

肿瘤血液病科分设为肿瘤科、血液科；

超声心电检查科更名为超声医学影像科；

风湿骨病科更名为痹病（风湿骨病）科。

特此通知。

二〇一二年十月三十一日

省中医药研究院关于内设机构调整的通知

甘中研院发〔2012〕8号

各研究所：

因研究院工作需要，经医院2012年5月12日院长办公会议研究决定：

中医药科技信息研究所（中医药查新中心）更名为中医药科技信息研究所（期刊编辑部、中医药查新中心）。

特此通知。

二〇一二年五月十四日

2013年度

甘肃省中医院关于白银分院内设机构调整的批复

中医办批〔2013〕22号

白银分院：

《甘肃省中医院白银分院关于新增和变更内设机构的请示》收悉，经2013年3月5日院长办公会议研究，现批复如下：

一、新增内设机构3个

新增设党务科室1个：团总支。

职能科室1个：招标采购科。

临床科室1个：东区内科。

二、调整内设机构6个

职能科室：公共卫生科和医院感染管理科合并为公共卫生与医院感染管理科。

临床科室：消化科调整为脾胃病科；呼吸科调整为肺病科；传染病诊疗中心调整为感染性疾病科。

医技科室：超声心电图检查科调整为超声检查科。

至此，白银分院内设机构共54个，其中：职能科室19个，临床科室29个，医技科室6个。

此复。

二〇一三年三月五日

甘肃省中医院关于白银分院增加内设机构科级干部职数的批复

中医办批〔2013〕31号

白银分院：

《关于增加甘肃省中医院白银分院科级干部岗位的请示》（省中医白发〔2013〕22号）收悉，根据白银分院工作实际需要和《甘肃省中医院白银分院科级干部和护士长竞聘上岗实施办法》，经2013年3月8日院长办公会研究，现批复如下：

同意增加副科级干部岗位3职。其中：信息科副科长、骨二科副主任、120急救中心副主任副科级岗位各1职。

此复。

二〇一三年三月二十七日

甘肃省中医院关于白银分院增设内设机构的批复

中医办批〔2013〕59号

白银分院：

《关于内设甘肃省中医院白银分院干部保健科的请示》收悉，经2013年5月6日院长办公会议研究，现批复如下：

增设：干部保健科。

此复。

二〇一三年五月七日

关于医院增设内设机构的通知

中医人发〔2013〕6号

省中医药研究院，白银分院，医院各处（科）室：

因医院工作需要，经2013年1月16日院长办公会议研究决定，成立：

重点学（专）科管理办公室，隶属于医务处；

房管科，隶属于后勤管理处。

特此通知。

二〇一三年一月十六日

甘肃省中医院关于内设机构变动的通知

中医人发〔2013〕50号

省中医药研究院，白银分院，医院各处（科）室：

因医院工作需要，经2013年4月19日院长办公会议研究决定：

成立脊柱微创骨科。

针灸推拿科分设为针灸推拿一科、针灸推拿二科。

脾胃病科分设为脾胃病一科、脾胃病二科。

重症医学科分设为重症医学一科、重症医学二科。

麻醉科分设为麻醉一科、麻醉二科。

特此通知。

二〇一三年四月十九日

甘肃省中医院关于调整临床科室病床的通知

中医人发〔2013〕51号

省中医药研究院，白银分院，医院各处（科）室：

因医院工作需要，经2013年4月19日院长办公会议研究决定，各临床科室病床调整如下：

一号楼：

一楼	一病区	肛肠科	病床44张
		皮肤疮疡科	病床12张
二楼	二病区	脊柱骨一科	病床43张
三楼	三病区	重症医学一科	病床21张
四楼	四病区	血液净化中心	病床42张
五楼	五病区	脊柱骨二科	病床36张
		脊柱微创骨科	病床20张
六楼	六病区	整复骨科	病床40张
		外周血管病介入科	病床16张
七楼	七病区	手足微创骨科	病床40张
		外三科	病床16张

二号楼：

一楼	八病区	康复骨科	病床42张
		疼痛科	病床6张
二楼	九病区	小儿骨科	病床30张
		儿科	病床20张
三楼	十病区	心血管病科	病床38张
		外四科	病床17张
四楼	十一病区	创伤骨一科	病床30张
		创伤骨二科	病床30张
五楼	十二病区	脊柱骨三科	病床30张
		骨伤病科	病床30张
六楼	十三病区	关节骨一科	病床40张
		关节骨二科	病床20张

三号楼：

二楼	十四病区	眼科	病床15张
		口腔颌面外科	病床10张
三楼	十五病区	老年病科（干部病房）	病床47张
四、五楼	十六病区	脑病科	病床90张
七楼	十七病区	针灸推拿一科	病床49张
八楼	十八病区	针灸推拿二科	病床30张
		康复科	病床19张
九楼	十九病区	肾病科	病床49张

门诊医技综合楼：

八楼	二十病区	痹病（风湿骨病）科	病床65张
九楼	二十一病区	脾胃病一科	病床31张
		消化内窥镜诊疗中心	
十楼	二十二病区	外一科	病床31张
		重症医学二科	病床8张
十一楼	二十三病区	急诊骨科	病床15张
		外二科	病床16张
十二楼	二十四病区	脾胃病二科、肝病科	病床31张
十三楼	二十五病区	妇科	病床25张
		耳鼻喉科	病床12张
十四楼	二十六病区	内分泌科	病床38张
十五楼	二十七病区	肺病科	病床38张
十六楼	二十八病区	肿瘤科、血液科	病床38张

至此，医院骨伤科临床医学中心开设病床511张，实际开设病床共1320张。

二〇一三年四月十九日

甘肃省中医院关于内设机构调整的通知

中医人发〔2013〕63号

省中医药研究院，白银分院，医院各处（科）室：

因医院工作需要，经2013年5月23日院长办公会议研究决定：

脑病科分设为脑病一科、脑病二科；

脾胃病二科更名为脾胃病二科（肝病科）；

重症医学科下设重症医学科一部、重症医学科二部；

麻醉科下设麻醉科一部、麻醉科二部。

特此通知。

二〇一三年五月二十三日

甘肃省中医院关于内设临床科室及病床调整的通知

中医人发〔2013〕66号

省中医药研究院，白银分院，医院各处（科）室：

因医院工作需要，经2013年6月4日院长办公会议研究决定：

成立骨肿瘤科；

外一科更名为外一科（普外）；

外二科更名为外二科（泌尿）；

外三科更名为外三科（神经）；

外四科更名为外四科（心胸）；

脾胃病二科（肝病科）更名为脾胃病二科、肝病科；

消化内窥镜诊疗中心更名为内窥镜诊疗中心；

小儿骨科更名为儿骨科；

儿科更名为儿内科。

各临床科室病床调整如下：

A座（新门诊医技综合楼）：

一层	急诊科	日间病床10张	
八层	A座一病区	痹病（风湿骨病）科	病床65张
九层	A座二病区	脾胃病一科	病床31张
		内窥镜诊疗中心	
十层	A座三病区	外一科（普外）	病床31张
		重症医学科二部	病床8张
十一层	A座四病区	急诊骨科	病床15张
		外二科（泌尿）	病床16张
十二层	A座五病区	脾胃病二科、肝病科	病床31张
十三层	A座六病区	妇科	病床25张
		耳鼻喉科	病床12张
十四层	A座七病区	内分泌科	病床40张
十五层	A座八病区	肺病科	病床40张
十六层	A座九病区	肿瘤科、血液病科	病床40张

A座设置病床共356张，重症医学科二部设置8张，麻醉科二部设置3间手术间。

B座（原门诊楼）：

三层	B座一病区	皮肤疮疡科	病床12张
		疼痛科	病床10张

B座设置病床共22张。

C座（原一号楼）：

一层	C座一病区	肛肠科	病床44张
二层	C座二病区	脊柱骨一科	病床43张
三层	C座三病区	重症医学科一部	病床21张
四层	C座四病区	血液净化中心	病床43张
五层	C座五病区	脊柱骨二科	病床38张
		脊柱微创骨科	病床20张
六层	C座六病区	创伤骨二科	病床38张
		骨伤病科	病床20张
七层	C座七病区	手足微创骨科	病床40张
		外三科（神经）	病床18张

C座设置病床共261张，血液净化中心43张，重症医学科一部病床21张。

D座（原二号楼）：

一层	D座一病区	创伤骨一科	病床35张
		外周血管病介入科	病床12张
二层	D座二病区	儿骨科	病床30张
		儿内科	病床20张
三层	D座三病区	心血管病科	病床38张
		外四科（心胸）	病床18张
四层	D座四病区	康复骨科	病床30张
		整复骨科	病床30张
五层	D座五病区	脊柱骨三科	病床40张
		骨肿瘤科	病床20张
六层	D座六病区	关节骨一科	病床40张
		关节骨二科	病床20张

D座设置病床共333张，麻醉科一部设置10间手术间，CCU设置病床5张。

E座（原三号楼）：

二层	E座一病区	眼科	病床15张
		口腔颌面外科	病床10张
三层	E座二病区	老年病科（干部病房）	病床47张
四、五层	E座三病区	脑病一科、脑病二科	病床90张
七层	E座四病区	针灸推拿一科	病床49张
八层	E座五病区	针灸推拿二科	病床30张
		康复科	病床19张
九层	E座六病区	肾病科	病床49张

E座设置病床共309张。

至此，医院骨伤科临床医学中心开设病床524张，实际开设病床共1281张，此外重症医学科病床29张，CCU病床5张，血液净化中心病床43张。

二〇一三年六月五日

甘肃省中医院关于内设临床科室及病床调整的通知

中医人发〔2013〕90号

省中医药研究院，白银分院，医院各处（科）室：

因医院工作需要，经2013年7月16日院长办公会议研究决定，各临床科室病床调整如下：

A座（新门诊医技综合楼）：

一层	急诊科	日间病床10张
八层	痹病（风湿骨病）科	病床65张
九层	脾胃病一科	病床31张
	内窥镜诊疗中心	
十层	外一科（普外）	病床31张
	重症医学科二部	病床8张
	麻醉科二部	手术间3间
十一层	急诊骨科	病床15张
	外二科（泌尿）	病床16张
十二层	脾胃病二科、肝病科	病床31张
十三层	妇科	病床25张
	耳鼻喉科	病床12张
十四层	内分泌科	病床40张
十五层	肺病科	病床40张
十六层	肿瘤科、血液病科	病床40张

A座共设置病床354张。

B座（原门诊楼）：

三层	皮肤疮疡科	病床12张
	疼痛科	病床10张

B座共设置病床22张。

C座（原一号楼）：

一层	肛肠科	病床41张
二层	脊柱骨一科	病床43张
三层	重症医学科一部	病床21张
四层	血液净化中心	病床30张
五层	脊柱骨二科	病床36张
	脊柱微创骨科	病床20张
六层	创伤骨二科	病床38张
	骨伤病科	病床20张
七层	手足微创骨科	病床40张
	外三科（神外）	病床18张

C座共设置病床307张。

D座（原二号楼）：

一层	儿骨科	病床28张
	儿内科	病床12张
二层	创伤骨一科	病床34张
	外周血管病介入科	病床11张
三层	心血管病科	病床32张
	外四科（心胸）	病床18张
	CCU	病床6张
四层	整复骨科	病床30张
	康复骨科	病床30张
五层	脊柱骨三科	病床40张
	骨肿瘤科	病床20张
六层	关节骨一科	病床40张
	关节骨二科	病床20张
七层	麻醉科一部	手术间10间

D座共设置病床315张。

E座（原三号楼）：

二层	眼科	病床15张
	口腔颌面外科	病床10张
三层	老年病科（干部病房）	病床47张
四层	脑病一科	病床45张
五层	脑病二科	病床45张
七层	针灸推拿一科	病床49张
八层	针灸推拿二科	病床30张
	康复科	病床19张
九层	肾病科	病床49张

E座共设置病床309张。

至此，医院开设病床1248张，其中：骨伤科临床医学中心519张，重症医学科病床29张，CCU病床6张，血液净化中心病床30张。

二〇一三年七月十七日

甘肃省中医院关于内设机构调整的通知

中医人发〔2013〕103号

省中医药研究院，白银分院，医院各处（科）室：

因医院工作需要，经2013年8月13日院长办公会议研究决定：

急诊科更名为急救中心。

特此通知。

二〇一三年八月十六日

甘肃省中医院关于内设机构及病床调整的通知

中医人发〔2013〕123号

省中医药研究院，白银分院，医院各处（科）室：

因医院业务发展需要，经2013年9月30日院长办公会议研究决定，成立：

患者服务部（科级建制），隶属于门诊部；

A座、BC座、DE座分设三个护理部（副科级建制），隶属于护理部；

外五科（肿瘤外科）（科级建制），在A座十六层设病床10张；

肿瘤科、血液病科病床由40张减至30张。

特此通知。

二〇一三年九月三十日

2011年度

关于乔莉鄢卫平两位同志任职的通知

中医党发〔2011〕5号

各党支部：

经2011年2月23日院党委会议研究决定，任命：

乔莉同志为第一党支部书记；

鄢卫平同志为第三党支部书记。

特此通知。

二〇一一年三月四日

关于徐柏林等十七名同志职务任免的决定

中医人发〔2011〕16号

省中医药研究院，医院各处（科）室：

因医院内设机构调整，根据院长提名，经2011年2月15日院党委会研究决定，聘任：

徐柏林同志担任院长办公室副主任（副科级）；

邓强同志担任医务处副处长（副科级）；

张丽平同志担任护理部副主任（副科级）；

马郑萍同志担任门诊部副主任（正科级）；

周毓萍同志担任公共卫生与医院感染管理处副处长（正科级）；

刘廷梦同志担任计划财务处副处长（副科级）；

杨波同志担任经济管理处副处长，兼任招标采购科科长（正科级）；

杨雅静同志担任经济管理处副处长（正科级）；

马真琴同志担任质量控制处副处长（正科级）；

田军同志担任宣传处副处长（副科级）；

赵军同志担任设备管理处副处长，兼任医疗保险处副处长（副科级）；

刘叶荣同志担任医疗保险处副处长（副科级）；

杨沛霖同志担任基建处副处长（副科级）；

张磊同志担任后勤管理处副处长（副科级）；

张雪霞同志担任保卫科副科长，兼任营养科副科长（副科级）；

杨宏武同志担任肛肠（痔瘘）科副主任（正科级）。

聘期自2011年2月15日起至2012年6月4日止。在聘任期间，因医改和工作需要进行调整，可不受聘期的限制。

上述同志原任职务一并免去。

免去张剑锋同志口腔科主任职务。

甘肃省中医院　院长

二〇一一年二月十五日

关于聘任刘庆龙同志职务的决定

中医人发〔2011〕21号

省中医药研究院，医院各处（科）室：

因医院内设机构调整，根据院长提名，经2011年2月15日院党委会研究决定，聘任：

刘庆龙同志担任医疗纠纷调解科副科长（试用期一年）。

聘期自2011年2月15日起至2012年6月4日止。在聘任期间，因医改和工作需要进行调整，可不受聘期限制。

甘肃省中医院　院长

二〇一一年二月二十四日

关于王承祥等十一名同志职务任免的通知

中医人发〔2011〕26号

省中医药研究院，医院各处(科)室：

因医院内设机构调整，根据院长提名，经2011年2月23日院党委会研究决定，聘任：

王承祥同志担任甘肃省骨伤科临床医学中心副主任，兼任运动创伤骨科、关节骨科业务技术指导；

乔莉同志担任人事处副处长（正科级，试用期一年）；

邓强同志担任医务处副处长，兼任整复骨科主任（正科级，试用期一年）；

徐霞同志担任监察科副科长（正科级，试用期一年）；

杨灵歌同志担任招标采购科副科长（正科级，试用期一年）；

鄢卫平同志担任康复骨科主任（试用期一年）；

柳海平同志担任关节骨科主任（试用期一年）；

邢福军同志担任检验科主任（试用期一年）；

杨瑞龙同志担任脑病（神经内）科副主任（正科级，试用期一年）；

董林同志担任急诊骨科主任（试用期一年）；

李贵臻同志担任宣传处副处长，兼任信息科副科长（副科级，列田军之前，试用期一年）。

聘期自2011年2月23日起至2012年6月4日止。在聘任期间，因医改和工作需要进行调整，可不受聘期的限制。

上述同志原任职务一并免去。

甘肃省中医院　院长

二〇一一年三月四日

关于赵永强等七名同志职务任免的通知

中医人发〔2011〕70号

省中医药研究院，医院各处(科)室：

因医院内设机构调整，根据院长提名，经2011年6月8日院党委会研究决定，聘任：

赵永强同志任应急办副主任(兼)；

安富德同志任应急办副主任(兼)；

权晓理同志任甘肃省中医院省委门诊部（陇上名医馆）主任（试用期一年）；

刘廷梦同志任国有资产管理科副科长（兼）；

张晓岚同志任护理部副主任（列张丽平之前）；

赵军同志任运动创伤骨科副主任（主持工作）；

尤从新同志任关节骨科副主任。

聘期自2011年6月8日起至2012年6月4日止。在聘任期间，因医改和工作需要进行调整，可不受聘期限制。

同时，免去：

赵军同志医疗保险处副处长；

张晓岚同志收费科副科长；

尤从新同志脊柱骨一科副主任职务。

甘肃省中医院　院长

二〇一一年六月十日

关于郭雪梅同志职务任免的通知

中医人发〔2011〕132号

省中医药研究院，医院各部门：

因医院内设机构调整，根据院长提名，经2011年12月2日院长办公会议研究决定，聘任：

郭雪梅同志任十九病区副护士长。

聘期自2011年12月2日起至2012年6月4日止。在聘任期间，因医改和工作需要进行调整，可不受聘期限制。

同时，免去郭雪梅同志十五病区副护士长职务。

二〇一一年十二月五日

关于聘任王自立等六名同志为首席主任医师的通知

中医人发〔2011〕20号

省中医药研究院，医院各处（科）室：

我院首席主任医师王自立、刘国安、廖志峰、李盛华、李妍怡五名同志一年聘期已满，考核合格，经2011年2月23日院长办公会议研究决定：

续聘王自立、刘国安、廖志峰、李盛华、李妍怡五名同志为首席主任医师；

首聘王承祥同志为首席主任医师。

聘期两年，自2011年1月1日起至2012年12月31日止。

甘肃省中医院　院长

二〇一一年二月二十四日

关于聘用刘宝厚同志为首席主任医师的通知

中医人发〔2011〕58号

省中医药研究院，医院各处（科）室：

经2011年5月13日院长办公会议研究决定：

聘任刘宝厚同志为医院首席主任医师。

聘期自2011年5月13日起至2012年12月31日止。

二〇一一年五月二十三日

2012年度

关于赵国杰等同志职务任免的通知

中医党发〔2012〕2号

省中医药研究院，医院各处(科)室：

经2012年1月5日院党委会议研究决定，任命赵国杰、王颖、胡雅杰、田旭东、刘梦华、南国正、徐霞等七名同志为中共甘肃省中医院纪委委员。

马小明、李妍怡、黄仕君三名同志不再担任中共甘肃省中医院纪委委员。

二〇一二年一月十九日

关于李喜香等同志职务任免的通知

中医党发〔2012〕5号

各党支部：

经2012年1月5日院党委会研究决定，任命李喜香同志为第十党支部书记。

免去李秦生同志第十党支部书记职务，退休。

二〇一二年一月十二日

关于马真琴等同志职务任免的通知

中医党发〔2012〕10号

省中医药研究院，白银分院，医院各党支部、各部门(科室)：

经2012年5月28日院党委会议研究决定，任命：

马真琴同志为第一党支部书记；

周毓萍同志为第二党支部书记；

张磊同志为第三党支部书记；

赵道洲同志为第四党支部书记；

鄢卫平同志为第五党支部书记；

唐晓勇同志为第六党支部书记；

张定华同志为第七党支部书记；

马郑萍同志为第八党支部书记；

陈进凡同志为第九党支部书记；

李喜香同志为第十党支部书记；

厉红霞同志为第十一党支部副书记；

孙锦艳同志为第十二党支部书记。

免去：

张文斌同志第三党支部书记；

周琪同志第八党支部书记；

黄仕君同志第九党支部书记；

南国正同志第十一党支部书记职务。

二〇一二年五月二十八日

关于王华录同志任职的通知

中医党发〔2012〕13号

省中医院白银分院党总支：

经2012年8月14日院党委会研究决定，任命王华录同志为甘肃省中医院白银分院党总支书记。

特此通知

二〇一二年八月十六日

关于聘任潘文等五名同志职务的通知

中医人发〔2012〕12号

省中医药研究院，医院各处（科）室：

因医院工作需要，根据院长提名，经2012年1月5日院党委会研究决定，聘任：

潘文同志兼任甘肃省中医药文化研究与传播中心主任；

金钰钧同志兼任康复中心副主任；

戴刚同志担任骨伤病临床医学中心副主任、运动创伤骨科主任（正科级试用期一年）；

胡永寿同志担任口腔颌面外科副主任（试用期一年）；

江燕同志担任耳鼻喉科副主任（试用期一年）。

聘期自2012年1月5日起至2012年6月4日止。在聘任期间，因医改和工作需要进行调整，可不受聘期的限制。

甘肃省中医院　院长

二〇一二年一月十九日

关于杨波等十名同志职务聘任的通知

中医人发〔2012〕49号

省中医药研究院，白银分院，医院各处（科）室：

因白银分院工作需要，根据院长提名，经2012年3月29日院党委会研究决定，聘任：

杨波同志任甘肃省中医院白银分院医务部（含患者维权室）主任；

张晓岚同志任甘肃省中医院白银分院护理部副主任；

胡增军同志任甘肃省中医院白银分院科教科科长；

蒋建琴同志任甘肃省中医院白银分院公共卫生科科长；

王江红同志任甘肃省中医院白银分院财务科副科长（试用期一年）；

李燕同志任甘肃省中医院白银分院审计科科长；

张亚维同志任甘肃省中医院白银分院骨二科副主任（试用期一年）；

胡敏棣同志任甘肃省中医院白银分院脑病科副主任（试用期一年）；

姚双吉同志任甘肃省中医院白银分院急诊科（含重症医学）副主任（试用期一年）；

马英同志任甘肃省中医院白银分院肛肠（痔瘘）科副主任（试用期一年）。

聘期自2012年3月29日起至2013年3月28日止。在聘任期间，因医改和工作需要进行调整，可不受聘期的限制。

甘肃省中医院　院长
二〇一二年四月六日

关于徐柏林等同志职务任免的通知

中医人发〔2012〕80号

省中医药研究院，白银分院，医院各处（科）室：

经2012年5月21日院党委会讨论决定，聘任徐柏林等一百二十六名同志以下职务：

一、行政职能部门科级干部

徐柏林同志任院长办公室副主任（正科级，主持工作，试用期一年），兼任应急办副主任；

赵永强同志兼任院长办公室应急办主任；

安富德同志兼任院长办公室应急办副主任；

裴学军同志任院长办公室院史办副主任（副科级）；

田军同志任院长办公室项目办副主任（副科级）；

乔莉同志任人事处副主任（正科级）；

厉红霞同志任人事处离退休人员管理科副科长；

史文宇同志任医务处副主任（副科级）；

刘庆龙同志任医务处医患关系协调科科长（试用期一年）；

宫玉锁同志任医务处病案管理科副科长；

周毓萍同志任护理部副主任（正科级）；

张丽平同志任护理部副主任（副科级）；

马郑萍同志任门诊部副主任（正科级）；

王晓萍同志任特色医疗管理处副主任（副科级，试用期一年），兼任名医工作管理科副科长；

薛世萍同志任公共卫生与医院感染管理处副主任（副科级，试用期一年）；

徐霞同志任科研处副主任（正科级）；

刘廷梦同志任计划财务处副主任（正科级，试用期一年），兼任国有资产管理科科长；

王骁希同志任计划财务处收费科副科长（试用期一年）；

杨雅静同志任经济管理处副主任（正科级）；

赵军同志任经济管理处招标采购科科长（试用期一年）；

杨灵歌同志任经济管理处招标采购科副科长（正科级）；

马真琴同志任质量控制处副主任（正科级）；

王晓蓉同志任宣传处副主任（副科级）；

李贵臻同志任宣传处信息科科长（试用期一年）；

刘莉莉同志任宣传处信息科副科长（试用期一年）；

刘叶荣同志任医疗保险处副主任（正科级，试用期一年）；

张磊（骨科）同志任设备管理处副主任（副科级，试用期一年）；

杨沛霖同志任基建处副主任（正科级，试用期一年）；

仝风光同志任基建处拆迁办副主任（试用期一年）；

张雪霞同志任后勤管理处副主任（副科级），兼任营养科副科长；

张磊同志任后勤管理处保卫科科长（试用期一年）；

胡雅杰同志兼任监察科科长；

张晓岚任白银分院护理部主任（正科级，试用期一年）。

二、临床医技科室科级干部

（一）临床科室

1．骨外科

王承祥同志任骨伤科临床医学中心副主任（正科级）；

樊成虎同志任脊柱骨一科主任；

安福同志任脊柱骨一科副主任（试用期一年）；

赵道洲同志任脊柱骨二科主任；

王想福同志任脊柱骨二科副主任；

关永林同志任脊柱骨三科主任；

张天太同志任脊柱骨三科副主任（试用期一年）；

米仲祥同志任创伤骨一科主任；

刘红喜同志任创伤骨一科副主任；

冯康虎同志兼任创伤骨二科主任；

张文贤同志任创伤骨二科副主任（试用期一年）；

柳海平同志任关节骨一科主任；

尤从新同志任关节骨一科副主任；

戴刚同志任关节骨二科主任；

李玉吉同志任关节骨二科副主任；

何志军同志任手足微创骨科主任；

赵萍同志任手足微创骨科副主任

（试用期一年）；

邓强同志任整复骨科主任；

孔令俊同志任整复骨科副主任（试用期一年）；

鄢卫平同志任康复骨科主任；

李卫平同志任小儿骨科主任；

裴生太同志任小儿骨科副主任；

王海东同志兼任风湿骨病科主任；

田雪梅同志任风湿骨病科副主任（试用期一年）；

谢兴文同志兼任骨伤病科主任；

李红专同志任骨伤病科副主任；

董林同志任急诊骨科主任；

柳永明同志任急诊骨科副主任（试用期一年）；

唐晓勇同志任外一科主任；

王学军同志任外一科副主任（试用期一年）；

赵永强同志兼任外二科主任；

张建平同志任外二科副主任（试用期一年）；

张崇岳同志任外三科主任；

党建中同志任外四科主任；

胡永寿同志任口腔颌面外科副主任；

左进同志任肛肠科主任；

杨宏武同志任肛肠科副主任（正科级）；

杜敏同志任妇科主任（试用期一年）；

许彩凤同志任妇科副主任；

刘永民同志任眼科主任；

慕明燕同志任眼科副主任；

王辉同志任耳鼻喉科主任；

江燕同志任耳鼻喉科副主任

李树君同志任皮肤疮疡科主任；

李和平同志任皮肤疮疡科副主任（试用期一年）；

薛建军同志任麻醉科主任（试用期一年）；

谭萍同志任麻醉科副主任（正科级）；

王春爱同志任麻醉科副主任。

2.内科

李永新同志任血液净化中心主任（试用期一年）；

原睿同志任儿科主任（试用期一年）；

靳锋同志任肾病科主任；

张竹君同志任肾病科副主任（试用期一年）；

田旭东同志兼任脾胃病科主任、消化内窥镜诊疗中心主任；

李生财同志任脾胃病科副主任；

卢雨蓓同志任肝病科副主任，兼任消化内窥镜诊疗中心副主任；

脱承德同志任重症医学科主任；

杨宝平同志任心血管病科主任，兼任导管室主任（试用期一年）；

崔文建同志任心血管病科副主任；

王兰英同志任肿瘤血液病科主任；

杜自忠同志任外周血管病介入科主任（试用期一年）；

邴雅珺同志兼任老年病科（干部病房）主任；

肖红同志任康复科副主任（试用期一年）；

李妍怡同志任脑病科主任；

杨瑞龙同志任脑病科副主任（正科级）；

张洪涛同志任针灸推拿科主任；

金钰钧同志任针灸推拿科副主任；

张定华同志任内分泌科主任；

王兰娣同志任肺病科主任；

王玉珠同志任治未病中心（体检中心、健康咨询科）主任；

崔兰玲同志任治未病中心（体检中心、健康咨询科）副主任（试用期一年）；

张参军同志任急诊科主任，兼任感染疾病科主任；

何国华同志任急诊科副主任（试用期一年）；

谢朝晖同志任疼痛科主任（试用期一年）。

（二）医技科室、社区门诊

刘效栓同志兼任药学部主任、药剂科主任；

李喜香同志任药剂科副主任（正科级，试用期一年）；

马新换同志兼任药学部副主任，制剂中心主任；

汪付田同志任制剂中心副主任（试用期一年）；

周晟同志兼任放射影像科主任；

王闻奇同志任放射影像科副主任；

邢福军同志任检验科主任；

梁勤同志任检验科副主任；

盛丽同志任超声心电检查科主任；

张宝洲同志任超声心电检查科副主任；

黄小玲同志任病理科主任；

陈进凡同志任输血科主任；

张敏思同志任甘肃省中医院城关门诊部（陇上名医馆）主任；

曹红霞同志任甘肃省中医院省委门诊部（陇上名医馆）副主任（试用期一年）；

孙其斌同志任针灸推拿科业务技术指导。

三、甘肃省中医药研究院科级干部

潘文同志兼任中医药科技信息研究所（期刊编辑部、中医药查新中心）所长、甘肃省中医药文化研究与传播中心主任；

康开彪、程涛两位同志任中医药科技信息研究所（期刊编辑部、中医药查新中心）副所长（试用期一年）；

谢兴文同志兼任骨伤病研究所所长；

戴刚同志兼任骨伤病研究所副所长；

姜华同志任中药研究所所长；

刘效栓同志兼任中药研究所副所长；

杨丽霞同志任中心实验室副主任（试用期一年）；

袁仁智同志任医史文献研究所副所长（试用期一年）；

李妍怡同志兼任脑病研究所所长；

张崇岳、杨瑞龙两位同志兼任脑病研究所副所长；

田旭东同志兼任脾胃病研究所所长；

邴雅珺同志兼任老年病研究所所长；

王玉珠同志兼任治未病研究所所长；

张洪涛同志兼任针灸研究所所长；

左进同志兼任肛肠病研究所所长；

杨宏武同志兼任肛肠病研究所副所长；

刘永民同志兼任眼科研究所所长；

罗向霞同志兼任眼科研究所副所长；

张定华同志兼任内分泌研究所所长；

王兰娣同志兼任哮喘病研究所所长；

王海东同志兼任风湿病研究所所长；

杨宝平同志兼任中西医结合心血管病研究所所长；

周晟同志兼任中西医结合影像研究所所长；

盛丽同志兼任中西医结合影像研究所副所长；

唐晓勇同志兼任中西医结合外科研究所所长；

靳锋同志兼任肾病研究所所长；

王兰英同志兼任肿瘤研究所所长；

原睿同志兼任儿科研究所所长；

李树君同志兼任皮肤病研究所所长；

王辉同志兼任耳鼻喉病研究所所长；

杜自忠同志兼任中西医结合外周血管介入研究所所长。

以上一百二十六名同志聘期自2012年5月21日起至2015年5月20日止。在聘任期间，因医改和工作需要进行调整，可不受聘期的限制。

上述同志原任科级职务一并免去。

同时免去：

张德宏同志院长办公室应急办主任职务；

杨波同志经济管理处副处长、招标采购科科长职务；

徐义先同志心血管病科主任、中西医结合心血管病研究所所长职务；

权晓理同志甘肃省中医院省委门诊部（陇上名医馆）主任职务；

赵奋国同志放射影像科业务技术指导职务；

陈伯祥同志小儿骨科业务技术指导职务；

李开贵同志药剂科业务技术指导职务；

张毅同志中西医结合外周血管介入研究所所长职务；

张延昌同志医史文献研究所所长职务。

甘肃省中医院　院长

二〇一二年五月二十八日

关于崔俊燕等同志职务任免的通知

中医人发〔2012〕81号

省中医药研究院，白银分院，医院各处（科）室：

经2012年5月21日院长办公会议研究决定，聘任：

崔俊燕同志任一病区（肛肠科、妇科）护理部护士长；

万迎霞同志任二病区（脊柱骨一科）护理部护士长；

裴重重同志任三病区（创伤骨一科、整复骨科）护理部护士长；

李晓萍同志任血液净化中心护理部护士长；

张德娟同志任五病区（脊柱骨二科、关节骨二科）护理部护士长；

李韡同志任六病区（创伤骨二科、整复骨科）护理部护士长；

白会玲同志任七病区（手足微创骨科、儿科）护理部护士长；

刘秀芳同志任八病区（肾病科）护理部护士长；

倪角角同志任九病区（脾胃病科、消化内窥镜诊疗中心、肝病科）护理部护士长；

王莉同志任十病区（心血管病科、外四科）护理部护士长；

唐锐同志任十一病区（外一科、外二科、外三科）护理部护士长；

刘春雨同志任十二病区（小儿骨科、脊柱骨三科）护理部护士长；

马小娟同志任十三病区（关节骨一科、骨伤病科、肿瘤血液病科、外周血管病介入科）护理部护士长；

高雪华同志任十四病区［老年病科（干部病房）、康复治疗中心］护理部护士长；

李学学同志任十四病区［老年病科（干部病房）、康复治疗中心］护理部副护士长；

杨春林同志任十五病区（脑病科、高压氧治疗中心）护理部护士长；

陈涛同志任十六病区（针灸推拿

科）护理部护士长；

丁玉芬同志任十七病区（内分泌科、肺病科）护理部护士长；

杨小芳同志任十八病区（风湿骨病科）护理部护士长；

郭雪梅同志任十九病区（眼科、耳鼻喉科、口腔颌面外科）护理部护士长；

石瑞芳同志任门诊护理部护士长；

袁冰华同志任重症医学科护理部护士长；

谢园同志任手术室护士长；

张丽娟同志任急诊护理部（急诊科、急诊骨科）护士长；

马彩云同志任消毒供应中心护士长；

赵燕同志任甘肃省中医院城关门诊部（陇上名医馆）护士长；

冯玉香同志任甘肃省中医院省委门诊部（陇上名医馆）护士长。

以上二十七名同志聘期自2012年5月21日起至2015年5月20日止。在聘任期间，因医改和工作需要进行调整，可不受聘期的限制。

上述同志原任职务一并免去。

同时免去：

崔兰玲同志康复治疗中心护理部护士长职务；

郭云霞同志十六病区（针灸推拿科）护理部护士长职务。

二〇一二年五月二十八日

甘肃省中医院关于胡雅杰等二名同志职务任免的通知

中医人发〔2012〕134号

省中医药研究院，白银分院，医院各处（科）室：

因医院工作需要，经2012年8月14日院党委会研究决定，聘任：

胡雅杰同志兼任院长办公室项目办主任；

徐柏林同志兼任监察科科长。

聘期自2012年8月14日起至2015年5月20日止。在聘任期间，因医改和工作需要进行调整，可不受聘期的限制。

同时免去：

胡雅杰同志监察科科长职务。

甘肃省中医院　院长

二〇一二年八月十四日

甘肃省中医院关于聘任张燕琴等同志副护士长职务的通知

中医人发〔2012〕143号

省中医药研究院，白银分院，医院各处（科）室：

经2012年8月20日党政联席会议研究决定，聘任：

张燕琴同志为二病区护理部副护士长；

李桂桂同志为三病区护理部副护士长；

张金花同志为六病区护理部副护士长；

杨珺同志为七病区护理部副护士长；

陈辉同志为九病区护理部副护士长；

康娟同志为十病区护理部副护士长；

李剑同志为十一病区护理部副护士长；

程如意同志为十二病区护理部副护士长；

尹晓慧同志为十三病区护理部副护士长；

刘晓霞同志为十五病区护理部副护士长；

白蕾琪同志为十六病区护理部副护士长；

陈雅玲同志为十八病区护理部副护士长；

王宇馨同志为重症医学科护理部副护士长；

李文娟同志为手术室副护士长；

湛静同志为急诊科护理部副护士长。

以上十五名同志聘期自2012年8月20日起至2015年5月20日止。在聘任期间，因医改和工作需要进行调整，可不受聘期的限制。

甘肃省中医院　院长

二〇一二年八月三十日

关于张参军等三名同志职务任免的通知

中医人发〔2012〕156号

省中医药研究院，白银分院，医院各处（科）室：

因医院工作需要，经2012年9月16日医院党政联席会议研究决定，聘任：

张参军同志任重症医学科副主任（正科级）；

何国华同志任外二科副主任；

张建平同志担任急诊科副主任，兼任感染疾病科副主任。

聘期自2012年9月16日起至2015年5月21日止。在聘任期间，因医改和工作需要进行调整，可不受聘期的限制。

以上三名同志原任职务一并免去。

甘肃省中医院　院长

二〇一二年九月十七日

2013年度

关于崔金梁等同志职务任免的通知

中医党发〔2013〕2号

省中研院，白银分院，医院各处（科）室：

根据工作需要，经2013年1月21日院党委会研究决定，崔金梁同志任甘肃省中医院团委副书记（试用期一年）；免去李亮同志甘肃省中医院团委副书记职务。

特此通知。

二〇一三年一月二十二日

关于增补和调整纪委委员的通知

中医党发〔2013〕5号

甘肃省中医药研究院，白银分院，医院各处（科）室：

根据工作需要，增补王华录、徐柏林等两名同志为甘肃省中医院纪律检查委员会委员，徐霞同志不再担任纪委委员。

特此通知。

二〇一三年三月十一日

关于白银分院何春萍等同志任职的通知

中医党发〔2013〕6号

省中医药研究院，白银分院，医院各处（科）室：

经2013年3月8日院党委会议研究决定，任命：

何春萍同志为白银分院行政党支部副书记；

王立华同志为白银分院医技后勤党支部书记；

杨秉锟同志为白银分院外科党支部书记；

梁胜斌同志为白银分院内科党支部副书记；

杨余同志为白银分院东区、社区党支部副书记；

童永祥同志为白银分院团总支副书记。

二〇一三年三月十三日

关于邓强等同志职务任免的通知

中医党发〔2013〕11号

中研院党总支，白银分院党总支，医院各党支部：

经2013年8月15日医院党委会研究决定，任命邓强同志为第四党支部书记。

免去赵道洲同志第四党支部书记职务。

二〇一三年八月十六日

关于戴刚等二名同志职务任免的通知

中医人发〔2013〕8号

省中医药研究院，白银分院，医院各处（科）室：

因医院工作需要，经2013年1月16日院党委会研究决定，聘任：

戴刚同志任医务处重点学（专）科办公室主任（兼）；

周毓萍同志任后勤管理处房管科科长。

聘期自2013年1月16日起至2015年5月21日止。在聘任期间，因医改和工作需要进行调整，可不受聘期的限制。

同时，免去周毓萍同志护理部副主任职务。

甘肃省中医院　院长

二〇一三年一月十七日

关于梁治学同志任职的通知

中医人发〔2013〕11号

省中医药研究院，白银分院，医院各处（科）室：

因医院工作需要，经2013年1月16日院党委会议研究决定，聘任：

梁治学同志任风湿病研究所副所长。

聘期自2013年1月16日起至2015年5月21日止。在聘任期间，因医改和工作需要进行调整，可不受聘期的限制。

甘肃省中医院　院长

二〇一三年一月二十三日

甘肃省中医院关于白银分院苏奋翔等八十名同志职务任免的通知

中医人发〔2013〕26号

省中医药研究院，白银分院，医院各处（科）室：

经2013年3月8日院党委会研究，聘任苏奋翔等七十七名同志以下职务：

一、职能部门科级干部（15人）

苏奋翔任办公室主任；

胡广途任医务部（含患者维权室）副科长（试用期一年）；

赵小玲任护理部副主任；

李晓波任门诊部主任；

胡增军任科教科科长；

贾明辉任质量控制与特色医疗管理科科长；

蒋建琴任公共卫生与医院感染管理科科长（试用期一年）；

曾贤宁任信息科副科长（主持工作，试用期一年）；

李俊江任宣传科科长；

李燕任审计科科长（试用期一年）；

廖志晖任医疗保险科副科长；

方耀武任设备科科长（试用期一年）；

魏家贵任招标采购科科长（试用期一年）；

金俊花任经济管理科负责人（享受副科级待遇）；

王少雄任基建后勤管理科（含保卫、营养）负责人（享受副科级待遇）。

二、临床医技科室（34人）

（一）外科（12人）

魏进莲任妇产科主任；

高炳春任妇产科副主任（试用期一年）；

张衍忠任骨一科主任；

闫永海任骨一科副主任（试用期一年）；

李生杰任骨二科副主任（试用期一年）；

李军任外科主任；

李玉贵任外科副主任（试用期一年）；

杨有文任神经外科副主任（试用期一年）；

杨亚男任眼科副主任（试用期一年）；

李淑珍任麻醉手术科主任（试用期一年）；

杨世洁任麻醉手术科副主任（试用期一年）；

刘赛蓉任口腔科副主任（试用期一年）。

（二）内科（14人）

胡登岗任脾胃病科副主任（主持工作，试用期一年）；

王福亭任脾胃病科副主任（试用期一年）；

徐国荣任肺病科主任；

李宗青任肺病科副主任；

赵晓霞任儿科副主任（试用期一年）；

杜景柏任心血管病科主任（试用期一年）；

刘建军任感染性疾病科主任；

张锡三任针灸推拿科主任（试用期一年）；

李共信任针灸推拿科副主任（试用期一年）；

路世孝任东区内科副主任（试用期一年）；

高关欣任治未病中心（含体检中心）主任；

巨天赋任120急救中心副主任（试用期一年）；

卢剑平任120急救中心副主任（试用期一年）；

吴尚华任四龙路社区服务中心主任（试用期一年）。

（三）医技科室（8人）

马耀山任放射影像科主任；

吴光欣任放射影像科副主任（试用期一年）；

张正顺任超声检查科主任（试用期一年）；

秦建梅任检验科主任（试用期一年）；

吴彩文任检验科副主任（试用期一年）；

方耀武任病理科主任（兼）；

王吉全任药剂科副主任（主持工作）；

牛健雄任药剂科副主任（试用期一年）。

三、护士长（18人）

孔慕娜任脑病科、重症医学科护理部副护士长（试用期一年）；

常丽霞任脾胃病科、肺病科护理部副护士长（试用期一年）；

杨晓婧任妇产科、儿科护理部副护士长（试用期一年）；

王梅英任心血管病科护理部副护士长（试用期一年）；

强东林任骨一科护理部副护士长（试用期一年）；

曹玉清任骨二科、肛肠（痔瘘）、皮肤科护理部护士长（享受副科级待遇）；

韩艳兰任外科、神经外科护理部护士长（享受副科级待遇）；

高翠霞任麻醉手术科护理部护士长（享受副科级待遇）；

李海玲任眼科、风湿骨病科护理部副护士长（试用期一年）；

陶维娟任120急救中心护理部副护士长（主持工作，试用期一年）；

张宏丽任120急救中心护理部副护士长（试用期一年）；

王宗英任感染性疾病科护理部副护士长（试用期一年）；

高婷婷任针灸推拿科护理部副护士长（主持工作，试用期一年）；

乔晓红任针灸推拿科护理部副护士长（试用期一年）；

何玉梅任东区内科护理部护士长（享受副科级待遇）；

韩清霞任治未病中心（体检中心）护理部副护士（试用期一年）；

王菊梅任四龙路社区护理部护士长（享受副科级待遇）；

李伟宏任消毒供应室副护士长（试用期一年）。

四、省中医院派驻科级干部（10人）

杨波任医务部（含患者维权室）科长；

张晓岚任护理部主任；

王江红任财务科副科长（主持工作）；

巢磊任信息科副科长（试用期一年）；

胡敏棣任脑病科副主任（主持工作）；

张亚维任骨二科副主任（主持工作）；

温剑涛任骨二科副主任（试用期一年）；

马英任肛肠（痔瘘）科副主任（主持工作）；

姚双吉任120急救中心副主任（主持工作）；

王智明任风湿骨病科副主任（主持工作，试用期一年）。

以上七十七名同志聘期自2013年3月8日起至2015年5月20日止。在聘任期间，因医改和工作需要进行调整，可不受聘期限制。

上述同志原任职务一并免去。同时，免去：

何春萍风湿病科护士长职务；

王立华治未病中心护士长职务；

包咏梅脑病科护士长职务。

甘肃省中医院　院长

二〇一三年三月十三日

甘肃省中医院关于马小娟等三十七名同志职务任免的通知

中医人发〔2013〕52号

省中医药研究院，白银分院，医院各处（科）室：

因医院内设机构变动，经研究决定，现对护士长调整如下：

马小娟任一病区护理部护士长；

万迎霞任二病区护理部护士长；

袁冰华任三病区护理部护士长；

张燕琴任三病区护理部副护士长；

李晓萍任四病区护理部护士长；

张德娟任五病区护理部护士长；

杨小芳任六病区护理部护士长；

程如意任七病区护理部副护士长；

刘秀芳任八病区护理部护士长；

白会玲任九病区护理部护士长；

杨珺任十病区护理部副护士长；

郭雪梅任十一病区护理部护士

长；

刘春雨任十二病区护理部护士长；

崔俊燕任十三病区护理部护士长；

白蕾琪任十四病区护理部副护士长；

高雪华任十五病区护理部护士长；

李学学任十五病区护理部副护士长；

杨春林任十六病区护理部护士长；

王宇馨任十六病区护理部副护士长；

陈涛任十七病区护理部护士长；

尹晓慧任十八病区护理部副护士长；

倪角角任十九病区护理部护士长；

康娟任二十病区护理部副护士长；

王莉任二十一病区护理部护士长；

李桂桂任消化内窥镜诊疗中心副护士长；

唐锐任二十二病区护理部护士长；

湛静任二十三病区护理部副护士长；

陈辉任二十四病区护理部副护士长；

裴重重任二十五病区护理部护士长；

丁玉芬任二十六病区护理部护士长；

刘晓霞任二十七病区护理部副护士长；

张金花任二十八病区护理部副护士长；

李韡任麻醉一科手术室护士长；

李文娟任麻醉一科手术室副护士长；

谢园任麻醉二科手术室护士长；

陈雅玲任麻醉二科手术室副护士长。

以上三十七名同志原任职务一并免去。聘期自2013年4月19日起至2015年5月20日止。在聘任期间，因医改和工作需要进行调整，可不受聘期的限制。

同时，免去李剑同志原十一病区护理部副护士长职务。

二〇一三年四月十九日

关于李妍怡等九名同志职务任免的通知

中医人发〔2013〕64号

省中医药研究院，白银分院，医院各处（科）室：

因医院工作需要，经2013年5月23日院委党委会议研究决定，聘任：

李妍怡同志任脑病一科主任，兼任脑病二科主任；

杨瑞龙同志任脑病一科副主任，兼任脑病二科副主任（正科级）；

张洪涛同志任针灸推拿一科主任，兼任针灸推拿二科主任；

孙其斌同志任针灸推拿一科技术指导；

金钰钧同志任针灸推拿二科副主任；

田旭东同志任脾胃病一科主任，兼任脾胃病二科（肝病科）主任；

卢雨蓓同志任脾胃病二科（肝病科）副主任，兼任消化内窥镜诊疗中心副主任；

李生财同志任脾胃病一科副主任。

以上人员聘期自2013年5月23日起至2015年5月21日止。在聘任期间，因医改和工作需要进行调整，可不受聘期的限制。

脑病科、针灸推拿科、脾胃病科主任、副主任职务随上述人员的任命同时免除。

同时免去梁治学同志风湿病研究所副所长职务。

甘肃省中医院　院长

二〇一三年五月二十三日

甘肃省中医院关于赵燕等四十一名同志职务任免的通知

中医人发〔2013〕67号

省中医药研究院，白银分院，医院各处（科）室：

因医院内设机构变动，经2013年6月4日院党委会研究决定，现对护士长调整如下：

赵燕任甘肃省中医院城关门诊部陇上名医馆护士长；

冯玉香任甘肃省中医院省委门诊部陇上名医馆护士长；

石瑞芳任门诊护理部护士长；

康娟任A座一病区护理部副护士长；

王莉任A座二病区护理部护士长；

李桂桂任内窥镜诊疗中心副护士长；

唐锐任A座三病区护理部护士长；

湛静任A座四病区护理部副护士长；

陈辉任A座五病区护理部副护士长；

裴重重任A座六病区护理部护士长；

丁玉芬任A座七病区护理部护士长；

刘晓霞任A座八病区护理部副护士长；

张金花任A座九病区护理部副护士长；

马小娟任C座一病区护理部护士长；

万迎霞任C座二病区护理部护士长；

袁冰华任C座三病区护理部护士长；

张燕琴任C座三病区护理部副护士长；

李晓萍任C座四病区护理部护士长；

张德娟任C座五病区护理部护士长；

杨小芳任C座六病区护理部护士长；

程如意任C座七病区护理部副护士长；

刘秀芳任D座一病区护理部护士长；

白会玲任D座二病区护理部护士长；

杨珺任D座三病区护理部副护士长；

郭雪梅任D座四病区护理部护士长；

刘春雨任D座五病区护理部护士长；

崔俊燕任D座六病区护理部护士长；

白蕾琪任E座一病区护理部副护士长；

高雪华任E座二病区护理部护士长；

李学学任E座二病区护理部副护士长；

杨春林任E座三病区护理部护士长；

王宇馨任E座三病区护理部副护士长；

陈涛任E座四病区护理部护士长；

尹晓慧任E座五病区护理部副护士长；

倪角角任E座六病区护理部护士长；

张丽娟任急诊科护理部护士长；

陈雅玲任重症医学科二部副护士长；

李鞲任麻醉科一部手术室护士长；

李文娟任麻醉科一部手术室副护士长；

谢圆任麻醉科二部手术室护士长；

马彩云任消毒供应中心护士长。

以上四十一名同志原任职务一并免去。聘期自2013年6月4日起至2015年5月20日止。在聘任期间，因医改和工作需要进行调整，可不受聘期的限制。

二〇一三年六月五日

关于田旭东等十六名同志职务任免的通知

中医人发〔2013〕68号

省中医药研究院，白银分院，医院各处（科）室：

因医院内设机构变动，经2013年6月4日院党委会议研究决定，聘任：

田旭东同志兼任脾胃病二科、肝病科主任，兼任内窥镜诊疗中心主任；

卢雨蓓同志任脾胃病二科、肝病科副主任，兼任内窥镜诊疗中心副主任；

唐晓勇同志任外一科（普外）主任；

王学军同志任外一科（普外）副主任；

赵永强同志兼任外二科（泌尿）主任；

何国华同志任外二科（泌尿）副主任；

邓强同志任脊柱骨二科主任；

王想福同志任脊柱微创骨科副主任；

张崇岳同志任外三科（神经）主任；

李卫平同志任儿骨科主任；

裴生太同志任儿骨科副主任；

原睿同志任儿内科主任；

党建中同志任外四科（心胸）主任；

赵道洲同志任整复骨科主任；

谢兴文同志兼任骨肿瘤科主任；

宫玉锁同志任骨肿瘤科副主任。

以上同志聘期自2013年6月4日起至2015年5月21日止。在聘任期间，因医改和工作需要进行调整，可不受聘期的限制。

同时，免去田旭东同志脾胃病二科（肝病科）主任、消化内窥镜诊疗中心主任职务；

免去宫玉锁同志医务处病案管理科副科长职务；

免去唐晓勇等其余十四名同志原临床科室科级职务。

甘肃省中医院　院长

二〇一三年六月四日

甘肃省中医院关于赵燕等四十一名同志职务任免的通知

中医人发〔2013〕91号

省中医药研究院，白银分院，医院各处（科）室：

因医院内设机构变动，经2013年7月16日院党委会研究决定，现对护士长调整如下：

赵燕任甘肃省中医院城关门诊部陇上名医馆护士长；

冯玉香任甘肃省中医院省委门诊部陇上名医馆护士长；

石瑞芳任门诊护理部护士长；

张丽娟任急诊科护士长；

康娟任痹病（风湿骨病）科副护士长；

王莉任脾胃病一科护士长；

唐锐任外一科（普外）护士长；

陈雅玲任重症医学科二部副护士长；

谢圆任麻醉科二部手术室护士长；

湛静任急诊骨科、外二科（泌尿）副护士长；

李桂桂任脾胃病二科、肝病科副护士长；

裴重重任妇科、耳鼻喉科护士长；

丁玉芬任内分泌科护士长；

刘晓霞任肺病科副护士长；

张金花任肿瘤科、血液病科副护士长；

陈辉任皮肤疮疡科、疼痛科副护士长；

马小娟任肛肠科护士长；

万迎霞任脊柱骨一科护士长；

袁冰华任重症医学科一部护士长；

张燕琴任重症医学科一部副护士长；

李晓萍任血液净化中心护士长；

张德娟任脊柱骨二科、脊柱微创

骨科护士长；

杨小芳任创伤骨二科、骨伤病科护士长；

程如意任手足微创骨科、外三科（神外）副护士长；

白会玲任儿骨科、儿内科护士长；

刘秀芳任创伤骨一科、外周血管病介入科护士长；

杨珺任心血管病科、外四科（心胸）副护士长；

郭雪梅任康复骨科、整复骨科护士长；

刘春雨任脊柱骨三科、骨肿瘤科护士长；

崔俊燕任关节骨一科、关节骨二科护士长；

李韡任麻醉科一部手术室护士长；

李文娟任麻醉科一部手术室副护士长；

白蕾琪任眼科、口腔颌面外科副护士长；

高雪华任老年病科（干部病房）护士长；

李学学任老年病科（干部病房）副护士长；

杨春林任脑病一科、脑病二科护士长；

王宇馨任脑病一科、脑病二科副护士长；

陈涛任针灸推拿一科护士长；

尹晓慧任针灸推拿二科、康复科副护士长；

倪角角任肾病科护士长；

马彩云任消毒供应中心护士长。

以上四十一名同志原任职务一并免去。聘期自2013年7月16日起至2015年5月20日止。在聘任期间，因医改和工作需要进行调整，可不受聘期的限制。

二〇一三年七月十七日

关于张建平等同志职务任免的通知

中医人发〔2013〕104号

省中医药研究院，白银分院，医院各处（科）室：

因医院内设机构变动，经2013年8月15日院党委会议研究决定，聘任：

张建平同志为急救中心副主任（主持工作），兼任感染疾病科副主任；

张天太同志为急诊骨科副主任，兼任急救中心副主任；

柳永明同志为脊柱骨三科副主任。

聘期自2013年8月15日起至2015年5月21日止。在聘任期间，因医改和工作需要进行调整，可不受聘期的限制。

以上三名同志原任职务一并免去，同时免去史文宇同志医务处副主任职务。

甘肃省中医院　院长

二〇一三年八月十六日

甘肃省中医院关于马郑萍等同志职务任免的通知

中医人发〔2013〕124号

省中医院，白银分院，医院各处（科）室：

因医院工作需要，经2013年9月30日党委会议研究决定，聘任：

马郑萍同志任患者服务部主任；

王晓蓉同志任经济管理处招标采购科副科长；

杨灵歌同志任后勤管理处副主任（正科级，列张雪霞之前）；

杨维建同志兼任外五科（肿瘤外科）主任。

聘期自2013年9月30日至2015年5月21日止。在聘任期间，因医改和工作需要进行调整，可不受聘期限制。

同时，免去：

马郑萍同志门诊部副主任职务；

王晓蓉同志宣传处副主任职务；

杨灵歌同志经济管理处招标采购科副科长职务。

甘肃省中医院　院长

二〇一三年九月三十日

2011年度

关于印发《省中医院公务用车问题专项治理工作实施方案》的通知

中医办发〔2011〕72号

省中医药研究院，医院各处（科）室：

为进一步加强和规范公务用车配备使用管理，根据省委办公厅、省政府办公厅《关于开展党政机关公务用车问题专项治理工作的实施意见》（甘办发〔2011〕61号）和省卫生厅《关于印发省卫生厅系统公务用车问题专项治理工作实施工作方案的通知》（甘卫规财发〔2011〕220号）的要求，医院制定了《省中医院公务用车问题专项治理工作实施方案》，已经2011年6月21日院长办公会议讨论通过，现将全文印发，请遵照执行。

特此通知。

二〇一一年六月二十一日

省中医院公务用车问题专项治理工作实施方案

为进一步加强和规范公务用车配备使用管理，根据省委办公厅、省政府办公厅《关于开展党政机关公务用车问题专项治理工作的实施意见》（甘办发〔2011〕61号）和省卫生厅《关于印发省卫生厅系统公务用车问题专项治理工作实施工作方案的通知》（甘卫规财发〔2011〕220号）的要求，现就医院公务用车问题专项治理工作提出如下方案：

一、总体要求和基本原则

（一）总体要求

全面贯彻党的十七大和十七届三中、四中、五中全会精神，认真落实党政机关和领导干部公务用车配备使用管理规定，着力解决突出问题、加强规范管理、建立健全制度，进一步提高医院公务用车配备使用管理的规范化制度化水平。

（二）基本原则

坚持总量控制、规范管理。严格编制核定、严格预算管理、严格配备标准，从严控制公务用车数量和经费规模，加强和规范公务用车配备使用管理

坚持积极稳妥、注重实效。立足实际，着眼大局，积极主动开展工作，严格把握政策界限，实事求是处理问题，确保取得实实在在的效果。

坚持标本兼治、纠建并举。在清理纠正违纪违规问题的基础上，注重治本和制度建设，着力构建公务用车配备使用管理长效机制。

二、工作范围和内容

（一）工作范围

此次专项治理工作的范围为：省中医药研究院、省中医院各处（科）。本实施方案所称公务用车是指用于履行公务的机动车辆，主要分为一般公务用车和救护用车。

（二）工作内容

1. 超编制配备使用公务用车，是指违反中央或省或我省公务用车编制规定，超额配备使用、未经审批配备使用、不在编制内配备使用公务用车。

2. 超标准配备使用公务用车，是指超出中央或我省公务用车排气量或价格等标准配备使用公务用车。

3. 违反规定换车、借车，是指擅自采取折旧变卖、转送其他单位、提前报废等方式处理能够正常使用的公务用车，利用职权以各种名义借用、调用、换用其他服务对象的车辆。

4. 摊派款项购车，是指向下属单位、企事业单位或其他服务管理对象摊派款项购买车辆，或擅自接受下属单位、企事业单位或其他服务管理对象赠送的车辆，以及摊派、转嫁车辆运行费用。

5. 豪华装饰公务用车，是指增加公务用车高档配置或豪华内饰。

6. 公车私用，是指将公务用车用于婚丧喜庆、探亲访友、度假休闲、接送亲友、学习驾驶等非公务活动。

三、步骤和方法

从本实施方案下发之日起至2011年底基本结束，共分为以下四个阶段。

（一）动员部署（截至6月底）

成立医院公务用车问题专项治理工作领导小组

组长：

李盛华　省中医院院长

卫晓雯　省中医院纪委副书记

成员：

张德宏　省中医院院长办公室主

任

赵永强　省中医院医务处处长

杨继红　省中医院计划财务处处长

徐霞省　中医院监察科副科长

徐柏林　省中医院院长办公室副主任

医院公务用车问题专项治理工作领导小组负责指导和协调医院公务用车问题专项治理工作，研究制定有关政策规定和治理工作措施，协调解决有关问题。领导小组设立专门办公室，设在医院计划财务处，办公室主任由杨继红同志担任，负责相关文件的起草，报表报送及日常组织协调工作。

（二）清理纠正（6月下旬至8月底）

对医院公务用车进行登记，填报省卫生厅《一般公务用车配备使用情况登记表》，登记情况要在医院进行公示，时间不少于7日；登记自查面必须达到100%，做到客观、真实、准确、完整，不得漏报、瞒报和虚报，对违规问题提出整改意见。

（三）重点检查（9至11月）

医院公务用车问题专项治理工作领导小组对医院公务用车进行全面细致检查，检查面达到100%。检查的重点内容是工作要求落实情况、编制核定和配备标准情况、登记自查情况、纠正处理情况等，迎接省卫生厅的专项检查。

（四）建章立制（截至11月底）

省公务用车专项治理工作领导小组办公室根据中央的规定，研究制定《甘肃省机关事业单位公务用车编制管理实施办法》和《甘肃省机关事业单位公务用车配备使用管理实施办法》（以下简称我省两个《实施办法》），经省委、省政府同意后在6月底前印发执行。

省中医院、省中医药研究院重点建立和落实以下制度：一是编制管理制度。根据中央和我省两个《实施办法》精神，从实际出发，按照不突破原有编制和配备标准的要求，明确新的编制和配备标准，重新核定车辆编制总数，并报省卫生厅备案。二是购置审批制度。建立和完善公务用车审批和公示工作机制，进一步明确购置审批的工作程序、职责分工、公示办法、违规责任等，力求做到规范有序、公开透明、共同监管。三是经费预算管理制度。严格公务用车购置和运行经费预算管理，认真落实在财务上单独列项和单车费用定额核算制度。四是日常管理制度。全面推行公务用车保险、维修、加油政府集中采购制度和定点保险、定点维修、定点加油制度；严格落实公务用车使用登记和公示制度、回单位停放制度和节假日封存制度；建立公务用车配备更新和使用情况统计报告制度，逐步建立公务用车管理信息系统。

四、专项治理工作要求

（一）加强组织领导，严格落实责任。医院公务用车问题专项治理工作领导小组对医院公务用车问题专项治理工作负全面领导责任。领导小组按照医院公务用车问题专项治理工作领导小组的统一部署，精心谋划、精心组织、精心实施，确保专项治理工作顺利开展。医院公务用车问题专项治理工作领导小组将加强对公务用车配备使用管理规定执行情况的监督检查，严肃查处违纪违规行为。对在专项治理工作中敷衍塞责、走过场的，要责令整改；对弄虚作假、造成不良影响的，要按照党风廉政建设责任制的规定，严肃追究有关领导的责任。

（二）强化督促指导。医院公务用车问题专项治理工作领导小组及办公室要认真研究有关政策规定，及时做好政策咨询答复工作；明确相关工作要求，建立完善工作机制；加强宣传教育，正确引导舆论，营造良好氛围。要及时发现和纠正问题，确保工作不走过场、不留死角；要注意掌握工作动态，加强沟通交流，及时汇总情况。要认真受理信访举报，严肃查处典型案件，发挥警示教育作用，推动专项治理工作深入开展。

甘肃省中医院关于印发开展“三好一满意”活动2011年实施方案的通知

中医办发〔2011〕44号

省中医药研究院，医院各处（科）室：

根据《卫生部关于在全国医疗卫生系统开展“三好一满意”活动的通知》精神和省卫生厅关于在全省医疗卫生系统开展“三好一满意”活动的要求，使我院医疗卫生服务工作达到“服务好、质量好、医德好，群众满意”的“三好一满意”活动目标，制定《甘肃省中医院开展“三好一满意”活动2011年实施方案》，并经2011年4月19日院长办公会议讨论通过，现印发给你们，请认真组织学习，并遵照执行。

二〇一一年四月二十一日

甘肃省中医院开展“三好一满意”活动2011年实施方案

根据《卫生部关于在全国医疗卫生系统开展“三好一满意”活动的通知》精神和省卫生厅关于在全省医疗卫生系统开展“三好一满意”活动的要求，围绕让广大人民群众满意这个目标，加强医院党风廉政建设和行业作风建设，着力提升医疗服务水平，持续改进医疗质量，大力弘扬高尚医德，进一步解决医院在医疗卫生服务和行业作风中存在的突出问题，达到“服务好、质量好、医德好，群众满意”的“三好一满意”活动目标，制定本实施方案。

一、“三好一满意”活动领导小组

组　长　李盛华

副组长　妥建福

成　员　孙援朝　冯守文　马忠祥　舒　劲　李兴勇　赵继荣　赵国杰　谢兴文　潘文卫　晓　雯　陈春丽　冯康虎　安富德　韩　艳　徐　霞

“三好一满意”活动领导小组下设办公室

主　任　卫晓雯

副主任　张德宏　罗克龙　赵永强

成　员　郑　慧　王　颖　周　晟　杨继红　田旭东　刘梦华

二、活动目标

紧密结合医院工作实际和创先争优活动，以人为本，以病人为中心，着力提升医疗服务水平，持续改进医疗质量，大力弘扬高尚医德，认真落实医院2011年党风廉政建设和行风建设任务，以人民群众满意为出发点和落脚点，构建和谐平安的甘肃省中医院。

三、活动范围

省中医药研究院，各职能管理处室和临床医技科室；各党支部和团委；在院实习、进修人员。“三好一满意”活动从医院动员部署开始至年终阶段总结。

四、活动工作任务、任务分解和步骤（见附表）

五、工作要求

（一）医院开展“三好一满意”活动，按照阶段性与长期性相结合的原则，2011年活动总体分为学习宣传、查找问题、整改提高3个环节。

1. 学习宣传环节。要通过广泛深入的宣传和思想发动，统一思想、提高认识，充分认识开展“三好一满意”活动的重大意义，切实增强参与活动的积极性和主动性。

2. 查找问题环节。要摸清医院行风建设现状，深入了解和掌握患者对医疗服务的意见和建议，找准群众对医疗服务中不方便、不放心、不满意的主要问题。

3. 整改提高环节。根据查找的突出问题，要制定整改方案，提出整改措施，扎扎实实把整改措施落到实处。对具备整改条件能够解决的问题，马上解决；对通过努力能够解决的问题，限期解决；对那些应该解决但由于受客观条件限制一时解决不了的问题，向群众说明情况，并积极创造条件逐步加以解决。

（二）按照卫生部要求，医院院长为“三好一满意”活动的第一责任人。医院党委负责“三好一满意”活动的监督工作。各副院长及承担工作任务的牵头处室为医院开展“三好一满意”活动的直接责任人，直接向医院“三好一满意”活动领导小组负责。

（三）省中医药研究院、医院各职能管理处室和临床医技科室负责人，以及各党支部书记为开展“三好一满意”活动的具体实施负责人，要按照医院“三好一满意”活动办公室发布的活动信息认真组织实施。

关于印发甘肃省中医院 2011年民主评议行风工作实施方案的通知

中医办发〔2011〕56号

省中医药研究院，医院各处（科）室：

根据《2011年甘肃省卫生系统民主评议医疗机构行风工作实施方案》和全国、全省纠风工作会议精神，为进一步加强医院行风建设，规范医院管理和医疗服务行为，提高医疗质量，结合医院“创先争优”和“三好一满意”活动，主动发挥社会各界的监督作用，切实解决行业不正之风问题，促进医院行风建设上台阶，特制定《甘肃省中医院2011年民主评议行风工作实施方案》。现印发给你们，请认真组织学习，并遵照执行。

二〇一一年五月二十六日

甘肃省中医院2011年民主评议行风工作实施方案

为认真贯彻落实全国、全省纠风工作会议精神和《2011年甘肃省卫生系统民主评议医疗机构行风工作实施方案》（甘卫办发〔2011〕160号），进一步加强医院行风建设，规范医院管理和医疗服务行为，提高医疗质量，确保医疗安全，制定甘肃省中医院民主评议行风工作实施方案。

一、指导思想和意义

以邓小平理论和“三个代表”重要思想为指导，深入贯彻落实科学发展观，紧紧围绕医疗卫生体制改革和发展中医药的各项政策，结合医院“创先争优”和“三好一满意”活动，主动发挥社会各界的监督作用，切实解决行业不正之风问题，促进医院行风建设上台阶。

（一）开展行风评议是贯彻落实科学发展观的需要。目前，卫生工作正处于医药卫生体制改革的重要阶段，影响卫生事业科学发展的体制机制障碍尚待破解，长期形成的卫生事业与经济社会发展不相适应的矛盾尚未根本改变，解决群众看病难、看病贵的问题仍然困扰着卫生行业。要解决好这些深层次的体制机制和结构性矛盾，破解发展难题，要求我们必须在科学发展观的指导下，努力把握卫生事业发展规律，靠良好的行风来保证医药卫生体制改革措施的贯彻落实。

（二）开展行风评议是加强卫生系统行业作风建设的重要举措。近年来，卫生系统把加强行风建设作为促进卫生事业又好又快发展的重要任务来抓，采取了医务人员的“四个排队”、医疗机构的“八个排队”等22项制度，在治理“过度医疗”、纠正行业不正之风方面了取得了明显成效。但是，医疗卫生工作与省委、省政府的要求和广大人民群众的期望相比，仍有不少差距。

（三）开展行风评议是构建和谐医患关系的现实需要。医疗卫生事业关系到人民群众的身体健康和生命安全，与人民群众的切身利益息息相关，是社会高度关注的热点。开展医疗机构行风评议，有利于卫生行业进一步加强与社会各界和群众的沟通，通过评议平台，更深入地了解群众困难、倾听群众意见、采纳群众建议；有利于我们改进工作，取得社会各界对医疗卫生事业的理解、关心和支持。

二、总体目标

坚持“标本兼治，纠建并举”的方针和“谁主管谁负责”的原则，以评促建，以评促改，把维护群众利益，有效治理“过度医疗”，解决“看病难、看病贵”作为评议工作的核心。通过行风评议，着重在服务质量、服务态度、服务流程、服务收费等环节上寻找差距，进一步建立和完善医院各项规章制度，特别是核心制度；在自查自纠、整改规范的基础上，树立“人人都是评议对象、个个代表行业形象”的观念，树立“忠于职守，乐于奉献，廉洁行医”的卫生行业新风尚，构建和谐的医患关系，实现医院服务好、质量好、医德好、群众满意的活动目标，为医院科学发展、社会和谐创造良好环境。

三、组织领导

（一）医院民主评议行风工作领导小组

组　长　李盛华

副组长　妥建福

成　员　孙援朝　冯守文　马忠祥　舒　劲　李兴勇　赵继荣　赵国杰　谢兴文　潘　文

（二）医院民主评议行风工作办公室

主　任　孙援朝

副主任　卫晓雯　张德宏　罗克龙

成　员　郑　慧　赵永强　王　颖　周　晟　王海东　杨维建　罗向霞　杨继红　刘效栓　胡雅杰　田旭东　刘梦华　陈春丽　宋良春　邴雅珺　李玲冯　康　虎　马小明　安富德　韩　艳　徐　霞

四、内容、方法和步骤（见附表）

五、工作要求

（一）民主评议行风工作分动员部署、查找问题、公开评议、落实整改四个阶段，评议时间确定为5月至11月。各职能处室和临床医技科室按照医院统一安排，深刻领会开展民主评议行风的重要意义，并认真组织实施。医院民主评议行风工作办公室定期检查考核。

（二）要正确处理民主评议行风工作和日常工作的关系，要把民主评议行风工作与加强医院管理相结合，与“创先争优”活动和“三好一满意”活动有机结合。边评边改，以评促服务、促质量、促医德。

（三）民主评议代表通过明察暗访、问卷调查、专项研究、召开座谈会、民主评议会等方式，广泛征询意见和建议。要虚心接受评议代表、社会各界的评议和监督，对评议中反映出来的问题认真查原因，深刻剖析，做到严格要求，严格教育，严格管理，严格监督，树立良好的医院形象。

（四）切实贯彻“为民、务实、清廉”的要求，针对引起“看病难、看病贵”的主要原因和重点环节，加大检查和整改力度。重点解决和纠正“红包”、“回扣”、乱检查、开单提成，以及利用职务之便谋取其他不正当利益的问题。

（五）在医院民主评议行风工作中，要遵守纪律，严格要求，维护评议工作的严肃性，不徇私舞弊、弄虚作假，严禁在评议活动中出现新的不正之风。

关于印发《甘肃省中医院会议考勤管理办法》的通知

中医办发〔2011〕67号

省中医药研究院，医院各处（科）室：

《甘肃省中医院会议考勤管理办法》已经2011年6月8日院长办公会议讨论通过，现予以印发，请认真学习并遵照执行。

特此通知。

二〇一一年六月九日

甘肃省中医院会议考勤管理办法

为进一步提高会议质量，加强会议组织管理，及时传达上级精神，安排部署医院工作，特制订本办法。

一、会议组织与程序

根据工作需要，医院每月安排两次护士长以上干部会议，一次职能处室工作协调会议和一次质量控制会议。

护士长以上干部会议由院长办公室召集，参加人员为医院领导、省中医药研究院领导、两院护士长以上干部，会议安排在每月第二周和第四周星期四14时30分，由业务副院长轮流主持。会议通过医院办公自动化系统（OA）提前通知，重大会议电话通知到科室负责人或病区护士长。

职能处室工作协调会议由院长办公室召集，参加人员为医院领导，纪委副书记，行政职能处（科）室正副职，会议由业务副院长轮流主持。会议安排在每月初第一周星期三下午15时，会议通过医院办公自动化系统（OA）在每月的行政工作安排中发布，并提前通知到职能处室负责人。

质量控制会议由质量控制处召集，参加人员为院领导，纪委副书记、院长办公室负责人，医务处、护理部、门诊部、经济管理处、质量控制处、公共卫生与感染管理处、特色医疗管理处、设备处、医疗保险处、后勤管理处、计划财务处和药学部处长、副处长，会议由主管院长主持。会议安排在每月第三周星期三下午15时，会议通过医院办公自动化系统（OA）在每月的行政工作安排中发布，并提前通知到职能处室负责人。

二、会议内容

护士长以上干部会议内容一般为传达上级文件或会议精神，观看警示教育节目，通报上月医院工作，布置和研究医院工作等。重大活动、专项工作和各种检查等根据医院工作需要，临时召开护士长以上干部会议。

职能处室工作协调会议内容一般为协调各处室工作、督促落实和不断改进工作。

质量控制会议内容一般为分析上月医疗运行、质控考核、经济运行情况，研究上月绩效分配工作。

三、会议考勤

护士长以上干部会议和职能处室工作协调会议由院长办公室负责考勤，质量控制会议由质量控制处负责考勤。会议按时召开，会议考勤分为到会、缺会、迟到、早退、病假和事假。以上三种会议不得随意缺勤，不得安排手术和门诊，确因医院公务活动或急救等特殊情况，须向主管院领导书面办理请假手续。各种外出学习、会议、病事假等，须出具人事管理部门的相关请假手续。

四、处罚办法

护士长以上干部会议、职能处室工作协调会议和质量控制会议作为医院理政议事的重要途径，要求相关领导干部准时参加会议。对于无故缺勤者，每次每人处罚1500元人民币；会议迟到或早退者，每次每人处罚500元人民币，直接从个人当月绩效工资中扣除。对无故不参会一次者，予以通报；连续两次无故不参会者，予以警告；连续三次无故不参会者，自动提交辞职报告。

五、附则

本办法由医院院长办公室负责解释，自发布之日起实施。

关于下发《甘肃省中医院医保费用控制办法(试行)》的通知

中医办发〔2011〕77号

省中医药研究院，医院各处(科）室：

《甘肃省中医院医保费用控制管理办法（试行）》经2011年7月6日院长办公会议讨论通过，定于7月1日起执行。请各处（科）室认真组织学习，并贯彻落实。

二〇一一年七月十一日

甘肃省中医院医保费用控制管理办法（试行）

为进一步加强医保管理，合理控制医保患者费用，规范医疗程序及行为，更好地为患者提供优质、高效、价廉的医疗服务，根据甘肃省及兰州市医疗保险考核管理的有关规定，结合我院实际，制定本办法。

一、控制管理的基本原则

坚持学科发展与费用控制相结合，合理检查、合理治疗，根据科室特点区别对待，并向新业务、新技术适当倾斜。

二、控制管理的具体措施

(一）普通定额管理

根据兰州市医保局核定的普通患者定额标准，区别测算确定各科室普通定额标准。对超出定额10%及以内的，其30%从科室总收入中扣除；超出定额10%以上至20%的，其50%从科室总收入中扣除；超出20%以上的部分，全部从科室总收入中扣除。

(二） 单病种费用管理

单病种超出定额10%及以内的，其30%从科室总收入中扣除；超出定额10%以上的部分，全部从总收入中扣除。

(三） 自付比例控制

严格控制患者自付比例，患者出院结算时，普通患者自付比例不得超过20%，单病种及特殊诊疗项目个人自付比例不超过30%。超出规定比例部分，直接从各科室绩效工资中扣除。

(四）特殊疾病及特殊诊疗项目管理

特殊疾病及特殊诊疗项目超出定额标准的，超出部分的30%直接从科室绩效工资中扣除。连续三个月超定额的，从第四个月起，扣发标准提高5%执行三个月，以此类推。

(五）耗材的管理

耗材使用应严格审批程序，所有使用耗材的科室应在术前2个工作日内，主管医生填写材料审批单后由本科室医务人员（含熟悉情况的进修、实习医生）送医保处审批，耗材审批单不得由患者或家属送交，因此发生医患矛盾的由主管医生及上级医生负责解释。对未按规定程序审批使用耗材的，不予记账，其材料费用全部由使用科室承担。

对使用耗材的，兰州市医保局已明确规定的应从中选择使用，未做规定的，一般应使用国产普及型价格产品。严格控制进口高值耗材的使用，确因病情需要使用进口高值耗材的，其与国产普及价格差额的30%直接从科室绩效工资中扣除。

三、本办法以一个自然年度为考核周期。对普通患者超定额以及自付比例、单病种、特殊诊疗项目超支的，当月结算，当月结余部分可与次月超支部分冲减。一个年度内普通定额低于核定定额的，给予一次性奖励。

四、本办法适用于兰州市及所属区、县职工医保患者的费用管理，其中耗材的管理适用于所有医保患者。

省直职工、离休干部、城镇居民、新农合及其他非直接结算医保患者费用管理参照本办法执行。

五、本办法自2011年7月起执行。如遇国家及省、市医保政策调整，另行修订。

关于印发《甘肃省中医院内部审计工作制度(试行)》的通知

中医办发〔2011〕87号

省中医药研究院，医院各处(科)室：

《甘肃省中医院内部审计工作制度（试行）》（共十六章），经2011年7月12日院长办公会议讨论通过，定于7月1日起执行。请各相关处室遵照执行。

二〇一一年八月十日

甘肃省中医院内部审计工作实施办法

第一章　总则

第一条　为了加强医院内部审计工作，增强内部约束机制，保障我院医疗、教学、科研事业的健康发展，根据《中华人民共和国审计法》、《审计署关于内部审计工作的规定》、《卫生系统内部审计工作规定》，制定本办法。

第二条　医院内部审计是卫生系统审计体系的组成部分，是审计机构、审计人员对医院以及所属单位和部门财务收支、经济活动的真实、合法和效益进行独立监督、评价和服务的活动。

内部审计工作的主要任务是为医院卫生事业的改革和发展服务，规范医院内部管理，促进各单位和部门遵守国家财经法规，加强党风廉政建设，维护医院和下属单位的合法权益，防范风险，推动医院事业发展，保证国有资产的安全和完整，提高医院资金使用效益。

第三条　医院依照国家法律、法规的相关规定，建立健全内部审计制度，设立内部审计机构，配备审计人员，完善内部审计工作的规章制度，积极创造条件，支持内部审计工作的开展。

第二章　组织和领导

第四条　审计处在医院主要行政负责人的直接领导下，依据国家法律、法规和政策，以及上级部门和医院的规章制度，独立开展内部审计工作，对院长负责并报告工作，同时接受甘肃省审计厅和甘肃省内部审计协会的业务指导和检查。

第五条　医院院长可以根据工作需要，委托纪委副书记协助分管医院审计工作。医院主管审计工作的领导要加强对医院内部审计工作的领导，其主要职责是：

（一）对本单位及所属单位的财政、财务收支及其有关的经济活动进行审计；

（二）对本单位内设机构及所属单位负责人任期经济责任进行审计；

（三）对本单位及所属单位内部控制制度的健全性和有效性及风险管理进行审计评价；

（四）对本单位及所属单位经营管理和经济效益情况进行审计；

（五）对本单位及所属单位固定资产投资项目进行审计；

（六）参与本单位及所属单位重大合同的签订并对其履行情况进行审计；

（七）根据需要对本单位及所属单位开展专项审计调查；

（八）法律、法规规定和本单位主要负责人或者权力机构要求办理的其他审计事项。

第三章　内部审计机构和审计人员

第六条　医院根据国家有关规定设立独立的内部审计机构即审计处，独立开展审计工作。

第七条　审计处应当保证审计工作所必需的专职人员编制，配备专业知识和业务能力较强，具有内部审计岗位资格的人员，并形成合理的专业、知识和年龄结构，保持相对稳定。

医院可以根据工作需要，聘请特邀审计人员和兼职审计人员。

第八条　审计处机构的变动和负责人的任免或调动，应向省卫生厅纪检组备案。

第九条　审计人员办理审计事项，应当严格执行内部审计制度，保证审计质量，提高工作效率。

第十条　审计人员办理审计事项，应当遵守内部审计准则和内部审计人员职业道德规范，忠于职守，客观公正、实事求是，廉洁奉公、保守秘密。

审计人员办理审计事项，与被审计单位或审计事项有直接利害关系的，应当自行回避。被审计单位有权申请审计人员回避。

审计人员的回避，由审计处负责

人决定；审计处负责人的回避，由主管审计工作的院领导决定。

第十一条 审计人员依法执行公务，受法律保护，任何单位和个人不得设置障碍和打击报复。

第十二条 审计人员应当按照国家的有关规定，参加岗位资格培训和后续教育。

第四章 内部审计机构职责和权限

第十三条 审计处和审计人员主要对下列事项进行审计：

（一）医院和所属单位（部门）财务预算的编制、执行及决算；

（二）专项卫生资金的筹措、拨付、管理和使用；

（三）固定资产的管理和使用；

（四）医院财务收支及有关经济活动；

（五）基本建设、修缮工程项目；

（六）经济管理和效益情况；

（七）有关领导干部的任期经济责任；

（八）内部控制制度的健全、有效及风险管理；

（九）对有关经济活动提供咨询服务；

（十）医院领导和上级主管部门交办的其他事项。

第十四条 审计处对医院和所属单位（部门）财务收支及有关经济活动中的重大事项组织或进行专项审计调查，并向医院领导和上级主管部门报告审计调查结果，提出加强医院宏观调控和内部管理的意见和建议。审计处配合财务处加强财务管理，对医院资金收支的真实性、完整性、合法性以及账务处理的正确性进行严格监督，定期进行审计调查。

第十五条 审计处根据工作的需要，经医院领导批准，可委托社会中介机构对有关事项进行审计。

第十六条 审计处在履行审计职责时，具有下列主要权限：

（一）根据审计工作的需要，要求有关单位按时报送财务计划、预算执行情况、决算、会计报表和其他有关文件、资料等；

（二）对审计涉及的有关事项，向有关单位或人员进行调查并索取有关文件、资料和证明材料；

（三）检查会计凭证、账簿和报表，检查资金和财产，检测有关计算机系统和电子数据，查阅有关文件、资料和证明材料，勘查现场实物；

（四）参与制定有关的规章制度，起草内部审计规章制度；

（五）参加研究财经工作的会议和其他有关会议，召开与审计事项有关的会议；

（六）向院领导反映情况和提供信息，提出改善内部管理、提高经济效益的建议，为院领导的决策提供参谋意见；

（七）对正在进行的严重违法违纪、严重损失浪费的行为，做出临时的制止决定；

（八）对可能转移、隐匿、篡改、毁弃的会计凭证、会计账簿、会计报表以及其他与经济活动有关的资料，经主管院领导批准，有权采取暂时封存的临时措施；

（九）对模范遵守和维护财经法纪成绩显著的单位和个人提出给予表彰的建议；对违法违纪和造成损失浪费的行为提出纠正、处理的意见；对严重违法违纪和造成严重损失浪费的有关单位和人员提出移交纪检、监察或司法部门处理的建议。

第十七条 审计处可以利用国家审计机关、上级内部审计部门和社会中介机构的审计结果；审计处的审计报告经医院主管领导批准同意后，可提供给有关部门。

第五章 内部审计工作程序

第十八条 审计处应当根据医院工作计划和重点，制订年度审计工作计划，报经医院主管领导批准后组织实施。

第十九条 审计处根据年度审计工作计划确定审计事项，组成审计组，了解被审计单位基本情况，编制审计方案，并在实施审计前向被审计单位送达审计通知书。审计通知书应经主管院领导签发。

第二十条 在一般情况下，审计组应在审计方案规定的时间内完成审计工作任务。如有特殊情况确需延长工作时间的，应报经审计处负责人批准，并详细说明原因。未经批准无故拖延工作时间的，纳入年终工作考核。

第二十一条 审计人员对审计事项实施审计，取得有关证明材料，编制审计工作底稿。

第二十二条 审计组对审计事项实施审计后，编制审计报告，报审计处负责人审核后征求被审计单位意见。被审计单位应当自接到审计报告（征求意见稿）之日起十个工作日内，将书面意见送交审计处，逾期即视为无异议。

第二十三条 审计处负责人对审计报告进行审核后，报主管院领导审批。

第二十四条 审计处应对重要审计事项进行后续审计，检查被审计单位对审计发现的问题所采取的纠正措施及其效果。

第二十五条 审计处在审计事项结束后，应当按照有关规定建立和管理审计档案。

第六章 法律责任

第二十六条 违反本办法，有下列行为之一的被审计单位和个人，审计处根据情节轻重，可以提出警告、通报批评、经济处理或移送纪检监察部门处理等建议，报主管领导，主管院领导应及时予以处理：

（一）拒绝或拖延提供与审计事项有关的文件、会计资料和证明材料的；

（二）转移、隐匿、篡改、销毁有关文件和会计资料的；

（三）转移、隐匿违法所得的财产的；

（四）弄虚作假，隐瞒事实真相

的；

（五）阻挠审计人员行使职权，抗拒、破坏监督检查的；

（六）拒不执行审计意见书和审计决定的；

（七）报复陷害审计人员和检举人的。

以上行为构成犯罪的，应当移交司法机关科理。

第二十七条 违反本办法，有下列行为之一的审计机构和审计人员，医院应根据有关规定给予批评教育或行政处分：

（一）利用职权，谋取私利的；

（二）弄虚作假，徇私舞弊的；

（三）玩忽职守，给国家和单位造成重大损失的；

（四）泄露国家秘密或泄露不能泄露的审计秘密的。

以上行为构成犯罪的，应当移交司法机关处理。

第七章 附则

第二十八条 本办法由审计处负责解释。

第二十九条 本办法自颁布之日起施行。

甘肃省中医院内部控制审计实施办法

第一章 总 则

第一条 为了促进医院各部门加强内部控制制度建设，从标本兼治着手，预防贪污、浪费及各种弊端的发生，提高管理水平和医院效益。根据《中华人民共和国审计法》、《审计署关于对内部审计工作的规定》、《内部审计具体准则》的有关规定制订本办法。

第二条 本办法所称内部控制是指医院各部门各单位为实现医疗、科研、教学工作目标，保护资产安全完整，保证遵循国家法律法规，提高工作效率和效果，而采取的各种政策、程序和控制活动。

内部控制审计指对内部控制健全性、有效性进行的审计监督和评价活动。

第三条 本办法适用于医院内各行政职能、各医疗科室和医技科室、后勤各部门，工商注册的下属单位。

第四条 内部控制审计的目标：

（一）遵守国家有关法律法规和医院规章制度；

（二）信息的真实、可靠；

（三）资产和记录的安全、完整；

（四）经济有效地使用资源；

（五）提高工作质量与工作效率。

第二章 内部控制审计的一般原则

第五条 内部控制包括控制环境、风险管理、控制活动、信息与沟通、监督等五个要素。

第六条 控制环境的主要内容：

（一）部门或单位的组织机构；

（二）部门或单位领导人的管理理念和工作作风；

（三）工作人员的职业道德；

（四）工作人员的工作胜任能力；

（五）工作人员培训政策及执行；

（六）权利和责任的划分及分派方式。

第七条 风险管理的主要内容：

（一）识别影响医院目标实现的各类风险；

（二）风险处理与转移的措施；

（三）风险管理效果评价。

第八条 控制活动的主要内容：

（一）授权与批准；

（二）不相容职务分离；

（三）业务活动的有效控制和真实的记录；

（四）资产和记录的接近限制；

（五）业绩评价与考核。

第九条 信息与沟通主要内容：

（一）及时、准确、完整地记录所有信息；

（二）流畅的信息沟通及良好的信息系统有序运行；

（三）保证管理信息的安全可靠。

第十条 内部监督的主要内容：

（一）持续的日常监督活动；

（二）单位或部门负责人对内部控制实施的自我评估；

（三）缺陷报告制度及执行。

第十一条 医院各部门各单位有责任建立、健全行之有效的内部控制制度，保证内部控制的有效执行，预防和减少人为错误、串通舞弊、超越制度、环境变化及成本限制等因素对内部控制执行的影响。

第十二条 内部控制审计的程序和方法：

（一）收集与描述被审计单位的内控制度；

（二）健全性与合理性评价；

（三）符合性测试，评价内控制度的有效性；

（四）总体评价，即通过符合性测试，评价内控制度的可信赖程度，确定其对实质性测试的可靠性；

（五）实质性测试；

（六）提出审计报告，对被审单位内控制度的健全性、合理性、有效性和可靠性做出实事求是的评价，并针对制度缺陷提出改进建议。

第三章 内部控制审计的实施

第十三条 内部控制审计可以作为独立审计项目实施审计，也可以在实施财务收支、固定资产投资等项目审计中就相关联的内部控制实施审计。

第十四条 控制环境是建立、加强或削弱内部控制特定政策、程序及其效率产生影响的各种因素，是整个内部控制的基础，控制环境审计要点是：

（一）部门或单位业务活动的复杂程度；

（二）部门或单位领导人的权责分配、决策程序和议事规则；

（三）管理行为守则的健全性和有效性；

（四）部门或单位领导人对逾越既定控制程序的态度；

（五）工作人员对领导人管理理念和工作作风的理解和认同；

（六）工作人员的职业道德、知识和技能；

（七）组织结构和职责划分的合理性；

（八）重要岗位人员的责权相称程度和胜任能力；

（九）工作人员的培训制度；

（十）工作人员业绩考核与激励机制。

第十五条　风险管理是部门或单位通过对风险的识别和衡量，采用合理的经济和技术手段对风险加以处理，以最小的成本获得最大安全保障的一种管理活动，风险管理审计主要审查风险管理机制的健全性和有效性，其审计要点是：

（一）引发风险的内外因素分析，正确识别风险；

（二）对风险进行正确评价和衡量，测算风险发生的可能性和预计后果；

（三）风险转移措施；

（四）对抗风险的能力；

（五）风险管理的具体方法及效果。

第十六条　控制活动是部门或单位为实现管理目标而建立的程序、环节、政策和措施所形成的批准、授权、验证、调节、复核工作业绩、保障资产安全等工作内容，控制活动审计主要审查、评价控制活动的适当性、合理性、有效性，其审计要点是：

（一）业务流程、处理手续、业务记录和检查标准等控制活动建立的适当性；

（二）目标控制、授权控制、不相容职务分离控制、资产和记录接近限制等控制方式的正确性；

（三）财务物资控制、会计信息控制、财务收支控制、管理决策控制、经济效益控制、管理目标控制等控制内容的完整性；

（四）控制活动执行的有效性。

第十七条　内部控制需以一定形式辨识、取得正确信息，并进行加工处理，在一定范围内传递，以促进各岗位工作正常进行，信息与沟通审计要点是：

（一）获取内部信息和外部信息的能力；

（二）信息处理的及时性和适当性；

（三）信息传递的便捷与畅通；

（四）管理信息系统的安全可靠性。

第十八条　内部控制需由适当的人员，以适当的形式，检查评估内部控制的设计和操作情况，医院对各部门各单位进行的内部控制监督检查由审计处或医院指定的部门或成立的督导检查组进行；

医院各部门单位应加强自身内部控制活动的监督和检查，每年4月定期书面报告一次单位内部控制制度执行情况。书面报告送审计处备案。

第四章　内部控制审计报告

第十九条　审计报告的内容包括审查和评价医院各部门各单位内部控制的目的、范围、审计结论、审计决定及对改善内部控制的建议。

第二十条　审计报告报分管院领导和院长批准后，下发被审计单位；对需要整改的，审计处在必要时安排内部控制的后续审计。

第五章　附则

第二十一条　本办法由医院委托审计处负责解释。

第二十二条　本办法经医院院长办公会批准自2011年7月1日起施行

甘肃省中医院预算执行和财务决算审计实施办法

第一章　总则

第一条　为进一步加强医院内部管理，规范对医院预算执行和财务决算的审计工作，提高审计质量，根据《中华人民共和国审计法》和卫生部《卫生系统内部审计工作规定》，结合医院实际，制定本实施办法。

第二条　本办法所称“预算执行审计”是指医院审计处依照国家有关规定和医院内部相关制度对医院本级及所属部门年度财务收支计划的执行过程与结果进行的监督和评价。其目的是维护预算的严肃性，正确评价预算执行情况和财务管理状况，防范财务风险和管理漏洞，及时为医院和有关部门改进管理提供审计意见和建议，为促进财务规范管理、提高经费使用效益、实现医院事业发展目标服务。

第三条　本办法所称“财务决算审计”是指医院审计处依照《医院财务制度》、《医院会计制度》等规定以及卫生部的要求，以预算执行审计为基础，对医院年度财务报告的真实性、合法性及完整性进行检查和评价。其目的是保障年度财务报告所反映的资产、负债、净资产，收入、支出的真实、合法、完整，并通过有关财务指标的分析，评价年度预算执行和财务管理状况，以促进医院加强财务管理。

第二章　审计内容

第四条　对医院预算编制和调整情况的审计内容：

1. 医院预算编制的内部管理制度是否健全有效。

2. 预算的编制是否符合收支平衡、“收支两条线”等国家有关政策制度的规定，医院的各项收入和支出是否按规定纳入预算管理。

3．根据年度事业发展计划以及预算年度收入的增减因素，测算编制收入预算；收入预算的编制中医疗收入、财政补助收入、科教项目收入和其他收入等的项目、内容、测算依据是否正确完整，有无遗漏。

4．支出预算编制是否符合“量入为出”的要求。根据业务活动需要和可能，编制支出预算，包括基本支出预算和项目支出预算。编制收支预算必须坚持以收定支、收支平衡、统筹兼顾、保证重点的原则。不得编制赤字预算。支出包括医疗支出、财政项目补助支出、科教项目支出、管理费用和其他支出。基本支出预算编制是否符合预算优先保障、定员定额管理等原则，人员经费和日常公用经费项目是否齐全，计算基数和定额标准是否合理；项目支出预算的编制是否按规定的程序进行，项目确立是否按规定进行可行性论证，申报材料是否齐全，有无虚列项目。

5．预算调整是否经过规定的程序，调整变更的依据是否充分；变更的内容和数额是否合理，调整预算的资料是否正确完整。

第五条　对预算执行情况的审计内容：

1．对医院预算执行进行监督管理的各项制度是否健全有效。

2．收入预算的执行情况：医疗收入、财政补助收入、科教项目收入和其他收入等的项目是否按收入预算的时间、金额到位；有无拖欠的行为、拖欠的原因；是否存在有实际收入而预算中没有收入项目的现象存在及其生成原因；是否存在乱收费现象，调查了解有无收入不入账、私设“小金库”和账外账等违规违纪问题；应上缴财政专户的收入是否及时足额上缴财政专户；实际收入有无混淆收入项目的行为。

3．支出预算的执行情况：支出包括医疗支出、财政项目补助支出、科教项目支出、管理费用和其他支出。包括：人员经费支出是否符合政策规定；公用经费支出是否合理；实际支出比支出预算有无超支或节余；超支的项目有哪些，超支的原因是主观原因还是客观原因，超支对现有经费和今后的经费有什么影响；节余的项目有哪些，节余的原因是预算编制本身产生的或是使用单位节俭的结果，是经费状况发生了变化或是内部业务活动、行政管理发生了变化。

4．各项支出是否严格执行国家和上级主管部门及医院有关财务规章制度规定的开支范围和开支标准，有无虚报虚列、违反规定发放钱物和其他违纪违规问题；实际支出有无混淆支出预算、调剂经费、挪用经费的行为。

5．各项支出的会计核算是否合规，有无账实不符等问题；往来款项是否严格管理、及时清理，有无长期挂账和被其他单位和个人占用等问题，有无利用过渡性科目隐瞒收支或直接列支等问题。

6．收入预算和支出预算的实际执行情况与年度预算计划有何差异，确认预算完成比例，与计划差异较大或出现赤字的原因；预算年度内已完成项目节余指标是否及时收回。

7．医院为保证预算的完成采取了哪些加强管理、增收节支的措施，这些措施是否合法、有效。

第六条　对财务决算的审计内容：

1．年度财务决算和财务报告编制的原则、方法、程序和时限是否符合财务制度的规定和上级主管部门的要求。

2．财务决算内容是否完整，填列的数字与账簿记录是否一致，有无隐瞒、遗漏和弄虚作假等情况。

3．财务决算所反映的各项收入和支出是否合法合规，有无违纪违规问题；与预算对比有哪些差异，主要原因何在。

4．财务决算所反映的各项资产、负债和净资产是否真实，是否存在表外资产、负债及其他重大财务事项。

5．财务情况说明书是否真实、准确地反映了医院年度财务状况，对本期或者下期财务状况发生重大影响的事项是否真实有据。

第三章　审计程序

第七条　年度预算执行和财务决算审计在院长或医院分管领导的领导下进行，由审计处负责组织实施。实施年度预算执行和财务决算审计应由2名以上的审计人员组成审计组进行。

第八条　审计处每年应当根据医院内部管理的要求，确定重点，编制年度预算执行和财务决算审计项目计划，并报请医院主管领导批准。

第九条　预算执行审计和财务决算审计应当定期或不定期进行，审计期间一般为一个季度，但最长不能超过半年。

第十条　审计处在正式实施审计前，应向医院计划财务处或被审计部门送达审计通知书。

第十一条　审计处对医院预算执行情况和财务决算进行审计时，有权要求财务管理部门和经费支配使用部门限期提供下列资料：

1．有关预算编制、管理的规定、办法和制度；

2．医院审查批准的年度财务预算；

3．申请调整预算报告及批准文件，预算管理台账等；

4．审计年度的会计科目表、科目余额表、会计凭证、账册、年度预算执行情况、会计报表等；

5．审计年度的财务决算资料和财务情况说明书；

6．与预算执行情况有关的其他资料，如收费依据及收费票据等。

第十二条　在具体实施审计项目前，审计组长应当了解与审计事项相关的基本情况和背景，熟悉有关政策和制度，在此基础上制订审计计划并报审计处负责人批准。

第十三条　审计组长应根据项目

审计计划制定审计方案。审计组实施审计时，应当根据审计方案审查有关业务的真实性、合法性及效益性，认真编制有关审计工作底稿，填写审计记录，获取审计证据；审计人员填写审计记录应当清晰、准确、完整，语言简明扼要，并由审计组长复核签字。

第十四条 实施审计结束后，审计组应当做好审计证据的分类、筛选和汇总工作，保证已获取审计证据的充分性、相关性和可靠性，以便形成相应的审计结论，为出具审计报告做准备。

第十五条 审计组应当在实施审计终了后15日内提交审计报告。审计报告由审计组长或指定专人起草，经审计组集体讨论后由审计组长定稿，审计组长对审计报告的真实性负责。

第十六条 审计报告在正式提交前应当征求被审计部门意见。被审计部门自接到审计报告（征求意见稿）之日起10日内提出书面意见；在此期限内没有提出书面意见的，视为无异议。对被审计部门有异议的审计报告，审计组应当进一步核实、研究，如有必要应当修改。审计报告经过必要的修改后，应连同被审计部门的反馈意见及时送审计处负责人复核。

第十七条 审计报告正式提交时，应当由审计处负责人与审计组长签名，并加盖审计处公章。审计报告直接送交医院主管领导，同时根据需要可以抄送财务处、被审计部门及其他相关部门。

第十八条 医院主管领导应当在收到审计报告15日内，根据不同情况做出批复。对审计报告中提出的审计决定和建议同意并采纳的，应批转审计处，并遵照《甘肃省中医院审计结论执行办法》执行。

第十九条 被审计部门和个人要认真落实审计意见和建议。对主管院领导已有明确批示的审计报告所提出的审计意见和建议，必须落实和处理，并将落实和处理情况按时反馈审计处。

第二十条 审计处对主管院领导已有明确批示的审计报告所提出的审计意见和建议的落实处理情况，要进行监督和后续审计。

第四章 附 则

第二十一条 预算执行和财务决算审计的档案应按照有关内部审计的档案管理规范要求归档保管。

第二十二条 本办法由医院委托审计处负责解释，本办法自2011年7月1日起执行。

甘肃省中医院财务审计项目质量控制办法

第一章 总则

第一条 为了规范审计行为，提高审计质量，明确审计责任，根据《审计法》、《审计机关审计项目质量控制办法（试行）》、《内部审计具体准则第19号——内部审计质量控制》及其他有关审计法规，结合医院具体情况，制定本办法。

第二条 审计处依法对医院各部门的财务收支以及其他依法应当接受审计的各项收支的真实、合法、效益进行审计监督时，应当遵守本办法。

第三条 审计处实施审计项目时，对编制审计方案、收集审计证据、编写审计工作底稿、出具审计报告、归集审计档案等全过程实行质量控制。

第四条 审计处对审计项目质量实行三级复核制，即审计组组长、审计处长、分管处领导三级复核。依据有关审计法规、国家审计准则和本办法评估审计项目质量，严把质量关。

第五条 审计处制定年度审计项目计划时，应当考虑审计项目的时间、经费和人员要求，为审计项目质量控制提供保障。

第二章 审计方案的质量控制

第六条 审计处和审计组在实施审计前，应当编制审计工作方案和审计实施方案。

审计组具体承办审计项目或者实施单个审计项目时，应当编制审计实施方案。

第七条 审计处和审计组在编制审计实施方案前，应当根据审计项目的规模和性质，安排适当的人员和时间，对被审计单位的有关情况进行审前调查。

第八条 审前调查应当了解被审计单位下列基本情况：

（一）经济性质、管理体制、机构设置、人员编制情况；

（二）财务隶属关系或者国有资产监督管理关系；

（三）职责范围或者经营范围；

（四）财务会计机构及其工作情况；

（五）相关的内部控制及其执行情况；

（六）重大会计政策选用及变动情况；

（七）以往接受审计情况；

（八）其他需要了解的情况。

第九条 审前调查应当收集与审计项目有关的下列资料：

（一）被审单位适用的法律、法规、规章和政策；

（二）银行账户、会计报表及其他有关会计资料；

（三）重要会议记录和有关文件；

（四）审计档案资料；

（五）电子数据、数据结构文档；

（六）其他需要收集的资料。

第十条 审前调查可以根据需要选择下列方式：

（一）到被审计单位调查了解情

况；

（二）对被审计单位进行试审；

（三）查阅相关资料；

（四）走访上级主管部门、有关监管部门、人事部门及其他相关部门；

（五）其他方式。

第十一条　审前调查一般在送达审计通知书之前进行，必要时，可以向被审计单位送达审计通知书后进行审前调查。

第十二条　审计工作方案的主要内容包括：

（一）审计工作目标；

（二）审计范围；

（三）审计对象；

（四）审计内容与重点；

（五）审计组织与分工；

（六）工作要求。

审计工作方案应当具有指导性。

第十三条　审计工作方案由审计处具体负责编制，报分管领导批准，并下达到具体承担审计任务的审计组实施。

重要审计项目的审计工作方案应当经审计处审计业务会议审定。

第十四条　审计实施方案的主要内容包括：

（一）编制的依据；

（二）被审计单位的名称和基本情况；

（三）审计目标；

（四）重要性水平的确定和审计风险的评估；

（五）审计的范围、内容、重点以及对审计目标有重要影响的审计事项的审计步骤和方法；

（六）预定的审计工作起止时间；

（七）审计组组长、审计组成员及其分工；

（八）编制的日期；

（九）其他有关内容。

第十五条　审计实施方案的审计目标是指审计组办理审计项目所要完成的任务。确定审计目标时，应当考虑下列因素：

（一）法律、法规、规章的规定及相关政策；

（二）医院及有关部门对审计项目的要求；

（三）被审计单位的有关情况；

（四）审计组成员的业务能力、审计经验；

（五）审计的时间和经费预算；

（六）其他需要考虑的因素。

审计实施方案应当将审计工作方案的审计工作目标具体化。

第十六条　审计组应当分析被审计单位有关情况，根据重要性原则，围绕审计目标确定审计的范围、内容和重点。

审计组应当对被审计单位内部控制进行初步评价，确定是否依赖内部控制。依赖内部控制的，要对内部控制进行符合性测试。在内部控制测评的基础上，对被审计单位财务收支的业务活动或者会计报表项目进行实质性测试；不依赖内部控制的，在实施审计时直接对被审计单位财务收支的业务活动或者会计报表项目进行实质性测试。

对规模较小或者业务简单的审计项目，可以直接确定实质性测试的范围、内容和重点。

第十七条　审计实施方案的审计范围是指被审计单位财务收支所属的会计期间和有关审计事项。

第十八条　审计实施方案的审计内容是指为实现审计目标所需实施的具体审计事项以及所要达到的具体审计目标。

审计事项一般可以按照被审计单位财务收支的业务活动或者会计报表项目划分。

第十九条　审计实施方案的审计重点是指对实现审计目标有重要影响的审计事项。

审计组应当对审前调查所取得的资料进行初步分析复核，关注资料间的异常关系和异常变动，分析被审计单位财务收支及其有关的经济活动中可能存在的重要问题和线索，确定审计重点。

第二十条　对实现审计目标有重要影响的审计事项应当确定审计的步骤和方法。

审计步骤和方法应当能够指导审计人员实施审计，实现具体审计目标。

第二十一条　确定审计组组长、审计组成员及其分工时，应当考虑其专业胜任能力和职业道德水平，符合有关规定要求。

第二十二条　审计组组长具体负责编制审计实施方案，经审计处长审核，报分管领导批准，由审计组负责实施。

重要审计项目的审计实施方案，可以由审计处审计业务会议审定。

第二十三条　审计处处长应当对审计实施方案的下列事项进行审核：

（一）审计目标的可行性；

（二）重要性水平确定和审计风险评估的合理性；

（三）审计范围、内容和重点的适当性；

（四）审计步骤和方法的可操作性；

（五）时间安排的合理性；

（六）审计分工的恰当性；

（七）其他需要审核的事项。

第二十四条　实施审计过程中有下列情形之一的，应当调整审计实施方案：

（一）审计工作方案调整的；

（二）审计组在对被审计单位内部控制测评后，认为需要调整审计重点、步骤和方法的；

（三）审计组人员发生变化，足以影响审计实施方案执行的；

（四）审计中发现重大违法案件线索，需要改变审计内容和重点的；

（五）审计范围受到限制，不能正常开展审计工作的；

（六）其他需要调整的。

第二十五条　审计实施方案中下列事项的调整应当报经审计处长批准：

（一）审计范围、内容和重点；

（二）重要性水平及审计风险水平；

（三）重要的审计步骤和方法；

（四）审计组成员。

第二十六条　审计实施方案中下列事项的调整应当报经分管领导批准：

（一）审计目标；

（二）审计组组长；

（三）审计工作起止时间；

（四）审计组所在部门认为需要报审计处领导批准的其他事项。

第二十七条　审计组应当将审前调查情况，初步分析复核、内部控制测评、重要性水平确定和审计风险评估的过程，以及审计实施方案调整情况加以记录。

第二十八条　审计处分管领导对审计实施方案所确定的审计目标的恰当性负责。

审计组组长对审计内容的适当性、步骤和方法的可操作性负责。

审计组成员对审前调查过程中形成的有关记录的真实性和完整性负责。

第三章　审计证据的质量控制

第二十九条　审计人员应当按照审计实施方案确定的具体审计事项，在实施审计过程中收集审计证据。

第三十条　审计证据的形式包括书面证据、实物证据、视听或者电子数据资料、口头证据、鉴定结论和勘验笔录以及其他证据。

第三十一条　审计证据必须具备客观性、相关性、充分性和合法性。

第三十二条　审计人员应当有针对性地收集与审计事项相关的审计证据。

对违反国家规定的财政收支、财务收支行为以及对审计结论有重要影响的审计事项，应当在审计工作底稿后附有审计证据支持。

第三十三条　审计人员应当按照下列方法收集审计证据：

（一）通过检查方法收集审计证据的，应当取得与审计事项相关的会计资料、被审计单位承诺书、会议记录、文件、合同等资料，以及审计人员编制的汇总表、调节表、分析表等材料；

（二）通过监盘方法收集审计证据的，应当编制实物资产盘点清单和现金、有价证券盘点表等材料，并由审计人员和被审计单位有关人员签名；

（三）通过观察方法收集审计证据的，应当编制观察记录，注明观察的事项、内容和结果等情况；

（四）通过查询方法收集审计证据的，应当取得被查询的单位或者个人的书面答复材料或者口头答复记录，并注明查询事项、内容、方式和查询结果等情况；

（五）通过函证方法收集审计证据的，应当取得被函证单位或者个人的回函，编制函证记录，注明函证事项、范围和回函结果等情况；

（六）通过计算方法收集审计证据的，应当编制计算表或者计算工作记录，注明计算的事项，所根据的相关数据，计算的方法和结果等；

（七）通过分析性复核方法收集审计证据的，应当编制对比分析表、比率分析表和趋势变动表，分析和说明异常变动项目、重要比率或者趋势与预期数额和相关信息的差异情况。

第三十四条　审计人员可以收集能够证明审计事项的原始资料、有关文件和实物等；不能或者不宜取得原始资料、有关文件和实物的，也可以采取文字记录、摘录、复印、转储、下载等方式取得审计证据。

第三十五条　对实现审计目标有重要影响的审计事项的审计步骤和方法难以实施或者实施后难以取得充分审计证据的，审计人员应当实施追加或者替代的审计步骤和方法，仍难以取得充分审计证据的，应当做好记录，由审计组组长确认，并在审计报告中予以反映。

第三十六条　审计人员取得审计证据，应当由证据提供者签名或者盖章；不能取得提供者签名或者盖章的，审计人员应当注明原因。不能取得签名或者盖章不影响事实存在的，该审计证据仍然有效。

第三十七条　取得的审计证据数量较大的，可以编制汇总的审计证据，由证据提供者签名或者盖章。

审计人员应当对取得的审计证据进行分析、判断和归纳。按照审计事项分类，按照审计证据与审计事项相关程度排序；对审计证据进行比较判断，决定取舍，剔除与审计事项无关、无效、重复、冗余的证据；对审计证据进行汇总和分析，确定审计事项的审计证据是否足以支持审计结论。

第三十八条　经过分析、判断和归纳的审计证据，应当编制索引号排序，附在相应的审计工作底稿之后。

第三十九条　审计组组长应当督导审计人员收集审计证据工作，审核审计证据。发现审计证据不符合要求的，应当责成审计人员进一步取证。

第四十条　审计人员应当对其收集的审计证据严重失实，或者隐匿、篡改、毁弃审计证据的行为承担责任。

审计组组长应当对重要审计事项未收集审计证据或者审计证据不足以支持审计结论，造成严重后果的行为承担责任。

第四章　审计工作底稿的质量控制

第四十一条　审计工作底稿的要素包括：

（一）被审计单位名称，即接受审计的单位或者项目的名称；

（二）审计事项，即审计实施方案确定的审计事项；

（三）会计期间或者截止日期，即审计事项所属会计期间或者截止日期；

（四）审计人员及编制日期，即实施审计项目并编制审计工作底稿的人员及编制日期；

（五）审计结论或者审计查出问题摘要及其依据，即简要描述审计结论或者审计查出问题的性质、金额、数量、发生时间、地点、方式等内容，以及相关依据；

（六）复核人员、复核意见及复核日期，即审计组组长或者其委托的有资格的审计人员对审计工作底稿的复核意见及实施复核的日期；

（七）索引号及页次，即审计工作底稿的统一编号及本页的页次；

（八）附件，即审计工作底稿所附的审计证据及相关资料。

第四十二条　审计工作底稿应当附有审计证据。

审计工作底稿与审计证据的对应关系，应当通过审计证据的索引号来体现。审计证据对应多个审计工作底稿时，应当将审计证据附在与其关系最密切的审计工作底稿后面，并在其他审计工作底稿上予以注明。

第四十三条　审计组组长对审计工作底稿的下列事项进行复核，并提出复核意见：

（一）审计实施方案确定的审计事项是否实施审计；

（二）审计实施方案确定的具体审计目标是否实现，审计步骤和方法是否执行；

（三）事实是否清楚；

（四）审计证据是否充分；

（五）适用法律、法规、规章是否准确；

（六）审计结论是否恰当；

（七）其他有关重要事项。

第四十四条　对审计工作底稿中存在的问题，审计组组长应当责成审计人员及时纠正。

第四十五条　审计人员应当对审计工作底稿的真实性、完整性负责；对未执行审计实施方案导致重大问题未发现的，审计过程中发现问题隐瞒不报或者不如实反映的，以及审计查出的问题严重失实的承担责任。

审计组组长对复核意见负责，对未能发现审计工作底稿中严重失实的行为承担责任。

第五章　审计报告的质量控制

第四十六条　审计报告是审计处实施审计后，对被审计单位的财务收支的真实、合法、效益发表审计意见的书面文书。

第四十七条　审计报告包括下列基本要素：

（一）标题，统一表述为“****审计报告”；

（二）编号，一般表述为“****年第*号”；

（三）被审计单位名称；

（四）审计项目名称，一般表述为“****年度****审计”；

（五）内容；

（六）出具单位，即审计处；

（七）签发日期。

第四十八条　审计报告的内容包括：

（一）审计依据，即实施审计所依据的法律、法规、规章的具体规定。

（二）被审计单位的基本情况，包括被审计单位的经济性质、管理体制、财务隶属关系或者国有资产监督管理关系，以及财务收支状况等。

（三）被审计单位的会计责任，一般表述为被审计单位应对其提供的与审计相关的会计资料、其他证明材料的真实性和完整性负责。

（四）实施审计的基本情况，一般包括审计范围、审计方式和审计实施的起止时间。

审计范围应说明审计所涉及的被审计单位财务收支所属的会计期间和有关审计事项。

（五）审计评价意见，即根据不同的审计目标，以审计结果为基础，对被审计单位财务收支真实、合法和效益情况发表评价意见。

真实性主要评价被审计单位的会计处理遵守相关会计准则、会计制度的情况，以及相关会计信息与实际的财务收支状况和业务经营活动成果的符合程度。

合法性主要评价被审计单位的财务收支符合相关法律、法规、规章和其他规范性文件的程度。

效益性主要评价被审计单位财务收支及其经济活动的经济、效率和效果的实现程度。

发表审计评价意见应运用审计人员的专业判断，并考虑重要性水平、可接受的审计风险、审计发现问题的数额大小、性质和情节等因素。

审计处只对所审计的事项发表审计评价意见。对审计过程中未涉及、审计证据不充分、评价依据或者标准不明确以及超越审计职责范围的事项，不发表审计评价意见。

（六）审计查出的被审计单位违反国家规定的财政收支、财务收支行为的事实和定性、审计建议以及法律、法规、规章依据。

（七）必要时可以对被审计单位提出改进财务收支管理的意见和建议。

第四十九条　审计组及组长对审计事项实施审计后，应当提出审计报告征求意见稿。

第五十条　审计报告征求意见稿经审计处长审核后，送达分管处领导复核，再送达被审计单位征求意见。

第五十一条　被审计单位对征求意见的审计报告有异议的，审计组应当进行核实，并做出书面说明。必要时，应当修改审计报告。被审计单位自收到审计报告之日起十日内没有提出书面意见的，视同无异议，并由审计人员予以注明。

征求意见的审计报告应予保留。

第五十二条　审计组应当将审计报告、被审计单位对审计报告的书面意见、审计组的书面说明、审计实施方案、审计工作底稿、审计证据以及其他有关材料，报审计处长复核并签字。

第五十三条　审计处长应当对下列事项进行复核，并提出书面复核意见：

（一）审计实施方案确定的审计

目标是否实现；

（二）事实是否清楚；

（三）审计证据是否充分；

（四）适用法律、法规、规章是否正确；

（五）评价、定性、处理、处罚和移送处理是否恰当；

（六）其他需要复核的事项。

第五十四条　审计处长应当将复核后的审计报告报送分管领导或者主要负责人签发。

第五十五条　审计组及组长对其提出的审计报告的真实性和完整性负责；对审计工作底稿记录的重大问题不予反映或者不如实反映的，审计报告反映的问题严重失实的承担责任。

第五十六条　审计处长对其复核的审计报告的恰当性负责；对审计组提出的审计报告中记录的重大问题隐瞒不报或者不如实反映的，其复核的审计报告反映的事实严重失实的承担责任。审计处主要负责人对审计报告负责。

第六章　审计档案的质量控制

第五十七条　审计组应当按照审计档案管理要求收集与审计项目有关的材料，建立审计档案。

第五十八条　审计档案实行审计组负责制，审计组组长对审计档案反映的业务质量进行审查验收。

第五十九条　审计组应当确定立卷责任人及时收集审计项目的文件材料；审计项目终结后，立卷责任人及时办理立卷工作。

第六十条　立卷责任人应当将与审计项目有关的下列文件材料归入审计项目案卷：

（一）结论类文件材料，主要是审计报告及审计业务会议记录、复核意见书、审计组的书面说明、被审计单位对审计报告的书面意见等审计报告形成过程中形成的文件材料、审计决定书及相关文件材料等；

（二）证明类文件材料，主要是被审计单位承诺书、审计工作底稿、审计证据等；

（三）立项类文件材料，主要是上级审计机关或者医院的指令性文件、与审计事项有关的举报材料及领导批示、审计实施方案及审前调查记录等相关材料、审计通知书和授权审计通知书等；

（四）备查类文件材料，主要是不能归入前三项的其他文件材料。

第六十一条　文件材料按照审计项目立卷，一个项目可立一卷或者若干卷，但不得将数个项目合并立为一卷。

跨年度的审计项目，在项目审计终结的年度立卷。

第六十二条　立卷责任人应当按照下列规则排列文件材料：

（一）审计项目案卷内的文件材料按照结论类、证明类、立项类和备查类的顺序排列；

（二）结论类采用逆审计程序并结合文件材料的重要程度排列；

（三）证明类按照审计工作底稿及所附审计证据与审计实施方案所列审计事项对应的顺序排列；

（四）立项类按照文件材料形成的时间顺序，并结合文件材料的重要程度排列；

（五）备查类按照文件材料形成的时间顺序，并结合文件材料的重要程度排列；

（六）审计项目案卷内的每份或者每组文件之间按照正件在前附件在后、定稿在前修改稿在后、批复在前请示在后、批示在前报告在后、重要文件在前次要文件在后、汇总性文件在前基础性文件在后的顺序排列。

第六十三条　立卷责任人将文件材料归类整理、排列后，交由审计组组长审查验收。

审计组组长按照有关规定对文件材料进行审查验收，并签署审查意见。对不符合规定的，应当责成有关人员改正或者向有关机构提出改进意见。

第六十四条　审计组所在科室应当按照规定期限将检查合格的审计项目案卷移交科室统一管理归档，做好该被审计单位审计资料库的建立或者补充工作。

第六十五条　审计组成员对文件材料内容的真实性、完整性负责。立卷责任人对卷内文件材料的完整性、归档的规范性负责。审计组组长对审查验收意见负责。

第七章　附则

第六十六条　本办法由医院委托审计处负责解释。

第六十七条　本办法自2011年7月1日起施行。

甘肃省中医院经济责任审计工作领导小组办公室工作制度

甘肃省中医院经济责任审计工作领导小组（以下简称领导小组）办公室（以下简称办公室）是多部门派员联合组成的非常设性办事机构，为确保办公室切实履行职责，特制定本工作制度。

一、办公室向领导小组负责并报告工作，办公室工作人员同时向派出部门和办公室负责并报告工作。

二、办公室成员应努力学习经济责任审计的法规和政策，提高政策水平和理论水平，适应工作发展的需要。

三、办公室例会

召开例会研究经济责任审计工作，是办公室开展工作的主要方式。例会每个季度召开一次，分别于每个季度的第1个月择时召开。会议议题由办公室主任、副主任会商，并报院领导批准后确定，提前一周通知办公室各位成员，办公室成员应根据议题作好参会准备。

如因工作特殊需要，办公室主任可安排临时性会议研究工作；办公室其他成员认为有必要纳入会议研究的事项，可报告办公室主任，由办公室主任统筹安排。

四、计划编制

办公室应遵循国家审计署“积极稳妥，量力而行，提高质量，防范风险”的指导原则，辩证思维，全面理解“突出重点、全面审计”的方针，密切联系医院工作需要，编制好经济责任审计工作计划，报领导小组审批。

在编制经济责任审计工作计划时，以组织部门提供拟进行经济责任审计人员名单为基础，集体研究，精心编制。重点在下列人员中确定审计对象：

1. 院内各处室（或受主管委托分管）财经、物资工作的领导干部；

2. 院内财务独立核算的经济实体的主要负责人；

3. 医院领导决定进行离任经济责任审计的干部。

上述1. 2条中，管理钱、物数量大的人员，以及第3条人员，列为经济责任审计必审范围。

经济责任审计工作计划经领导小组批准后，人事处根据计划下达委托书，审计处据委托书下达审计通知书，进入审计程序。

五、审计实施

1. 审计处按照审计规范组织实施审计；

2. 纪检监察部门受理与审计对象有关的群众举报事宜；

3. 人事处在审计过程中担任协调任务；

4. 计划财务部门为审计实施提供相关的会计资料和信息。

各部门在履行上述职责时，可通过办公室及时交流情况、互通信息、统一认识。重大事项经办公室研究，报领导小组研究决定。

六、审计成果利用

1. 审计处建立干部经济责任审计业务档案（存医院档案室）；

2. 人事部门在干部考核调整、换届、任免时将经济责任审计结果作为参考依据；

3. 纪检监察部门运用干部经济责任审计中发现的问题，有针对性地抓好干部廉洁自律和党风廉政建设，加大对违法违纪行为的查处力度；

4. 财务部门依据审计成果落实整改措施，帮助有关处室提高会计工作质量，建立和完善内部控制制度，规范操作程序，促进财经管理法制化、制度化、规范化建设。

七、保密原则

办公室成员对审计事项中需要保密或暂未解密的信息，承担保密责任。

甘肃省中医院干部任期经济责任审计实施办法

第一章 总 则

第一条 为了规范医院的经济责任审计工作，客观公正地评价干部任期经济责任，加强医院财经管理，维护财经纪律，促进廉政建设；并为考察和使用干部提供依据，促进加强干部管理，根据中共中央办公厅国务院办公厅印发《党政主要领导干部和国有企业领导人员经济责任审计规定》等文件精神和有关规定，制订本实施办法。

第二条 本办法所称干部，即审计对象是医院内各行政职能、各医疗科室和医技科室、后勤各部门，工商注册的下属单位。

第三条 本办法所称经济责任审计，是指对本办法第二条所列人员在任职期内，任职届满或调动、免职、辞职、撤职、离退休等原因离开现职岗位前的管理职责范围内的经济活动及履行经济责任的情况进行评价。

第四条 本办法所称经济责任，是指干部任职期间对其所在单位（部门）财务收支真实性、合法性和效益性以及有关经济活动应承担的责任。包括主管责任和直接责任。主管责任包括管理责任和领导责任。

第五条 为了推动和加强干部经济责任审计工作，医院成立经济责任审计工作领导小组及经济责任审计工作领导小组办公室。

（一）经济责任审计工作领导小组的主要任务是：

1. 根据上级有关经济责任审计的规定，结合本院实际情况，确定医院经济责任审计工作的指导思想和基本原则；

2. 审定经济责任审计工作计划和有关的制度；

3. 研究经济责任审计的重大事项；

4. 督促检查经济责任审计工作。

（二）经济责任审计工作领导小组由院长和院纪委书记，医院的相关部门（党委办公室、监察科、人事处、审计处、计划财务处等）负责人为成员。

（三）经济责任审计工作领导小组下设办公室，办公室设在审计处，具体任务是：

1. 制定经济责任审计工作领导小组办公室工作制度；

2. 编制经济责任审计工作计划；

3. 组织、协调重大审计事项实施；

4. 研究审计结果利用。

第六条 对需审计的领导干部，在审计处提出审计报告前，医院原则上不予办理调离、辞职或任免手续。

第二章 审计内容

第七条 医院计划财务管理部门负责人经济责任审计的主要内容为：

（一）是否依据《甘肃省中医院综合目标经济责任制》履行财务管理的职责；

（二） 医院预算的编制、调整和执行是否符合规定；

（三） 医院经费的筹集情况如何，各项收支是否纳入医院统一管理，有无乱收费、乱集资或截留、挤占、挪用医院收入等违纪违规和损失浪费问题；

（四） 债权、债务是否清楚，资金运作是否安全有效，有无纠纷和遗留问题；

（五） 财务规章制度和内部控制制度是否健全、有效；

（六） 资金管理是否符合规定，有无出租、出借、转让银行账户及公款私存等问题，现金、支票的管理是否合规，有价证券的购买及其资金来源是否合法、管理和使用是否安全妥善；

（七） 年度决算和财务报告及有关会计报表、会计账簿、会计凭证等会计资料是否完整、真实、合法，并按规定报经上级主管部门审批；

（八） 基建财务管理情况如何，财务制度是否健全，会计资料是否完整、真实、合法；

（九） 本人是否遵守财经法规和财务制度，有无违纪违规问题；

（十） 院领导及审计处认为需要审计的其他事项。

第八条　资产设备管理部门负责人经济责任审计的主要内容为：

（一） 是否依据《甘肃省中医院综合目标经济责任制》履行物资、设备等资产管理的职责；

（二） 物资、设备的购置是否符合医院和上级的规定，该招标的是否招标，审批手续是否齐全、完备；

（三） 专项设备资金的管理是否严格，有无截留、挪用情况；

（四） 设备房屋等固定资产使用的效率、效益如何，有无长期闲置不用的设备、房屋和损失浪费的现象，有无私自出租房屋、设备现象；

（五） 物资、设备、房屋等管理规章制度是否健全有效，账目登记是否及时、完整、真实，账实是否相符；

（六） 设备变卖、报损及物资材料损耗是否按规定程序进行；

（七） 大宗物资设备采购、零星基建维修工程等招投标是否按规定程序办理，手续是否完备、合法；

（八） 本人是否遵守财经法规和财务制度，有无违纪违规问题；

（九） 院领导及审计处认为需要审计的其他事项。

第九条　基本建设管理部门负责人经济责任审计的主要内容为：

（一） 基建项目是否纳入计划管理，基建投资计划是否报经主管部门审批，有无计划外工程项目和超计划工程项目，有无自行改变原批准建设项目或者扩大建筑面积、提高建设标准等问题，该招标的是否招标；

（二） 基建资金的筹集情况如何，是否真实、合法，有无乱集资等问题；管理和使用是否符合规定，有无截留、挪用等问题；使用效益如何，工程质量是否达到设计要求，有无严重超预算工程项目和长期延误工期项目，有无损失浪费；工程竣工结算是否真实、合法并经审计后付款；

（三） 工程招标、承包是否按规定程序进行，手续是否完备、合法，合同、协议的执行情况如何；

（四） 各项管理制度和内部控制制度是否健全有效；

（五） 基建材料、设备管理是否符合规定，记录是否清楚；

（六） 本人是否遵守国家财经法规和财务制度，有无违纪违规问题；

（七） 院领导及审计处认为需要审计的其他事项。

第十条　后勤管理部门负责人经济责任审计的主要内容为：

（一） 是否依据《甘肃省中医院综合目标经济责任制》履行经济管理的职责；

（二） 授权管理的财产物资等各类资产状况如何，是否保值增值，有无无偿占用医院资产的情况；

（三） 各项收入是否纳入财务管理，有无乱收费、乱集资或截留、挤占、挪用医院经费和其他经费的问题；

（四） 各项支出是否纳入财务管理，是否真实、合法，效益如何，有无滥发钱物和损失浪费等问题；

（五）后勤管理规章制度和内部控制是否健全、有效；

（六） 是否按照有关规定对所办经济实体进行管理，所办经济实体的资产、负债、所有者权益及盈亏状况如何；利润分配是否符合规定，是否足额向医院上缴有关费用和利润；

（七） 与所属经济实体和外单位签订的重大协议、合同等是否合法、合规，执行结果如何，有无损害医院权益的问题；

（八） 债权债务是否清楚，有无经济纠纷和遗留问题；

（九） 经济决策是否按规定的程序进行，效益如何，有无重大失误；

（十） 本人是否遵守国家财经法规和财务制度，有无违纪违规问题；

（十一）院领导及审计处认为需要审计的其他事项。

第十一条　医院其他部门负责人经济责任审计的主要内容为；

（一） 是否依据《甘肃省中医院经济责任制》履行经济管理的职责；

（二） 本单位经费状况如何，各项收入是否纳入财务管理，有无乱收费、乱集资或截留、挤占、挪用医院经费和其他经费的问题；各项支出是否纳入财务管理，是否真实、合法，效益如何，有无滥发钱物和损失浪费等问题；

（三） 各类资产的状况如何，是否安全完整、保值增值；

（四） 所办产业的资产、负债、所有者权益及盈亏状况如何；

（五） 本单位债权、债务是否清楚，有无经济纠纷和遗留问题；

（六） 财经规章制度和内部控制制度是否健全、有效；

（七） 经济决策是否按规定的程序进行，效益如何，有无重大失误；

（八）本人是否遵守国家财经法规和财务制度，有无违纪违规问题；

（九）院领导及审计处认为需要审计的其他事项。

第三章　审计程序及方法

第十二条　医院干部任期经济责任审计，按医院干部经济责任审计工作领导小组审定的经济责任审计工作计划，党委会同纪检监察部门提出委托，由医院审计处负责组织实施。特殊情况，院长可直接决定对有关干部的经济责任进行审计。若因内审力量不足或其他原因，审计处可提出建议，经院领导同意，可委托社会审计组织进行审计。委托社会审计的费用，原则上由医院按规定支付。

第十三条　审计处应抽调适当人员，组成审计小组，在实施审计3日前向被审计人和相关单位送达审计通知书，被审计人应根据审计通知书的要求限期提交书面述职报告和经济责任审计表格等资料。

第十四条　述职报告一般包括下列内容：

（一）个人工作基本情况。

（二）单位基本情况。

（三）经济目标完成情况。

（四）是否依据《甘肃省中医院综合目标经济责任制》履行了经济管理的职责。

（五）本单位资产的状况如何，是否安全完整、保值增值。

（六）所办产业或实体的资产、负债、所有者权益及盈亏状况如何。

（七）本单位债权、债务是否清楚，有无经济纠纷和遗留问题。

（八）财经规章制度和内部控制制度是否健全、有效。

（九）经济决策是否按规定的程序进行，效益如何，有无重大失误。

（十）本单位经费状况如何，各项收入是否统一纳入医院的财务管理，有无乱收费、乱集资或截留、挤占、挪用医院经费的问题；各项支出是否统一纳入医院财务管理，是否真实、合法，效益如何，有无滥发钱物和损失浪费等问题。

（十一）本人是否遵守国家财经法规和财务制度，有无违纪违规问题。

（十二）其他需要说明的事项。

第十五条　经济责任审计表格主要涉及下列表格：

（一）个人简况表；

（二）本单位管理制度的制定和执行情况表；

（三）单位财产管理情况表；

（四）单位债权统计表；

（五）单位债务统计表；

（六）任期内单位财经法规与纪律执行情况自查表；

（七）单位负责人经济责任自我评价表；

（八）单位资金来源与使用情况表。

第十六条　审计组在实施审计前，应根据被审计人和相关单位的具体情况编制审计方案；在实施审计过程中，通过审查有关行政负责人的述职报告及所在部门的会计资料、实物资产，查阅与审计事项有关文件、资料，召开有关人员座谈会和个人调查等方式进行审计、取证，按规定形成审计工作底稿。

第十七条　审计终结后，审计小组应向审计处汇报审计结果及对问题的处理建议，审计组向审计处领导报送审计报告征求意见稿，重大问题及时向经济责任审计领导小组办公室汇报，并在15日内提出审计报告。

第十八条　审计报告应征求被审计人和所在单位的意见，被审计人和有关单位应自接到审计报告之日起10日内，将书面意见送审计处；逾期视为无异议。

第十九条　审计小组在接到被审计人员及所在单位的书面意见后，要认真研究、修订，对审计事项做出评价，明确被审计对象对所管理的经济活动中存在的问题应负的责任，应当在分析主客观原因的基础上，按照有关规定，确定应负直接责任或者主管责任。

第二十条　审计小组将审计报告及被审计人员和所在单位的书面意见一并报审计处，由审计处长负责组织审核后，报送医院主管领导审批签发，再送交党委和纪委监察科。医院有关行政负责人经济责任审计不出具审计意见书和审计决定书。

第二十一条　为了加强对干部的事前、事中、事后的监督，医院审计处有权对干部任职期间的经济责任实施届中监督，定期或不定期地抽查和考核任职干部所涉及的经济活动和承担的经济责任。

第四章　附则

第二十二条　本办法由医院委托审计处负责解释。

第二十三条　本办法自2011年7月1日起执行。

甘肃省中医院中层领导干部任中经济责任审计实施办法

第一条　为加强医院中层领导干部履行经济责任情况的经常性监督，促进经济责任审计监督逐步从事后监督向事中监督转变，正确评价中层领导干部的任期经济责任履行情况，促进廉政勤政建设，根据中共中央办公厅国务院办公厅印发《党政主要领导干部和国有企业领导人员经济责任审计规定》等文件精神和有关规定，结合医院实际，制定本办法。

第二条　本办法所称任中经济责任审计，是指审计处根据医院安排，对任职期间的领导干部履行经济责任情况实施的审计。

任中经济责任审计是经济责任审计的一种重要形式，要逐步建立任中审计与离任审计相结合的经济责任审计新模式。

第三条　任中经济责任审计的对象。任中经济责任审计的对象是医院职能部门包括后勤产业公司等负有经济责任的处级领导干部。

第四条　任中经济责任审计对象的确定，应充分考虑干部监督管理工作的实际需要，在确保审计质量的前提下，按照适量、均衡、突出重点的原则予以安排。在确定具体审计对象时主要考虑以下因素：

1. 任职时间较长，原则上在同一岗位任职满四年及以上；

2. 对医院资源有管理和分配权；

3. 社会和职工关注度较高；

4. 医院认为有必要进行审计的领导干部。

第五条　任中经济责任审计对象的确定程序。任中经济责任审计对象按照下列程序确定：

1. 每年年底，人事处等向经济责任审计工作领导小组办公室提出下一年度任中审计对象建议名单；

2. 经济责任审计工作领导小组办公室召开经济责任审计联席会议，讨论并确定下一年度任中经济责任审计对象；

3. 经济责任审计工作领导小组办公室根据联席会议确定的审计对象，拟定下一年度任中经济责任审计工作计划，并报医院经济责任审计工作领导小组审批；

4. 审计处根据批示将任中经济责任审计工作计划列入下一年度审计工作计划，并负责组织实施。

第六条　已实施任中经济责任审计的领导干部一年内离任的，原则上不再安排离任审计。特殊情况不受任职时间限制。

第七条　任中经济责任审计的内容。任中经济责任审计要对审计对象任职期间所在单位财务收支的真实性、合法性和资源使用的效益性，以及有关经济活动进行全面审计，同时重点突出以下审计内容：

1. 单位内部控制制度的健全性和有效性；

2. 重大经济事项决策的规范性和有效性；

3. 主要财务收支情况；

4. 国有资产的管理和使用情况；

5. 本人及单位遵守财经法规情况；

6. 其他需要审计的事项。

第八条　任中经济责任审计项目实行计划管理。项目立项后，审计处根据审计工作量和实际工作的需要，安排与审计任务相适应的审计人员组成审计组，并指定审计组组长，明确审计人员分工。审计组实行组长负责制。

第九条　任中经济责任审计的程序

1. 进行审前调查。审计组在编制审计实施方案前，应当进行审前调查，了解被审计领导干部所在单位和被审计领导干部的基本情况。

2. 编制项目审计实施方案。编制审计实施方案应当根据重要性和谨慎性原则，在评估审计风险的基础上，围绕审计目标确定审计的范围、内容、步骤和方法。

3. 送达审计通知书。

4. 实施任中经济责任审计。

5. 起草审计报告，并征求被审计领导干部本人及其所在单位的意见。

6. 出具审计结果报告等文书。

第十条　在审计组实施审计前，应当要求被审计领导干部及其所在单位对所提供的与审计事项有关的资料的真实性、完整性做出书面承诺。

第十一条　审计组在实施审计工作前应向被审计对象通报审计工作的具体安排和要求，通报方式可以采取召开审计进点见面会或者书面通知的方式；

第十二条　审计组应当要求被审计领导干部提交任职期间履行经济责任情况的书面材料，并于审计工作开始后5日内送交审计组。书面材料的内容主要包括；

1. 个人工作基本情况；

2. 单位基本情况；

3.《甘肃省中医院综合目标经济责任制》的履行情况；

4. 重大经济决策及相关项目情况；

5. 国有资产的管理和使用情况；

6. 单位内部控制制度的建立、健全及其执行情况；

7. 单位及本人遵守国家财经法规和领导干部廉政规定的情况；

8. 本人认为在经济责任方面存在的问题及建议；

9. 需要说明的其他情况。

第十三条　在任中经济责任审计过程中，根据《审计法》有关规定，视审计情况必要时审计人员也可选择以下审计形式：

1. 查阅党委、行政及有关部门与审计事项相关的文件、会议记录、纪要、函件、通知等相关资料；

2. 分别与副职、职工代表及相关人员进行个别谈话，广泛听取他们对被审计领导干部的反映和评价；

3. 召开职工座谈会，听取对被审计领导干部的评价，并了解有关情况；

4. 对领导干部进行民主测评，就领导干部任中经济责任审计内容中的有关问题，以问卷的形式进行审计调查。

第十四条　审计人员应当根据《内部审计实务指南》、《甘肃省中医院领导干部任期经济责任审计实施办法》和本办法有关规定，实施任中经济责任审计。

第十五条　任中经济责任审计事项终结后，审计处应出具审计报告。任中经济责任审计报告应包含以下主要内容：

1. 实施任中经济责任审计项目的法律法规依据和委托、授权依据；

2. 被审计领导干部及所在单位的基本情况；

3. 被审计领导干部所在单位财务状况，各项工作目标、任务完成情况等；

4. 审计发现的被审计领导干部及所在单位在财务收支的真实性、合法性和资源使用的效益性方面存在的问题;

5. 对被审计领导干部及所在单位存在问题的处理意见及建议;

6. 需要反映的其他情况。

第十六条 任中经济责任审计报告经主管院领导审批后,应主送组织部门,同时抄送被审计领导干部及其所在单位。

第十七条 审计处对领导干部及所在单位违反国家财经法规和廉政规定,认为需要依法予以处理、处罚的,应在职权范围内做出处理决定;认为需要依法给予党纪政纪处分的,应移交干部管理部门和纪检部门处理;认为触犯刑律应当追究法律责任的,应建议移交司法机关处理。

第十八条 被审计领导干部所在单位应按照《甘肃省中医院审计结论执行办法》的要求,积极落实审计意见及建议,认真填报《审计结论执行情况反馈表》,并在规定时间内将执行结果报送审计处。

第十九条 任中经济责任审计实行公示制度。实施审计前,审计组将审计内容、范围、要求、审计组成员和联系电话等事项在医院网站公示,接受群众监督。

第二十条 本办法由医院委托经济责任审计工作领导小组办公室负责解释。

第二十一条 本办法自2011年7月1日起施行。

甘肃省中医院专项资金绩效审计暂行办法

第一章 总 则

第一条 为进一步规范和加强医院专项资金管理,提高资金使用效益,逐步建立更加科学、规范的专项资金运行机制,根据《中华人民共和国审计法》和卫生部《卫生部内部审计工作规定》,结合医院实际情况,制定本办法。

第二条 本办法所称专项资金,是指上级和有关主管部门下拨的、医院配套的专项经费和院内预算安排的有专门用途的经费。包括中央财政专项资金和医院自筹专项资金。

第三条 本办法所称专项资金绩效审计,是指医院审计处依据国家有关法律法规,对有关单位管理和使用专项资金的经济性、效益性和效果性所进行的审计。

第二章 立项原则和审计内容

第四条 专项资金绩效审计贯彻“全面审计、突出重点”的原则,在全面监督的基础上,选择具有代表性或数额较大的专项资金进行重点审计。

第五条 选择和确定绩效审计项目应遵循重要性、时效性、增值性和可行性原则。

(一)重要性原则。是指选择的项目对医院事业的发展影响较大,社会关注和医院职工高度关心的。

(二)时效性原则。是指选择项目审计的时机,要围绕当前医院的中心工作选择审计项目,尽量避免介入时间过早或过迟。

(三)增值性原则。是指选择的项目在管理和效益上有改进的空间,审计成果的可利用程度较高。

(四)可行性原则。是指选择项目时要考虑被审计对象的配合程度,审计实施的可操作性和审计部门自身的审计资源和能力。

第六条 专项资金绩效审计的主要内容:项目资金安排和使用情况、项目管理和实施情况、项目绩效目标及完成情况。

(一)项目资金安排和使用情况。审查资金预算安排及到位情况、资金使用情况和资金结余情况,分析项目资金预算的合理性、拨付的及时性,是否专款专用,跟踪监管的措施。重点揭示专项资金在使用过程中的损失浪费情况,分析其产生的原因。

(二)项目管理和实施情况。审查项目立项及批复情况、项目实施情况、项目管理情况和项目验收、完成情况。分析专项资金对应项目的管理是否制度健全,制度的执行是否到位,项目实施的程序是否规范有效,项目组织实施是否科学并按计划完成。

(三)项目绩效目标及完成情况。分析项目资金管理和使用的经济性、效益性和效果性,评价项目的绩效目标完成情况。在评价项目经济效益的同时,要关注项目的社会效益。

第三章 审计程序和方法

第七条 审计处每年应当根据医院内部管理的要求,围绕医院改革和发展中的重点和热点问题,根据立项原则,确定重点审计项目,编制专项资金绩效审计项目计划,报医院主管领导审批后实施。

第八条 绩效审计过程中所涉及的有关部门和个人应当配合审计处的工作,并在规定时间内如实提供与审计事项有关的资料,不得拒绝和阻碍审计人员依法履行审计职责。被审项目所在单位或项目负责人应提供以下资料:

(一)有关法律法规、政策制度、管理办法;

(二)技术标准、行业规范;

(三)项目可行性研究报告、项目申报文本、项目验收报告;

(四)项目财务执行报告和决算报告;

(五)其他相关资料。

第九条 审计处依法开展绩效审计工作。专项资金绩效审计一般应当包括审计准备、审计实施、审计报告三个阶段。

第十条 审计准备阶段。审计人

员应当对审计项目进行充分和认真的审前调查，收集和分析与审计对象相关的基础资料、资源状况、管理制度以及评价标准等资料和信息，初步确定专项资金绩效评价标准，并在此基础上制定切实可行的审计实施方案。

第十一条　审计实施阶段。审计人员应当根据审计实施方案确定的具体审计目标和审计内容，收集审计证据。在分析和整理审计证据基础上，选择适当的审计标准和评价方法，对被审计对象管理和使用专项资金的经济性、效率性和效果性进行审核评估，确定其资金的管理水平，评价所实施的相关项目是否达到了预期目标，分析评价因管理不善、决策失误等原因造成的损失浪费。在审计实施过程中，审计人员应当认真编制审计工作底稿，填写审计记录。

第十二条　审计报告阶段。审计人员应当根据项目实施审计后做出的审计评价意见和审计证据以及项目的具体目标撰写绩效审计报告。审计报告必须客观公正、实事求是地反映审计对象的专项资金绩效情况。

第四章　审计评价

第十三条　总体要求：审计人员必须在对财务收支真实、合法审计的基础上，选择重要事项进行绩效指标的评价。审计评价应力求客观公正、准确恰当，避免盲目求全，超越审计范围，以规避审计风险。

第十四条　评价原则：审计评价应遵循重要性、客观性、准确性和谨慎性原则。

（一）重要性原则。即从绩效角度，重点对影响绩效的重要问题进行评价，避免面面俱到。对一般性财务核算问题可不做评价，或只做简要概括。

（二）客观性原则。审计人员应在审计查证的基础上，依据确定的审计评价标准，对所审计事项进行评价，并对问题产生的原因进行全面分析，发表客观公正的审计意见。

（三）准确性原则。审计评价应措辞恰当，表述清楚，少用或不用修饰性语言，尽可能做到量化分析，所有结论均有事实依据和出处，并注意评价的全面性，防止以偏概全。

（四）谨慎性原则。审计人员进行审计评价应坚持稳健、谨慎的态度。对审计过程中未涉及的审计事项，评价依据不充分的，以及超越审计范围的事项不予评价；对审计难以定性的事项仅予披露，不做评价。

第十五条　评价体系和评价标准：绩效审计评价体系由具体评价标准所组成，评价标准应当具有客观性、公正性、可靠性和全面性。审计人员应当与被审计单位和其管理部门以及有关专业人员根据每个项目的具体情况、国家政策、行业标准、项目目标等方面共同研究讨论，以确定该项目公认的审计评价标准。审计评价标准一般分为三类：

（一）政策标准。主要是国家法律、法规、相关政策和原则，它是审计人员开展绩效审计的重要标准和首要依据。

（二）技术标准。主要是国际标准、国家标准和行业标准。

（三）经济标准。即经济目标实现程度，主要包括经济指标、工作任务、历史最好水平、院际最好水平等。

第十六条　审计评价方法：专项资金绩效审计采用定性和定量相结合的评价方法，一般以定量分析为主，定性分析为辅。定量评价以结果导向分析为基础，综合运用经济分析预测的相关方法，根据项目支出的特点和影响项目投入产出的各项因素，逐步建立适应不同项目类别和资金管理要求的评价指标体系。对于涉及医疗方面的专项资金，建立医疗绩效评价体系；对于科研资金，建立科研绩效评价体系；对于资产购建方面的资金，建立资产绩效评价体系。

在采用比较分析法时，既要进行同一项目成本效益年度间的纵向对比分析，也要参照国内外医院同类指标进行横向对比分析，逐步建立比较指标数据库。

第十七条　对实施周期较长的跨年度项目，根据管理需要在项目实施过程中进行阶段性评价。主要对项目完成进度、阶段性目标完成情况、项目效益与预期目标的偏差情况等进行考核与评价。

第五章　审计结果的应用

第十八条　被审项目所在单位或项目组对审计报告提出的意见和建议，应当按照《甘肃省中医院审计结果整改督查实施办法》的要求，在规定时间内整改落实，并将整改落实情况书面报告审计处。

第十九条　审计处应当进行后续审计监督，督促检查被审计单位对审计意见的采纳、整改情况和审计决定的执行情况。审计处有权根据实际情况对审计结果或被审计单位整改落实情况进行公告。

第二十条　专项资金绩效审计情况应作为下一年度预算资金安排的重要依据之一，财务部门结合专项资金绩效审计报告提出下一年度专项资金预算安排方案。

第二十一条　专项资金绩效审计列入医院领导干部经济责任审计重要内容，专项资金绩效审计结果作为评价领导干部经济责任和工作实绩的重要依据。

第六章　附则

第二十二条　本办法由医院委托审计处负责解释。

第二十三条　本办法自2011年7月1日起执行。

甘肃省中医院审计结果整改督查实施办法

第一条　为维护审计监督的严肃性，加强对审计结果执行的跟踪检查，促进审计结论的整改落实，切实提高审计效能。根据《中华人民共和国审计法》、《审计署关于内部审计工作的规定》、《中国内部审计准则》的相关规定，结合医院实际情况，制定本办法。

第二条　本办法所称审计结果，是指医院审计处按照规定程序实施审计后，出具的审计报告、审计意见书等审计文书中要求被审计单位执行的审计意见、审计建议，以及医院领导批示的整改意见和整改措施等。

第三条　本办法所称整改督查，是指医院审计处对被审计单位整改落实审计结果情况进行督促检查的活动。

第四条　审计结果整改督查的对象是指医院审计处已对其出具审计报告的被审计单位和个人。

第五条　审计处是医院审计结果整改督查的主管部门，负责监督检查审计结果的执行工作。

第六条　审计处与纪委、监察、财务、人事等部门建立审计结果整改工作联动机制，充分发挥各自职能，形成合力，促进审计结果的全面执行。

第七条　医院建立审计结果整改分级责任制度，被审计单位主管院领导负有领导责任、被审计单位负责人负有直接主管责任、被审计单位经办人员负有经办责任。审计结果的整改应分级负责，认真落实。审计结果整改情况纳入被审计单位年度考评。

第八条　审计整改通知书自送达签收之日起生效，被审计单位在收到审计整改通知书后应认真按照审计报告、审计意见书中指出的问题及提出的意见进行整改落实，并严格按照审计意见办理（或处理）有关事项，1个月内整改完毕，并按要求填报审计结果整改情况反馈表（见附表）报审计处，随表附送相关整改资料及凭证。

第九条　被审单位若对内部审计结果有异议，可按照《医院内部审计工作规定》书面提出或请求复审，报请主管审计工作的领导裁定。在申辩和申请复审期间，不影响原审计结果的执行。

第十条　审计处自审计结果生效之日起2个月内，对被审计单位和有关部门审计结果整改情况进行后续审计或检查督办，及时了解审计结果整改和落实情况，监督审计意见的执行和办理结果，并将检查结果定期向医院领导报告。

第十一条　审计处对在规定期限内拒绝执行审计结果或不按审计结果整改的，审计处启动联动机制，由联动成员单位根据各自职能进行责任追究。计划财务处按照审计报告或审计意见书的建议进行有关的账务处理；监察科按照有关规定追究被审计单位负责人及有关责任人员的行政责任，并将审计结果整改的情况纳入考核被审计单位廉政建设的内容；组织部将审计结果整改情况纳入领导干部考核内容，作为干部年度考核指标之一。

第十二条　审计处建立审计结果整改公告制度，采取适当的方式，向医院职工通报审计结果整改情况。

第十三条　本办法由医院委托审计处负责解释。

第十四条　本办法自2011年7月1日起执行。

甘肃省中医院审计结果公告暂行办法

第一条　为规范审计行为，提高审计工作透明度，保证审计工作公平、公正、公开，充分发挥审计监督的作用，依据《中华人民共和国审计法》、审计署《审计结果公告试行办法》、《甘肃省中医院内部审计工作规定》和有关法律法规，结合医院实际情况，制定本办法。

第二条　本办法所称审计结果公告，是指医院审计处通过院内一定形式的信息载体，在一定范围内公开审计结论性文书所反映的主要内容和被审计单位整改落实的情况（因保密规定不能公开的内容除外）。

第三条　审计结果公告遵循的原则：

（一）坚持积极稳妥、实事求是、注重效果、客观公正的原则；

（二）坚持时效性、重要性、审慎性、保密性的原则；

（三）坚持有利于规范管理、严格审批程序和权限的原则。

第四条　审计结果公告的组织及程序

（一）审计结果公告应按规定程序报批，由医院审计处负责组织实施。

（二）凡对外公告的审计结果，审计处必须填写《审计结果公告审批单》，拟稿需要公告的审计事项（包括公告内容、公告方式、公告时间、公告范围等），履行规定的审批手续后方可公告。

（三）审计结果公告应当按照以下规定办理审批手续：

1. 公告医院财务预算执行情况和财务决算的审计结果，应当报经医院院长办公会批准；

2. 处级领导干部及重点岗位负责人任期经济责任审计结果公告，由医院经济责任审计领导小组批准；

3. 医院基建项目等的审计结果

公告由医院分管院领导批准；

4. 其他审计事项的审计结果需要公告的，按规定程序审议后，经主管领导签批予以公告。

第五条 审计结果公告的范围：

（一）医院财务预算执行情况和财务决算的审计结果；

（二）医院附属注册企业财务状况和经营损益的审计结果；

（三）处级领导干部任期（中）经济责任审计结果；

（四）专项资金审计、绩效审计和财务收支审计的审计结果；

（五）医院及部门内部控制审计情况；

（六）基建项目的审计情况；

（七）其他需要公告的审计事项。

第六条 审计结果公告的内容：

（一）实施审计的基本情况；

（二）审计发现的主要问题；

（三）审计意见或建议；

（四）审计发现问题的整改情况。

第七条 审计结果公告采用不定期进行公告，可采用以下任何一种形式。

（一）通过医院内部OA系统发布；

（二）通过会议、文件或审计处编印的有关简报等形式公告；

（三）通过院内其他媒体发布；

（四）其他适当的形式。

第八条 审计结果的公告不再征求被审计单位或个人的意见。

第九条 未经批准擅自发布审计结果公告的，应当依据法律法规追究发布者的责任。阻碍审计结果公告或者报复陷害审计人员的，依法追究其责任。

第十条 公布审计结果形成的有关资料，应按有关规定整理归档。

第十一条 本办法由审计处负责解释。

第十二条 本办法自2011年7月1日起施行。

甘肃省中医院基建工程送交社会审计的实施办法

为了保证基建工程审计质量，进一步规范医院内部基建工程审计工作，节约建设资金，增强基建审计法律效力，特制定基建工程送交社会审计的实施办法。

一、送交社会审计的范围

医院基建项目凡由审计处进行内部审计后且具备下列条件的送社会审计：

（一）工程造价较高（一般在1万元以上）；

（二）上级拨款单位指令需送审的；

（三）虽不足1万元，但在内审中与施工单位争议较大，难以处理的；

（四）虽不足1万元，但施工项目比较独特，医院审计部门不具备该项目审计能力的。

二、社会审计的送审程序

（一）审计处基建工程审计负责人提交基建项目内部审计后的决算书等资料，提出送交社会审计意见。

（二）经过审计处研究，向分管院领导提出送交社会审计的报告。

（三）经分管院领导批准后，上报省卫生厅审批并办理有关社会审计手续。

三、社会审计实施步骤

（一）施工合同的签订

为了避免在竣工结算时引起不必要的麻烦，基建处、后勤管理处在与施工单位签订的施工合同中要注明“工程结算经医院审计处审计后，送社会审计事务所进行二次审计”。

（二）拟送社会审计单位

拟送的社会审计单位必须是信誉资质较高或是省卫生厅指定的社会审计事务所。送审的社会审计单位对施工单位严格保密。送审的社会审计单位由审计处负责协调，独立办理，不受医院领导或其他部门干预。

（三）与送审的社会审计单位签订审计合同

审计合同中应明确提交审计报告的时间、违约责任等内容。社会审计单位提取的审计费用，依据上级有关文件或《甘肃省中医院基建修缮工程项目审计办法》相关条款执行。由双方协商解决。

（四）移交审计资料

移交审计资料是指向社会审计单位移交医院审计处一审后的审计资料，包括：审计决算书、施工合同、施工图纸、施工变更、签证、施工材料清单等与审计有关的资料。审核清点完毕，双方在移交清单上签字。

（五）交代施工现场

为便于社会审计单位到施工现场核查，审计处人员协调，基建项目负责人带领社会审计人员到施工现场进行交代。

（六）对账

接到社会审计单位对账通知后，由审计处通知施工单位，在指定的地方，三方（医院、施工单位、外审单位）对账。三方无争议后，在审计报告上签字。施工单位与社会审计单位有争议，应由社会审计单位出面找省、市仲裁部门解决；医院审计处与社会审计单位有争议，双方共同协商解决；重大问题，及时请示医院领导。

（七）施工结算

施工单位凭三方签字的工程审计报告和审计处的《审计决定书》，上报院长办公会，院领导签批通过后，方可到医院财务处等部门办理工程财务结算手续。工程审计报告一式六份，社会审计单位施工单位各执一份。其余四份由医院有关部门保存。

（八）工程结算后，由社会审计单位退回送审的审计资料。

（九）审计后的全部资料由审计

处移交基建处、后勤管理处，保留或按规定存档。审计处只保留审计结果。

四、本办法由审计处负责解释。

甘肃省中医院基建、修缮工程项目审计暂行办法

第一章　总则

第一条　为了加强对医院基建、修缮工程项目的审计监督，维护医院的合法权益，提高基建、修缮工程资金的使用效益，有效防止国有资产流失，根据《中华人民共和国审计法》、《审计署关于内部审计工作的规定》(审计署第4号令)、《卫生系统内部审计工作规定》制定本办法。

第二条　本办法所称基建工程是指医院所属各类房屋建筑的新建、扩建、改建及其附属设施的建设改造和与之配套的线路、管道、设备和安装活动。

第三条　本办法所称修缮工程是指医院所属各类房屋建筑及附属设施的修缮工程，二次装修工程以及随同房屋修缮工程施工的零星添建工程，移地翻建工程和该工程中的给排水、卫生设备及采暖、锅炉安装和锅炉、通风工程的拆除、维修、改装、安装工程。

第四条　本办法所称基建、修缮工程项目审计，是指项目投资经济活动开始至项目竣工验收前，对与基建、修缮工程项目有关的财务收支的真实性、合法性、投资效益进行的审计监督。

第五条　基建、修缮工程项目审计的目的是促进项目建设有关单位加强管理，保障建设投资合法、使用合理，正确评价投资效益，提高基建、修缮工程项目管理水平。

医院用下列资金投入形成国有资产的基建工程项目及1万元以上的修缮工程项目应接受医院的监督审计。

1. 国家拨款

2. 医院自筹资金

3. 社会捐赠资金

4. 其他建设资金

第六条　基建、修缮工程项目由医院纪委监督，审计处组织实施。工程审计采用内部审计或委托社会中介机构审计等方式进行，在有关工程项目决算委托外审过程中，审计处负责内外联系及协调工作。

第七条　基建、修缮工程项目审计的主要依据

1. 《审计法》、《经济合同法》、《建筑法》、《招标投标法》、《税法》等有关法律法规。

2. 国家颁发的设计施工及验收规范、标准图、通用图；甘肃省建设厅颁布的有关规定。

3. 甘肃省基价定额标准及补充定额、造价管理部门的文件规定。

4. 工程项目自立项建设至竣工交付全过程中各类背景性文件资料等。

第八条　基建、修缮工程项目审计的基本要求与目标为：相关工程项目费用组成或整体造价的真实性、合法性及效益性。

第二章　基建工程项目审计

第九条　由医院确立的基建工程项目，基建部门应将其批准核定的年度基建计划及基建项目调整计划等文件及时抄送纪委、审计处存查备案。

第十条　基建工程项目招投标工作，由医院招标采购科负责组织招标工作，审计处参加基建工程项目招投标、竣工验收等活动，履行内部审计监督职责。

第十一条　审计部门对基建工程项目开工前审计的主要内容：

(一) 基建及大型维修工程项目开工前的各项审批手续是否完备、合法，资金是否落实，拟建方案是否经济可行，投资是否纳入医院的年度投资计划；

(二) 审计处对建设工程项目标底(注：进入甘肃省或兰州市建设工程交易中心的工程和委托造价咨询机构编制的标底除外) 拟定的合规、合理性，招标文件及招标过程的合规、合法、有效性进行审计监督；

(三) 工程招投标、发包是否遵循国家及省、市有关招投标的法规、条例，是否符合医院制定的招投标的有关规定；

(四) 施工前期的各项准备工作是否已满足开工要求，设计图纸是否完备，基建规模和设计标准是否与批准的可行性研究报告文件及上级批准的计划相符，有无超规模、超标准等问题；

(五) 工程承包、监理、设计等所签合同或协议书中的责权利，质量、工期，取费等级、拨付款办法，奖罚、保修及时效等内容是否全面、合规。所签合同或协议书是否已分送审计处和计划财务与国资管理科备案。

第十二条　审计处实施工程项目在建期审计监督。其主要内容：

1. 建设项目概算执行情况

(1) 建设资金的使用是否合规合法；

(2) 概、预算执行情况及变更内容、变更程序的合规合法性，有无遗漏或设计文件的计划外工程混入预算；

(3) 材料的供应过程是否合规合法，主要材料(钢材、水泥、木材、保温、防水、电线电缆、地材地砖)及构件(门窗、水暖、照明、强电、弱电、消防)是否合格，有无检验报告，有无假冒伪劣，有无盲目替代；

(4) 建设期的管理行为是否规范、建设项目的内部控制制度是否健全；

（5）工程项目成本及相关财务收支核算的真实性、合法性，有无偷工减料、高估冒算、以各种理由提前支付款项、虚报冒领工程款等问题。

（6）计划财务处、基建处应按照施工合同和医院的有关规定对预付工程款严格把关。预付项目工程款应留足尾款。

2. 建设项目经济合同实施情况。医院在与外包工程签订合同或协议时应通知审计处派员参与。审计处对合同或协议草案中有关工程造价、进度付款、现场管理、材料调拨、结算取费、施工队伍资质等级等条款，提出审计意见。基建处对审计意见，有异议时，应及时协商统一，不能统一的，提交分管院领导决定。对审计意见无异议时基建处应予采纳落实，并按照国家有关规定和标准签订工程合同或协议，报送审计处签章。必要时，请医院法律顾问咨询把关。

凡属审计监督范围的基建项目、专项维修项目未签订施工合同、协议，或虽签订而未经审计处审签的，工程不得开工。如有特殊情况需经分管院领导签署意见方可开工。如擅自开工，审计处不予审计，计划财务处门不得拨款。擅自开工和付款的，建议由医院追究责任人的责任。

施工合同或协议正本一式八份，医院六份（纪委、财务、审计、招标、基建、院办备查）施工单位两份，作为履行各自的职责依据。

3. 在建期的跟踪审计。工程变更现场签证审计；工程量变化现场勘察审计等。

第十三条　医院采取招标确定的一次性包干项目，在包干工程竣工后，由纪委、审计处根据情况确定是否进行决算审计。

第十四条　工程完工后，应经工程质量监督部门验收合格，审计处办派员参加验收，方可进行工程决算或结算。原则上基建工程项目应在竣工验收合格后三个月内送审。

第十五条　工程项目决算送审前，基建处应组织有关人员对其进行技术性审核，并承担工程项目的初审责任。有监理的基建工程，应由监理公司组织初审，基建处组织再审，最后由审计处送交社会审计。

第十六条　工程项目竣工决算经初审送交审计处时，基建处需提供以下资料：

1. 工程竣工结算书，工程类别审定单，施工单位取费证书；

2. 工程施工合同（含补充合同、协议），招投标文件，有关商洽、会议纪要、施工图预算等资料；

3. 设计施工图、竣工图，设计变更及图纸会审记录；

4. 乙方供材清单、材料价格签证；

5. 分包工程资料；

6. 隐蔽工程验收签证、施工变更签证、工程竣工验收报告；

7. 工程施工管理记录及工程款支付记录；

8. 工程项目竣工决算及初审意见；

9. 其他资料及补充说明；

10. 以上送审资料要真实完整，要有接送双方经办人员签字盖章，方为有效。

第十七条　工程项目经基建处初审后，报审计处复审，经审计处复审后的工程项目，按照《医院基建工程送交社会审计的实施办法》，需要送外审的，经分管院领导批准后，由审计处负责送审。

第十八条　基建工程竣工决算审计的主要内容

1. 项目竣工决算报表及说明书是否真实完整、合规、合法；

2. 工程列项有无重复或遗漏，工程量是否真实、套项及价格是否合理，计取各项费用及执行文件、选用定额版本是否准确、合规；

3. 竣工决算的编制依据是否符合规定，资料是否齐全，手续是否完备；

4. 调价系数和材料价差的计算是否符合有关文件的规定；

5. 双方是否完全履行合同条款。

第十九条　基建工程项目实行全过程跟踪审计，由省卫生厅指定委派的社会中介机构实施跟踪审计，承接跟踪审计的机构对实施的项目制定全过程跟踪审计实施方案，并签订服务合同，按照合同约定实施审计工作。

第三章　修缮工程项目审计

第二十条　医院的修缮（维修改造和装修）工程统一归口后勤管理处组织实施，后勤管理处应将其制订的年度修缮计划，报院长办公会议通过后执行，审计处负责工程结算审计，履行审计监督职责。

第二十一条　后勤管理处或有关部门应组织实施工程项目过程控制，并对质量、造价等管理指标负责。

第二十二条　未采用招标方式一次性经费包干的工程项目，在合同正式签订之前，后勤管理处必须将有关资料送审计处审计。未经审计，后勤管理处或有关部门不得擅自签订经费包干性质的施工合同，否则，由此造成的经济损失及法律纠纷均由相关机构及当事人负责。

第二十三条　修缮工程项目决算送审前，后勤管理处应对其进行内部初审，有关负责人及经办人员签章，以切实履行其工作职责。

第二十四条　修缮工程项目竣工决算审计应提供的资料：竣工质量验评记录、施工图纸（或草图）、隐蔽工程及质量签证、施工变更签证、施工单位的资质等级证书、决算书（附工程量计算）、招标文件及其他相关资料等。

第二十五条　修缮工程项目竣工决算审计内容：

1. 工程招标、承包是否符合规定，手续是否完备、合法，所签合同或协议书中的内容是否全面、合理、合规、合法；

2. 工程列项有无重复或遗漏，工程量是否真实，套项定额及价格是否合理，计取各项费用及执行文件、选用定额版本是否准确；

3. 竣工决算的编制依据是否符合规定，资料是否齐全，手续是否完备；

4. 调价系数和材料价差的计算是否符合有关文件的规定；

5. 双方是否完全履行合同的条款等。

第四章　有关内部控制

第二十六条　在工程项目实施过程中，有关职能部门应严格执行医院批准的项目投资或开支计划，不得擅自突破，实行严格的项目经费管理责任制。

基建处是医院基本建设的主管部门，后勤管理处是医院修缮工程业务主管部门，凡是社会施工单位所有施工项目必须纳入科室统一管理、统一组织、统一协调，并负责工程监理、质量监督，工程量核定，任何单位不得游离于其管理之外。

第二十七条　建设项目按单项工程进行决算。有关部门、单位应如实反映工程成本，不得混项或分解工程项目内容，不得采取拆整为零、分子项送审，或回避审计，否则将追究当事人的责任。

第二十八条　在工程审计中，若发现有影响工程造价异常变动的问题，审计处将在有关职能部门的配合下进行调查核证，并区别情况进行科理。

第二十九条　对重大工程项目（投资金额在500万元以上的基建项目）在竣工结算审计时，除了要求基建处、计划财务处等部门人员提供相关资料要真实完整外，审计处要加强对送审资料的审核，对确因相关人员责任心不强所造成的工作失误，应当追究相关人员责任。

第三十条　对必须要进行跟踪审计的项目，经院长办公会议通过批准后实行跟踪审计，跟踪审计人员要对工程项目实施全过程参与，对跟踪审计过程中发现的问题要及时与基建处、监理公司、审计处沟通，提出整改意见。审计处要加强对跟踪审计人员的日常管理，对跟踪审计人员进行监督，如发现跟踪审计人员有违反规章制度的行为，应当及时制止和纠正，必要时可终止合同并追究跟踪审计人员责任。

第三十一条　在有关零星基建、修缮项目内部审计完成后，审计处出具《审计决定书》；委托社会工程造价咨询机构进行的工程审计，由其出具审计报告。工程决算终审前，施工单位代表在工程结算核定表上签章认可，送审部门、项目负责人（甲方代表）须同时签章确认。

第三十二条　财务处根据院长办公会议通过的《审计报告》或《审计决定书》办理工程竣工决（结）算。

第三十三条　审计处对委托外审项目进行全程质量控制：在经审查资格、资质及比质量、比费用、比信誉、比服务的基础上，通过省卫生厅确定委托的社会审计机构，在审计过程中，负责社会审计机构与相关部门之间的协调，参加有关咨询、交换意见会，监督社会审计机构的审计业务质量，建立健全对社会审计机构审计资料的后续审计和回访制度，努力提高工程项目外审质量。

第三十四条　在工程项目审计中，对造价核减率较大的，应根据具体情况查明原因，对确有问题的将追究相关部门单位或个人的责任。

第三十五条　在工程项目竣工决算终审前，基建处、后勤管理处应本着谨慎安全的原则办理项目预付款或阶段性结算事宜。

1. 根据工程进度按工程项目预算的一定比例预付工程款；

2. 实行招标（经省工程交易中心）的工程项目，在竣工决算审计前，预付工程款不得超过工程预算总造价的80%；

3. 实行议标的工程项目，在竣工决算审计前，预付工程款不得超过工程预算总造价的70%；

4. 非招标的工程项目，在竣工决算审计前，预付工程款不得超过工程预算总造价的60%；

5. 若预付款不按规定控制，且数额超过审计后的工程结算款时，其超过部分由当事人在医院规定的期限内负责追回，造成经济损失的，按照有关规定予以科理。

第三十六条　对委托社会审计的工程项目，其竣工决算审计费用应区别不同情况科置：

1. 单项工程核减率［（施工单位编制造价－最终审核金额）/施工单位编制造价×100%］在15%以上（含15%）的，其审计费用由施工单位承担，并由医院计划财务处从施工单位工程款中扣交。审计处将在全院范围内对屡教屡犯的施工单位进行通报，医院在三年内不得再使用被通报的施工单位。

2. 核减率在10%（含10%）～15%的，其审计费用由施工单位承担80%（由甲方从施工单位工程款中扣交），医院承担20%；

3. 核减率在5%（含5%）～10%的，其审计费用由施工单位承担20%（由甲方从施工单位工程款中扣交），医院承担80%；

4. 核减率在5%以下的，其审计费用由医院承担。

5. 本条1—4款应列入甲乙方签订的工程合同中。因实际情况双方就此另有约定的，按双方约定执行。

6. 医院承担的审计费用列入工程成本。

第五章　外审费用

第三十七条　投资额较大的重点工程项目，按有关规定应由医院委托社会审计机构进行第三方独立审计。委托社会机构审计的工程项目，其审计费用按照《甘肃省工程造价咨询服务试行收费项目和标准及有关问题的通知》（甘价服务〔2005〕171号），应区别不同情况科置（分段计算）：

1. 单项工程造价（以施工单位

编制造价为准，下同）在10000万元以上，送审审计费用按施工编制造价的1.6‰支付。

2．单项工程造价在10000万～5000万元（含10000万元），送审审计费用按施工编制造价的2.1‰支付。

3．单项工程造价在5000万～3000万元（含5000万元），送审审计费用按施工编制造价的2.6‰支付。

4．单项工程造价在3000万～1000万元（含3000万元），送审审计费用按施工编制造价的3.0‰支付。

5．单项工程造价在1000万～500万元（含1000万元），送审审计费用按施工编制造价的3.3‰支付。

6．单项工程造价在500万元（含500万元）以下，送审审计费用按施工编制造价的3.5‰支付。

7．单项工程，送审审计费用按比例不足2000元的，按2000元支付。1万元以下项目原则上不外审。可由医院审计处采取内审外审相结合的办法审定。

8．工程造价咨询服务收费按差额定率分档累进计费。

9．送审审计费用负担按第三十五条的分摊比例执行。

第六章　附则

第三十八条　本办法由审计处负责解释。

第三十九条　本办法自发布之日起执行，凡以前制定的规定与本办法内容有抵触的，按本办法执行。

甘肃省中医院基建工程施工签证管理办法补充规定

第一条　为规范医院基建工程施工签证的管理，确保工程建设的顺利进行，合理控制工程造价，根据国家有关法律法规，结合我院实际制定本管理规定。

第二条　本规定仅限于我院内部新建、扩建、改造工程的施工签证管理。

第三条　本规定所称施工签证是指医院与施工单位按发、承包合同约定，就施工过程中涉及合同价款之外的责任事件所做的签认证明。

第四条　施工签证是工程结算的重要依据，应严格控制办理施工签证。按本规定不应办理的施工签证，坚决不予办理。

第五条　经医院批准的施工组织设计（或施工方案）和施工图纸及其附件是工程建设施工的指导文件，坚决杜绝采用施工签证方式组织施工。

第六条　施工签证格式内容主要包括：

1．工程名称；

2．签证日期；

3．连续编号；

4．签证事由或计算公式；

5．签证涉及增加工程造价的计算（列表或列式明确表达式）；

6．备注；

7．施工说明或施工简图；

8．施工单位经办人、项目经理两人以上签字，加盖公章；

9．监理单位签证意见；

10．监理单位经办人、总监两人以上签字，加盖公章；

11．医院经办人、工程分管负责人（含科室领导）、工程审计人员、主管院领导等人员签字，加盖公章。

第七条　可以办理的施工签证

1．在非正常施工条件下采取的特殊技术措施费；

2．定额直接费中未包括，按规定允许计算的各项费用；

3．设计变更、材料改代造成的工程量变化；

4．工程中途停建、缓建造成损失费用；

5．不可预见的地下障碍物的拆除与处理费用；

6．受医院委托，发生的其他零星工程；

7．由于医院、设计单位、监理单位原因增加的其他费用项目。

第八条　不宜办理的施工签证

1．施工合同、标底价款、施工图纸、设计变更、施工组织设计、医院批准的工程量清单或施工图预算中已经包含的内容；

2．可以通过补充协议调整的内容；

3．可以通过设计变更调整的内容；

4．可以通过施工方案调整的内容；

5．与工程没有直接关系的人工、材料、机械使用费。

第九条　不能办理的施工签证

1．属于其他直接费中施工因素增加费范围的内容；

2．合同或协议中规定包干支付的有关事项；

3．发生施工质量事故造成的工程返修、加固、拆除工作；

4．施工组织不当造成的停工、窝工和降效损失；

5．违规操作造成的停水、停电和安全事故损失；

6．工作失职造成的损失；

7．虚报工程内容增加的费用；

8．施工单位为创品牌工程、业绩工程增加的费用；

9．施工单位为增加利润提出的要求；

10．因施工单位责任增加的其他费用项目。

第十条　办理施工签证一般应做技术、经济分析。特别要严格控制影响工程质量、进度和造价较高的施工签证，对于这类施工签证一定要做技术论证和经济比较。确实无法避免又必须发生的费用项目，应当由施工单位或医院工程主管部门提出，医院分管领导组织有关方面人员研究决定，不允许任何个人随意签署高造价施工签证。能够通过另行招标、另签合同（或补充协议）、变更设计或追加工程立项解决的，要另行招标、另签合同（或补充协议）、变更设计或追加工程立项。由于施工签证造成医院经济损失的，应追究相关人员责任。

第十一条　办理施工签证应符合相关法律法规规范。

第十二条　办理施工签证由监理单位或医院主办，不允许施工单位代办。

第十三条　委托监理的工程，按照委托监理合同和施工合同，监理工程师要对工程质量进度和造价负责，对工程建设中发生的施工签证进行监督并签署意见，及时发现、解决施工签证中的问题，确有困难的应当及时向医院驻工地代表（甲方代表）反映并取得解决办法，不得延误。

第十四条　医院驻工地甲方代表要积极协调监理工程师的工作，监督检查工程建设中发生的施工签证，有权更正施工签证中的不合理部分并签署意见。

第十五条　没有委托监理的工程，医院驻工地代表按照施工合同履行监理工程师的职责，对工程质量、进度和造价负责，对工程建设中发生的施工签证进行监督并签署意见，及时发现解决施工签证中的问题，确有困难的应当及时向医院工程管理负责人反映并取得解决办法。

第十六条　办理施工签证一般要“一事一单、一项一签、随作随签”，避免过期补签，并在一周内送医院审计处备案。

第十七条　办理施工签证要求内容完整、记录真实、说明详尽、文字表述无歧义、图示尺寸准确、计算过程符合工程量计算规则、工程量计算无差错、材料价格要注明是预算价还是市场价，施工签证及其附件能够相互解释。

第十八条　办理施工签证要字迹清晰，书写工整，格式统一，一式六份。

第十九条　医院工程师要按专业不同分工办理施工签证，避免签署本专业之外的施工签证。因专业人员不全无法按专业办理的施工签证，应当由医院驻工地代表提出，医院内部工程管理负责人召集相关人员集体研究后会签。

第二十条　办理施工签证的签字顺序是：施工单位，监理单位，医院。没有委托监理的工程签字顺序是：施工单位，医院。医院签字顺序是：医院主管工程的工程师（甲方代表）、基建处、审计处、主管院长，变动量较大的项目须经院长签字。

第二十一条　医院工程师办理完毕施工签证后保留一份存档，避免人为修改或遗失。其余返回监理单位和施工单位。

第二十二条　施工签证作为工程结算依据和技术经济文件应当妥善保管。结算时按照工程竣工结算程序将施工签证（原件）同其他结算资料一并上报审计室，审计结束后，医院审计处将施工签证和其他报审资料存档管理。办理工程形象进度款时施工签证可以报送复印件。

第二十三条　报送社会审计的工程项目，施工签证经医院审计处复核后同其他报审资料一并报送社会审计机构审核。工程结算审计完毕后，所有报审资料由社会审计机构全部返还医院存档管理。

第二十四条　医院内部零星维修，小型改造、装饰项目可参照本规定执行。

第二十五条　本规定自发布之日起实施，由审计处负责解释。

甘肃省中医院审计人员行为规范准则

为了规范审计人员的职业道德行为，加强审计人员作风建设，造就廉洁、勤政、务实、高效的审计队伍，严肃审计行为和纪律，根据《中华人民共和国审计法》和《卫生系统内部审计工作规定》的相关规定，制定本办法。

第一条　本办法所称审计人员行为规范，是指医院所有审计人员从事审计工作应当遵守的职业行为规范。

第二条　审计人员必须恪守审计职业准则，加强职业道德修养，自觉接受纪律约束，保证审计工作质量，提高审计工作水平。

第三条　审计人员必须做到：

1. 全心全意为医院医疗、教学和科研服务，为医院改革和发展服务，为广大医院职工服务，以人为本，忠于职守，爱岗敬业；

2. 努力学习，不断更新知识，学以致用，积极进取，具备与审计工作相适应的专业知识和业务能力；

3. 牢固树立责任观念和服务观念，坚持科学发展观，创造性地开展审计工作；

4. 严格遵守国家法律、法规，依法审计，保证审计材料的真实性、合法性；

5. 办理审计事项，应当客观公正、实事求是，保持严谨、稳健负责的职业态度；

6. 办理审计事项，与被审计单位或者审计事项有利害关系的，应当回避；

7. 审计人员应当遵循保密性原则，按规定使用其在履行职责时所获取的审计资料；

8. 遵守廉政勤政规定和审计工作纪律，廉洁自律，谦虚谨慎，平等待人，树立审计人员良好形象；

第四条　审计人员在执行任务时，应当遵守下列纪律：

1. 在实施审计期间，不得接受被审计单位宴请，不得参加可能影响公正执行任务的娱乐活动；

2. 不受贿、索贿，不收受礼金、礼品，不利用职权为个人谋私利；

3. 不隐瞒查出的被审计单位违反财经法纪的问题。

第五条 医院及审计处应加强对审计人员的职业道德和纪律教育，并对审计人员遵守职业道德和纪律情况进行监督、检查。

第六条 审计人员违反行为规范和纪律，由医院根据情节轻重给予批评教育、行政处分或纪律处分。违反法律者，送有关部门依法处理。

第七条 本规范由审计处负责解释。

第八条 本规范自发布之日起施行。

甘肃省中医院审计人员十不准

（一）不准接受被审计单位或被审计个人宴请，不参加可能影响公正执行审计公务的宴请；

（二）不准参加用公款支付的营业性娱乐和健身等活动；

（三）不准收受被审计单位赠送的礼品、礼金、有价证券，因各种原因未能拒收的必须交审计处处理；

（四）不准参加被审计单位安排的公款旅游活动；

（五）不准违反规定无偿占用或借用被审计单位财物，不得在被审计单位报销任何因公因私的费用；

（六）不准收受被审计单位以任何名义给予的加班费、奖金、补贴和福利品或其他礼品；

（七）不准通过社会中介组织收取劳务费、咨询费、介绍费。

（八）不准向被审计单位提出与审计工作无关的要求；

（九）不准隐瞒、变更查出的违纪违规事实，提交内容虚假的审计报告；

（十）不准以个人名义或未经审计处批准与被审计单位商谈审计事项处理意见。

甘肃省中医院审计档案管理办法

第一条 为了规范审计档案工作，保证审计档案的质量，发挥审计档案的作用，根据《中华人民共和国审计法》、《卫生系统内部审计工作规定》和《甘肃省中医院档案工作规章制度》，制定本办法。

第二条 本办法所称审计档案，是指审计处在审计活动中直接形成的，具有保存价值的以纸质、磁质、光盘和其他介质形式存在的历史记录。

审计档案是医院档案的重要组成部分，主要由财务审计档案和工程审计档案两部分组成。

第三条 本办法所称审计档案管理，是指审计处建立审计档案并进行收集、整理、保管、利用、编研、统计和移交等活动。

第四条 审计档案实行统一领导、集中管理的原则。审计处主管医院的审计档案工作，同时，在业务管理上接受上级审计机关和医院档案馆的指导和监督。

第五条 审计档案的收集和建立，实行谁主审谁立卷的办法。审计项目负责人根据归档的范围，在审计项目结束后一周内整理档案并立卷。所有须归档的审计资料集中由科档案管理员保管，按规定移交医院档案馆。审计通知书、审计报告等附审计处文件号的文件资料的电子版本统一交由科秘书保管。

第六条 审计文件材料按项目立卷。一个审计项目可立一个卷或若干卷，不得将几个审计项目合并立为一卷。对跨年度的审计项目，在审计终结的年度立卷。

第七条 财务审计项目应归档的文件材料主要是：

（一）上级领导对审计事项的批示；

（二）审计委托书；

（三）项目审计计划、审计方案及其调整记录；

（四）被审计单位或人员承诺书；

（五）审计通知书；

（六）审计工作底稿和调查记录；

（七）审计报告征求意见稿；

（八）被审计单位或人员对审计报告征求意见稿的反馈意见；

（九）审计报告正稿；

（十）审计工作会议记录；

（十一）后续审计报告及审计意见落实情况；

（十二）其他有关材料。

第八条 工程审计项目应归档的文件材料主要是：

（一）工程结算审计表；

（二）工程竣工图；

（三）工程合同；

（四）招标文件；

（五）经济标书；

（六）签证单；

（七）其他有关材料。

第九条 审计档案内的文件材料按结论性文件材料、证明性文件材料、立项性文件材料、其他备查文件材料四个单元进行排列。

（一）结论性文件材料，如审计报告正式稿、审计报告征求意见稿、被审计单位反馈意见、审计报告征求意见书、审定审计报告的会议纪要、审计处理意见、审计文书送达回证等；

（二）证明性文件材料，如审计证据（含承诺书）、审计工作底稿、审计调查记录等；

（三）立项性文件材料，如审计

委托书、审计通知书、项目审计计划、审计方案等；

（四）其他备查文件材料。

第十条　除审计工作中形成的档案外，下列档案也须由审计处档案管理员负责归档：

（一）上级主管部门和医院领导对审计工作的指示、讲话、批复及有关规定、办法、通知和文件；

（二）医院有关审计工作的规章制度、工作计划、工作总结、请示、报告等文件；

（三）审计工作会议或审计学术交流会议，本院代表的发言稿及会议的主要文件；

（四）审计处机构设置、岗位职责、人事任免等文件；

（五）群众来信、来访记录；

（六）其他与审计有关的档案。

第十一条　档案内的每份或者每组文件之间的排列规则是：

（一）正件在前，附件在后；

（二）定稿在前，修改稿在后；

（三）批复在前，请示在后；

（四）批示在前，报告在后；

（五）重要文件在前，次要文件在后；

（六）汇总性文件在前，基础性文件在后。

第十二条　审计档案应当长期保管。借阅审计档案，仅限定在审计处内部，审计处以外的单位不得查阅。如有特殊情况需要查阅审计档案或者要求出具审计档案证明的，须经审计处领导批准。

审计处内部人员借阅审计档案，应向审计处领导提出申请，说明借阅的理由，经批准后由档案管理员做好借阅登记手续。借阅人员应做好保密工作，按时归还档案资料，并保持审计档案的完好。

第十三条　对损毁、丢失、涂改、伪造、出卖、转卖、擅自提供审计档案者或者因玩忽职守造成审计档案损失的审计人员，应依法给予行政扣分；构成犯罪的，依法追究刑事责任。

第十四条　本办法由医院审计处负责解释。

第十五条　本办法自颁布之日起施行。

关于印发《甘肃省中医院安全生产月活动实施方案》的通知

中医办发〔2011〕146号

省中医药研究院，医院各部门：

为加强医疗质量，保障医疗安全，有效遏制重特大事故，经医院研究，现将制定的《甘肃省中医院安全生产月活动实施方案》印发你部门，请组织部门（科室）人员认真学习，并贯彻落实。

特此通知。

二○一一年十二月三十一日

甘肃省中医院安全生产月活动实施方案

为加强医疗、护理质量，提高服务水平，有效遏制重特大事故，落实科学发展观，构建和谐医患关系，体现以人为本的服务理念，努力创建群众满意医院，经医院研究决定，医院将于今年1月份开展医院安全生产月活动。

一、指导思想

坚持教育为先，防患于未然，结合“创优争先”和“三好一满意”活动，全面提高职工质量安全服务意识，引导员工严格执行岗位规范与职责，消除安全隐患，把我院医疗质量、服务质量提升到一个新水平。

二、总体目标

通过深入开展安全月活动，进一步促进党和国家安全生产方针政策、法律法规的落实，促进医院安全生产责任的落实，认真做好隐患排查、防范事故发生，建立健全隐患治理和危险源监控制度，加强事故预警、预防和应急救援工作，努力构建医院安全生产长效机制，为患者和全院职工营造良好的就医和工作服务环境。

三、总体要求

各部门要针对本部门特点，努力做到“四个结合”，各负其责，不断深入开展“安全生产月”活动。

（一）坚持把隐患排查治理工作与“争优创先活动”结合起来，狠抓薄弱环节，解决影响安全生产的突出矛盾和问题。

（二）坚持与日常监督检查结合起来，严明安全生产纪律，严肃查处“三违”（违章指挥、违章作业、违反劳动纪律）行为，消除隐患滋生根源。

（三）坚持与强化安全管理和技术进步结合起来，做好安全标准化、规范化建设和现场管理，加大安全投入，推进安全技术改造，夯实安全管理基础。

（四）坚持与加强应急管理结合起来，建立完善应急管理制度，健全事故应急救援预案体系，提高医疗卫生救援和卫生学处置能力。

四、组织机构

成立医院“安全生产月”活动领导小组

组　长：李盛华

副组长：谢又生

成　员：孙援朝　马忠祥
舒　劲　李兴勇
赵继荣　卫晓雯
邱连利　赵国杰
谢兴文　潘　文

领导小组办公室设在后勤管理处，负责活动的日常工作。

下设5个小组

后勤管理组：

组　长：马忠祥

成　员：安富德　冯康虎
韩　艳　张　磊
张雪霞

负责医院供电、供热、防火防盗设施及通用设备压力容器、压力管道、电梯等设备的安全隐患排查；门急诊、病房、急救中心、集体食堂、集体宿舍等人员密集场所和地下空间的消防安全管理。

基建管理组：

组　长：邱连利

成　员：马小明　安富德

负责新建、改建、扩建建筑和维修施工场所的专项治理和安全隐患排查。

医技管理组：

组　长：舒劲

成　员：周　晟　王　颖
冯康虎　李　玲
盛　丽　陈进凡
邢福军

负责医疗设备压力容器、放射源、采供血、生物实验室等安全的动态监督管理和安全隐患排查。

医疗管理组：

组　长：李兴勇　赵继荣

成　员：赵永强　王　颖
周　晟　邓　强
张雪霞　刘庆龙
各临床科室主任及护士长

负责医疗安全事件防范机制和医疗纠纷协调处置机制的建立健全，应对和协调处理各种医疗事故和纠纷，落实三级医师查房、三查七对护理等医疗质量安全管理制度，对已发生的医疗纠纷进行深刻分析和总结，形成预案。

药品及院感管理组：

组　长：李兴勇　马忠祥

成　员：刘效栓　马新换
李喜香　杨维建
周毓萍

负责药品安全的动态监督管理，落实院内感染控制消毒灭菌监测、环境卫生学监测等安全管理制度。

五、工作重点

（一）建立健全安全生产制度。各部门要加强内部安全管理，建立健全安全生产制度，完善操作规程、管理组织体系和隐患排查治理长效机制，夯实安全生产基础，提高安全管理水平，推动安全生产责任制和责任追究制的落实。对因排查治理工作不力而引发事故的人员，要依法查处，严肃追究责任。

（二）排查整治重点部门部位。依据各部门职责，要继续强化对供电、供热、防火防盗设施及压力容器、压力管道、电梯等设备的安全隐患排查。认真开展新建、改建、扩建建筑和维修施工场所的专项治理。扎实推进高压氧舱、放射源、采供血、生物实验室安全的动态监督管理。认真做好门急诊、病房、急救中心、集体食堂、集体宿舍等人员密集场所和地下空间的消防安全管理。

（三）保障医疗安全。各部门要建立健全医疗安全事件防范机制和医疗纠纷协调处置机制，落实三级医师查房、三查七对护理、院内感染控制消毒灭菌监测、环境卫生学监测等医疗质量安全管理制度，切实加强医疗质量安全管理，进一步规范诊疗行为，维护医疗秩序。

（四）加强安全生产应急管理和宣传教育培训。各部门要加强各环节人员的教育培训工作，普及安全生产知识，严格特殊岗位人员的持证上岗管理。要完善应急预案管理，抓好重点部门的应急演练。

六、工作步骤

“安全生产月”活动分四个阶段进行：

（一）学习部署阶段（1月6日前）。组织各部门认真学习安全生产知识和相关文件，以学、练、考、评为主线，对全员进行有重点、有针对性的学习培训，并结合医院实际，研究制定医院继续深入开展“安全生产月”活动的具体实施方案。

（二）实施阶段（1月6日至31日）。各部门按照医院活动方案确立的各项工作内容和要求，全面开展工作。

（三）督查阶段。各部门要及时开展安全生产自查工作，全面排查治理事故隐患。活动领导小组将在1月份进行定期、不定期的检查督导。

（四）总结阶段（1月底）。各部门对“安全生产月”活动情况进行认真归纳，全面总结，于1月31日前将活动总结报医院“安全生产月”活动领导小组办公室。

七、工作要求

（一）主动开展自查整改和督导检查工作。各部门要按照统一领导、分工负责、突出重点、密切配合的原则，在医院的统一安排下主动开展自查，对存在的问题和隐患要抓紧时间整改。对在短时间内难以整改的，要制定有效措施，加强监管，落实责任。分管领导要深入基层加强督促检查，及时研究解决遇到的实际问题。

（二）将医院考核与安全管理相结合。考核的目的是避免事故发生的一种十分有效的激励和约束手段，目的是为了增强医院职工安全意识，密切个人与安全利益，以他律变为自律，有效地减少事故的发生。考核分析对违反安全管理的人员进行严肃处理，并要求其他人员引以为戒，从中汲取教训，不断进行总结提高。

（三）建立完善信息报告制度。各部门要建立安全生产事故零报告制度，发生安全生产事故的，要在第一时间内上报医院总值班及院领导，启动医院应急预案，开展应急处置工作，并按规定向有关部门报告基本信息和处置情况的同时，在3小时内上报省卫生厅。

（四）标本兼治，构建安全生产长效机制。各部门要以隐患排查治理为契机，不断加强和规范安全生产管理与监督。通过实践和借鉴，建立系统化、科学化、有实际操作性的可行性制度，努力建立健全安全责任制度、安全分析制度、安全教育制度、安全检查制度、安全总结制度、安全整改制度和安全奖惩制度。要有计划有步骤实施，既要防患未然，未雨绸缪，又要汲取经验教训。要切实加强隐患排查治理的信息统计，建立隐患排查治理信息报送制度和隐患数据库，做好隐患排查治理的基础工作。要建立健全隐患排查治理分级管理和重大危险源分级监控制度，实现隐患登记、整改、销号的全过程管理。

（五）创新安全管理理念和内容。重视医院管理安全文化建设，不断提高职工的安全意识，为安全管理创造良好的氛围。建立全体员工心中的更高的安全价值取向的医院安全文化 。安全文化是以改进“人本”为目的，是通过创造良好的人文环境来实现人类总体的安全（安全生产和安全生活）。安全活动（技术、工程、教育、管理等）所能产生的作用，不仅对于生产，而且对于生活都有益，因此应最大限度地去发挥其效益。同时，通过宣传、学习、教育，营造出“人人讲安全，事事讲安全，时时讲安全”的氛围。

关于发布实施医院职业病防治管理有关制度的通知

中医医发〔2011〕115号

省中医药研究院、医院各处（科）室：

为贯彻落实《中华人民共和国职业病防治法》等有关法律法规，合法、合理、公平、公正地开展医院职业病防治管理工作，保护职工健康，医院制定了《甘肃省中医院职业卫生管理制度》等四项规章制度，现予以发布，请各有关处（科）室认真组织学习，贯彻落实。

特此通知。

附件：1. 甘肃省中医院职业卫生管理制度

2. 甘肃省中医院放射防护制度

3. 甘肃省中医院放射工作人员职业健康监护管理规定（试行）

4. 甘肃省中医院放射工作环境和工作人员辐射监测制度

二〇一一年十一月七日

附件1

甘肃省中医院职业卫生管理制度

为认真贯彻执行《职业病防治法》，预防、控制和消除职业病危害，防治职业病，保护劳动者健康及其相关权益，特制定本制度。

一、职业病防治管理处负责全院职业病防治管理工作；存在职业病危害因素的各有关部门（或科室）负责人为本部门（或科室）的职业病防治管理责任人，负责本部门（或科室）职业病危害防护监督管理工作。

二、对存在职业病危害因素的岗位，职工上岗前、在岗期间和离岗时，按规定开展职业健康检查。建立健全职工职业卫生档案和健康监护档案，并妥善保存。

三、开展职工职业卫生健康教育和培训，使职工了解和熟悉本岗位的职业病危害因素及其防治方法，杜绝和减少职业病危害。

四、按规定向职工提供符合职业病防护要求的设施和防护用品，并执行各项保健、休假制度。

五、对职业病危害因素进行监测，其结果定期公布。

六、职工应严格遵守医院与科室各项规章制度，严格执行岗位工作专业技术操作规范和有关规定，做好职业病危害因素防护工作，防止职业病危害因素对自身和他人健康的危害。

附件2

甘肃省中医院放射防护制度

一、放射诊疗工作部门（包括影像中心放射科、心血管疾病防治中心导管室、手术室、体检中心和口腔科）安装X线机，必须按照国家规定设计出机房面积，控制室防护及墙壁、门窗的防护方案，经有资质的放射安全监测部门审批后，方能施工安装，测试合格颁发许可证后方能投入使用。

二、放射诊疗工作部门负责人为放射安全防护管理责任人，本部门可设放射安全防护监督员一名，做好放射防护用品的日常管理，不定期检查放射防护措施落实情况，并向部门负责人汇报。

三、放射工作人员必须熟练掌握业务技术和射线防护知识，掌握使用范围，正确合理地使用X线检查。摄影时，工作人员应严格按所需的投照部位调节照射野及各种投照条件。除了临床必需的透视检查外，应尽量采用摄影检查，以减少受检者和工作人员的受照剂量。

四、X线机操作人员在曝光时，应在屏蔽良好的防护设施内进行操作，如需要在机房内操作，应穿戴必要的放射防护用品（如铅衣、铅围脖、铅眼镜、铅手套等），防止射线对身体的损伤。进入机房的其他人员，曝光时应离开机房，必须留在机房者，应穿戴必要的放射防护用品，并尽可能远离射线源。

五、X线机曝光时，注意病人防护，控制照射量，特别应注意对敏感部位（如性腺和红骨髓等）的防护，尽量避免直接照射。孕妇一般不宜做X线检查以减少对胎儿的照射。

六、注意周围人员的防护，X线机曝光时一定要关好机房铅门，防止射线对其他人员的损伤。

七、影像中心放射科、心血管疾病防治中心导管室等部门在临床教学中，对学员应进行防护知识培训，并注意他们的防护；对示教病例严禁随意增加曝光时间及次数。

八、床边拍片时，工作人员应穿戴必要的放射防护用品，尽可能远离射线源（远离球管5米以上），并注意对周围其他人的防护。

九、所有放射诊疗工作场所应有专人负责，并做好X线设备开机、关机、运行等的登记工作。

附件3

甘肃省中医院放射工作人员职业健康监护管理规定（试行）

为贯彻落实《职业病防治法》、《放射性同位素与射线装置安全和防护条例》、《放射诊疗管理规定》和《放射工作人员职业健康管理办法》，合法、合理、公平、公正地开展全院放射工作人员职业健康监护工作，制定本规定。

一、医院按照有关法律、法规规定对放射工作人员进行上岗前和离岗时职业健康检查，在岗期间实施职业健康监护（包括职业健康检查和个人剂量监测），建立健康监护档案。

放射工作人员是指在医院内有X线装置的环境（房屋）中工作，并且因工作需要使用X线而不可避免地受到X线辐射的职工。具体工种如下：使用X线装置对病人实施检查；X线设备的维修（不包括搬运X线设备等协助工作）；在导管室中对病人实施介入诊断治疗；在骨科手术中给病人在X射线下进行固定、复位。

在院内有X线装置的环境中（房屋）工作，但在工作过程中不需要使用X线或者当X线设备曝光的瞬间不需要留在曝光现场（房屋）、能够避免X线辐射或者其岗位职责不需要接触X线的职工均不属于放射工作人员。

二、参与介入诊断治疗职工的健康监护实行动态管理。从拟进行职业健康体检的当年1月份（不包括1月份）依次向前计算，三年内在导管室操作室现场参与介入诊断治疗不足10台次（不含10次）者，本年度不予进行职业健康检查和个人剂量监测。

三、骨科、麻醉手术室、口腔科医护人员经过四个周期（一年）的个人剂量监测，其每一周期的放射剂量与对照剂量监测值无显著差异，排除特殊情况外（如在本周期外出进修、出差及其他未接触本职岗位工作6个月以上），则停止其个人剂量监测和职业健康检查。

四、上岗前放射工作人员职业健康检查时间为定岗后三个月内；离岗时放射工作人员职业健康检查时间为离岗后三个月内。

五、各科室应如实上报放射工作人员数量和信息。如果科室上报的放射工作人员数量和信息不真实，一经发现，则停止其个人剂量监测和职业健康检查，同时，这些人员已经发生的个人剂量监测费用和职业健康检查费用，自发现之下月起，从该科室绩效中扣除。

六、放射工作人员应遵守医院、科室与放射诊疗相关科室各项规章制度，严格执行放射性工作技术操作规程，做好射线防护，防止射线对自身和他人健康的危害。因不遵守各项规章制度及操作规程、不按照规定使用放射防护用品、不正确佩戴个人剂量监测计等原因，造成自身或者他人健康危害，由本人负全责。

七、放射工作人员应按要求正确佩戴并妥善保管个人剂量监测计。因故意不按要求正确佩戴个人剂量监测计造成监测结果错误，一经查实，则取消本人剂量监测和职业健康检查资格；因个人未妥善保管造成剂量监测计损坏、丢失，则按省疾病预防控制中心规定价格赔偿。

八、在岗期间的放射工作人员在职业健康检查中发现异常情况，应按照有关规定及时处理。对需要复查和医学随访观察的放射工作人员，应当及时予以安排。

九、放射工作人员在岗期间职业健康检查及其结果告知、复查、医学随访观察由职业病防治管理处组织开展。

附件4

甘肃省中医院放射工作环境和工作人员辐射监测制度

一、为了保护放射工作人员及公众免受放射线辐射的危害，开展对放射工作场所辐射监测和放射工作人员个人剂量监测。

二、每月对放射诊疗工作场所进行一次辐射监测，记录监测结果。记录内容应包括监测地点、日期、使用仪器型号、监测结果、监测人和被监测场所负责人签名以及异常情况处理结果。

三、监测发现放射诊疗工作场所辐射水平不符合国家标准规定时，应及时告知相关部门（或科室），进行整改，整改合格后方可开展放射诊疗工作。

四、对放射诊疗工作控制区的工作人员应进行常规个人剂量监测。对监督区内的工作人员仅在需要确定工作场所是否安全和对个别操作安全性进行验证时才进行个人剂量监测。

五、个人剂量计应佩戴在左胸位于防护服（铅衣）内面的位置，必要时可在手指、腕部加戴监测局部剂量的剂量计。剂量监测应有专人组织实施。

关于下发《甘肃省中医院医疗新技术新业务准入管理制度》的通知

中医医发〔2011〕148号

省中医药研究院，医院各处(科)室:

为加速医院发展，提高学科整体医疗水平，确保医疗质量和安全，更好地服务病员，医院特制定并下发《甘肃省中医院医疗新技术新业务准入管理制度》，请全院遵照执行。

二〇一一年十二月三十一日

甘肃省中医院新技术新业务准入管理制度

一、新技术、新业务的概念

凡是近年来在国内外医学领域具有发展趋势的新项目（即通过新手段取得的新成果）本院尚未开展过的项目和尚未使用的临床医疗、护理新手段，称为新技术、新业务。

二、新技术、新业务的分级

对开展的新项目实行分级管理，按项目的科学性、先进性、实用性、安全性分为国家级、省级、院级。

（一）国家级

具有国际先进水平的新成果，在国内医学领域里尚未开展的项目和尚未使用的医疗、护理新业务。

（二）省级

具有国内先进水平的新成果，在省内尚未开展的新项目和尚未使用的医疗、护理新业务。

（三）院级

具有省内先进水平，在本院尚未开展的新项目和尚未使用的医疗、护理新业务。

三、新技术、新业务准入的必备条件

（一）拟开展的新技术、新项目应符合国家相关法律法规和各项规章制度。

（二）拟开展的新项目应具有科学性、有效性、安全性、创新性和效益性。

（三）拟开展的新技术、新业务所使用的医疗仪器须有医疗仪器生产企业许可证、医疗仪器经营企业许可证、医疗仪器产品注册证和产品合格证，并提供加盖本企业印章的复印件备查；使用资质证件不齐的医疗仪器开展新项目，一律拒绝进入。

（四）拟开展的新项目所使用的药品须有药品生产许可证、药品经营许可证和产品合格证，进口药品须有进口许可证，并提供加盖本企业印章的复印件备查；使用资质证件不齐的药品开展新项目，一律不准进入。

四、新技术、新业务的准入程序

（一）申报

申报者应具有中级以上专业技术职称的本院临床、医技、护理人员，须认真填写《新技术、新业务申请书》，经本科讨论审核，科主任签署意见后，临床、医技报送医务处，护理技术报送护理部。

（二）审核

医务处和护理部对《新技术、新业务申请书》进行审核合格后，报请医院学术委员会审核、评估，经充分论证并同意准入后，报请院长审批。

（三）审批

拟开展的新技术、新业务报院长和上级有关部门审批后，由计划财务处负责向市物价部门申报收费标准，批准后方可实施；医保报销与否，由医疗保险处上报上级医保部门审批。

五、可行性论证的主要内容

包括新技术、新业务的来源，国内外开展本项目的现状，开展的目的、内容、方法、质量指标，保障条件及经费，预期结果与效益等。

六、监察措施

（一）新技术、新业务经审批后必须按计划实施，凡增加或撤销项目需经医院学术委员会审核同意，报院领导批准后方可进行。

（二）医务处、护理部每半年对开展的新项目例行检查1次，项目负责人每半年向医务处、护理部书面报告新项目的实施情况。

（三）对不能按期完成的新项目，项目申请人须向学术委员会详细说明原因。学术委员会有权根据具体情况，对项目申请人提出质疑批评或处罚意见。

（四）新技术、新业务准入实施后，应将有关技术资料妥善保存好；新项目验收后，应将技术总结、论文复印件交医务处、护理部存档备案。

七、奖励措施

每两年对新技术、新业务进行一次评优，对完成优异、效果明显、效益突出的新技术、新业务进行奖励。

关于下发《甘肃省中医院临床、医技、药学三基培训及理论考核管理办法》的通知

中医医发〔2011〕149号

省中医药研究院，医院各处（科）室：

为切实贯彻国家卫计委、省卫计委对三级医院三基培训与考核的基本要求，不断推进我院内涵建设，继续强化临床、医技、药学“三基”训练，有效提升业务素质，保障医疗安全，促使医疗质量持续改进，经研究，特制定临床、医技、药学“三基”培训考核管理办法，请各科室遵照执行。

二〇一一年十二月三十一日

甘肃省中医院临床、医技、药学三基培训及理论考核管理办法

一、三基培训考核目标

三基培训考试是国家卫计委、省卫计委等级医院评审的评价项目，通过强化“三基”培训考核，使临床、医技、药学各科室部门人员达到基本理论、基本知识、基本技能人人过关，人人达标，力争三级医院评审不丢分。

二、三基培训考核内容及形式

1. 三基培训考核的内容

“三基”是指基本理论、基本知识、基本技能，掌握三基是一名合格

医务人员的基本要求;

培训考核的内容包括《三基培训指南》、《三基培训习题集》、教科书《诊断学》、《抗菌药物临床应用指导原则》(卫办医政发〔2004〕285号文)、《关于抗菌药物临床应用管理有关问题的通知》(卫办医政发〔2009〕38号文)、《2011年全国抗菌药物临床应用专项整治活动方案》、内外妇儿等相关专业教科书的总论以及卫生法律法规、院感、病历书写规范、各专科临床诊疗操作规范、核心制度等相关知识。

2. 三基培训考核的形式

培训与考核实行院科两级负责制,即院级培训与考核、科室培训与考核。坚持以科室培训为主的原则,科主任是科室"三基"培训考核的第一责任人。科室培训考核要深入、细化、讲实效。培训考核情况记入《科主任医疗质量管理和持续改进工作手册》,科室三基培训考核台账包括培训记录、科内考核试卷、考核成绩等,资料独立保存备查。院级培训以集中授课和网上提供资料自修相结合。院级考核主要以抽考和统考为主,分集中笔试和网络考试等形式进行。抽考是按科室人数随机抽取相关人员代表科室考试,每月抽考一次;统考是指符合笔试条件的临床、医技、药学所有人员均要参加统一笔试,每年进行两次统考。在等级医院评审前、省三基抽考前将根据需要强化培训与考核。

三、三基培训考核的对象

三基培训考核对象为全院临床、医技、药学在职医务人员;集中笔试抽考对象为45周岁以下的医生、技师、药师、检验师等医务人员。

四、三基培训考核的组织管理与考核

1. 三基培训考核由分管院长领导,医务处具体组织实施,党办、监察室、工会、团委等部门协助监考、监督和监管。

2. 参与监考及阅卷人员应本着严肃认真的态度,切实履行职责,保证客观公正。

3. 科室必须制定培训计划表(时间及内容安排),以一年为单位进行安排,报医务处备案。要求每月至少有两次固定时间进行三基培训考核,且培训和考核总时间不得少于2小时。医院将不定期到各相关科室检查三基培训考核情况,以季度为评估时段,科室成绩占30%,医院抽考和统考占70%。科室培训考核计划执行好、记录好、效果好的,并且年内平均成绩领先的,在科主任综合目标考核一次性加2分、1. 5分、1分,排名在医院后三名的科室予以在科主任综合目标考核分别一次性扣除2分、1. 5分、1分;对全院统考中获前三名者予以奖励,第一名奖励1000元,第二名奖励800元,第三名奖励600元,对后三名者予以处罚,倒数第三名扣罚600元,倒数第二名扣罚800元,最后一名扣罚1000元,并对科室和个人予以通报批评。全部达标则不扣罚。

院级举行的三基考核不合格者及因故缺考者一律补考。参加考试人员应该自觉遵守考场纪律,对考试作弊者及无故缺考者一经查实按0分处理;科室三基培训考核无考卷及无成绩单者按0分处理。45岁以上人员不参加院级三基笔试,但科室培训和医院业务培训参加率作为考核成绩的主要依据,要求不低于90%。

4. 三基考核成绩汇总后纳入医师定期考核档案,与医务人员专业技术职务评聘、评优、评先挂钩。院级考试中,上次三基考试不合格的,下次为必考对象,年度内三基考试两次不合格的个人,人事处、医务处、所在科室一并备案,不得评优、评先;经补考仍然不合格的,将影响一次晋升或聘任。院级以上考试三次及三次以上不合格的个人,在现有职称下浮一级聘任至少一年,并待岗一个月脱产强化三基学习与培训,考核合格方能上岗,在上级检查或省厅组织考试中一次不合格者,年度内不得评优、评先,并予以经济处罚500元,脱产学习一个月,考核合格方能上岗。

本办法自发布之日起执行。

关于下发《甘肃省中医院专业技术人员梯队建设实施方案》的通知

中医医发〔2011〕150号

省中医药研究院,医院各处(科)室:

为了深入贯彻落实科学发展观,促进医院的可持续发展,避免人才断层,现结合医院岗位设置方案和专业技术人员聘后管理制度、学科带头人选聘制度等文件,制定并下发《甘肃省中医院专业技术人员梯队建设实施方案》,请认真组织学习,结合实际贯彻落实。

二〇一一年十二月三十一日

甘肃省中医院专业技术人员梯队建设实施方案

人才梯队的建设是提升我院综合实力的决定性因素，关系到医院发展的兴衰成败。随着医学科技的飞速发展和卫生人才需求层次的不断提高，近年来，我院将人才建设作为“科教兴院”发展战略的根本，坚持以人为本，用好现有人才，留住关键人才，引进特需人才，取得了一定的成绩。为进一步加强我院专业技术人员梯队建设，提升我院实际竞争能力，现制定出我院专业技术人员梯队建设实施方案。

一、指导思想

以科学发展观和人才观为指导，以加强高层次人才队伍建设为目标，通过巩固、发扬、提高医院各学科（专业）优势，在医疗、科研实践中加快培养年轻的学术技术带头人、后备带头人和专业技术骨干。

二、人才队伍建设的目标

医院“十二五”发展纲要确立了医院人才队伍的发展目标是：建设一支德技双馨、精干高效的专业技术人才队伍，使全院专业队伍年龄结构、学历结构、职称结构更趋合理。争取在2015年底，使35岁以下医师中的博士比例达25%，45岁以下硕士生比例达50%；85%以上的护士达到大专以上学历，46%的护士达到本科以上学历。培养和引进学科带头人25名。省领军人才8～10名，厅级领军人才20名以上，医院“345”人才计划100名以上。

三、以人为本，坚持“三个并重”

（一）培养和使用并重

培养人才的目的是为了更好地使用人才，发挥其价值和潜力。人才也只有在使用中才能更好地得到培养、锻炼和提高。我院在使用好现有人才的同时，将人才的培养摆上同等重要位置，充分注重挖掘人才潜力，积极探索人尽其才的用人机制，极力为优秀人才脱颖而出创造有利条件。

1. 不拘一格用人才。一是为现有技术骨干提供必要的科研和临床工作条件，为其发挥聪明才智、充分施展才华创造条件；二是通过延聘、返聘等方式，充分发挥院内老专家的作用；三是突破传统框架，大胆培养和启用年青技术人员，有效解决了人才断层、学科骨干趋于老龄化的问题。

2. 积极做好继续医学教育工作。继续教育是培养人才的重要途径。我院从政策、财力和时间上对现有人才给予了大力的支持：一是充分发挥院内专家的传、帮、带作用。每月邀请院内专家进行1～2次全院性的讲课；并要求副主任以上医师听课率达50%以上，主治医师听课率80%以上，住院医师听课率达90%以上。二是积极鼓励科室内的小讲课。各科室每月都要组织2～3次科内小讲课，或坚持进行疑难病例讨论、技术交流讲座等多种形式的学习。三是聘请国内知名专家来院进行讲学和技术指导。

3. 建立人才基金，每年选派优秀医务人员外出进修、学习。根据需要，医院每年拿出一定比例的资金建立了人才基金。其中很大一部分用于选派优秀医务人员到国内甚至国外知名医院进修、学习和深造。学习内容以拟在本院开展的新技术、新项目为主。医院要求每位外出人员学习回来后要向全院讲授所学的内容、体会及外院一些先进的管理经验等。医院也会对外出人员开展新技术情况进行评估。

4. 对新职工实行先轮训再定科制度。对新分配来的应届毕业生，医院首先要对其进行轮训。本科生至少轮训3年，硕士生及部分未工作过的博士生根据情况轮训6至12个月不等；护理人员一般轮训1年。实行内科、外科分开轮训，每个专科轮训1～3个月不等；同时要求外科医生要求轮转相关的内科，如呼吸内科、心血管内科、肿瘤科等。住院医师轮训完毕后，进行专业定科。实行“双向选择制”，即由临床科室与住院医师本人双向进行选择，最后决定所定科室。定科一年后，如果科主任对该医师工作不满意，可以退回医务科进行再次分配。连续两次被退回的，医院将实行待岗处理并停发奖金和补贴。

（二）引进与提高并重

在积极引进高层次、高素质人才和急需紧缺人才的同时，为了使医院多出人才，早出人才，出好人才，医院还十分注重将人才的引进和促其提高有机地结合起来。

1. 多形式、多渠道广纳贤才。医院成立了人才工作领导小组，依据公开、平等、竞争、择优的原则，主动到各医学院校或面向社会招纳贤才。确立了人才引进的原则，即硕士选择进，博士生经过考核后优先进，特殊人才随时进。

2. 医院还想方设法为优秀人才提供力所能及的物质条件和工作环境，如：高层次人才提供住房或住房补贴，科研启动费；根据引进人员的能力、水平，医院择优委以行政副主任或负责人职位。

3. 以事业留人，以感情和适当的待遇留人。与其他医院相比，医院物质条件有限，但是医院满怀诚心，求贤若渴，因而吸引了优秀人才来院工作。

（三）激励与考核并重

医院坚持把品德、能力和业绩作为人才评价的重点。一方面通过资金资助、政策倾斜等激励方式，积极鼓励医务人员勇于探索和攻关，不断提高自身业务素质和水平，充分调动人才的工作热情；另一方面，又依据《卫生事业单位工作人员考核暂行办法》，建立和健全良性循环的人才竞争机制，对人才进行动态管理，定期进行考核和评估。

1．科研经费资助。医院鼓励和资助卫生科技人员申报课题，钻研新业务。院专家委员会每年度组织专家对申报的科研课题进行评审，对卫生科技人员申请到的科技项目予以1∶1的配套资金补助。

2．每两年度对新技术、新项目要进行评审和奖励。医院对自选科研计划项目的成果鉴定和新技术、新项目验收给予经费支持，对通过评审的予以奖励；支持职工撰写各类论文，按一定比例报销费用，如在国家级刊物上发表文章报销600元，在CSCD刊物上发表文章报销800元，在SCI上发表文章奖励10000元。

一是在临床医师、医技人员中实行"末位排名"。每年进行一次，从德、能、勤、绩四方面对医师进行考核。考核结果在院内公布，进入医务人员个人档案，并直接与职称晋升及科室奖金挂钩。对连续两年排在末位者，医院将进行待岗或换岗处理。二是在护理人员及药房、收费处等窗口单位工作人员中实行"星级评定"制度。每年度考核一次。三是加强对引进人员的动态管理和考核。对不胜任的人员予以淘汰。四是对干部任用依据《医院干部竞聘工作暂行办法》，对新提拔的中层干部及护士长一律采取公开竞聘、择优选拔。

四、健全制度，明确职责，保障人才队伍稳步发展

为切实保障医院人才建设工作稳步发展，医院制定了《人才梯队建设实施方案》、《人才管理办法》、《引进人员基本待遇》、《临床医技人员业务学习制度》、《执业医师三基三严培训考核制度》、《医德医风考核奖惩制度》等一系列制度。

同时，为确保经费投入，医院每年将业务总收入的10%投入科研工作，各科室每年从医疗收入中拿出一定的资金作为科技专项基金。同时，实行学科带头人任期目标责任制和科主任竞争上岗制。

本方案自发布之日起执行。

2012年度

关于印发《甘肃省中医院效能风暴行动实施方案》的通知

中医党发〔2012〕13号

甘肃省中医药研究院，白银分院，医院各部门、各科室：

根据省委、省政府及省卫生厅的统一部署，医院决定在全院范围开展效能建设活动。现将《甘肃省中医院效能风暴行动实施方案》印发给你们，请结合工作实际，认真贯彻执行。

二〇一二年七月九日

甘肃省中医院效能风暴行动实施方案

为进一步加强医院效能建设，切实改进工作作风，增强服务意识，提高工作效率，促进我院各项工作全面、协调、可持续发展，营造良好的医疗环境，根据省委、省政府关于加强机关效能建设的具体要求和文件精神，按照省卫生厅《关于印发厅系统开展效能风暴行动实施方案的通知》(甘卫办发〔2012〕217号）精神，结合我院实际，制定如下实施意见。

一、指导思想

以邓小平理论、"三个代表"重要思想为指导，深入贯彻落实科学发展观和甘肃省第十二次党代会精神，以提高工作效能、服务科学发展为主线，紧密联系医院工作实际，认真查找医院在效能建设方面需要解决的突出问题，建立权责明晰、行为规范、运转协调的运作机制，科学、民主、权责统一的决策机制，准确及时的信息公开机制，使我院及其工作人员为民服务的观念进一步增强，日常工作效率、参与社会管理和公共服务水平得到进一步提高，人民群众对医院干部职工的工作满意度有新的提高，从而实现行政提效率、服务提质量、队伍提素质、制度有保障、形象有提升的目标，推动医院各项工作全面健康发展。

二、工作原则

（一）围绕中心、服务大局。紧紧围绕促进经济社会又好又快发展这一中心，服务于医院良好发展环境这一大局，确保省委、省政府和省卫生厅决策部署得到贯彻落实。

（二）抓住关键、重点突破。以解决作风和效能问题为突破口，抓住关键环节和重点岗位，带动整体工作的开展。

（三）标本兼治、综合治理。既要解决当前影响效能建设的突出问题，取得明显实效，又要建立起一整套规章制度，形成转变作风、提高效能的长效管理机制。

（四）求真务实、高效便民。把求真务实的作风贯穿于效能建设活动过程中，从实际出发，扎实推进，务求实效，使基层和群众得到实实在在的便利。

三、主要工作

要紧紧围绕学习贯彻落实省十二次党代会精神，认真分析我院目前的优势与不足，努力查找干部队伍思想作风方面的差距，引导全院干部职工学习先进经验和管理方法，对照先进典型，从学习创新、精神状态、能力素质、办事效率、服务基层、联系群众、工作机制、促进发展、执行落实等方面入手，寻找差距和对策，切实解决好影响落实科学发展观的突出问题，使效能建设更有针对性。

一要开展全院干部培训，提高干部职工队伍的综合素质。举办“加强效能建设、促进社会和谐”专题辅导讲座，不断拓展广大干部职工的工作思路，提高工作能力。二要开展文化建设大创新，增强医院凝聚力。要抓住承办全国医院文化建设颁奖大会、全国中心城市中医院政研会第十五次年会、全国骨伤专业学术交流会议等机会，展现形式多样、内容丰富的医院文化品牌，展现我院各部门开展效能建设的特色和亮点。三要开展我院行政大提速，推进我院规范化建设。要全面建立健全首问责任、服务承诺、限时办结、一次性告知、办事公开、岗位责任、过错责任追究、绩效考核等效能建设活动。要切实加强重大决策和重点项目推进情况的效能监察，加强对重点对象、重点环节和重点科室的监督检查，及时发现和纠正严重影响效能的行为，严格实施行政效能问责。要着力加强对服务承诺推行和兑现情况的监督，促使我院以有诺必践的实际行动取信于民。四要开展机关效能考核，提高我院工作人员执行力。要拓展空间，让广大群众积极参与监督效能建设。采用聘请作风效能监督员、设立和公布投诉电话等办法，广泛听取社会各界对我院效能建设的意见建议。要推行新的绩效考核制度，科学制定考核目标、内容、标准和方式，保证考核的公开、公平、公正。要加强考核结果的运用，把效能建设绩效考核与工作目标考核、党风廉政建设责任制考核、领导干部年终述职、工作人员年度考核等有机结合起来，作为干部职工业绩评定、奖励惩罚、选拔任用的重要依据。五要以人为本，建立完善长效机制。医院效能建设要紧紧围绕医院中心工作，以人为本，立足工作实际，以解决突出问题为重点，着力检查职能部门、关键部位、重点岗位的不作为、乱作为和“中梗阻”现象，强化服务意识，改善服务质量，提高办事效率等，以饱满的精神面貌、热情的工作态度为广大患者，为临床一线提供服务。努力提供勤政、廉洁、务实、高效的机关服务职能。

四、具体措施

（一）把效能建设与等级医院评审整改相结合，根据等级医院检查评审情况，层层召开分析会，及时总结经验教训，针对检查发现的问题，分别制订出整改措施，切实加以整改，从质量、服务、环境、费用等几个环节进一步加强和规范医院管理，努力提高医院管理水平和医疗服务质量。

（二）把效能建设与做好医疗服务工作相结合，在效能建设活动中，不仅要求机关职能部门认真查找存在的问题，提高机关效能，而且要求临床医技科室也要认真查找临床医疗服务中存在的问题，采取措施切实加以改进，通过开展效能建设活动，进一步理顺医院内部关系，努力提高医疗服务水平和整体工作效能。

（三）把效能建设与理论学习和思想改造结合起来。医院要求大家学习领会上级有关机关效能建设的文件资料，查找自己在思想观念方面存在的问题和根源，认真搞好思想改造，提高自身的思想觉悟，加强自身修养，从各方面严格要求自己，努力为医院建设发展做贡献。

五、工作重点

（一）提升工作效率

1. 健全管理制度。7月底前健全完善岗位责任制、服务承诺制、限时办结制、首问负责制、AB岗位制、一次性告知制、离岗告示制和责任追究制等8项制度，健全完善干部考核、激励、监督和风险防控机制；进一步完善、落实医务人员“四排队”、医疗机构“八排队”、医疗机构和医务人员不良执业行为积分管理办法等22项管理制度，形成用制度管人、管权、管事的长效机制。（牵头处室：院长办公室、党委办公室、人事处、监察科、医务处、护理部、门诊部；协作部门：医院各处室）

2. 加强教育监督。持续开展效能主题教育、正面示范教育和反面警示教育，使效能行动成为干部职工的自觉选择和行动；开展效能提升思想大讨论，提高干部自律意识、法纪意识、责任意识、服务意识和危机意识；开展工作推进、行政服务等领域创新优化大竞赛，鼓励探索创新，推动医院各项工作更好更快发展，形成求真务实、敢于创新、勇于担当的良好局面。（牵头单位：纪委、监察科、党委办公室；协作单位：医院各处室）

3. 加强“四风建设”。改进会

风，加强会议审批、承办等管理，精简会议，严肃纪律，提高会议质量；改进文风，杜绝公文中的假、大、空，提倡短、实、新，提高公文质量，规范公文处理程序；改进学风，动员干部主动学习政务相关知识，做到理论联系实际，提高解决实际问题的能力；改进作风，切实增强公仆意识、节俭意识、廉政意识，注重调查研究，掌握工作主动权。(牵头单位：院长办公室、党委办公室；协作单位：纪委、监察科、医院相关处室)

4. 整治突出问题。集中整治庸懒散慢、中梗阻塞和不作为乱作为等行为，着力解决平庸无为、纪律涣散、贪图享乐、推诿扯皮、失职渎职等自身建设问题，着力解决精神懈怠、疏远群众、心浮气躁、办事拖拉、官僚思想等问题。形成人人讲效能、处处创效能、事事高效能的浓厚氛围。修订完善《部门工作制度与岗位职责》，进一步理顺医院内部职能关系，对交叉重复和职责不清或职责已明确但执行不好的进行专项集中清理，进一步明确机构职能、权限和责任，尽量做到一件事情由一个职能部门负责，确需多个部门科室负责的事情，明确主办处室和协办处室，从制度上杜绝推诿扯皮现象。(牵头单位：纪委、院长办公室、党委办公室、人事处、监察科及相关处室；协作单位：所有职能部门)

5. 推动重点工作。围绕省卫生厅重大决策部署和医院发展主要目标任务等重点工作，对照年度工作计划，分解细化任务，靠实工作责任，履行主抓责任，主动协调会商，加强跟踪督办，切实推动各项任务全面落实。(牵头单位：院长办公室、党委办公室；协作单位：全院各部门各临床业务科室)

(二) 完善招标采购制度

1. 进一步加强医药和医用耗材采购机构建设。继续推进省医药采购管理中心软硬件建设，加强人员培训，提高人员素质，完善制度约束机制，加强各项管理制度建设。(牵头单位：计划财务处、经济管理处、设备管理处；协作单位：纪委、监察科、招标采购科及其他相关部门)

2. 进一步规范药品和医用耗材招标采购工作。健全药品和医用耗材招标采购机制，完善招标采购流程，加强部门合作监管，完善申投诉机制。积极推进药品、医用耗材和试剂的集中招标采购工作。(牵头单位：计划财务处、经济管理处、检察科；协作单位：招标采购科、设备管理处、后勤管理处)

(三) 提升“窗口”服务效能

1. 增设挂号收费窗口，优化医疗服务流程，简化服务环节，缩短病人等候时间。患者挂号、划价、收费、取药等服务窗口等候时间不超过10分钟。(牵头单位：门诊部、计划财务处收费科；协作单位：各有关科室)

2. 进一步增加预约挂号量，通过网上、电话、现场预约三种形式预约挂号，尽量减少患者排队挂号数量。(牵头单位：门诊部)

3. 提升医院信息化水平，提供一站式服务，简化缴费、检查、取药以及出入院手续；改进办事方式，体现便民、惠民的宗旨。(牵头单位：宣传处信息科；协作单位：各有关部门)

4. 实行无节假日医院服务，为病人提供“无间断医疗服务”。(牵头单位：医务处、门诊部；协作单位：各临床医技科室)

5. 落实限时服务各项规定，急诊病人到院后医护人员5分钟内处置；医生急诊会诊10分钟内到达救治现场；主治医师首次查房记录在入院后48小时内完成；三大常规等检验项目，急诊30分钟内出报告，特殊检查48小时内出报告（细菌培养、染色体检查除外），放射科急诊摄片30分钟内出报告，平诊2小时内出报告，特殊检查24小时内出报告，B超30分钟内出报告，病理冰冻切片30分钟内出报告。(牵头单位：医务处、护理部、门诊部；协作单位：有关临床医技科室)

6. 落实三级医师查房制度、分级护理制度、疑难病例讨论制度、会诊制度、危重患者抢救制度、术前讨论制度、死亡病例讨论制度、查对制度、病历书写基本规范与管理制度、交接班制度、技术准入制度等。提升单位运行绩效，病床使用率、平均住院日、急诊留观时间、入出院诊断符合率、临床主要诊断与病理诊断符合率、急危重症抢救成功率、甲级愈合率以及CT、DR、大型X光机阳性率等主要效率指标达到三级医院标准要求。(牵头单位：医务处、护理部、门诊部；协作部门：各临床医技科室)

(四) 做好医疗纠纷投诉处理工作

1. 落实院长接待日制度，发挥患者维权站的作用，认真倾听患者呼声，及时化解医患矛盾。(牵头单位：医务处、院长办公室；协作部门：患者维权站)

2. 配合有关部门做好医疗纠纷第三方调解工作，妥善处理医疗纠纷。(牵头单位：医务处；协作部门：监察科、各有关科室)

3. 建立健全患者投诉处理机制，认真办理医疗投诉，做到“有诉必理”、“有理必果”，维护医院正常的医疗服务秩序，维护患者合法利益。(牵头单位：医务处、患者维权站；协作单位：监察科)

(五) 加强效能监督检查

1. 聘请行政效能监察员，设立行政效能观测点，重点对干部作风、行政效能进行全程监督。(牵头单位：院长办公室；协作单位：监察科)

2. 建立领导效能联系点制度，指导各科室更好地开展效能建设工作。(牵头单位：院长办公室；协作单位：监察科、各职能处室)

六、工作步骤

(一) 动员部署阶段(6月5日至6月29日)。成立甘肃省中医院效能风暴行动领导小组，组建领导小组办公室，制定省中医院效能风暴行动实施方案并报省卫生厅，召开动员部署大会，全面启动效能风暴行动。

（二）查找问题阶段（6月30日至7月15日）。深入查找医院存在的庸懒散慢、中梗阻塞和行政不作为乱作为等问题，制定整改方案，明确整改措施、整改时限和整改责任，整改方案报省卫生厅。

（三）工作推进阶段（7月16日至12月15日）。全面落实年度重点卫生工作和整改方案确定的重点任务，解决突出问题，推动医院工作科学发展。邀请两代表一委员、社会人士等作为效能监督员，定期不定期开展专项督查，通过明察暗访、召开座谈会等，深入推进效能风暴行动开展。畅通反映渠道，广泛接受社会和群众的监督和问询。积极上报整改方案落实情况报告。

（四）工作评价阶段（12月16日至2013年1月20日）。认真开展效能风暴行动"回头看"，对年度重点卫生工作和整改任务落实情况进行自我评价和群众评议，按时间规定向厅系统效能领导小组办公室上报总结。

七、工作要求

效能建设是一项系统性工程，也是一项长期而艰巨的任务，工作涉及面广，标准要求高。必须把开展效能建设活动作为今年事关全局的中心工作来抓，周密安排，精心组织，务求实效，保证各项工作有序推进。

（一）加强领导，明确职责。

成立医院效能建设领导小组，负责活动的部署、组织、协调和指导。

组　长：李盛华

副组长：孙援朝　卫晓雯

成　员：马忠祥　舒　劲

李兴勇　赵继荣

邱连利　赵国杰

谢兴文　潘　文

领导小组下设办公室，负责了解情况、交流信息、具体协调、检查督促、下发简报等工作。

主　任：卫晓雯（兼）

副主任：罗克龙　胡雅杰

徐柏林

成　员：郑　慧　赵永强

王　颖　周　晟

田加东　杨继红

刘效栓　陈春丽

马永鹏

领导小组办公室要切实落实效能建设实施意见，促使各项工作上新台阶，做到效能建设和业务工作相互促进，相益得彰。

（二）强化监督，狠抓落实。医院效能办要加强对效能建设的指导、检查、监督，对不认真组织开展效能建设的，存在决策不当、政令不畅、作风不实、效率不佳、服务不优、行为不端等突出问题的，严肃追究部门领导和有关责任人的责任。

（三）不断创新，务求实效。各部门各科室要立足自身实际，着眼医院发展大局，认真研究新情况，解决新问题，不断创新效能建设的方式、途径，在改进措施上下功夫，在工作实效上求突破，努力使医院效能建设提升到一个新的水平，跃上一个新的台阶。

（四）统筹安排，协调推进。要牢固树立发展是第一要务的意识，坚持一手抓效能建设，一手抓业务工作，把加强效能建设与实施医疗服务能力建设工程结合起来，与深化医药卫生体制改革结合起来，与做好其他各项业务工作结合起来，增强效能建设的针对性和实效性，确保效能建设与业务工作相互促进，推进全院各项工作，让广大群众感受到效能建设带来的新变化。

关于印发《甘肃省中医院医保患者使用高值材料的管理办法（试行）》的通知

中医办发〔2012〕48号

医院各处（科）室：

《甘肃省中医院医保患者使用高值材料管理办法（试行）》已经二〇一二年三月二十九日院长办公会议讨论通过，现下发试行，请认真遵照执行。

特此通知。

二〇一二年四月二日

甘肃省中医院医保患者使用高值材料管理办法（试行）

为规范医保患者高值材料的管理和使用，控制医疗费用不合理增长，结合省、市医保政策规定，现就我院医保患者使用高值材料制定如下管理办法。

一、高值材料使用的基本原则

坚持基本医疗，适当兼顾不同人群，规范管理、合理使用。

二、高值材料的分类

第Ⅰ类：人工半髋关节，人工全髋关节，人工全膝关节，脊柱钉棒系统；

第Ⅱ类：药物支架，单腔、双腔起搏器，射频消融导管，瓣膜，瓣膜成形环；

第Ⅲ类：人工晶体；

第Ⅳ类：骨科系统使用的除上述第Ⅰ类以外的其他高值材料，以及疝补片、外科吻合器、介入治疗材料等。

三、高值材料的使用办法

1. 使用Ⅰ类高值材料，允许科室每10例使用1例进口材料。具体使用办法为：同一年度、同一科室、同类医保（分为兰州市职工，兰州市所属八个县、区职工、居民等17类）、同类材料（人工半髋、全髋关节，人工全膝关节，脊柱钉棒系统分别累计）使用6例国产材料后，可使用1例进口材料，累计10例后重新计算，以此类推。

2. 使用Ⅱ、Ⅲ类高值材料的，选用医保局规定目录内的产品，不得使用目录外产品。

3. 使用Ⅳ类高值材料的，选用我院招标范围内的国产普及型材料，有多种型号选择的，选用材料价格不得高出国产普及型材料价格20%。

四、审批程序

使用高值材料的，除急诊、节假日外，须术前由主管医生填写《医用高值材料审批表》，经患者或家属及科室主任签字同意后，省直职工、省直离休、省企离休，兰州市职工，红古区、永登县、榆中、皋兰县职工及居民由医保处代为审批。

城关、七里河、安宁、西固等四区职工、居民经医保处审核盖章后，报相应医保局审批。

未经审批不得使用高值材料。

五、高值材料的管理

1. Ⅰ类材料虽经审批，但一个年度内使用不足10例或10例的整倍数，而使用进口材料的，该进口材料与国产普及型材料的差价，次年一月从科室收入中扣除。

2. 未经审批使用Ⅰ、Ⅳ类进口材料，或使用目录外Ⅱ、Ⅲ类材料的，不予记账，其材料费由科室承担，同时停止主管医生处方权1个月。

3. 未经审批使用Ⅳ类国产材料，且价格超过国产普及型产品20%的部分从科室收入中扣除。

六、本规定适用于兰州市职工及其所属县、区职工、居民患者。

省直职工，省直离休，省企离休，兰州市及所属区、县离休，新农合及其他非直接结算医保患者参照本办法执行。

七、本规定从2012年4月1日起施行，此前与之不一致的，按此办法执行。

甘肃省中医院三级甲等中医医院复评工作实施方案

中医办发〔2012〕50号

省中医药研究院，白银分院，医院各处（科）室：

根据国家中医药管理局印发的《中医医院管理评价指南（2008版）》、《中医医院评审暂行办法》、《三级中医医院评审标准》和《三级中医医院评审细则》，按照国家中医药管理局关于2012年三级中医医院评审的工作部署，为进一步加强我院管理，提高医疗质量，充分发挥中医药特色优势，保障医疗安全，规范服务行为，提升医院技术水平，促进医院科学发展，保证医院评审工作的顺利完成，特制定本方案。

一、指导思想

中医医院评审坚持政府主导、分级负责、公平公正的原则和以评促建、以评促改、评建并举、重在内涵的方针，围绕中医特色、中医疗效、安全、服务、管理，体现以病人为中心。通过三级中医医院评审，促进构建目标明确、布局合理、中医特色突出、中医疗效显著、服务功能完善的中医医疗服务体系，对中医医院实行科学化、规范化、标准化的分级管理。

二、评审目的

深入贯彻落实《国务院关于扶持和促进中医药事业发展的若干意见》精神，以中医医院评审为平台，构建医院管理的良好运行机制。坚持以病人为中心，以医疗质量与安全为重点，注重中医医院内涵建设。实行中医医院动态管理，不断增强中医院管理者的科学意识与责任意识，促进中医院管理科学化、标准化、规范化。引导和促使我院在保证医疗安全和质量，提高服务和管理水平的基础上，进一步突出中医药特色，发挥中医药优势，为人民群众提供更加优质的中医药服务。

三、组织领导

（一）医院成立2012年三级甲等中医医院评审工作领导小组，全面领导迎评工作。

组　长：李盛华

副组长：谢又生

成　员：孙援朝　马忠祥

舒　劲　李兴勇

赵继荣　卫晓雯

邱连利

（二）领导小组下设评审工作办公室，设在院长办公室，实行责任分工负责制。

主　任：赵继荣

副主任：赵永强　徐柏林

成　员：（按照三级中医医院评审细则排序）

王海东　刘梦华　赵永强

邓　强　郑　慧　乔　莉

周　晟　马郑萍　刘效栓

李喜香　王　颖　张丽平

陈春丽　罗克龙　王玉珠

田旭东　马真琴　邢福军

梁　勤　黄小玲　王闻奇

李　玲　谭　萍　王春爱

谢　园　脱承德　杨维建

周毓萍　陈进凡　李贵臻

杨继红　杨雅静　冯康虎

安富德　宋良春

评审工作办公室（以下简称评审办）对领导小组负责，职能科室、临床和医技科室对评审办负责，各职能科室、临床和医技科室负责人是分解任务的第一责任人，安排专人进行评审迎评工作。要求按照《三级医院评审标准》和《三级中医医院评审细则》，必须按时间节点保质保量完成创建工作。

评审工作领导小组实行例会制，领导小组成员和评审办成员参加例会，对评审迎评工作进行汇报和部署。

四、具体分工

	重点工作	牵头领导	牵头部门	主要配合部门
第一部分 中医药服务功能	一、发挥中医药特色优势的措施	马忠祥	特色医疗管理处王海东	院长办公室徐柏林
	二、队伍建设	卫晓雯	医务处邓强	人事处乔莉
	三、临床科室建设	赵继荣	医务处赵永强	门诊部周晟
	四、重点专科建设	赵继荣	医务处邓强	门诊部马郑萍
	五、中药药事管理	李兴勇	药学部刘效栓、李喜香	
	六、中医护理	马忠祥	护理部王颖、张丽平	
	七、文化建设	孙援朝	宣传处陈春丽	党委办公室罗克龙
	八、预防保健	李兴勇	保健处郜雅珺	治未病中心王玉珠
第二部分 综合服务能力	一、基本要求和医院服务	赵继荣	1. 医务处赵永强 2. 门诊部周晟	1. 临床教学部韩艳 2. 急诊科张参军
	二、患者安全	马忠祥	护理部王颖、张丽平	信息科李贵臻
	三、医疗质量	舒劲	1. 质量控制处田旭东、马真琴 2. 医务处赵永强 3.1 检验科邢福军、梁勤 3.2 病理科黄小玲 3.3 放射影像科周晟、王闻奇 4.1 医务处邓强 4.2 麻醉手术科谭萍、王春爱 4.3 重症医学科脱承德 4.4 感染管理处杨维建、周毓萍 4.5 输血科陈进凡 4.6 感染管理处杨维建、周毓萍 5. 医务处赵永强	3.3 职业病防治处李玲 4.1 质量控制处马真琴 4.2 医务处邓强
	四、药事管理	李兴勇	药学部刘效栓、李喜香	医务处赵永强
	五、护理质量管理	马忠祥	护理部王颖、张丽平	人事处 郑慧
	六、医院管理	卫晓雯	院长办公室徐柏林	信息科李贵臻、设备管理处冯康虎、计划财务处杨继红、药学部刘效栓

五、核心工作任务

（一）中医药服务功能部分

1. 科室综合考核目标中有发挥中医药特色优势和提高中医临床疗效的相关指标。

2. 将对口支援县中医医院、乡镇卫生院和支援社区卫生服务机构的中医药工作纳入院长目标责任制与医院年度工作计划，并有相关鼓励措施。

中医类别执业医师占执业医师总数的比例≥60%；或中医类别执业医师占执业医师总数的比例未达到60%，但比上年度增长超过了5．0个百分点。未达到60%，本年度临床科室（麻醉科、口腔科除外）不得招聘非中医类别执业医师。

3. 开展以中医药知识与技能为主的医师定期考核工作。

4. 开展非中医类别执业医师中医药基本知识与技能培训并考核。

5. 医院和临床科室命名符合《国家中医药管理局关于规范中医医院与临床科室名称的通知》的有关规定，不得有神经内科、消化科、风湿免疫科、泌尿科等名称。外科二级分科应命名为外一、外二、外三……不得出现其他命名。

6. 非药物中医技术治疗人次数占门诊总人次数的比例≥10%。

7. 中药处方（饮片、中成药、院内制剂）处方数占门诊总处方数的平均比例应超过60%。中药饮片处方数占门诊总处方数的比例超过30%；或比例在10%以下，但较上年度增长超过了7个百分点；或比例在10%～20%，但较上年度增长超过了5个百分点；或比例在20%～30%，但较上年度增长了3个百分点。中药饮片处方数占门诊人次的比例≥50%，或未达到50%，但比上年度增长超过了3.0个百分点。

8. 临床科室制定至少3个以上完善的常见病及中医优势病种中医诊疗方案，诊疗方案应在国家中医药管理局印发的诊疗方案基础上体现本科临床实际和特色。所抽查的2个临床科室的6个病种中，符合要求的完善的中医诊疗方案数量≥4个。

9. 每个临床科室实施至少1个常见病中医临床路径和诊疗方案。

10. 重点专科研究制定本专科重点病种和常见病种（至少3个以上）的中医诊疗方案，诊疗方案应在国家中医药管理局印发的诊疗方案基础上体现本科临床实际，突出中医药诊疗方法的综合运用。所抽查的2个重点专科6个病种中，符合要求的完善的中医诊疗方案数量≥4个。

11. 重点专科诊疗方案在临床中得到应用。所抽查的2个重点专科的6份运行病历中，执行中医诊疗方案的病历数≥4份。

12. 每个重点专科实施至少1个常见病中医临床路径和诊疗方案。

13. 按要求积极使用小包装中药饮片，医院小包装中药饮片数≥300种，且在临床应用。

14. 科室开展中医护理技术项目数符合要求，所抽查的3个科室开展中医护理技术项数≥6项。

15. 门诊走廊、候诊区和住院部走廊宣传中医药知识，使用中医病名和中医术语，并与所在科室的中医药特色相结合。

16. 中药候药区宣传中医药相关知识。

17. 具有提供中医预防保健服务的平台，健康状态辨识及其风险评估区域、健康咨询与指导区域、健康干预区域、辅助区域等，区域定位明确。

18. 人员配备满足“治未病”服务功能的需要，专职医护人员不少于6人，中医类别人员不低于70%，其中应当有一名具备副主任以上专业技术职务任职资格的中医类别执业医师。

（二）综合服务功能部分

1. 明确医院需要应对的主要突发事件策略，建立医院的应急指挥系统，制定和完善各类应急预案，提高快速反应能力。

2. 加强急诊检诊、分诊，落实首诊负责制，及时救治急危重症患者。

3. 建立相关制度，保障患者及其家属对病情、诊疗措施、医疗风险的知情同意权利和参保患者对医疗保障制度支付项目的知情同意权利。

4. 实行“首诉负责制”，设立专门部门，公布投诉地点及方式，加强投诉管理，及时处理患者投诉。

5. 在诊疗活动中，严格执行“查对制度”，至少同时使用姓名、年龄两项等项目核对患者身份，确保对正确的患者实施正确的操作。

6. 建立手术安全核查、风险评估制度与工作流程。

7. 严格执行“危急值”报告制度与工作流程，接获危急值报告的医护人员应记录患者识别信息、危急值内容和报告者的信息，复核确认无误后，及时向经治或值班医师报告，并做好记录，医师接获危急值报告后应及时追踪、处置并记录。信息系统能自动识别、提示危急值。

8. 建立主动报告医疗安全（不良）事件与隐患缺陷的制度和工作流程。

9. 对实施手术、介入、麻醉等高风险技术操作的卫生专业技术人员实行“授权”制，定期进行技术能力与质量绩效的评价。

10. 有“非计划再次手术”的监测、反馈、整改和控制体系。

11. 有麻醉复苏室，管理措施到位，实施规范的全程监测，记录麻醉后患者的恢复状态，防范麻醉并发症的措施到位。

12. 重症监护患者入住、出科符合指征，实行“危重程度评分”。

13. 开展输血质量全程监控，制定、实施控制输血感染的方案，严格执行输血技术操作规范。

14. 按照《医院感染监测规范》，监测重点环节、重点人群与高危险因素，采用监控指标管理，控制并降低医院感染风险。

15. 有多重耐药菌（MDR）医院感染控制管理的规范与程序，实施监管与改进。

16. 采用国际疾病分类与代码（ICD-10）、中医病证分类与代码（TCD）与手术操作分类（ICD-9-CM-3）对出院病案进行分类编码，建立科学的病案库管理体系，包括病案编号及示踪系统，出院病案信息的查询系统。

17. 有药品不良反应报告管理的制度与程序，按照规定报告药物不良反应和不良事件。建立有效的药害事件调查、处理程序。有突发事件药事管理应急预案、本院的突发事件医疗救治药品目录，有针对重大突发事件大规模调集应急药品的保障方案。

18. 按照《抗菌药物临床应用指导原则》等要求，合理使用药品，并有监督机制。

19. 临床护士护理患者实行责任制，为患者提供连续、全程的基础护理和专业技术服务，优质护理服务落实到位。

20. 在国家医疗卫生法律、法规、规章、诊疗护理规范的框架内开展诊疗活动。

21. 由具备资质的卫生专业技术人员为患者提供诊疗服务，不超范围执业。

22. 有规范的经济活动决策机制和程序，实行重大经济事项集体决策制度和责任追究制度。

23. 建立医院保障设备处于完好状态的制度与规范，对用于急救、生命支持系统仪器设备要始终保持在待用状态，建立全院应急调配机制。

24. 医院对重大决策、重要干部任免、重大项目投资、大额资金使用等事项须经集体讨论、集体决策并按管理权限和规定报批与公示，由职工监督。

六、阶段步骤

1. 准备阶段（2月29日前）：宣传动员，提高认识。2月9日，召开全院护士长以上干部参加的复审工作动员大会，2月29日，召开工作任务分工会议，明确工作的重要性，从思想上、组织上把工作重点转移到复审工作中去。利用网络、宣传栏、院报及医院信息等各种形式广泛宣传，营造迎评氛围，做到人人知晓，人人参加。

2. 自查阶段（3月1日—4月15日）：资料归档，自查自评。3月15日前各职能处室、科室必须按照《三级中医医院评审细则》要求，完成2009—2011年三级中医医院评审资料整理归档工作。

各科室对照《三级中医医院评审细则》将每项技术分年度的病案号报创建办。

3. 省内自查阶段（4月16日—5月15日）：台账整理，现场准备。4月16日前各职能处室、科室根据《三级中医医院评审细则》要求，必须高质量完成台账整理、目录编制任务。同时，各职能处室、科室进行现场考核准备工作，对发现的缺陷问题，进行整改落实。4月30日前各职能科室必须完成对台账最后集成和目录修订，汇编成册，进行装订；各科室完成现场考核准备工作，各类台账符合要求。5月10日左右，从外地聘请专家来院进行评审方面的指导，及时找出存在的问题，提出整改意见进行整改。

4. 复审阶段（5月16—31日）：整改建设、全力迎评。各科室全面完成现场考核准备工作，创建办邀请甘肃省中医药管理局及外省专家对医院三级中医医院的建设情况进行多次预评估，并申请国家中医药管理局进行评审。

七、工作要求

（一）统一认识，明确目标。

医院各科室要进一步提高对评审三级中医医院重要性的认识，把发挥好中医药特色优势作为重要工作来抓，要克服松懈情绪，牢固树立以中医为主的办院方向，坚定发挥中医药特色优势的信心，以评审三级甲等中医医院为抓手，全面提高医院中医服务的能力和水平。

（二）加强领导，完善措施。

科室负责人为执行的第一责任人，开展动员组织部署，调动科室医务人员的积极性，制定完善措施和制度，确保评审工作顺利进行。

（三）突出重点，分级指导。

针对中医医院管理中的薄弱环节做好整改工作，全面加强中医药特色优势建设，切实提高中医医疗水平和能力，把发挥中医药特色优势作为一项长期的重要工作抓好抓实，持之以恒地予以推动。

八、督查考核

评审办要对各职能处室、科室迎评工作进行督查，在评审工作例会上进行汇报，并作为综合目标内容进行考核。对在评审工作中涌现的先进集体、个人按照医院奖励办法进行表彰和奖励，对在创建工作中出现的严重失职行为以及受到省厅专家组批评的集体、个人按照医院处罚办法进行批评和处罚。

时间紧迫，任务艰巨，全院干部职工要统一思想、统一认识、团结一心，围绕三级中医医院评审这个中心工作全力迎评。

甘肃省中医院关于印发HIS系统培训、考试及持证上岗等管理制度的通知

中医办发〔2012〕110号

省中医药研究院，白银分院，医院各处（科）室：

甘肃省中医院HIS系统培训、考试及持证上岗等管理制度已经于2012年6月13日院长办公会议研究通过，现将全文印发，请各部门遵照执行。

特此通知。

附件：1. 甘肃省中医院HIS系统培训、考试及持证上岗管理制度

2. 甘肃省中医院信息安全保密制度实施办法

3. 甘肃省中医院医院信息、网络资料安全保密制度

4. 甘肃省中医院药品处方统计管理制度

二〇一二年七月十一日

附件1

甘肃省中医院HIS系统培训、考试及持证上岗管理制度

第一章 总则

第一条 为顺利推广我院HIS系统的正常运行，规范我院员工对HIS系统的操作流程，提高员工HIS系统操作技能，依据医院培训、考试的管理要求，特制定HIS系统培训、考试及持证上岗管理制度。

第二条 本管理制度仅限于医院有关HIS系统相关培训、考试的及持证上岗管理制度。

第三条 信息科是我院计算机基本知识普及，HIS系统培训、考试的部门。

第四条 经过HIS系统培训且成绩合格的员工才可以开通HIS系统账号，进行相关操作。

第二章 培训

第五条 新入职医院的员工应具有相应的专业知识，身体健康，符合医院员工有关要求。

第六条 信息科根据系统升级及HIS系统操作运行情况定期举办培训，培训内容在OA办公自动化系统中进行公布。

第七条 培训内容包括：计算机基础知识、办公软件操作使用、计算机一般故障处理、医院相关计算机管理规定、HIS系统操作规范等。

第八条 信息科负责建立全院员工计算机及HIS系统培训档案，学员培训情况将登记在档案中。

第九条 全院各相关部门人员必须按时参加培训。培训情况将作为取得医院HIS资格证的参考内容之一。

第十条 每一次HIS系统升级后，信息科会安排系统培训。全院已开通HIS账号员工必须参加培训，培训情况记录在员工培训档案中。信息科将根据各部门培训情况提请院长办公会进行考核，提出奖惩意见。

第三章 考试

第十一条 新入职医院的员工必须通过信息科组织的计算机基础知识考试，考试合格后才可以配置电脑进行办公。

第十二条 经过HIS系统培训，并取得HIS系统操作资格证的方可开通HIS系统账号权限。

第十三条 经过培训后的员工，必须经过考试，考试合格后方可发放系统操作资格证或计算机使用上岗证。

第十四条 考试不合格者可以重新培训并参加资格考试，直到考试合格为止。

第十五条 系统升级培训后，员工必须参加考试，考试成绩作为部门绩效参考意见。

第四章 附则

第十六条 本制度从发文之日起执行，解释权属甘肃省中医院信息科。

附件2

甘肃省中医院信息安全保密制度实施办法

一、建立密码共设协管制度

HIS系统服务器操作系统密码，由医院纪委和信息科专职人员共同设置并定期更改，保证信息科单人无法擅自进入服务器。

二、建立调用敏感数据申报制度

（一）药剂科工作人员调用药品销售（科室、医生）相关报表，由药剂科主任负责确认每个工作人员具体调用范围，以书面形式提出申请，经主管院长及纪委审批后，交由信息科授予相关报表使用权限。如申报批准授予权限后发生数据泄漏，由药剂科负责解释及承担责任。

（二）其他科室确因工作需要，调用敏感数据的，以书面形式提出申请，经主管院长及纪委审批后，交由信息科办理。

三、建立机房登记准入制度

信息科机房实行摄像头监控和电子门禁防护措施，进入机房的每个人需在信息科人员的监督之下，登记进入时间及事由，方可进入机房进行相关工作。

四、签订信息安全保密协议书

（一）医院同HIS厂家签订信息安全保密协议书，约束HIS厂家不泄漏信息。

（二）同厂家工程实施人员签订信息安全保密保证书，约束实施人员不泄漏信息；如有发生，由HIS厂家承担全部责任。

（三）信息中心和HIS厂家双方共同对现有医生、护士工作站及药库、药房子系统进行清查，凡涉及敏感数据项，在不影响正常工作的前提下，予以屏蔽。

（四）HIS厂家负责监督信息中心，取消信息中心授予敏感数据权限的功能，并由HIS厂家出具相关证明。

为保障本实施办法的有效执行及公正严明，本实施办法由医院纪委负责监督落实。

附件3

甘肃省中医院医院信息、网络资料安全保密制度

根据《中华人民共和国计算机信息系统安全保密条例》、《中华人民共和国计算机信息网络国际互联网管理暂行规定实施办法》的规定，制定此制度，确保医院信息资料的安全。

1. 严格执行国家、省有关计算机信息系统的保密规定，接受上级部门的监督和检查。

2. 建立计算机信息系统岗位责任制，指定安全保密责任人，网络主机管理必须专人负责。

3. 凡涉及单位秘密的文件、信息、资料，不得在互联网的计算机信息系统中存储、处理、传递。

4. 坚持“谁上网、谁负责”的原则，职责明确，责任到人。

5. 严禁涉密计算机与互联网连接；严禁同一计算机既上互联网又处理涉密信息。淘汰、报废处理过涉密资料的计算机、移动存储介质和传真机、复印机等涉密载体，应当通过技术手段进行处理，确保有关内容和数据不可恢复。禁止将未经技术处理的涉密计算机等转为非涉密环境使用或进行公益捐赠，禁止非旧涉密计算机流入市场。

6. 建立检查监督制度，定期对重点部门进行安全保密检查，发现问题及时整改，严格堵塞泄密漏洞。

附件4

甘肃省中医院药品处方统计管理制度

为了规范医院药品统计工作，治理、遏制医药购销领域回扣现象，逐步建立治理医药购销领域商业贿赂的长效工作机制，重塑义务人员廉洁从业的良好形象，保证正常药品统计等工作的顺利进行，特制定本管理制度。

1. 医院药品统计权限由药剂科负责，根据具体业务开展情况确定，经院长办公会议讨论授权，信息科具体负责实施和管理。药剂科应严格管理统计权限和其审批程序，纪委全程参与、监督检查。

2. 全院具有药品统计权限的科室和个人分别是：主管副院长、药剂科主任及经药剂科主任授权的相关人员。其他部门的人员如工作需要进行统计的，必须经信息主管院长和纪委

审批后由信息科执行。

3. 严禁医院工作人员为医药销售等人员进行商业目的"统方"及变相提供数据、信息。

4. 对于有以上行为、收受商业贿赂，证据确凿但尚未触犯刑律的从业人员视情节给予不良记录行为，通报批评、取消当年评优、评先、评职称资格或缓聘、解职待聘直至解聘，以及相应的党纪政纪处分；构成犯罪的，要及时移送司法机关，坚决依法追究其刑事责任。

5. 对于医院信息系统中的药品数据信息，实行专人负责，加密管理。对于有医院授权正常的药品数据信息收集工作，根据工作需要应给予肯定和保护，但被授权人有责任对授权加强管理，严防权利滥用。

6. 开发、安装防统方软件，加强医院药品处方统计权的管理、检查、监督。

7. 由纪委牵头汇同各有关科室不定期对药品处方统计权限、工作记录及行为进行落实和检查，根据检查结果做相应的处理。

8. 建立统方、行贿企业不良行为"黑名单"制度，发现有统方、行贿行为的企业、经销商逐级上报，凡列入"黑名单"的企业、经销商，两年内取消其参加药品招标投标的资格。

关于印发《甘肃省中医院计算机信息网络管理实施细则》的通知

中医办发〔2012〕111号

省中医药研究院，白银分院，医院各处（科）室：

为了加强我院信息网络管理，充分发挥信息网络的作用，规范各科室的信息发布流程，提高网络的使用效率，促进我院计算机网络健康发展，医院制定了《甘肃省中医院计算机信息网络管理实施细则》，已经2012年6月13日院长办公会议讨论通过，现将全文印发，望各部门遵照执行。

特此通知。

二〇一二年七月十一日

甘肃省中医院计算机信息网络管理实施细则

第一章　总则

第一条　为了加强甘肃省中医院（以下简称"院"）计算机信息网络的管理，保障计算机网络的健康发展，特制定本规定。

第二条　医院计算机信息网络指办公局域外网（internet）和HIS内网。

第三条　院信息网主要为医疗、教学、办公、科研、学术交流和管理服务。

第四条　医院入口信道由医院信息科统一负责管理、调整、维护，其他任何部门不得擅自建立对外信道，否则后果自负。

第五条　医院网络管理部门为医院信息科。

第二章　联网用户条件和程序

第六条　联网用户条件

（一）具备一定的硬件和软件条件。

（二）具有良好思想素质和技术素质。

第七条　联网申请程序

（一）填写《甘肃省中医院用户网络开通申请表》(见附表)，按各自所在岗位申请使用权限，由主管院长和信息科负责人审核通过后，方可接入医院网络。

（二）由信息科分配IP地址及用户账号。

第三章　网络安全管理

第八条　接入院计算机信息网络的用户必须遵守国家有关法律、法规及医院有关规定。

第九条　院局域网是本院的公共服务设施，凡连入网内的计算机系统、网络互联设备和信息均受保护。未经信息科批准，任何部门及个人不得私自使用网络资源；不得拆卸或改动光缆和双绞线的布线结构；不得移动或改动交换机、集线器等网络设备的位置和接线；不得以任何借口损坏局域网设备。

第十条　联网后，任何科室或个人不得擅自更改IP地址、域名、工作组、计算机名等联网信息。如违反此规定，视情节严重程度予以处罚

第十一条　院信息网络的用户必须对自己的账户加强管理，防止他人盗用后在网上进行非法活动。如出现他人盗用账号造成违法后果，由账户所有者承担相应的责任。

第十二条　当计算机发生变更时，联网用户有义务向信息科通告变更情况，并重登记申请，否则，不予开通网络。

第十三条　所有联网计算机必须按照要求安装杀毒软件，及时对计算机系统打补丁，按要求做好计算机系

统安全防范。

第十四条 信息科要加强网络安全管理，制定相应的安全防范措施，保护好综合数据库及上网信息数据。

第十五条 严格控制手段，区分信息使用权限，经常更换密语、密码等，严防上网进库窃密。

第十六条 院信息网络的所有用户有义务向本院信息科和保卫部门报告有害信息和违法犯罪行为，举报网络使用中不正当行为。

第十七条 对被动收到的不良信息，严禁扩散，应及时报告医院信息科，协助删除。

第十八条 严禁私自在网络和计算机上进行大量消耗资源且没有科学意义的测试操作、广播型或链式通讯操作、游戏型或赌博型操作。

第十九条 任何科室和个人未经许可，不得对计算机信息网络功能进行删除、修改或增加，不得对计算机信息网络中存储、处理或者传输的数据和各种应用程序进行删除、修改或者增加。

第二十条 任何科室和个人不得故意制作、传播计算机病毒等破坏性程序。

第二十一条 任何科室和个人不得利用破译密码等方式进行非正常活动或将密码透露给其他人。

第二十二条 遵守有利于科技交流的国际惯例，计算机网络信息中心的目录和一般文件（除通讯文件外）应设置可阅读或可执行的级别，不经允许不得私自阅读他人通讯文件，不得私自拷贝不属于自己的软件资源，严禁故意将带病毒的文件输入计算机。

第四章 附则

第二十三条 本细则适用于甘肃省中医院计算机信息网络。

第二十四条 本细则自发布之日起执行，原相关条例一并废止

第二十五条 本细则解释权属甘肃省中医院。

关于印发《甘肃省中医院效能风暴行动实施方案》的通知

中医办发〔2012〕112号

甘肃省中医药研究院，白银分院，医院各部门、各科室：

根据省委、省政府及省卫生厅的统一部署，医院决定在全院范围开展效能建设活动。现将《甘肃省中医院效能风暴行动实施方案》印发给你们，请结合工作实际，认真贯彻执行。

二〇一二年七月九日

甘肃省中医院效能风暴行动实施方案

为进一步加强医院效能建设，切实改进工作作风，增强服务意识，提高工作效率，促进我院各项工作全面、协调、可持续发展，营造良好的医疗环境，根据省委、省政府关于加强机关效能建设的具体要求和文件精神，按照省卫生厅《关于印发厅系统开展效能风暴行动实施方案的通知》（甘卫办发〔2012〕217号）精神，结合我院实际，制定如下实施意见。

一、指导思想

以邓小平理论、“三个代表”重要思想为指导，深入贯彻落实科学发展观和甘肃省第十二次党代会精神，以提高工作效能、服务科学发展为主线，紧密联系医院工作实际，认真查找医院在效能建设方面需要解决的突出问题，建立权责明晰、行为规范、运转协调的运作机制，科学、民主、权责统一的决策机制，准确及时的信息公开机制，使我院及其工作人员为民服务的观念进一步增强，日常工作效率、参与社会管理和公共服务水平得到进一步提高，人民群众对医院干部职工的工作满意度有新的提高，从而实现行政提效率、服务提质量、队伍提素质、制度有保障、形象有提升的目标，推动医院各项工作全面健康发展。

二、工作原则

（一）围绕中心、服务大局。紧紧围绕促进经济社会又好又快发展这一中心，服务于医院良好发展环境这一大局，确保省委、省政府和省卫生厅决策部署得到贯彻落实。

（二）抓住关键、重点突破。以解决作风和效能问题为突破口，抓住关键环节和重点岗位，带动整体工作的开展。

（三）标本兼治、综合治理。既要解决当前影响效能建设的突出问题，取得明显实效，又要建立起一整套规章制度，形成转变作风、提高效能的长效管理机制。

（四）求真务实、高效便民。把求真务实的作风贯穿于效能建设活动过程中，从实际出发，扎实推进，务求实效，使基层和群众得到实实在在

的便利。

三、主要工作

要紧紧围绕学习贯彻落实省十二次党代会精神，认真分析我院目前的优势与不足，努力查找干部队伍思想作风方面的差距，引导全院干部职工学习先进经验和管理方法，对照先进典型，从学习创新、精神状态、能力素质、办事效率、服务基层、联系群众、工作机制、促进发展、执行落实等方面入手，寻找差距和对策，切实解决好影响落实科学发展观的突出问题，使效能建设更有针对性。

一要开展全院干部培训，提高干部职工队伍的综合素质。举办“加强效能建设、促进社会和谐”专题辅导讲座，不断拓展广大干部职工的工作思路，提高工作能力。二要开展文化建设大创新，增强医院凝聚力。要抓住承办全国医院文化建设颁奖大会、全国中心城市中医院政研会第十五次年会、全国骨伤专业学术交流会议等机会，展现形式多样、内容丰富的医院文化品牌，展现我院各部门开展效能建设的特色和亮点。三要开展我院行政大提速，推进我院规范化建设。要全面建立健全首问责任、服务承诺、限时办结、一次性告知、办事公开、岗位责任、过错责任追究、绩效考核等效能建设活动。要切实加强重大决策和重点项目推进情况的效能监察，加强对重点对象、重点环节和重点科室的监督检查，及时发现和纠正严重影响效能的行为，严格实施行政效能问责。要着力加强对服务承诺推行和兑现情况的监督，促使我院以有诺必践的实际行动取信于民。四要开展机关效能考核，提高我院工作人员执行力。要拓展空间，让广大群众积极参与监督效能建设。采用聘请作风效能监督员、设立和公布投诉电话等办法，广泛听取社会各界对我院效能建设的意见建议。要推行新的绩效考核制度，科学制定考核目标、内容、标准和方式，保证考核的公开、公平、公正。要加强考核结果的运用，把效能建设绩效考核与工作目标考核、党风廉政建设责任制考核、领导干部年终述职、工作人员年度考核等有机结合起来，作为干部职工业绩评定、奖励惩罚、选拔任用的重要依据。五要以人为本，建立完善长效机制。医院效能建设要紧紧围绕医院中心工作，以人为本，立足工作实际，以解决突出问题为重点，着力检查职能部门、关键部位、重点岗位的不作为、乱作为和“中梗阻”现象，强化服务意识，改善服务质量，提高办事效率等，以饱满的精神面貌、热情的工作态度为广大患者，为临床一线提供服务。努力提供勤政、廉洁、务实、高效的机关服务职能。

四、具体措施

（一）把效能建设与等级医院评审整改相结合，根据等级医院检查评审情况，层层召开分析会，及时总结经验教训，针对检查发现的问题，分别制订出整改措施，切实加以整改，从质量、服务、环境、费用等几个环节进一步加强和规范医院管理，努力提高医院管理水平和医疗服务质量。

（二）把效能建设与做好医疗服务工作相结合，在效能建设活动中，不仅要求机关职能部门认真查找存在的问题，提高机关效能，而且要求临床医技科室也要认真查找临床医疗服务中存在的问题，采取措施切实加以改进，通过开展效能建设活动，进一步理顺医院内部关系，努力提高医疗服务水平和整体工作效能。

（三）把效能建设与理论学习和思想改造结合起来。医院要求大家学习领会上级有关机关效能建设的文件资料，查找自己在思想观念方面存在的问题和根源，认真搞好思想改造，提高自身的思想觉悟，加强自身修养，从各方面严格要求自己，努力为医院建设发展做贡献。

五、工作重点

（一）提升工作效率

1. 健全管理制度。7月底前健全完善岗位责任制、服务承诺制、限时办结制、首问负责制、AB岗位制、一次性告知制、离岗告示制和责任追究制等8项制度，健全完善干部考核、激励、监督和风险防控机制；进一步完善、落实医务人员“四排队”、医疗机构“八排队”、医疗机构和医务人员不良执业行为积分管理办法等22项管理制度，形成用制度管人、管权、管事的长效机制。（牵头处室：院长办公室、党委办公室、人事处、监察科、医务处、护理部、门诊部；协作部门：医院各处室）

2. 加强教育监督。持续开展效能主题教育、正面示范教育和反面警示教育，使效能行动成为干部职工的自觉选择和行动；开展效能提升思想大讨论，提高干部自律意识、法纪意识、责任意识、服务意识和危机意识；开展工作推进、行政服务等领域创新优化大竞赛，鼓励探索创新，推动医院各项工作更好更快发展，形成求真务实、敢于创新、勇于担当的良好局面。（牵头单位：纪委、监察科、党委办公室；协作单位：医院各处室）

3. 加强“四风建设”。改进会风，加强会议审批、承办等管理，精简会议，严肃纪律，提高会议质量；改进文风，杜绝公文中的假、大、空，提倡短、实、新，提高公文质量，规范公文处理程序；改进学风，动员干部主动学习政务相关知识，做到理论联系实际，提高解决实际问题的能力；改进作风，切实增强公仆意识、节俭意识、廉政意识，注重调查研究，掌握工作主动权。（牵头单位：院长办公室、党委办公室；协作单位：纪委、监察科、医院相关处室）

4. 整治突出问题。集中整治庸懒散慢、中梗阻塞和不作为乱作为等行为，着力解决平庸无为、纪律涣散、贪图享乐、推诿扯皮、失职渎职等自身建设问题，着力解决精神懈怠、疏远群众、心浮气躁、办事拖拉、官僚思想等问题。形成人人讲效能、处处创效能、事事高效能的浓厚氛围。修订完善《部门工作制度与岗位职责》，进一步理顺医院内部职能关系，对交叉重复和职责不清或职责已明确但执行不好的进行专项集中清理，进一步明确机构职能、权限和责任，尽量做到一件事情由一个职能部门负责，确需多个部门科室负责的事情，明确主办处室和协办处室，从制度上杜绝推诿扯皮现象。（牵头单位：纪委、院长办公室、党委办公室、人事处、监察科及相关处室；协作单位：所有职能部门）

5. 推动重点工作。围绕省卫生厅重大决策部署和医院发展主要目标任务等重点工作，对照年度工作计划，分解细化任务，靠实工作责任，履行主抓责任，主动协调会商，加强跟踪督办，切实推动各项任务全面落实。（牵头单位：院长办公室、党委办公室；协作单位：全院各部门各临床业务科室）

（二）完善招标采购制度

1. 进一步加强医药和医用耗材采购机构建设。继续推进省医药采购管理中心软硬件建设，加强人员培训，提高人员素质，完善制度约束机制，加强各项管理制度建设。（牵头单位：计划财务处、经济管理处、设备管理处；协作单位：纪委、监察科、招标采购科及其他相关部门）

2. 进一步规范药品和医用耗材招标采购工作。健全药品和医用耗材招标采购机制，完善招标采购流程，加强部门合作监管，完善申投诉机制。积极推进药品、医用耗材和试剂的集中招标采购工作。（牵头单位：计划财务处、经济管理处、检察科；协作单位：招标采购科、设备管理处、后勤管理处）

（三）提升“窗口”服务效能

1. 增设挂号收费窗口，优化医疗服务流程，简化服务环节，缩短病人等候时间。患者挂号、划价、收费、取药等服务窗口等候时间不超过10分钟。（牵头单位：门诊部、计划财务处收费科；协作单位：各有关科室）

2. 进一步增加预约挂号量，通过网上、电话、现场预约三种形式预约挂号，尽量减少患者排队挂号数量。（牵头单位：门诊部）

3. 提升医院信息化水平，提供一站式服务，简化缴费、检查、取药以及出入院手续；改进办事方式，体现便民、惠民的宗旨。（牵头单位：宣传处信息科；协作单位：各有关部门）

4. 实行无节假日医院服务，为病人提供“无间断医疗服务”。（牵头单位：医务处、门诊部；协作单位：各临床医技科室）

5. 落实限时服务各项规定，急诊病人到院后医护人员5分钟内处置；医生急诊会诊10分钟内到达救治现场；主治医师首次查房记录在入院后48小时内完成；三大常规等检验项目，急诊30分钟内出报告，特殊检查48小时内出报告（细菌培养、染色体检查除外），放射科急诊摄片30分钟内出报告，平诊2小时内出报告，特殊检查24小时内出报告，B超30分钟内出报告，病理冰冻切片30分钟内出报告。（牵头单位：医务处、护理部、门诊部；协作单位：有关临床医技科室）

6. 落实三级医师查房制度、分级护理制度、疑难病例讨论制度、会诊制度、危重患者抢救制度、术前讨论制度、死亡病例讨论制度、查对制度、病历书写基本规范与管理制度、交接班制度、技术准入制度等。提升单位运行绩效，病床使用率、平均住院日、急诊留观时间、入出院诊断符合率、临床主要诊断与病理诊断符合率、急危重症抢救成功率、甲级愈合率以及CT、DR、大型X光机阳性率等主要效率指标达到三级医院标准要求。（牵头单位：医务处、护理部、门诊部；协作部门：各临床医技科室）

（四）做好医疗纠纷投诉处理工作

1. 落实院长接待日制度，发挥患者维权站的作用，认真倾听患者呼声，及时化解医患矛盾。（牵头单位：医务处、院长办公室；协作部门：患者维权站）

2. 配合有关部门做好医疗纠纷第三方调解工作，妥善处理医疗纠纷。（牵头单位：医务处；协作部门：监察科、各有关科室）

3. 建立健全患者投诉处理机制，认真办理医疗投诉，做到“有诉必理”、“有理必果”，维护医院正常的医疗服务秩序，维护患者合法利益。（牵头单位：医务处、患者维权站；协作单位：监察科）

（五）加强效能监督检查

1. 聘请行政效能监察员，设立行政效能观测点，重点对干部作风、行政效能进行全程监督。（牵头单位：院长办公室；协作单位：监察科）

2. 建立领导效能联系点制度，指导各科室更好地开展效能建设工作。（牵头单位：院长办公室；协作单位：监察科、各职能处室）

六、工作步骤

（一）动员部署阶段（6月5日至6月29日）。成立甘肃省中医院效能风暴行动领导小组，组建领导小组办公室，制定省中医院效能风暴行动实施方案并报省卫生厅，召开动员部署大会，全面启动效能风暴行动。

（二）查找问题阶段（6月30日至7月15日）。深入查找医院存在的庸懒散慢、中梗阻塞和行政不作为乱作为等问题，制定整改方案，明确整改措施、整改时限和整改责任，整改方案报省卫生厅。

（三）工作推进阶段（7月16日至12月15日）。全面落实年度重点卫生工作和整改方案确定的重点任务，解决突出问题，推动医院工作科学发展。邀请两代表一委员、社会人士等作为效能监督员，定期不定期开展专项督查，通过明察暗访、召开座谈会等，深入推进效能风暴行动开展。畅通反映渠道，广泛接受社会和群众的监督和问询。积极上报整改方案落实情况报告。

（四）工作评价阶段（12月16日至2013年1月20日）。认真开展效能风暴行动“回头看”，对年度重点卫生工作和整改任务落实情况进行自我评价和群众评议，按时间规定向厅系统效能领导小组办公室上报总结。

七、工作要求

效能建设是一项系统性工程，也是一项长期而艰巨的任务，工作涉及面广，标准要求高。必须把开展效能建设活动作为今年事关全局的中心工作来抓，周密安排，精心组织，务求实效，保证各项工作有序推进。

（一）加强领导，明确职责。

成立医院效能建设领导小组，负责活动的部署、组织、协调和指导。

组　长：李盛华

副组长：孙援朝　卫晓雯

成　员：马忠祥　舒　劲　李兴勇　赵继荣　邱连利　赵国杰　谢兴文　潘　文

领导小组下设办公室，负责了解情况、交流信息、具体协调、检查督促、下发简报等工作。

主　任：卫晓雯（兼）

副主任：罗克龙　胡雅杰　徐柏林

成　员：郑　慧　赵永强　王　颖　周　晟　田旭东　杨继红　刘效栓　陈春丽　马永鹏

领导小组办公室要切实落实效能建设实施意见，促使各项工作上新台阶，做到效能建设和业务工作相互促进，相得益彰。

（二）强化监督，狠抓落实。医院效能办要加强对效能建设的指导、检查、监督，对不认真组织开展效能建设的，存在决策不当、政令不畅、作风不实、效率不佳、服务不优、行为不端等突出问题的，严肃追究部门领导和有关责任人的责任。

（三）不断创新，务求实效。各部门各科室要立足自身实际，着眼医院发展大局，认真研究新情况，解决新问题，不断创新效能建设的方式、途径，在改进措施上下功夫，在工作实效上求突破，努力使医院效能建设提升到一个新的水平，跃上一个新的台阶。

（四）统筹安排，协调推进。要牢固树立发展是第一要务的意识，坚持一手抓效能建设，一手抓业务工作，把加强效能建设与实施医疗服务能力建设工程结合起来，与深化医药卫生体制改革结合起来，与做好其他各项业务工作结合起来，增强效能建设的针对性和实效性，确保效能建设与业务工作相互促进，推进全院各项工作，让广大群众感受到效能建设带来的新变化。

关于印发甘肃省中医院廉政风险防控工作实施方案的通知

中医办发〔2012〕113号

省中医药研究院，白银分院，医院各处（科）室：

医院决定从2012年6月开始到2013年12月底结束，在全院范围内组织实施廉政风险防控工作。现将《甘肃省中医院廉政风险防控工作实施方案》印发给你们，请认真组织学习，结合实际抓好贯彻落实。

附件：甘肃省中医院廉政风险防控工作实施方案

二〇一二年七月十日

甘肃省中医院廉政风险防控工作实施方案

根据中央纪委《关于加强廉政风险防控的指导意见》、《甘肃省全面推进廉政风险防控工作实施意见》和《甘肃省医疗卫生系统开展廉政风险防控工作方案》的要求，医院决定深入开展廉政风险防控工作，现就全院开展廉政风险排查及防范工作提出如下实施方案。

一、实施意义

开展廉政风险排查与防范工作，是贯彻中央“标本兼治、综合治理、惩防并举、注重预防”反腐倡廉方针的具体体现，是保证权力行使安全、资金运用安全、项目建设安全、干部成长安全的重要举措，是推进惩治与预防腐败体系建设，落实党风廉政建设责任制的重要抓手。通过识别风险，建立完善相关制度和措施，应用科技手段，形成相应工作机制，实现制度化、系统化、标准化运作，形成有利于反腐倡廉建设的思想观念、文化氛围、体制条件、制约环境，扎实推进惩治和预防腐败体系建设，真正从源头上有效遏制和减少腐败现象的发生，促进党风、政风、干部作风的全面优化，加快医院全面建设步伐。

二、实施范围

（一）明确重点对象。省中医院、省中医药研究院院领导班子成员、中层干部作为查找廉政风险工作的重点对象。

（二）突出重点领域。要把医药、设备采购、基建工程、人员录用、干部任免、财务管理等涉及人、财、物和群众利益的科室、部门作为查找廉政风险的重点。

（三）抓住重点环节。要把廉政风险查找活动贯穿于事前、事中、事后等各个环节，同时要坚持预防为主，突出事前防范，加强制度预防和科技预防，有效地防范各种风险。

三、工作原则

（一）坚持突出重点，注重实效原则

针对医院领导干部、医务人员行使职务权力和职业权力中容易产生腐败问题的重点部位和重点环节，采取预防和监管并举的措施，确保权力运行监控机制取得实际成效。

（二）坚持解决突出问题，着力建立长效机制的原则

廉政风险防控工作，既要立足当前，解决面临的突出问题，努力取得反腐纠风的成绩，又要着眼长远建设，全面系统科学地谋划预防腐败工作，形成长效机制。

（三）坚持在继承中发展，在发展中创新的原则

结合过去医院在反腐倡廉工作方面积累的许多有效的经验和做法，认真加以总结，用制度的形式固定下来。与时俱进，用发展的思路、改革的办法，研究新情况，解决新问题，探索新方法。

（四）坚持惩防并举，注重预防的原则

认真分析职务、职业腐败行为发生所依赖的腐败动机、腐败机会、公共权力这三个必要条件，紧紧抓住权力运行、资金监管、廉政教育、制度建设等关键环节，坚持标本兼治、综合治理、惩防并举、注重预防的原则，努力改进教育方式，健全监督机制，完善制度体系，创新监管手段，使预防腐败工作取得综合实效。

四、工作目标

按照全面开展、突出重点、分步实施、扎实推进、务求实效的总体要求，通过清权查险、监督防范、预警控制，着力从源头上有效遏制和预防腐败，提高全院干部、职工自觉接受监督、主动参与监督和积极化解廉政风险的意识，促进职责明确、决策民主、程序公开、管理规范的权力运行机制建设，逐步形成廉政风险防范管理长效机制。

五、组织机构

医院成立廉政风险防控工作领导小组（以下简称领导小组），负责医院廉政风险防控管理工作的组织领导；领导小组下设办公室，负责廉政风险防控管理工作的组织实施，领导小组办公室由院长办公室、党委办公室、人事处、监察科联合负责组织协调，抽调专门人员并承担日常工作。

（一）领导小组

组　长：李盛华

副组长：孙援朝　卫晓雯

成　员：马忠祥　舒　劲

李兴勇　赵继荣

邱连利　赵国杰

谢兴文　潘　文

（二）领导小组办公室

主　任：卫晓雯（兼）

副主任：罗克龙　郑　慧

胡雅杰　徐柏林

成员包括22个处室负责人，刘莉莉、原明明、马妍妍。

六、工作安排

医院廉政风险防控工作从2012年6月启动，到2013年12月总结（见附件1）《甘肃省中医院廉政风险防控工作进度表》。具体包括以下五个阶段：

（一）动员部署阶段（6月中旬至7月中旬）

1. 动员部署，明确任务。学习上级廉政风险防控工作文件精神，制订医院工作方案，召开全院动员大会，明确开展廉政风险防控工作的指导思想、工作原则、工作任务、工作重点和工作要求。

2. 成立机构，加强领导。医院廉政风险防控工作领导小组开展工作，负责全院廉政风险防控管理工作的组织领导。下设办公室具体负责医院廉政风险防控工作的组织实施、协调、督察，工作联系部门为监察科。

医院各部门要分别确定一名廉政风险防控工作联络员，于7月16日前将名单和联系方式报院领导小组办公室。

3. 加强指导，培训骨干。院领导小组办公室对联络员进行培训，使之熟悉工作内容和工作流程，确保工作扎实有序开展。

（二）查找风险阶段（7月中旬至9月中旬）

1. 编制职权目录，绘制权力流程图

清权确权，编制职权目录。按照“职权法定、权责一致”的要求和“谁行使、谁清理”的原则，根据“三定”方案和本部门工作职责对本部门和个人岗位现有权力事项进行全面清理，逐项确认，摸清权力底数，明晰权力边界，明确职权名称、内容、办理主体和制度依据，编制《廉政风险防控管理职权目录》（见附件2）。

清权确权要上下相互印证。即从普通工作人员开始逐级向上登记；结合工作职责等自上而下进行梳理，通过两方面的印证，使权力清理不遗漏。

规范权力，绘制流程图。按照“程序法定、流程简便”的要求，优化权力运行流程，明确办理主体、条件、程序、期限、监督渠道以及办理事项所需提交的全部材料，绘制“权力运行流程图”。

2. 全面细致梳理，排查廉政风险

(1)查找风险。围绕规范权力运行，通过自己找、同事点、领导提、群众帮、专家评和组织审等六种办法，重点查找三类风险。一是岗位职责风险，重点查找由于工作岗位的特殊性，可能造成在岗人员不履行或不正确履行职责的风险；二是业务流程风险，重点查找由于工作程序和个人自由裁量空间过大，可能造成权力失控和行为失范的风险；三是制度机制风险，重点查找由于缺乏工作制度的明确覆盖及工作时限、标准、质量等明确规定，可能导致权力失控的风险。

排查廉政风险以点、线、面结合的方式进行。以工作岗位为点，认真组织对本职岗位进行自查，深刻分析重点、敏感、关键岗位可能存在的廉政风险。以工作程序为线，围绕权力流程图，紧紧抓住腐败问题易发生的重点环节查找风险。以制度为面，采取个人查找、集中汇报、民主讨论的形式公开查找在重点领域、重点环节、重点部门和重点岗位的廉政风险。

廉政风险排查要根据工作职责和岗位特点，按照权力运行流程，一步一步查，一个环节一个环节找，做到无一遗漏，不留死角，使找出的风险点可预见，能防控。

(2)确定风险。为确保查找质量，各处(科)室要将确定的廉政风险点报分管院领导审签，并提交院领导小组办公室。领导小组办公室聘请有关专家成立评估组，对各处(科)室提交的廉政风险点进行评估。评估结果分为准确、基本准确、不准确。评估结果提交院领导小组审定。被审定为基本准确的，及时完善；对审定为不准确的，限期整改。

3. 科学分析，评定风险等级

(1)风险定级。各处(科)室依据确定的廉政风险点，按照廉政风险点的多少和权力重要性、权力行使的频率、腐败现象发生的概率及危害程度等内容，通过各处(科)室自评和领导小组办公室审定，将风险等级评定为“高、中、低”三个等级。

高等级风险是指发生机率高的风险，或者一旦发生可能造成严重损害后果的风险，如有可能触犯国家法律、构成犯罪的风险等；中等级风险是指发生机率较高的风险，或者一旦发生可能造成较为严重损害后果的风险，如有可能违反涉及党纪条规、受到纪律处分的风险等；低等级风险是指发生机率较小的风险，或者一旦发生可能造成不良社会影响或一定经济损失的风险。

(2)风险管理。廉政风险点实行分级管理、分级负责，责任到人，高等级风险点由医院的主要领导管理和负责，中等级风险点由分管院领导管理和负责，低等级风险点由部门负责人直接管理和负责。

在本阶段工作中，各处(科)室《廉政风险防控管理职权目录》(附件2)、《部门廉政风险点排查登记表》(附件3)、《岗位廉政风险点排查登记表》(附件5)，连同权力运行内部、外部流程图，经分管院领导审签后，报院领导小组办公室审定、备案并予公示。

(三)制定措施阶段(9月中旬至10月下旬)

1. 制定防控措施。针对查找出来的廉政风险点和确定的风险等级，各部门围绕岗位职责、业务流程、制度机制制定防控措施，使用岗位权力行使风险防控科技手段，形成有效防范风险的长效机制。

2. 分类实施防控。属于岗位职责方面的，通过建立健全权力运行程序和制度分权、公开示权、监督控权、追责制权等方式，加强监督和制约，规范权力运行。属于业务流程方面的，按照廉洁、效能、便民的原则，确保程序规范、效率提高、简明清晰、方便办事。属于制度机制缺失或不完善方面的，抓好制度的落实和机制的完善。

3. 合理配置权力。围绕决策、执行和监督等关键环节，建立健全“三重一大”集体决策等制度，明确划分党委会、院长办公会、职工代表大会的决策权限，完善医院内部治理结构。

建立权力分解和制衡机制，对权力进行科学分解和配置，建立决策权、执行权、监督权，既相互制约又相互协调的权力结构和运行机制。进一步健全民主决策机制，重大、复杂、敏感的事项实行集体决策；推行岗位责任制、首问负责制、行政问责制。对重点岗位、重点部门的干部和工作人员进行有效的风险预防教育，引导他们牢固树立廉洁意识、风险意识和责任意识，避免苗头性、倾向性问题演变为违纪违法行为，着力形成廉政风险防控机制。

4. 健全防控制度。健全重点岗位干部交流制度，对人、财、物、基本建设等权力相对集中、风险等级较高岗位的干部实行定期轮岗交流制度，完善干部任职回避制度和离任审计制度。

针对查找出来的廉政风险点和确定的风险等级，各处(科)室有针对性地围绕岗位职责、业务流程、制度机制来制定并推进防控措施，有效化解廉政风险。

各处(科)室填报《部门廉政风险防控措施登记表》(附件4)、《岗位廉政风险防控措施登记表》(附件6)，经分管院领导审签后，报院领导小组审定后，由院领导小组办公室公示并备案。

(四)监控执行阶段(10月下旬至2013年3月下旬)

1. 公示廉政风险。职权目录、廉政风险点、风险等级和防范措施，连同权力运行内部、外部流程图，经医院廉政风险防控工作领导小组审定后，报省卫生厅廉政风险防控工作领导小组办公室备案。经备案的职权目录、廉政风险点、风险等级和防范措施，以一定的形式进行公开公示。

2. 加强公开透明。完善党务公开、院务公开制度，大力开展“阳光工程”。通过医院网站、“OA办公系统"、宣传栏等形式，主动公开职权目录和权力运行流程图，接受职工和社会监督。利用医院网络建立廉政风险防控工作网上平台，推行网上公开、网上监控等，促进权力运行的规范化、公开化、程序化。特别是要加大对基建工程、招标采购、资产管理、干部人事、财务管理、科研项目与经费管理、职称评审、评先评优等事项的公开力度，健全管理机制，切实加强内部廉政风险防控。

3．实施预警处置。通过信访举报、防统方软件、案件查处、监督检查、经济责任审计、干部考核、网络舆情等渠道，对可能引发腐败的苗头性、倾向性问题，通过向有关部门或岗位个人发出廉政风险预警，采取谈话函询、警示诫勉、责令纠错等处置措施，纠正工作中的失误和偏差，化解廉政风险。

4．强化督查指导。通过信息监测、检查评议、汇报交流等方式，院领导小组办公室不定期对各处（科）室风险防控措施的落实情况进行督查指导。确保廉政风险防控扎实推进、取得实效，坚决避免和克服形式主义。

（五）总结提高阶段（2013年3月至2013年12月）

1．搞好检查验收。院领导小组办公室组织对各处（科）室廉政风险防控工作的检查考核和验收。对考核情况较差、没有实现预定目标的部门，要督促制定整改措施，完善制度，并跟踪回访，强化监督，确保廉政风险防控工作落实到位。廉政风险防控工作的考核检查结果，作为2013年度党风、行风廉政建设检查考核的重要内容，作为考核评价医院各级领导干部的重要依据。

各处（科）室要通过检查考核进行总结提高，纠正存在的问题，修改完善工作流程和管理制度，及时调整风险点和风险防控措施，切实做好工作台账、资料归集和自查总结工作。

2．认真做好总结。各处（科）室要对廉政风险防控工作进行回顾总结，肯定成绩，查找不足，提出下一步工作意见与建议，促成廉政风险防控工作常态化。并将书面总结和成果资料按时间要求报送院领导小组办公室。医院将按要求及时向省卫生厅廉政风险防控工作领导小组报送书面总结和成果资料。

七、实施要求

（一）加强领导，落实责任。各党支部，处（科）室要把推进廉政风险预警与防范管理工作作为一项重大任务，列入重要议事日程，加强组织领导，周密部署安排，认真组织实施。医院党政领导班子成员要带头查找廉政风险，带头制定和落实预警防范措施，带头抓好自身和管理范围内的廉政风险预警防范，确保风险防范工作各项要求落实到每一个岗位和个人。

（二）在医院领导小组统一领导下，院党政主要领导负总责；各分管领导具体抓，纪检监察部门负责协调推进，领导小组办公室负责组织监督实施。各处（科）室负责人是本处（科）室的第一责任人，要切实保证在规定的时间内完成各项工作任务，各处（科）室要指定一名干部作为廉政风险防范管理工作联系人，加强与领导小组办公室的联系，及时沟通和反馈信息。宣传处要做好廉政风险防控工作的宣传报道工作，营造良好的舆论氛围。

（三）廉政风险防控管理要从具体工作流程入手重点查找制度机制和外部环境方面造成的风险，防控措施要落实到具体工作岗位人员，细化到权力行使的各个环节。要做到岗位职责明确、岗位风险清楚、化解风险措施得力，确保权力运行到哪里，廉政风险防控措施就要跟进到哪里，教育制度监督就要落实到哪里。科学借鉴廉政风险防控和全面质量管理理论方法，在完成统一部署的规定动作基础上，努力创新方式方法，健全制度机制，及时总结归纳，形成适合我院特点的有效预防腐败的工作套路。

（四）建立廉政风险防控管理工作档案

各处（科）室要妥善保管廉政风险防范管理工作各种资料和信息，建立专门档案，为考核评估提供依据。档案包括有关文件、各种报表、会议记录、工作信息，领导小组办公室综合评估结果、防范措施内容、新建或完善的规章制度、自查报告等内容。

关于印发《甘肃省中医院效能风暴行动民主评议工作作风实施方案》的通知

中医办发〔2012〕145号

省中医药研究院，白银分院，医院各处（科）室：

根据省卫生厅和省效能风暴行动协调推进领导小组的要求部署，医院决定在全院范围开展效能风暴行动民主评议活动。现将《甘肃省中医院效能风暴行动民主评议工作作风实施方案》印发给你们，请结合工作实际，认真贯彻执行。

二〇一二年九月四日

甘肃省中医院效能风暴行动民主评议工作作风实施方案

为进一步加强医院效能建设，切实改进工作作风和政风行风，增强服务意识，提高工作效率，促进我院各项工作全面、协调、可持续发展，营造良好的医疗环境，根据卫生厅厅系统效能风暴行动民主评议机关作风和政风行风动员视频会精神，按照省效能风暴行动协调推进领导小组关于印发《省效能风暴行动民主评议机关作风和政风行风实施方案》(甘政发〔2012〕2号)要求，结合我院实际，制定本工作方案。

一、目标任务

(一)服务意识得到切实提高。统一思想，认清形势，真正把行动落实到省委对民主评议机关作风和政风行风工作要求上来。切实增强医院广大干部员工对风暴行动重大意义、重点任务和主要措施的理解，在规范医疗制度和流程、优化服务环境、转变作风、提升效能等方面形成共识，认真接受人民群众和社会监督，坚持边评边改，评改结合，切实增强贴近群众、服务发展的工作热情。

(二)机制体制得到创新。进一步把握规律、改革创新，严格执行依法行政关键环节改革的制度措施，推进招标采购、资源配置和职能处室管理服务等机制创新。建立健全人人参与创新医疗服务、创新医院管理、创新业务技术的奖励机制；建立院长、副院长值周制度，值周院长每天门诊巡查制，现场组织危重病人抢救，协调院内外会诊、设备调用、绿色通道、与家属沟通等。形成程序简洁、执法规范、服务优异、效率较高的良好行政环境。

(三)工作作风得到有效转变。以民主评议机关作风和政风行风工作为契机，进一步健全制度、务求实效，不断完善激励约束各项机制。正确认识到民主评议是帮助医院发现问题、促进工作的良好契机，配合民评代表开展评议工作，积极向医院提出意见和建议，促进医院工作作风建设。守纪律、转作风、改文风、严会风创新措施，提升效能，营造愿干事，高效干事的管理工作氛围。

(四)着力提高工作效能。理清工作思路，找准问题原因，进一步优化工作程序，完善工作制度，落实整改措施，努力解决影响和制约工作作风、工作落实的突出问题，着力提高工作效能。深入开展便民服务工作，下功夫改善服务流程，创新服务机制，优化服务环境，提高工作效率。高度重视患者维权工作，加强与维权协会协作，指导调解处理医患纠纷，引导患者合理维护权益，向患者提供政策咨询和信息服务，促进医患关系和谐；要严格落实医疗事故月分析制度，将典型医疗事故分析评议活动常态化，使医疗人员从中总结经验和教训，减少医疗事故的发生。

二、评议内容

(一)进一步加强医院重点处室、重点岗位制度约束机制，加强各项管理制度建设。

(二)院务环境情况得到明显优化。创新性做好院务公开和窗口建设。及时准确向社会、患者和全院员工公布医院重大建设项目，财务、人事等信息。逐步改善医院窗口软硬件设施建设，增设挂号收费窗口，优化医疗服务流程，简化服务环节，缩短病人等候时间。缩短患者挂号、划价、收费、取药等服务窗口等候时间；进一步增加预约挂号量，通过网上、电话、现场预约三种形式预约挂号，尽量减少患者排队挂号数量；提升医院信息化水平，提供一站式服务，简化缴费、检查、取药以及出入院手续；改进办事方式，体现便民、惠民的宗旨；实行无节假日医院服务，为病人提供“无间断医疗服务”。落实限时服务各项规定。落实首席代表制度，全程代办制度运行情况；加强信息化建设，将廉政风险防控工作与信息化建设相结合，创新探索“制度加科技”廉政风险防控监管模式。

(三)工作效能情况得到有效提升。

1. 进一步提高医院整体素质、服务质量和工作效率。加强对全院职工为人民服务的思想教育力度，增强全院职工爱院的凝聚力、向心力和工作热情，努力提高医务人员医疗水平和综合素质。切实将创先争优和三好一满意活动开展好，让广大患者享受到宾馆式优质服务。抓好工作制度的落实和完善创新，结合效能行动建设，优化诊疗和服务流程，提高做工的效率，提升为人民群众健康服务的质量和水平。进一步加强医药和医用耗材采购机构建设。继续推进省医药采购管理中心软硬件建设，加强人员培训，提高人员素质，完善制度约束机制，加强各项管理制度建设。进一步规范药品和医用耗材招标采购工作。健全药品和医用耗材招标采购机制，完善招标采购流程，加强部门合作监管，完善申投诉机制。积极推进药品、医用耗材和试剂的集中招标采购工作。

2. 健全和落实完善岗位责任制、服务承诺制、限时办结制、首问负责制、AB岗位制、一次性告知制、离岗告示制和责任追究制等8项制度。医疗、医技、药学部、行政部门根据各自具体工作性质和特点，制定和落实细则，在实践中逐步整改完善。

3. 集中整治庸懒散慢、中梗阻塞和不作为乱作为等行为，着力解决平庸无为、纪律涣散、贪图享乐、推诿扯皮、失职渎职等自身建设问题，着力解决精神懈怠、疏远群众、心浮气躁、办事拖拉、官僚思想等问题。形成人人讲效能、处处创效能、事事高效能的浓厚氛围。修订完善《部门工作制度与岗位职责》，进一步理顺医院内部职能关系，对交叉重复和职责不清或职责已明确但执行不好的进行专项集中清理，进一步明确机构职能、权限和责任，尽量做到一件事情由一个职能部门负责，确需多个部门科室负责的事情，明确主办处室和协办处室，从制度上杜绝推诿扯皮现象。

4. 严格规范工作纪律遵守。纪委、监察科、人事、党办等部门加强医院各项工作纪律的监管力度。持续开展正面示范教育和反面警示教育，搌高干部自律意识、法纪意识、责任意识、服务意识和危机意识；鼓励探索创新，推动医院各项工作更好更快发展，形成求真务实、敢于创新、勇于担当的良好局面。

5. 加强“四风建设”。改进会风，加强会议审批、承办等管理，精简会议，严肃纪律，提高会议质量；改进文风，杜绝公文中的假、大、空，提倡短、实、新，提高公文质量，规范公文处理程序；改进学风，动员干部主动学习政务相关知识，做到理论联系实际，提高解决实际问题的能力；改进作风，切实增强公仆意识、节俭意识、廉政意识，注重调查研究，掌握工作主动权。

6. 推动重点卫生工作任务，重大卫生建设项目进展。围绕省卫生厅重大决策部署和医院发展主要目标任务等重点工作，对照年度工作计划，分解细化任务，靠实工作责任，履行主抓责任，主动协调会商，加强跟踪督办，切实推动各项任务全面落实。

7. 加强卫生职业精神文明建设。加强对全院医务人员卫生职业精神教育学习和宣传；进一步完善、落实医务人员“四排队”、医疗机构“八排队”、医疗机构和医务人员不良执业行为积分管理办法等22项管理制度。将卫生职业精神文明建设医德医风和廉政风险防控建设结合起来，努力营造以人为本，医患关系和谐，医德好、质量好、服务号，群众满意的医院。

三、工作步骤

民主评议机关作风和政风行风工作从8月中旬开始，12月底结束，分为宣传动员、自查自纠、落实整改、评议总结四个阶段进行。

（一）宣传动员阶段（8月14—31日）

省中医药研究院，白银分院和医院各（处）科室要在效能风暴行动领导小组的领导下，明确工作总体要求、范围内容、方法步骤和工作措施，配合评议工作的顺利开展。医院效能办设立民主评议机关作风和政风行风活动专栏和宣传简报。确定专人做好与厅效能办工作联络和衔接。

（二）自查自纠阶段（9月1—30日）

按照全省效能风暴行动工作要求和卫生厅安排，医院将分别从社会各界人士中聘请10名效能风暴监督员（民评代表）。效能监督员采取明察暗访、走访服务对象等方式，围绕机关作风和政风行风建设情况开展工作。医院将通过召开座谈会、问卷调查、情况通报会等方式，广泛听取干部职工、兄弟各单位和广大患者的意见和建议，查找工作作风和政风行风建设方面存在的问题和不足，并对照评议内容和要求进行自查。省中医药研究院，白银分院和医院各（处）科室要积极开展自查自纠工作，并于9月30日前向厅效能办上报民主评议自查报告。

（三）落实整改阶段（10月1日—11月15日）

1. 省中医药研究院，白银分院和医院各（处）科室要根据自查和监督员提出的问题和建议，认真研究制定整改方案，明确工作目标、完成时限、责任部门、责任领导、具体责任人，抓好整改落实。

2. 组织召开评议工作质询会。按照省民评办的要求，组织召开评议质询会议，接受省民评代表的质询。

3. 医院效能办针对评议中发现的问题，制定整改方案，强化整改措施，认真整改落实。整改工作结束后，形成整改落实报告。

（四）评议总结阶段（11月中旬至12月底）

积极配合省民评办组织召开民主评议政风行风公开测评大会、效能建设网上问卷调查等工作。医院效能办按照相关要求对民主评议工作进行总结，并报送厅效能办。

四、工作要求

在评议总结阶段，省民评办将综合全省卫生行业各级机关的效能建设民主评议得分，最后评定出省卫生厅的效能建设成绩，并将各部门和行业的得分进行排序、通报。为此，请医院各（处）科室要站在全局的高度，按照民主评议机关作风和政风行风要求，全力做好民评工作。

（一）高度重视，加强组织领导。民主评议机关作风和政风行风工作是检验全省效能风暴行动成效的关键环节，医院各（处）科室要高度重视，保证组织领导到位、检查指导到位、舆论宣传到位、责任落实到位、考核奖惩到位，确保整改活动取得实效。医院各（处）科室要把整改贯穿于评议工作的始终，坚持边查边改、边评边改，确保政风行风评议工作取得成效。要正确认识并处理好效能风暴行动民主评议机关作风和政风行风评议与其他工作的关系，统筹推进医院各项工作任务的完成。要把效能风暴行动与联村联户工作结合起来，在所联系的贫困村大力开展巡回医疗、村医15项中医适宜技术培训、城乡居民培训中医适宜技术、健康教育知识、食疗技术、发放保健包等活动。

有效缓解农村群众“看病贵、看病难”问题，让群众实实在在感受到卫生系统效能风暴民主评议作风和政风行风建设的实效。

（二）深入宣传，营造浓厚氛围。医院各（处）科室要根据效能风暴民主评议的相关要求，多渠道宣传医院在深化医改，改善群众看病就医环境，提高医疗卫生服务水平，促进经济社会发展等方面的典型经验、主要做法。特别是要加大对典型人物、先进事迹的宣传力度，扩大民主评议的社会影响和效果。

（三）密切配合，加强联系沟通。医院各（处）科室要密切配合民评工作，要加强与效能监督员的沟通与联系，虚心接受效能监督员、社会各界的评议和监督，充分尊重效能监督员的调查权、监督权、评议权，认真对待效能监督员的质询、意见、建议，确保效能监督员顺利履行职权。

（四）强化督导，确保工作实效。医院各（处）科室要以评议为契机，组织力量对群众反映问题较多的环节进行专题研究，找出问题症结，提出整改意见和办法。加强监督检查力度，扎实有效地落实好评议工作的各项任务。

（五）交流信息，总结经验做法。切实做好民主评议信息报送工作，把信息报送工作贯穿于评议工作的始终，注重信息质量，突出重点和特色，及时报送本部门的好经验和好做法。

关于印发《甘肃省中医院固定资产管理办法（修订版）》的通知

中医财发〔2012〕182号

省中医药研究院，白银分院，医院各处（科）室：

根据新《医院财务制度》、《医院会计制度》及《甘肃省省级行政事业单位国有资产处置管理暂行办法》，为进一步加强医院固定资产管理，维护资产的安全完整，准确反映医院资产状况，全面落实医院内控制度，现印发《甘肃省中医院固定资产管理办法（修订版）》，请遵照执行，执行中有不同意见建议，请及时反馈计划财务处。

本办法自2012年11月1日起执行。

二〇一二年十一月十四日

甘肃省中医院固定资产管理办法（修订版）

固定资产是单位资产的重要组成部分，医院的固定资产是医疗、科研、教学工作的物质基础。加强固定资产管理，合理使用和配置资源，是医院经济管理的主要方面之一，有利于发挥更大的社会效益和经济效益。

一、固定资产的概念及分类

固定资产是指单位价值在1000元及以上（其中：专业设备单位价值在1500元及以上），使用期限在一年以上（不含一年），并在使用过程中基本保持原有物质形态的资产。单位价值虽未达到规定标准，但耐用时间在一年以上（不含一年）的大批同类物资，应作为固定资产管理。

医院固定资产分四类：房屋及建筑物、专业设备、一般设备、其他固定资产。

图书参照固定资产管理办法，加强实物管理，不计提折旧。

1. 房屋和建筑物，是指医院拥有占有权的房屋和建筑物及其附属设施。其中，房屋包括门诊、病房、影像室、制剂室等业务用房、库房、职工宿舍用房、职工食堂、锅炉房等；建筑物包括道路、围墙等；附属设施包括房屋建筑物内的电梯、通讯线路、输电线路、水气管道等。

2. 专用设备，是指医院根据业务工作的实际需要购置的，价值在1500元以上的各种具有专门用途的设备，如医院的医药设备、仪器、医疗器械等。

3. 一般设备，是指医院用于业务工作的价值在1000元以上的通用设备。

4. 其他固定资产，是指以上各类未包含的固定资产等。如办公用的家具、电子计算机、复印机、交通工具等。

二、固定资产的归口分级管理

医院的固定资产实行归口（即后勤管理处、设备管理处）管理，分级负责，责任到人的管理责任制（贵重仪器、设备要指定专人管理，制定操作规程，建立技术档案和维修保养、交接以及使用情况报告制度）。

固定资产实行三级账卡制，计划财务处设置固定资产总账，资产管理会计设置固定资产明细账，后勤管理处、设备管理处等资产实物管理部门设置固定资产实物明细账，使用科室建立固定资产卡片账（台账）。各相关管理处（科）室密切配合定期或不定期清点实物，核对账目，必须做到账物相符、账账相符，积极指导协助使用科室管好、用好固定资产，防止固定资产损坏、丢失、被盗等情况发生。

固定资产分类归口管理

1. 房屋、建筑物及其各种附属设施，各种车辆机电设备、锅炉、水暖、电器、家具、被服、电脑、录像设备及其有关设备等，归后勤管理处管理。

2. 医疗设备、医疗器械、电子仪器及其有关医疗、教学、科研、专用设备等，归设备管理处管理。

3. 图书杂志及重要文献资料，归宣传处管理。

三、固定资产购置管理的有关规定

医院配置固定资产必须实行预算管理，严格执行论证报批制度。大型设备、基本建设及维修改造工程等固定资产的购建，要符合区域卫生规划，经过科学论证，并按国家有关规定报经主管部门会同有关部门批准。使用财政性资金购置资产，需经主管部门审核同意报财政部门审批后纳入单位部门预算。购置固定资产必须严格执行《政府采购法》和招投标相关政策制度。凡属采购法规定的集中采购目录以内或者采购限额标准以上的设备和工程，均应办理政府采购和招投标相关手续，属于集中采购范围内的采购设备应由政府集中采购，属于政府分散采购的设备需办理分散采购手续。使用国际组织和外国政府贷款购置设备也要进行政府采购。招标采购科具体负责医院各项资产购置招标采购相关工作。

（一）设备购置

各使用科室应在每年十月底之前，根据科室业务发展，编报下年度设备购置计划，填写《甘肃省中医院固定资产采购申请表》，尤其是大型贵重设备仪器（单机10000元以上），在填写申请表时，应尽量提供详细的设备参数、性能要求、数量、资金额度等内容，并签署申购理由，经科室负责人签字后，报资产实物管理部门（后勤保障处或设备管理处）。

资产实物管理部门收到资产购置申请表后，对其申请的资产现有配置状况、数量、使用情况、使用效果、维修状况等进行调研核实，签署意见、建议，填列在申请表相应处，经处室负责人签字，报主管院长签署意见后，报院长审批。资产实物管理部门编制全院的资产购置计划。5万元以上的资产需经医院国有资产管理委员会论证，出具论证报告，提交院长办公会决议通过。资产实物管理部门将资产购置计划、申请表、论证报告、院长办公会纪要等资料分别报国有资产管理科、招标采购科。国有资产管理科负责编制医院年度资产购置预算。

招标采购科根据资产购置计划，按照招标采购政策规定组织采购，需要办理政府采购手续的，招标采购科填报政府采购申请表，经计划财务处核实签字，报主管部门审批后，办理政府采购手续。属院内招标采购的，按院内招标采购程序办理。

购置的固定资产到货后（需安装调试的在安装调试完成后）必须及时办理验收入库手续。由招标采购科及时组织验收。使用部门、招标采购科、资产实物管理部门、国有资产管理科相关人员以及供货商必须一同到场验收。参加固定资产验收人员依照各自相应职责，按照所列内容填制《甘肃省中医院固定资产验收单》（见附表2）并签字。《甘肃省中医院固定资产验收单》一式三联，一联由国有资产管理科存档，一联交资产实物管理部门建立固定资产实物账，一联随申请表、院内招标确认书或采购说明、购货发票、合同等材料由招标采购科报资产管理会计，办理资产入库、领用手续，在信息系统入账、建卡，同时打印条形码并粘贴。

医院对外经济合同应由法人或法人授权代理人签订。任何科室或其他个人一律不准对外签订合同。

（二）基本建设、维修改造项目购建

投资建设或维修改造的工程项目，应按有关规定进行招标。由项目主管部门负责收集资料，编制项目建设改造计划，经国有资产管理委员会及相关部门论证，提交院长办公会通过后，由审计处核定项目投资预算，严格按照《政府采购法》和招投标相关政策制度，以及院内招标采购程序，办理招标采购手续，招标完成后组织实施。在项目实施过程中，应健全工程进度、质量、记录、登记等制度。项目主管部门负责现场管理，大型项目须配备工程监理、跟踪审计，进行全过程监督管理。交付使用时，施工单位应当按照规定办理基本建设竣工决算，并编造完工清册，按照规定将有关技术文件移交档案室。工程竣工建设质量管理部门组织验收，验收合格，对决算进行审计。工程决算审计完成后，填制工程验收单，一式三份，经项目主管、资产实物管理等部门确认签字后，一份资产实物管理部门留存，一份随工程决算、工程监理、跟踪审计报告等资料交计划财务处进行账务处理，一份资产管理会计办理入账登记手续。

四、固定资产的计价

医院的固定资产要按实物计量单位进行计算，并按货币计量单位进行计价。

（一）固定资产的计价基础

1. 原始价值：也称原值，是指医院购建或以其他方式取得某项固定资产所发生的一切合理、必要的支出。它是固定资产基本的计价基础，也是提取修购基金的重要依据。

2. 重置完全价值：是指医院在目前情况下，重建新建所需的全部支出，也称重置价值。医院合法取得固定资产时，可以按重置价值入账，如盘盈、接受捐赠时无原始价值资料的固定资产或固定资产重估时。

（二）固定资产的计价核算

1. 购入固定资产的计价。购入的固定资产，按购入的价值加上支付的运输费、保险费、包装费、安装成本和缴纳的税金确定。国外进口设备按购入的价格，加上按规定支付的进口税金等计价。

2. 新建的固定资产计价。新建的房屋建筑物，按审计决算价计价。

3. 在原有基础上进行翻建、改建或扩建固定资产的计价。按其原来的固定资产价值加上翻建、改建或扩建过程中发生的全部费用支出，减去改、翻、扩建过程中发生的拆除的固定资产原值和固定资产变价收入的余额，作为原始价值。

4. 自制固定资产的计价。自制的固定资产按照固定资产制造过程中发生的实际成本计价。

5. 借款购建固定资产的计价。在固定资产尚未交付使用或已投入使用，但未办理竣工决算前发生的固定资产借款利息和有关费用，以及外币借款的汇兑损益，应计入固定资产价值，在此之后发生的借款利息和有关费用以及外币借款的汇兑损益，应当计入当期损益。

对已投入使用但未办理移交手续的固定资产，可按估计价值记账，待确定实际价值后，再进行调整。

6. 接受捐赠的固定资产的计价。接受捐赠的固定资产，按照发票所列金额加上医院负担的运输费、保险费、安装调试费等确定。未附单据的，按市场同类固定资产的价值加上医院接受固定资产时发生的各项费用，计入固定资产价值。

7. 无偿调拨或由于医院撤并转入的固定资产，按原账面价值计价。

8. 融资租入的固定资产，按租赁协议或合同确定的价款加运输费、保险费、安装调试费等确定。

9. 盘盈的固定资产按重置价值计价。

五、固定资产的日常管理

（一）固定资产使用管理

医院要加强固定资产管理，建立健全固定资产使用维护制度，明确相关责任。使用科室应制定操作规程，大型及贵重仪器设备应指定专人负责、专人操作。资产实物管理部门应建立维修、保养制度、定期巡回检查制度等，加强对固定资产的日常维护及保养工作，经常深入科室了解固定资产使用情况，定期进行检修，减少固定资产的非正常损失，提高资产使用效率。

（二）固定资产报修

固定资产确需维修时，由使用部门填写《甘肃省中医院固定资产报修单》（见附表3），详细注明故障表现，由部门负责人签署意见后，将报修物品和报修单报资产实物管理部门，实物管理部门查阅相关合同资料，检查故障表现，制订维修计划，及时进行修理、维护。对确实需要外修的，资产实物管理部门负责维修人员填写《甘肃省中医院固定资产外修申请单》（见附表4），经使用部门负责人、资产实物管理部门负责人及主管院领导签字批准后方可外修。

固定资产损坏，要清查原因，明确责任。对人为造成固定资产损失的要对责任人进行严肃处理；属于正常损耗或固定资产自身质量问题的，保修期内的厂家负责修理，保修期外按医院规定正常维修；属于个人使用不当、管理不善造成损坏而发生的维修费，由使用人承担。

（三）固定资产调拨

当固定资产实物在科室之间调拨时，相关部门科室必须办理资产调拨手续。由原使用部门填写《甘肃省中医院固定资产调拨单》（见附表5），按照条形码标示填列资产编号、名称、规格、价值等内容，经接受资产部门确认，双方科室负责人签字后报资产实物管理部门核实，调整科室资产实物明细账，并及时报资产管理会计，办理资产调拨手续，更新条形码，调整信息系统资产信息资料。

（四）固定资产清理报废和转让等管理

固定资产报废是指固定资产由于长期使用中的有形磨损，达到规定使用期限不能修复继续使用，或由于技术进步形成的无形磨损，使得必须用新的或者更先进的固定资产予以替换时，对原有固定资产按照有关规定进行的产权注销行为。固定资产转让是指医院占用或使用的、闲置的或者不适用的固定资产按照有关规定进行产权转让、产权更正的行为。固定资产转让分为有偿转让和无偿转让两种。

医院处置国有资产，必须提出书面申请，填报《行政事业单位国有资产处置申请表》，上报主管部门。根据省财政厅国有资产管理的有关规定，单位价值（原值，下同）20万元（含20万元）或批量价值50万元（含50万元）以上的资产，经主管部门审核后，报财政厅审批。在上述规定标准以下的资产处置由主管部门审批，大型、精密贵重的设备、仪器报废和转让应经有关部门鉴定，根据报废批复进行账务处理。

对于已经磨损、陈旧不能继续使用的固定资产，按规定程序申请报废。报废时，由使用或保管该项固定资产的部门填制《甘肃省中医院固定资产报废申请单》（见附表6），经医院固定资产管理委员会成员及相关专家进行评估鉴定，贵重仪器设备报废应经有关部门鉴定，报主管部门或国有资产管理部门、财政部门批准。对医院清理报废的固定资产，国有资产管理科、资产实物管理部门要认真核对实物，核对与申请报废的固定资产清单所列内容是否一致，防止发生遗漏。固定资产报废应查明，是正常报废，还是由于保管、使用、维修不当造成报废，要找出原因，分清责任，分别处理。资产实物管理部门负责固定资产报废的申请、鉴定资料整理，处置单位价值（原值，下同）10万元或批量价值20万元以上的资产，须经院长办公会决定，连同会议纪要报国有资产管理科，国有资产管理科根据申请、鉴定资料、会议纪要等，按照国有资产处置规定负责上报报废请示。

省级事业单位处置规定标准以上的国有资产，经主管部门出具初审意见后，报省财政厅对口业务处（室）会同统计评级处审批。

1. 对无偿调出、报废、报损的资产，省财政厅根据主管部门报送的材料进行审核批复，出具《行政事业单位国有资产处置批复书》，医院可依据《行政事业单位国有资产处置批复书》及其有关部门规定进行资产处置，调整有关资产、资金账目。

2. 对出售的资产，主管部门出具初审意见报省财政厅，省财政厅同意医院出售意见后由具有评审资格的社会中介机构进行评估，医院按照评估价格依照有关规定出售；省财政厅对申报医院所报资料进行审核批复，出具《行政事业单位国有资产处置批复书》，申报单位根据《行政事业单位国有资产处置批复书》及其有关规定调整资产、资金账目。

医院申报处置资产时，必须提交以下文件、证件及资料：

1. 无偿调出的资产，须提供购置资产发票复印件、评估报告、国有资产产权登记证（复印件），车辆的调出还应提供省财政厅采购办出具的《机关事业单位车辆过户批准单》。

2. 出售的资产，须提供购置资产发票复印件、评估报告、交易发票复印件，车辆的出售还应提供省财政厅采购办出具的《机关事业单位车辆过户批准单》。

3. 报废的资产，须按不同情况提供：

①车辆报废：购置发票复印件，车管部门技术鉴定证明，物资回收部门回收证明，残值收入发票复印件等；

②设备报废：购置发票复印件，报废设备技术鉴定表；

③其他资产比照办理。

4. 报损的资产，须提供资产损失鉴定材料，非正常损失的报损还须提供对责任者的处理文件。

行政事业单位国有资产出售或转让，允许成交价在评估价的基础上有一定幅度的浮动，如果成交价低于评估价的90%，要经同级财政部门批准。单位任何部门、科室或个人无权擅自变卖，一经发现严肃处理。行政事业单位国有资产处置收入、报废、报损残值变价收入均属国家所有，都应按照财政部门的有关规定管理使用。变价收入要交财务部门，按国有资产处置规定上缴财政专户，不得私设小金库。

转让固定资产时，要认真审核调出、转让手续，核对实物，对数量短缺或附件、部件不全的设备，要认真查实，配齐后移交。对专用技术资料要随同调出转让设备一并移交，以便使用单位维修和保养。转让固定资产要根据设备的新旧程度和完好情况，按质论价，并办理好固定资产的交接手续，财务和物资管理部门按手续同时冲减转让固定资产原值。

六、固定资产清查盘点

医院定期或不定期地对固定资产进行清查盘点，年度终了前应当进行一次全面盘点，成立领导组织，由财务、资产管理部门、审计等有关部门和人员参加。清查盘点内容包括查明固定资产的实有数与账面数是否相符，固定资产的保管使用、维修等等，了解有无固定资产长期闲置、使用不当的情况，管理制度有无不健全之处等。通过清查盘点，及时发现问题，妥善处理，制定改进措施，保证固定资产的安全与完整，做到固定资产的账实相符。

对清查盘点中发现固定资产盘盈、盘亏的，要认真查明原因，划清责任，并加以处理。对固定资产盘盈、盘亏，根据规定的管理权限经批准后及时进行账务处理。盘盈的固定资产，应当按照同类或类似资产市场价格确定的价值入账，并确认为当期收入；盘亏的固定资产，应先扣除可以收回的保险赔偿和过失人的赔偿等，将净损失确认为当其支出。

七、固定资产责任制管理与投资分析

固定资产管理与投资分析，就是在日常工作中，对固定资产的形成、投资、使用、保管、维修、清理、报废等进行记录检查、控制、监督与分析，促进医院强化固定资产管理，提高资产利用率。

（一）建立健全固定资产管理责任制

固定资产实行统一领导、归口分级管理，建立健全固定资产管理分级责任制、固定资产管理人员岗位责任制等相关制度。医院院长总负责，财务部门统一管理，财产管理部门按固定资产类别归口管理。专用设备由设备管理处负责，其他固定资产由后勤管理处负责，落实到科室、个人，并同岗位责任制结合起来，使医院的固定资产层层有人负责，物物有人负责，形成一套严格的管理体系。建立三级管理系统，单位职能部门为第一级，实物管理部门为第二级，使用科室或个人为第三级（固定资产管理分级责任制等管理制度见附件）。

（二）固定资产投资分析

由于固定资产占用资金多、周转时间长、变现能力低、投资风险大，因此对固定资产投入量的控制十分重要。要严格按照程序对固定资产投资进行论证、分析、预测和决策，合理确定固定资产投入量，既要防止固定资产投入不足影响医疗业务活动的开展，又要防止固定资产投入量过多，造成医院固定资产闲置浪费。

加强固定资产使用控制要分析固定资产的结构状况，了解使用结构是否合理，提高固定资产在用的数量，减少未使用数量，充分发挥固定资产的效率，延长有效工作时间，提高专用设备占固定资产的比重，压缩其他固定资产的比重，提高诊疗水平。

1. 固定资产状况分析

(1) 专业设备占固定资产的比重

专业设备占固定资产的比重

$$=\frac{专业设备原值}{固定资产原值}$$

这一指标反映了专业设备占固定资产的比重，从某种意义上可以说明医院医疗能力的大小、诊疗水平的高低。

(2) 每床位占用固定资产

每床位占用固定资产

$$=\frac{固定资产原价}{开放床位数}$$

(3) 每床位占用专业设备

每床位占用专业设备

$$=\frac{专业设备原值}{开放床位数}$$

(4) 人均拥有固定资产

人均拥有固定资产

$$=\frac{固定资产原值}{平均职工人数}$$

2. 固定资产增长变动分析

主要计算固定增长率、更新率、退废率等指标，借以考察固定资产增长程度、更新程度和退废程度。

(1) 固定资产增长率，是指本期净增加固定资产原值与期初固定资产原值的比率。具体计算公式为：

固定资产增长率=

$$\frac{本期固定资产增加值-本期固定资产减少值}{期初固定资产原值}\times100\%$$

(2) 固定资产更新率，是反映固定资产更新程度的指标。计算公式为：

固定资产更新率

$$=\frac{本期新增固定资产原值}{期末全部固定资产原值}\times100\%$$

(3) 固定资产退废率

固定资产退废率

$$=\frac{本期固定资产报废的价值}{期初全部固定资产原值}\times100\%$$

3. 固定资产新旧程度的分析

固定资产磨损率

$$=\frac{期末固定资产报废的价值}{期末固定资产原值}\times100\%$$

磨损率越高，说明固定资产越旧；磨损率越低，说明固定资产越新。

要建立健全定期不定期维修保养制度，处理好大修、中修、小修的关系，做好日常的维护和保养，降低磨损率。

4. 固定资产利用效果投资效益分析

(1) 固定资产转化率。即医院当期业务收入总额同医院拥有的固定资产总额的比率。

固定资产转化率

$$=\frac{业务收入总额}{固定资产总额}\times100\%$$

该指标反映医院一定时期内固定资产的收入水平。比率越大，说明利用效果越好。

(2) 固定资产创益率。即医院当期的收支结余同医院拥有的固定资产的比率。

固定资产创益率

$$=\frac{收支结余}{固定资产总额}\times100\%$$

该指标反映医院在一定时间内固定资产创益的水平。比率越大，说明固定资产利用效果越好。

(3) 设备完好率。

设备完好率

$$=\frac{完好设备台数}{设备总台数}\times100\%$$

该指标反映医院完好设备占设备总台数比率。比率越大，说明设备状况越好。

考核固定资产的投资效益分析，降低服务成本，提高固定资产的利用效果。

附件：

1. 固定资产管理分级责任制

2. 固定资产管理人员岗位责任制

3. 固定资产赔偿处罚制度

4. 固定资产移交制度

附件1

固定资产管理分级责任制

(一) 院长

医院院长应对固定资产管理核算的方针、目标做出决策，监督执行，直接或委托分管的副院长管理。

1. 对各级主管部门给予医院的固定资产投资负完全责任，保证各种固定资产价值不因管理不善而造成损失，保证医院投资的合理运用，保证固定资产处于良好的状态，保证各级主管部门规定的固定资产考核指标的实现。

2. 根据财政部门国有资产管理的有关制度规定，结合医院实际情况，健全固定资产管理体系，配备管理部门所需人员数量，保障技术水平的相对稳定，保证固定资产卫生资源的正确使用。

3. 责成固定资产管理核算部门制定固定资产管理核算的各项规章制度、标准、定额等。经审核后，颁发执行。

4. 领导制定医院固定资产投资规划，审核重要的固定资产调整和改造方案，组织评价固定资产的技术经济效益。

5. 审查年度固定资产维修计划，检查执行情况，分析固定资产维修的经济效益。

6. 审查批准固定资产的调拨、报损和报废。对超过报废规定限额的应督促有关部门向上级申报相关手续。

7. 主持重大固定资产事故的分析处理。

8. 责成固定资产管理核算部门制定提高固定资产管理、核算和维修人员业务、技术水平的规划，定期检查其实施情况和效果。

(二) 固定资产实物管理部门

1. 对医院固定资产实物管理和维修系统的结构、人员和资源的配备提出建议和方案，经院领导批准后执行。

2. 制定固定资产实物管理工作细则。有关的规章制度、标准、定额和技术经济指标，经审核批准后，认真组织贯彻执行，并负责指标的考核，提出奖惩意见。

3. 编制固定资产配置规划和年度固定资产配置计划，组织资产的论证，负责资产配置证的报批。

4. 负责固定资产的实物管理。办理从购建到验收合格至报废处理的所有变动手续；建立固定资产实物账，定期对资产使用状况进行考核分析。

5. 监督设备的正常使用。制定各类固定资产的操作规程，实行定人定机，负责操作培训，并监督执行；收集和研究设备故障和操作信息，向有关部门和单位反馈；处理设备故障。

6. 编制和实施固定资产维修、保养和检查计划。编制和实施大修理计划。

7. 健全固定资产技术档案。指定专人管理，制定固定资产信息的收集、分析和利用办法。

8. 负责报废资产的鉴定、资料整理，对报废资产提出处置意见，并组织实施。

9. 负责处理使用部门提出的固定资产有关问题。

（三）固定资产使用部门

1. 严格执行固定资产管理的各项规章制度，保证固定资产的完整、技术状况的良好和使用正常。负责本部门固定资产考核指标的实现。

2. 组织本部门人员学习有关固定资产的操作规程，监督其严格执行操作规程；搞好日常维修和定期保养工作。

3. 指定专人管理本部门的固定资产，保持账物相符，按规定及时提供有关固定资产的信息、资料和数据。

4. 办理固定资产购建、领用、报废、报损等申请手续，负责本部门固定资产的验收，提出固定资产使用的合理化建议。

5. 监督本部门操作人员严格执行固定资产管理和核算的有关规章制度。

（四）财务及资产管理部门

1. 会同有关职能部门制定全院固定资产的管理制度和办法，并监督有关部门和人员认真执行。

2. 会同有关职能部门核定全院固定资产需要量，编制固定资产购建计划和费用预算，参与购建前的技术经济论证，参与签订、审查固定资产购建的各种经济合同，审查费用预算的执行情况。

3. 组织全院固定资产的核算和分析工作，全面掌握固定资产的增减变动情况，并结合固定资产的实际使用情况和医院经营情况，分析固定资金的利用效果。

4. 协助各归口管理部门做好固定资产管理的各项基础工作，对资产管理的全过程进行监督管理，组织财产清查工作，做到账账、账实相符。

5. 正确提取和使用一般修购基金，结合医院经济管理核算工作，按规定提取和使用折旧基金，保证固定资产再生产的顺利进行。

6. 负责固定资产总账、一级明细账及标志（固定资产统一编码）、条形码管理和资产系统管理。定期填报固定资产管理的各级报表。

（五）招标采购部门

1. 严格执行政府招标采购规定，按政府招标采购程序，及时办理招标采购审批手续。

2. 负责起草招标文件、发布信息，会同有关处室审签合同和履行合同。负责组织院内招标采购工作。

3. 对已招标采购的资产，负责组织验收，完成采购验收手续。按照采购合同和资产使用情况和使用效果，提出结算申请，并负责报批。

附件2

固定资产管理人员岗位责任制

管理会计：

在主管院长、计划财务处处长的直接领导下，负责固定资产、财产核算管理。

1. 负责拟定医院有关物资管理规定。

2. 开展固定资产清查、盘点、评估、监督移交。

3. 审核各科固定资产采购计划、报废财产论证资料等，负责各库房出入库汇总、审核，按照规定程序办理固定资产入库、调拨及报废手续。

4. 建立健全各类物资，各科室使用的固定资产木器家具财产等的账卡。

5. 完成月、季、年固定资产增减登记，定期填报固定资产分类报表，提供固定资产档案参考资料。

6. 协调处理固定资产方面的其他事宜。

固定资产保管：

在物资主管院长、固定资产实物管理部门领导的直接领导下，负责固定资产、财产的保管、发放、收回、设账等管理事宜，配合管理会计完成报表二级账分类核算。

1. 凡采购入库的物品、固定资产验收入库，发现数量不符或质量有问题的固定资产拒绝入库。

2. 认真配合管理会计完成出入库单的填制统计，切实做好账表、单据的统一相符。

3. 做好物品存放整齐、有序，防止腐烂、变质。

4. 做好防火防盗等安全措施，库房严禁吸烟，防火设施齐全完好。

5. 做好固定资产下送，下收，深入各临床医技科室积极开展工作。

固定资产科室管理员：

在医院物资主管部门及资产使用部门负责人的领导下，管理好本处（科）室的物资，防止被盗、丢失和损坏等现象发生，做好固定资产账卡的登记、销减、调拨、核对工作，保证实物与账卡相符。

1. 根据科室需要及医院有关标准规定，编制申请科室固定资产及物品的需要计划，做好勤俭节约工作。

2. 根据本科室人员增减情况和工作需要，提出木器家具等物品增减意见，经固定资产主管部门审核后，合理调配。

3. 科室的固定资产、财产要及时登册建卡，如有变动及时办理增资产减、变动手续。保证三级管理账物相符。

4. 定期检查本科室固定资产的使用情况，发现破损及时联系维修，确实无法维修的要办理报废手续，凭审核批准后的报废表由管理会计进行账务处理。

附件3

固定资产赔偿处罚制度

1. 医院各类固定资产、物资财产都属于国有资产，任何个人不得以任何手段和名义占为己有。一经发现必须立即追回，确实无法追回者按原价从工资中扣款。情节严重者，追究法律责任。

2. 故意破坏国有资产、公共财物者，按实物原价加倍赔偿，根据医院规定个人承担损失的相关金额。

3. 因工作失职，不负责任，违反操作规程致使医院财产遭受损失者，根据情节轻重、视本人态度给予批评教育、处分、赔偿。

4. 凡属使用时间太久或因抢救病员，发生自然灾害致使医院财产遭受损失，经有关人员证明方可免于赔偿。

5. 因管理不善，造成物品霉烂变质已不能再使用的物品，要及时报告有关部门处理，按情节情况追查管理者的责任，同时做好维修、报废、回收工作。

6. 各科室凡病员、陪员无任何原因损坏的物品应照原价赔偿。

7. 各科室要有专职或兼职人员做好主管财产、固定资产工作，原则上谁主管谁负责，发生丢失和损坏后找出当事人和原因，管理者要及时核报情况，拒不上报的由管理者负责赔偿。

附件4

固定资产移交制度

1. 各科室固定资产财产管理人员因病假、事假、探亲、外出学习等不能到岗上班，三个月以内的可通知本科室主任，安排代管人员，三个月以上委托代管的要通知固定资产主管部门。

2. 保管人员因工作岗位调动或调离医院时要办理移交手续。移交时由移交人、接交人、监交人同时在场，对管辖的所有固定资产如实盘点，核对账物卡，账物相符后，记录在册，办理移交手续后，方可办理调动、调离手续，科室不认真执行移交制度，管理部门扣该科管理考核分。

3. 各科室物资管理员调离调动时同样要加强移交手续，并由移交人、接交人同时到管理会计处换卡或移交，不办理的医院不予办理调动、调离手续。

4. 医院工作人员调离、退休、换岗工作时要将工作用具、财产工具等财产交回，各科室要切实做好工作人员变动时的财产移交工作，保证各科室固定资产使用和固定资产管理工作顺利进行。

甘肃省中医院关于印发名老中医传承工作室建设项目资金管理办法的通知

中医财发〔2012〕198号

省中医药研究院，医院各处（科）室：

根据财政专项资金管理等相关管理规定和中医药服务项目任务书要求，为规范和加强名老中医传承工作室建设项目任务实施和资金管理，现印发《甘肃省中医院名老中医传承工作室建设项目资金管理办法》。

特此通知。

附件：甘肃省中医院名老中医传承工作室建设项目资金管理办法

二〇一二年十二月二十八日

附件：

甘肃省中医院名老中医传承工作室建设项目资金管理办法

第一条　为规范和加强名老中医传承工作室建设项目专项资金（以下简称专项资金）管理，保障资金安全、合理、高效使用，制定本办法。

第二条　本办法所称的专项是指中央及地方下达的具有专门用途、纳入预算管理的财政专项资金。

第三条　专项资金按照“专款专用、专账核算”的原则进行管理。

第四条　各职能部门和项目组应根据各自的职责和分工，严格项目资金管理办法规定实施、管理、接受有关部门的监督检查。

第五条　特色管理处是项目的归口管理部门，协同解决项目资金的申报、使用、管理中的有关问题。

第六条　计划财务处负责项目资金的日常财务管理工作、根据相应的会计核算和账务处理等。

第七条　计划财务处在收到项目经费后设立以项目名称而定的明细账户单独核算。

第八条　项目负责人负责组织项目开展和任务完成，以及项目预算的执行，并做好记录。

第九条　项目经费的使用应符合有关的规定，不可擅自扩大或变更支出范围，提高支出标准。计划财务处对经费使用按有关文件精神进行监督。项目经费开支，由项目负责人、分管处长、主管院长审核签字。对用现金支付的各项费用严格按照现金管理规定审核支付。

第十条　项目预算内的对外合作，必须符合项目任务书的内容，并合作双方签订相关协议的前提下，进行相应的款项拨付。

第十一条　计划财务处对项目专款的各类支出必须予以及时、准确的账务处理，凡纳入政府采购的支出内容，应按照政府采购相关制度规定执行。用于设备购置或专项修缮时，应按医院的有关规定办理相关手续，纳入固定资产范围的，办理固定资产入账手续。

第十二条　项目结束时，多余的项目经费应按有关规定处理，不可挪作他用。

第十三条　年末未列支的专项资金应按现行结转和结余资金管理相关规定管理。

第十四条　项目结束后，项目组应对项目实施完成情况和资金使用情况进行总结，医院项目管理部门对项目实施、预算执行及资金使用管理等进行考核，按项目主管部门要求报送相关资料，接受项目主管部门的绩效考评。

第十五条　本办法自印发之日起执行。

甘肃省中医院关于印发中医类标准化培训项目资金管理办法的通知

中医财发〔2012〕199号

省中医药研究院，医院各处(科)室：

根据财政专项资金管理等相关管理规定和中医药服务项目任务书要求，为规范和加强中医标准化培训项目任务实施和资金管理，现印发《甘肃省中医院中医标准化培训项目资金管理办法》。

特此通知。

附件：甘肃省中医院中医标准化培训项目资金管理办法

二〇一二年十二月二十八日

附件：

甘肃省中医院中医标准化培训项目资金管理办法

第一条　为规范和加强中医标准化培训项目专项资金（以下简称专项资金）管理，保障资金安全、合理、高效使用，制定本办法。

第二条　本办法所称的专项是指中央及地方下达的具有专门用途、纳入预算管理的财政专项资金。

第三条　专项资金按照“专款专用、专账核算”的原则进行管理。

第四条　各职能部门和项目组应根据各自的职责和分工，严格项目资金管理办法规定实施、管理、接受有关部门的监督检查。

第五条　医务处是项目的归口管理部门，协同解决项目资金的申报、使用、管理中的有关问题。

第六条　计划财务处负责项目资金的日常财务管理工作、根据相应的会计核算和账务处理等。

第七条　计划财务处在收到项目经费后设立以项目名称而定的明细账户单独核算。

第八条　项目负责人负责组织项目开展和任务完成，以及项目预算的执行，并做好记录。

第九条　项目经费的使用应符合有关的规定，不可擅自扩大或变更支出范围，提高支出标准。计划财务处对经费使用按有关文件精神进行监督。项目经费开支，由项目负责人、分管处长、主管院长审核签字。对用现金支付的各项费用严格按照现金管理规定审核支付。

第十条　项目预算内的对外合作，必须符合项目任务书的内容，并合作双方签订相关协议的前提下，进行相应的款项拨付。

第十一条　计划财务处对项目专款的各类支出必须予以及时、准确的账务处理，凡纳入政府采购的支出内容，应按照政府采购相关制度规定执行。用于设备购置或专项修缮时，应按医院的有关规定办理相关手续，纳入固定资产范围的，办理固定资产入账手续。

第十二条　项目结束时，多余的项目经费应按有关规定处理，不可挪作他用。

第十三条　年末未列支的专项资金应按现行结转和结余资金管理相关规定管理。

第十四条　项目结束后，项目组应对项目实施完成情况和资金使用情况进行总结，医院项目管理部门对项目实施、预算执行及资金使用管理等进行考核，按项目主管部门要求报送相关资料，接受项目主管部门的绩效考评。

第十五条　本办法自印发之日起执行。

甘肃省中医院关于印发中医类别全科医师培训项目资金管理办法的通知

中医财发〔2012〕200号

省中研院，医院各处（科）室：

根据财政专项资金管理等相关管理规定和中医药服务项目任务书要求，为规范和加强中医类别全科医师培训项目任务实施和资金管理，现印发《甘肃省中医院中医类别全科医师培训项目资金管理办法》。

特此通知。

二〇一二年十二月二十八日

附件：

甘肃省中医院中医类别全科医师培训项目资金管理办法

第一条　为规范和加强中医类别全科医师培训项目专项资金（以下简称专项资金）管理，保障资金安全、合理、高效使用，制定本办法。

第二条　本办法所称的专项是指中央及地方下达的具有专门用途、纳入预算管理的财政专项资金。

第三条　专项资金按照“专款专用、专账核算”的原则进行管理。

第四条　各职能部门和项目组应根据各自的职责和分工，严格项目资金管理办法规定实施、管理、接受有关部门的监督检查。

第五条　临床教学部是项目的归口管理部门，协同解决项目资金的申报、使用、管理中的有关问题。

第六条　计划财务处负责项目资金的日常财务管理工作、根据相应的会计核算和账务处理等。

第七条　计划财务处在收到项目经费后设立以项目名称而定的明细账户单独核算。

第八条　项目负责人负责组织项目开展和任务完成，以及项目预算的执行，并做好记录。

第九条　项目经费的使用应符合有关的规定，不可擅自扩大或变更支出范围，提高支出标准。计划财务处对经费使用按有关文件精神进行监督。项目经费开支，由项目负责人、分管处长、主管院长审核签字。对用现金支付的各项费用严格按照现金管理规定审核支付。

第十条　项目预算内的对外合作，必须符合项目任务书的内容，并合作双方签订相关协议的前提下，进行相应的款项拨付。

第十一条　计划财务处对项目专款的各类支出必须予以及时、准确的账务处理，凡纳入政府采购的支出内容，应按照政府采购相关制度规定执行。用于设备购置或专项修缮时，应按医院的有关规定办理相关手续，纳入固定资产范围的，办理固定资产入账手续。

第十二条　项目结束时，多余的项目经费应按有关规定处理，不可挪作他用。

第十三条　年末未列支的专项资金应按现行结转和结余资金管理相关规定管理。

第十四条　项目结束后，项目组应对项目实施完成情况和资金使用情况进行总结，医院项目管理部门对项目实施、预算执行及资金使用管理等进行考核，按项目主管部门要求报送相关资料，接受项目主管部门的绩效考评。

第十五条　本办法自印发之日起执行。

甘肃省中医院关于印发中医药标准应用评价项目资金管理办法的通知

中医财发〔2012〕201号

省中研院，医院各处（科）室：

根据财政专项资金管理等相关管理规定和中医药服务项目任务书要求，为规范和加强中医药标准应用评价项目任务实施和资金管理，现印发《甘肃省中医院中医药标准应用评价项目资金管理办法》。

特此通知。

附件：甘肃省中医院中医药标准应用评价项目资金管理办法

二〇一二年十二月二十八日

附件：

甘肃省中医院中医药标准应用评价项目资金管理办法

第一条　为规范和加强中医药标准应用评价项目专项资金（以下简称专项资金）管理，保障资金安全、合理、高效使用，制定本办法。

第二条　本办法所称的专项是指中央及地方下达的具有专门用途、纳入预算管理的财政专项资金。

第三条　专项资金按照“专款专用、专账核算”的原则进行管理。

第四条　各职能部门和项目组应根据各自的职责和分工，严格项目资金管理办法规定实施、管理、接受有关部门的监督检查。

第五条　医务处是项目的归口管理部门，协同解决项目资金的申报、使用、管理中的有关问题。

第六条　计划财务处负责项目资金的日常财务管理工作、根据相应的会计核算和账务处理等。

第七条　计划财务处在收到项目经费后设立以项目名称而定的明细账户单独核算。

第八条　项目负责人负责组织项目开展和任务完成，以及项目预算的执行，并做好记录。

第九条　项目经费的使用应符合有关的规定，不可擅自扩大或变更支出范围，提高支出标准。计划财务处对经费使用按有关文件精神进行监督。项目经费开支，由项目负责人、分管处长、主管院长审核签字。对用现金支付的各项费用严格按照现金管理规定审核支付。

第十条　项目预算内的对外合作，必须符合项目任务书的内容，并合作双方签订相关协议的前提下，进行相应的款项拨付。

第十一条　计划财务处对项目专款的各类支出必须予以及时、准确的账务处理，凡纳入政府采购的支出内容，应按照政府采购相关制度规定执行。用于设备购置或专项修缮时，应按医院的有关规定办理相关手续，纳入固定资产范围的，办理固定资产入账手续。

第十二条　项目结束时，多余的项目经费应按有关规定处理，不可挪作他用。

第十三条　年末未列支的专项资金应按现行结转和结余资金管理相关规定管理。

第十四条　项目结束后，项目组应对项目实施完成情况和资金使用情况进行总结，医院项目管理部门对项目实施、预算执行及资金使用管理等进行考核，按项目主管部门要求报送相关资料，接受项目主管部门的绩效考评。

第十五条　本办法自印发之日起执行。

关于印发《甘肃省中医院编外用工管理办法(修订)》的通知

中医人发〔2012〕69号

省中医药研究院，白银分院，医院各处（科）室：

为了进一步加强医院编外用工管理，着力推进编外用工管理制度化、规范化，按照甘肃省人力资源和社会保障厅、甘肃省卫生厅《甘肃省卫生厅系统编外护理人员推行人事代理（派遣）指导意见》，经院长办公会议研究，现将《甘肃省中医院编外用工管理办法（修订）》全文印发，请各部门贯彻落实。

特此通知。

二〇一二年五月九日

甘肃省中医院编外用工管理办法（修订）

为了进一步加强医院编外用工管理，着力推进编外用工管理制度化、规范化，改善编外用工各项待遇，特制定本办法。

一、基本原则

（一）坚持以人为本、公正、公平、公开的原则；

（二）结合医院实际情况，面向社会公开招聘，科学选拔，择优录取；

（三）坚持按劳取酬、多劳多得、量才使用、高能高薪的原则；

（四）医院对编外用工管理实行劳务派遣制度。

二、聘用条件

（一）爱岗敬业，有良好的职业道德，全心全意为患者服务，遵守医院的各项规章制度，服从组织安排。

（二）身体健康，能胜任本职工作。

（三）专业技术岗位要求具有国家承认的大专及以上学历，并有相应专业的执业资格证书；工勤岗位须具备相应技术等级岗位证书。

三、聘用程序

（一）各处（科）室根据实际工作需要，在科室核定的编制范围内，以书面形式经科室负责人签署意见，主管部门、主管院领导审批后向人事处提出用人计划；

（二）医院成立由相关人员组成的考核小组，负责对求职者面试、考核工作。人事处将用人计划报主管院领导审批后，公开向社会发布招聘信息，应聘人员填写《应聘人员信息登记表》，经审核后提交考核小组组织面试；

（三）考核小组对应聘者经资格审查、面试及理论考试、技能考核、健康体检后确定人选，试用期满后，交劳务派遣公司签订个人劳动合同。

四、人员管理

（一）编外用工管理执行医院各项规定，实行临床、护理、医技、工勤等分类管理，并同步参加职工年度考核；日常阶段考核结合相关专业技术人员主管部门的考核标准执行。

（二）编外用工有以下情形的，直接予以退回派遣公司，并提前15日通知本人：

1. 试用期内不符合岗位要求的；

2. 编外用工患病或非因工（公）负伤，在规定的医疗期满以后，仍不能从事原工作者；

3. 不服从组织安排、违反劳动纪律及院规院纪者；

4. 违反工作程序、操作规程，造成重大医疗差错、事故或失职、渎职造成严重后果的，同时应承担相应赔偿责任；

5. 连续旷工3天或累计旷工5天以上者；

6. 窗口服务及临床医技部门人员被患者投诉在一年之内超过三次（含三次）以上者；

7. 年度考核不合格者；

8. 其他法律规定可以退回的情形。

（三）编外用工因本人原因要求离开工作岗位的，须提前一个月向所在科室及相应管理部门提出书面申请，经同意后方可办理相关手续，在一个月内，应当坚持正常工作，继续履行岗位职责。对擅自离职或不按规定时间要求申请离职者，将按《劳动合同》和医院相关规定处理。

（四）根据医院工作需要参加相关专业新技术新业务、基础知识等培训。

五、工资、福利待遇

（一）编外用工分为专业技术岗位和工勤岗位二类，在试用期、见习期执行见习期工资。专业技术人员在试用期、见习期满后，按照相应学历确定基本工资（工资标准参照甘政办发〔2006〕147号文件）。取得相应专业技术任职资格证书者，在医院未聘任前，按低一级职称兑现基本工资。薪级工资根据年度考核结果，考核合格者在次年1月与在编职工同时正常晋升一级薪级工资（标准参照甘政办发〔2006〕147号文件）。

工勤人员试用期满后，按照省人社厅关于机关事业单位工勤技能等级考试规定和医院相关规定参加考试并取得相应等级证书，经医院聘任后，按照相应工资标准兑现工资。无岗位等级证书者按照普工对待（标准参照甘政办发〔2006〕147号文件）。

（二）专业技术人员取得高一级专业技术职务任职资格，同时符合我省专业技术人员聘任时对职称计算机、外语等要求和医院职称聘任相关规定的，经医院聘任后，次月按事业单位专业技术人员基本工资标准兑现相应岗位等级工资。

（三）劳务派遣的临床医技专业技术人员、行政职能部门工作人员、工勤人员等（季节工和享受协议工资者除外）试用期满，经考核合格后绩效工资分配指导系数按照医院绩效工资方案执行；并按科室分配办法发放（有从业要求的岗位在未取得上岗证期间按见习期对待）。

（四）编外用工享受养老、医疗（含大病保险）、失业、工伤、生育保险待遇（由派遣公司办理），费用按照政策规定由本人与医院按照国家相关规定分别承担。

（五）编外用工各类福利待遇、休假及请销假程序参照在编同级职工同等待遇执行。

（六）2010年1月签订劳务派遣协议时享受工龄补贴者，其工资中工龄补贴部分作为保留工资予以保留。

六、因相关政策等原因，不能办理劳务派遣的人员，其工资福利待遇及绩效等标准参照同级同类的劳务派遣人员执行。

七、本办法未规定的事项，按照国家相关法律、法规执行。

八、本办法自下发之日起执行，由人事处负责解释。

甘肃省中医院原“五七工、家属工”参加养老保险工作实施方案

中医人发〔2012〕83号

省中医药研究院，白银分院，医院各处（科）室：

根据甘肃省人社厅、兰州市人社局“五七工、家属工”参保相关文件精神和七里河区社保局通知的要求，结合两院的实际情况，特制定该实施方案。

一、指导思想

认真贯彻落实甘肃省、兰州市政府相关文件精神，促进社会和谐稳定，加快建设健全覆盖城乡的社会保险体系建设，妥善解决好两院原“五七工、家属工”养老保险历史遗留问题。

二、基本原则

根据甘人社通〔2010〕375号文件、甘人社通〔2011〕280号文件、七政办发〔2011〕35号文件及相关规定，按照自愿申请的原则，参保费用由个人全额承担。

三、主要政策

（一）参保范围和对象

截至1994年12月31日前，曾经在两院工作过的原“五七工、家属工”同时具备下列条件的，可以在参保缴费后纳入全省城镇养老保险体系管理。

1. 2009年12月31日前具有兰州市城镇居民户籍。

2. 1994年12月31日前，曾在两院工作满3年以上。

（二）所需材料

1. 提供本人相关原始工作材料（包括各类登记表、单位颁发的各类证书、奖状、工资单、奖金单、劳保卡片等）。

2. 提供本人1994年12月31日前至少3年的原始财务凭证。

3. 提供本人身份证复印件。

4. 提供本人户口复印件（首页和本人当页）。

（三）时间安排

4月1日—4月20日：调查摸底、填表登记。

4月21日—5月3日：收集资料，资格审核，建立个人档案。

5月4日—5月10日：人员公示。

6月1日—6月10日：由七里河区社保局审核认定后缴纳费用。

四、相关要求

凡符合上述条件人员，请在2012年5月3日前到人事处进行登记，并上交个人申请表。

二〇一二年四月一日

甘肃省中医院医院感染事件责任追究制度（试行）

中医医发〔2012〕64号

省中医药研究院，白银分院，医院各处（科）室：

为了进一步强化医疗安全意识，有效地预防和控制医院感染事件发生，保障患者安全，根据卫生部《医院感染管理办法》、《执业医师法》、《护士管理条例》和《传染病防治法》，结合我院实际制定医院感染事件责任追究制度（实行），已经2012年4月20日院长办公会议讨论通过，现将全文印发，请遵照执行。

一、责任划分

（一）医院感染管理委员会：在主管院长的领导下，全体成员认真履行职责，依据国家政策法规，制定全院医院感染控制规划、管理制度、考评方法，并监督实施；定期召开会议，对医院感染存在的问题进行讨论，提出改进措施；评价医院感染管理科工作。

（二）公共卫生与医院感染管理处：在医院感染管理委员会的领导下，负责拟定医院感染预防和控制措施及在职人员培训计划，并具体组织实施；定期对医院感染监控情况进行汇总、分析，按要求上报；定期对全院预防和控制医院感染管理各项规章制度的落实情况进行现场检查和指导，对存在的问题限期整改，对科室不能解决的医院感染问题提交医院感染委员会讨论，并逐级上报。

（三）有关职能部门：应按照各自工作范围认真履行本部门在医院感染管理中的职责，积极配合临床做好医院感染的预防与控制工作；对医院感染管理委员会、公共卫生与医院感染管理处提交的相关问题及时整改，需要医院协调解决的，提交院长办公会讨论。

（四）各临床、医技科室：建立医院感染管理小组，由科主任、护士长及本科监控医生、监控护士组成，在科主任的领导下开展工作，认真履行各自职责，做好本科室医院感染预防和控制工作。

（五）医院工作人员：积极参加医院感染相关知识培训，每年不少于4个学时，熟练掌握与本职工作相关的医院感染预防与控制方面知识，在诊疗活动中严格执行医院感染各项规章制度、医疗器械消毒工作技术规范，做好职业防护、手卫生和医疗废物处理工作。

二、责任追究

（一）各级管理部门主要负责人、临床科室主要负责人、医务人员违反《医院感染管理办法》、《执业医师法》、《护士管理条例》、《传染病防治法》，有下列情形之一的，给予全院通报批评，按《医院感染管理质量考核评分标准》扣除科室绩效工资，对造成医院感染事件发生，视情节对主要负责人和直接责任人警告、记过、降级、缓聘、撤销行政职务的处分或开除的行政处分。涉及医疗纠纷或定为医疗事故，按有关规定追究其责任和经济赔偿。

1. 医院感染管理委员会未定期召开会议解决医院感染问题，对医院感染安全隐患未采取控制措施；

2. 各级职能部门疏于管理，对存在的医院感染安全隐患未及时解决，需要医院协调解决的未逐级上报，相关部门未及时召开会议，解决医院感染重大问题；

3. 采购、使用未取得“三证”消毒药械和一次性医疗器械、器具；

4. 在新建和改建项目时违反医院感染控制和卫生学要求导致存在医院感染安全隐患；

5. 未按《医疗废物管理条例》对医疗废物进行分类处理，造成医疗废物流失、泄漏、扩散，引起不良事件；

6. 临床科室医院感染管理小组未落实医院感染管理规章制度、对本科室医院感染工作疏于监控，存在重大医院感染安全隐患；

7. 医务人员执业过程违反医疗器械、器具的消毒工作技术规范；

8. 医务人员执业过程违反无菌操作技术规范和隔离技术规范；

9. 发生职业暴露未及时上报公共卫生与医院感染管理处，贻误预防治疗时间而造成不良后果；

10. 未按要求报告医院感染病例，发生医院感染暴发事件未按程序上报，未及时采取控制措施。

（二）造成医院感染暴发、传染病传播或者其他严重后果，情节严重的，对负有责任的主管人员和直接责任人员依照《传染病防治法》第六十九条规定，由上级行政部门依法吊销有关责任人员的执业证书。构成犯罪的，依法追究刑事责任。

二〇一二年五月二日

关于印发《甘肃省中医院传染病防治管理方案》的通知

中医医发〔2012〕70号

省中医药研究院，白银分院，医院各处（科）室：

《甘肃省中医院传染病防治管理方案》，已经2012年4月20日院长办公会议研究通过，现将全文予以印发，请各部门遵照执行。

特此通知。

附件：1．甘肃省中医院结核病防治管理方案

2．甘肃省中医院鼠疫防治管理方案

3．甘肃省中医院艾滋病防治工作方案

4．甘肃省中医院急性弛缓性麻痹（AFP）防治管理方案

二〇一二年五月十四日

甘肃省中医院传染病防治管理方案

传染病是严重危害人民健康的重大疾病，具有传染性和流行性等特点，尤其是在发展中国家。一些传染病，如艾滋病、乙肝、结核病等，由于缺乏有效的防治和管理措施，发病率不断上升，病死率较高。而近年来，国内不断出现新发传染病，如传染性非典型肺炎（SARS）、人感染高致病性禽流感和甲型H1N1流感等，向我们提出了新挑战。国家也高度重视传染病防治工作，制定并实施《中华人民共和国传染病防治法》等防治法律、法规，保障传染病防治工作，取得了重大成效。为了进一步规范我院传染病的诊疗与研究工作，不断提高中西医结合诊治传染病的水平，为广大患者提供满意的临床医疗服务需求，保障医院职工和患者身体健康与生命安全，维护医院稳定与发展，根据《中华人民共和国传染病防治法》、《医院感染管理办法》等法律、法规，结合当前甘肃省传染病疫情和防治工作现状，制定本管理方案。

一、总目标

坚持“预防为主，防治结合；统一领导，分级负责；以人为本，全面协调；中西结合，特色创新”的方针。加强医院传染病规范管理工作，促进医院传染病管理工作的法制化、制度化和规范化建设，有效预防和控制传染病的发生与流行，积极承担传染病防治工作和突发公共卫生事件，在各种传染病的中医及中西医结合诊疗和研究方面不断探索、创新；不断提高医疗服务质量，保障医疗安全和患者身体健康，保障医院健康、和谐、可持续发展。

二、组织管理

（一）医院感染管理委员会

主　任：马忠祥

副主任：杨维建　赵永强

成　员：王海东　田旭东

冯康虎　安富德

李　玲　陈春丽

王　颖　周　晟

周毓萍　邓　强

谭　萍　李喜香

杨宏武　脱承德

杜　敏　杜自忠

杨宝平　马郑萍

邢福军　张晓岚

王兰娣　刘建军

陈进凡　李永新

马彩云　谢　园

医院感染管理委员会职责：

认真贯彻医院感染管理和传染病管理方面的法律法规及技术规范、标准，制定医院预防控制和控制医院感染的规章制度并监督实施。制定和确定医院感染管理和传染病管理工作规划和计划，并进行考核和评价。研究并确定医院感染重点部门、重点环节、重点流程、危险因素及应当采取的干预措施，明确有关部门、人员在预防和控制医院感染工作中的责任。研究并制定医院发生医院感染暴发及出现不明原因传染性疾病或特殊病原体感染病例等事件的应急预案。建立例会制度，定期研究、协调和解决有关医院感染管理和传染病管理方面的问题。根据医院发生医院感染的生物病原体特点和耐药性现状，配合药事管理委员会提出合理使用抗菌药物的指导意见。其他有关医院感染管理和传染病管理的重要事宜。

（二）公共卫生与医院感染管理处

公共卫生与医院感染管理处下辖疾病预防管理科和医院感染管理科。

处　长：杨维建

副处长：周毓萍

成　员：王艳琴　权金林

程麦莉　石丽丽

王晓怀　杨玉翠

马冀晨

公共卫生与医院感染管理处职责：

1. 承担《中华人民共和国传染病防治法》赋予的传染病防治管理职责。负责全院传染病防治工作规划、计划及有关制度等文件的起草，并组织实施。严格执行卫生部、卫生厅相关法规、部门规章和操作规范，预防控制传染病在医院内的传播，建立医院传染病预检、分诊制度和工作流程。依法承担传染病疫情和突发公共卫生事件报告、信息收集与统计，以及消毒隔离等工作。协助有关部门组织开展对传染病人、疑似传染病人的医疗救治。组织医务人员协助疾病预防控制机构人员开展流行病学调查和标本采集。组织开展健康教育活动，普及卫生防病知识。负责制定医院医务人员传染病防治知识、技能培训计划，提高队伍素质，指导全院开展预防保健工作。协助疾病预防控制机构、卫生监督机构对医院疾病预防控制工作进行指导和考核。完成卫生行政部门交付的其他公共卫生工作。

2. 对医务人员进行预防和控制医院感染的培训工作。对医院感染预防和控制的规章制度落实情况进行检查和指导。对医院的清洁、消毒灭菌与隔离、无菌操作技术、医疗废物管理等工作提供指导。对医务人员有关预防医院感染的职业卫生安全防护工作提供指导。对消毒药械和一次性使用医疗器械、器具的相关证明进行审核。对医院感染及相关危险因素进行监测、分析和反馈，针对问题提出控制措施并指导实施。对医院感染发生情况进行调查、统计分析，并向医院感染管理委员会或医院负责人报告；对医院感染暴发事件和工作人员职业暴露事件进行报告和调查分析，提出控制措施并协调、组织有关部门进行处理。参与抗菌药物临床应用的管理工作。负责医院生物安全管理工作。完成医院感染管理委员会或医院交办的其他任务。

（三）感染性疾病科

组　长：刘建军

成　员：牛变彩　郝淑萍
陈爱英　史德娣
李红玉　李　晶
王宗英　芮守红
王宏琴　王文莉
杨　蕾

感染性疾病科职责：

感染性疾病科对传染病进行筛查，对医院内的传染病预检、分诊工作进行技术指导。对传染病人或疑似病例进行传染病的甄别、筛查，并及时采取救治措施。对于甲类、采取甲类传染病预防控制措施的乙类传染病人，病原携带者，疑似病人和密切接触者，在指定场所进行医学观察和采取必要的隔离措施进行救治，防止和控制传染病的院内传播。负责制定感染性疾病科各级人员岗位职责、规章制度和工作流程。对感染性疾病科工作人员进行培训。培训内容包括传染病防治的法律法规、部门规章、工作制度；感染性疾病的流行病学、预防、诊断、报告、治疗及消毒隔离防护、职业暴露处理等内容。认真执行隔离制度。科室布局、分区合理，人流、物流合理，物品、区域标识明确、清楚。保持室内清洁卫生，洁、污物品分开放置。严格按照《医院感染管理办法》和《消毒技术规范》对感染性疾病科的设施、设备、医用物品等进行消毒。工作人员诊疗后，应严格按照《医务人员手卫生规范》及时进行手的清洁和消毒；必要时戴手套。感染性疾病科工作人员应为就诊的急性呼吸道发热病人提供外科口罩。严格执行《医疗废物管理条例》，做好医疗废物的分类、登记、转运、处理等工作。认真贯彻执行《中华人民共和国传染病防治法》和《突发公共卫生事件应急条例》，加强传染病报告工作。与疾病预防控制机构密切配合，开展传染病的流行病学调查和宣传教育工作。医院及科室为工作人员提供必要的工作条件，配备防护用品，防止和避免职业暴露，一旦发生职业暴露事件，立即采取补救措施。

（四）医院传染病诊治专家组

成　员：李妍怡　田旭东
邴雅珺　周　晟
王海东　盛　丽
黄小玲　张定华
杨瑞龙　王兰娣
王兰英　靳　锋
李永新　原　睿
崔文建　张参军
王玉珠　李树君
脱承德　邢福军
刘建军　郝淑萍

医院传染病诊治专家组职责：负责院内传染病及疑似传染病病例的诊断、确认、治疗工作，承担突发公共卫生事件及重大传染病、疑难病例的会诊、救治等工作，指导医院的消毒隔离和医务人员、患者的防护工作。

（五）医院传染病流行病学调查组

组　长：周毓萍

成　员：王艳琴　石丽丽
王晓怀　杨玉翠
马冀晨

职责任务：负责配合疾控部门进行流行病学调查，提出相应预防控制方案。包括追踪传染源，填写医学观察（隔离）通知书、流行病学调查表，写出疫情调查报告。

三、传染病发现

<一>传染病预检分诊

（一）门诊传染病预检分诊

1. 医院门诊、急诊、感染性疾病科设立预检分诊标志及预检分诊台，开展预检分诊工作。

2. 医院根据传染病的流行季节、流行趋势做好特定传染病的预检分诊工作。

3. 医院各科室实行首诊医师负责制。对具有发热、呼吸道感染症状、皮疹、皮下出血等症状和体征的就诊病人，注意询问流行病学史、职业史等，并进行传染病的预检。

4. 经预检为传染病病人或疑似传染病的病人，应分诊至感染性疾病科或指定的专用诊室进行诊治，诊治后对接诊处采取必要的消毒措施。

5. 对于甲类、乙类甲管的传染病病人或疑似病人，医院依法采取隔离控制措施；并对病人的陪同人员和其他密切接触者采取医学观察和其他必要的预防措施。

（二）病房传染病预检分诊

对于各科室住院病人，在不能排除传染病时，应当将病人先安置于独立的留观病房，待排除传染病后方可进入普通病房。如确诊为传染病，应当在原发病或手术后病情稳定、允许情况下转入感染性疾病科继续治疗。

（三）安全防护

1. 预检分诊点、感染性疾病科及其他相关科室根据接诊病人的不同，消毒、防护应达到相应传染病防护标准，并按照《医疗废物管理条例》及相关文件规定处理好医疗废物。

2. 从事传染病预检分诊、检验及其他重点部门的医务人员，应严格遵守相关法律、法规和有关规定，认真执行操作规范及工作制度，预防和控制医院感染的发生。

<二>传染病诊断

按照国家卫生行政部门规定的传染病诊断标准执行，必要时可邀请感染性疾病科专科会诊进行诊断。

四、传染病报告

（一）报告病种

1.《中华人民共和国传染病防治法》规定的甲、乙、丙类传染病。

2. 卫生部决定并予以公布列入乙、丙类的传染病。

3. 卫生部公布需要采取甲类传染病预防、控制措施的其他乙类传染病和突发不明原因的传染病。

4. 省级人民政府决定予以公布在本行政区域内按照乙类或丙类传染病管理的疾病。

5. 未列入《中华人民共和国传染病防治法》，但发生暴发、流行的其他传染病。

6. 原因不明的传染病。

7. 不明原因肺炎和不明原因死亡病例等重点监测疾病。

（二）报告程序与方式

1. 传染病报告实行属地化管理。

2. 传染病报告卡由首诊医师或其他执行职务的人员填写。

3. 报告科室及时将传染病报告卡报送至医院疾病预防控制科（或公共卫生管理科），并立即进行网络直报。

（三）报告时限

1. 责任报告科室和责任疫情报告人发现甲类传染病和乙类传染病中的肺炭疽、传染性非典型肺炎、人感染高致病性禽流感的病人或疑似病人时，或发现其他传染病和不明原因疾病暴发时，应于2小时内将传染病报告卡通过网络报告。

2. 对于其他乙类、丙类传染病人、疑似病人和规定报告的传染病病原携带者在诊断后，应于24小时内进行网络报告。

3. 其他符合突发公共卫生事件报告标准的传染病暴发疫情，按《突发公共卫生事件信息报告管理规范》要求报告。

五、传染病处置

（一）组织管理

1. 首诊科室负责对就诊的传染病人或疑似病人进行医疗救治或转诊，需要时进行隔离观察。

2. 感染性疾病科负责对接诊和转诊来的传染病人或疑似病人进行治疗、隔离等处置，并对其他科室的传染病处置提供技术指导。

3. 医院成立重点传染病专家救治组。

（二）控制传播

1. 发现甲类、乙类甲管传染病病人时，应及时采取下列措施：

（1）对病人、病原携带者，予以隔离治疗，隔离期限根据医学检查结果确定。

（2）对疑似病人，确诊前在指定场所单独隔离治疗。

（3）对医院内的病人、病原携带者、疑似病人的密切接触者，在指定场所进行医学观察和采取其他必要的预防措施。

2. 对于拒绝隔离治疗或者隔离期未满擅自脱离隔离治疗的病人，医院可要求公安机关协助采取强制隔离治疗措施。

3. 发现乙类或丙类传染病病人时，应根据病情采取必要的治疗和控制措施。

4. 患甲类传染病、炭疽病死亡的，应将尸体立即进行卫生处理，就近火化。患其他传染病死亡的，必要时，将尸体进行卫生处理后火化或按规定深埋。

5. 医院各部门对本区域内被传染病病原体污染的场所、物品以及医疗废物，应依照法律、法规的规定实施消毒和无害化处理。

（三）医疗救治

医院感染性疾病科（传染科），按规定收治部分病种的传染病人。肺结核、艾滋病等传染病按以下规定执行：

1. 肺结核

医院各科室发现肺结核病人或疑似病人，立即邀请感染性疾病科会诊，根据病情必要时转诊至感染性疾病科或卫生行政部门指定的结核病防治专业机构进行后续的治疗管理。

2. 艾滋病

临床科室住院病人及感染性疾病科、皮肤科、妇产科等重点人群集中的门诊病人，必要时主动提供艾滋病检测咨询、诊断和治疗服务。各科室不得因就诊的是艾滋病病毒感染者或艾滋病病人，推诿或者拒绝对其他疾病进行治疗、处理，并及时完善病历资料。诊疗中按规定做好标准防护及消毒隔离处理工作，必要时可邀请感染性疾病科予以配合指导。医院对此项工作加强管理和督查，对医务人员不得歧视艾滋病病毒感染者和艾滋病病人的宣传教育。对确诊的艾滋病病毒感染者和艾滋病病人，医院在协调相关机构后，将感染或发病的事实告知本人。未经本人或其监护人同意，医院不得公开艾滋病病毒感染者、艾滋病病人及其家属的姓名、住址、工作单位、肖像、病史资料及其他可能推断出其身份的信息。医务人员预防艾滋病病毒感染的防护措施应当遵照标准预防原则。提供孕产期保健及助产技术服务的相关科室，要结合孕产期保健服务，为孕产妇提供艾滋病咨询和检测；对感染艾滋病病毒的孕产妇及其所生婴幼儿提供咨询、产前指导、阻断、治疗、产后访视、婴儿随访和检测等服务。

（四）转诊

1. 各科室发现传染病人或疑似传染病人时，应及时邀请感染性疾病科医师会诊，如病情以传染病为主，则及时转入感染性疾病科隔离治疗；如病情以其他疾病为主或属危重病人，应当就地抢救、治疗，并做好必要的消毒隔离、防护措施。

2. 如医院不具备传染病救治能力时，应当及时将病人转诊到具备救治能力的上级医院进行诊疗。转诊前应先联系好相应的医院，转诊时将病历资料复印件随同病人转至其他医院。

3. 转诊传染病病人或疑似传染病病人时，必要时使用专用车辆。甲类、乙类甲管传染病病人及疑似病人，在转诊中和转诊后，医务人员个人防护和消毒应达到相应甲类传染病防护和消毒标准。

4. 发现肺结核或疑似肺结核病人，将病人转诊到卫生行政部门指定的结核病防治机构进行归口管理，相关科室做好登记、报告工作。

六、医院感染管理

（一）医院感染知识培训

医院定期对全院医护人员进行医院感染相关法律法规、医院感染管理相关工作规范和标准、专业技术知识的培训。

（二）医院感染预防

1. 医院各科室按照有关医院感染管理的规章制度和技术规范，加强医院感染的预防与控制工作。

2. 各科室按《消毒管理办法》，严格执行医疗器械、器具的消毒工作技术规范。医院使用的消毒药械、一次性医疗器械和器具应当符合国家有关规定。一次性使用的医疗器械、器具不得重复使用。

3. 医务人员的手卫生、诊疗环境、无菌操作技术和职业卫生防护工作应符合规定要求。

4. 各科室严格执行《抗菌药物临床应用指导原则》，加强抗菌药物临床应用和耐药菌监测管理。

5. 各科室应当及时发现医院感染病例并做好报告工作。如出现医院感染暴发，立即报告，并分析感染源、感染途径，采取有效的处理和控制措施，积极救治病人。

（三）医院感染监测

1. 医院开展医院感染监测，掌握本院医院感染发病率、多发部位、多发科室、高危因素、病原体特点及耐药性等，为医院感染控制提供科学依据。

2. 医院对消毒、灭菌效果定期进行监测。

3. 当有医院感染流行，怀疑与医院环境卫生学因素有关时，应及时进行环境卫生监测。

（四）医院感染报告

1. 医院感染散发病例报告

当出现医院感染散发病例时，治疗医师应及时向科室感染监控小组负责人报告，并于24小时内填表报告医院感染管理科（或公共卫生科）。确诊为传染病的医院感染，应按《传染病防治法》有关规定报告。

2. 医院感染暴发报告

医院发现以下情形之一时，应于12小时内向卫生行政部门报告，并同时向疾病预防控制机构报告。

（1）5例以上疑似医院感染暴发；

（2）3例以上医院感染暴发。

医院发生以下情形之一时，应按照《国家突发公共卫生事件相关信息报告管理工作规范》要求，在2小时内向卫生行政部门报告，并同时向疾病预防控制机构报告。

（1）10例以上的医院感染暴发；

（2）发生特殊病原体或者新发病原体的医院感染；

（3）可能造成重大公共影响或严重后果的医院感染。

（五）医院感染处置

1. 医院感染散发处置

当出现医院感染散发病例时，各科室监控小组负责人应组织治疗医师、护士查找感染原因，采取有效控制措施。确诊为传染病的医院感染，按《传染病防治法》有关规定进行处置。

2. 医院感染暴发处置

（1）医院发生疑似医院感染暴发或医院感染暴发，应及时采取有效处理措施，控制感染源，切断传播途径，积极实施医疗救治，保障医疗安全。

（2）医院发生疑似或确认医院感染暴发时，应及时开展现场流行病学调查、环境卫生学检测及有关标本采集、病原学检查等工作。

（六）医疗废物管理与医源性污水处理

1. 医疗废物分类、收集

各科室应及时收集产生的医疗废物，并按类别放置于专用包装物或密闭容器内，包装物、容器应有警示标识和说明。

2. 医疗废物暂时贮存

各科室应当使用防渗漏、防遗撒的专用运送工具，将医疗垃圾、废物及时运送到医疗废物暂时贮存处。

3. 医疗废物的处置

医院及时将医疗废物交由医疗废物集中处置单位处置，并对医疗废物进行登记。登记资料至少保存3年。

4. 医源性污水处理

医院对产生的医源性污水经消毒处理，符合排放标准后方可排放。

七、传染病引起的突发公共卫生事件应急准备、报告与处置

（一）应急准备

1．医院制定传染病引起的突发公共卫生事件应急预案并组织演练，预案包括应急队伍组建、人员培训、应急设备、药品、传染病人处置等主要内容。

2．建立突发事件应急医疗救治队伍，及时进行应急专业知识培训；对全院医务人员和新上岗人员进行《突发公共卫生事件应急条例》和传染病防治知识培训。

3．应急物资储备，包括常用急救药品、医疗器械及防护物资等储备齐全、数量充足。

4．加强常见传染病的实验室检测能力建设。

（二）传染病引起的突发公共卫生事件信息报告

各科室按照国家有关突发公共卫生事件相关信息报告程序进行逐级报告。

（三）传染病引起的突发公共卫生事件处置

1．对于重大突发事件应根据预案，进行以现场救援、病人转运、后续治疗相结合的处置。

2．根据医院总体安排、调动，有关科室对因传染病引起突发公共卫生事件的患者提供医疗救护和现场救援，对就诊病人登记治疗，并书写详细、完整的病历资料。

3．相关科室协助疾病预防控制机构进行标本采集、流行病学调查等工作。

4．医院对群体不明原因性疾病和新发传染病做好病例分析、总结工作，积累诊治经验。

八、传染病预防

（一）全员培训

医院定期对全院医务人员进行传染病防治知识、技能培训；重点部门及相关科室应定期加强传染病有关知识的培训工作。

（二）健康教育

1．各科室均应当做好本科室内的预防传染病的健康教育工作，倡导健康文明的生活方式，提高职工对传染病防控意识和应对能力。

2．医院定期在病人就诊场所张贴传染病防治宣传材料，宣传传染病预防和控制政策及相关知识。

（三）血液管理

各科室使用血液和血液制品，应遵守《医疗机构临床用血管理办法》和《临床输血技术规范》等规定，防止引起经血液传播疾病的发生。

（四）实验室生物安全管理

医院实验室应建立并严格遵守生物安全管理制度与安全操作规程，定期进行生物安全防护知识培训；按照有关规定，妥善处理医疗废物。

（五）职业暴露后的应急处置

医院定期加强传染病职业暴露知识和阻断技术的培训。发生职业暴露后，应及时报告医院主管部门和相关人员，及时做好暴露后的应急处置工作；对艾滋病、乙肝暴露后，将暴露人员转诊至相关科室或专业医疗机构进行暴露后的阻断处置。

九、奖惩制度

（一）奖励

及时发现和报告传染病例，防止疫情扩大蔓延者，报告和交送疑似鼠疫材料者，报送材料化验阳性的（包括血清学阳性）送检者或发现新疫点者，在突发公共卫生事件或重大传染病防治工作中做出显著成绩的科室和个人，年终建议医院给予奖励。

（二）惩处

误诊误治传染病病人，有意推诿诊治传染病病人或歧视艾滋病等传染病人，并造成恶劣影响及严重后果者，对传染病疫情不按规定及时上报或瞒报、漏报者，对于玩忽职守，延误时间，致使传染病播散、流行，给医院和社会造成严重损失者，在科室当月考核中扣分，并按有关规定严肃处理。

附件1

甘肃省中医院结核病防治管理方案

为切实做好结核病防治工作，贯彻落实《全国结核病防治规划(2001—2010年)》，进一步加强结核病防治工作，遏制结核病的流行，保障医院职工和患者身体健康与生命安全，维护医院稳定与发展，根据《中华人民共和国传染病防治法》有关精神，结合当前甘肃省结核病疫情和防治工作现状，制定我院结核病管理方案。

一、总目标

坚持“预防为主，防治结合”方针，积极发现和治疗传染性肺结核患者；全面实现现代结核病控制策略，落实肺结核患者的归口管理和督导治疗。促进《全国结核病防治规划(2001—2010年)》目标的实现，降低结核病的感染、发病与死亡，提高人民群众的健康水平。

二、组织管理

（一）医院结核病防治领导小组

组　长：马忠祥

副组长：杨维建　赵永强

成　员：王海东　田旭东

韩　艳　陈春丽

王　颖　周　晟

周毓萍　邓　强

徐柏林　李喜香

马郑萍　邢福军

张晓岚　王兰娣

刘建军　陈进凡

职责：全面组织和领导医院结核病防治工作。负责指挥、协调和组织技术力量进行预防控制和临床诊治；按要求向相关卫生行政部门做好预防控制上报工作。按照《中国结核病防治规划实施工作指南》的要求，落实规划各项指标。负责防控工作的组织实施，抓好结核病的技术指导和监测工作，并进行病种的质量控制。

（二）医院结核病防治工作办公室（设在医院公共卫生与医院感染管理处）

主　任：杨维建

副主任：周毓萍

成　员：王艳琴　权金林

程麦莉　石丽丽

王晓怀　杨玉翠

马冀晨

职责任务:负责监督、落实防治结核病的各项具体工作，并承办医院结核病防治领导小组及医院领导交办的任务；负责疫情的调查和追踪。积极配合当地结核病防治机构进行流行病学调查工作，组织集体结核病检查，查明传染源，并采取有效措施控制疫情蔓延。

（三）医院消毒隔离和防护组

组　长：张　磊

成　员：施建成　司国智

刘　勇　张小勇

姜渭源　石瑞芳

崔俊燕　刘秀芳

王晓红　刘高宏

高天虹　路　平

职责任务：负责对医院结核病诊疗场所进行调查监控、指导消毒隔离及医务人员职业防护组织工作。

（四）医院结核病诊治专家组

成　员：李妍怡　田旭东

郦雅珺　周　晟

王海东　盛　丽

黄小玲　张定华

杨瑞龙　王兰娣

王兰英　靳　锋

李永新　原　睿

崔文建　张参军

王玉珠　邢福军

王文奇　刘建军

职责任务：负责院内结核病病例的诊断、治疗及疑难病例会诊、救治工作，配合疾控结防部门指导肺结核患者标准化疗用药。指导医院的消毒隔离和医务人员、患者的防护工作。

（五）医院结核病流行病学调查组

组　长：周毓萍

副组长：王艳琴

成　员：石丽丽　王晓怀

杨玉翠　马冀晨

职责任务：负责结核病流行病学调查，提出相应预防控制方案。包括：结核病报告、转诊登记；追踪传染源，填写流行病学调查表，写出疫情调查报告。

三、严格落实传染病报告制度

公共卫生与医院感染管理处定期深入各临床科室进行督查、指导。凡确诊或疑似肺结核病例及时进行网络报告，杜绝迟报、漏报。

四、临床诊治

医院对收治的肺结核病人，应当按《全国结核病防治工作手册》和《肺结核病诊疗规程》实施诊断、治疗和管理。不能按工作手册和诊疗规程实施诊断、治疗和管理的，必须将肺结核病人及时转至当地结核病防治机构或感染性疾病科。医院负责所在地区和单位结核病病人的发现、登记、报告、化疗管理以及结核病防治知识的宣传教育工作。

（一）结核病的分类

1. 原发型肺结核：原发型肺结核为原发结核感染所致的临床病症。包括原发综合征及胸内淋巴结结核。

2. 血行播散型肺结核：包括急性血行播散型肺结核（急性粟粒型肺结核）及亚急性、慢性血行播散型肺结核。

3. 继发型肺结核：继发型肺结核是肺结核中的一个主要类型，包括浸润性、纤维空洞及干酪性肺炎等。

4. 结核性胸膜炎：临床上已排除其他原因引起的胸膜炎。包括结核性干性胸膜炎，结核性渗出性胸膜炎，结核性脓胸。

5. 其他肺外结核：其他肺外结核按部位及脏器命名，如：骨关节结核、结核性脑膜炎、肾结核、肠结核等。诊断记录除分类外，尚需有病变部位、痰菌检查、化疗史等内容。

（二）患者治疗及检查

对确诊的活动性肺结核患者采用国家标准化疗方案，在当地结防机构接受规范的治疗管理。结防机构提供免费的治疗和随访检查，主要包括：国家免费提供统一标准化疗方案所需的抗结核药品；治疗期间提供3次痰涂片随访检查，疗程结束时提供1次胸部X光片检查。需要住院的患者，应当在具有隔离条件的专科医院或感染性疾病科（传染病科）进行治疗。

五、消毒、隔离及防护

（一）全院各科室病区要全面加强消毒隔离及病人的管理，严格执行消毒隔离技术，做好病区清洁消毒及通风换气，限制探视和陪留人员，减少、杜绝结核病的传播，同时认真做好医疗废弃物的处理。

（二）认真做好医护人员自身防护工作。严格落实医护人员自身防护制度，加强手卫生工作。加强自身免疫，防止结核病在医院医护人员中流行。

六、预防接种

医院有义务按规定承担所在地区、单位或指定区域的卡介苗接种任务。卡介苗接种人员必须经过专门技术培训，经结核病防治机构考核合格后方可从事接种工作。卡介苗接种必须按计划免疫程序进行。卡介苗接种发生差错事故和发生严重异常反应时，必须立即采取措施进行抢救和治疗，并如实报告卫生防疫机构，不得延误或隐瞒不报。医院应将卡介苗接种率及接种质量考核情况，定期书面报告卫生行政部门，并抄送同级卫生防疫机构以及结核病防治机构。

七、宣传、培训及患者随访

公共卫生与医院感染管理处和宣传处要加强对结核病预防知识的宣传，利用张贴画、宣传栏、传统媒体和新媒体等多种宣传方式，科学普及结核病预防和控制知识。提高医护人员和患者的自我保护意识。根据病人情况制订健康教育计划。向病人宣传结核病发病及预防知识。在治疗阶段向病人讲解治疗作用、方法及注意事项。出院前进行宣教，介绍出院后在饮食、休息、活动及治疗随访的要求。定期随访，注意复查血常规、肝肾功能、血沉、痰菌及X线情况，及时调整用药方案。科研处要配合公共卫生与医院感染管理处做好医院医护人员结核病防治知识培训，定期举办全院医护人员结核病防治知识培训班，全面提高医院医护人员防治知识水平，加强结核病防治队伍能力建设。

八、奖惩制度

（一）奖励

及时发现和报告肺结核病人，防止疫情扩大蔓延者，能认真贯彻结核病防治方案，做出显著成绩的科室和个人，年终建议医院给予奖励。

（二）惩处

误诊误治结核病人，对肺结核疫情不按规定及时上报或知情不报者，对于玩忽职守，责任心不强，致使结核病暴发、流行，给医院和社会造成严重不良影响者，在科室当月及年终考核中扣罚。

附件2

甘肃省中医院鼠疫防治管理方案

鼠疫是《中华人民共和国传染病防治法》规定的甲类传染病，包括动物间鼠疫和人间鼠疫。近年来，全球气温变暖，甘肃省鼠疫疫源地逐步扩大，染疫动物、媒介种类增加，疫点逐步向人口密集区靠近，疫情呈上升趋势。为切实做好鼠疫防治工作，保障医院职工和患者身体健康与生命安全，维护医院稳定与发展，根据《中华人民共和国传染病防治法》、《国务院办公厅关于印发国家鼠疫控制应急预案的通知》（国办发〔2000〕57号）、《甘肃省鼠疫控制应急预案》精神，结合当前甘肃省鼠疫疫情和防治工作现状，制定本管理方案。

一、总目标

坚持“预防为主”方针，依靠科学技术，通过系统的疫情监测，及时发现和控制动物间疫情，严防人间病例发生，全面掌握医院的鼠情、蚤情动态，积极开展灭鼠、灭蚤和爱国卫生运动，把鼠密度、蚤指数控制在不足危害人类健康的指标范围内，保障医院健康、和谐、有序、可持续的发展。

二、组织管理

（一）医院鼠疫防治领导小组

组　长：马忠祥

副组长：杨维建　安富德

成　员：周毓萍　邓　强　罗向霞　张　磊　张雪霞　张晓岚　李喜香　马郑萍　邢福军

职责任务：全面组织和领导医院鼠疫防治工作。一旦医院出现鼠疫疫情时，负责指挥、协调和组织技术力量进行预防控制；指导全院防范鼠疫的发生和传播；按要求向相关卫生行政部门做好疫情上报工作。

（二）医院鼠疫防治工作办公室（设在医院公共卫生与医院感染管理处）

主　任：杨维建

副主任：周毓萍

成　员：王艳琴　权金林　程麦莉　石丽丽　王晓怀　杨玉翠　马冀晨

职责任务:负责监督、落实防治鼠疫的各项具体工作，并承办医院鼠疫防治领导小组及医院领导交办的任务。

（三）医院鼠虫害、密度监控与杀灭组

组　长：张　磊

成　员：施建成　司国智　刘　勇　张小勇　姜渭源　石瑞芳　崔俊燕　刘秀芳　王晓红　刘高宏　高天虹　路　平

职责任务：负责对医院鼠虫害、鼠密度进行调查监控、杀灭、消毒组织工作。

（四）医院鼠疫诊治专家组

成　员：李妍怡　田旭东　郦雅珺　周　晟　王海东　盛　丽　黄小玲　张定华　杨瑞龙　王兰娣　王兰英　靳　锋　李永新　原　睿　崔文建　张参军　王玉珠　李树君　邢福军

职责任务：负责院内鼠疫疑似病例的诊断、确认、治疗工作，医院的消毒隔离和医务人员、患者的防护工作。

（五）医院鼠疫流行病学调查组

组　长：周毓萍

副组长：王艳琴

成　员：石丽丽　王晓怀

杨玉翠　马冀晨

职责任务：负责流行病学调查，提出相应预防控制方案。包括追踪传染源，填写医学观察（隔离）通知书、流行病学调查表，写出疫情调查报告。

三、疫情监测

疫情监测是鼠疫防治工作最关键的基础性措施，是一项全社会共同参与的全面性、系统性工程。要以医生为基础，认真开展鼠疫疫情监测，全面搜寻鼠情、蚤情动态，确保疫情及时发现、及时报告、及时处理。

（一）不明原因发热、淋巴结肿大病人监测

发现不明原因发热、淋巴结肿大病人，要按要求采取相应的隔离、治疗措施，并及时上报。

（二）病死鼠监测

及时发现不明原因病死鼠（自死鼠）非常重要。要重视病死鼠（自死鼠）的搜寻、发现和送检工作，注意毒死鼠和病死鼠的鉴别。

（三）鼠情异常监测

发现鼠类明显增多（如感觉夜间鼠类活动频繁，食物、相关器具、衣物等受损严重）或鼠类明显减少（如看不到鼠类活动）应及时报告并开展流行病学调查。

（四）鼠密度监测

按照"突出重点、分类指导"、"重点科室、重点监测"、"常规监测与重点监测相结合"的原则，做好鼠密度监测工作。

1. 常规监测

医院鼠虫害、密度监控与杀灭组每月随机或轮流选择4个科室进行鼠密度监测，具体监测点以科室为单位随机确定，鼠夹每10～15平方米布夹1只，在每月15日前完成。

2. 重点监测

每年春、秋两季为重点监测时段，医院鼠疫防治工作办公室负责工作督查和技术指导。

3. 鼠情异常监测

各科室发现鼠情异常（自死鼠或鼠活动频繁），应立即报告医院鼠疫防治领导小组，并由医院鼠虫害、密度监控与杀灭组开展鼠密度监测，并将监测结果及时上报。

（1）监测方法

鼠夹布放室内和房屋周围50～200米范围内（根据具体情况确定）或布放在其他有人活动的场所。室内外布防鼠夹的数量、比例根据具体情况确定。

（2）捕获率计算

捕获率=（室内捕获数+室外捕获数）÷（室内布夹数+室外布夹数）×100%。

（五）严格落实传染病报告制度

公共卫生与医院感染管理处定期深入各临床科室进行督查、指导。凡确诊或疑似鼠疫病例及时进行网络报告，向医院鼠疫防治领导小组报告。保证做到无漏报现象发生。

四、抢救治疗

凡确诊或疑似鼠疫患者，应严格按照《传染病防治法》及《鼠疫病的诊治标准》，迅速组织严密的隔离，就地治疗，不宜转送，严格履行诊疗技术操作规范，严格消毒隔离技术，科学、合理地做好各项救治工作；认真做好对病人的宣教和管理工作，严禁传染期病人外出；对疑难、急危重病人及时请专家进行会诊处理；在救治过程中要做好医护人员的防护工作。

五、消毒、隔离及防护

（一）全院各科室病区要全面加强消毒隔离及病人的管理，严格执行消毒隔离技术，做好病区清洁消毒及通风换气，限制探视和陪留人员，减少传染病的传播，同时认真做好医疗废弃物的处理。

（二）认真做好医护人员自身防护工作。严格落实医护人员自身防护制度，加强手卫生工作。加强自身免疫，按照有关要求接种鼠疫疫苗，防止鼠疫在医院医护人员中流行。

六、爱国卫生工作

开展群众性的爱国卫生运动，加强环境卫生综合治理是确保鼠疫防治工作取得成效的关键性措施之一。各科室要做到室内外环境卫生清洁，彻底消除鼠、蚤孳生场所。

七、灭蚤工作

灭蚤工作由医院鼠虫害、密度监控与杀灭组进行蚤指数监测后，对医院蚤指数较高的地区组织开展灭蚤喷洒。

八、宣传、培训

公共卫生与医院感染管理处和宣传处要加强对鼠疫病预防知识的宣传，利用张贴画、宣传栏、传统媒体和新媒体等多种宣传方式，科学普及鼠疫预防和控制知识。积极宣传"三不"（不捕、不剥食、不携带疫源动物及产品）和"三报"（报告病死獭鼠、报告疑似鼠疫病人、报告原因不明高热和急死病人）等鼠疫防治知识和相关法律法规，提高医护人员和患者的自我保护意识。

科研处要配合公共卫生与医院感染管理处做好医院医护人员的鼠疫病防治知识培训，举办全院医护人员鼠疫病防治知识培训班，全面提高医院医护人员鼠疫防治知识水平，加强鼠疫防治队伍能力建设。

九、奖惩制度

（一）奖励

及时发现和报告人间鼠疫，防止疫情扩大蔓延者，报告和交送疑似鼠疫材料者，报送材料化验阳性的（包括血清学阳性）送检者或发现新疫点者，能认真贯彻本方案，做出显著成绩的科室和个人，年终建议医院给予奖励。

（二）惩处

误诊误治鼠疫病人，并造成死亡者；鼠疫疫情不按规定及时上报或知情不报者，对于玩忽职守，延误时间，致使人间鼠疫流行，给医院和社会造成严重损失者，在科室当月考核中扣分。

附件3

甘肃省中医院艾滋病防治工作方案

为贯彻落实《艾滋病防治条例》和《中国遏制与防治艾滋病行动计划（2006—2010年）》（以下简称《行动计划》）要求，深化医药卫生体制改革，推动我院艾滋病性病防治工作深入开展，结合全国艾滋病防治工作情况和工作重点，根据我院实际情况，制定本方案。

一、总目标

将艾滋病和性病防治工作有机结合，完善领导、部门各负其责，全社会共同参与的防治机制；全面落实各项艾滋病预防控制措施，扩大干预措施的覆盖面，降低艾滋病新发感染；扩大免费艾滋病抗病毒治疗覆盖面，提高救治质量和水平，降低艾滋病病人的死亡率，提高患者生活质量。减少艾滋病母婴传播，降低艾滋病对妇女、儿童的影响，提高妇女、儿童的生活质量及健康水平。积极保障医院健康、和谐、有序、可持续的发展。

二、组织管理

（一）医院艾滋病防治领导小组

组　长：马忠祥

副组长：杨维建　赵永强

成　员：王海东　田旭东

韩　艳　陈春丽

王　颖　周毓萍

邓　强　徐柏林

李喜香　马郑萍

邢福军　张晓岚

李树君　刘建军

陈进凡

职责任务：全面组织和领导医院艾滋病防治工作。负责指挥、协调和组织技术力量进行预防控制、治疗；加强领导，建立艾滋病和性病防治有效结合的工作机制，履行“政府组织领导，部门各负其责，全社会共同参与”的防治策略，定期召开协调会议，在政策和措施上探索创新，及时研究解决防治工作中的问题。

（二）医院艾滋病防治工作办公室（设在医院公共卫生与医院感染管理处）

主　任：杨维建

副主任：周毓萍

成　员：王艳琴　权金林

程麦莉　石丽丽

王晓怀　杨玉翠

马冀晨

职责任务：负责监督、落实防治艾滋病的各项具体工作，承办医院艾滋病防治领导小组及医院领导交办的任务。按照《全国艾滋病哨点监测方案》（2010版）要求，配合疾控部门，加强监测、检测工作，准确掌握疫情趋势，及早发现感染者和病人。要协调和支持开展艾滋病性病预防教育和行为干预，提供预防艾滋病性病传播和相关法律法规知识，建立健康的行为方式，防止艾滋病病毒继续传播。指导医院临床科室做好艾滋病病人的督导管理和治疗工作，积极挽救病人生命。负责医务人员艾滋病职业暴露、防护等处理工作。

（三）医院艾滋病诊治专家组

成　员：赵永强　李树君

王玉珠　邢福军

杜　敏　李和平

刘建军　贾玉蓉

梁　勤

职责任务：负责医院艾滋病病例的咨询、诊断、督导、治疗工作，指导医院的消毒隔离和医务人员、患者的防护工作。加强艾滋病诊疗方面的培训工作；负责医务人员艾滋病职业暴露的临床处理。对病人免费抗病毒治疗及随访，提高服务质量。

（四）医院艾滋病流行病学调查组

组　长：周毓萍

副组长：王艳琴

成　员：石丽丽　王晓怀

杨玉翠　马冀晨

职责任务：负责流行病学调查，提出相应预防控制方案。包括追踪传染源，填写流行病学调查表，写出疫情调查报告。负责艾滋病感染者及病例的报告工作，定期进行艾滋病流行病学方面的培训。

三、防治措施

（一）严格落实传染病报告制度

公共卫生与医院感染管理处定期深入各临床科室进行督查、指导。凡确诊艾滋病病例及时进行网络报告，向医院艾滋病防治领导小组报告。保证做到无漏报、迟报现象发生。

（二）加强血液安全管理

（1）加强无偿献血宣传教育。在红十字日、世界献血者日和大型节假日等时间，开展无偿献血宣传活动。通过组织发动自愿的无偿献血，以保证临床用血安全与需求。

（2）加强实验室血液质量控制。提高输血的安全性与有效性，有效降低溶血性输血反应，输血相关急性肺损伤等高死亡率的不良反应的发生，贯彻《中国遏制与防治艾滋病行动计划（2006—2010年）》，根据卫生部临检中心和中国疾病预防控制中心参比实验室的要求，建立和完善室间质评和室内质控体系。

（三）加强医院实验室检测及特检能力建设

定期为艾滋病病人进行血象、生化、肝肾功能等指标检测，必要时进行超声、X线等特检。艾滋病感染者和病人CD4细胞数和病毒载量值是评价疾病进程和抗病毒治疗效果的重要技术指标，应当定期安排在省确证中心实验室进行检测。

（四）加强咨询检测工作

继续开展艾滋病检测咨询服务，

提供检测服务、心理支持和健康教育。建立免费检测咨询点，积极组织宣传国家检测咨询政策，开展咨询点人员技能培训。对接受检测和咨询的人员提供艾滋病毒抗体初筛和确证检测，提供艾滋病、性病相关知识信息、心理咨询，并发放相关宣传材料。帮助有困难的人员解决艾滋病预防救治等方面的困难，使检测阳性的患者及时获得艾滋病和性病的医疗服务。

（五）促进关怀救助措施的落实

积极落实“四免一关怀”政策，将经济困难的艾滋病患者纳入免费抗病毒治疗的范围。其中，对于城镇职工、居民家庭中因患艾滋病导致家庭人均收入低于当地最低生活保障标准的，纳入城镇职工、低保医疗范围进行救治；农民应纳入农村低保医疗范围。同时，给予经济困难的艾滋病患者必要的医疗救助。动员社会力量，采取多样的方式对孤儿进行救助；利用社会捐助，关爱艾滋病致孤儿童。

（六）临床救治

按照国家抗病毒治疗规范要求，为新开始接受抗病毒治疗的艾滋病病人每年至少提供4次免费CD4细胞检测，为接受治疗1年以上的病人每年至少提供2次免费CD4细胞检测，为治疗6个月以上的在治病人提供每年1次病毒载量检测。依据国家二线治疗方案，及时进行相应的检测，对符合换药条件的病人，更换抗病毒二线治疗药物。如发现病人在治疗前或治疗后出现艾滋病相关机会性感染疾病或因抗病毒治疗药物所带来的毒副反应，应当为病人提供适宜的检测和治疗，以保证抗病毒治疗效果。同时，要及时上报抗病毒治疗数据，对抗病毒治疗效果进行监测与评估。为使抗病毒药物服用及时、减少停服、漏服，提高治疗效果，减少耐药的发生，对服药病人要实施监督服药措施。

（七）中医药治疗

（1）加强中医药防治艾滋病管理工作。优先运用中医药治疗艾滋病，为当地患者提供价廉有效、方便可及的中医药服务。逐步开展中医药治疗艾滋病试点工作，组织和承担全省中医药治疗艾滋病的技术指导工作。

（2）加强中医药治疗艾滋病队伍建设。加强中医药治疗艾滋病专家组的建设。在院内开展培训工作，使相关人员掌握艾滋病专业知识和中医药治疗艾滋病的基本技能。积极组织开展学术交流。

（八）加强随访服务和预防配偶间传播

对报告的艾滋病病毒感染者和艾滋病病人，应当对其进行定期随访，同时给予医学指导。通过对医疗卫生人员的培训和提供抗病毒药物等相关服务，提高抗病毒治疗的可及性。对符合治疗条件的艾滋病病人，按照国家免费抗病毒治疗方案的要求，及时纳入抗病毒治疗计划中。在随访服务过程中，应当特别加强单阳配偶的告知和定期检测，积极预防配偶间传播。

（九）落实高危人群干预措施

在全院继续开展以推广安全套使用为主的预防艾滋病性传播和性病综合干预工作，扩大干预覆盖面。将性病门诊就诊者和多性伴者作为干预的主要目标人群。采用广告牌、流动宣传等形式，宣传安全套防病知识，倡导安全性行为。加强医院性病诊疗服务能力的培训，提高服务质量和可及性。性病门诊设立宣传栏，提供健康教育和咨询服务等。

（十）开展艾滋病母婴传播防治措施

必要时，妇产科为接受孕产期保健服务的孕妇提供免费艾滋病病毒抗体筛查检测。对艾滋病抗体确认试验结果阳性、自愿终止妊娠的孕妇，提供终止妊娠服务。医院对艾滋病抗体确认试验结果阳性、自愿选择继续妊娠并分娩的孕产妇提供免费CD4 T+淋巴细胞计数检测、病毒载量检测、抗艾滋病病毒药物，提供血常规，肝、肾功能等相关检测。对艾滋病感染孕产妇所生儿童提供免费抗病毒药物以及预防机会性感染药物。定期提供随访服务，至婴儿满18个月。

（十一）严格落实消毒、隔离及防护措施

（1）全院各科室病区要全面加强消毒隔离及病人的管理，严格执行消毒隔离技术，做好病区清洁消毒及通风换气，限制探视和陪留人员。同时认真做好医疗废弃物的处理。

（2）认真做好医护人员自身防护工作。医护人员预防艾滋病病毒感染的防护措施应当遵循标准预防的原则。

（十二）医院职业暴露的预防与处理

普及宣传艾滋病防治知识，提高工作人员的防护意识；加强艾滋病病毒职业暴露的预防与处理知识的培训，提高防治技能。加强报告制度，发现职业暴露个案时及时采取有效的预防与控制措施，迅速阻断艾滋病病毒的传播，尽可能地降低职业暴露感染艾滋病病毒的几率。

暴露后预防处理的方法包括急救、报告与保密、对暴露源严重程度的评估、暴露危险度的评估和用抗逆转录病毒（ARV）药物预防或减轻感染的可行性。

<一>紧急局部处理措施

1. 用肥皂和水清洗沾污的皮肤，用生理盐水冲洗黏膜。

2. 如有伤口，应轻轻挤压，尽可能挤出损伤处的血液，用肥皂水或清水冲洗。

3. 受伤部位的消毒：伤口应用消毒液（如70%酒精，0.2%～0.5%过氧乙酸，0. 5%碘伏等）浸泡或涂抹消毒，并包扎伤口。被暴露的黏膜，应用生理盐水或清水冲洗干净。

<二>暴露后评估

发生艾滋病病毒职业暴露后，应请市（区）的疾病预防控制机构对其暴露的级别和暴露的病毒载量水平进行评估和确定。

<三>预防性用药

市（区）疾病预防控制机构根据暴露级别和暴露源病毒载量水平对发生艾滋病病毒职业暴露的人员实施预防性用药。

预防性用药应当在发生艾滋病病毒职业暴露后尽早开始，最好在4小时内实施，最迟不宜超过24小时；即使超过24小时，也应当实施预防性用药。

发生一级暴露且暴露源的病毒载量水平为轻度时，可以不使用预防性用药；发生一级暴露且暴露源的病毒载量水平为重度或者发生二级暴露且暴露源的病毒载量水平为轻度时，使用基本用药程序。

发生二级暴露且暴露源的病毒载量水平为重度或者发生三级暴露且暴露源的病毒载量水平为轻度或者重度时，使用强化用药程序。

暴露源的病毒载量水平不明时，可以使用基本用药程序。

预防性用药方案分为基本用药程序和强化用药程序。

基本用药程序：两种逆转录酶抑制剂，使用常规治疗剂量，连续服用28天，如双汰芝（AZT与3TC联合制剂）300 mg/次，每日2次，用药时间为连续服用28天。或参考抗病毒治疗指导方案。本程序适用于轻度低危暴露。

强化用药程序：基本用药程序加一种蛋白酶抑制剂，如佳息患或利托那韦。均使用常规治疗剂量，连续服用28天。本程序适用于严重暴露。

<四>报告、监测和保密

1．报告

发生职业暴露时，暴露人员所在科室应立即向医院公共卫生与医院感染管理处报告，之后再向区、市疾病预防控制机构报告，并立即向辖区抗艾滋病病毒安全药物储备库报告，力争在暴露后最短时间内（24小时以内）开始预防用药，并抽血检测艾滋病病毒抗体和肝、肾功能，并将该血清留样备用。

2．建立职业暴露登记制度

发生职业暴露的科室应填报“艾滋病职业暴露人员个案登记表”，对事故情况进行登记和保存。详细记录事故发生的时间、地点及经过；暴露方式；损伤的具体部位、程度；接触物种类（培养液、血液或其他体液）和含有艾滋病病毒的情况；处理方法及处理经过；是否采用暴露后预防药物，并详细记录用药情况、首次用药时间（暴露后几小时或几天）、药物毒副作用情况（包括肝肾功能化验结果）、用药的依从性状况。

3．监测

暴露后一年内要定期检测艾滋病病毒抗体，即分别在暴露后6周、12周、6个月、12个月检测。

（十三）宣传、培训

公共卫生与医院感染管理处和宣传处要广泛开展艾滋病性病宣传教育。

一是要开展对全院职工干部的艾滋病性病防治知识和政策培训，提高全员对艾滋病性病防治工作的认识。减少危险行为，培养文明健康的生活方式，支持开展妇女面对面艾滋病性病宣传教育活动。

二是继续广泛、深入地开展大众宣传教育工作，利用板报、网络等媒体做好防治知识和政策的宣传。利用世界艾滋病日、禁毒日等契机，结合所辖居民和村民实际情况和特点，配合疾控部门开展对所辖居民和村民的专题宣传活动，普及防治知识和政策。利用病人就诊的机会向他们宣传防治知识和防治政策，发放艾滋病防治宣传材料。

三是加强临床医务人员培训。进一步加强业务培训，提高从业人员素质，从血液采集、检测的源头和临床科学合理使用两方面保障血液的安全。

四、奖惩制度

（一）奖励

及时发现和报告艾滋病感染者及病人，在艾滋病防治工作中尽职尽责，能认真贯彻防治方案，做出显著成绩的科室和个人，年终建议医院给予奖励。

（二）惩处

延误诊治艾滋病病人，歧视、推诿感染者或病人，不按规定及时上报或知情不报者，随便泄露病人病情或隐私者，对于玩忽职守、工作责任心差，给医院和社会造成严重影响者，在科室当月及年终考核中扣罚。

附件4

甘肃省中医院急性弛缓性麻痹（AFP）防治管理方案

AFP不是一个单一的疾病种类，而是以急性起病、肌张力减弱、肌力下降和腱反射减弱或消失为主要特征的一组症候群。脊髓灰质炎是最主要的AFP病种，由脊髓灰质炎病毒引起的（Poliomyelitis、Polio）一种急性传染病，人是脊髓灰质炎病毒唯一的自然宿主，患者多为一至六岁儿童，临床表现主要有发热、咽痛，严重时肢体疼痛，发生瘫痪。二零零零年十月，世界卫生组织已经宣布我国所属的西太平洋地区已实现消灭脊髓灰质炎目标。但是，与我国接壤的一些国家仍有脊灰野病毒存在，出现暴发疫情或疫情复燃的潜在威胁依然存在。为进一步落实《2003—2010年全国保持无脊髓灰质炎状态行动计划》，更好地发挥急性弛缓性麻痹（以下简称

AFP）监测系统的作用，有效预防和及时控制脊灰的突发疫情，保障本辖区人民群众和医院职工的身体健康和生命安全，维护社会稳定和医院的发展，特制订本管理预案。

一、总目标

贯彻预防为主的方针，坚持统一指挥、分级负责、快速反应、科学应对、依法管理的原则。有效预防和及时控制脊灰突发疫情，指导和规范突发疫情的应急处理工作，最大限度地减少突发疫情造成的危害，保障人民身体健康和生命安全。及时发现输入性脊灰野病毒，采取措施防止病毒传播，保持无脊灰状态。评价免疫工作质量，发现薄弱环节。

二、组织管理

（一）医院急性弛缓性麻痹防治领导小组

组　长：马忠祥

副组长：杨维建　赵永强

成　员：王海东　田旭东

韩　艳　罗向霞

王　颖　周毓萍

邓　强　徐柏林

李喜香　马郑萍

邢福军　张晓岚

职责：全面组织和领导医院急性弛缓性麻痹防治工作。一旦医院出现AFP疫情时，负责指挥、协调和组织技术力量进行预防控制；按要求向相关卫生行政部门做好疫情上报工作。负责对辖区内AFP监测的组织领导，保障工作，对辖区监测工作进行评估、督导与考核。

（二）医院急性弛缓性麻痹防治工作办公室（设在医院公共卫生与医院感染管理处）

主　任：杨维建

副主任：周毓萍

成　员：王艳琴　权金林

程麦莉　石丽丽

王晓怀　杨玉翠

马冀晨

职责任务:负责监督、落实防治AFP的各项具体工作，并承办医院AFP防治领导小组及医院领导交办的任务。负责本医院AFP病例发现与报告工作；制定本单位监测报告程序和工作制度，在本单位开展病例的主动监测；在疾控机构指导下组织开展对预防保健科、儿科、神经内科、感染性疾病科、病案室等相关科室和人员的AFP监测培训；协助疾控机构进行AFP病例调查、标本采集并开展主动监测工作；收集、补充AFP病例的临床资料，提供给辖区疾控机构。

（四）医院AFP诊治专家组

成　员：李妍怡　田旭东

邴雅珺　周　晟

王海东　盛　丽

黄小玲　张定华

杨瑞龙　王兰娣

王兰英　靳　锋

李永新　原　睿

崔文建　张参军

王玉珠　李树君

邢福军　刘建军

职责任务：负责院内AFP疑似病例的诊断、确认、治疗工作，医院的消毒隔离和医务人员、患者的防护工作。

（五）医院AFP流行病学调查组

组　长：周毓萍

副组长：王艳琴

成　员：石丽丽　王晓怀

杨玉翠　马冀晨

职责任务：负责AFP流行病学调查，提出相应预防控制方案。包括追踪传染源，填写医学观察（隔离）通知书、流行病学调查表，写出疫情调查报告。

三、疫情监测

各级部门应当做好疑似病例、临床诊断病例的主动监测工作，及时发现和报告可疑病例。各科室建立健全病人首诊负责制，及时筛查、报告疑似病例和采集粪便标本。采集的粪便标本送往省疾病预防控制中心脊灰实验室检测。

（一）监测病例定义

1. 急性弛缓性麻痹（AFP）病例

所有15岁以下出现急性弛缓性麻痹症状的病例，和任何年龄临床诊断为脊灰的病例均作为AFP病例。

AFP病例的诊断要点：急性起病、肌张力减弱、肌力下降、腱反射减弱或消失。

常见的AFP病例包括以下疾病：

（1）脊髓灰质炎；

（2）格林巴利综合征（感染性多发性神经根神经炎，GBS）；

（3）横贯性脊髓炎、脊髓炎、脑脊髓炎、急性神经根脊髓炎；

（4）多神经病（药物性多神经病，有毒物质引起的多神经病、原因不明性多神经病）；

（5）神经根炎；

（6）外伤性神经炎（包括臀肌药物注射后引发的神经炎）；

（7）单神经炎；

（8）神经丛炎；

（9）周期性麻痹（包括低钾性麻痹、高钾性麻痹、正常钾性麻痹）；

（10）肌病（包括全身型重症肌无力、中毒性、原因不明性肌病）；

（11）急性多发性肌炎；

（12）肉毒中毒；

（13）四肢瘫、截瘫和单瘫（原因不明）；

（14）短暂性肢体麻痹。

2. 高危AFP病例

年龄小于5岁、接种OPV次数少于3次或服苗史不详、未采或未采集到合格大便标本的AFP病例；或临床怀疑为脊灰的病例。

3. 聚集性临床符合病例

同一地区发现2例或2例以上的临床符合病例，发病时间间隔2个月以内。

4. 脊灰疫苗衍生病毒（VDPV）病例（简称VDPV病例）

AFP病例大便标本分离到VDPV。该病毒与原始疫苗株病毒相比，VP1区全基因序列变异介于1%～15%之间。如发生2例或2例以上相关的VDPV病例，则视为VDPV循环（cVDPVs）。

（二）主动监测

1. AFP主动监测医院

我院为AFP主动监测医院，每旬开展AFP病例主动搜索工作。

2. 主动监测工作的内容

（1）监测医院每旬开展本院的AFP病例的主动搜索；疾控机构每旬对辖区内AFP主动监测医院开展主动搜索。

（2）开展主动监测时，监测人员应到监测医院的儿科、神经内科（或内科）、传染科的门诊和病房、病案室等，查阅门诊日志、出入院记录或病案，并与医务人员交谈，主动搜索AFP病例，并记录监测结果。如发现漏报的AFP病例，应按要求开展调查和报告。

（三）病例调查

个案调查

接到AFP病例报告后，疾控机构应在48小时内派专业人员对病例开展个案调查，在临床医生配合下，详细填写“急性弛缓性麻痹病例个案调查表”。

调查按以下步骤进行：

（1）了解发病过程：应了解麻痹发生时间、是否有发热/腹泻、麻痹部位是否对称、是否疼痛、有无外伤或注射史、就诊过程、OPV服苗史等。

（2）进行神经学检查：重点检查肌力、肌张力、腱反射、肌萎缩和肢体活动情况。

（3）填写个案调查表：要求完整、准确填写，避免缺项和漏项。如有调查表中未包括的症状或体征可用文字说明；调查时力求明确临床诊断。

（四）实验室监测

1. AFP病例标本的采集

对所有AFP病例应采集双份大便标本用于病毒分离。标本的采集要求是：在麻痹出现后14天内采集；两份标本采集时间至少间隔24小时；每份标本重量≥5克（约为成人的大拇指末节大小）。

2. 原始标本运送

（1）标本采集后要在7天内送达省级脊灰实验室，标本应冷藏运送，在送达省脊灰实验室时带冰且包装完整。标本的运送要符合国家对标本运送的有关要求。

（2）采集的标本应有完整的登记资料，一并送达省脊灰实验室。标本标签登记要清楚，标本送检表项目要填写完整。

（五）AFP监测评价指标

——AFP病例监测报告（包括“零”病例报告）及时率≥80%；

——AFP病例报告后48小时内调查及时率≥80%；

——AFP病例14天内双份合格大便标本采集率≥80%；

——AFP病例大便标本7天内送达省级脊灰实验室及时率≥80%。

四、严格落实AFP病例报告制度

公共卫生与医院感染管理处定期深入各临床科室进行督查、指导。医院各类医疗卫生人员发现AFP疑似或确诊病例时，须按照《中华人民共和国传染病防治法》、《突发公共卫生事件与传染病疫情信息报告管理办法》有关规定，立即以最快的方式报告到医院公共卫生处；公共卫生处在12小时内报告至市疾控中心。报告内容包括：发病地点、家长姓名、患者姓名、性别、出生日期、麻痹日期、临床初步诊断等。

五、AFP抢救治疗

急性弛缓性麻痹（AFP）尚无特效的治疗，以对症治疗处理为主；积极治疗原发病。①急性期治疗：a、一般治疗，卧床休息隔离，避免劳累。肌痛处可局部湿热敷以减轻疼痛。瘫痪肢体应置于功能位置，以防止手、足下垂等畸形。注意营养及体液平衡。重症患者可予强的松口服或氢化可的松静滴。继发感染时加用抗菌药物。b、呼吸障碍的处理，重症患者常出现呼吸障碍，往往是引起死亡的主因。应根据引起呼吸障碍的原因积极进行抢救，必须保持呼吸道通畅，以免加重呼吸及吞咽困难，必要时及早做气管切开。脊髓麻痹、呼吸中枢麻痹影响呼吸肌功能时，应采用人工呼吸器辅助呼吸。循环衰竭时应积极处理休克。②促进瘫痪的恢复，在热退尽、瘫痪不再进行时，及时选用以下各种疗法：a、针灸治疗，适用于年龄小，病程短，肢体萎缩不明显者；b、推拿疗法；c、功能锻炼；d、理疗，增进局部血液和炎症吸收；e、其他，可用拔火罐以及用手术矫治。

六、消毒、隔离及防护

（一）全院各科室病区要全面加强消毒隔离及病人的管理，严格执行消毒隔离技术，做好病区清洁消毒及通风换气，限制探视和陪留人员，减少传染病的传播，同时认真做好医疗废弃物的处理。

（二）认真做好医护人员自身防护工作。严格落实医护人员自身防护制度，加强手卫生工作。提高自身免疫，防止院内交叉感染。

七、宣传、培训

临床教学部要配合公共卫生与医院感染管理处做好医院医护人员的AFP防治知识培训，举办全院医护人员防治知识培训班，全面提高医院医护人员防治知识水平，加强AFP防治队伍能力建设。广泛开展健康教育，提高群众的防病意识和能力。要采用多种形式，广泛开展AFP及脊灰防治知识的宣传和教育，提高群众自我防病意识和能力。引导全院医护人员及辖区群众养成良好的卫生习惯。各部门要加强饮水及饮食卫生监督管理，广泛开展群众性的爱国卫生运动，清理环境卫生，注意粪便无害化处理。

八、奖惩制度

（一）奖励

及时发现和报告AFP病例，防止疫情扩大蔓延者，及时报送材料化验阳性的（包括血清学阳性）送检者或发现新疫点者，能认真贯彻本方案，做出显著成绩的科室和个人，年终建议医院给予奖励。

（二）处罚

延误诊治急性弛缓性麻痹（AFP）病人，发现AFP病例、疫情不按规定及时上报或瞒报、漏报者，对于玩忽职守，延误时间，致使疫情流行，给医院和社会造成严重损失及恶劣影响者，在科室当月考核中扣分。

关于印发《甘肃省中医院关于规范医疗行为与医疗纠纷（事故）处置管理办法》的通知

中医医发〔2012〕176号

省中医药研究院，白银分院，医院各处（科）室：

为了规范医疗行为，有效预防与处置医疗纠纷，保护医患双方的合法权益，维护正常的医疗秩序，为人民群众创造良好的就医环境，经2012年10月10日院长办公会研究，对原《甘肃省中医院医疗纠纷（事故）管理办法》进行修订，现将修订后的《甘肃省中医院关于规范医疗行为与医疗纠纷（事故）处置管理办法》予以印发，望遵照执行。

二〇一二年十一月一日

甘肃省中医院关于规范医疗行为与医疗纠纷（事故）处置管理办法（修订稿）

第一章　总则

第一条　为了规范医疗行为，有效预防与处置医疗纠纷，保护医患双方的合法权益，维护正常的医疗秩序，为人民群众创造良好的就医环境，根据《中华人民共和国侵权责任法》《医疗事故处理条例》《医疗机构从业人员行为规范》《事业单位工作人员处分暂行规定》等法律、法规，对《甘肃省中医院关于规范医疗行为与医疗纠纷（事故）处置管理办法》（简称《办法》）进行修订。

第二条　本办法所称医疗行为是指医务工作者应严格遵照国家的法律、法规及部门规章制度约束自己的医疗行为；医疗纠纷是指医疗机构和患者双方当事人对医疗机构的医疗行为及其结果在认识上产生分歧而引发的争议。

第二章　医疗行为处置管理办法

第三条　在院工作人员所引发的医疗纠纷（事故）均按本《办法》执行。

第四条　在本《办法》中科主任或部门负责人为医疗行为和防止医疗纠纷发生的第一责任人。

第五条　医务人员在医疗活动中，应当严格遵守医疗卫生管理法律、法规、规章和诊疗护理规范、常规；增强责任心，保持良好的工作态度；恪守职业道德，规范医疗行为。

第六条　各级医务人员在医院有能力有条件的情况下，不得擅自推诿、拒绝患者的就诊要求，不得私自转诊患者，每发现一次处罚当事人人民币500元，全院通报批评。

第七条　各级医务人员应遵守劳动纪律，坚守岗位，值班人员不得擅离岗位，每发现（生）一次罚款人民币500元，科主任罚款300元。因脱岗造成医疗纠纷和事故并发生经济赔偿的，当事人承担总赔付额的80%，科主任承担总赔付额的10%，科室承担10%，同时对相关责任人给予行政处罚。

第八条　各级医生必须严格执行医院的管理规定，履行职责，每名管床医生每天必须巡视病房不得少于三次，在巡视病房的过程中应密切观察患者的病情变化，耐心解答患者的问题。在医院组织的行政查房和医务处的例行检查或抽查过程中若发现有违反此规定者，每发现一次罚款人民币500元。正、副科主任各罚款100元、50元。

第九条　各科室应严格执行各项查对制度，严把发药、注射、静滴，做好相关患者的签字工作。对发错药、打错针和输错液者，每发现一次或患者投诉查证落实后，视情节轻重处罚当事人5000～30000元，护士长处罚500～3000元；情节严重者给予高职低聘两年，两年内不得晋升高一级职称，取消参选各类荣誉的资格；编外用工人员除罚款外解除劳动合同；因此引发的经济赔偿，当事人承担总赔付额的50%，科主任承担总赔付额的10%，护士长承担总赔付额的

10%，科室承担10%。同时按相关的规定给予行政处罚。

第十条 严把抽血、输血及交叉配血质量关，严格按照国家规定的流程操作，如出现误抽、误输及血型配型错误，处罚当事人5000～30000元，护士长处罚500～3000元，输血科配型人员及科主任各处罚5000～30000元。当事人及科主任给予高职低聘两年，两年内不得晋升高一级职称，取消参选各类荣誉的资格，因此引发的经济赔偿，当事人承担总赔付额的50%，科主任承担总赔付额的10%，护士长承担总赔付额的10%，科室承担10%。同时按相关的规定给予行政处罚。

第十一条 对在病历书写中出现差错的处理

1．在病历书写或电子病历录入过程中出现患者基本情况（信息）错误者，管床医师罚款500元，上级医师罚款300元，科正、副主任各罚款100元。

2．在8小时内没有完成首次病程、24小时内没有完成入院记录或虽然电脑中已录入但没有完成纸质病历者，没有相关医生签字者，管床医师罚款500元，上级医师罚款300元，科正、副主任各罚款100元。

3．在72小时内没有完成三级医师查房记录、会诊记录、疑难病例讨论记录、手术记录、死亡病例讨论记录者，没有完成纸质打印者，管床医师罚款500元，上级医师罚款300元，科正、副主任各罚款100元。

4．在病历中如发现术前或有创检查前没有与患者进行风险告知或已口头告知但在风险告知书中没有患者及家属亲笔签字者，治疗组负责人罚款2000元，管床医师罚款800元，科正、副主任各罚款500元；造成不良后果者将承担一切法律后果并承担全部的经济赔偿责任。

5．在病历书写中出现明显错误者（性别、年龄、病变部位等），管床医师罚款500元，上级医师罚款300元，科正、副主任各罚款100元。

6．对在6小时内没有完成危重病人抢救记录者，管床医师罚款800元，上级医师罚款1000元，科正、副主任各罚款500元。

7．对伪造、篡改和出具虚假病历者或伪造、模仿患者签字者，经查实，当事人罚款2000元，造成不良后果者将承担一切法律后果并承担全部的经济赔偿责任，并视情节给予行政处罚。

第十二条 所有罚款均从当事人的工资中扣除。

第十三条 严格执行医院重大手术双风险评估制度及非计划二次手术上报制度。凡重大、疑难、新开展及特殊病例的手术（截肢、重要脏器切除等）须上报医务处、医院伦理委员会批准，违反规定者罚款2000元，引发医疗纠纷或事故者当事人承担全部的经济赔偿和法律责任。

第三章 医疗纠纷（事故）的处理管理办法

第十四条 患者或其家属对诊疗活动提出异议时，主管医生及主管护士应积极接待，做好解释和安抚工作，及时上报科主任及护士长。科主任或护士长在听取汇报后，应立即了解情况，协助当事医生、护士处理争议，力争将问题妥善解决在科内。

第十五条 患者或其家属对科室解释尚存在较大异议时，由科主任或护士长上报医院主管部门。

第十六条 医院主管或相关部门接到患者或其家属投诉时，接待人员应进行投诉登记，内容包括：投诉科室、住院号、床号、病人姓名、年龄、家庭住址、联系电话、主管医师和主管护士姓名、投诉内容、患者要求，并及时与当事科室主任或护士长一起了解情况，引导患者通过正常的途径解决医疗纠纷，对投诉没有登记或登记不清者当事人罚款500元，主管部门领导罚款300元，主管领导罚款100元。

第十七条 患者发生重大病情变化并引发医疗纠纷时，科室主任应立即向主管部门报告；同时科室应迅速组织积极抢救，做好各种记录，医务处及时向主管院长汇报，组织全院专家抢救；并通过书面形式汇报上级主管部门及甘肃省第三方医疗纠纷人民调解委员会。

第十八条 医务处有权决定医患双方当场封存病历（可为复印件）。疑似血液、药品、注射液等由护理部负责组织封存，封存物由医务处专人保管。

第十九条 根据《病案管理条例》的有关规定，患者或其家属有权复印住院志、体温单、医嘱单、化验单、影像检查报告、特殊检查同意书、手术同意书、手术及麻醉记录单、病理报告、护理记录。

第二十条 无法判断死因或其家属对死亡诊断有争议而引起的医疗纠纷（事故），科室和医院均有权要求尸检；科室或主管部门应及时告知家属尸检，尸检应在死亡后48小时内进行，患方拒绝或拖延尸检的，院方应客观记录，并由患者家属或第三方见证人签字确认并上报行政主管部门。

第二十一条 引起医疗争议的当事人和与之相关人员、科室、部门必须积极配合医院主管部门进行医疗争议处置。

第二十二条 主管部门受理医疗纠纷（事故）事件后，应迅速调查，同时告知患者或其家属解决医疗纠纷（事故）的途径。

第二十三条 医院发生医疗纠纷，各相关部门和科室应积极处置，按医院有关医疗纠纷处理预案处理，任何部门、个人不得推诿扯皮。对处置不力、责任心不强、临阵脱逃，造成医院名誉、经济损失的当事人及部门负责人处以2000～5000元罚款，并给予降职（级）及撤职处分。

第二十四条 经济及相关的行政处罚

1．完全责任（经医疗事故鉴定为一、二级医疗事故或经司法鉴定构成因果关系，参与度在80%以上者；医调委的医学评估责任度在80%以上者），院内自行处理的医疗纠纷（事故）由院医疗事故鉴定委员会鉴定。（一）赔偿额在10万元以下含10万元，当事人承担经济赔偿总费用的20%，但最高承担限额为2万元（如因手术造成，第一术者承担65%，第二术者35%），科主任承担10%、副主任8%、科室5%。如第一、二术者为科主任者除承担当事人的经济赔偿责任外，还要承担科主任的经济赔偿责任；最高承担限额为2万元。（二）经济赔偿在10万元以上20万元以下含20万元，当事人承担经济赔偿总费用的15%，但最高承担限额为3万元（如因手术造成，第一术者承担65%，第二术者35%），科主任承担8%、副主任5%、科室3%。如第一、二术者为科主任者除承担当事人的经济赔偿责任外，还要承担科主任的经济赔偿责任，最高承担限额为3万元。（三）经济赔偿在20万元以上，当事人承担经济赔偿总费用的20%，但最高承担限额为4万元（如因手术造成，第一术者承担65%，第二术者35%），科主任承担5%、副主任2%、科室1%。如第一、二术者为科主任者，除承担当事人的经济赔偿责任外还要承担科主任的经济赔偿责任，最高承担限额为4万元。（四）对于赔偿数额特别巨大者（50万元以上含50万元）当事人承担8万元。另外，行政处罚根据《中华人民共和国人力资源和社会保障部中华人民共和国监察部》第18号令《事业单位工作人员处分暂行规定》的有关规定，给予相应的行政处分，视其情节轻重分别给予高职低聘3年、2年、1年的处罚，在处罚期间所有工资待遇将按低聘职位执行，两年内不得晋升高一级职称，取消参选各类荣誉的资格；并停止职业权限1年、6个月、3个月的处分，处罚期内不得调离本单位；停发该期间的绩效工资，并参照省卫生厅和医院有关规定扣除不良医师积分。

2. 主要责任（经医疗事故鉴定为三、四级医疗事故或经司法鉴定构成因果关系，参与度在60%以上者；医调委的医学评估责任度在60%以上者），院内自行处理的医疗纠纷（事故）由院医疗事故鉴定委员会鉴定。（一）赔偿在10万元以下含10万元，当事人承担经济赔偿总费用的10%，但最高承担限额为1万元（如因手术造成，第一术者承担65%，第二术者35%），科主任承担6%、副主任4%、科室2%。如第一、二术者为科主任者，除承担当事人的经济赔偿责任外还要承担科主任的经济赔偿责任；最高承担限额为1万元。（二）经济赔偿在10万元以上20万元以下含20万元，当事人承担经济赔偿总费用的10%，但最高承担限额为2万元（如因手术造成，第一术者承担65%，第二术者35%），科主任承担5%、副主任3%、科室1%。如第一、二术者为科主任者，除承担当事人的经济赔偿责任外还要承担科主任的经济赔偿责任，最高承担限额为2万元。（三）经济赔偿在20万元以上，当事人承担经济赔偿总费用的15%，但最高承担限额为3万元（如因手术造成，第一术者承担65%，第二术者35%），科主任承担4%、副主任2%、科室1%。如第一、二术者为科主任者，除承担当事人的经济赔偿责任外还要承担科主任的经济赔偿责任，最高承担限额为3万元。（四）对于赔偿数额特别巨大者（50万元以上含50万元）当事人承担6万元。另外，行政处罚根据《中华人民共和国人力资源和社会保障部 中华人民共和国监察部》第18号令《事业单位工作人员处分暂行规定》的有关规定，给予相应的行政处分，视其情节轻重分别给予高职低聘2年、1年半、1年的处罚，在处罚期间所有工资待遇将按低聘职位执行，一年内不得晋升高一级职称，取消参选各类荣誉的资格，处罚期内不得调离本单位；并停止职业权限6个月、3个月、1个月的处分，停发该期间的绩效工资，并参照省卫生厅和医院有关规定扣除不良医师积分。

3. 次要责任（经医调委医学评估责任度在30%以上者或由院医疗事故鉴定委员会鉴定有一定医疗过错者），当事人承担经济赔偿总费用的10%，科主任承担5%、副主任3%、科室2%。

4. 轻微责任（责任心不强），当事人承担经济赔偿总费用的5%。

5. 对玩忽职守，以责任事故为主造成重大医疗纠纷（事故）的（包括工勤人员），当事人承担总费用的80%，部门或科室承担20%，并追加行政处罚。

6. 对医院确认开展的新技术、新业务所造成的医疗纠纷或事故在不违反法律、法规和诊疗常规等的情况下可免责。

7. 由于麻醉不当、影像、检验、功能检查等资料不全或检查结果错误造成的医疗纠纷（事故）的，参照第二十四条第1、2、3、4、5款执行。

第二十五条　进修生、在读研究生、实习生造成的医疗纠纷（事故），由科主任和带教人员承担全部责任。

第二十六条　主管部门进行医疗争议调查时，当事人、科室不得以任何借口懈怠、推诿、逃避及不配合。否则将参照本条例第二十三条处罚并承担渎职的法律后果。

第二十七条　医疗纠纷（事故）如涉及服务态度恶劣、生、冷、硬、推等，对当事人处以1000～1500元经济处罚，并全院通报批评。

第二十八条　严禁医务人员之间不尊重事实、互相拆台、激化医患矛盾，经查实，处10000～30000元罚款并追加行政处罚。

第二十九条　本条例自颁布之日起执行，以前所颁布相关条例同时作废，2012年5月1日以后所发生的医疗纠纷未做处理的当事人均参照本条例执行。

2013年度

关于改进工作作风、密切联系群众的九项规定

中医党发〔2013〕3号

省中医药研究院，白银分院，医院各处（科）室：

为贯彻党的十八大精神，落实中央政治局、甘肃省委和省卫生厅党组关于改进工作作风、密切联系群众的相关规定，结合医院工作实际，制定以下实施细则。

一、深入调查研究

医院领导必须定期到分管处（科）室调研，紧紧围绕工作主题，对反映的突出问题、难点问题剖析研究，扎实有效地探求解决办法，并及时向医院党政主要领导汇报调研及解决问题的情况。22个职能管理处室，依据管理职责，必须深入临床医技科室督导巡查，掌握管理层面的基本情况，及时发现和解决问题。执行首问负责制，妥善处理处室之间工作协作关系，不得以任何理由相互推诿，处理事项必须有明确意见后，提交主管院领导审定。

二、密切联系群众

坚持党的群众工作路线，一切工作立足于维护群众利益。医院领导要以身作则，亲自协调、接待群众来信来访，深入分管处室、临床医技科室，主动了解职工群众工作、生活情况，听取意见建议，回应期待和解决难题。

三、会议会风精简高效

医院党委会议、院长办公会议要议大事、要事、难事，会议议题一定要立足解决突出问题，没有实质内容、没有明确意见的议题一律不上会。对意见不一致的重大问题要充分讨论，按照民主集中制的原则做出决策，医院班子成员要坦诚相见，明确态度。凡以医院名义召开的会议需提前向院长办公室申报批准后实施。要开短会、讲短话，力戒空话、套话。严格控制外出开会，医院班子成员外出开会、参加活动，须向班子主要领导报告；各处室、科室负责人外出开会、参加活动，必须报分管医院领导审批，在人事处备案。

四、规范文件简报

严格规范文件简报报送程序，没有实质内容、可发可不发的文件简报一律不发。文件简报要言简意赅、风格清新，杜绝空洞说理、冗长拖沓。普发性文件一律通过医院“OA”办公系统发布，不印发纸质文件。转发上级文件如没有提出新工作要求的，不印发纸质文件。

五、强化制度执行力度

严格执行医务人员“四个排队”和医疗机构“八个排队”为主要内容的22项医疗监管核心制度，规范诊疗服务行为。落实每月院长行政查房制度，医疗质量月分析会制度，医德医风定期考核制度，风险防控警示教育制度。

六、坚持廉洁自律

医院领导带头严格执行《廉政准则》提出的“八个禁止”和“52个不准”的规定要求，自觉加强党性修养，培养健康生活情趣，自觉抵制庸、懒、散、奢等不良习气。院领导原则上不出席与自己分管工作不相关的活动，因特殊情况如需参加，须经院主要领导同意；不出席各处（科）室的节日宴请活动。

七、勤俭节约率先垂范

医院不举办各类节庆宴会活动。接待工作一律由院长办公室统一安排。厅级以上单位领导来院调研工作，严格按中央、省委、省卫生厅有关规定执行；接待省内外兄弟单位来院参观交流，要压缩陪同人数，务实节俭、热情周到，突出地方特色。严格控制一般性公务接待标准，不宴请、不喝酒、不敬烟、不赠送土特产礼品。各处（科）室科学管理，严格控制运行成本，严禁跑、冒、滴、漏现象。

八、改进宣传报道

院领导工作活动除有指导意义的言论外，一般不编发新闻消息。重点报道涉及医院重大决策出台、年度工作部署、重要工作安排、处置重大突发事件、涉及全院工作或有重要导向、影响的会议、重要外事活动和交流活动；重点报道医院学（专）科建设、特色医疗、新技术新业务、人才梯队建设和领军人才、名中医、先进人物、身边好人好事等。

九、规范表彰奖励

实行表彰奖励项目备案制度，未经备案的表彰奖励活动一律取消。每年初各处室提交申报表彰奖励项目，经医院党委会或院长办公会研究审定后方可组织实施。表彰奖励以精神奖励为主、物质奖励为辅，主要面向基层一线人员，严格控制单项工作表彰奖励和行政人员比例。禁止以表彰奖

励为名，违规发放钱物。

医院办公室要对本规定执行情况适时通报，纪检监察部门随时进行监督检查。各部门和广大干部群众积极监督上述规定的执行情况。

二〇一三年二月四日

关于印发《甘肃省中医院联村联户为民富民行动工作制度》的通知

中医党发〔2013〕10号

省中医药研究院，白银分院，医院各处（科）室：

为深入贯彻落实全省双联行动总体部署和要求，进一步推动医院双联行动制度化、规范化、科学化发展，经2013年6月4日医院双联协调推进领导小组研究，制定《甘肃省中医院联村联户为民富民行动工作制度》，现将该制度印发，请各相关部门和所有联户干部遵照执行。

医院联村联户为民富民行动协调推进领导小组

二〇一三年六月四日

甘肃省中医院联村联户为民富民行动工作制度

一、领导干部在做好各自联系户工作的同时，重点考虑联系村的整体推进工作，帮助指导村上制定完善两规划一计划，研究制定并不断完善医院帮扶工作四年工作规划，确定每年要办哪些实事好事，解决哪些急事难事。

二、所有副处以上干部、机关职能处室副科级以上干部每年下乡不少于两次，要结合联系户实际，制订并不断完善年度帮扶计划，每年撰写不少于两篇民情日记。

三、年内退休干部，原则上不再安排联系农户。

四、在落实所有干部进村入户计划的同时，选派近三年分配来院的党政职能部门工作人员作为驻村联络员，每次选调4名，驻村工作不少于两周时间，以达到协调工作，经受锻炼，提升素质，增长才干，促进双联工作的目的。

五、把落实“第一行动”同晋职晋级、评先选优、干部考核挂钩，没有完成当年下乡任务的当年不能晋职，不能评为当年医院先进工作者。要把干部完成双联工作任务情况，作为干部年度述职考核的重要内容之一，年终量化考核指标中占10%的比例。

六、每参加一次双联活动每人每天补助50元。对下乡蹲点的驻村联络员每人给予2000元行装费，包括锅灶、被褥、洗漱用具等，另外，每次驻村期间每天补助160元。

七、为加强和保证医院双联办日常工作，从中研院、医务处、院办各选派一名青年男士为医院双联办工作人员。

关于印发《甘肃省中医院关于工作人员违规违纪处罚管理办法》的通知

中医办发〔2013〕1号

省中医药研究院，白银分院，医院各处（科）室：

为进一步建立高效管理与有效监督的长效机制，加快落实医院的各项决策部署，牢固树立责任意识和风险意识，全面履行各项职能，坚持依法行政，推进院务工作，健全监督制度与法规建设，努力提高管理科学化，形成制度管权，制度管人的良性管理机制，全面提升工作效能，更好地服务人民群众，保障医、教、研工作的顺利实施，根据《事业单位工作人员处分暂行规定》，按照卫生部《医疗机构从业人员违纪违规问题调查处理暂行办法》，现下发制定《甘肃省中医院关于工作人员违规违纪处罚管理办法》，望予执行。

二〇一三年一月五日

甘肃省中医院关于工作人员违规违纪处罚管理办法

第一章 总则

第一条 为加强医院工作人员行为和工作纪律，提高行政管理效能，进一步完善各类处罚管理办法，保障医教研工作秩序，更好地为患者和临床服务。依据《事业单位工作人员处分暂行规定》、《医疗机构从业人员违纪违规问题调查处理暂行办法》、《行政机关公务员处分条例》和《甘肃省中医院行政管理部门职能（暂行）》、《甘肃省中医院质量控制考核办法》规定，制定《甘肃省中医院关于工作人员违规违纪处罚管理办法》（简称办法）。

第二条 本办法所称工作人员指全院各类工作人员（包括招聘、聘用人员），工作人员不认真履行职责将依照本办法给予处置、处罚。处罚遵循公正、公平和教育与处罚相结合的原则。以事实清楚、责任明确、程序合理为依据，视违规行为的性质、情节、危害程度处理。

第三条 涉及医疗服务的工作人员违规违纪按照《甘肃省中医院关于规范医疗行为与医疗纠纷（事故）处置管理办法》和《甘肃省中医院规范护理行为管理办法》执行。工作人员的处分处理按有关处分管理条例执行。工作人员涉嫌犯罪的，按有关法律程序移送司法机关依法处理。

第二章 处罚适用

第四条 工作人员受到处罚的，当年年度考核不能确定为优秀等次。

第五条 工作人员两人以上共同违规，需要给予处罚的，按照各自应当承担的责任，分别给予处罚。

第六条 工作人员主动上报违规行为，并主动采取措施有效避免或者挽回损失和影响的，应当减轻处分或者免予处罚。

第七条 工作人员有违纪违规行为，处罚直接责任人、主管部门负责人，层级领导视情节给予相应处罚。

第三章 处罚内容

第八条 根据相关规定制定以下处罚内容：

（一）违反国家政策、法令、条例及医院的规章制度，造成不良影响者，每违反一条扣罚500元。

（二）因渎职或失误造成医院各类经济损失者，发生一次扣罚责任人500元，赔偿经济损失的15%，并扣罚部门负责人300元。

（三）不执行计划生育政策者，除按国家有关规定执行外，扣罚1000元。

（四）凡被患者投诉，经查实，处罚当事人500元，部门负责人300元。

（五）违反医院相关规定。被新闻媒体曝光、社会舆论指责、各级政府以及政府管理部门点名批评，对医院声誉造成不良影响的，经查实，扣罚当事人所在科室2000元，扣罚当事人1000元，同时给予当事人警告处分，待岗学习1～3个月。情节严重的从重处罚，并予记过处分。

（六）工作人员无故迟到、早退扣罚50元，上班时间脱离工作岗位，聚众喝酒、打牌者，发现一次每人扣罚500元。科室职工每月迟到、离岗、脱岗发生三次以上人次，扣罚科室负责人300元。

（七）工作人员不服从工作安排或调动，或者未经请假或请假未批准而擅自离开工作岗位（含无故超假不归、先休后请假），均视为旷工。

（1）旷工半天，扣罚200元；

（2）旷工一天，扣罚400元；

（3）旷工二天，扣罚600元；

（4）旷工三天，扣罚800元；

（5）旷工四天，扣罚1000元，低聘一级专业技术职称一年；

（6）旷工五天，扣罚3000元，低聘一级专业技术职称三年，或给予待岗或下岗处理，情节严重的除名。

（7）连续旷工十天，或者当年旷工累计十五天的，直接解聘。

（8）工作人员上班时间看电视、听音乐、打游戏、干私活等与本职工作无关的事，每次扣罚200元。

（八）工作人员不按时参加医院的各种会议，按《甘肃省中医院会议考勤管理办法》进行处罚。

（九）工作人员造成档案、文件、医疗文书等破损或遗失的，视档案、文件、医疗文书等的重要程度进行处罚，造成破损的，扣罚责任人每份200元；遗失的，扣罚责任人每份500元。

（十）窗口工作人员服务差，被病人投诉一次给予警告，如一月内连续被病人投诉3次者，经查实，离岗学习3～6个月，或予以除名。

（十一）工作人员弄虚作假，损害医院和职工利益，获取个人私利的，除追缴获利外，视情节扣罚当事人200～5000元，低聘职务（或专业技术职称）一年；情节较重的，给予行政记过或撤职处分，构成犯罪的移交司法机关处理。

（十二）工作人员不负责任，疏于管理，对临床、医技科室等反映问题和合理要求不及时办理或不予答复或不耐心解释者，扣罚当事人500元，处（科）负责人承担领导责任，扣罚300元。

（十三）工作人员发现重大问题不及时请示汇报，不积极采取措施，扣罚当事人300元，加扣科室负责人200元。

（十四）职能部门间的临界工作，院领导批示后，仍发生互相推诿者，扣罚部门负责人500元。

（十五）值班人员脱岗，延误医疗或其他工作，扣罚当事人500元，处（科）负责人承担领导责任，扣罚300元。造成医疗纠纷或者酿成医疗事故的，按《甘肃省中医院关于规范医疗行为与医疗纠纷（事故）处置管理办法》和《甘肃省中医院规范护理行为管理办法》处理。

（十六）在医院接受的相关检查评比活动中，非客观原因影响医院评分或考评结果的部门或个人，扣罚500～1000元。

（十七）工作人员工作失职，责任心不强，管理不善，或违反技术操作规程，或购置劣质品，致使医院财产遭受损失（如药品、物资积压、霉变、虫蛀、过期失效、丢失、损坏医院器械等），视损失大小，扣罚当事人2000元，并赔偿损失的30%～60%。

（十八）未经医院批准，私自到院外兼职或将医疗设备、工具、材料等拿到院外使用，扣罚当事人5000元；从中获利的，没收获利所得；如设备损坏，则由当事人赔偿。

（十九）工作人员利用职务之便或盗用医院名义代销药品和其他物品者，经查实，没收其非法收入，并处以非法收入额5～10倍的罚款，情节严重者予以待岗。

（二十）凡涉及各类物资采购流程与管理，工作人员执行招投标管理规定。违纪违规者按有关规定处理。

（二十一）违反《中华人民共和国传染病防治法实施办法》、《医院感染管理制度》、《消毒隔离制度》，医院感染管理工作人员不履行职责，疏于管理，出现不符合规范的事件，扣罚部门负责人100元，责任人500元；造成医院感染暴发流行，扣罚直接责任人2000元，管理部门负责人500元。科室负责人、科室感染责任人不履行职责，扣罚科室负责人100元，责任人500元；造成医院感染暴发流行，扣罚科室负责人500元，直接责任人2000元。给医院造成损失，科室承担损失的30%～70%；触犯法律的，移交司法机关处理。

（二十二）工作人员违反财经纪律、制度，致使医院经济遭受损失的，扣罚5000元，并赔偿所造成的损失；触犯法律的，移交司法机关依法处理。

（二十三）部门及工作人员虚报工作量（含值班、加班、误餐等按规定给予的补助），经核查属实，除追回因虚报所得外，扣罚当事人500元。

（二十四）负责水、电、办公器材、医疗器械等维修的工作人员在接到通知15分钟内无故不到位检修的，扣罚300元，因技术难度大自己不能维修而不及时上报，影响工作的，扣罚500元。

（二十五）各部门做好卫生保洁工作，定点投放生活垃圾，如有违者扣罚当事人或科室100元。医用垃圾管理混乱不执行相关规定，除按有关规定处理外，视情节处罚当事人或科室500～1000元。

（二十六）科室不注重节能管理工作，浪费水电，给医院造成损失，扣罚当事人100，科室500元。

（二十七）工作人员因违反医院规章制度，不虚心接受教育，干扰院领导工作，滋事、无理取闹，扣罚500元，情节严重的处罚2000元。并按本办法第一章第三条处理。

（二十八）工作人员伪造医院票证、印章及他人印章，扣罚当事人5000元，并视情节轻重，给予降职直至开除处理。

（二十九）工作人员故意制造事端，发生打架斗殴事件，处罚500元。触犯《治安管理处罚条例》交有关部门处理，视情节轻重，医院给予待岗3～6个月、缓聘或低聘专业技术职务一年。

（三十）工作人员违反保密制度，扣罚当事人500元。给医院造成不良影响的，扣罚1000～5000元。

（三十一）科室或个人不遵守医院有关规定，无安全意识，出现火险、被盗，扣罚200元，并赔偿损失的5%～10%。

（三十二）工作人员或其家属故意破坏院容院貌，经教育不改者，视情节轻重，扣罚50～500元，并赔偿经济损失。

第四章　处罚的权限和程序

第九条　对工作人员的处罚，按照以下权限决定：

（一）警告按照干部人事管理权限，由主管部门决定。

（二）经济处罚由主管部门依据相关规定，报质量控制会议，或院长办公会研究决定，处罚均从当月工资中扣除。

（三）处分由主管部门、主管领导或医院纪委、监察部门进行调查，报院长办公会议研究决定。

（四）降低岗位等级或者撤职、开除决定，由主管部门、人事处提出，报院长办公会研究决定。

第十条　工作人员的处罚，按照以下程序办理：

（一）工作人员违纪违规，主管部门及时调查，对事实、证据进行复核，形成书面材料。对认定的事实及拟给予的处罚告知当事人。

（二）按照处罚权限作出的处罚决定，以书面形式告知主管部门及当事人，并在一定范围公布。

第五章　处罚的解除

第十一条　工作人员处罚期满，处罚决定自动解除。

第六章　附 则

第十二条　本条例自颁布之日起施行。

甘肃省中医院关于印发2013年“三好一满意”活动实施方案的通知

中医办发〔2013〕77号

省中医药研究院，白银分院，医院各处（科）室：

根据国家卫生和计划生育委员会《关于深入开展2013年全国医疗卫生系统开展“三好一满意”活动的通知》精神和省卫生厅关于在全省医疗卫生系统开展“三好一满意”活动的要求，为进一步保障人民群众健康权益，提高医疗和服务水平，造福广大民众，实现医院“服务好、质量好、医德好，群众满意”的“三好一满意”活动目标，特制定《甘肃省中医院2013年“三好一满意”活动实施方案》，现将全文予以印发，请遵照执行。

一、“三好一满意”活动领导小组

组　长　李盛华

副组长　谢又生

成　员　孙援朝　马忠祥　舒　劲　李兴勇　赵继荣　卫晓雯　邱连利　李　勇　赵国杰　谢兴文　潘　文

“三好一满意”活动领导小组下设办公室

主　任　卫晓雯

副主任　罗克龙　赵永强　徐柏林

成　员　郑　慧　王　颖　周　晟　杨继红　田旭东　刘梦华　陈春丽　冯康虎　安富德　韩　艳

二、活动目标

深入贯彻党的十八大精神，紧密结合医院工作实际，将落实“改进工作作风、密切联系群众”规定与开展“以病人为中心，以发挥中医药特色优势，提高中医临床疗效”为主题的持续改进工作相互贯穿，以人为本，以病人为中心，着力提升医疗服务水平，持续改进医疗质量，大力弘扬高尚医德，认真落实医院2013年党风廉政建设和行风建设任务，以人民群众满意为出发点和落脚点，构建和谐平安的甘肃省中医院。

三、活动范围

省中医药研究院，各职能管理处室和临床医技科室；各党支部和团委；在院实习、进修人员。“三好一满意”活动从2013年6月至11月底。

四、活动工作任务、任务分解和步骤（见附表）

五、工作要求

（一）医院开展“三好一满意”活动，按照阶段性与长期性相结合的原则，2013年活动总体分为宣传教育阶段、查找整改阶段、督导检查阶段、总结提高阶段四个阶段。

1. 宣传教育阶段（2013年6月）。要通过广泛深入的宣传和思想发动，统一思想、提高认识，充分认识开展“三好一满意”活动的重大意义，在总结前阶段活动的基础上，切实增强参与活动的积极性和主动性。进一步做好对医德高尚、医术精湛、敬业奉献的先进典型的宣传报道工作，不断挖掘与创新宣传内容和形式、效果。

2. 查找整改阶段（2013年7月）。领导干部深入调查研究，密切联系群众。落实好院长行政查房和院长值周制度，院领导定期到分管处（科）室进行基层调研，研究解决突出问题、难点问题。行政职能管理处室要深入临床医技科室，了解管理的基本情况，及时发现问题，解决问题。进一步做好院务公开工作，通过院长信箱、咨询投诉电话、社会监督员座谈会、网络微博等形式，接受群众来信来访，畅通群众反映问题渠道。听取干部职工和广大民众的意见建议，查缺补漏。对查找的问题，要制定切实可行的整改方案，要有整改效果评估和整改检查。

3. 督导检查阶段（2013年8月）。“三好一满意”活动办公室负责对活动开展情况的检查督导工作。在总结前段活动督导检查工作经验和做法的基础上，加大活动督导检查的力度，提高督导检查的效果。对不能按照统一要求的处室和个人要进行严格处理。

4. 总结提高阶段（2013年9月—11月底）。对“三好一满意”活动开展三年来的工作进行全面总结，总结成功经验、做法和工作模式，深入剖析存在问题和不足，追根溯源，找到解决问题的办法，研究制定解决问题的措施。不断优化工作思路和方法，逐步建立长效工作机制，切实提高工作效率，使医疗和服务水平上新台阶，建设真正群众满意、放心医院。

（二）按照卫生部要求，医院院长为“三好一满意”活动的第一责任人。医院党委负责“三好一满意”活动的监督工作。各副院长及承担工作任务的牵头处室为医院开展“三好一满意”活动的直接责任人，直接向医院“三好一满意”活动领导小组负责。

（三）省中医药研究院、医院各职能管理处室和临床医技科室负责人，以及各党支部书记为开展“三好一满意”活动的具体实施负责人，要按照医院“三好一满意”活动办公室发布的活动信息认真组织实施。

特此通知。

二〇一三年六月二十七日

关于印发医院公务接待和行政事务工作厉行勤俭节约实施细则的通知

中医办发〔2013〕98号

医院各处（科）室，省中医药研究院，白银分院：

为认真贯彻落实中央和省上有关厉行勤俭节约、反对铺张浪费的精神，切实抓好公务接待和行政事务工作，根据医院党委《关于改进工作作风、密切联系群众的九项规定》（中医党发〔2013〕3号），特制定《甘肃省中医院公务接待和行政事务工作厉行勤俭节约实施细则》，现印发给你们，请遵照执行。

二〇一三年八月十五日

甘肃省中医院公务接待和行政事务工作厉行勤俭节约实施细则

为认真贯彻落实中央和省上有关厉行勤俭节约、反对铺张浪费的精神，切实抓好公务接待和行政事务工作，结合医院实际，制定本实施细则，具体内容如下：

一、公务接待坚持务实节俭

（一）接待原则

公务接待既要周全热情，更要节俭节约。

1. 简化接待礼仪，合理安排接待住宿和用车。接待场所不张贴悬挂欢迎横幅，不组织礼仪人员列队迎送，不铺设迎宾地毯，不献花；接待住宿应首先安排在医院制定宾馆，不得超标准，房间内不摆放鲜花，公务接待应当集中乘车。

2. 规范接待用餐，不超标准。一般以工作桌餐和自助餐为主、以地方菜和家常菜为主，不提供鱼翅、燕窝等高档菜肴和受保护的野生动物，不提供高档酒水，不提供香烟，并从实际出发能减则减。相关业务接待由各处室对口负责。

（二）接待标准

1. 一般来客均安排工作桌餐，人数较多时安排自助餐，标准为人均每餐不超过50元。

2. 需要安排宴请的，每批原则上只安排1次宴请，宴请标准一般控制在每餐人均不超过80元，不上名酒，且酒水费用不得超过宴请标准的30%。特殊情况需要提高接待标准的，须经院领导同意。

3. 公务接待用餐原则上定点为院内各餐厅，餐厅根据接待要求，按照人均标准制定好菜单。同一批客人在院期间超过2餐以上的，经院领导同意，可安排其他指定接待用餐点，但标准不得随意提高。

4. 公务接待住宿原则上定点为医院各对外住宿接待点。

5. 工作日中午用餐严禁饮酒，如遇特殊情况，由院领导确定。

（三）接待方法和程序

1. 医院院级接待由院领导确定，院长办公室归口管理、统一安排。各处室对口的业务接待按照规定，由各处室负责管理、实施。

2. 临时需要医院安排的接待，须填写《甘肃省中医院公务接待申请单》，须注明来客身份、来客人数、接待时间、活动日程、就餐标准及住宿安排等具体情况，按程序报批后实施。

（四）接待纪律

1. 宴请要严格控制陪餐人数，一般每桌陪餐人数不超过3人，避免出现“主多客少”的现象。接待多方来宾应合并安排就餐。

2. 所有接待活动除安排正常食宿外，均不在营业性场所安排娱乐、沐浴等高消费活动。不以任何名义赠送礼金、有价证券和贵重礼品、纪念品，不额外配发生活用品。

3. 因特殊情况或重要宾客需在其他餐饮住宿场所接待的，须经院领导批准，凡不按此规定执行的，财务部门不予报销。

二、会议服务倡导简朴节约

进一步精简会议，提倡开短会，院内会议一般控制在半天时间，一般会议仅安排兰外的代表用餐。从严控制会议服务经费开支，会场布置要庄重、简洁、大方，工作会议不摆花草，减少背景板和条幅使用，尽可能使用电子屏幕；减少会议材料，除会议统一发放文件、材料外，不再发放其他参考资料及文具等。会议住房以标间为主，不安排套房，房间不摆放鲜花，不额外提供洗漱用品。参会人员出行尽量统一乘车，严格控制小车配备。

三、其他行政事务工作

（一）节日活动培育健康文明

坚持移风易俗、文明过节。必要的节庆活动要从简务实，不违规发放奖金、津补贴和实物。医院纪检监察部门将强化监督，督促规范节庆活动，有效防止节日浪费和腐败。

（二）各类培训班要简朴高效

各部门组织的各类培训班原则上须在院内举行，严禁在风景名胜区办班培训，不借实地考察、学术交流、现场教学等名义搞变相旅游。开班和总结仪式要简约俭朴，不得以各种名义进行公款宴请等活动。

（三）节约差旅费

按照医院有关规定，严格控制出差人数、天数和人员费用标准，特别是交通、住宿、用餐标准要严格执行出差报销审批制度。

（四）严格公车使用管理

实行派车登记制度，严禁公车私用。公务活动用车，能几人同行的，一律拼车。根据车型和排气量，科学核定单车油耗定额，加强对车辆油耗统计考核。按照国家有关规定，及时报废、淘汰环保不达标、油耗高的车辆。严格执行公车“定点保险、定点维修、定点加油”制度。

（五）节约行政办公等一般性支出

1. 节约用电：

合理设置空调温度。室内空调温度设置夏季不得低于26 ℃，冬季不得高于22 ℃，做到室内无人时不开空调，开空调时不开门窗。

节约照明用电。办公室、会议室等场所要充分利用自然光照，减少照明设备电耗，尽可能少开灯或不开灯，离开办公室时间较长和下班时要随手关灯。计算机、打印机、复印机等办公设备要减少待机消耗。

2. 节约用水：

及时关闭水龙头，避免“长流水”现象发生。

3. 严格办公经费和办公用品管理：

严格办公经费支出审批程序，严禁以办公用品名义列支其他费用，严格办公用品配备标准。建立办公用品领取登记签字制度，对通用办公设备和同类采购事项，实行集中统一采购。充分利用医院协同办公系统（OA系统），减少纸质文件的印制，提倡双面用纸，严格控制文件印刷数量，重视对使用过的纸的背面进行再利用。

四、本实施细则旨在进一步贯彻落实中央和省卫生厅有关精神，规范医院公务接待和行政事务工作，相关未尽事宜需先汇报，经医院研究同意后执行。

本实施细则由医院办公室和监察科负责解释。

甘肃省中医院关于印发医院公务接待用餐规定的通知

中医办发〔2013〕99号

医院各处（科）室，省中医药研究院，白银分院：

为认真贯彻落实中央“八项规定”、“六项禁令”的有关要求，进一步规范公务接待，切实控制医院用餐费用支出，做到统一规范管理，打造节约型医院，结合我院当前实际，制定了《甘肃省中医院公务接待用餐规定》，现予印发，请遵照执行。

特此通知。

二〇一三年八月十五日

甘肃省中医院公务接待用餐规定

为认真贯彻落实中央“八项规定”、“六项禁令”的有关要求，进一步规范公务接待，切实控制用餐费用支出，做到统一规范管理，打造节约型医院，特制定本规定。

一、总体原则

公务接待用餐必须遵循“有利工作、热情周到、务实节俭”的原则，坚持“归口列支、统一管理、总额控制”的要求，严禁大吃大喝、挥霍浪费，坚决杜绝超标准接待和利用公款进行非公务接待等行为。

二、用餐标准

（一）由院领导接待的公务用餐人均标准，原则上午餐不超过80元，晚餐不超过100元（含酒水），早餐不超过20元。

（二）由各处室归口接待的公务

用餐人均标准，原则上午餐不超过60元，晚餐不超过80元（含酒水），早餐不超过15元。

（三）其他类型的公务接待用餐人均标准，午餐不超过40元，晚餐不超过50元，早餐不超过10元。

工作日中午安排的公务用餐一律不得安排酒水。

（四）医院工作人员市内外出办事，午餐费发票一律不做报销，按每人每次20元标准每月底通过财务途径补助。

三、用餐要求

（一）严格控制陪餐人数。工作餐陪餐人数一般不超过3人，宴请陪餐人数一般不超过来宾人数。

（二）公务用餐原则上在医院餐厅，如因接待需要，可安排在院外，在院外安排用餐经分管院领导同意。

四、用餐申请及审批

全院公务接待用餐严格实行申请和审批制度，由院长办公室统一归口管理。

（一）用餐申请

各部门经办人员根据工作实际和接待需要，如实填写《甘肃省中医院公务接待用餐申请单》（以下简称《申请单》）后报送院长办公室。接待对象及人数、用餐类型、申请金额、陪餐人数、接待地点等内容填写不完整或不准确的《申请单》不予受理。

（二）用餐审批

各部门用餐申请由分管院领导签批后，报院长办公室主任审核安排用餐。如遇特殊或紧急情况需进行公务接待，由分管院领导口头同意后，报院长办公室主任审核方可安排，但事后需及时呈分管院领导补办审批手续。

五、用餐费用报销

（一）《申请单》存放在院长办公室，由各部门经办人员根据需要到办公室填写并办理有关手续。餐费由申请部门连同《申请单》一并在医院计划财务处统一结算。餐费一般须在10个工作日内结算，最长期限不得超过一个月。

（二）有下列情形之一，一律不予报销：

1. 未履行申请审批手续，先行安排用餐的；

2. 发票未经分管院领导或财务部门负责人签字的；

3. 发票金额超出《申请单》填写金额的；

4. 持非餐饮发票抵充餐费的；

5. 超过一个月结算期限的；

6. 其他违反接待规定和用餐管理办法的情况。

（三）医院工作人员市内外出办事，确因工作关系在外就餐的，需在院长办公室填写《甘肃省中医院工作人员市内公务活动误餐补助申请单》，经当事人、主管处室负责人、主管院长、院长审批后，通过财务途径进行补助。

六、监督和检查

医院纪委、审计处、监察科定期会同院长办公室、党委办公室、计划财务处对各部门公务接待开支情况开展监督和检查，对违反规定者要严肃追究和处理。

七、附则

本规定自颁布之日起施行，医院之前关于公务接待用餐的相关规定同时废止。

关于印发医院护士长以上干部移动电话话费补助暂行办法的通知

中医办发〔2013〕100号

医院各处（科）室，省中医药研究院，白银分院：

为进一步加强医院护士长以上干部移动电话话费使用管理，控制医院运行成本，提高工作效率，医院制订了《甘肃省中医院护士长以上干部移动电话话费补助暂行办法》，已经2013年8月13日院长办公会议审议通过，现将全文予以印发，请遵照执行。

特此通知。

二〇一三年八月十五日

甘肃省中医院护士长以上干部移动电话话费补助暂行办法

为了贯彻医院党委《关于厉行勤俭节约反对铺张浪费的通知》（中医党发〔2013〕4号），加强医院财务管理，规范单位移动电话费支出，明确工作待遇，提高工作效率，特制订甘肃省中医院护士长以上干部使用移动电话实行话费补助办法。具体规定如下：

一、适用范围：移动电话话费补

助限于医院在职护士长以上干部，不包括非领导职务和离退休人员以及其他不在工作岗位的人员。

二、补助标准：副地级干部每人每月补助600元，正处级干部每人每月补助400元；副处级干部每人每月补助260元（院长办公室、党委办公室、人事处、医务处、对外协作处、宣传处、保健处、基建处副处级干部每人每月补助300元），正科级干部每人每月补助200元，副科级干部每人每月补助150元；护士长（含正副职）每人每月补助100元。

三、在执行抗震救灾、防汛抢险、医疗救援和因公出（境）国等特殊任务中使用移动电话的，由单位主要领导审批同意后可适当给予话费补助。

四、实行移动电话话费补助费发给个人的办法后，医院不再购置移动电话或另报销有关移动电话的费用（行政总值班、“120”和各类医院统一配发的值班电话除外），一经查出将按违反财经纪律处理。

五、实行移动电话话费补助费发给个人的办法后，医院每月通过财务途径兑现到个人账户，由个人按照医院公布的电话号码（《甘肃省中医院电话号码表》2012年7月版）自行缴费，如发现个人移动电话拆机、停机、通讯不畅等情况者，医院立即停发补助费用。

六、按有关规定离开领导岗位的人员，即停止发放补助。

七、医院派驻白银分院科级以上干部移动电话费用由分院解决，不适用本办法。

八、省中医药研究院领导干部参照本办法执行。

九、其他医院有关移动电话费用管理办法一并废止，本暂行办法自2013年9月1日起执行。

关于印发《甘肃省中医院科研项目管理办法(试行)》的通知

中医医发〔2013〕116号

省中医药研究院，医院各处（科）室：

为进一步规范科研项目管理，促进我院科研管理工作科学化、规范化、制度化，保证科研工作按计划有序进行，特制订本管理办法。现将制订的《甘肃省中医院科研项目管理办法（试行）》印发给你们，请认真组织学习，遵照执行。

特此通知。

二〇一三年九月四日

甘肃省中医院科研项目管理办法（试行）

第一章　总则

第一条　为加强和完善我院的科研管理，促进科研工作的健康发展，全面提高医院的学术地位和科研水平，保证医院科研项目的正常开展、项目经费的合理使用，根据上级有关文件规定，结合我院实际，特制定本办法。

第二条　本办法所指项目，是指国家、部委、省和厅局各级政府部门以及我院批准立项的纵向研究项目；从企、事业单位获得的委托研究课题或争取到的国内外合作研究项目即横向研究项目。

第三条　本办法适用于甘肃省中医院与甘肃省中医药研究院科研项目的立项、管理、结题鉴定等全过程工作。科研项目归科研处统一管理。由科研处负责项目的申请、立项、经费管理、进度检查、结题验收、成果转化及资料归档等事宜。

第二章　项目申请与立项

第四条　纵向项目的申请，由申请人按照项目下达部门的要求，填写项目申报书并提供申报书、申报项目查新报告及相关论文等，经由我院申报的所有项目的查新报告必须由“甘肃省中医药科技查新检索中心”（甘肃省中医药研究院中医药科技信息研究所）出具，申报材料经科研处初审，医院学术委员会终审，择优上报。

第五条　委托研究项目或国内外合作研究项目，须提交课题委托书、合同（协议）书以及课题论证材料（包括申请书、可行性报告、实施方案）等原件1份。

第六条　医院设立“科研项目储备库”，每年申报2次，由科研处组织专家评审并指导修改，最后将优秀项目入库，入库项目动态管理，及时更新，并根据国家、省、市级等部门的项目申报指南要求优先推荐上报。

第七条　项目申请属甘肃省中医药研究院限报项目，参加医院整体评审，最终择优推荐，优先推荐甘肃省中医药研究院编制人员的申报材料。

第八条　凡是与院外单位合作或

协作的项目，申请时必须另附有合作单位的盖章和负责人签字的协议书，详细说明研究成果的归属及合作双方的权利和义务。

第三章　项目的组织实施

第九条　科研处将上级科研主管部门的立项批文网上公布后存档，并将结果通知财务处，落实课题经费到位情况。

第十条　各科室设专人（科研秘书）负责全科的科研工作申报、论文统计、结题鉴定及报奖等工作，科研处将定期组织科研秘书进行科研方面培训，年底进行考核并根据考核意见对本年度工作积极、贡献突出个人给予一定奖励。

第十一条　所有科研项目必须在医院和研究院内完成，如果医院或研究院不具备条件，项目负责人需填写申请表，经科研处认定，主管院长确认后方可在院外进行，未经同意在院外进行研究所发生的费用不予报销。

第十二条　科研项目实行项目主持人负责制，科研处实行必要的检查、监督与管理。

第四章　项目经费的管理

第十三条　纵向研究项目，项目主持人和负责单位均为本院的，根据项目级别、重要性、经费及需要情况，凡经医院学术委员会讨论通过，并报院长审批同意配套的项目，原则上可按1∶0.5的比例（以医院净留经费为准，下同）拨付配套经费。

第十四条　横向研究项目，我院为项目第一合作单位的，根据项目级别、重要性、经费及需要情况，凡经医院学术委员会讨论通过，并报院长审批同意配套的项目，原则上可按1∶0.25的比例拨付配套经费。

第十五条　科研项目经费的开支范围，限于资助项目研究工作直接需要的费用，原则上严格按项目合同书开支预算执行。

第十六条　医院原则上根据项目来源及性质，按项目使用经费和管理费进行项目的经费分配。纵向研究项目：项目组使用经费为到院总经费的95%，医院管理费为5%；横向研究项目：项目组使用经费为到院总经费的92%，医院管理费为8%。

第十七条　科研经费报销严格按照医院财务管理制度执行。项目经费的报销由项目主持人签字，科研处审核，分管科研工作的院领导审批后，交由院长审批后，按财务有关规定履行报销手续。

第十八条　向院外转拨研究协作费、咨询费、劳务费等，项目主持人须事先写出书面报告报科研处审核，经分管科研工作的院领导签字同意后，方可实施。

第五章　结题与成果管理

第十九条　纵向研究项目必须通过项目下达单位组织（或其委托组织）结题验收。横向研究项目的结题验收，须由项目主持人提交《项目技术总结报告》，经过协议（合同）委托方的证明认可。

第二十条　项目计划实施结束后，项目主持人必须在3个月办理结题手续，按时向科研处提交结题申请书及全部技术档案资料，必要的研究附件材料或证明等材料，提请科研处审核后，报请课题主管部门组织验收、鉴定或评议。

第二十一条　项目必须按合同规定的时间结题，因故不能按期结题的项目，主持人应提前2个月提出延期结题的书面报告，未有任何报告且不按合同期限进行结题的，将视为自动放弃，无故撤销或终止的项目除按有关部门的规定处理外，项目主持人3年内不得申报各类新项目。

第二十二条　项目研究工作结题之后，项目主持人应及时将取得的成果进行认真总结，写成书面成果报告材料，连同研究过程中产生的资料、原始数据等报送科研处审核后转医院档案室存档。

第二十三条　项目进行期间，若项目主持人调离本单位，可委托本院具有相应资格的人员接替或由医院组织学术委员会确定课题负责人，由科研处将变更申请上报科研主管部门。

第二十四条　我院的科研成果一般包括原始数据资料、研究报告、论文、教材、著作、专利、图件、软件（含文字注释、光盘）等。我院所有项目的研究成果属医院所有。

第六章　奖励

第二十五条　以甘肃省中医院或甘肃省中医药研究院为第一完成单位的科研成果，获得各级科技奖励、专利、公开发表的论文、正式出版的学术专著予以奖励。

第七章　附则

第二十六条　本办法自公布之日起试行，由科研处负责解释。

甘肃省中医院科研项目管理办法细则

第一章　项目申请与立项

第一条　经由甘肃省中医药研究院申报项目，申报课题负责人须以中研院为完成单位结题验收。

第二章　项目经费的管理

第二条　凡申报立项甘肃省卫生行业计划管理项目医院按同类资助项目经费的50%给予配套支持。

第三条　凡申报立项兰州市科技局项目的公众健康与医疗卫生课题，医院对低于2万元（含2万元）的项目予以1∶1的配套资金资助。但课题组要严格按照课题任务预算，优先使用课题经费，经费不够时，再使用匹配资金。

第四条　项目经费的开支范围需符合项目任务书经费预算使用项目及明细内容。

第五条　医院提取的管理费主要用于场地、设备、水电使用和医院科研培训、课题申报、专家评审工作、科研项目奖励的管理，以维持医院科研工作的正常运作和可持续发展。管理费按到账经费的5%提取。科研经费在2万元（含2万元）以下的项目，医院不提取管理费。

第六条　科研经费必须严格按照科研经费合同书经费预算比例报销，由课题负责人填写《科研经费报销表》并签字，凭票据报销，票据应有课题负责人签字，论文版面费需凭正式发票并必须附有期刊复印件，与课题无关版面费不予报销，办公用品等不予报销，超时发票不予报销。

第七条　凡用研究经费购置的仪器设备等固定资产，其产权归医院，应按医院有关规定办理物资验收登记手续后，方可办理报销手续；项目主持人及项目组成员拥有优先使用权。若使用者调离我院或退休时，属医院产权的物品应收回，已过折旧期的物品则应办理相关的报废手续。

第八条　研究人员使用研究经费参加国内外有关学术会议，须有会议正式通知，由项目主持人事先写出书面报告，经分管科研工作的院领导签字同意，方可按相关规定办理报销手续。

第三章　项目结题验收

第九条　申请结题时，必须具有科研课题研究相关的正规期刊发表的1～2篇论文（国家级1篇以上，省级2篇以上），否则暂缓结题。

第十条　结题验收材料必须按照医院科研档案的要求归档，因资料不齐而无法归档者，不予记入年终考核结果加分项。

第四章　成果奖励范围

第十一条　以甘肃省中医院或甘肃省中医药研究院为第一完成单位，获得国家自然科学奖、国家发明奖、国家科技进步奖、国家哲学社会科学奖、中华医学会科技进步奖及省部（委）级奖励的科研成果。

第十二条　经中国专利局授权，甘肃省中医院或甘肃省中医药研究院为专利权人的专利项目。

第十三条　第一作者或通讯作者以甘肃省中医院或甘肃省中医药研究院为第一署名单位被SCI、EI收录的研究论文及在国家权威学术刊物上公开发表的论文（参考我院科研处公布论文目录）。

第十四条　第一作者或主编（执行主编）以甘肃省中医院或甘肃省中医药研究院为署名单位正式出版的学术专著（有书号）。

第五章　奖励等级与标准

第十五条　我院对每年以甘肃省中医院或甘肃省中医药研究院为第一获奖单位获得的国家、省部级科技奖励的奖项按照奖项等次进行不同比例的匹配奖励。

甘肃省中医院关于印发职工外出进修学习管理办法的通知

中医办发〔2013〕153号

省中医药研究院，医院各处（科）室：

《甘肃省中医院职工外出进修学习管理办法》（以下简称《办法》）已经2013年12月10日院长办公会议讨论通过，现将全文予以印发，请各部门组织认真学习，并贯彻落实。

特此通知。

二〇一三年十二月十七日

甘肃省中医院职工外出进修学习管理办法

为进一步提高专业技术人员技术水平和医院整体医疗服务水平，合理、有序地安排我院专业技术人员外出进修学习，根据甘肃省卫生厅有关规定，结合医院实际，特制定本管理办法。

一、本管理办法适用于医、药、护、技等各岗位卫生技术人员国内外进修学习。

二、医院将外出进修学习作为专业技术人才培养的重要途径，主管部门、所在科室应支持专业技术人员进修学习。

三、专业技术人员应树立终生学习的理念，原则上每五年应有一次进修学习经历，且每次不少于3个月。达到下述条件者，方可申报高一级专业技术职务。

卫生技术人员申报副高级专业技术职务时，医疗专业应有国内脱产进修学习连续6个月的经历，或出国（境）进修学习连续3个月的经历；药、护、技专业应有国内脱产进修学习连续3个月的经历，或出国（境）

进修学习连续1个月的经历。申报正高级专业技术职务时，医、药、护、技专业应有国内脱产进修学习连续3个月的经历，或出国（境）进修学习连续1个月的经历。

文中医疗专业特指执业医师类。

四、进修条件

1. 热爱医院和本专业，具备良好的职业道德和敬业精神，扎实的专业基础。遵守医院的各项规章制度，能积极主动开展工作，且具备一定的培养潜质。

2. 取得本专业相应的执业资质或资格证书。从事本专业工作满两年的人员可申请进修学习。

3. 未达到规定的任职年限，因科室或医院业务发展需要必须进修学习的人员，按申请程序报批，批准后可安排进修学习。

4. 进修计划以外，急需开展的新技术项目按申请程序报批，批准后可安排进修学习。

五、申请程序

各科室应根据医院业务发展规划、本科室专业发展需要及个人工作情况，统筹合理安排，有计划地选派进修人员。经个人申请，科室同意，于当年度11月30日之前将下一年度本科室进修计划，报送主管部门医务处（或护理部）、对外协作处审核，主管院长同意，由对外协作处统一提交院长办公会议审定后，发布进修计划通知。进修人员按进修要求时间，持进修通知原件提前1周办理进修审批、请假等相关手续。

六、进修要求

1. 进修人员选择拟进修医院应为国内有较高知名度的省外三甲医院、科研院所，所进修学科水平应在国内处于领先水平。进修期间不仅要学习新技术、新业务，还要学习其先进的管理理念和制度。

2. 进修期间不得随意更改专业、提前终止或延期进修，如确需更改专业或提前终止、延期进修者，须经科室主任、医务处（或护理部）、对外协作处、主管领导批准。

3. 进修结束应按时回科室上班，并在1周内及时到人事处、医务处（或护理部）、对外协作处等相关处室报到销假，将结业证原件、复印件、进修鉴定表交人事处存档。将学习汇报以书面形式（不少于2000字）报医务处（或护理部）。

4. 进修结束后应在本科室内进行1～2次学习汇报。科主任或护士长应对其进行业务考核，包括教学查房及手术演示。必要时由医务处（或护理部）安排进行全院讲座。赴国（境）外研修人员，除在本科室汇报外，由对外协作处统一安排在全院范围内汇报。

5. 进修人员完成进修学习取得结业证书，进修费、交通费、保健费、夜班费等按医院有关财务规定报销；学习资料及教材、工作服等学杂费用自理。并在回院2周内及时办理报销手续，清退个人借款，未及时核报者，将从本人工资中逐次扣还借款。若学习期间因个人原因未能获得结业证书，其相关费用由个人承担。

6. 当年进修计划经批准因故未进修者，第二年如需进修须重新申报。因个人原因未完成进修计划者，第二年不予安排。

7. 进修医院原则上由个人或科室联系。再次进修应间隔2年以上。

8. 进修学习期间，不遵守进修医院的规章制度被进修医院退回者，所有费用由进修者全额承担，2年内不安排各种形式的进修、培训。并视情节轻重给予处罚或纪律处分。

七、进修管理

1. 进修期间的工资福利、绩效分配按医院规定执行。

2. 进修期间不享受假期。

3. 国内进修学习6个月以内者（含6个月），3年内不得申请调离或辞职，进修学习6个月以上者，5年内不得申请调离或辞职。国（境）外进修学习1个月以上（含1个月），5年内不得申请调离或辞职。否则，全额退回进修费用。专科培训的护理人员，原则上5年不得调离本科室。

以上违约年限如与岗位聘用等其他合同不一致者，按最高年限计算。

八、本管理办法自下发之日起执行，原管理办法同时废止。

甘肃省中医院关于印发中医学术流派传承工作室建设项目资金管理办法的通知

中医财发〔2013〕163号

省中研院，医院各处（科）室：

根据财政专项资金管理等相关管理规定和中医药服物项目任务书要求，为规范和加强中医学术流派传承工作室建设项目任务实施和资金管理，现印发《甘肃省中医院中医学术流派传承工作室建设项目资金管理办法》。

特此通知。

附件：甘肃省中医院中医学术流派传承工作室建设项目资金 管理办法

二〇一三年十二月三十日

附件

甘肃省中医院中医学术流派传承工作室建设项目资金管理办法

第一条 为规范和加强中医学术流派传承工作室建设项目专项资金（以下简称专项资金）管理，保障资金安全、合理、高效使用，制定本办法。

第二条 本办法所称的专项是指中央及地方下达的具有专门用途、纳入预算管理的财政专项资金。

第三条 专项资金按照“专款专用、专账核算”的原则进行管理。

第四条 各职能部门和项目组应根据各自的职责和分工，严格项目资金管理办法规定实施、管理、接受有关部门的监督检查。

第五条 特色管理处是项目的归口管理部门，协同解决项目资金的申报、使用、管理中的有关问题。

第六条 计划财务处负责项目资金的日常财务管理工作、根据相应的会计核算和账务处理等。

第七条 计划财务处在收到项目经费后设立以项目名称而定的明细账户单独核算。

第八条 项目负责人负责组织项目开展和任务完成，以及项目预算的执行，并做好记录。

第九条 项目经费的使用应符合有关的规定，不可擅自扩大或变更支出范围，提高支出标准。计划财务处对经费使用按有关文件精神进行监督。项目经费开支，由项目负责人、分管处长、主管院长审核签字。对用现金支付的各项费用严格按照现金管理规定审核支付。

第十条 项目预算内的对外合作，必须符合项目任务书的内容，并合作双方签订相关协议的前提下，进行相应的款项拨付。

第十一条 计划财务处对项目专款的各类支出必须予以及时、准确的账务处理，凡纳入政府采购的支出内容，应按照政府采购相关制度规定执行。用于设备购置或专项修缮时，应按医院的有关规定办理相关手续，纳入固定资产范围的，办理固定资产入账手续。

第十二条 项目结束时，多余的项目经费应按有关规定处理，不可挪作他用。

第十三条 年末未列支的专项资金应按现行结转和结余资金管理相关规定管理。

第十四条 项目结束后，项目组应对项目实施完成情况和资金使用情况进行总结，医院项目管理部门对项目实施、预算执行及资金使用管理等进行考核，按项目主管部门要求报送相关资料，接受项目主管部门的绩效考评。

第十五条 本办法自印发之日起执行。

甘肃省中医院关于印发中医药预防保健及康复与临床服务能力建设项目资金管理办法的通知

中医财发〔2013〕164号

省中研院，医院各处（科）室：

根据财政专项资金管理等相关规定和中医药服务项目任务书要求，为规范和加强中医药预防保健及康复与临床服务能力建设项目任务实施和资金管理，现印发《甘肃省中医院中医药预防保健及康复与临床服务能力建设项目资金管理办法》。

特此通知。

附件：甘肃省中医院中医药预防保健及康复与临床服务能力建设项目资金管理办法

二〇一三年十二月三十日

附件

甘肃省中医院中医药预防保健及康复与临床服务能力建设项目资金管理办法

第一条 为规范和加强中医药预防保健及康复与临床服务能力建设项目专项资金（以下简称专项资金）管理，保障资金安全、合理、高效使用，制定本办法。

第二条 本办法所称的专项是指中央及地方下达的具有专门用途、纳入预算管理的财政专项资金。

第三条 专项资金按照“专款专用、专账核算”的原则进行管理。

第四条 各职能部门和项目组应根据各自的职责和分工，严格项目资金管理办法规定实施、管理、接受有关部门的监督检查。

第五条 干部保健处是项目的归口管理部门，协同解决项目资金的申报、使用、管理中的有关问题。

第六条 计划财务处负责项目资金的日常财务管理工作、根据相应的会计核算和账务处理等。

第七条 计划财务处在收到项目经费后设立以项目名称而定的明细账户单独核算。

第八条 项目负责人负责组织项目开展和任务完成，以及项目预算的执行，并做好记录。

第九条 项目经费的使用应符合有关的规定，不可擅自扩大或变更支出范围，提高支出标准。计划财务处对经费使用按有关文件精神进行监督。项目经费开支，由项目负责人、分管处长、主管院长审核签字。对用现金支付的各项费用严格按照现金管理规定审核支付。

第十条 项目预算内的对外合作，必须符合项目任务书的内容，并合作双方签订相关协议的前提下，进行相应的款项拨付。

第十一条 计划财务处对项目专款的各类支出必须予以及时、准确的账务处理，凡纳入政府采购的支出内容，应按照政府采购相关制度规定执行。用于设备购置或专项修缮时，应按医院的有关规定办理相关手续，纳入固定资产范围的，办理固定资产入账手续。

第十二条 项目结束时，多余的项目经费应按有关规定处理，不可挪作他用。

第十三条 年末未列支的专项资金应按现行结转和结余资金管理相关规定管理。

第十四条 项目结束后，项目组应对项目实施完成情况和资金使用情况进行总结，医院项目管理部门对项目实施、预算执行及资金使用管理等进行考核，按项目主管部门要求报送相关资料，接受项目主管部门的绩效考评。

第十五条 本办法自印发之日起执行。

关于印发《甘肃省中医院重点学（专）科建设资金管理办法》的通知

中医财发〔2013〕165号

省中研院，医院各处（科）室：

根据财政专项资金管理等相关规定和中医药学（专）科建设要求，为规范和加强重点学（专）科建设能力建设项目任务实施和资金管理，现印发《甘肃省中医院重点学（专）科建设资金管理办法》。

特此通知。

二〇一三年十二月三十日

甘肃省中医院重点学（专）科建设资金管理办法

第一条 为规范和加强重点学（专）科建设专项资金管理，保障资金安全、合理、高效使用，制定本办法。

第二条 本办法所称的专项是指中央及地方下达的具有专门用途、纳入预算管理的重点学（专）科建设专项资金。

第三条 专项资金按照“专款专

用、专账核算”的原则进行管理。

第四条 各职能部门和项目组应根据各自的职责和分工，严格重点学（专）科建设资金管理办法规定实施、管理、接受有关部门的监督检查。

第五条 重点学（专）科建设牵头部门是本项目的归口管理部门，协同解决项目资金的申报、使用、管理中的有关问题。

第六条 计划财务处负责重点学（专）科建设资金的日常财务管理工作、根据相应的会计核算和账务处理等。

第七条 计划财务处在收到项目经费后设立以项目名称而定的明细账户单独核算。

第八条 项目负责人负责组织项目开展和任务完成，以及项目预算的执行，并做好记录。

第九条 项目经费的使用应符合有关的规定，不可擅自扩大或变更支出范围，提高支出标准。计划财务处对经费使用按有关文件精神进行监督。项目经费开支，由项目负责人、分管处长、主管院长审核签字。对用现金支付的各项费用严格按照现金管理规定审核支付。

第十条 项目预算内的对外合作，必须符合项目任务书的内容，并合作双方签订相关协议的前提下，进行相应的款项拨付。

第十一条 计划财务处对重点学（专）科建设项目专款的各类支出必须予以及时、准确的账务处理，凡纳入政府采购的支出内容，应按照政府采购相关制度规定执行。用于设备购置或专项修缮时，应按医院的有关规定办理相关手续，纳入固定资产范围的，办理固定资产人账手续。

第十二条 项目结束时，多余的重点学（专）科建设项目经费应按有关规定处理，不可挪作他用。

第十三条 年末未列支的重点学（专）科建设专项资金应按现行结转和结余资金管理相关规定管理。

第十四条 重点学（专）科建设项目结束后，项目组应对项目实施完成情况和资金使用情况进行总结，医院重点学（专）科建设项目管理部门对项目实施、预算执行及资金使用管理等进行考核，按项目主管部门要求报送相关资料，接受项目主管部门的绩效考评。

第十五条 本办法自印发之日起执行。

关于印发《甘肃省中医院护士长以上干部年度考核办法》的通知

中医人发〔2013〕12号

省中医药研究院，白银分院，医院各处（科）室：

根据干部考核工作相关规定，为进一步加强甘肃省中医院干部队伍建设，正确评价护士长以上干部的德才表现与工作实绩，充分调动广大干部的工作积极性，促进廉政勤政建设，提高工作效能，切实搞好护士长以上干部年度考核工作，结合近几年护士长以上干部年度考核工作实际，经2013年1月21日院长办公会议研究决定，现将《甘肃省中医院护士长以上干部年度考核办法》下发，请遵照执行。

特此通知。

附件：甘肃省中医院护士长以上干部年度考核办法

二〇一三年一月二十三日

甘肃省中医院护士长以上干部年度考核办法

为全面、客观、公正、准确地考核医院护士长以上干部年度政治业务素质和履行职责的情况，加强干部的管理与监督、激励与约束，根据《党政领导干部考核工作暂行规定》和国家有关法律、法规，制定本办法。

一、考评原则及目的

坚持客观公正、民主公开、注重实绩的原则。以客观事实为依据，坚持求真务实，客观公正的考评。改变以往考核中存在的单一模式，实行上级、同级和下级、群众共同参与考评的立体考评方法。落实年度目标责任书为业绩考核，提高效能建设为最终目标，充分体现“以标准为纲，以结果为本”的原则，通过考评，真正调动干部办实事、求实效，讲质量、重效率的积极性和能动性。

二、考评对象

甘肃省中医院、甘肃省中医药研究院、甘肃省中医院白银分院护士长以上干部。

三、考评内容

按照“德、能、勤、绩、廉”五个方面，重点考评工作实绩。

德，主要指思想素质与道德品质表现，政治态度与理想信念，依法行政，思想作风，工作作风，廉洁自律和社会公德，职业道德。

能，主要指业务能力，管理能力，创新能力和业务学习情况。

勤，主要指工作态度，勤奋敬业表现，出勤情况，吃苦精神，事业心和责任感。

绩，主要指完成工作任务的数量、质量、效率及所取得的社会、经济效益等。

廉，主要指执行党和国家清正廉洁的有关规定和严格要求自己的情况，有无违纪现象；自身修养，爱好是否健康向上，自觉抵制不健康行为，遵纪守法、克己奉公、廉洁自律等状况。

四、考核标准

护士长以上干部年度考核按照以下层次进行：

省中医院：副处级、科级（行政职能、临床、医技）和护士长五个层次；

省中医药研究院：院领导、科级干部两个层次；

白银分院：院领导、科级（行政职能、临床医技）、护士长四个层次。

考核标准以岗位职责和综合目标责任书完成情况为基本依据。考核结果按不同对象划分为四个等次，优秀（20%）、良好（40%）、称职（40%）、不称职（总分60分以下）。

五、考评方法

考评的基本方法是：领导考评与群众考评相结合，平时考评与年度考评相结合，定性考评与定量考评相结合。

（一）领导考评得分由主管领导、院长测评构成，由各相关院领导根据其平时对被考核者掌握的工作情况和业务技能等情况对被考核者进行全面考核测评。各占总分10%。

（二）平时考评为“业绩考核”，以履行综合目标责任书、质量考核为基础，注重工作实绩考核。以完成目标责任书、质量考核为依据进行量化考核。占总分50%。

（三）群众考评与年度考评每年同步进行一次，一般在年度干部述职“民主测评”时进行。占总分25%。

（四）纪委测评由院纪委根据当年医德医风、廉政建设、遵纪守法等进行评价。占总分5%。

（五）有以下情形之一者当年不予评定优秀、良好：

1. 被考核者请各类假年内累计超过30天以上者（带薪年休假除外）。

2. 当年工作中有差错事故，投诉（经查属实者）2起及以上，医疗纠纷1起及以上者。

3. 违反《甘肃省中医院会议考勤管理办法》者。

六、考评结果的应用

本办法是对护士长以上干部的政治业务素质和履行职责的情况所进行的综合考评，并以此作为加强对干部任用、奖惩等的依据。考核为优秀、良好者，在晋职、晋级时优先予以考虑。考核排序为后5%者将进行诫勉谈话，连续三年考核在后5%者将影响晋升晋职。

关于印发《甘肃省中医院、甘肃省中医药研究院“345”人才培养实施办法》的通知

中医医发〔2013〕53号

省中医药研究院，白银分院，医院各处（科）室：

为进一步加强两院人才队伍建设，注重临床实践、技能和实际工作能力，真正把社会知名度高、业务能力强的优秀人才选拔到相应培养层次。《甘肃省中医院、甘肃省中医药研究院“345”人才培养实施办法》，经2013年4月8日院长办公会议讨论通过，现印发给你们，请认真组织学习，并遵照执行。

特此通知。

二〇一三年四月十九日

甘肃省中医院、甘肃省中医药研究院“345”人才培养实施办法

第一章 总 则

第一条 为了实现医院的可持续发展，牢固树立“人才资源是第一资源”的观念，进一步加强两院中青年人才队伍的培养和梯队建设，根据人才培养需要，特制定本办法。

第二条 本办法的实施目标为：5年内培养出120名不同层次的中青年学术技术带头人或骨干。

（一）第一层次30名，为经过上级部门审批，入选卫生部突出贡献专家，甘肃省领军人才第一、二层次人

选，甘肃省名中医，甘肃省“333”科技人才，甘肃省“555”创新人才工程第一、二层次人选，甘肃省医疗卫生中青年学术技术带头人，或达到规定条件；

（二）第二层次40名，为院级学术技术带头人，经过培养，力争进入第一层次；

（三）第三层次50名，为院内学术技术骨干，经过培养，力争成为院级学术技术带头人。

第二章　培养人选的选拔

第三条　“345”人才的选拔遵循公开、公平、竞争、择优的原则。

第四条　“345”人才的选拔范围为从事临床医疗、临床药学及医技、护理等专业第一线工作的卫生技术人员及从事医院管理和研究院中医药研究工作的人员。

第五条　“345”人才中各层次培养人选的基本条件是：思想政治素质好，热爱本职工作，具备良好的职业道德，有强烈的事业心和责任感，医德高尚，学风正派，具有较强的组织管理能力和创新能力，安心献身于医院发展。同时，按照层次不同，应分别具备以下条件：

（一）第一层次应具备以下条件之一：

1. 卫生部有突出贡献中青年专家。

2. 甘肃省领军人才第一、二层次人选。

3. 甘肃省名中医。

4. 甘肃省“333”或“555”创新人才工程第一、二层次人选。

5. 甘肃省医疗卫生中青年学术技术带头人。

6. 对个别社会知名度高、临床工作业绩突出的知名专家可由院长提名，学术委员会及外请专家无记名投票表决，院长办公会议讨论直接进入。

7. 近5年内工作业绩达到下列10项中的4项：

（1）作为主要完成人获1项地、厅级二等奖以上科研成果（国家级前5名，省级前3名，厅级第1名）。

（2）作为第一作者，在国际3300种SCI收录期刊上全文发表论文1篇以上。

（3）作为第一作者，在国家级专业期刊上发表论文5篇以上，省级学术刊物正刊上发表专业论文8篇以上。

（4）作为主编，正式出版本专业学术专著1部，或作为副主编以下人员在学术专著中完成12万字以上。

（5）作为课题负责人完成2项省、部级以上科研或医疗技术攻关项目，并通过同级鉴定，达到国内领先、国内先进水平。

（6）作为主持人或负责人，在本单位创建了新学科、新专业；或从国内外成功引进开展了新技术、新诊疗方法8项以上，填补了省内空白；或成功研制了新诊疗试剂、新仪器、新器械，达到省内先进水平，并且创造了良好的社会效益和经济效益。

（7）专业成绩突出，近五年内参加专业技能大赛，并获得省级一等奖人员。

（8）大学本科毕业工作8年以上、硕士研究生毕业工作5年以上、博士研究生毕业工作2年以上，年龄50岁以下，且具有副高级以上职称。

（9）担任省级本专业学会正、副主任委员或正、副秘书长5年以上，常务理事10年以上；或担任全国本专业学会常务理事5年以上、理事10年以上；或担任卫生部专家委员会的委员；或受聘为国家级本专业学术刊物编委3年以上。

（10）全年门诊量、收住病人量、手术台次全院排名前3名的医生。

（二）第二层次应具备以下条件：

1. 大学本科以上学历，副高级以上职称，年龄在45岁以下，担任重点学科或重点专科的科主任年龄可放宽到50岁。

2. 国家级重点学（专）科带头人和院内名医药专家。

3. 对医院引进的知名专家及学科带头人可由院长提名，学术委员会及外请专家无记名投票表决，院长办公会议讨论直接进入。

4. 近5年内工作业绩达到下列10项中的3项：

（1）近5年作为第一作者在国家级学术刊物正刊上发表本专业论文3篇；省级学术刊物正刊上发表专业论文5篇以上。

（2）作为主要完成人获厅级二等奖以上科研成果1项（国家级前5名、省级前3名、厅级前1名）。

（3）作为课题负责人完成2项省、部级以上科研或医疗技术攻关项目，并通过同级鉴定，达到国内领先、国内先进水平。

（4）专业成绩突出，近5年内参加专业技能大赛，并获得厅级一等奖人员。

（5）作为第一作者在国际3300种SCI收录期刊上全文发表论文1篇以上。

（6）作为主编正式出版本专业学术专著1部，或作为副主编及以下人员在学术专著中完成12万字以上。

（7）担任省级本专业学会常务理事或正、副秘书长、委员5年以上；或担任全国本专业学会理事5年以上；或担任卫生部专家委员会委员；或受聘为省级本专业学术刊物编委3年以上；或受聘为国家级学术刊物编委1年以上。

（8）作为主持人或负责人在医院创建新学科、新专业；或成功引进开展新技术、新的诊疗方法5项以上，填补省内空白，并取得较好的经济效益；或成功研制新诊疗试剂、新仪器、新器械，达到省内先进水平，并且创造了良好的社会效益和经济效益。

（9）具有博士学位，来院工作满2年者。

（10）全年门诊量、收住病人量、手术台次全院排名前3名的医生。

（三）第三层次应具备以下条件：

1. 本科以上学历，中级以上职称，年龄40岁以下，担任科主任年龄可放宽到45岁。

2. 省级、院级重点学（专）科带头人、厅领军人才、来院2年以上医学博士。

3. 近5年内工作业绩达到下列8项中的3项：

（1）近5年作为第一作者在国家级学术刊物正刊上发表本专业论文2篇；省级学术刊物正刊上发表专业论文3篇以上。

（2）作为主要完成人获厅级三等奖以上科研成果1项（国家级前7名、省级前5名，厅级前2名）。

（3）主持（前2名）完成省、部级以上科研或医疗技术攻关项目1项，并通过同级鉴定，达到国内领先、国内先进水平；或作为课题负责人完成厅级科研项目1项并通过鉴定。

（4）作为主编正式出版本专业学术专著1部，或作为副主编及以下人员在学术专著中完成6万字以上。

（5）成功引进开展新技术、新的诊疗方法3项以上，填补院内空白，并取得较好的经济效益。

（6）取得博士学位，来院工作满1年，或取得硕士学位，来院工作满3年。

（7）专业成绩突出，近5年内参加专业技能大赛，并获得厅级一等奖人员。

（8）全年门诊量、收住病人量、手术台次全院排名前3名的医生。

第六条　“345”人才的选拔程序为：个人申报、资格审查、专家评审、院长办公会议研究、全院公示等程序进行。

第三章　培养措施

第七条　医院将加大“345”人才的培养力度。进入“345”培养的人员，医院优先安排进修、参加学术会议及本专业的短期培训。

第八条　培训方式实行基本功训练与专科训练相结合、在职提高与脱产学习相结合、理论与实践相结合、请进来与走出去相结合，培训内容包括政治思想、职业道德、临床技能、专业理论和外语等。

第九条　根据医院发展和专业的要求，第一层次每年可以外出参加学习培训1次，第二层次3年内可外出参加学习培训2次，第三层次3年内可外出参加学习培训1次。经费由医院承担。

“345”人才外出参加学习、进修必须经所在科室主任同意，由医务处、人事处审核，报主管院长批准后，至人事处办理请假手续后方可进行。学习结业后必须写出书面学习体会，上交医务处存档，并在一定范围内进行汇报。

第四章　管理与考核方法

第十条　“345”人才培养实行跟踪考核、动态管理。对每位培养人选建立学术档案，定期不定期地了解其业务工作情况，并按照培养目标，每年年终对其进行复评考核，考核结果进入学术档案。

第十一条　“345”人才的考核内容分为医德医风、医疗质量、专业技术工作业绩三方面。

（一）医德医风：廉洁行医，无索要收受“红包”和回扣行为。

（二）医疗质量：无医疗差错发生。若发生三级以上医疗事故或确由医方原因造成赔偿额度累计达到10万元以上的医疗事件，直接取消其培养资格。

（三）专业技术工作业绩：

1. 第一层次培养人选每年必须引进开展新技术或新业务1项，填补院内空白；作为第一作者在国家级学术刊物正刊上发表论文2篇以上；承担省内或院内学术讲座3次以上；3年内作为课题负责人完成1项省、部级以上科研或医疗技术攻关项目，并通过同级鉴定，成果达到国内领先水平。3年内要有省级以上学术委员会副主任委员以上任职，并且每年承办省级以上继续教育项目1项以上。

2. 第二层次培养人选每年必须开展1项院内新技术或新业务；作为第一作者在国家级学术刊物正刊上发表论文2篇以上；承担院内学术讲座3次以上；取得国家级继续教育学分不少于10分。3年内主持（前2名）省级以上科研1项并完成成果鉴定或作为主编出版本专业著作1部。每年发表科普文章1篇以上。

3. 第三层次培养人选每年必须开展1项科内新技术；作为第一作者在国家级学术刊物正刊上发表论文1篇以上；承担院内学术讲座、授课5次或组织科内业务学习3次以上；取得国家级继续教育学分不少于10分。3年内主持（前2名）厅级以上科研1项并完成成果鉴定；参编出版本专业著作1部，本人撰写字数不少于6万字。每年在医院周末大讲堂开展讲座不少于2次。

第十二条　“345”人才每培养周期为三年，实行动态管理，每年进行一次考核，连续2次考核不合格者将取消其培养资格。

第十三条　“345”人才的管理和考核由医务处具体负责。

第五章　经费与待遇

第十四条　医院每年拨出专项经费用于“345”人才的培养和补助。

第十五条　医院给“345”人才每年发放岗位津贴，具体标准如下：

（一）第一层次培养人选中甘肃省领军人才、甘肃省“333”、“555”科技人才为35000元，其他人员为30000元；

（二）第二层次培养人选为20000元；

（三）第三层次培养人选为10000元。

第十六条　“345”人才的岗位津贴，根据每年年底考核结果，合格者一次性发放，不合格者不予发放。

第十七条　“345”人才外出学习、进修和考察的费用由医院承担，外出期间不影响岗位工资和绩效工资。

第十八条　为鼓励支持“345”人才大胆创新，积极引进新技术、新业务及开展科研项目，医院对“345”人才在购置新设备方面予以优先安排，并在科研课题立项上予以倾斜。

第十九条　第一层次培养对象优秀者可作为进入国家级、部级人才推荐，或作为省级领军人才和厅级领军人才的推荐人选；第二层次特别优秀者优先推荐评审厅级领军人才和进入第一层次；第三层次中特别优秀者优先推荐进入第二层次。

第六章　附则

第二十条　本办法由医务处负责解释。

第二十一条　本办法自发布之日起施行。

甘肃省中医院关于骨科专业细化实施方案的通知

中医医发〔2013〕125号

省中医药研究院，医院各处（科）室：

骨科各科室业务范围经反复论证，收集各分中心负责人意见，结合目前医院实际情况，规范各专业病种如下：

1. 脊柱骨一科：脊柱疾患的诊治。主攻颈椎疾患。不得收治关节、四肢创伤及小儿骨科的病人。

2. 脊柱骨二科：脊柱疾患的诊治。主攻腰椎疾患。不得收治关节、四肢创伤及小儿骨科的病人。

3. 脊柱骨三科：脊柱疾患的诊治。主攻胸椎疾患及脊柱侧弯的诊治。不得收治关节、四肢创伤及小儿骨科的病人。

4. 关节骨一科：关节内病变的诊治。主攻关节内病变的手术治疗。不得收治脊柱及非关节部位及小儿骨科的病人。

5. 关节骨二科：关节内病变的诊治。主攻关节镜下关节内病变的治疗及功能重建。不得收治脊柱及非关节部位及小儿骨科的病人。

6. 创伤骨一科：四肢骨折创伤的紧急救治。主攻年龄在18岁以上上肢和肩胛骨折及创伤综合征急救、诊断、治疗。不得收治脊柱及退行性骨关节病、陈旧性关节骨折及小儿骨科的病人。

7. 创伤骨二科：四肢骨折创伤的紧急救治。主攻年龄在18岁以上下肢和骨盆骨折及创伤综合征急救、诊断、治疗。不得收治脊柱及退行性骨关节病、陈旧性关节内骨折及小儿骨科的病人。

8. 小儿骨科：年龄在18岁以下儿童及青少年的创伤、先后天性畸形（如脊柱侧弯、小儿先天性髋关节发育不良、脑瘫后遗症、先天性马蹄内翻足）的治疗及康复。不得收治18岁以上各种骨病的病人。

9. 手足微创骨科：手足（腕、踝关节）部位的骨折、手足开放性损伤、四肢骨折合并血管神经损伤，开放性骨感染及骨不愈合，各类皮瓣修复四肢创面与组织缺损、断指（肢）再植、手指再造、手足功能重建，以及手足骨坏死、手足畸形、臂丛神经及其他周围神经损伤等的一期治疗及后期功能重建。不得收治脊柱及退行性骨关节病及小儿骨科的病人。

10. 急诊骨科：各种骨折、创伤及创伤综合征，骨伤急诊患者的院前急救、处置，院内的转诊分流及开放创伤的手术治疗。考核以病人的收住率和分诊的准确度为主，可以收治留观病人，不得收治脊柱、关节病变的病人，平均住院日不得大于9天。确定桡骨远端骨折为纯中医治疗病种，确实需要手术的病人需报医务处审批。

11. 整复骨科：四肢骨折的中医正骨手法治疗和脊柱的整脊治疗，开放手术病人数不得超过住院病人数的25%。主攻中医正骨手法、经皮复位的内固定技术、脊柱退行性疾患的中医手法治疗。不得从事关节置换及小儿骨科病人的手术治疗，最少确定一个病种进行纯中医药治疗。

12. 康复骨科：各种骨关节退行性疾病的中医特色治疗、功能康复，术后的康复治疗，主攻骨伤病的各种康复治疗；开放手术病人数不得超过住院病人数的25%；不得收治创伤、关节置换及小儿骨科的病人，最少确定一个病种进行纯中医药治疗。

13. 骨伤病科：定期完成骨科临床医学中心及国家重点学科指令性临床科研任务；临床路径的规范管理，病例的收集、完善、总结；指导或协助各临床科室完成临床科研任务；开放手术病人数不得超过住院病人数的25%；不得从事关节及小儿骨科病人的手术治疗，最少确定一个病种进行纯中医药治疗。

14. 风湿骨病科：充分发挥中医优势，重点收住类风湿性关节炎、强直性脊柱炎、痛风性关节炎；对关节功能障碍性疾病的诊治水平要不断提高，并在治疗水平和科研水平上有中医特色。

15. 骨肿瘤科：各年龄段的四肢、脊柱及关节部位的骨与软组织肿瘤、骨病的诊治。包括骨与关节结核、骨髓炎、骨质疏松症等。主攻病种为骨与软组织肿瘤和骨髓炎、骨质疏松、骨与关节结核。不得收治创伤的病人，不得从事非肿瘤病人的关节置换及脊柱退行性病变的手术治疗。

16. 脊柱微创骨科：脊柱疾患的诊治。主攻颈胸腰椎的微创技术的治疗（椎间孔技术、椎体成形术、MED椎间盘镜及椎间盘的激光技术、微创设备引导下的椎间融合术）。不得收治关节、四肢创伤及小儿骨科的病人。

骨科专业细化的补充政策说明：

1. 不按病种收治患者，发生医疗纠纷后，科室全部承担。

2. 不按病种收治患者，规定病种外全部收入归医院所有。

3. 推行副高以下人员不定科转科制度。

4. 内固定取出术可由原手术科室取出。

5. 各临床科室开展的中医特色诊疗设备的投入，医院给予扶持政策。

6. 急诊骨科、小儿骨科、康复骨科、整复骨科、骨伤病科绩效提高5%。

7. 麻醉手术科严格执行医院临床科室的专业细化，违规执行者，承担相关科室的相同责任。

此方案于2013年9月1日起执行，此前的骨科专业细化方案停止，医务处将逐年优化方案，实行动态管理。

二〇一三年九月三十日

（整理　张景华）

医疗业务和医院发展数据统计

2011—2013年医院主要医疗指标统计表

项目	2011年	2012年	2013年
门诊挂号人次	296767	329038	363383
门诊诊疗人次	411339	462473	536486
门诊检验人次	61780	66883	73565
住院检验人次	81097	108169	148454
超声检查人次	30198	39450	51318
病理检查人次	5737	6874	8381
磁共振检查人次	8992	11744	13470
CT检查人次	12681	14237	17365
拍片检查人次	82384	86945	112423
入院人次	20232	24470	31868
手术台次	7170	8683	9266
平均开放床位	807	888	1113
实际占用床位	876	960	1149
床位周转次数	25.1	27.6	28.2
床位使用率(%)	108.5	107.9	103.2
平均住院日	15.7	14.2	13.4

续表

项目	2011年	2012年	2013年
治愈率(%)	45.7	41.5	37.4
好转率(%)	51.5	55.7	59.8
死亡率(%)	0.3	0.3	0.3
抢救成功率(%)	70.2	56.1	51.4
西医诊断符合率(%)	100	100	100
中医诊断符合率(%)	100	100	100
辨证论治优良率(%)	100	100	100
甲级病历率(%)	100	100	100

2011年临床科室医疗指标统计表

科室	门诊情况		住院部床位使用情况						
	门诊人次	日均人数	入院人数	平均住院日	平均开放床位	实际占用床位	床位周转次数	床位使用率(%)	平均床位工作日(天)
肛肠科	4471	19	1002	10	30	27	33.1	92.9	328
妇科	11632	49	269	9	5	7	53.4	140.6	540
脊柱骨一科	5672	24	997	16	38	43	26.1	112.3	410
创伤骨一科	8315	35	772	14	33	32	23.6	97.8	366
整复骨科	5568	23	572	14	20	23	28.3	115	420
脊柱骨二科	5714	24	786	15	35	37	26.7	111.4	391
运动创伤骨科	2718	11	379	15	15	16	24.8	106.6	389
创伤骨二科	4488	19	816	17	38	37	21.8	96.9	354
康复骨科	1827	8	453	15	15	19	29.9	125.2	457
儿科	12130	51	452	7	8	9	56.7	118	431
手足微创骨科	6796	29	870	17	45	45	19.4	99.5	363
肾病科	8086	34	468	24	26	32	18.1	121.2	443
脾胃病科	22035	93	1045	15	40	43	35.1	106.7	390
心病科	5319	22	1309	13	47	48	28.1	101.2	369
外一科	3345	14	605	13	25	20	24	79.9	292
外二科	1811	8	278	16	16	13	17.2	78.9	288
外三科	3206	13	345	17	16	16	21.1	101.9	362
小儿骨科	5481	23	693	15	30	28	23.1	94.6	345
脊柱骨三科	7198	30	928	15	35	37	26.7	111.1	391
关节骨科	9233	39	1044	16	48	47	21.9	97.1	355
骨研所	174		61	12	15	17	2.4	113.8	35
肿瘤及血管介入科	3533	15	391	13	12	14	32.8	116.4	424
老年病科	3398	14	441	15	15	19	29.6	96.8	204
眼科	4035	17	471	9	14	11	34	80.9	294
耳鼻喉科	5528	23	73	13	5	7	13.6	132.1	161
口腔颌面外科	3401	14	19	12	5	6	2.2	116.8	36
脑病科	12236	14	1301	24	64	86	20.6	134.2	490
针灸科	7900	33	1096	21	40	63	27.5	157.3	574

续表

科室	门诊情况		住院部床位使用情况						
	门诊人次	日均人数	入院人数	平均住院日	平均开放床位	实际占用床位	床位周转次数	床位使用率(%)	平均床位工作日(天)
消渴病科	5702	24	669	17	25	22	26.7	131	455
肺病科	4493	19	426	15	15	18	28.1	119.3	435
风湿骨病科	5586	23	972	17	39	43	24.7	109.4	404
急诊骨科	12784	36	229	12	7	8	31.4	121	443
麻醉科	247	—	—	—	—	—	—	—	—
名医工作室	14596	—	—	—	—	—	—	—	—
急诊科	31370	—	—	—	—	—	—	—	—
疼痛科	866	—	—	—	—	—	—	—	—
血液净化中心	1057	—	—	—	—	—	—	—	—
心理咨询	514	—	—	—	—	—	—	—	—
省委门诊部	954	—	—	—	—	—	—	—	—
城关门诊部	1038	—	—	—	—	—	—	—	—
退休专家	16009	—	—	—	—	—	—	—	—
皮肤疮疡科	22079	—	—	—	—	—	—	—	—
其他	3438	—	—	—	—	—	—	—	—
全院	296767		20232	15.7	807	876	25.1	108.5	396

2011年医技科室工作量统计表

检验科(人次)	门诊	临检	生化	免疫	发光	细菌	血流变		
	61780	81097	42930	18977	7289	2439	735		
超声心电检查科(人次)	超声检查	心电图	动态心电	动态血压	胃镜	肠镜	病理科(例)	细胞病理	病理标本
	30198	21887	632	74	2718	828		2744	2993
放射影像科(人项次)	拍片	胃肠	透视	特造	CT	核磁		扫描	
	82384	279	1747	206	12681	8992		758	
药学部(调剂处方)	草药房(张)	成药房(张)	门西药房(张)	住西药房(张)	煎药室(剂)		输血科(人次)	血交配	血型
	181303	290996	104390	337434	92814			6535	8355

2012年度临床科室医疗指标统计表

科室	门诊情况		住院部床位使用情况						
	门诊人次	日均人数	入院人数	平均住院日	平均开放床位	实际占用床位	床位周转次数	床位使用率(%)	平均床位工作日(天)
肛肠科	4177	12	1115	9.9	32	31	35.1	95.5	350
妇科	12250	36	339	10.4	6	10	55.7	160.12	586
脊柱骨一科	6799	20	1119	13.7	40	43	28.2	107.5	390
创伤骨一科	8228	24	815	14	35	35	23.4	99.6	365

续表

科室	门诊情况		住院部床位使用情况						
	门诊人次	日均人数	入院人数	平均住院日	平均开放床位	实际占用床位	床位周转次数	床位使用率(%)	平均床位工作日(天)
整复骨科	4415	13	681	13.3	21	26	32.4	124.47	448
脊柱骨二科	7338	22	827	16.9	38	38	21.9	98.2	363
关节骨二科	4090	12	413	14.8	16	16	26.1	101.9	365
创伤骨二科	5173	15	922	14	38	36	24.5	93.5	345
康复骨科	3209	57	469	13.9	16	18	29.2	114.9	412
儿科	12768	38	487	6.4	9	9	53.7	101.9	359
手足微创骨科	7780	23	1000	16.1	47	48	21.2	102.2	371
肾病科	9153	27	844	18.4	31	43	27.1	137.34	508
脾胃病科	15847	47	1207	13.5	42	43	28.7	102.3	371
心血管病科	5612	16	1078	12.1	35	36	30.9	102.6	372
外四科	266	—	307	13.9	15	12	19.7	76.7	280
外一科	3353	10	732	10.9	25	20	29.5	81.4	298
外二科	1599	4	332	14.3	16	12	21.2	77.1	282
外三科	2363	7	354	16	16	16	22.5	101.5	371
小儿骨科	5117	15	710	13.1	30	25	24	84.5	309
脊柱骨三科	7190	21	959	15.3	36	40	26.9	113	410
关节骨一科	9630	28	885	15.3	35	38	25.5	109.5	401
骨伤病科	4533	13.5	483	12.8	15	17	32	114.4	419
肿瘤及血管病介入科	4349	13	453	11.5	13	14	34.5	110.8	406
老年病科	3934	11	1174	12.5	46	41	25.5	88.6	322
眼科	4903	14	472	7.8	15	10	31.5	64.4	236
耳鼻喉科	6137	18	220	10.3	5	6	44	117.6	430
口腔颌面外科	3377	10	127	12	5	4	26.8	82.3	301
脑病科	9903	29	1586	19.9	73	86	21.8	117.7	429
针灸科	6851	20	1435	19.9	43	74	32.7	172.3	631
内分泌科	6358	19	802	15.4	26	35	31	133.8	496
肺病科	5261	15	486	15.9	17	21	28.6	125.6	451
风湿骨病科	7199	21	1237	13.1	42	44	29.6	106.1	385
急诊骨科	14825	44	295	12.6	8	11	36.8	138.1	5.06
皮肤疮疡科	23417	—	—	—	—	—	—	—	—
退休专家	16575	—	—	—	—	—	—	—	—
急诊科	35581	—	—	—	—	—	—	—	—
名医工作室	15571	—	—	—	—	—	—	—	—
疼痛门诊	784	—	—	—	—	—	—	—	—
心理咨询	664	—	—	—	—	—	—	—	—
血液净化中心	1580	—	—	—	—	—	—	—	—
省委门诊部	8973	—	—	—	—	—	—	—	—
城关门诊部	6546	—	—	—	—	—	—	—	—
其他	1948	—	—	—	—	—	—	—	—
全院	329038	—	24470	14.2	888	960	27.6	107.9	394

2012年医技科室工作量统计表

检验科（人次）	门诊	临检	生化	免疫	发光	细菌	血流变	输血科（人次）	血交配	血型
	66883	108169	58445	21789	10422	2716	1378		4267	4038
超声心电检查科（人次）	超声检查		心电图	动态心电	动态血压	胃镜	肠镜			
	39450		28416	890	128	3020	1114			
放射影像科（人项次）	拍片	胃肠	透视	特造	CT	核磁	扫描			
	86945	297	2311	293	14237	11744	766			
药学部（调剂处方）	草药房（张）	成药房（张）	门西药房（张）	住西药房（张）	煎药室（剂）	病理科（例）	细胞病理		病理标本	
	1964341	396440	139180	432743	93329		3562		3312	

2013年临床科室医疗指标统计表

科室	门诊情况		住院部床位使用情况						
	门诊人次	日均人次	入院人数	平均住院日	平均开放床位	实际占用床位	床位周转次数	床位使用率(%)	平均床位工作日（天）
痹病（风湿骨病）科	7541	22	1669	11.6	54	53	30.4	98.6	359
脾胃病一科	19686	59	1142	11.9	37	35	31	95.6	94.3
外一科（普外）	3406	10	899	10.2	28	24	31.8	84.3	310
急诊骨科	13139	39	521	12.9	12	18	42.5	152	546
外二科（泌尿）	1672	5	369	14.4	16	152	22.2	93.9	343
脾胃病二科	19686	59	615	11.1	19	18	30.9	97.2	347
妇科	13835	41	628	10.3	16	18	38.4	111	408
耳鼻喉科	6898	20	361	9.8	9	9	39.4	102.1	365
内分泌科	7663	23	1134	14.5	35	42	31.8	117.2	433
肺病科	6085	18	779	13.7	32	28	23.8	87.4	316
肿瘤科、血液病科	5761	17	383	15.1	22	16	16.2	71.3	257
外五科（肿瘤外科）	224	0.7	80	8.6	3	2	23.7	74	227
皮肤疮疡科	25422	76	147	13.9	5	5	27	94.2	115
疼痛科	820	2	49	9.4	3	1	15	41.4	135
肛肠科	4585	14	1246	9.7	39	31	31.8	80.9	293
脊柱骨一科	8013	24	1354	11.3	43	42	31.2	97.5	85.8
脊柱骨二科	7156	21	1067	13.7	37	38	28.2	101.1	373
脊柱微创骨科	2323	7	316	14	8	11	36.8	125.9	482
创伤骨二科	4099	12	937	13.4	38	36	24.5	93.1	344
骨伤病科	6342	19	584	12.4	18	20	32.4	114.5	407
手足微创骨科	7351	22	1118	15	44	45	25.3	102.4	375
外三科（神经）	1951	6	360	14.1	17	15	20.9	89.6	372
儿内科	10973	33	479	6.9	11	9	43.7	81.4	299
儿骨科	5860	17	813	10.7	29	24	28	84.1	307
创伤骨一科	8753	26	898	13.6	36	35	24.8	96.5	353

续表

科室	门诊情况		住院部床位使用情况						
	门诊人次	日均人次	入院人数	平均住院日	平均开放床位	实际占用床位	床位周转次数	床位使用率(%)	平均床位工作日(天)
外周血管介入科	174	0.5	369	11	13	11	28.9	88.8	318
心血管病科	5377	16	1076	11.8	35	35	30.3	98.9	361
外四科(心胸)	239	0.7	306	13.9	18	12	17.1	68.4	244
康复骨科	4002	12	643	14.3	23	23	27.3	101.1	372
整复骨科	5041	15	874	13	26	30	32.9	118	428
脊柱骨三科	7231	21	1117	14.7	39	44	27.9	112.8	411
骨肿瘤科	1405	4	267	14.4	10	10	24.2	103.2	380
关节骨一科	9635	29	1079	14.4	38	44	27.7	117.6	435
关节骨二科	5799	17	557	13	18	19	30.7	106.7	395
眼科	5243	16	521	8.3	15	11	34.5	71.3	260
口腔颌面外科	3557	11	156	11.2	8	4	19.5	57.9	202
老年病科	4749	14	1332	12.2	47	45	27.8	95.6	349
脑病科	10651	32	1689	19.1	90	90	18.7	100	365
针灸一科	6501	27	1594	18.9	49	80	32.5	163.5	597
针灸二科	—	—	978	17.9	18	32	34.8	181.2	646
康复科	92	—	188	17.8	11	9	15.3	86.2	318
肾病科	10253	30	1109	16.4	46	49	24.1	107.3	393
名医工作室	16485	—	—	—	—	—	—	—	—
退休专家诊室	16526	—	—	—	—	—	—	—	—
血液净化中心	837	—	—	—	—	—	—	—	—
重症医学科	2167	—	—	—	—	—	—	—	—
心理咨询门诊	574	—	—	—	—	—	—	—	—
城关门诊部	6046	—	—	—	—	—	—	—	—
省委门诊部	8487	—	—	—	—	—	—	—	—
慢病门诊	1074	—	—	—	—	—	—	—	—
综合门诊	2056	—	—	—	—	—	—	—	—
其他	513	—	—	—	—	—	—	—	—
全院	363383	—	31868	13.4	1113	1149	28.2	103.2	377

2013年医技科室工作量统计表

检验科(人次)	门诊	临检	生化	免疫	发光	细菌	血流变	
	73565	148454	75764	28451	16234	3965	1799	
超声医学影像科(人次)	超声检查		心电图	动态心电	动态血压	病理科(例)	细胞病理	病理标本
	51318		38218	1237	166		3977	4404
放射影像科(人项次)	拍片	胃肠	透视	特造	CT	核磁	扫描	
	112423	290	2541	295	17365	13470	970	
药学部(调剂处方)	草药房(张)	成药房(张)	门西药房(张)	住西药房(张)	煎药室(剂)	输血科(人次)	血交配	血型
	662444	542853	296318	527273	1845750		3023	4960

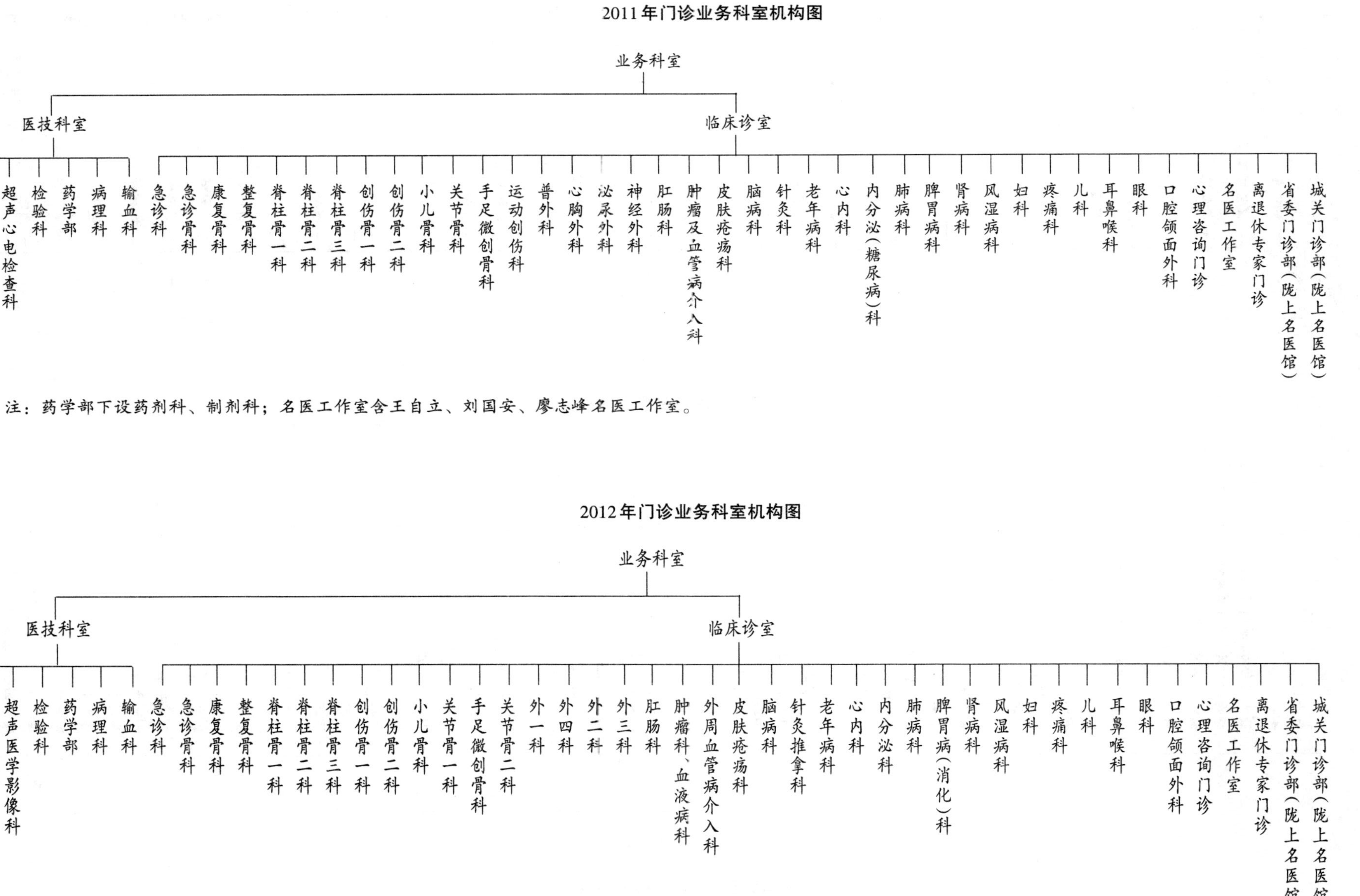

注：药学部下设药剂科、制剂科；名医工作室含王自立、刘国安、廖志峰名医工作室

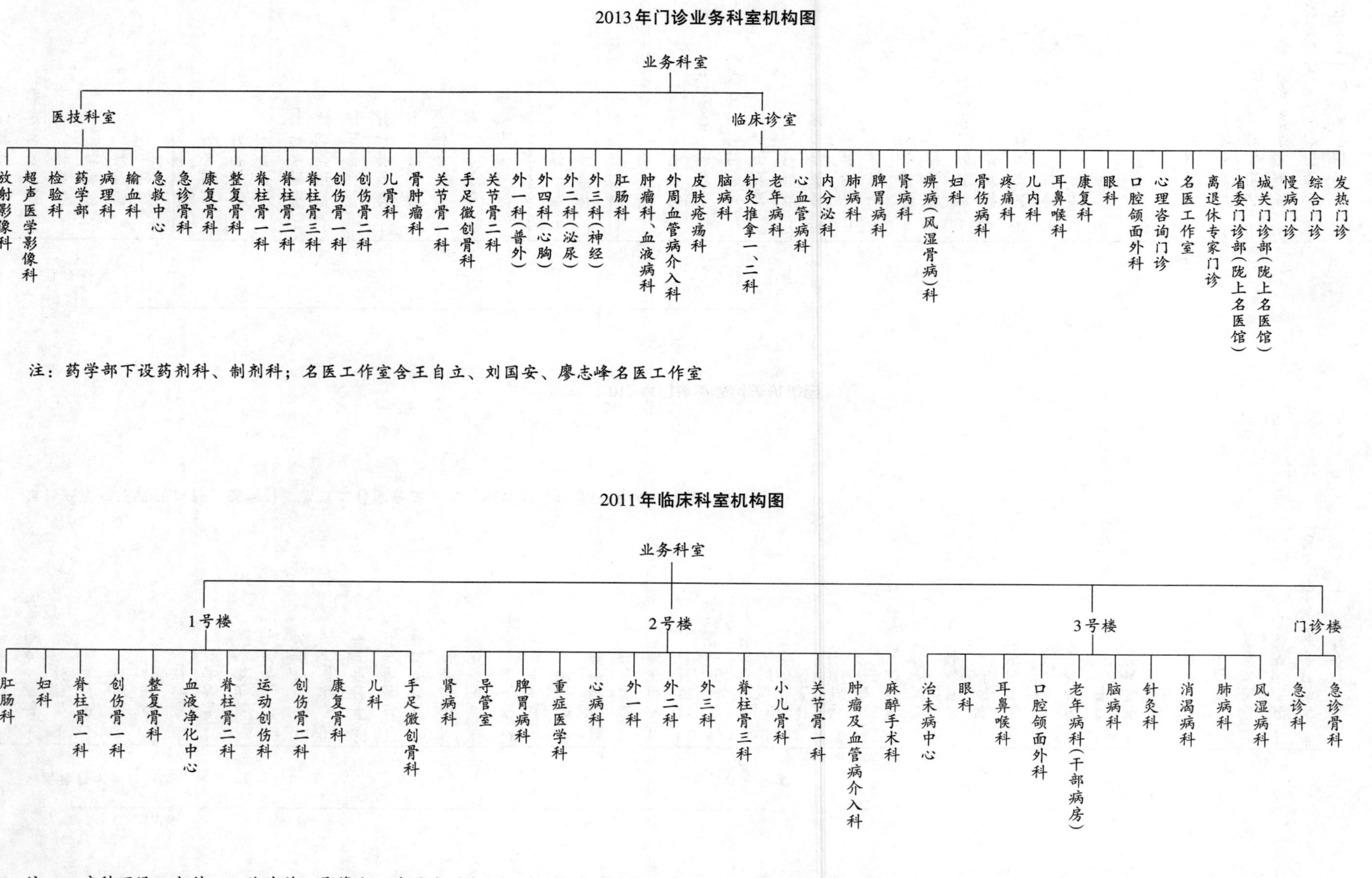

注：药学部下设药剂科、制剂科；名医工作室含王自立、刘国安、廖志峰名医工作室

注：心病科下设心内科、心胸外科、导管室。脾胃病（消化）科下设内窥镜诊疗中心。2011年底实际开放床位845张。

2012年临床科室机构图

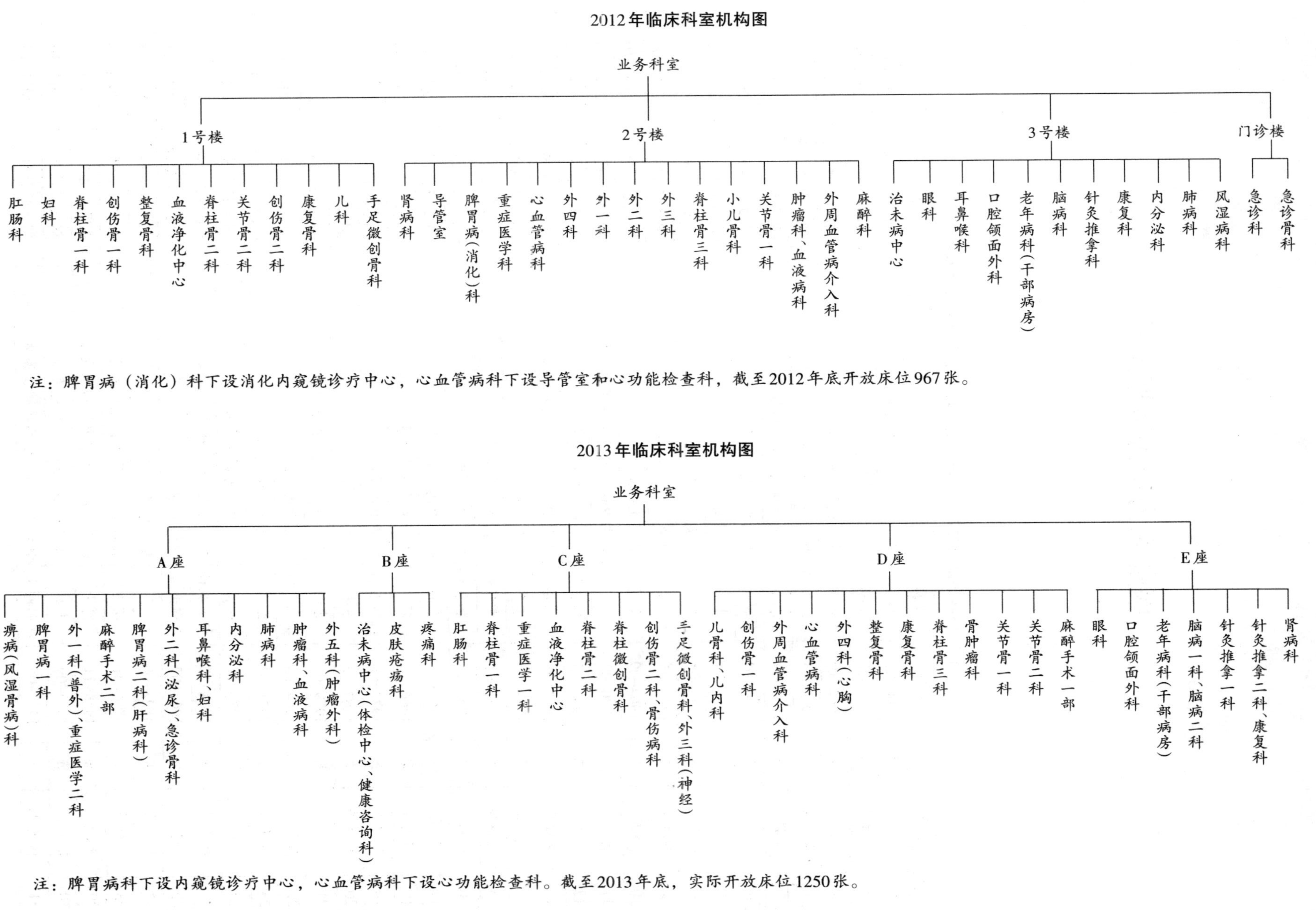

注：脾胃病（消化）科下设消化内窥镜诊疗中心，心血管病科下设导管室和心功能检查科，截至2012年底开放床位967张。

2013年临床科室机构图

注：脾胃病科下设内窥镜诊疗中心，心血管病科下设心功能检查科。截至2013年底，实际开放床位1250张。

医院人力资源数据统计

2011-2013年医院及甘肃省中医药研究院副高级职称人员名录

序号	姓名	性别	出生年月	学历	毕业学校	职称	任职时间
1	胡永寿	男	1966-07	在职本科	西安交通大学(自考)	副主任医师	2011-02
2	史建平	男	1970-02	本科	兰州医学院预防医学	副主任技师	2011-03
3	郑慧	女	1964-10	在职本科	中央党校(函授)	副研究馆员	2011-05
4	张晓岚	女	1971-03	在职本科	甘肃中医学院	副主任护师	2011-05
5	吴圃萍	女	1963-09	在职本科	西安交通大学(网络教育)	副主任护师	2011-05
6	王艳琴	女	1968-05	在职大学	兰州医学院(成教)	副主任医师	2011-05
7	王江红	女	1968-04	本科	兰州商学院	高级会计师	2011-05
8	杨灵歌	女	1975-04	在职大学	中央广播电视大学	高级经济师	2011-05
9	刘叶荣	女	1972-05	在职大学	甘肃中医学院(成教)	副主任护师	2011-05
10	李玲	女	1964-09	本科	兰州医学院	副主任医师	2011-05
11	袁仁智	男	1970-02	博士	南京中医药大学中医医史文献	副研究员	2011-05
12	张绍文	男	1968-08	硕士	兰州医学院骨外科学	副主任医师	2011-05
13	李红专	男	1973-01	硕士	甘肃中医学院中医骨伤专业	副主任医师	2011-05
14	张磊	男	1974-07	本科	西北民族学院	副主任医师	2011-05
15	孔令俊	男	1972-01	本科	北京中医药大学	副主任医师	2011-05
16	吴润卿	女	1962-12	在职本科	甘肃中医学院	副主任护师	2011-05
17	张慧	女	1965-12	本科	甘肃中医学院中医专业	副主任医师	2011-05
18	刘志军	男	1966-10	硕士	泸州医学院神经病学专业	副主任医师	2011-05
19	金钰钧	男	1972-08	在职本科	甘肃中医学院	副主任医师	2011-05
20	赵江涛	女	1969-03	本科	青海医学院	副主任医师	2011-05
21	邢涛	男	1979-06	本科	甘肃中医学院中医医疗专业	副主任医师	2011-05
22	陈耀章	男	1964-08	在职本科	甘肃中医学院(成教)	副主任药师	2011-05
23	顾秀琰	女	1971-03	在职本科	甘肃中医学院(成教)	副主任中药师	2011-05
24	王闻奇	男	1970-12	硕士	兰州大学外科学专业	副主任医师	2011-05
25	赵小英	女	1964-10	在职本科	西安交大(成人自考)	副主任检验师	2011-05
26	贯福苏	男	1964-07	在职大专	兰州大学(夜大)	副主任检验师	2011-05
27	赵俊喜	男	1973-09	本科	甘肃中医学院	副主任医师	2011-05
28	柳树英	女	1969-10	硕士	甘肃中医学院中医儿科专业	副主任医师	2011-05
29	王晓萍	女	1978-11	博士	广州中医药大学中医临床基础	副主任医师	2011-10
30	张天太	男	1969-09	本科	甘肃中医学院中医医疗专业	副主任医师	2011-10
31	杨阿妮	女	1977-05	在职硕士	甘肃中医学院中西医结合临床	副主任医师	2011-10

续表

序号	姓名	性别	出生年月	学历	毕业学校	职称	任职时间
32	罗文蓉	女	1972-10	本科	甘肃中医学院中药专业	副主任中药师	2011-10
33	杨丽霞	女	1979-01	博士	北京中医药大学中医内科专业	副主任医师	2011-10
34	冯玉香	女	1967-01	在职本科	甘肃中医学院(成教)	副主任护师	2012-06
35	刘廷梦	男	1974-05	本科	兰州商学院	高级会计师	2012-06
36	甄熙奎	男	1976-01	本科	兰州医学院临床医疗专业	副主任医师	2012-06
37	王磊	女	1973-07	在职硕士	兰州大学中西医结合临床	副主任医师	2012-06
38	柳直	男	1971-07	本科	甘肃中医学院中医医疗专业	副主任医师	2012-06
39	温剑涛	男	1971-07	本科	兰州医学院临床医疗专业	副主任医师	2012-06
40	柴守范	男	1982-05	博士	南京中医药大学中医临床基础	副主任医师	2012-06
41	马国珍	男	1975-08	博士	上海中医药大学中医外科学	副主任医师	2012-06
42	梁治学	男	1970-10	博士	上海中医药大学中医基础理论	副主任医师	2012-06
43	申建军	男	1973-11	本科	甘肃中医学院中医医疗专业	副主任医师	2012-06
44	杨佳华	女	1958-08	本科	河南中医学院	副主任医师	2012-06
45	陈志龙	男	1972-10	在职本科	甘肃中医学院(成教)	副主任医师	2012-06
46	陈杰	男	1971-09	在职本科	甘肃中医学院	副主任医师	2012-06
47	师宁宁	男	1970-07	博士	上海中医药大学针灸推拿学	副主任医师	2012-06
48	李建省	男	1976-02	博士	上海中医药大学中医基础理论	副主任医师	2012-06
49	陈弘	男	1968-04	硕士	兰州大学中西医结合临床专业	副主任医师	2012-06
50	肖正国	男	1966-03	在职本科	甘肃中医学院(成教)中药学	副主任药师	2012-06
51	古秋莉	女	1964-07	在职本科	兰州大学(自考)	副主任药师	2012-06
52	乔莉	女	1976-08	在职硕士	兰州大学生药学专业	副主任中药师	2013-08
53	贾文芳	女	1964-11	在职本科	西安交通大学(网络教育)护理学	副主任护师	2013-08
54	张丽平	女	1971-02	在职本科	甘肃中医学院	副主任护师	2013-08
55	石瑞芳	女	1977-04	在职本科	甘肃中医学院	副主任护师	2013-08
56	陈春丽	女	1964-09	在职本科	西北师范大学(夜大)政治管理	主任编辑	2013-08
57	刘莉莉	女	1975-05	在职本科	石油大学(华东)电子信息工程	高级工程师	2013-08
58	高雪华	女	1976-12	在职本科	甘肃中医学院	副主任护师	2013-08
59	张雪霞	女	1971-09	在职本科	甘肃中医学院(成教)	副主任护师	2013-08
60	郑倩君	女	1965-12	在职本科	西安交通大学(网络教育)护理学	副主任护师	2013-08
61	高天虹	女	1963-02	在职本科	西安交通大学(网络教育)护理学	副主任护师	2013-08
62	李晓娟	女	1971-10	在职本科	兰州医学院(成教)	副主任护师	2013-08
63	王爱华	女	1977-05	本科	甘肃中医学院中医医疗专业	副主任医师	2013-08
64	朱晓铭	男	1965-04	本科	兰州医学院临床医疗专业	副主任医师	2013-08
65	魏国俊	男	1976-10	在职硕士	甘肃中医学院中医学	副主任医师	2013-08
66	陈玉庆	女	1969-12	在职硕士	日本杏林大学保健学专业	副主任医师	2013-08
67	金海浩	男	1972-07	博士	南京中医药大学方剂学专业	副主任医师	2013-08
68	高晓东	男	1971-02	博士	兰州大学外科学专业	副主任医师	2013-08
69	张文贤	男	1974-03	硕士	甘肃中医学院中医骨伤专业	副主任医师	2013-08
70	吕江宏	女	1964-08	在职本科	西安交通大学(网络教育)	副主任护师	2013-08
71	焦正花	女	1969-12	在职大专	沈阳药科大学(函授)	副主任药师	2013-08
72	王红丽	女	1978-11	在职硕士	兰州大学(药剂学)	副主任中药师	2013-08
73	吕洲杰	男	1967-09	在职本科	甘肃中医学院(成教)	副主任药师	2013-08

续表

序号	姓名	性别	出生年月	学历	毕业学校	职称	任职时间
74	唐治	男	1974-05	本科	兰州医学院临床医疗专业	副主任医师	2013-08
75	孔文祯	男	1955-02	中专	定西卫校	副主任检验师	2013-08
76	乔登嫣	女	1973-04	在职本科	西安交通大学(成教)	副主任检验师	2013-08
77	刘媛	女	1974-05	在职本科	兰州医学院(成教)	副主任检验师	2013-08
78	王晓晖	女	1970-01	硕士	兰州大学内分泌专业	副主任医师	2013-08
79	程涛	男	1971-08	本科	甘肃中医学院	副主任医师	2013-08
80	甘德成	男	1971-12	在职研究生	中共甘肃省委党校	副主任医师	2013-12
81	于春梅	女	1969-03	在职本科	甘肃中医学院中西医临床医学(成教)	副主任医师	2013-12

2011—2013医院人员增加一览表

姓名	性别	参加工作时间	进院时间	原单位或毕业学校	备注
陈春丽	女	1983-11	2011-02	甘肃省健康教育所	调入
李玲	女	1989-07	2011-02	甘肃省卫生厅卫生监督所	调入
宋良春	男	1992-08	2011-02	甘肃省人民医院	调入
陆红梅	女	1994-07	2011-02	甘肃省人民医院	调入
桂歆	女	2011-03	2011-03	兰州商学院	分配
刘强	男	1998-12	2011-04	63610部队后勤处	军转
刘莉莉	女	1997-07	2011-04	吐哈油田分公司	调入
郑访江	男	2007-07	2011-05	甘肃省健康教育所	调入
谢又生	男	1989-07	2011-08	靖远县委	调入
戴刚	男	1975-09	2011-10	第三军医大学西南医院	聘用
邱连利	男	1984-08	2011-11	甘肃省中医学校	调入
胡永寿	男	1988-08	2011-12	华亭县医院	调入
孙凤平	男	2011-12	2011-12	成都中医药大学	公开招聘
刘清君	男	2011-12	2011-12	天津中医药大学	公开招聘
郑君	女	2011-12	2011-12	成都中医药大学	公开招聘
钞建峰	男	2011-12	2011-12	成都中医药大学	公开招聘
金海浩	男	2006-07	2011-12	南京中医药大学	公开招聘
梁治学	男	1991-07	2011-12	上海中医药大学	公开招聘
马国珍	男	1994-07	2011-12	上海中医药大学	公开招聘
师宁宁	男	1991-08	2011-12	上海中医药大学	公开招聘
徐彦龙	男	2011-12	2011-12	天津中医药大学	公开招聘
黄聪琳	女	2011-12	2011-12	兰州大学	公开招聘
刘雪君	女	2011-12	2011-12	甘肃中医学院	公开招聘
苏小军	男	2011-12	2011-12	兰州大学	公开招聘
蔡玉亮	女	2011-12	2011-12	青海大学	公开招聘
郭树明	男	2011-12	2011-12	江西中医学院	公开招聘
周剑	男	2002-08	2011-12	兰州大学	公开招聘
刘怡	男	2004-11	2011-12	兰州大学	公开招聘
巨生贵	男	2011-12	2011-12	甘肃中医学院	公开招聘
张云	女	2011-12	2011-12	甘肃中医学院	公开招聘
苗海东	男	2011-12	2011-12	陕西中医学院	公开招聘

续表

姓名	性别	参加工作时间	进院时间	原单位或毕业学校	备注
周兆玲	女	2011-12	2011-12	甘肃中医学院	公开招聘
马斌祥	男	2011-12	2011-12	成都中医药大学	公开招聘
陈文	男	2011-12	2011-12	甘肃中医学院	公开招聘
张爽	男	2011-12	2011-12	广西中医学院	公开招聘
李金鹏	男	2011-12	2011-12	天津中医药大学	公开招聘
李森	男	2011-12	2011-12	湖南中医药大学	公开招聘
许伟	男	2011-12	2011-12	甘肃中医学院	公开招聘
柴喜平	男	2004-12	2011-12	甘肃中医学院	公开招聘
马富海	男	2011-12	2011-12	东南大学医学院	公开招聘
唐兆鹏	男	2001-03	2011-12	大连大学	公开招聘
李亮(外科)	男	2011-12	2011-12	甘肃中医学院	公开招聘
张进良	男	2011-12	2011-12	青海大学医学院	公开招聘
卫明	男	2011-12	2011-12	大连医科大学	公开招聘
杨臣礼	男	2011-12	2011-12	兰州大学	公开招聘
张青叶	女	2011-12	2011-12	成都中医药大学	公开招聘
齐银辉	女	2011-12	2011-12	成都中医药大学	公开招聘
马海冰	男	2011-12	2011-12	兰州大学	公开招聘
屈红	女	2011-12	2011-12	成都中医药大学	公开招聘
刘佳	女	2011-12	2011-12	甘肃中医学院	公开招聘
周维维	女	2011-12	2011-12	甘肃中医学院	公开招聘
张宏涛	男	2005-12	2011-12	甘肃中医学院	公开招聘
张明星	男	1996-08	2011-12	新疆医科大学	公开招聘
王华	男	2011-12	2011-12	苏州大学	公开招聘
查成喜	男	2011-12	2011-12	兰州大学	公开招聘
左文涛	男	2011-12	2011-12	西北师范大学	公开招聘
王宝才	男	2011-12	2011-12	成都中医药大学	公开招聘
包强	男	2011-12	2011-12	浙江中医药大学	公开招聘
毕映燕	女	2011-12	2011-12	兰州大学	公开招聘
宋薇	女	2011-12	2011-12	甘肃中医学院	公开招聘
蒋晓磊	女	2011-12	2011-12	四川抗菌素工业研究所	公开招聘
杨邵华	男	2011-12	2011-12	西北师范大学	公开招聘
赵多明	男	2011-12	2011-12	兰州大学	公开招聘
王晓怀	男	2011-12	2011-12	兰州大学	公开招聘
扈小健	男	2006-01	2011-12	长春中医药大学	公开招聘
赵晓丽	女	2011-12	2011-12	南京中医药大学	公开招聘
可易弘	女	2011-12	2011-12	山西医科大学	公开招聘
孔维维	女	2011-12	2011-12	西北民族大学	公开招聘
李菊兰	女	2011-12	2011-12	甘肃中医学院	公开招聘
郭妍莉	女	2011-12	2011-12	甘肃中医学院	公开招聘
乔娇	女	2011-12	2011-12	昆明医学院	公开招聘
郭婕	女	2011-12	2011-12	江南大学	公开招聘
白淑然	女	2011-12	2011-12	西北师范大学	公开招聘
牛永祝	女	2011-12	2011-12	青岛大学	公开招聘

续表

姓名	性别	参加工作时间	进院时间	原单位或毕业学校	备注
安莹洁	女	2011-12	2011-12	中国传媒大学	公开招聘
马妍妍	女	2011-12	2011-12	兰州大学	公开招聘
马永鹏	女	2011-12	2011-12	西北师范大学	公开招聘
周伟	男	2011-12	2011-12	华中师范大学	公开招聘
阳嵘莎	女	2011-12	2011-12	西北师范大学	公开招聘
王晓燕	女	2011-12	2011-12	西北师范大学	公开招聘
李晗	女	2011-12	2011-12	兰州大学	公开招聘
许琳	女	2011-12	2011-12	兰州商学院	公开招聘
张晶晶	女	2011-12	2011-12	兰州理工大学	公开招聘
郝晓雨	女	2011-12	2011-12	兰州大学	公开招聘
吴俪昊	男	2011-12	2011-12	兰州交通大学	公开招聘
陈其葳	男	2011-12	2011-12	兰州理工大学	公开招聘
徐秀梅	女	2008-07	2012-01	天津中医药大学	公开招聘
吴红艳	女	1988-07	2012-06	甘肃中医学院附属医院	调入
史建平	男	1994-11	2012-10	甘肃省红十字血液中心	调入
张曼	女	2012-11	2012-11	天津中医药大学	公开招聘
申小惠	女	2012-11	2012-11	上海中医药大学	公开招聘
巩婷	女	2012-11	2012-11	天津中医药大学	公开招聘
于妍	女	2012-11	2012-11	北京中医药大学	公开招聘
李向军	男	2012-12	2012-12	甘肃中医学院	公开招聘
赵爱玲	女	2012-12	2012-12	甘肃中医学院	公开招聘
张丽丽	女	2012-12	2012-12	甘肃中医学院	公开招聘
金芳梅	女	2012-12	2012-12	甘肃中医学院	公开招聘
邓校征	女	2012-12	2012-12	湖南中医药大学	公开招聘
刘顺庆	男	2012-12	2012-12	上海中医药大学	公开招聘
裴文丽	女	2012-12	2012-12	浙江中医药大学	公开招聘
李中锋	男	2012-12	2012-12	兰州大学	公开招聘
张可兰	女	2012-12	2012-12	甘肃中医学院	公开招聘
刘芳	女	2012-12	2012-12	甘肃中医学院	公开招聘
窦莉莉	女	2012-12	2012-12	甘肃中医学院	公开招聘
陈有应	男	2012-12	2012-12	兰州大学	公开招聘
袁凌伟	男	2012-12	2012-12	兰州大学	公开招聘
范有福	男	2012-12	2012-12	山东中医药大学	公开招聘
李兴国	男	2004-07	2012-12	甘肃中医学院	公开招聘
齐兵献	男	2012-12	2012-12	甘肃中医学院	公开招聘
吕汐妍	女	2012-12	2012-12	成都中医药大学	公开招聘
徐世红	男	2012-12	2012-12	甘肃中医学院	公开招聘
郑恒恒	男	2006-03	2012-12	甘肃中医学院	公开招聘
齐亚娟	女	2012-12	2012-12	河南中医学院	公开招聘
赵弼洲	男	2012-12	2012-12	兰州大学	公开招聘
田佳灵	女	2012-12	2012-12	兰州大学	公开招聘

续表

姓名	性别	参加工作时间	进院时间	原单位或毕业学校	备注
窦娇莹	女	2012-12	2012-12	宁夏医科大学	公开招聘
孟祥云	女	2012-12	2012-12	安徽农业大学	公开招聘
潘从泽	男	2012-12	2012-12	天津中医药大学	公开招聘
安培坤	男	2012-12	2012-12	甘肃中医学院	公开招聘
王婷婷	女	2012-12	2012-12	贵阳中医学院	公开招聘
彭晶	女	2012-12	2012-12	甘肃中医学院	公开招聘
寇贤丽	女	2012-12	2012-12	甘肃中医学院	公开招聘
殷霞兵	女	2012-12	2012-12	甘肃中医学院	公开招聘
马小愉	女	2012-12	2012-12	甘肃中医学院	公开招聘
郑玉梁	女	2012-12	2012-12	甘肃中医学院	公开招聘
古丽加娜提	女	2003-04	2012-12	新疆托克逊县伊拉湖中学	调入
杨江霞	女	2002-08	2013-05	甘肃省康复中心医院	调入
高晓东	男	1990-08	2013-08	甘肃省卫生厅	调入
李昭成	男	2013-10	2013-10	兰州大学	公开招聘
李彦龙	男	2013-10	2013-10	甘肃中医学院	公开招聘
王文海	男	2013-10	2013-10	甘肃中医学院	公开招聘
陈志伟	男	2013-10	2013-10	上海中医药大学	公开招聘
安国尧	男	2013-10	2013-10	福建中医药大学	公开招聘
李爱强	男	2013-10	2013-10	浙江中医药大学	公开招聘
周红	男	2013-10	2013-10	甘肃中医学院	公开招聘
孙凤岐	男	2007-09	2013-10	甘肃中医学院	公开招聘
姚兴璋	男	2013-10	2013-10	甘肃中医学院	公开招聘
董春璇	女	2013-10	2013-10	甘肃中医学院	公开招聘
温少瑾	女	2013-11	2013-11	湖南中医药大学	公开招聘
江燕	女	1997-08	2013-11	兰州医学院	公开招聘
杨新蔚	女	2012-07	2013-11	兰州大学	公开招聘
刘玲	女	2013-11	2013-11	北京中医药大学	公开招聘
赵志亮	男	2010-07	2013-11	成都中医药大学	公开招聘
董敏	女	2013-11	2013-11	甘肃中医学院	公开招聘
杨春霞	女	2013-11	2013-11	兰州大学	公开招聘
李成明	男	2009-01	2013-11	甘肃中医学院	公开招聘
赵海斌	男	2013-11	2013-11	燕山大学	公开招聘
董馥闻	男	2013-11	2013-11	南方医科大学	公开招聘
祁海润	男	2013-11	2013-11	甘肃中医学院	公开招聘
刘自强	男	2008-07	2013-11	甘肃农业大学	公开招聘
桑文举	男	2013-11	2013-11	兰州交通大学	公开招聘
王茜茜	女	2011-12	2013-11	合作事业单位管理局	调入

2011—2013年医院及甘肃省中医药研究院离院人员一览表

姓名	性别	职称(职务)技术等级	变更时间	变更去向
浦宁	女		2011-01	辞退
安建福	男	党委书记	2011-06	调出(甘肃省农牧厅)
程烜	女	主任检验师	2011-11	辞退
徐义先	男	主任医师	2012-04	离院
胡渊荣	男	医士	2012-04	辞退
秦立军	男		2012-07	辞职
赵志亮	男		2012-07	辞职
孙凤平	男		2012-07	辞职
包海军	男	副主任医师	2012-09	调出(省二院)
王喜平	女	主管护师	2012-09	调出(省二院)
梁治学	男	副主任医师	2013-06	解除人事关系
郭云霞	女	主管护师	2013-06	辞职
张曼	女		2013-08	辞职
薛雅娟	女		2013-08	辞职
李晓东	男		2013-08	攻读博士(中国中医科学院)
崔兰玲	女	主管护师	2013-11	调出(兰州市保健局)
姜伟宇	男	助理会计师	2013-12	辞退
许春梅	女	会计员	2013-12	辞退
陈国廉	男	副主任医师	2013-12	调出(甘肃省人民医院)
郑修丽	女	副主任药师	2013-12	调出(甘肃省人民医院)

2011—2013年退休职工一览表

序号	姓名	性别	出生年月	退休时的职务	工作时间	退休时间
1	王世玲	女	1956-01	会计员	1974-06	2011-01
2	刘岩洲	女	1956-02	主管药师	1974-06	2011-02
3	杨慧英	女	1956-03	主管护师	1978-08	2011-03
4	魏丽华	女	1961-03	高级工	1979-12	2011-03
5	宋宝根	男	1951-04	主任药师	1968-11	2011-04
6	冯守文	男	1951-05	副院长、副主任中药师	1969-01	2011-05
7	陈翠莲	女	1956-05	护师	1978-12	2011-05
8	张爱萍	女	1961-05	高级工	1980-11	2011-05
9	宋文斌	男	1951-07	技师	1972-09	2011-07
10	李玉莲	女	1956-09	会计员	1973-04	2011-09
11	姜礼	男	1951-10	主任医师	1969-01	2011-10
12	李秦生	男	1951-10	主管药师	1968-10	2011-10
13	居礼	男	1951-11	高级工	1971-04	2011-11
14	王晓玲	女	1956-12	主管护师	1978-03	2011-12
15	陈玉荣	女	1961-12	高级工	1978-10	2011-12
16	邓淑珍	女	1956-12	主管护师	1980-12	2011-12
17	闫焕兰	女	1957-01	主管护师	1974-05	2012-01

续表

序号	姓名	性别	出生年月	退休时的职务	工作时间	退休时间
18	佘有庆	男	1952-03	副主任药师	1975-10	2012-03
19	张杰平	男	1952-05	高级工	1968-12	2012-05
20	柴秀花	女	1957-06	护师	1978-12	2012-06
21	强桂芳	女	1957-06	检验师	1978-12	2012-06
22	李景花	女	1957-07	办事员	1975-05	2012-07
23	闵云山	男	1952-08	主任药师	1971-11	2012-08
24	张三花	女	1957-08	主管护师	1978-12	2012-08
25	黄仕君	男	1952-08	副主任检验师	1969-03	2012-08
26	陈伯祥	男	1952-09	副主任医师	1973-10	2012-09
27	孙援朝	男	1952-12	党委副书记	1968-12	2012-12
28	靳秋阳	女	1963-01	高级工	1982-07	2013-01
29	李天庆	男	1953-02	副主任药师	1968-11	2013-02
30	李开贵	男	1953-08	副主任药师	1975-04	2013-08
31	杨佳华	女	1958-08	副主任医师	1984-09	2013-08
32	李芳娟	女	1958-08	副主任检验师	1978-03	2013-08
33	张丽坤	女	1958-09	主管护师	1976-05	2013-09
34	张雷	男	1953-09	技师	1969-11	2013-09
35	王小萍	女	1958-10	主管护师	1976-08	2013-10
36	徐淑云	女	1963-11	技师	1985-10	2013-11
37	江井祥	男	1953-12	主管技师	1971-11	2013-11

2011—2013年医院故世人员一览表

姓名	性别	出生年月	离退休职务(待遇)	工作时间	离退休时间	去世时间
杨坤毓	女	1928-02	副主任护师(离休)	1949-08	1988-03	2011 01
朱伟红	男	1931-01	副院长,副地级(离休)	1949-03	1989-09	2011-02
张志芳	女	1935-11	主管护师	1955-09	1990-12	2011-03
顾明慧	女	1936-11	主管护师	1956-12	1992-01	2011-04
段绎	男	1932-10	主治医师	1958-09	1992-03	2011-06
高义	男	1951-07	副主任医师	1954-10	1998-12	2011-07
李松寿	男	1929-02	副主任检验师	1952-02	1989-11	2011-09
刘治源	男	1937-07	主治医师	1956-08	1997-08	2012-04
刘松龄	女	1923-11	科员	1952-01	1982-12	2012-07
贾怀德	男	1925-04	副主任药师	1954-12	1988-03	2012-09
陈秀英	女	1936-09	主管护师	1952-01	1992-01	2012-12
索秀兰	女	1935-11	主管护师	1953-09	1992-01	2013-03
郑兰欣	男	1959-07		1976-03		2013-04
焦梅英	女	1936-01	主管护师	1953-01	1991-02	2013-07
李宏杰	男	1939-07	主治医师	1961-09	1999-07	2013-07
张位清	男	1926-06	主任科员(副县)	1949-06	1987-09	2013-08

2011—2013年医院享受“国务院政府特殊津贴”专家一览表

姓名	性别	出生年月	学历	毕业院校	专业技术职务	荣获时间	备注
李盛华	男	1959-06	在职硕士研究生	甘肃省委党校	主任医师	2013-02	

2011—2013年医院获得“卫生部有突出贡献中青年专家”称号一览表

姓名	性别	出生年月	学历	毕业院校	专业技术职务	获奖年度	备注
赵继荣	男	1965-07	本科	甘肃中医学院	主任医师	2012-12	

2011—2013年医院获得“甘肃省优秀专家”称号一览表

姓名	性别	出生年月	学历	毕业院校	专业技术职务	荣获称号时间	备注
王承祥	男	1953-08	大专	定西卫校	主任医师	2013-04	

2011—2013年医院“西部之光”访问学者一览表

姓名	性别	出生年月	学历	毕业院校	专业技术职务	时间	备注
张文贤	男	1974-04	硕士	甘肃中医学院	副主任医师	2013-09	第十批

2011—2013年医院及甘肃省中医药研究院获得“甘肃省名中医”称号专家一览表

姓名	性别	出生年月	学历	毕业院校	专业技术职务	荣获称号时间	备注
石国璧	男	1934-06	本科	北京中医学院	主任医师	2012-02	甘肃省中医药研究院
李盛华	男	1959-06	在职研究生	甘肃省委党校	主任医师	2012-02	
李妍怡	女	1950-03	本科	甘肃中医学院	主任医师	2012-02	
赵继荣	男	1965-07	本科	甘肃中医学院	主任医师	2012-02	
孙其斌	男	1956-12	本科	北京中医学院	主任医师	2012-02	
左进	男	1961-06	本科	甘肃中医学院	主任医师	2012-02	
张定华	女	1964-04	本科	甘肃中医学院	主任医师	2012-02	
田旭东	男	1967-06	本科	甘肃中医学院	主任医师	2012-02	
张洪涛	男	1965-03	本科	北京中医学院	主任医师	2012-02	
沈玉鹏	女	1962-02	本科	甘肃中医学院	主任医师	2012-02	
王海东	男	1964-03	本科	甘肃中医学院	主任医师	2012-02	甘肃省中医药研究院

2011—2013各类人员一览表

	职工总数	人员分类																																		
		卫生技术人员																													其他专业技术人员			行政管理人员	未定级人员	工勤人员
		合计	中医				西医				中西医结合				中药				西药				护理				医技									
			正副主任医师	主治医师	医师	医士	正副主任医师	主治医师	医师	医士	正副主任医师	主治医师	医师	医士	正副主任药师	主管药师	药师	药士	正副主任药师	主管药师	药师	药士	正副主任护师	主管护师	护师	护士	正副主任技师	主管技师	技师	技士	副高级	中级	初级			
2011	879	579	109	59	13	4	34	38	30	1	0	0	0	0	8	10	2	2	7	17	7	1	13	118	61	11	10	16	8	0	9	11	31	35	162	52
2012	902	603	118	67	12	4	37	40	29	1	0	0	2	0	6	10	2	2	9	17	6	2	14	118	63	10	10	16	8	0	10	11	35	38	154	51
2013	907	633	123	89	10	4	39	54	26	1	0	0	1	0	8	10	1	2	8	21	4	1	23	108	62	9	12	12	5	0	12	16	23	34	140	49

（整理 厉红霞）

医院固定资产与基础设施数据统计

2011—2013年财务收支统计表 单位：万元

项目	2011年	2012年	2013年
事业收入	35109	42733	55820
其中：医疗收入	15864	35711	47739
药品收入	11460	15256	20000
财政补助收入	7687	6760	7656
事业支出	32978	42929	49815
其中：医疗支出	15699	29420	38933
药品支出	11131	12771	17288
固定资产	16858	19778	45692
新增万元以上设备	1827	2392	6358

2011—2013年新增固定资产统计表 单位：万元

项目	2011年	2012年	2013年
固定资产总额	2434	2935	25898
其中：房屋及建筑物	350	399	19527
医疗设备	1548	2363	6014
通用设备	428	173	248
办公设备	—	—	—
交通设备	104	0	119
图书	—	—	—

2011—2013年基建项目及投资统计表 单位：万元

项目	2011年	2012年	2013年	合计
门诊医技综合楼	2125	10081	5287	17493
科研制剂中心	72	81	1139	1292
康复保健楼	—	27	1006	1033

截至2013年12月31日医院大型医疗设备一览表（十万元以上）

序号	设备名称	型号	数量	单位	使用部门	金额	配置时间
1	动态血糖检测仪		1	件	内分泌科	105280.00	2008-05-01
2	动态血糖检测仪		1	件	老年病科(干部病房)	105280.00	2008-05-01
3	转运监护仪	M8102A	1	台	重症医学二部	107000.00	2013-09-26
4	CR专用IP板		1	台	放射影像科	109000.00	2003-10-01
5	24小时动态心电监护系统		1	台	心血管病科	112000.00	2007-04-20
6	血小板聚集仪		1	件	脑病科	115000.00	2010-10-30
7	胰导素泵		1	件	老年病科(干部病房)	117000.00	2011-01-30
8	CT高压注射器		1	件	放射影像科	119000.00	2010-02-01
9	糖尿病治疗仪		1	件	内分泌科	119800.00	2010-08-31
10	多参数生物反馈系统		1	件	脑病科	121000.00	2010-02-01
11	超声电导仪		3	台	肺病科	123000.00	2013-06-25
12	移动X光机(高频)		1	台	放射影像科	123000.00	2003-07-01
13	脉动真空蒸汽灭菌器		1	台	消毒供应中心	124950.00	2004-07-10
14	除颤仪(含除颤起搏及体内除颤		1	台	心血管病科	135000.00	2007-04-20
15	多功能心电分析系统		1	件	心血管病科	140000.00	2006-04-01
16	机械心肺复苏系统		1	件	急救中心	142500.00	2009-02-20
17	水处理系统		1	台	消毒供应中心	148000.00	2012-05-08
18	结肠治疗机		1	台	肾病科病房	154800.00	2008-05-01
19	失眠治疗仪		1	台	老年病科(干部病房)	155000.00	2012-11-22
20	B超		1	台	体检中心	156000.00	2008-04-01
21	双道微量注射泵	M8001A	2	台	骨肿瘤科	157400.00	2013-10-30
22	rTMS经颅磁治疗仪		1	台	针灸推拿一科	162000.00	2012-11-28
23	医用遥控透视X线机		1	台	体检中心	166000.00	2010-11-30
24	POCT(床旁)血气分析仪		1	台	重症医学科	168000.00	2011-12-07
25	便捷式呼吸机	trilongy	1	台	重症医学二部	168700.00	2013-09-26
26	血液透析机		1	台	肾病科	170000.00	2008-07-01
27	智能通络治疗仪	ABE-III-B	2	台	针灸推拿一科	182000.00	2013-06-25
28	骨质疏松治疗仪		1	台	老年病科(干部病房)	190000.00	2012-11-28
29	骨质疏松治疗仪		1	台	关节骨二科	190000.00	2012-11-28
30	磁振热治疗仪		1	台	骨肿瘤科	190000.00	2012-11-28
31	骨质疏松治疗仪		1	台	整复骨科	190000.00	2012-11-28
32	经颅彩色多普勒诊断仪		1	台	脑病科	191000.00	2004-02-01
33	血液透析机		1	台	肾病科	196000.00	2005-01-01
34	血液黏度仪		1	台	检验科	197000.00	2009-03-20
35	B超		1	台	超声医学影像科	198000.00	2008-09-01
36	医用臭氧治疗仪		1	台	康复骨科	198000.00	2011-12-07
37	超声工作站		1	件	超声医学影像科	200000.00	2010-05-30

续表

序号	设备名称	型号	数量	单位	使用部门	金额	配置时间
38	移动式摄像设备		1	台	放射影像科	218000.00	2010-01-01
39	生物刺激反馈系统		1	件	脑病科	219000.00	2010-02-01
40	多功能生命监护仪	M8001A	3	台	肿瘤科、血液病科一部	236100.00	2013-10-30
41	中央监护系统(一托十)含麻醉监护设备		1	件	心血管病科	238000.00	2009-05-30
42	荧光显微镜		1	台	检验科	243000.00	2012-12-26
43	肌电图诱发电位仪		1	件	脑病科	243600.00	2006-04-01
44	智能下肢反馈康复训练系统	XYKXZFK-9	1	台	针灸推拿一科	250000.00	2013-06-25
45	净化双极反渗透水处理器		1	件	血液净化中心	250000.00	2011-07-31
46	人工肾机		1	台	肾病科	257000.00	2001-12-01
47	全自动呼吸机		1	台	重症医学	265000.00	2008-12-01
48	床旁X光机		1	台	放射影像科	277000.00	2003-10-01
49	超激光疼痛治疗仪		1	台	康复治疗中心	280000.00	2006-02-01
50	电脑化肺功能仪		1	件	肺病科	285000.00	2003-11-01
51	呼吸机		1	台	急救中心	288000.00	2013-03-20
52	床旁血滤机	ACH-10	1	台	重症医学一部	293000.00	2013-10-30
53	阿是超声波治疗仪		1	件	针灸推拿一科	297000.00	2011-08-31
54	呼吸机		1	台	重症医学	298000.00	2005-03-20
55	灌注泵		1	台	心血管病科	300000.00	2008-04-01
56	超声聚焦治疗仪		1	台	妇科	319000.00	2008-04-01
57	纯环氧乙烷灭菌器		1	台	消毒供应中心	329000.00	2012-05-08
58	全自动血凝仪		1	台	检验科	369000.00	2008-04-01
59	中央监护升级系统		1	件	重症医学	370000.00	2004-10-15
60	全功能呼吸工作站		1	件	心血管病科	374000.00	2006-04-01
61	呼吸机		1	台	心血管病科	380000.00	2007-08-20
62	高效液相色谱仪		1	台	检验科	386000.00	2005-04-10
63	动脉硬化监测仪		1	台	老年病科(干部病房)	387900.00	2012-10-10
64	全自动多项血球分析仪		1	台	检验科	395000.00	2006-03-01
65	高频X光射影装置		1	台	放射影像科	440000.00	2006-03-01
66	无创血流动力检测仪		1	件	重症医学	446000.00	2010-02-01
67	半导体激光椎间盘治疗仪		1	台	脊柱骨二科	448000.00	2003-03-01
68	四诊合参仪		1	台	体检中心	448000.00	2012-10-10
69	中央监护系统		1	件	重症医学	456500.00	2000-05-18
70	台式/笔记本经颅彩色多普勒	sonara	1	台	脑病科	459000.00	2013-08-28
71	骨密度仪		1	件	放射影像科	478000.00	2006-03-01
72	主动脉内球囊反搏泵		1	件	心血管病科	498000.00	2007-10-30
73	脉动真空蒸汽灭菌器		1	台	消毒供应中心	516000.00	2012-05-08
74	全数字化心血管便携彩色多普勒超声诊断仪		1	台	超声医学影像科	536200.00	2011-12-30
75	彩色多普勒超声诊断仪		1	台	体检中心	537000.00	2011-08-31
76	快速式全自动清洗消毒器		1	台	消毒供应中心	540000.00	2012-05-08

续表

序号	设备名称	型号	数量	单位	使用部门	金额	配置时间
77	足底压力步态分析系统		1	套	手足微创骨科	590000.00	2013-06-25
78	神经感觉定量分析仪	tas-II	1	台	脑病科	637000.00	2013-08-28
79	C型臂X光机		1	台	放射影像科	660000.00	2002-04-01
80	干式全自动生化分析仪		1	台	检验科	670800.00	2001-08-01
81	中央监护系统		1	件	老年病科（干部病房）	688700.00	2012-10-10
82	桥式吊塔	lark-b25-dw-c	5	套	重症医学二部	690000.00	2013-09-26
83	便携式彩色多普勒超声诊断仪		1	台	超声医学影像科	767000.00	2011-08-31
84	椎间盘治疗镜		1	台	脊柱骨二科	778000.00	2004-08-01
85	体外高频热疗机		1	件	肿瘤科、血液病科一部	780000.00	2010-02-01
86	持续徐缓式血液净化系统（装置）	prismaflex	2	台	重症医学一部	780000.00	2013-09-26
87	中央监护系统	M3290A/MP50	1	套	脑病一科	795000.00	2013-08-28
88	外科手术显微镜		1	台	手足微创骨科	885000.00	2012-11-28
89	脑卒中单元设备（功能训练）		1	台	脑病科	923840.00	2007-10-30
90	全自动生化分析仪		1	台	检验科	945000.00	2004-07-01
91	计算机辅助扫描		1	件	体检中心	970000.00	2010-07-30
92	彩色多普勒诊断仪		1	台	妇科	980000.00	2002-10-01
93	中央监护系统（1托16）		1	套	重症医学一部	987000.00	2013-03-20
94	CCU中央监护系统（一托六）M3150B床旁监护仪（6台）		1	台	心血管病科	990000.00	2008-04-01
95	便携式彩超		1	台	超声医学影像科	1020000.00	2007-12-30
96	高清胸腔镜		1	件	外四科（心胸）	1128000.00	2012-06-18
97	呼吸机		4	台	重症医学	1152000.00	2013-03-20
98	体外循环机		1	件	心血管病科	1290000.00	2007-10-30
99	彩色超声波诊断系统		1	台	超声医学影像科	1470000.00	2010-11-30
100	全数字化中高档腹部血管彩色多普勒超声诊断		1	套	超声医学影像科	1786000.00	2013-06-17
101	血滤机		1	台	血液净化中心	1840000.00	2011-07-31
102	心脏彩色多普勒超声诊断系统		1	台	超声医学影像科	1900000.00	2007-12-30
103	CR机		1	台	放射影像科	1900000.00	2004-11-01
104	关节镜		1	台	关节骨二科	1977000.00	2012-11-28
105	全数字化腹部彩超		1	台	心功能检查科	2370000.00	2012-05-31

续表

序号	设备名称	型号	数量	单位	使用部门	金额	配置时间
106	数字化X线成像系统		1	台	放射影像科	2800000.00	2006-11-01
107	彩色多普勒超声诊断仪		1	套	超声医学影像科	3170000.00	2013-06-17
108	心脏彩超诊断系统		1	套	超声医学影像科	3196000.00	2013-09-26
109	血透机		1	台	血液净化中心	3300000.00	2011-07-31
110	核磁共振成像系统		1	台	放射影像科	3776000.00	2007-07-20
111	双层螺旋CT		1	台	放射影像科	3880000.00	2003-06-01
112	全数字化X线摄像系统(DR)		1	台	放射影像科	4980000.00	2009-10-01

(整理　张景华)

甘肃省中医院内设机构设置图

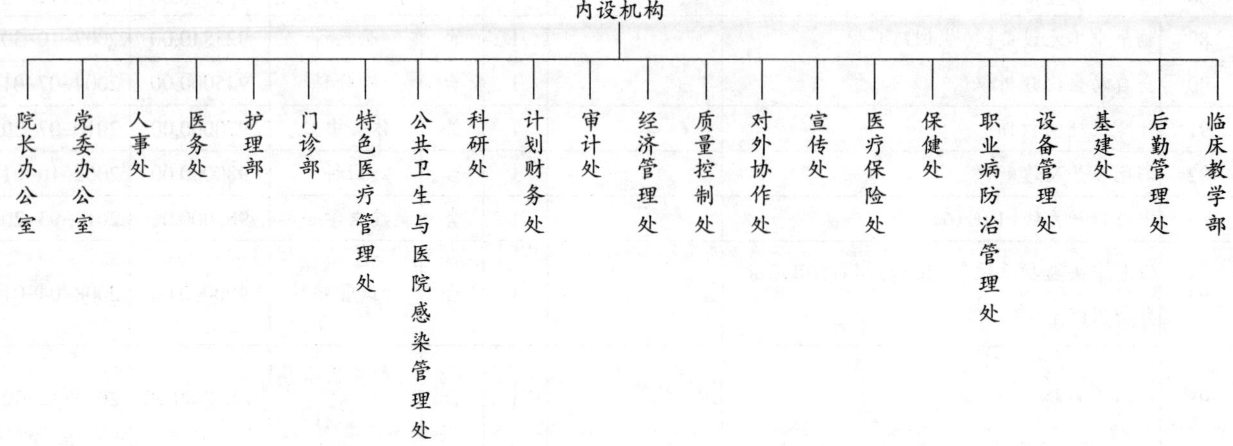

说明：截至2013年末，医院有内设副处级职能机构22个，科级职能机构18个：应急办、院史办公室、项目办公室隶属于院长办公室；离退休人员管理科隶属于人事处；医患关系协调科、病案管理科、重点学(专)科管理办公室隶属于医务处；患者服务部隶属于门诊部；名医工作管理科隶属于特色医疗管理处；收费科、国有资产管理科、会计科隶属于计划财务处；招标采购科隶属于经济管理处；信息科隶属于宣传处；拆迁办隶属于基建处；保卫科、营养科、房管科隶属于后勤管理处；监察科隶属于纪委。党委办公室具体情况详见甘肃省中医院党委机构设置图。

备注：设置图中职能机构根据甘肃省中医院《关于调整医院内设机构的通知》(中医人发〔2011〕13号)文件内容排列。

(供稿　原明明)

索引

Index

E

F

G

H

患者随访 74，88，179，396

J

K

L

M

N

P

Q

R

S

T

W

X

Y

Z

编后记

作为院史、院情资料的连续性整理编辑工作的成果，《甘肃省中医院年鉴（2011—2013）》付梓出版了。自2000年以来，医院就非常重视院史、院情资料的整理编辑。2000年3月至2001年10月，专门抽调人员编纂刊印了医院1953—1999年院志。2003—2012年期间，又相继完成4本年鉴的编辑。为了迎接医院六十周年院庆，在2013年末编纂出版了《甘肃省中医院院志（2000—2010）》。2016年又集中力量完成了第五次医院年鉴的编辑出版工作。

在这本年鉴编辑工作中，裴学军同志负责全书大纲与凡例的起草、年鉴条目的拟定，编写了部分行政工作相关条目以及编辑说明与全书索引，承担编写任务共计6.7万字；罗克龙同志及白淑然同志完成了专记（双联工作）以及党群工作相关条目，承担编写任务共计6.2万字；原明明同志完成了特载的辑录，编写了专记和部分行政工作相关条目，承担编写任务共计7.1万字；马永鹏同志完成了专项委员会的辑录，编写了大事记和部分行政工作相关条目，承担编写任务共计13.5万字；罗向霞同志完成了年鉴条目的英文翻译，编写了科研工作相关条目，承担编写任务共计9.2万字；杨丽萍同志编写了门诊、临床、公共卫生与应急、医疗集团等医疗工作相关条目，承担编写任务共计9.5万字；徐霞同志编写了护理工作、医技科室等医疗工作及中医药研究院相关条目，承担编写任务共计6.8万字；厉红霞同志完成了荣誉、人物列表及名录部分的辑录，编写了人物相关条目，承担编写任务共计6.1万字；张景华同志完成了文件选编、固定资产与基础设施数据统计的辑录，全书内容的串稿，编写了教学工作相关条目，承担编写任务共计37.9万字。

这本年鉴以《甘肃年鉴》为范本，在条目划分、体例格式、编排版式等方面较之前更为规范，按照国家新的方志编修条例和相关规定，坚持了索引的编制，并首次制作了电子版，是医院年鉴编辑工作的一次突破。

有幸请到甘肃省书协副主席刘满才先生题写书名。院领导高度重视，全体班子成员组成了编辑委员会，主编李盛华院长对年鉴主要内容亲自进行审定；甘肃省中医药研究院，甘肃省中医院白银分院，科研制剂中心以及医院各处室、部门全力支持，积极提供资料与数据，审核相关志稿内容；医院驻白银分院院长代表张德宏，工会主席、党委办公室主任罗克龙，院长办公室负责人徐柏林主任参与了全书主要内容的审校，在此一并表示最诚挚的感谢。

由于时间紧促，水平局限，疏漏与谬误之处敬祈指正。

甘肃省中医院年鉴编辑委员会

二〇一六年十二月

编后记